# 2019
# 中国价格统计年鉴
# CHINA PRICE STATISTICAL YEARBOOK

国家统计局城市社会经济调查司 编
Compiled by
Department of Urban Society and Economic Statistics,
National Bureau of Statistics of China

中国统计出版社
China Statistics Press

图书在版编目（CIP）数据

中国价格统计年鉴 . 2019 : 汉英对照 / 国家统计局城市社会经济调查司编 . -- 北京 : 中国统计出版社 , 2019.8
ISBN 978-7-5037-8898-7

Ⅰ . ①中 … Ⅱ . ①国 … Ⅲ . ①物价管理－统计资料－中国－ 2018 －年鉴－汉、英 Ⅳ . ① F726.7-66

中国版本图书馆 CIP 数据核字 (2019) 第 175387 号

中国价格统计年鉴—2019
**China Price Statistical Yearbook 2019**

作　者 / 国家统计局城市社会经济调查司
责任编辑 / 许立舫
封面设计 / 李雪燕
出版发行 / 中国统计出版社
通信地址 / 北京市丰台区西三环南路甲 6 号　邮政编码 /100073
电　话 / 邮购（010-63376909）　书店（010-68783171）
网　址 / http://www.zgtjcbs.com
印　刷 / 河北鑫兆源印刷有限公司
经　销 / 新华书店
开　本 / 880×1230 毫米　1/16
字　数 / 574 千字
印　张 / 19
版　别 / 2019 年 8 月第 1 版
版　次 / 2019 年 8 月第 1 次印刷
定　价 / 208.00 元　Price:208.00 yuan(RMB)

如有印装差错，由本社发行部调换。

# 《中国价格统计年鉴—2019》

## 编委会和编辑人员

### 编 委 会

# 2019 CHINA PRICE STATISTICAL YEARBOOK

## Editorial Board And Staff

# 编者说明

一、《中国价格统计年鉴—2019》系统收录了2018年度各种价格统计调查资料，是一部反映中国价格变动情况的专业性综合年鉴。

二、本年鉴所列价格指数主要包括工业生产者出厂价格指数、工业生产者购进价格指数、固定资产投资价格指数、居民消费价格指数、商品零售价格指数、农业生产资料价格指数、住宅销售价格指数等。反映了生产、流通、消费与投资等环节的价格变动趋势和变动幅度。

三、本年鉴所列价格指数的编制工作由国家统计局城市社会经济调查司组织实施，国家统计局各级调查队及相关地方统计机构依据统一调查制度采集原始数据汇总上报。

四、本年鉴所涉及的全国性统计数据，均未包括香港、澳门特别行政区和台湾省数据。

五、本年鉴所使用的度量单位均采用国际统一标准计量单位。

六、本年鉴中，“空格”表示无该项数据或数据不详；“#”号表示其中数。

# PREFACE

I.***2019 China Price Statistical Yearbook*** is a professional annual statistics publication, which covers very comprehensive data in 2018 of price indices.

II.Data on price indices in this book includ mainly producer price indices for industrial products, purchasing price indices for industrial producers, price indices for investment in fixed assets, consumer price indices, retail price indices, price indices for means of agricultural production, housing price index, showing the changing trends and the change rates in the prices of production, trade, consumption and investment.

III.Compilation of statistics on price indices is organized by the Department of Urban Social and Economic Survey, NBS. At levels of National Bureau of investigation team and relevant statistics in stitutions collect data in accordance with the scheme of price survey system, tabulate them and report them.

IV.The national data in this yearbook do not include that of Hong Kong SAR (Special Administrative Region), Macao SAR and Taiwan province.

V.The units of measurement used in this yearbook are in accordance with internationally standard measurement units.

VI.In this yearbook, “blank space” indicates that the data are unknown or are not available; “#” indicates a major breakdown of the total.

# 目　录

# *CONTENTS*

## 1. 综　合
## Integration



## 2. 生产者价格指数
## Producer Price Index

## 3. 流通消费价格指数
## Consumer Price Index



## 4. 商品住宅销售价格指数
## Commercial Housing Price Index

以 2015 年价格为 100
2015=100

**附录**
**Appendix**

# 综　　合

# Integration

1

# 1-1-1　各种价格总指数(1951～2018年)
# Price Indices (1951~2018)

(上年价格=100)　　　(Preceding year=100)

| 年　份<br>Year | 居民消费价格指数<br>Consumer Price Index | 城市居民消费价格指数<br>Urban Areas | 农村居民消费价格指数<br>Rural Areas | 商品零售价格指数<br>Retail Price Index | 城市商品零售价格指数<br>Urban Areas | 农村商品零售价格指数<br>Rural Areas | 农业生产资料价格指数<br>Price Index of Agricultural Production | 工业生产者出厂价格指数<br>Producer Price Index of Industrial Products | 工业生产者购进价格指数<br>Purchasing Price Index for Industrial Producer | 固定资产投资价格指数<br>Price Index for Investment in Fixed Assets |
|---|---|---|---|---|---|---|---|---|---|---|
| 1951 | | 112.5 | | 112.2 | | | | | | |
| 1952 | | 102.7 | | 99.6 | | | | | | |
| 1953 | | 105.1 | | 103.4 | | | | | | |
| 1954 | | 101.4 | | 102.3 | | | | | | |
| 1955 | | 100.3 | | 101.0 | | | | | | |
| 1956 | | 99.9 | | 100.0 | | | | | | |
| 1957 | | 102.6 | | 101.5 | | | | | | |
| 1958 | | 98.9 | | 100.2 | | | | | | |
| 1959 | | 100.3 | | 100.9 | | | | | | |
| 1960 | | 102.5 | | 103.1 | | | | | | |
| 1961 | | 116.1 | | 116.2 | | | | | | |
| 1962 | | 103.8 | | 103.8 | | | | | | |
| 1963 | | 94.1 | | 94.1 | | | | | | |
| 1964 | | 96.3 | | 96.3 | | | | | | |
| 1965 | | 98.8 | | 97.3 | | | | | | |
| 1966 | | 98.8 | | 99.7 | | | | | | |
| 1967 | | 99.4 | | 99.3 | | | | | | |
| 1968 | | 100.1 | | 100.1 | | | | | | |
| 1969 | | 101.0 | | 98.9 | | | | | | |
| 1970 | | 100.0 | | 99.8 | | | | | | |
| 1971 | | 99.9 | | 99.3 | | | | | | |
| 1972 | | 100.2 | | 99.8 | | | | | | |
| 1973 | | 100.1 | | 100.6 | | | | | | |
| 1974 | | 100.7 | | 100.5 | | | | | | |
| 1975 | | 100.4 | | 100.2 | | | | | | |
| 1976 | | 100.3 | | 100.3 | | | | | | |
| 1977 | | 102.7 | | 102.0 | | | | | | |
| 1978 | | 100.7 | | 100.7 | 102.5 | 100.1 | 99.9 | | | |
| 1979 | | 101.9 | | 102.0 | 101.9 | 102.0 | 100.4 | | | |
| 1980 | | 107.5 | | 106.0 | 108.1 | 104.4 | 101.0 | | | |
| 1981 | | 102.5 | | 102.4 | 102.7 | 102.1 | 101.7 | | | |
| 1982 | | 102.0 | | 101.9 | 102.1 | 101.7 | 101.9 | | | |
| 1983 | | 102.0 | | 101.5 | 101.9 | 101.2 | 103.0 | | | |
| 1984 | | 102.7 | | 102.8 | 102.5 | 103.0 | 108.9 | | | |

1-1-1 续表 Continued

(上年价格=100) (Preceding year=100)

| 年 份 Year | 居民消费价格指数 Consumer Price Index | 城市居民消费价格指数 Urban Areas | 农村居民消费价格指数 Rural Areas | 商品零售价格指数 Retail Price Index | 城市商品零售价格指数 Urban Areas | 农村商品零售价格指数 Rural Areas | 农业生产资料价格指数 Price Index of Agricultural Production | 工业生产者出厂价格指数 Producer Price Index of Industrial Products | 工业生产者购进价格指数 Purchasing Price Index for Industrial Producer | 固定资产投资价格指数 Price Index for Investment in Fixed Assets |
|---|---|---|---|---|---|---|---|---|---|---|
| 1985 | 109.3 | 111.9 | 107.6 | 108.8 | 112.2 | 107.0 | 104.8 | 108.7 | | |
| 1986 | 106.5 | 107.0 | 106.1 | 106.0 | 107.0 | 105.0 | 101.1 | 103.8 | 109.5 | |
| 1987 | 107.3 | 108.8 | 106.2 | 107.3 | 109.1 | 106.3 | 107.0 | 107.9 | 111.0 | |
| 1988 | 118.8 | 120.7 | 117.5 | 118.5 | 121.3 | 117.1 | 116.2 | 115.0 | 120.2 | |
| 1989 | 118.0 | 116.3 | 119.3 | 117.8 | 116.0 | 118.8 | 118.9 | 118.6 | 126.4 | |
| 1990 | 103.1 | 101.3 | 104.5 | 102.1 | 100.2 | 103.2 | 105.5 | 104.1 | 105.6 | |
| 1991 | 103.4 | 105.1 | 102.3 | 102.9 | 104.5 | 102.0 | 102.9 | 106.2 | 109.1 | 109.5 |
| 1992 | 106.4 | 108.6 | 104.7 | 105.4 | 107.7 | 103.9 | 103.7 | 106.8 | 111.0 | 115.3 |
| 1993 | 114.7 | 116.1 | 113.7 | 113.2 | 114.2 | 112.6 | 114.1 | 124.0 | 135.1 | 126.6 |
| 1994 | 124.1 | 125.0 | 123.4 | 121.7 | 120.9 | 122.9 | 121.6 | 119.5 | 118.2 | 110.4 |
| 1995 | 117.1 | 116.8 | 117.5 | 114.8 | 113.5 | 116.4 | 127.4 | 114.9 | 115.3 | 105.9 |
| 1996 | 108.3 | 108.8 | 107.9 | 106.1 | 105.8 | 106.4 | 108.4 | 102.9 | 103.9 | 104.0 |
| 1997 | 102.8 | 103.1 | 102.5 | 100.8 | 100.8 | 100.7 | 99.5 | 99.7 | 101.3 | 101.7 |
| 1998 | 99.2 | 99.4 | 99.0 | 97.4 | 97.4 | 97.6 | 94.5 | 95.9 | 95.8 | 99.8 |
| 1999 | 98.6 | 98.7 | 98.5 | 97.0 | 97.0 | 97.1 | 95.8 | 97.6 | 96.7 | 99.6 |
| 2000 | 100.4 | 100.8 | 99.9 | 98.5 | 98.5 | 98.5 | 99.1 | 102.8 | 105.1 | 101.1 |
| 2001 | 100.7 | 100.7 | 100.8 | 99.2 | 98.9 | 99.6 | 99.1 | 98.7 | 99.8 | 100.4 |
| 2002 | 99.2 | 99.0 | 99.6 | 98.7 | 98.5 | 99.1 | 100.5 | 97.8 | 97.7 | 100.2 |
| 2003 | 101.2 | 100.9 | 101.6 | 99.9 | 99.6 | 100.5 | 101.4 | 102.3 | 104.8 | 102.2 |
| 2004 | 103.9 | 103.3 | 104.8 | 102.8 | 102.1 | 104.2 | 110.6 | 106.1 | 111.4 | 105.6 |
| 2005 | 101.8 | 101.6 | 102.2 | 100.8 | 100.5 | 101.4 | 108.3 | 104.9 | 108.3 | 101.6 |
| 2006 | 101.5 | 101.5 | 101.5 | 101.0 | 100.9 | 101.4 | 101.5 | 103.0 | 106.0 | 101.5 |
| 2007 | 104.8 | 104.5 | 105.4 | 103.8 | 103.3 | 104.9 | 107.7 | 103.1 | 104.4 | 103.9 |
| 2008 | 105.9 | 105.6 | 106.5 | 105.9 | 105.5 | 106.7 | 120.3 | 106.9 | 110.5 | 108.9 |
| 2009 | 99.3 | 99.1 | 99.7 | 98.8 | 98.7 | 99.0 | 97.5 | 94.6 | 92.1 | 97.6 |
| 2010 | 103.3 | 103.2 | 103.6 | 103.1 | 102.8 | 103.6 | 102.9 | 105.5 | 109.6 | 103.6 |
| 2011 | 105.4 | 105.3 | 105.8 | 104.9 | 104.7 | 105.5 | 111.3 | 106.0 | 109.1 | 106.6 |
| 2012 | 102.6 | 102.7 | 102.5 | 102.0 | 101.9 | 102.2 | 105.6 | 98.3 | 98.2 | 101.1 |
| 2013 | 102.6 | 102.6 | 102.8 | 101.4 | 101.3 | 101.8 | 101.4 | 98.1 | 98.0 | 100.3 |
| 2014 | 102.0 | 102.1 | 101.8 | 101.0 | 101.0 | 101.0 | 99.1 | 98.1 | 97.8 | 100.5 |
| 2015 | 101.4 | 101.5 | 101.3 | 100.1 | 100 | 100.3 | 100.4 | 94.8 | 93.9 | 98.2 |
| 2016 | 102.0 | 102.1 | 101.9 | 100.7 | 100.7 | 100.9 | 100.1 | 98.6 | 98.0 | 99.4 |
| 2017 | 101.6 | 101.7 | 101.3 | 101.1 | 101.1 | 101.3 | 100.6 | 106.3 | 108.1 | 105.8 |
| 2018 | 102.1 | 102.1 | 102.1 | 101.9 | 101.9 | 102.1 | 103.1 | 103.5 | 104.1 | 105.4 |

注：①本表1985年前城市居民消费价格指数为职工生活费用价格总指数。

②从2011年起，原工业品出厂价格指数改称为工业生产者出厂价格指数，原材料、燃料、动力购进价格指数改称为工业生产者购进价格指数。

a. Urban areas consumer price indices remain with price indices of cost of living of workers and employees before 1985.

b.The original Ex-Factory price Indices of Industrial Products since 2011 Changed its name to the Indices of Industrial Producer,purchasing price Indices of Raw Material,Fuel and power changed its name to the Purchasing Price Indices of Industrial Producer.

# 1-2-1　各种价格定基指数(1978 ~ 2018年)
# Fixed-base Price Indices (1978~2018)

| 年　份<br>Year | 居民消费价格指数<br>Consumer Price Index<br>(1978=100) | 城市居民消费价格指数<br>Urban Areas<br>(1978=100) | 农村居民消费价格指数<br>Rural Areas<br>(1985=100) | 商品零售价格指数<br>Retail Price Index<br>(1978=100) | 农业生产资料价格指数<br>Price Index of Agricultural Production<br>(1978=100) | 工业生产者出厂价格指数<br>Producer Price Index of Industrial Products<br>(1985=100) | 工业生产者购进价格指数<br>Purchasing Price Index for Industrial Producers<br>(1990=100) | 固定资产投资价格指数<br>Price Index for Investment in Fixed Assets<br>(1990=100) |
|---|---|---|---|---|---|---|---|---|
| 1978 | 100.0 | 100.0 | | 100.0 | 100.0 | | | |
| 1979 | 101.9 | 101.9 | | 102.0 | 100.4 | | | |
| 1980 | 109.5 | 109.5 | | 108.1 | 101.4 | | | |
| 1981 | 112.2 | 112.2 | | 110.7 | 103.1 | | | |
| 1982 | 114.4 | 114.4 | | 112.8 | 105.1 | | | |
| 1983 | 116.7 | 116.7 | | 114.5 | 108.3 | | | |
| 1984 | 119.9 | 119.9 | | 117.7 | 117.9 | | | |
| 1985 | 131.1 | 134.2 | 100.0 | 128.1 | 123.6 | 100.0 | | |
| 1986 | 139.6 | 143.6 | 106.1 | 135.8 | 125.0 | 103.8 | | |
| 1987 | 149.8 | 156.2 | 112.7 | 145.7 | 133.8 | 112.0 | | |
| 1988 | 177.9 | 188.5 | 132.4 | 172.7 | 155.5 | 128.8 | | |
| 1989 | 209.9 | 219.2 | 157.9 | 203.4 | 184.9 | 152.8 | | |
| 1990 | 216.4 | 222.0 | 165.1 | 207.7 | 195.1 | 159.0 | 100.0 | 100.0 |
| 1991 | 223.8 | 233.3 | 168.9 | 213.7 | 200.8 | 168.9 | 109.1 | 109.5 |
| 1992 | 238.1 | 253.4 | 176.8 | 225.2 | 208.2 | 180.4 | 121.1 | 126.3 |
| 1993 | 273.1 | 294.2 | 201.0 | 254.9 | 237.6 | 223.7 | 163.6 | 159.8 |
| 1994 | 339.0 | 367.8 | 248.0 | 310.2 | 288.9 | 267.3 | 193.4 | 176.5 |
| 1995 | 396.9 | 429.6 | 291.4 | 356.1 | 368.1 | 307.1 | 222.9 | 186.9 |
| 1996 | 429.9 | 467.4 | 314.4 | 377.8 | 399.0 | 316.0 | 231.6 | 194.3 |
| 1997 | 441.9 | 481.9 | 322.3 | 380.8 | 397.0 | 315.0 | 234.6 | 197.6 |
| 1998 | 438.4 | 479.0 | 319.1 | 370.9 | 375.2 | 302.1 | 224.7 | 197.3 |
| 1999 | 432.2 | 472.8 | 314.3 | 359.8 | 359.4 | 294.8 | 217.3 | 196.5 |
| 2000 | 434.0 | 476.6 | 314.0 | 354.4 | 356.2 | 303.1 | 228.4 | 198.6 |
| 2001 | 437.0 | 479.9 | 316.5 | 351.6 | 353.0 | 299.2 | 227.9 | 199.4 |
| 2002 | 433.5 | 475.1 | 315.2 | 347.0 | 354.8 | 292.6 | 222.7 | 199.8 |
| 2003 | 438.7 | 479.4 | 320.2 | 346.7 | 359.8 | 299.3 | 233.4 | 204.2 |
| 2004 | 455.8 | 495.2 | 335.6 | 356.4 | 397.9 | 317.6 | 260.0 | 215.7 |
| 2005 | 464.0 | 503.1 | 343.0 | 359.3 | 430.9 | 333.2 | 281.6 | 219.1 |
| 2006 | 471.0 | 510.6 | 348.1 | 362.9 | 437.4 | 343.2 | 298.5 | 222.4 |
| 2007 | 493.6 | 533.6 | 366.9 | 376.7 | 471.1 | 353.8 | 311.6 | 231.1 |
| 2008 | 522.7 | 563.5 | 390.7 | 398.9 | 566.7 | 378.2 | 344.3 | 251.8 |
| 2009 | 519.0 | 558.4 | 389.5 | 394.1 | 552.5 | 357.8 | 317.2 | 245.8 |
| 2010 | 536.1 | 576.3 | 403.5 | 406.3 | 568.5 | 377.5 | 347.7 | 254.6 |
| 2011 | 565.0 | 606.8 | 426.9 | 426.2 | 632.7 | 400.2 | 379.3 | 271.4 |
| 2012 | 579.7 | 623.2 | 437.6 | 434.7 | 668.1 | 393.4 | 372.5 | 274.4 |
| 2013 | 594.8 | 639.4 | 449.9 | 440.8 | 677.5 | 385.9 | 365.1 | 275.2 |
| 2014 | 606.7 | 652.8 | 458.0 | 445.2 | 671.4 | 378.6 | 357.1 | 276.6 |
| 2015 | 615.2 | 662.6 | 464.0 | 445.6 | 674.1 | 358.9 | 335.3 | 271.6 |
| 2016 | 627.5 | 676.5 | 472.8 | 448.7 | 674.8 | 353.9 | 328.6 | 270.0 |
| 2017 | 637.5 | 688.0 | 478.9 | 453.6 | 678.8 | 376.2 | 355.2 | 285.7 |
| 2018 | 650.9 | 702.4 | 489.0 | 462.2 | 699.8 | 389.4 | 369.8 | 301.1 |

# 生产者价格指数
# Producer Price Index

2

# 2-1-1 全国工业生产者出厂价格分类指数(1985 ~ 2018年)

## Producer Price Indices for Industrial Products by Category (1985~2018)

(上年价格=100) (Preceding year=100)

| 年 份 Year | 总指数 General Index | 轻工业 Light Industry | 重工业 Heavy Industry | 一、生产资料 Means of Production | 1.采 掘 Mining & Quarrying Industry | 2.原材料 Raw Materials Industry |
|---|---|---|---|---|---|---|
| 1985 | 108.7 | 104.2 | 106.8 | | | |
| 1986 | 103.8 | 102.3 | 104.8 | 104.8 | 100.6 | 107.5 |
| 1987 | 107.9 | 108.0 | 107.5 | 107.8 | 114.1 | 106.9 |
| 1988 | 115.0 | 115.1 | 112.0 | 113.7 | 109.3 | 113.5 |
| 1989 | 118.6 | 118.8 | 118.5 | 118.9 | 114.2 | 116.4 |
| 1990 | 104.1 | 103.8 | 104.3 | 104.4 | 107.9 | 105.9 |
| 1991 | 106.2 | 102.3 | 108.2 | 108.0 | 112.8 | 111.8 |
| 1992 | 106.8 | 103.2 | 110.6 | 109.3 | 112.6 | 110.2 |
| 1993 | 124.0 | 109.7 | 136.9 | 133.7 | 146.5 | 140.4 |
| 1994 | 119.5 | 122.5 | 116.9 | 116.7 | 133.1 | 117.9 |
| 1995 | 114.9 | 119.1 | 111.3 | 113.6 | 119.7 | 113.6 |
| 1996 | 102.9 | 101.9 | 103.9 | 103.5 | 108.9 | 101.7 |
| 1997 | 99.7 | 98.6 | 100.4 | 99.7 | 105.5 | 100.0 |
| 1998 | 95.9 | 96.1 | 95.8 | 95.4 | 98.4 | 93.4 |
| 1999 | 97.6 | 96.1 | 98.7 | 98.3 | 104.5 | 98.2 |
| 2000 | 102.8 | 98.8 | 105.4 | 105.1 | 124.9 | 108.4 |
| 2001 | 98.7 | 98.4 | 98.9 | 98.8 | 100.1 | 99.7 |
| 2002 | 97.8 | 97.6 | 97.9 | 97.7 | 101.9 | 98.0 |
| 2003 | 102.3 | 99.3 | 105.4 | 103.6 | 113.3 | 106.7 |
| 2004 | 106.1 | 102.2 | 109.8 | 107.8 | 118.8 | 110.2 |
| 2005 | 104.9 | 100.7 | 109.1 | 106.8 | 125.8 | 109.8 |
| 2006 | 103.0 | 100.6 | 105.2 | 103.9 | 114.1 | 106.6 |
| 2007 | 103.1 | 102.2 | 104.0 | 103.2 | 103.8 | 105.6 |
| 2008 | 106.9 | 103.7 | 109.6 | 107.7 | 123.2 | 108.9 |
| 2009 | 94.6 | 97.9 | 91.8 | 93.3 | 84.2 | 91.9 |
| 2010 | 105.5 | 102.7 | 108.0 | 106.6 | 122.2 | 110.1 |
| 2011 | 106.0 | 105.8 | 106.1 | 106.6 | 115.4 | 109.2 |
| 2012 | 98.3 | 99.8 | 97.7 | 97.5 | 97.6 | 98.0 |
| 2013 | 98.1 | 100.0 | 97.4 | 97.4 | 94.3 | 96.9 |
| 2014 | 98.1 | 99.7 | 97.5 | 97.5 | 93.5 | 97.0 |
| 2015 | 94.8 | 98.9 | 93.2 | 93.3 | 80.3 | 90.5 |
| 2016 | 98.6 | 99.6 | 98.2 | 98.2 | 95.4 | 96.7 |
| 2017 | 106.3 | 101.8 | 108.1 | 108.3 | 120.7 | 111.5 |
| 2018 | 103.5 | 101.1 | 104.4 | 104.6 | 108.8 | 106.3 |

| 年 份 Year | 3.加工 Processing Industry | 二、生活资料 Consumer Goods | 1.食 品 Food | 2.衣 着 Clothing | 3.一般日用品 Articles for Daily Use | 4.耐用消费品 Durable Consumer Goods |
|---|---|---|---|---|---|---|
| 1985 | | | | | | |
| 1986 | 103.6 | 102.2 | 102.5 | 102.0 | 103.5 | 100.1 |
| 1987 | 107.2 | 108.1 | 109.3 | 107.9 | 111.9 | 100.5 |
| 1988 | 114.7 | 117.2 | 116.2 | 120.5 | 120.4 | 106.0 |
| 1989 | 121.8 | 118.2 | 114.1 | 121.4 | 121.5 | 131.8 |
| 1990 | 102.5 | 103.6 | 101.3 | 107.3 | 103.0 | 99.3 |
| 1991 | 103.8 | 103.2 | 103.6 | 105.4 | 103.3 | 96.5 |
| 1992 | 107.4 | 103.2 | 106.4 | 100.8 | 102.8 | 101.7 |
| 1993 | 122.7 | 109.6 | 113.9 | 106.2 | 108.9 | 108.8 |
| 1994 | 111.1 | 123.8 | 123.4 | 136.4 | 112.3 | 108.4 |
| 1995 | 112.0 | 116.9 | 123.2 | 115.6 | 115.1 | 105.2 |
| 1996 | 104.1 | 102.1 | 104.7 | 100.5 | 102.9 | 97.7 |
| 1997 | 98.1 | 99.6 | 100.8 | 101.1 | 98.3 | 94.9 |
| 1998 | 96.8 | 96.9 | 98.9 | 96.2 | 96.7 | 94.0 |
| 1999 | 97.1 | 96.4 | 97.4 | 96.1 | 96.0 | 95.6 |
| 2000 | 98.6 | 97.8 | 96.0 | 100.6 | 98.0 | 96.4 |
| 2001 | 98.1 | 98.5 | 100.5 | 99.0 | 98.3 | 95.3 |
| 2002 | 96.9 | 97.9 | 99.7 | 98.8 | 97.9 | 94.7 |
| 2003 | 100.2 | 98.9 | 100.9 | 99.8 | 99.5 | 95.6 |
| 2004 | 104.8 | 101.2 | 105.2 | 100.9 | 101.9 | 96.2 |
| 2005 | 102.2 | 99.8 | 100.9 | 100.8 | 101.9 | 96.8 |
| 2006 | 101.1 | 100.2 | 100.5 | 101.3 | 100.8 | 98.0 |
| 2007 | 102.0 | 102.8 | 107.0 | 101.2 | 101.5 | 99.0 |
| 2008 | 105.2 | 104.1 | 108.3 | 102.2 | 103.6 | 99.5 |
| 2009 | 95.1 | 98.8 | 98.6 | 100.1 | 99.2 | 97.7 |
| 2010 | 103.1 | 102.0 | 103.8 | 102.0 | 101.9 | 99.4 |
| 2011 | 104.6 | 104.2 | 107.4 | 104.2 | 104.0 | 99.4 |
| 2012 | 97.3 | 100.8 | 101.4 | 102.1 | 100.9 | 99.1 |
| 2013 | 98.0 | 100.2 | 100.7 | 101.2 | 99.8 | 99.1 |
| 2014 | 98.2 | 100.0 | 100.2 | 100.7 | 100.1 | 99.2 |
| 2015 | 95.7 | 99.7 | 100.0 | 100.7 | 99.3 | 99.2 |
| 2016 | 99.0 | 100.0 | 100.6 | 100.9 | 100.0 | 98.5 |
| 2017 | 106.1 | 100.7 | 100.6 | 101.2 | 101.3 | 99.9 |
| 2018 | 103.5 | 100.5 | 100.5 | 100.8 | 101.0 | 99.8 |

# 2-1-2 全国按部门分工业生产者出厂价格指数(1985～2018年)

# Producer Price Indices for Industrial Products by Sector (1985~2018)

(上年价格=100) (Preceding year=100)

| 年 份<br>Year | 1.冶金工业<br>Metallurgical Industry | 2.电力工业<br>Power Industry | 3.煤炭及炼焦工业<br>Coal and Coking Industry | 4.石油工业<br>Petroleum Industry | 5.化学工业<br>Chemical Industry | 6.机械工业<br>Machinery Industry | 7.建筑材料工业<br>Building Materials Industry | 8.森林工业<br>Forest Industry |
|---|---|---|---|---|---|---|---|---|
| 1985 | 114.3 | 103.4 | 117.6 | 107.2 | 102.9 | 111.8 | 115.4 | 114.9 |
| 1986 | 107.4 | 102.4 | 96.8 | 104.6 | 102.9 | 102.8 | 113.7 | 107.1 |
| 1987 | 107.0 | 103.1 | 102.8 | 104.0 | 112.2 | 104.9 | 105.6 | 144.9 |
| 1988 | 115.4 | 101.7 | 110.6 | 106.8 | 120.4 | 111.8 | 113.4 | 119.6 |
| 1989 | 121.0 | 105.9 | 112.2 | 108.4 | 119.4 | 121.2 | 123.6 | 115.7 |
| 1990 | 110.3 | 107.4 | 106.2 | 107.1 | 101.6 | 102.8 | 99.6 | 94.6 |
| 1991 | 114.2 | 116.9 | 113.1 | 118.8 | 102.4 | 102.8 | 106.1 | 100.4 |
| 1992 | 114.2 | 108.8 | 116.1 | 115.3 | 102.7 | 106.6 | 111.1 | 105.9 |
| 1993 | 157.7 | 135.9 | 139.7 | 171.3 | 108.3 | 119.7 | 142.8 | 131.8 |
| 1994 | 106.8 | 139.5 | 122.2 | 148.7 | 115.4 | 109.5 | 107.6 | 106.9 |
| 1995 | 105.5 | 109.5 | 111.3 | 121.2 | 126.2 | 106.3 | 106.4 | 99.5 |
| 1996 | 97.7 | 113.1 | 113.7 | 104.6 | 103.4 | 101.6 | 104.3 | 98.2 |
| 1997 | 97.3 | 114.0 | 108.0 | 107.4 | 95.5 | 98.1 | 99.6 | 99.3 |
| 1998 | 93.1 | 105.5 | 96.6 | 93.0 | 92.9 | 97.0 | 96.6 | 95.4 |
| 1999 | 95.8 | 100.9 | 94.8 | 109.6 | 96.5 | 97.0 | 97.7 | 100.1 |
| 2000 | 103.3 | 102.4 | 98.1 | 144.3 | 101.0 | 97.4 | 99.6 | 99.2 |
| 2001 | 98.6 | 102.3 | 106.5 | 99.1 | 97.1 | 96.8 | 99.0 | 99.6 |
| 2002 | 97.6 | 100.8 | 111.6 | 95.2 | 97.6 | 96.2 | 97.8 | 98.6 |
| 2003 | 106.8 | 100.9 | 107.0 | 115.6 | 102.3 | 97.0 | 99.6 | 99.3 |
| 2004 | 116.9 | 102.4 | 115.9 | 114.2 | 107.7 | 99.4 | 103.5 | 102.1 |
| 2005 | 106.8 | 104.2 | 118.2 | 122.4 | 106.8 | 99.3 | 100.7 | 101.9 |
| 2006 | 103.3 | 102.8 | 105.8 | 120.3 | 100.7 | 100.4 | 101.9 | 102.0 |
| 2007 | 108.4 | 102.2 | 105.4 | 103.4 | 103.2 | 100.3 | 101.7 | 103.0 |
| 2008 | 111.9 | 101.8 | 131.4 | 118.5 | 107.4 | 101.0 | 107.4 | 103.8 |
| 2009 | 85.8 | 102.3 | 98.5 | 83.1 | 92.1 | 97.4 | 100.8 | 99.3 |
| 2010 | 109.4 | 102.0 | 110.9 | 124.7 | 106.8 | 100.3 | 102.4 | 101.5 |
| 2011 | 109.8 | 101.6 | 109.6 | 118.4 | 108.2 | 100.9 | 107.1 | 103.7 |
| 2012 | 92.3 | 103.6 | 96.2 | 102.4 | 96.9 | 98.8 | 98.8 | 102.2 |
| 2013 | 95.1 | 100.2 | 88.9 | 97.6 | 97.7 | 98.6 | 99.2 | 100.8 |
| 2014 | 94.7 | 100.2 | 88.8 | 97.0 | 98.3 | 99.1 | 100.1 | 101.0 |
| 2015 | 87.6 | 98.7 | 85.4 | 74.9 | 95.0 | 98.7 | 96.4 | 100.1 |
| 2016 | 100.3 | 97.0 | 99.6 | 89.7 | 97.7 | 98.7 | 98.7 | 100.0 |
| 2017 | 119.9 | 99.4 | 131.7 | 115.4 | 106.5 | 100.6 | 107.6 | 100.7 |
| 2018 | 106.6 | 99.1 | 106.9 | 116.4 | 104.7 | 100.2 | 109.6 | 101.5 |

| 年 份<br>Year | 9.食品工业<br>Food Industry | 10.纺织工业<br>Textile Industry | 11.缝纫工业<br>Tailoring Industry | 12.皮革工业<br>Leather Industry | 13.造纸工业<br>Paper Industry | 14.文教艺术用品工业<br>Cultural, Educational & Handicrafts Articles | 15.其他工业<br>Other Industry |
|---|---|---|---|---|---|---|---|
| 1985 | 105.5 | 104.3 | 105.1 | 112.1 | 113.7 | 103.2 | |
| 1986 | 102.5 | 102.6 | 100.0 | 101.7 | 105.7 | 99.6 | 109.1 |
| 1987 | 109.4 | 108.3 | 109.6 | 102.9 | 112.1 | 119.9 | 110.0 |
| 1988 | 116.3 | 122.3 | 116.2 | 114.4 | 120.7 | 112.1 | 122.3 |
| 1989 | 114.3 | 122.4 | 118.9 | 118.3 | 123.0 | 111.0 | 118.8 |
| 1990 | 101.0 | 107.2 | 109.1 | 106.3 | 102.3 | 107.3 | 104.7 |
| 1991 | 103.3 | 104.1 | 109.0 | 109.0 | 102.9 | 105.8 | 102.1 |
| 1992 | 106.2 | 99.3 | 100.8 | 112.8 | 102.7 | 102.3 | 109.6 |
| 1993 | 113.5 | 103.8 | 117.9 | 111.8 | 108.9 | 110.6 | 119.1 |
| 1994 | 123.4 | 136.8 | 116.1 | 121.9 | 106.6 | 109.1 | 119.1 |
| 1995 | 123.4 | 117.3 | 116.5 | 121.7 | 144.5 | 111.4 | 124.8 |
| 1996 | 104.2 | 96.0 | 108.2 | 111.3 | 116.1 | 101.5 | 108.5 |
| 1997 | 99.6 | 98.0 | 103.9 | 98.3 | 94.5 | 100.0 | 108.8 |
| 1998 | 98.6 | 94.1 | 97.7 | 98.3 | 94.1 | 94.4 | 102.8 |
| 1999 | 96.7 | 96.0 | 98.0 | 96.8 | 95.9 | 93.6 | 99.9 |
| 2000 | 95.8 | 104.7 | 99.4 | 100.2 | 99.9 | 99.2 | 102.1 |
| 2001 | 100.5 | 98.7 | 99.2 | 100.8 | 99.7 | 97.9 | 104.5 |
| 2002 | 99.6 | 94.7 | 98.7 | 99.3 | 97.9 | 97.4 | 101.7 |
| 2003 | 101.1 | 102.2 | 99.9 | 99.8 | 98.7 | 98.6 | 101.9 |
| 2004 | 106.5 | 104.7 | 101.1 | 101.0 | 101.3 | 99.8 | 103.9 |
| 2005 | 100.9 | 100.3 | 100.5 | 102.5 | 101.4 | 100.3 | 103.4 |
| 2006 | 100.4 | 102.2 | 101.2 | 101.1 | 100.7 | 99.7 | 102.4 |
| 2007 | 107.5 | 100.7 | 100.8 | 102.6 | 101.0 | 99.7 | 103.0 |
| 2008 | 109.6 | 101.3 | 102.1 | 102.7 | 105.8 | 101.4 | 106.1 |
| 2009 | 98.4 | 97.8 | 100.1 | 98.8 | 94.4 | 99.7 | 98.9 |
| 2010 | 103.8 | 109.6 | 102.2 | 101.1 | 103.5 | 100.3 | 102.9 |
| 2011 | 107.7 | 112.2 | 104.3 | 104.1 | 103.0 | 101.3 | 105.1 |
| 2012 | 102.2 | 95.7 | 102.0 | 102.3 | 98.5 | 101.0 | 100.6 |
| 2013 | 101.2 | 99.6 | 101.2 | 102.0 | 97.7 | 99.5 | 99.8 |
| 2014 | 100.0 | 99.2 | 100.4 | 101.7 | 99.2 | 99.5 | 100.4 |
| 2015 | 99.3 | 97.2 | 100.5 | 101.2 | 98.8 | 99.3 | 99.5 |
| 2016 | 100.0 | 98.4 | 100.6 | 101.4 | 99.8 | 100.6 | 101.0 |
| 2017 | 100.5 | 103.1 | 101.2 | 101.0 | 109.5 | 101.5 | 103.9 |
| 2018 | 100.6 | 102.4 | 101.1 | 100.2 | 106.7 | 101.1 | 102.8 |

# 2-1-3 全国按行业分工业生产者出厂价格指数(2018年)
# Producer Price Indices for Industrial Products by Sector(2018)

(上年价格=100) (Preceding year=100)

| | | 2018 |
|---|---|---|
| 煤炭开采和洗选业 | Mining and Washing of Coal | 104.6 |
| 石油和天然气开采业 | Extraction of Petroleum and Natural Gas | 124.3 |
| 黑色金属矿采选业 | Mining and Processing of Ferrous Metal Ores | 103.0 |
| 有色金属矿采选业 | Mining and Processing of Non-Ferrous Metal Ores | 104.4 |
| 非金属矿采选业 | Mining and Processing of Non-Metal Ores | 107.1 |
| 开采专业及辅助性活动 | Mining and Support Activities for Mining | 95.3 |
| 其他采矿业 | Mining of Other Ores | |
| 农副食品加工业 | Processing of Food from Agricultural Products | 100.3 |
| 食品制造业 | Manufacture of Foods | 101.6 |
| 酒、饮料和精制茶制造业 | Manufacture of Liquor,Beverages and Refined Tea | 101.6 |
| 烟草制品业 | Manufacture of Tobacco | 100.4 |
| 纺织业 | Manufacture of Textile | 102.3 |
| 纺织服装、服饰业 | Manufacture of Textile,Wearing Apparel and Accessories | 101.0 |
| 皮革、毛皮、羽毛及其制品和制鞋业 | Manufacture of Leather,Fur,Feather and Related Products and Footware | 100.6 |
| 木材加工和木、竹、藤、棕、草制品业 | Processing of Timber,Manufacture of Wood,Bamboo,Rattan,Palm and Straw Products | 101.7 |
| 家具制造业 | Manufacture of Furniture | 101.2 |
| 造纸和纸制品业 | Manufacture of Paper and Paper Products | 106.7 |
| 印刷和记录媒介复制业 | Printing and Reproduction of Recording Media | 101.8 |
| 文教、工美、体育和娱乐用品制造业 | Manufacture of Articles for Culture,Education,Arts and Crafts,Sport and Entertainment Activities | 99.5 |
| 石油、煤炭及其他燃料加工业 | Processing of Petroleum,Coal and Other Fuel | 116.0 |
| 化学原料和化学制品制造业 | Manufacture of Raw Chemical Materials and Chemical Products | 106.2 |
| 医药制造业 | Manufacture of Medicines | 103.0 |
| 化学纤维制造业 | Manufacture of Chemical Fibres | 105.4 |
| 橡胶和塑料制品业 | Manufacture of Rubber and Plastics Products | 101.6 |
| 非金属矿物制品业 | Manufacture of Non-Metallic Mineral Products | 109.7 |
| 黑色金属冶炼和压延加工业 | Smelting and Pressing of Ferrous Metals | 109.3 |
| 有色金属冶炼和压延加工业 | Smelting and Pressing of Non-Ferrous Metals | 103.3 |
| 金属制品业 | Manufacture of Metal Products | 104.5 |
| 通用设备制造业 | Manufacture of General purpose Machinery | 101.6 |
| 专用设备制造业 | Manufacture of Special purpose Machinery | 101.1 |
| 汽车制造业 | Manufacture of Automobiles | 100.1 |
| 铁路、船舶、航空航天和其他运输设备制造业 | Manufacture of Railway,Ship,Aerospace and Other Transport Equipments | 100.9 |
| 电气机械和器材制造业 | Manufacture of Electrical Machinery and Apparatus | 100.1 |
| 计算机、通信和其他电子设备制造业 | Manufacture of Computers,Communication and Other Electronic Equipment | 98.6 |
| 仪器仪表制造业 | Manufacture of Measuring Instruments and Machinery | 99.7 |
| 其他制造业 | Other Manufacture | 101.2 |
| 废弃资源综合利用业 | Utilization of Waste Resources | 115.0 |
| 金属制品、机械和设备修理业 | Repair Service of Metal Products,Machinery and Equipment | 100.6 |
| 电力、热力生产和供应业 | Production and Supply of Electric Power and Heat Power | 99.0 |
| 燃气生产和供应业 | Production and Supply of Gas | 104.0 |
| 水的生产和供应业 | Production and Supply of Water | 101.5 |

# 2-1-4 全国主要产品工业生产者出厂价格指数(1993～2018年)
# Producer Price Indices for Main Industrial Products (1993~2018)

(上年价格=100) (Preceding year=100)

| 年 份<br>Year | 原 煤<br>(无烟煤)<br>Raw Coal | 原 油<br>Crude Oil | 木 材<br>(普通锯材)<br>Wood | 水泥〔普通硅酸盐水泥(回转窑)〕<br>Cement | 钢材<br>(普通大型钢材)<br>Rolled Steel | 生 铁<br>Pig Iron | 汽 油<br>Gasoline | 重 油<br>Heavy Oil |
|---|---|---|---|---|---|---|---|---|
| 1993 | 136.8 | 184.9 | 136.9 | 151.3 | 252.2 | 210.3 | 165.4 | 157.2 |
| 1994 | 123.1 | 168.6 | 99.2 | 106.9 | 114.8 | 108.4 | 125.9 | 128.1 |
| 1995 | 113.7 | 129.9 | 106.6 | 100.2 | 83.9 | 93.6 | 113.1 | 112.8 |
| 1996 | 112.9 | 110.3 | 97.2 | 104.3 | 91.8 | 97.1 | 100.1 | 106.2 |
| 1997 | 108.6 | 104.9 | 99.2 | 94.4 | 95.2 | 96.3 | 104.8 | 112.3 |
| 1998 | 100.8 | 96.5 | 118.2 | 99.5 | 96.5 | 99.6 | 99.5 | 97.7 |
| 1999 | 91.3 | 120.3 | 98.5 | 99.2 | 94.2 | 93.3 | 103.0 | 108.9 |
| 2000 | 97.3 | 174.8 | 99.3 | 98.2 | 92.4 | 98.8 | 130.5 | 136.3 |
| 2001 | 102.7 | 89.9 | 99.3 | 99.8 | 97.4 | 99.5 | 89.6 | 92.9 |
| 2002 | 119.2 | 94.1 | 100.1 | 99.5 | 95.1 | 101.2 | 96.3 | 96.2 |
| 2003 | 103.9 | 119.8 | 101.0 | 100.1 | 113.0 | 122.9 | 117.1 | 120.7 |
| 2004 | 118.5 | 120.3 | 101.6 | 104.6 | 119.3 | 131.7 | 111.0 | 102.5 |
| 2005 | 129.9 | 131.1 | 104.5 | 99.9 | 101.5 | 103.7 | 121.2 | 120.0 |
| 2006 | 104.6 | 122.3 | 103.2 | 103.6 | 94.8 | 94.5 | 120.8 | 128.7 |
| 2007 | 103.6 | 101.9 | 105.2 | 102.7 | 106.2 | 112.9 | 101.4 | 99.6 |
| 2008 | 128.6 | 122.6 | 111.5 | 110.4 | 124.1 | 131.4 | 118.8 | 113.6 |
| 2009 | 102.4 | 65.1 | 101.7 | 98.7 | 80.0 | 79.4 | 102.6 | 87.7 |
| 2010 | 110.6 | 138.7 | 104.0 | 102.4 | 107.4 | 111.9 | 112.4 | 124.7 |
| 2011 | 113.7 | 129.3 | 104.2 | 112.7 | 111.6 | 112.8 | 116.4 | 114.0 |
| 2012 | 97.4 | 99.2 | 103.4 | 92.2 | 87.1 | 90.9 | 103.6 | 101.5 |
| 2013 | 89.7 | 94.6 | 101.6 | 95.3 | 93.2 | 93.1 | 97.6 | 96.8 |
| 2014 | 88.6 | 95.3 | 100.6 | 99.7 | 91.0 | 92.5 | 97.4 | 93.2 |
| 2015 | 83.4 | 56.4 | 99.9 | 88.4 | 78.7 | 83.3 | 80.0 | 78.3 |
| 2016 | 94.3 | 82.9 | 99.5 | 98.2 | 111.9 | 99.0 | 94.0 | 88.7 |
| 2017 | 126.2 | 132.8 | 99.7 | 120.8 | 133.0 | 131.9 | 111.8 | 114.7 |
| 2018 | 108.1 | 127.0 | 100.1 | 120.5 | 110.0 | 110.6 | 115.6 | 116.3 |

# 2-1-5 各地区工业生产者出厂价格总指数(1987 ~ 2018年)
## Producer Price Indices for Industrial Products by Region (1987~2018)

(上年价格=100) (Preceding year=100)

| 地 区 | Region | 1987 | 1988 | 1989 | 1990 | 1991 | 1992 | 1993 | 1994 | 1995 | 1996 | 1997 | 1998 | 1999 | 2000 | 2001 | 2002 |
|---|---|---|---|---|---|---|---|---|---|---|---|---|---|---|---|---|---|
| **全 国** | **National** | **107.9** | **115.0** | **118.6** | **104.1** | **106.2** | **106.8** | **124.0** | **119.5** | **114.9** | **102.9** | **99.7** | **95.9** | **97.6** | **102.8** | **98.7** | **97.8** |
| 北 京 | Beijing | | | | 107.9 | 105.8 | 107.8 | 128.3 | 111.8 | 116.7 | 103.2 | 100.6 | 95.1 | 97.8 | 102.5 | 99.4 | 96.6 |
| 天 津 | Tianjin | | | | | | 105.2 | 126.3 | 120.4 | 110.2 | 102.8 | 98.3 | 94.7 | 96.4 | 102.8 | 95.9 | 95.9 |
| 河 北 | Hebei | | | | | | 108.6 | 129.1 | 119.1 | 111.4 | 101.1 | 98.8 | 94.4 | 95.9 | 105.3 | 99.9 | 99.4 |
| 山 西 | Shanxi | | | | 106.4 | 106.8 | 114.2 | 132.5 | 120.1 | 113.5 | 106.4 | 102.2 | 97.5 | 95.3 | 100.9 | 100.3 | 103.6 |
| 内蒙古 | Inner Mongolia | 107.9 | 110.7 | 121.5 | 105.2 | 108.7 | 109.8 | 133.2 | 112.1 | 109.1 | 101.7 | 101.5 | 98.0 | 100.4 | 102.8 | 100.1 | 99.3 |
| 辽 宁 | Liaoning | | 122.4 | 121.2 | 103.8 | 119.2 | 111.8 | 138.4 | 119.9 | 109.9 | 102.1 | 100.1 | 95.8 | 102.0 | 108.8 | 98.6 | 97.8 |
| 吉 林 | Jilin | | 112.9 | 121.5 | 104.5 | 106.4 | 111.4 | 127.9 | 115.7 | 115.0 | 103.8 | 101.4 | 96.9 | 100.1 | 105.1 | 100.3 | 98.6 |
| 黑龙江 | Heilongjiang | | | | | | 111.6 | 141.3 | 127.7 | 116.0 | 104.6 | 102.3 | 97.7 | 107.4 | 122.9 | 95.9 | 97.8 |
| 上 海 | Shanghai | | | | | | 111.4 | 128.1 | 118.1 | 111.5 | 98.6 | 98.9 | 93.9 | 97.6 | 102.5 | 96.7 | 96.4 |
| 江 苏 | Jiangsu | | | | | 103.2 | 103.6 | 118.5 | 121.4 | 114.1 | 100.7 | 97.9 | 94.5 | 96.1 | 101.1 | 99.1 | 97.6 |
| 浙 江 | Zhejiang | | | | 100.4 | 101.8 | 104.8 | 117.3 | 117.5 | 112.3 | 99.5 | 99.2 | 96.0 | 96.8 | 101.1 | 98.3 | 96.9 |
| 安 徽 | Anhui | | | | | | 108.7 | 125.3 | 120.9 | 117.1 | 101.6 | 99.4 | 96.4 | 92.9 | 98.9 | 98.6 | 99.8 |
| 福 建 | Fujian | | | | | | 102.7 | 117.1 | 116.9 | 115.7 | 101.8 | 100.3 | 95.7 | 96.6 | 100.5 | 98.1 | 97.2 |
| 江 西 | Jiangxi | | | | | | | 115.3 | 124.7 | 114.8 | 104.1 | 101.7 | 98.4 | 96.1 | 101.0 | 98.1 | 98.5 |
| 山 东 | Shandong | | | 123.8 | 104.7 | 103.0 | 109.5 | 123.0 | 124.2 | 117.0 | 104.2 | 101.1 | 96.0 | 97.2 | 105.9 | 99.1 | 98.8 |
| 河 南 | Henan | | | 119.7 | 105.5 | 104.3 | 106.2 | 118.1 | 124.1 | 115.0 | 104.1 | 100.6 | 95.3 | 95.4 | 104.0 | 100.5 | 98.6 |
| 湖 北 | Hubei | | | 116.7 | 109.0 | 108.1 | 111.0 | 126.3 | 126.2 | 113.1 | 102.7 | 98.6 | 96.2 | 97.8 | 101.7 | 99.0 | 98.2 |
| 湖 南 | Hunan | | | 118.1 | 100.6 | 104.7 | 111.1 | 128.9 | 117.6 | 121.4 | 105.7 | 99.2 | 95.9 | 98.5 | 102.9 | 99.8 | 99.2 |
| 广 东 | Guangdong | | | | | | | 124.1 | 126.0 | 112.3 | 101.8 | 100.1 | 94.8 | 97.7 | 103.4 | 98.5 | 96.5 |
| 广 西 | Guangxi | 106.4 | | | 101.5 | 103.3 | 112.5 | 121.1 | 118.8 | 117.2 | 102.6 | 97.7 | 95.4 | 95.6 | 105.5 | 106.3 | 95.6 |
| 海 南 | Hainan | | | | | | | | | | | | | | | | 98.7 |
| 重 庆 | Chongqing | | | | 103.4 | 105.1 | 117.2 | 118.4 | 113.4 | 112.4 | 104.1 | 98.0 | 94.6 | 97.7 | 98.6 | 98.1 | 97.6 |
| 四 川 | Sichuan | | | 117.9 | 103.5 | 105.9 | 106.1 | 127.4 | 114.7 | 112.2 | 102.2 | 101.2 | 97.3 | 97.0 | 98.1 | 100.4 | 97.7 |
| 贵 州 | Guizhou | | | | | | 101.6 | 118.1 | 113.3 | 113.1 | 104.9 | 101.2 | 98.2 | 99.7 | 100.4 | 102.2 | 98.9 |
| 云 南 | Yunnan | | | | | 106.3 | 105.3 | 125.0 | 116.7 | 110.2 | 101.4 | 100.7 | 97.2 | 98.2 | 101.2 | 99.9 | 98.2 |
| 西 藏 | Tibet | | | | | | | | | | | | | | | | |
| 陕 西 | Shaanxi | | | | | | 107.9 | 119.8 | 119.9 | 112.6 | 104.2 | 103.7 | 96.6 | 97.9 | 101.5 | 100.4 | 100.7 |
| 甘 肃 | Gansu | | | 122.0 | 110.7 | 104.2 | 112.1 | 125.3 | 121.2 | 114.9 | 104.4 | 104.9 | 95.2 | 98.1 | 107.2 | 98.5 | 97.9 |
| 青 海 | Qinghai | | | 112.7 | 109.5 | 108.7 | 102.6 | 124.4 | 124.9 | 114.6 | 106.7 | 104.3 | 100.7 | 102.8 | 108.1 | 93.7 | 97.6 |
| 宁 夏 | Ningxia | | | | | | | | | | | 100.3 | 97.7 | 98.4 | 103.6 | 100.3 | 99.7 |
| 新 疆 | Xinjiang | | | | | | 107.5 | 126.2 | 118.4 | 117.2 | 104.9 | 104.9 | 95.8 | 100.2 | 129.4 | 96.3 | 97.3 |

2-1-5 续表 Continued

(上年价格=100) (Preceding year=100)

| 地 区 Region | 2003 | 2004 | 2005 | 2006 | 2007 | 2008 | 2009 | 2010 | 2011 | 2012 | 2013 | 2014 | 2015 | 2016 | 2017 | 2018 |
|---|---|---|---|---|---|---|---|---|---|---|---|---|---|---|---|---|
| **全 国 National** | **102.3** | **106.1** | **104.9** | **103.0** | **103.1** | **106.9** | **94.6** | **105.5** | **106.0** | **98.3** | **98.1** | **98.1** | **94.8** | **98.6** | **106.3** | **103.5** |
| 北 京 Beijing | 101.5 | 103.0 | 101.3 | 99.1 | 99.7 | 103.3 | 94.4 | 102.2 | 102.3 | 98.4 | 97.4 | 99.1 | 96.9 | 98.1 | 100.7 | 100.0 |
| 天 津 Tianjin | 102.5 | 104.1 | 100.1 | 100.6 | 101.5 | 104.1 | 92.5 | 105.1 | 103.8 | 97.0 | 97.0 | 96.3 | 90.3 | 97.9 | 108.4 | 105.4 |
| 河 北 Hebei | 107.1 | 111.6 | 104.4 | 100.8 | 106.9 | 116.7 | 89.1 | 109.0 | 107.7 | 94.7 | 96.6 | 95.2 | 89.1 | 99.9 | 115.0 | 106.2 |
| 山 西 Shanxi | 112.2 | 116.1 | 110.2 | 101.0 | 107.4 | 122.4 | 92.0 | 109.5 | 107.5 | 94.5 | 90.7 | 91.4 | 87.7 | 96.8 | 119.4 | 106.7 |
| 内蒙古 Inner Mongolia | 103.2 | 105.1 | 105.1 | 103.0 | 105.7 | 112.5 | 96.2 | 106.7 | 107.8 | 100.2 | 97.0 | 97.3 | 94.0 | 98.9 | 110.6 | 103.2 |
| 辽 宁 Liaoning | 103.6 | 107.1 | 105.1 | 104.1 | 104.4 | 110.9 | 94.0 | 107.4 | 106.5 | 99.9 | 99.0 | 98.2 | 93.9 | 98.8 | 108.1 | 104.8 |
| 吉 林 Jilin | 102.5 | 105.0 | 104.3 | 101.7 | 102.7 | 104.9 | 96.1 | 105.2 | 105.4 | 99.1 | 98.7 | 99.1 | 95.3 | 98.4 | 103.1 | 102.8 |
| 黑龙江 Heilongjiang | 111.9 | 113.1 | 116.7 | 109.9 | 105.3 | 114.0 | 87.4 | 115.0 | 112.0 | 100.0 | 98.0 | 97.1 | 86.0 | 95.1 | 109.3 | 109.0 |
| 上 海 Shanghai | 101.4 | 103.6 | 101.7 | 100.6 | 101.2 | 102.2 | 93.8 | 102.3 | 102.9 | 98.4 | 98.2 | 98.9 | 96.1 | 98.8 | 103.5 | 101.7 |
| 江 苏 Jiangsu | 102.3 | 106.5 | 102.6 | 101.5 | 102.6 | 104.6 | 95.2 | 107.3 | 106.2 | 97.1 | 98.0 | 98.3 | 95.3 | 98.1 | 104.8 | 102.8 |
| 浙 江 Zhejiang | 100.6 | 105.0 | 102.3 | 103.8 | 102.4 | 104.3 | 94.9 | 106.2 | 105.0 | 97.3 | 98.2 | 98.8 | 96.4 | 98.3 | 104.8 | 103.4 |
| 安 徽 Anhui | 103.5 | 108.2 | 103.3 | 103.1 | 103.6 | 108.4 | 92.8 | 109.0 | 108.3 | 98.3 | 98.2 | 97.4 | 93.9 | 98.5 | 108.0 | 103.0 |
| 福 建 Fujian | 100.7 | 102.6 | 100.2 | 99.2 | 100.8 | 102.7 | 95.5 | 103.2 | 103.9 | 98.7 | 98.4 | 98.6 | 97.0 | 99.1 | 104.1 | 102.8 |
| 江 西 Jiangxi | 104.0 | 109.7 | 108.8 | 109.7 | 106.2 | 106.4 | 93.0 | 115.3 | 111.3 | 96.5 | 98.5 | 97.8 | 93.7 | 98.6 | 107.9 | 104.2 |
| 山 东 Shandong | 103.5 | 106.4 | 103.7 | 102.3 | 103.3 | 108.6 | 94.1 | 107.2 | 106.0 | 98.4 | 98.4 | 98.4 | 95.2 | 98.5 | 105.5 | 103.7 |
| 河 南 Henan | 105.0 | 110.2 | 106.1 | 104.3 | 105.2 | 112.1 | 94.9 | 107.8 | 107.2 | 99.4 | 98.5 | 98.1 | 95.4 | 99.0 | 106.8 | 103.6 |
| 湖 北 Hubei | 103.5 | 105.7 | 104.5 | 102.9 | 103.9 | 106.1 | 95.6 | 104.9 | 106.6 | 100.3 | 99.2 | 98.4 | 96.7 | 99.0 | 105.6 | 104.2 |
| 湖 南 Hunan | 102.6 | 108.0 | 106.0 | 104.3 | 106.1 | 109.3 | 94.3 | 106.9 | 108.5 | 99.1 | 98.5 | 98.4 | 96.3 | 98.9 | 105.8 | 103.2 |
| 广 东 Guangdong | 99.3 | 101.7 | 101.5 | 101.4 | 101.3 | 103.1 | 95.8 | 103.2 | 103.7 | 99.5 | 98.8 | 98.9 | 96.8 | 99.4 | 103.3 | 101.8 |
| 广 西 Guangxi | 102.8 | 109.7 | 104.9 | 109.6 | 104.5 | 109.0 | 93.5 | 112.0 | 108.5 | 97.8 | 98.2 | 98.4 | 97.0 | 99.1 | 107.6 | 103.2 |
| 海 南 Hainan | 99.5 | 100.0 | 99.5 | 100.8 | 102.7 | 104.5 | 90.6 | 107.7 | 108.8 | 100.8 | 99.5 | 97.6 | 89.8 | 96.0 | 108.8 | 108.2 |
| 重 庆 Chongqing | 100.6 | 103.3 | 103.0 | 102.2 | 103.5 | 105.8 | 95.5 | 103.1 | 103.8 | 99.9 | 98.0 | 98.3 | 97.2 | 98.6 | 104.1 | 102.1 |
| 四 川 Sichuan | 100.5 | 105.4 | 104.0 | 101.9 | 103.9 | 109.3 | 96.5 | 105.0 | 107.3 | 98.6 | 98.7 | 98.7 | 96.4 | 98.9 | 106.5 | 103.6 |
| 贵 州 Guizhou | 103.4 | 108.0 | 107.2 | 104.3 | 105.0 | 112.4 | 95.1 | 104.7 | 105.4 | 101.0 | 97.4 | 98.3 | 96.1 | 97.9 | 107.2 | 101.8 |
| 云 南 Yunnan | 101.4 | 108.8 | 104.5 | 104.6 | 105.7 | 105.8 | 91.5 | 108.8 | 104.7 | 97.9 | 97.5 | 97.8 | 94.9 | 97.6 | 105.2 | 102.4 |
| 西 藏 Tibet | | | | 106.0 | 101.1 | 105.6 | 98.2 | 105.8 | 104.3 | 99.7 | 99.8 | 99.0 | 93.2 | 102.9 | 110.0 | 100.1 |
| 陕 西 Shaanxi | 105.7 | 107.3 | 110.4 | 109.6 | 102.9 | 108.4 | 96.1 | 108.7 | 107.2 | 100.7 | 97.3 | 97.1 | 90.8 | 97.6 | 110.8 | 105.4 |
| 甘 肃 Gansu | 110.0 | 114.3 | 109.6 | 109.8 | 105.5 | 104.9 | 91.0 | 115.0 | 111.0 | 96.8 | 96.9 | 96.7 | 87.0 | 94.9 | 114.5 | 109.5 |
| 青 海 Qinghai | 105.5 | 111.2 | 110.2 | 109.5 | 104.2 | 107.6 | 91.3 | 109.3 | 107.4 | 96.9 | 97.0 | 96.1 | 93.1 | 98.5 | 116.7 | 104.8 |
| 宁 夏 Ningxia | 103.9 | 110.0 | 106.2 | 106.2 | 103.7 | 112.9 | 93.9 | 109.1 | 109.5 | 97.4 | 96.0 | 96.3 | 93.7 | 99.1 | 112.1 | 107.3 |
| 新 疆 Xinjiang | 115.1 | 116.4 | 116.6 | 114.4 | 106.3 | 116.4 | 85.5 | 125.3 | 114.8 | 96.9 | 96.5 | 96.2 | 82.4 | 94.5 | 113.7 | 111.2 |

# 2-1-6 各地区工业生产者出厂价格分类指数(2018年)
# Producer Price Indices for Industrial Products by Region (2018)

(上年价格=100) (Preceding year=100)

| 地 区 | Region | 总指数 General Index | 轻工业 Light Industry | 1.以农产品为原料 Processing of Agricultural Products | 2.以非农产品为原料 Processing of Nonagricultural Products | 重工业 Heavy Industry | 1.采 掘 Mining & Quarrying Industry | 2.原 料 Raw Materials Industry | 3.加 工 Processing Industry |
|---|---|---|---|---|---|---|---|---|---|
| **全 国** | **National** | **103.5** | **101.1** | **101.5** | **100.5** | **104.4** | **108.8** | **106.5** | **103.2** |
| 北 京 | Beijing | 100.0 | 99.9 | 100.4 | 99.2 | 100.0 | 99.4 | 101.3 | 99.5 |
| 天 津 | Tianjin | 105.4 | 100.2 | 100.2 | 100.2 | 106.6 | 120.5 | 111.6 | 102.5 |
| 河 北 | Hebei | 106.2 | 101.5 | 101.4 | 101.9 | 107.2 | 106.6 | 106.9 | 107.5 |
| 山 西 | Shanxi | 106.7 | 101.1 | 100.9 | 102.0 | 107.0 | 103.4 | 109.3 | 106.2 |
| 内蒙古 | Inner Mongolia | 103.2 | 100.8 | 100.7 | 101.5 | 103.7 | 105.3 | 102.1 | 104.3 |
| 辽 宁 | Liaoning | 104.8 | 101.2 | 101.3 | 100.6 | 105.6 | 110.6 | 109.2 | 103.6 |
| 吉 林 | Jilin | 102.8 | 101.4 | 101.6 | 100.5 | 103.2 | 113.0 | 104.3 | 101.5 |
| 黑龙江 | Heilongjiang | 109.0 | 101.0 | 100.8 | 102.8 | 112.4 | 125.2 | 110.0 | 103.3 |
| 上 海 | Shanghai | 101.7 | 100.5 | 101.9 | 99.2 | 102.0 | 116.4 | 107.5 | 100.6 |
| 江 苏 | Jiangsu | 102.8 | 100.8 | 101.4 | 100.2 | 103.4 | 111.3 | 107.6 | 102.1 |
| 浙 江 | Zhejiang | 103.4 | 102.3 | 102.0 | 102.7 | 104.2 | 110.5 | 106.4 | 103.1 |
| 安 徽 | Anhui | 103.0 | 100.9 | 101.0 | 100.8 | 103.9 | 99.6 | 106.5 | 103.5 |
| 福 建 | Fujian | 102.8 | 101.2 | 101.4 | 100.7 | 104.1 | 104.2 | 107.7 | 102.7 |
| 江 西 | Jiangxi | 104.2 | 100.3 | 102.2 | 96.7 | 105.9 | 106.9 | 107.6 | 105.0 |
| 山 东 | Shandong | 103.7 | 101.2 | 101.5 | 100.5 | 104.6 | 109.8 | 106.7 | 103.1 |
| 河 南 | Henan | 103.6 | 101.3 | 101.7 | 99.9 | 104.5 | 106.7 | 105.2 | 103.9 |
| 湖 北 | Hubei | 104.2 | 101.9 | 101.8 | 102.5 | 105.4 | 107.0 | 107.7 | 104.6 |
| 湖 南 | Hunan | 103.2 | 101.9 | 102.0 | 101.8 | 103.7 | 107.3 | 103.3 | 103.6 |
| 广 东 | Guangdong | 101.8 | 100.7 | 101.2 | 100.3 | 102.4 | 108.8 | 104.6 | 101.6 |
| 广 西 | Guangxi | 103.2 | 98.8 | 98.3 | 101.2 | 104.7 | 103.8 | 105.2 | 104.6 |
| 海 南 | Hainan | 108.2 | 102.8 | 104.0 | 93.2 | 109.6 | 118.2 | 111.4 | 104.6 |
| 重 庆 | Chongqing | 102.1 | 101.5 | 101.5 | 101.5 | 102.2 | 105.2 | 104.8 | 101.7 |
| 四 川 | Sichuan | 103.6 | 101.6 | 102.6 | 98.6 | 104.5 | 102.3 | 105.4 | 104.5 |
| 贵 州 | Guizhou | 101.8 | 102.0 | 102.4 | 99.8 | 101.8 | 103.0 | 100.4 | 103.3 |
| 云 南 | Yunnan | 102.4 | 100.3 | 100.2 | 101.4 | 103.1 | 103.8 | 101.3 | 105.7 |
| 西 藏 | Tibet | 100.1 | 104.2 | 104.7 | 101.0 | 98.5 | 104.4 | 84.9 | 98.4 |
| 陕 西 | Shaanxi | 105.4 | 101.4 | 101.7 | 100.2 | 106.2 | 104.1 | 108.2 | 106.1 |
| 甘 肃 | Gansu | 109.5 | 99.7 | 99.7 | 99.4 | 110.7 | 120.2 | 110.6 | 107.3 |
| 青 海 | Qinghai | 104.8 | 103.7 | 104.9 | 100.0 | 104.9 | 112.6 | 103.6 | 103.9 |
| 宁 夏 | Ningxia | 107.3 | 101.9 | 101.9 | 101.5 | 108.2 | 107.7 | 108.9 | 106.5 |
| 新 疆 | Xinjiang | 111.2 | 99.8 | 100.0 | 99.2 | 112.8 | 125.9 | 108.1 | 108.5 |

2-1-6 续表 Continued

(上年价格=100) (Preceding year=100)

| 地区 | Region | 生产资料 Means of Production | 1.采掘 Mining & Quarrying Industry | 2.原料 Raw Materials Industry | 3.加工 Processing Industry | 生活资料 Consumer Goods | 1.食品 Food | 2.衣着 Clothing | 3.一般日用品 Articles for Daily Use | 4.耐用消费品 Durable Consumer Goods |
|---|---|---|---|---|---|---|---|---|---|---|
| **全 国** | **National** | **104.6** | **108.8** | **106.3** | **103.5** | **100.5** | **100.5** | **100.8** | **101.0** | **99.8** |
| 北 京 | Beijing | 100.4 | 99.4 | 101.3 | 99.9 | 99.3 | 100.3 | 99.1 | 99.9 | 98.9 |
| 天 津 | Tianjin | 107.4 | 120.5 | 112.0 | 103.4 | 99.0 | 100.1 | 100.8 | 102.4 | 96.2 |
| 河 北 | Hebei | 107.1 | 106.6 | 106.6 | 107.3 | 101.3 | 100.5 | 102.3 | 101.4 | 102.4 |
| 山 西 | Shanxi | 107.2 | 103.4 | 109.3 | 107.0 | 99.8 | 100.4 | 100.8 | 110.8 | 94.2 |
| 内蒙古 | Inner Mongolia | 103.8 | 105.3 | 101.8 | 104.9 | 100.2 | 100.9 | 95.9 | 100.2 | 96.8 |
| 辽 宁 | Liaoning | 105.8 | 110.6 | 109.3 | 103.8 | 100.8 | 102.0 | 100.2 | 101.3 | 98.5 |
| 吉 林 | Jilin | 104.4 | 113.0 | 104.5 | 102.6 | 100.4 | 100.7 | 99.8 | 101.0 | 100.0 |
| 黑龙江 | Heilongjiang | 112.3 | 125.2 | 110.6 | 103.2 | 100.6 | 100.5 | 99.0 | 101.5 | 100.8 |
| 上 海 | Shanghai | 102.3 | 116.4 | 107.4 | 100.9 | 100.2 | 101.0 | 100.2 | 100.9 | 99.4 |
| 江 苏 | Jiangsu | 103.4 | 111.3 | 106.8 | 102.4 | 100.3 | 99.5 | 101.4 | 100.5 | 99.9 |
| 浙 江 | Zhejiang | 104.2 | 110.5 | 106.2 | 103.4 | 101.2 | 100.4 | 101.3 | 101.5 | 100.9 |
| 安 徽 | Anhui | 103.9 | 99.6 | 106.7 | 103.5 | 100.7 | 99.8 | 103.2 | 101.0 | 100.8 |
| 福 建 | Fujian | 104.2 | 104.2 | 107.2 | 103.1 | 100.2 | 100.9 | 99.8 | 100.1 | 99.3 |
| 江 西 | Jiangxi | 105.3 | 106.9 | 107.6 | 104.2 | 100.9 | 100.9 | 101.7 | 100.5 | 100.2 |
| 山 东 | Shandong | 104.4 | 109.8 | 106.7 | 103.1 | 101.0 | 100.4 | 101.7 | 101.9 | 101.3 |
| 河 南 | Henan | 104.9 | 106.7 | 105.1 | 104.6 | 99.9 | 100.6 | 99.7 | 100.5 | 97.8 |
| 湖 北 | Hubei | 105.6 | 107.0 | 107.2 | 105.0 | 101.2 | 100.5 | 101.3 | 103.6 | 101.1 |
| 湖 南 | Hunan | 104.0 | 107.3 | 103.5 | 104.0 | 100.6 | 100.6 | 100.6 | 101.1 | 99.7 |
| 广 东 | Guangdong | 102.6 | 108.8 | 104.6 | 101.8 | 100.5 | 101.0 | 99.8 | 100.4 | 100.5 |
| 广 西 | Guangxi | 104.9 | 103.8 | 105.1 | 104.9 | 97.7 | 95.5 | 100.4 | 102.0 | 100.6 |
| 海 南 | Hainan | 109.9 | 118.2 | 111.6 | 105.0 | 100.9 | 100.9 | | 104.6 | 94.5 |
| 重 庆 | Chongqing | 103.0 | 105.2 | 105.1 | 102.5 | 100.0 | 100.7 | 100.0 | 99.8 | 99.7 |
| 四 川 | Sichuan | 104.6 | 102.3 | 105.3 | 104.6 | 101.1 | 101.9 | 103.0 | 101.7 | 97.3 |
| 贵 州 | Guizhou | 101.9 | 103.0 | 100.4 | 103.7 | 101.6 | 101.8 | 100.9 | 101.2 | 99.6 |
| 云 南 | Yunnan | 103.2 | 103.8 | 101.4 | 105.6 | 100.3 | 100.2 | 100.9 | 101.4 | 102.0 |
| 西 藏 | Tibet | 98.5 | 104.4 | 85.0 | 98.5 | 103.3 | 103.4 | 100.0 | 102.2 | 103.5 |
| 陕 西 | Shaanxi | 106.4 | 104.1 | 108.5 | 106.5 | 100.6 | 101.1 | 101.6 | 98.6 | 101.2 |
| 甘 肃 | Gansu | 110.5 | 120.2 | 110.5 | 106.8 | 100.9 | 100.9 | 100.9 | 100.6 | 102.2 |
| 青 海 | Qinghai | 105.3 | 112.6 | 103.6 | 104.7 | 101.2 | 102.5 | 101.6 | 96.8 | 107.7 |
| 宁 夏 | Ningxia | 107.7 | 107.7 | 108.4 | 106.1 | 103.7 | 103.0 | 95.6 | 107.6 | 99.7 |
| 新 疆 | Xinjiang | 112.3 | 125.9 | 107.8 | 107.8 | 99.3 | 98.8 | 98.7 | 101.8 | 101.0 |

# 2-1-7 各地区按部门分工业生产者出厂价格指数（2018年）
## Producer Price Indices for Industrial Products by Branch and Region (2018)

（上年价格=100） (Preceding year=100)

| 地 区 | Region | 1.冶金工业 Metallurgical Industry | 2.电力工业 Power Industry | 3.煤炭及炼焦工业 Coal and Coking Industry | 4.石油工业 Petroleum Industry | 5.化学工业 Chemical Industry | 6.机械工业 Machinery Industry | 7.建筑材料工业 Building Materials Industry | 8.森林工业 Forest Industry |
|---|---|---|---|---|---|---|---|---|---|
| **全 国** | **National** | **106.6** | **99.1** | **106.9** | **116.4** | **104.7** | **100.2** | **109.6** | **101.5** |
| 北 京 | Beijing | 101.5 | 98.9 | 101.1 | 106.5 | 100.4 | 98.8 | 106.9 | 101.9 |
| 天 津 | Tianjin | 108.9 | 100.3 | 103.9 | 124.3 | 106.1 | 98.6 | 109.4 | 100.2 |
| 河 北 | Hebei | 109.2 | 100.2 | 111.3 | 118.3 | 103.9 | 101.2 | 108.4 | 102.8 |
| 山 西 | Shanxi | 109.1 | 100.6 | 109.1 | 105.9 | 105.6 | 100.9 | 108.1 | 102.8 |
| 内蒙古 | Inner Mongolia | 105.1 | 97.0 | 105.8 | 113.1 | 104.1 | 99.1 | 101.6 | 100.2 |
| 辽 宁 | Liaoning | 108.1 | 100.1 | 104.5 | 116.3 | 103.4 | 100.3 | 104.2 | 99.1 |
| 吉 林 | Jilin | 107.0 | 100.5 | 107.5 | 116.4 | 102.4 | 99.9 | 103.1 | 101.7 |
| 黑龙江 | Heilongjiang | 108.7 | 99.8 | 110.1 | 123.0 | 108.9 | 100.7 | 108.3 | 99.6 |
| 上 海 | Shanghai | 103.3 | 99.0 | 105.7 | 117.6 | 102.3 | 99.5 | 115.0 | 100.1 |
| 江 苏 | Jiangsu | 107.0 | 101.0 | 107.3 | 112.2 | 106.0 | 99.5 | 114.6 | 100.9 |
| 浙 江 | Zhejiang | 105.4 | 98.9 |  | 112.3 | 106.9 | 100.2 | 122.3 | 101.6 |
| 安 徽 | Anhui | 104.4 | 99.4 | 102.7 | 119.6 | 103.8 | 100.3 | 117.6 | 101.1 |
| 福 建 | Fujian | 105.7 | 99.3 | 102.8 | 119.3 | 104.6 | 100.0 | 106.1 | 101.2 |
| 江 西 | Jiangxi | 108.5 | 100.2 | 109.4 | 112.4 | 103.1 | 98.5 | 111.3 | 102.5 |
| 山 东 | Shandong | 103.7 | 97.7 | 109.3 | 115.0 | 104.3 | 101.6 | 109.8 | 103.1 |
| 河 南 | Henan | 105.0 | 101.4 | 112.0 | 113.1 | 104.7 | 100.7 | 104.7 | 101.7 |
| 湖 北 | Hubei | 108.4 | 100.5 | 104.4 | 118.1 | 106.0 | 101.2 | 112.8 | 102.2 |
| 湖 南 | Hunan | 104.9 | 99.4 | 104.2 | 113.4 | 102.8 | 100.2 | 111.8 | 101.2 |
| 广 东 | Guangdong | 106.6 | 96.0 |  | 115.0 | 103.0 | 100.0 | 106.4 | 100.8 |
| 广 西 | Guangxi | 106.0 | 99.9 | 103.9 | 117.4 | 105.5 | 100.5 | 109.1 | 102.3 |
| 海 南 | Hainan | 107.6 | 99.9 |  | 113.6 | 112.9 | 94.8 | 112.3 | 100.4 |
| 重 庆 | Chongqing | 104.7 | 101.6 | 104.3 | 104.4 | 104.3 | 100.0 | 114.0 | 99.9 |
| 四 川 | Sichuan | 106.7 | 98.1 | 102.0 | 108.7 | 105.5 | 101.2 | 110.7 | 101.4 |
| 贵 州 | Guizhou | 102.7 | 99.5 | 101.1 | 102.9 | 102.5 | 99.5 | 109.5 | 99.7 |
| 云 南 | Yunnan | 104.9 | 94.9 | 100.9 | 116.9 | 104.5 | 101.8 | 106.2 | 100.5 |
| 西 藏 | Tibet | 104.4 | 84.5 |  |  | 100.6 | 100.0 | 97.5 | 100.1 |
| 陕 西 | Shaanxi | 110.8 | 101.5 | 102.4 | 112.3 | 103.3 | 100.5 | 113.6 | 101.1 |
| 甘 肃 | Gansu | 109.7 | 102.8 | 108.5 | 121.3 | 106.6 | 101.4 | 101.8 | 100.2 |
| 青 海 | Qinghai | 103.1 | 100.0 | 106.6 | 117.9 | 104.2 | 100.0 | 103.6 | 100.0 |
| 宁 夏 | Ningxia | 105.0 | 101.6 | 110.2 | 119.9 | 111.9 | 100.0 | 104.5 | 100.0 |
| 新 疆 | Xinjiang | 105.9 | 97.8 | 109.5 | 124.4 | 105.0 | 100.6 | 112.3 | 104.0 |

2-1-7 续表 Continued

(上年价格=100) (Preceding year=100)

| 地 区 | Region | 9.食品工业 Food Industry | 10.纺织工业 Textile Industry | 11.缝纫工业 Tailoring Industry | 12.皮革工业 Leather Industry | 13.造纸工业 Paper Industry | 14.文教艺术用品工业 Cultural, Educational & Handicrafts Articles | 15.其他工业 Other Industry |
|---|---|---|---|---|---|---|---|---|
| **全 国** | **National** | **100.6** | **102.4** | **101.1** | **100.2** | **106.7** | **101.1** | **102.8** |
| 北 京 | Beijing | 100.2 | 97.8 | 99.0 | 100.0 | 104.3 | 100.6 | 100.8 |
| 天 津 | Tianjin | 99.9 | 101.1 | 100.6 | 101.6 | 101.8 | 101.2 | 101.9 |
| 河 北 | Hebei | 100.4 | 101.9 | 101.0 | 100.9 | 106.9 | 102.5 | 109.7 |
| 山 西 | Shanxi | 100.9 | 100.5 | 100.8 | 87.4 | 110.9 | 99.8 | 108.8 |
| 内蒙古 | Inner Mongolia | 100.8 | 106.5 | 95.7 | 101.0 | 102.1 | 100.6 | 110.0 |
| 辽 宁 | Liaoning | 101.5 | 99.5 | 100.4 | 99.1 | 105.3 | 102.7 | 120.4 |
| 吉 林 | Jilin | 101.3 | 102.3 | 100.5 | 94.8 | 104.8 | 100.5 | 116.8 |
| 黑龙江 | Heilongjiang | 100.3 | 100.0 | 98.5 | 99.9 | 112.0 | 100.6 | 101.1 |
| 上 海 | Shanghai | 101.2 | 110.3 | 99.7 | 101.3 | 104.4 | 102.7 | 100.2 |
| 江 苏 | Jiangsu | 99.5 | 101.6 | 101.4 | 101.0 | 107.3 | 100.6 | 101.3 |
| 浙 江 | Zhejiang | 100.5 | 102.5 | 101.9 | 99.3 | 105.4 | 101.1 | 101.9 |
| 安 徽 | Anhui | 99.8 | 102.5 | 102.7 | 102.4 | 105.0 | 102.4 | 103.8 |
| 福 建 | Fujian | 101.2 | 103.7 | 100.6 | 99.1 | 105.6 | 100.3 | 100.4 |
| 江 西 | Jiangxi | 100.9 | 104.8 | 102.5 | 99.1 | 106.3 | 100.5 | 102.0 |
| 山 东 | Shandong | 100.7 | 101.2 | 101.4 | 103.0 | 106.1 | 101.8 | 100.0 |
| 河 南 | Henan | 100.5 | 104.2 | 99.9 | 101.5 | 107.2 | 102.5 | 107.6 |
| 湖 北 | Hubei | 100.6 | 103.5 | 101.0 | 103.9 | 111.1 | 101.9 | 100.6 |
| 湖 南 | Hunan | 100.9 | 101.6 | 100.6 | 100.4 | 112.9 | 102.0 | 105.8 |
| 广 东 | Guangdong | 101.1 | 101.7 | 100.4 | 98.7 | 105.7 | 100.0 | 98.0 |
| 广 西 | Guangxi | 96.0 | 108.0 | 99.3 | 101.6 | 105.9 | 104.0 | 103.0 |
| 海 南 | Hainan | 101.3 | 101.4 | | | 109.5 | 101.2 | 100.4 |
| 重 庆 | Chongqing | 100.4 | 99.8 | 101.1 | 99.4 | 108.6 | 102.3 | 103.8 |
| 四 川 | Sichuan | 101.9 | 105.0 | 103.7 | 104.9 | 106.4 | 104.2 | 105.0 |
| 贵 州 | Guizhou | 102.0 | 100.0 | 102.3 | 100.1 | 114.5 | 99.8 | 103.0 |
| 云 南 | Yunnan | 100.1 | 104.8 | 99.2 | | 105.7 | 97.4 | 106.0 |
| 西 藏 | Tibet | 104.8 | 102.6 | 100.0 | 100.0 | 104.3 | 100.0 | 101.2 |
| 陕 西 | Shaanxi | 101.1 | 105.1 | 101.1 | 100.0 | 104.1 | 98.9 | 99.5 |
| 甘 肃 | Gansu | 99.4 | 105.1 | 101.0 | 99.8 | 107.4 | 100.0 | 115.0 |
| 青 海 | Qinghai | 103.2 | 109.7 | 101.6 | | 158.5 | 101.7 | 105.0 |
| 宁 夏 | Ningxia | 102.7 | 100.1 | 99.9 | 95.3 | 108.3 | 79.6 | 123.2 |
| 新 疆 | Xinjiang | 99.1 | 101.8 | 98.7 | 100.1 | 110.5 | 100.4 | 115.4 |

# 2-1-8 各地区按行业分工业生产者出厂价格指数（2018年）
## Producer Price Indices for Industrial Products by Sector and Region (2018)

（上年价格=100） (Preceding year=100)

| 地区 | Region | 1.煤炭开采和洗选业 Mining and Washing of Coal | 2.石油和天然气开采业 Extraction of Petroleum and Natural Gas | 3.黑色金属矿采选业 Mining and Processing of Ferrous Metal Ores | 4.有色金属矿采选业 Mining and Processing of Non-Ferrous Metal Ores | 5.非金属矿采选业 Mining and Processing of Non-Metal Ores |
|---|---|---|---|---|---|---|
| **全　国** | **National** | **104.6** | **124.3** | **103.0** | **104.4** | **107.1** |
| 北　京 | Beijing | 101.1 | | 94.6 | | 104.7 |
| 天　津 | Tianjin | 101.8 | 131.8 | 128.3 | | 103.4 |
| 河　北 | Hebei | 107.2 | 130.3 | 101.8 | 114.4 | 114.7 |
| 山　西 | Shanxi | 106.2 | 108.4 | 101.4 | 99.5 | 101.5 |
| 内蒙古 | Inner Mongolia | 104.7 | 119.8 | 107.1 | 102.5 | 97.1 |
| 辽　宁 | Liaoning | 102.1 | 128.9 | 107.2 | 121.8 | 106.7 |
| 吉　林 | Jilin | 108.8 | 118.0 | 107.9 | 101.5 | 100.8 |
| 黑龙江 | Heilongjiang | 107.6 | 130.1 | 103.8 | 117.0 | 108.9 |
| 上　海 | Shanghai | | 116.4 | | | |
| 江　苏 | Jiangsu | 103.8 | 125.7 | 100.8 | 100.6 | 113.5 |
| 浙　江 | Zhejiang | | | 104.9 | 105.8 | 111.9 |
| 安　徽 | Anhui | 102.5 | | 93.6 | 104.3 | 111.4 |
| 福　建 | Fujian | 102.4 | | 99.3 | 111.1 | 105.8 |
| 江　西 | Jiangxi | 106.1 | | 100.5 | 109.7 | 106.3 |
| 山　东 | Shandong | 106.1 | 128.1 | 101.1 | 97.3 | 113.4 |
| 河　南 | Henan | 109.7 | 112.1 | 106.7 | 103.3 | 103.1 |
| 湖　北 | Hubei | 104.4 | 126.1 | 108.2 | 105.3 | 104.3 |
| 湖　南 | Hunan | 104.0 | | 101.5 | 106.3 | 112.2 |
| 广　东 | Guangdong | | 115.1 | 84.8 | 105.2 | 107.0 |
| 广　西 | Guangxi | 103.9 | 125.1 | 99.0 | 101.8 | 110.5 |
| 海　南 | Hainan | | 121.5 | 111.6 | 125.2 | 99.4 |
| 重　庆 | Chongqing | 104.0 | 105.6 | 100.5 | 109.0 | 109.0 |
| 四　川 | Sichuan | 101.2 | 102.9 | 98.8 | 105.3 | 102.1 |
| 贵　州 | Guizhou | 100.1 | | 98.6 | 100.9 | 103.8 |
| 云　南 | Yunnan | 101.0 | | 101.0 | 105.7 | 100.5 |
| 西　藏 | Tibet | | | 82.1 | 106.5 | 97.5 |
| 陕　西 | Shaanxi | 98.9 | 111.6 | 104.4 | 103.3 | 98.4 |
| 甘　肃 | Gansu | 109.1 | 131.8 | 111.4 | 109.3 | 96.4 |
| 青　海 | Qinghai | 102.8 | 120.5 | 118.2 | 99.1 | 100.2 |
| 宁　夏 | Ningxia | 109.8 | | 101.9 | | 100.0 |
| 新　疆 | Xinjiang | 107.6 | 135.6 | 115.8 | 105.5 | 100.5 |

2-1-8 续表 1 Continued 1

(上年价格=100) (Preceding year=100)

| 地 区 | Region | 6.开采专业及辅助性活动 Mining and Support Activities for Mining | 7.其他采矿业 Mining of Other Ores | 8.农副食品加工业 Processing of Food from Agricultural Products | 9.食品制造业 Manufacture of Foods | 10.酒、饮料和精制茶制造业 Manufacture of Liquor,Beverages and Refined Tea | 11.烟草制品业 Manufacture of Tobacco |
|---|---|---|---|---|---|---|---|
| **全 国** | **National** | **95.3** | | **100.3** | **101.6** | **101.6** | **100.4** |
| 北 京 | Beijing | 98.2 | | 98.3 | 100.7 | 102.1 | 101.4 |
| 天 津 | Tianjin | 99.5 | | 95.9 | 102.4 | 100.7 | 100.6 |
| 河 北 | Hebei | | | 100.4 | 101.0 | 102.1 | 100.2 |
| 山 西 | Shanxi | | | 99.6 | 100.8 | 104.6 | 100.0 |
| 内蒙古 | Inner Mongolia | | | 98.9 | 103.4 | 100.1 | 100.1 |
| 辽 宁 | Liaoning | 93.3 | | 101.9 | 99.4 | 101.2 | 100.3 |
| 吉 林 | Jilin | | | 101.3 | 100.3 | 102.2 | 100.3 |
| 黑龙江 | Heilongjiang | 98.1 | | 100.0 | 101.3 | 102.5 | 100.0 |
| 上 海 | Shanghai | | | 102.1 | 101.9 | 107.6 | 100.5 |
| 江 苏 | Jiangsu | | | 99.0 | 101.9 | 101.5 | 100.1 |
| 浙 江 | Zhejiang | | | 101.4 | 100.6 | 98.9 | 100.4 |
| 安 徽 | Anhui | | | 99.2 | 103.0 | 99.6 | 100.0 |
| 福 建 | Fujian | | | 101.5 | 100.8 | 100.7 | 100.6 |
| 江 西 | Jiangxi | | | 100.7 | 101.3 | 101.6 | 100.5 |
| 山 东 | Shandong | 78.3 | | 100.9 | 102.6 | 101.0 | 100.3 |
| 河 南 | Henan | | | 99.9 | 100.9 | 103.6 | 100.1 |
| 湖 北 | Hubei | | | 100.5 | 102.0 | 100.7 | 100.5 |
| 湖 南 | Hunan | | | 101.0 | 100.1 | 102.7 | 100.0 |
| 广 东 | Guangdong | | | 101.1 | 101.6 | 100.7 | 100.3 |
| 广 西 | Guangxi | | | 94.2 | 100.6 | 101.7 | 100.6 |
| 海 南 | Hainan | | | 99.3 | 101.9 | 104.8 | 102.4 |
| 重 庆 | Chongqing | | | 100.2 | 100.2 | 101.9 | 100.4 |
| 四 川 | Sichuan | | | 102.3 | 101.7 | 101.8 | 100.3 |
| 贵 州 | Guizhou | | | 100.2 | 101.1 | 103.9 | 100.6 |
| 云 南 | Yunnan | | | 98.6 | 101.8 | 99.6 | 100.5 |
| 西 藏 | Tibet | | | 99.5 | 103.5 | 106.0 | |
| 陕 西 | Shaanxi | 110.1 | | 100.7 | 102.6 | 101.3 | 100.3 |
| 甘 肃 | Gansu | | | 99.2 | 99.8 | 98.5 | 100.2 |
| 青 海 | Qinghai | | | 103.4 | 102.1 | 103.5 | |
| 宁 夏 | Ningxia | | | 100.8 | 104.3 | 102.7 | 100.0 |
| 新 疆 | Xinjiang | 94.6 | | 97.2 | 100.3 | 104.7 | 100.0 |

2-1-8 续表 2 Continued 2

(上年价格=100) (Preceding year=100)

| 地区 Region | | 12.纺织业 Manufacture of Textile | 13.纺织服装、服饰业 Manufacture of Textile, Wearing Apparel and Accessories | 14.皮革、毛皮、羽毛及其制品和制鞋业 Manufacture of Leather, Fur,Feather and Related Products and Footware | 15.木材加工及木、竹、藤、棕、草制品业 Processing of Timber, Manufacture of Wood, Bamboo,Rattan,Palm and Straw Products | 16.家具制造业 Manufacture of Furniture |
|---|---|---|---|---|---|---|
| **全 国** | **National** | **102.3** | **101.0** | **100.6** | **101.7** | **101.2** |
| 北 京 | Beijing | 97.8 | 99.0 | 100.0 | 101.3 | 101.7 |
| 天 津 | Tianjin | 103.4 | 99.4 | 104.5 | 100.3 | 100.2 |
| 河 北 | Hebei | 101.9 | 101.0 | 100.9 | 102.3 | 102.5 |
| 山 西 | Shanxi | 100.5 | 100.7 | 87.4 | 101.8 | 104.8 |
| 内蒙古 | Inner Mongolia | 99.8 | 102.0 | 101.0 | 98.4 | 118.3 |
| 辽 宁 | Liaoning | 99.4 | 100.5 | 99.5 | 99.4 | 98.8 |
| 吉 林 | Jilin | 102.3 | 100.5 | 97.6 | 101.9 | 100.1 |
| 黑龙江 | Heilongjiang | 100.0 | 98.5 | 99.9 | 99.4 | 101.0 |
| 上 海 | Shanghai | 109.8 | 99.6 | 101.3 | 99.1 | 101.0 |
| 江 苏 | Jiangsu | 101.5 | 101.5 | 101.4 | 101.0 | 100.7 |
| 浙 江 | Zhejiang | 102.9 | 100.5 | 100.5 | 102.1 | 100.7 |
| 安 徽 | Anhui | 101.9 | 103.0 | 103.4 | 101.0 | 102.6 |
| 福 建 | Fujian | 103.1 | 100.9 | 99.5 | 101.5 | 100.5 |
| 江 西 | Jiangxi | 104.8 | 102.6 | 100.2 | 102.8 | 102.2 |
| 山 东 | Shandong | 101.3 | 100.4 | 103.6 | 103.2 | 102.7 |
| 河 南 | Henan | 103.9 | 100.1 | 101.2 | 102.2 | 100.2 |
| 湖 北 | Hubei | 103.5 | 100.9 | 103.4 | 102.6 | 101.1 |
| 湖 南 | Hunan | 101.6 | 100.6 | 100.1 | 101.2 | 101.2 |
| 广 东 | Guangdong | 100.6 | 100.9 | 99.1 | 102.1 | 100.7 |
| 广 西 | Guangxi | 108.0 | 99.3 | 103.4 | 102.3 | 101.2 |
| 海 南 | Hainan | 101.4 | | | 100.4 | 100.0 |
| 重 庆 | Chongqing | 99.8 | 101.3 | 99.2 | 99.2 | 103.9 |
| 四 川 | Sichuan | 105.0 | 103.7 | 104.0 | 101.4 | 101.6 |
| 贵 州 | Guizhou | 100.0 | 102.3 | 99.2 | 99.6 | 113.2 |
| 云 南 | Yunnan | 104.8 | 99.2 | 112.6 | 100.5 | 101.5 |
| 西 藏 | Tibet | 102.6 | 100.0 | 100.0 | 100.0 | 103.5 |
| 陕 西 | Shaanxi | 105.1 | 101.1 | 103.6 | 101.2 | 100.6 |
| 甘 肃 | Gansu | 105.1 | 101.0 | 99.8 | 100.3 | 100.1 |
| 青 海 | Qinghai | 109.7 | 101.6 | 103.9 | | 100.0 |
| 宁 夏 | Ningxia | 100.0 | 100.0 | 95.3 | 100.0 | 100.0 |
| 新 疆 | Xinjiang | 101.8 | 98.7 | 100.1 | 104.9 | 100.1 |

2-1-8 续表 3 Continued 3

(上年价格=100) (Preceding year=100)

| 地 区 | Region | 17.造纸及纸制品业 Manufacture of Paper and Paper Products | 18.印刷业和记录媒介的复制 Printing, Reproduction of Recording Media | 19.文教、工美、体育和娱乐用品制造业 Manufacture of Articles for Culture,Education, Arts and Crafts,Sport and Entertainment Activities | 20.石油、煤炭及其他燃料加工业 Processing of Petroleum,Coal and Other Fuel | 21.化学原料及化学制品制造业 Manufacture of Raw Chemical Materials and Chemical Products |
|---|---|---|---|---|---|---|
| **全 国** | **National** | **106.7** | **101.8** | **99.5** | **116.0** | **106.2** |
| 北 京 | Beijing | 104.3 | 101.3 | 99.4 | 110.8 | 101.7 |
| 天 津 | Tianjin | 101.8 | 102.2 | 99.4 | 119.9 | 108.0 |
| 河 北 | Hebei | 106.9 | 102.5 | 101.8 | 117.1 | 104.3 |
| 山 西 | Shanxi | 110.9 | 99.5 | 100.4 | 121.1 | 106.4 |
| 内蒙古 | Inner Mongolia | 102.1 | 100.6 | | 115.9 | 104.9 |
| 辽 宁 | Liaoning | 105.3 | 103.6 | 100.9 | 116.1 | 104.9 |
| 吉 林 | Jilin | 104.8 | 100.5 | 101.7 | 113.3 | 104.3 |
| 黑龙江 | Heilongjiang | 112.0 | 101.3 | 100.1 | 115.5 | 113.2 |
| 上 海 | Shanghai | 104.4 | 99.4 | 101.6 | 120.2 | 102.8 |
| 江 苏 | Jiangsu | 107.2 | 101.1 | 99.7 | 112.7 | 107.5 |
| 浙 江 | Zhejiang | 105.4 | 100.3 | 101.4 | 114.4 | 109.8 |
| 安 徽 | Anhui | 105.0 | 102.9 | 102.2 | 122.2 | 106.2 |
| 福 建 | Fujian | 105.6 | 100.2 | 99.2 | 121.7 | 109.5 |
| 江 西 | Jiangxi | 106.3 | 100.7 | 101.3 | 113.7 | 102.2 |
| 山 东 | Shandong | 106.1 | 103.3 | 98.3 | 114.6 | 105.4 |
| 河 南 | Henan | 107.2 | 103.1 | 100.3 | 117.6 | 106.1 |
| 湖 北 | Hubei | 111.1 | 102.3 | 99.9 | 119.2 | 107.5 |
| 湖 南 | Hunan | 112.9 | 102.6 | 99.9 | 114.0 | 103.7 |
| 广 东 | Guangdong | 105.7 | 100.5 | 98.4 | 116.6 | 104.4 |
| 广 西 | Guangxi | 105.9 | 104.7 | 102.5 | 117.8 | 105.0 |
| 海 南 | Hainan | 109.5 | 102.1 | 100.6 | 113.5 | 118.2 |
| 重 庆 | Chongqing | 108.6 | 101.4 | 101.5 | 108.5 | 106.0 |
| 四 川 | Sichuan | 106.4 | 104.7 | 100.1 | 110.0 | 108.3 |
| 贵 州 | Guizhou | 114.5 | 100.3 | 99.3 | 107.8 | 103.2 |
| 云 南 | Yunnan | 105.7 | 97.4 | 91.5 | 109.9 | 106.7 |
| 西 藏 | Tibet | 104.3 | 100.0 | 103.6 | | 100.0 |
| 陕 西 | Shaanxi | 104.1 | 98.8 | 96.7 | 114.6 | 104.9 |
| 甘 肃 | Gansu | 107.4 | 100.0 | 95.8 | 117.8 | 106.5 |
| 青 海 | Qinghai | 158.5 | 101.7 | 100.5 | 112.9 | 104.8 |
| 宁 夏 | Ningxia | 108.3 | 79.6 | | 117.6 | 111.5 |
| 新 疆 | Xinjiang | 110.5 | 100.4 | 100.8 | 118.1 | 107.0 |

2-1-8 续表 4 Continued 4

(上年价格=100) (Preceding year=100)

| 地 区 | Region | 22.医药制造业 Manufacture of Medicines | 23.化学纤维制造业 Manufacture of Chemical Fibers | 24.橡胶和塑料制品业 Manufacture of Rubber and Plastics Products | 25.非金属矿物制品业 Manufacture of Non-metallic Mineral Products |
|---|---|---|---|---|---|
| **全 国** | **National** | **103.0** | **105.4** | **101.6** | **109.7** |
| 北 京 | Beijing | 100.1 | 100.2 | 100.9 | 106.9 |
| 天 津 | Tianjin | 105.3 | 100.9 | 101.5 | 109.7 |
| 河 北 | Hebei | 104.7 | 105.6 | 101.1 | 109.1 |
| 山 西 | Shanxi | 110.1 | | 88.6 | 108.9 |
| 内蒙古 | Inner Mongolia | 103.0 | | 102.3 | 104.4 |
| 辽 宁 | Liaoning | 104.7 | 117.6 | 99.4 | 107.7 |
| 吉 林 | Jilin | 99.8 | 114.1 | 102.4 | 105.9 |
| 黑龙江 | Heilongjiang | 103.1 | 121.2 | 103.0 | 107.0 |
| 上 海 | Shanghai | 100.4 | 110.7 | 101.1 | 113.8 |
| 江 苏 | Jiangsu | 102.9 | 104.8 | 101.7 | 112.8 |
| 浙 江 | Zhejiang | 106.8 | 107.2 | 102.0 | 121.5 |
| 安 徽 | Anhui | 101.1 | 100.8 | 101.6 | 116.8 |
| 福 建 | Fujian | 100.8 | 104.7 | 101.8 | 105.9 |
| 江 西 | Jiangxi | 107.6 | 94.4 | 100.3 | 111.0 |
| 山 东 | Shandong | 101.8 | 97.2 | 101.9 | 108.8 |
| 河 南 | Henan | 104.3 | 107.3 | 101.8 | 106.1 |
| 湖 北 | Hubei | 103.2 | 108.2 | 102.8 | 112.4 |
| 湖 南 | Hunan | 100.6 | 97.8 | 101.6 | 111.6 |
| 广 东 | Guangdong | 103.4 | 106.3 | 101.6 | 106.1 |
| 广 西 | Guangxi | 103.3 | | 108.7 | 109.3 |
| 海 南 | Hainan | 104.6 | | 94.3 | 112.4 |
| 重 庆 | Chongqing | 102.8 | 100.3 | 100.0 | 113.8 |
| 四 川 | Sichuan | 103.2 | 103.3 | 100.5 | 110.9 |
| 贵 州 | Guizhou | 100.9 | | 101.8 | 109.0 |
| 云 南 | Yunnan | 103.5 | 100.3 | 94.5 | 107.3 |
| 西 藏 | Tibet | 100.7 | | | 97.5 |
| 陕 西 | Shaanxi | 100.8 | 100.4 | 103.3 | 113.1 |
| 甘 肃 | Gansu | 111.4 | | 100.2 | 104.4 |
| 青 海 | Qinghai | 101.0 | | 101.0 | 105.4 |
| 宁 夏 | Ningxia | 125.5 | | 103.2 | 110.7 |
| 新 疆 | Xinjiang | 103.0 | 94.2 | 103.5 | 114.2 |

2-1-8 续表 5 Continued 5

(上年价格=100) (Preceding year=100)

| 地 区 | Region | 26.黑色金属冶炼及压延加工业 Smelting and Pressing of Ferrous Metals | 27.有色金属冶炼及压延加工业 Smelting and Pressing of Non-Ferrous Metals | 28.金属制品业 Manufacture of Metal Products | 29.通用设备制造业 Manufacture of General Purpose Machinery | 30.专用设备制造业 Manufacture of Special Purpose Machinery |
|---|---|---|---|---|---|---|
| **全 国** | **National** | **109.3** | **103.3** | **104.5** | **101.6** | **101.1** |
| 北 京 | Beijing | 103.9 | 106.2 | 103.2 | 100.3 | 99.3 |
| 天 津 | Tianjin | 109.9 | 103.2 | 106.2 | 99.5 | 97.6 |
| 河 北 | Hebei | 110.6 | 105.7 | 105.0 | 101.4 | 101.7 |
| 山 西 | Shanxi | 111.9 | 101.8 | 102.5 | 102.8 | 102.2 |
| 内蒙古 | Inner Mongolia | 108.5 | 100.9 | 100.2 | 100.2 | 100.7 |
| 辽 宁 | Liaoning | 109.3 | 105.2 | 102.9 | 101.1 | 100.4 |
| 吉 林 | Jilin | 109.9 | 101.8 | 102.1 | 100.9 | 99.8 |
| 黑龙江 | Heilongjiang | 113.4 | 102.8 | 102.5 | 99.6 | 101.0 |
| 上 海 | Shanghai | 103.4 | 102.3 | 103.7 | 102.8 | 100.3 |
| 江 苏 | Jiangsu | 106.8 | 105.9 | 106.2 | 101.0 | 101.2 |
| 浙 江 | Zhejiang | 108.4 | 103.8 | 103.6 | 102.0 | 100.6 |
| 安 徽 | Anhui | 104.5 | 104.1 | 105.7 | 101.9 | 101.9 |
| 福 建 | Fujian | 107.4 | 104.6 | 103.0 | 101.8 | 100.5 |
| 江 西 | Jiangxi | 109.3 | 106.0 | 108.4 | 102.6 | 101.3 |
| 山 东 | Shandong | 109.3 | 99.9 | 102.7 | 102.6 | 102.3 |
| 河 南 | Henan | 110.5 | 100.3 | 109.5 | 102.8 | 100.4 |
| 湖 北 | Hubei | 110.3 | 107.1 | 104.0 | 101.2 | 108.0 |
| 湖 南 | Hunan | 110.4 | 101.8 | 102.8 | 101.2 | 99.9 |
| 广 东 | Guangdong | 113.0 | 105.9 | 103.8 | 99.7 | 101.5 |
| 广 西 | Guangxi | 109.5 | 103.2 | 101.5 | 100.5 | 100.6 |
| 海 南 | Hainan | 99.9 | 99.1 | 100.4 | 100.0 | 101.7 |
| 重 庆 | Chongqing | 108.1 | 101.7 | 103.1 | 101.4 | 101.1 |
| 四 川 | Sichuan | 110.3 | 103.0 | 103.3 | 102.6 | 100.5 |
| 贵 州 | Guizhou | 102.6 | 102.9 | 103.7 | 103.7 | 102.0 |
| 云 南 | Yunnan | 108.9 | 102.8 | 100.7 | 102.8 | 99.9 |
| 西 藏 | Tibet | | | 100.0 | | |
| 陕 西 | Shaanxi | 119.3 | 108.4 | 104.7 | 102.5 | 100.6 |
| 甘 肃 | Gansu | 112.4 | 106.3 | 116.5 | 100.8 | 98.3 |
| 青 海 | Qinghai | 107.9 | 101.6 | 104.9 | 100.0 | 102.5 |
| 宁 夏 | Ningxia | 111.2 | 100.7 | 103.8 | 100.2 | 99.3 |
| 新 疆 | Xinjiang | 108.5 | 101.4 | 106.7 | 99.8 | 100.9 |

2-1-8 续表 6 Continued 6

(上年价格=100) (Preceding year=100)

| 地 区 | Region | 31.汽车制造业 Manufacture of Automobiles | 32.铁路、船舶、航空航天和其他运输设备制造业 Manufacture of Railway, Ship,Aerospace and Other Transport Equipments | 33.电气机械及器材制造业 Manufacture of Electrical Machinery and Apparatus | 34.计算机、通信和其他电子设备制造业 Manufacture of Computers Communication and Other Electronic Equipment | 35.仪器仪表制造业 Manufacture of Measuring Instruments and Machinery |
|---|---|---|---|---|---|---|
| **全 国** | **National** | **100.1** | **100.9** | **100.1** | **98.6** | **99.7** |
| 北 京 | Beijing | 98.6 | 99.9 | 99.2 | 98.3 | 99.7 |
| 天 津 | Tianjin | 98.1 | 102.0 | 100.5 | 96.2 | 99.8 |
| 河 北 | Hebei | 100.5 | 101.1 | 99.5 | 102.9 | 104.9 |
| 山 西 | Shanxi | 102.5 | 101.2 | 101.2 | 99.2 | 100.3 |
| 内蒙古 | Inner Mongolia | 100.3 | 99.9 | 101.4 | 87.0 | 109.3 |
| 辽 宁 | Liaoning | 99.3 | 99.9 | 101.2 | 97.8 | 99.2 |
| 吉 林 | Jilin | 99.8 | 100.2 | 99.5 | 100.5 | 100.0 |
| 黑龙江 | Heilongjiang | 100.1 | 100.3 | 102.8 | 99.9 | 102.4 |
| 上 海 | Shanghai | 99.1 | 100.2 | 98.5 | 98.3 | 100.1 |
| 江 苏 | Jiangsu | 99.8 | 101.9 | 99.6 | 97.4 | 98.7 |
| 浙 江 | Zhejiang | 99.5 | 100.9 | 99.8 | 98.2 | 99.4 |
| 安 徽 | Anhui | 100.6 | 100.9 | 101.4 | 93.2 | 100.6 |
| 福 建 | Fujian | 100.4 | 100.5 | 99.5 | 99.0 | 99.5 |
| 江 西 | Jiangxi | 100.2 | 99.6 | 94.8 | 99.8 | 103.7 |
| 山 东 | Shandong | 101.4 | 100.5 | 100.6 | 101.0 | 100.5 |
| 河 南 | Henan | 102.2 | 101.5 | 98.6 | 96.5 | 99.9 |
| 湖 北 | Hubei | 100.5 | 100.6 | 102.2 | 99.2 | 100.2 |
| 湖 南 | Hunan | 102.3 | 100.2 | 102.5 | 95.3 | 99.6 |
| 广 东 | Guangdong | 100.3 | 100.7 | 101.2 | 99.3 | 100.9 |
| 广 西 | Guangxi | 100.8 | 100.0 | 100.6 | 99.2 | 105.7 |
| 海 南 | Hainan | 94.0 | 88.5 | 95.6 | 100.0 | |
| 重 庆 | Chongqing | 99.7 | 101.4 | 100.7 | 98.9 | 101.9 |
| 四 川 | Sichuan | 101.9 | 99.6 | 98.8 | 101.2 | 101.4 |
| 贵 州 | Guizhou | 94.9 | 100.2 | 101.4 | 99.5 | 101.3 |
| 云 南 | Yunnan | 102.0 | 98.8 | 102.8 | 94.4 | 99.9 |
| 西 藏 | Tibet | | | | | |
| 陕 西 | Shaanxi | 100.6 | 99.4 | 99.1 | 100.5 | 97.6 |
| 甘 肃 | Gansu | 104.8 | 99.6 | 104.3 | 96.4 | 100.0 |
| 青 海 | Qinghai | 100.0 | 104.5 | 99.4 | 100.0 | 98.9 |
| 宁 夏 | Ningxia | | | 100.0 | | 100.8 |
| 新 疆 | Xinjiang | 100.8 | | 100.6 | 104.6 | 99.7 |

2-1-8 续表 7 Continued 7

(上年价格=100) (Preceding year=100)

| 地 区 | Region | 36.其他制造业 Other Manufacture | 37.废弃资源综合利用业 Utilization of Waste Resources | 38.金属制品、机械和设备修理业 Repair Service of Metal Products, Machinery and Equipment | 39.电力、热力的生产和供应业 Production and Supply of Electric Power and Heat Power | 40.燃气生产和供应业 Production and Supply of Gas | 41.水的生产和供应业 Production and Supply of Water |
|---|---|---|---|---|---|---|---|
| **全 国** | **National** | **101.2** | **115.0** | **100.6** | **99.0** | **104.0** | **101.5** |
| 北 京 | Beijing | 100.6 | 101.7 | 100.0 | 98.9 | 100.0 | 100.8 |
| 天 津 | Tianjin | 100.0 | 124.2 | 102.7 | 100.3 | 101.2 | 123.0 |
| 河 北 | Hebei | 99.1 | 104.7 | 97.5 | 100.2 | 102.1 | 111.5 |
| 山 西 | Shanxi | 100.0 | | 100.0 | 100.6 | 102.8 | 97.4 |
| 内蒙古 | Inner Mongolia | | | 99.7 | 97.0 | 109.0 | 102.8 |
| 辽 宁 | Liaoning | 101.6 | 127.4 | 100.6 | 100.0 | 102.3 | 101.8 |
| 吉 林 | Jilin | 100.2 | 101.6 | 108.7 | 100.5 | 101.8 | 98.8 |
| 黑龙江 | Heilongjiang | 100.0 | 113.6 | 100.0 | 99.8 | 97.1 | 100.0 |
| 上 海 | Shanghai | 99.7 | 100.8 | 97.8 | 99.0 | 98.5 | 98.2 |
| 江 苏 | Jiangsu | 100.8 | 115.3 | 103.9 | 100.9 | 104.8 | 101.4 |
| 浙 江 | Zhejiang | 100.8 | 103.8 | 99.7 | 98.9 | 100.9 | 100.6 |
| 安 徽 | Anhui | 103.3 | 117.6 | | 99.4 | 103.0 | 100.2 |
| 福 建 | Fujian | 101.8 | 111.3 | 100.0 | 99.3 | 102.8 | 101.7 |
| 江 西 | Jiangxi | 98.9 | 185.1 | 99.5 | 100.2 | 99.3 | 108.4 |
| 山 东 | Shandong | 101.8 | 138.8 | 97.6 | 97.6 | 103.2 | 102.4 |
| 河 南 | Henan | 99.2 | | 100.0 | 101.4 | 104.7 | 103.0 |
| 湖 北 | Hubei | | 122.2 | | 100.3 | 102.6 | 100.0 |
| 湖 南 | Hunan | 102.7 | 128.9 | | 99.4 | 98.6 | 100.4 |
| 广 东 | Guangdong | 99.7 | 106.4 | 101.6 | 95.8 | 106.0 | 98.8 |
| 广 西 | Guangxi | 97.2 | 98.5 | | 99.9 | 101.1 | 101.0 |
| 海 南 | Hainan | | 100.0 | 100.0 | 99.9 | 100.5 | 100.2 |
| 重 庆 | Chongqing | 102.2 | 137.2 | 104.5 | 101.6 | 101.4 | 100.2 |
| 四 川 | Sichuan | 114.5 | 113.6 | 100.0 | 97.8 | 105.6 | 101.2 |
| 贵 州 | Guizhou | 100.0 | 101.4 | 100.2 | 99.5 | 104.7 | 104.6 |
| 云 南 | Yunnan | 99.6 | | | 94.9 | 100.2 | 102.2 |
| 西 藏 | Tibet | | | | 84.5 | | 100.0 |
| 陕 西 | Shaanxi | 99.2 | 114.8 | 110.2 | 101.4 | 117.0 | 100.1 |
| 甘 肃 | Gansu | | 99.3 | 100.2 | 102.8 | 102.0 | 103.6 |
| 青 海 | Qinghai | | | | 100.0 | 100.7 | 101.1 |
| 宁 夏 | Ningxia | | | | 101.6 | 126.2 | 112.9 |
| 新 疆 | Xinjiang | | 100.0 | 100.0 | 97.8 | 114.7 | 100.7 |

# 2-1-9 各地区按行业中类分工业生产者出厂价格指数(2018年)
## Producer Price Indices for Industrial Products in the Category by Region(2018)

(上年价格＝100) (Preceding year=100)

| 地 区 Region | 烟煤和无烟煤开采洗选 Mining and Cleaning of Bituminous and Anthracite | 褐煤开采洗选 Mining and Cleaning of Lignite | 其他煤炭采选 Mining other Coal | 石油开采 Extraction of Crude Petroleum | 天然气开采 Extraction of Natural Gas | 铁矿采选 Mining of Iron Ores | 锰矿、铬矿采选 Mining of Manganesian and Chromic Ores | 其他黑色金属矿采选 Mining of Other Ferrous Metal Ores |
|---|---|---|---|---|---|---|---|---|
| **全 国 National** | **104.0** | **111.2** | **101.6** | **127.0** | **101.0** | **103.0** | **100.7** | **100.0** |
| 北 京 Beijing | 101.1 | | | | | 94.6 | | |
| 天 津 Tianjin | | 101.8 | 101.6 | 132.8 | 105.7 | 128.3 | | |
| 河 北 Hebei | 107.2 | | | 130.3 | | 101.8 | | |
| 山 西 Shanxi | 106.2 | | | | 108.4 | 101.5 | 93.7 | |
| 内蒙古 Inner Mongolia | 97.6 | 119.3 | | 137.1 | 100.6 | 107.1 | 97.4 | |
| 辽 宁 Liaoning | 102.1 | | | 128.9 | | 107.4 | 98.0 | 100.0 |
| 吉 林 Jilin | 107.1 | 115.0 | | 118.4 | 105.7 | 107.9 | | |
| 黑龙江 Heilongjiang | 107.7 | 100.7 | | 130.6 | 104.2 | 103.8 | | |
| 上 海 Shanghai | | | | 129.9 | 101.2 | | | |
| 江 苏 Jiangsu | 103.8 | | | 125.7 | | 100.8 | | |
| 浙 江 Zhejiang | | | | | | 104.9 | | |
| 安 徽 Anhui | 102.5 | | | | | 93.6 | | |
| 福 建 Fujian | 102.4 | | | | | 99.2 | 100.1 | |
| 江 西 Jiangxi | 106.1 | | | | | 100.4 | 102.6 | |
| 山 东 Shandong | 106.0 | 107.9 | | 128.1 | 91.0 | 101.1 | | |
| 河 南 Henan | 109.7 | | 97.7 | 112.5 | 105.7 | 106.7 | | |
| 湖 北 Hubei | 104.4 | | | 126.1 | | 108.2 | | |
| 湖 南 Hunan | 104.0 | | | | | 101.2 | 102.4 | |
| 广 东 Guangdong | | | | 126.9 | 96.8 | 84.8 | | |
| 广 西 Guangxi | 100.4 | 106.3 | | 125.1 | | 97.2 | 100.9 | |
| 海 南 Hainan | | | | 124.7 | 98.1 | 111.6 | | |
| 重 庆 Chongqing | 104.0 | | 117.0 | | 105.6 | 100.0 | 100.9 | |
| 四 川 Sichuan | 101.2 | | | | 102.9 | 98.8 | | |
| 贵 州 Guizhou | 100.1 | | 99.3 | | | 100.0 | 98.6 | |
| 云 南 Yunnan | 100.8 | 102.0 | | | | 100.7 | 114.9 | |
| 西 藏 Tibet | | | | | | 101.9 | 78.3 | |
| 陕 西 Shaanxi | 98.9 | | | 113.1 | 98.5 | 104.3 | 110.5 | |
| 甘 肃 Gansu | 109.1 | | | 131.8 | | 111.3 | 113.5 | |
| 青 海 Qinghai | 102.8 | | | 134.2 | 100.6 | 118.2 | | |
| 宁 夏 Ningxia | 109.8 | | | | | 102.6 | 97.5 | |
| 新 疆 Xinjiang | 107.6 | 126.4 | | 137.3 | 93.2 | 115.4 | 133.0 | |

2-1-9 续表 1 Continued 1

(上年价格=100) (Preceding year=100)

| 地 区 | Region | 常用有色金属矿采选 Mining of Common Non-Ferrous Metal Ores | 贵金属矿采选 Mining of Precious Metal Ores | 稀有稀土金属矿采选 Rare Metal Ores and Rare-Earth Metal Ores | 土砂石开采 Mining of Stone, Sand and Clay | 化学矿开采 Mining of Chemical Ores | 采盐 Extraction of Salt | 石棉及其他非金属矿采选 Mining of Asbestos and Other Non-Metal Ores |
|---|---|---|---|---|---|---|---|---|
| **全 国** | **National** | **105.3** | **98.3** | **120.2** | **107.7** | **104.4** | **109.6** | **104.1** |
| 北 京 | Beijing | | | | 104.7 | | | |
| 天 津 | Tianjin | | | | 101.0 | | 103.6 | |
| 河 北 | Hebei | 114.7 | 100.0 | 122.2 | 114.4 | 112.0 | 116.3 | 102.7 |
| 山 西 | Shanxi | 104.0 | 98.1 | | 101.5 | | | |
| 内蒙古 | Inner Mongolia | 101.6 | 100.9 | 113.4 | 95.4 | | 100.3 | 104.5 |
| 辽 宁 | Liaoning | 125.2 | 99.5 | 118.9 | 104.4 | 119.2 | 111.4 | 108.6 |
| 吉 林 | Jilin | 101.6 | 98.7 | 112.2 | 99.4 | | | 103.7 |
| 黑龙江 | Heilongjiang | 103.6 | 102.1 | 133.6 | 101.0 | | | 113.4 |
| 上 海 | Shanghai | | | | | | | |
| 江 苏 | Jiangsu | 100.6 | | | 120.1 | 92.6 | 103.9 | |
| 浙 江 | Zhejiang | 105.8 | | | 111.9 | | | |
| 安 徽 | Anhui | 104.8 | 99.5 | | 111.9 | 117.5 | 109.9 | 101.5 |
| 福 建 | Fujian | 107.6 | 98.8 | 124.2 | 110.2 | 97.9 | 91.1 | 97.1 |
| 江 西 | Jiangxi | 105.8 | 97.7 | 114.5 | 108.6 | | 101.2 | 99.1 |
| 山 东 | Shandong | | 97.3 | | 110.9 | | 119.9 | |
| 河 南 | Henan | 103.6 | 98.9 | 128.8 | 103.1 | 102.9 | 97.0 | 103.9 |
| 湖 北 | Hubei | 107.4 | 98.7 | | 105.8 | 101.0 | 113.3 | 101.4 |
| 湖 南 | Hunan | 104.2 | 99.2 | 117.0 | 113.5 | 104.6 | 110.6 | 106.9 |
| 广 东 | Guangdong | 110.9 | 96.7 | 116.5 | 107.0 | 110.2 | 101.0 | |
| 广 西 | Guangxi | 101.9 | 96.0 | | 105.9 | 133.5 | | 99.4 |
| 海 南 | Hainan | 111.9 | | 127.9 | 99.8 | | 97.8 | |
| 重 庆 | Chongqing | 109.0 | | | 109.9 | 98.1 | | 103.5 |
| 四 川 | Sichuan | 105.7 | 98.2 | 103.5 | 103.6 | 102.8 | 92.3 | 122.1 |
| 贵 州 | Guizhou | 100.4 | 100.8 | 128.3 | 100.7 | 104.7 | | |
| 云 南 | Yunnan | 106.3 | 99.4 | 113.8 | 105.7 | 100.6 | 90.4 | |
| 西 藏 | Tibet | 106.7 | 98.2 | 100.8 | | 97.5 | | |
| 陕 西 | Shaanxi | 98.3 | 97.9 | 121.3 | 97.7 | 94.1 | 99.8 | 108.0 |
| 甘 肃 | Gansu | 104.1 | 100.0 | 160.6 | 85.9 | 100.0 | | 100.0 |
| 青 海 | Qinghai | 99.1 | 99.4 | | 99.4 | | 106.4 | 96.5 |
| 宁 夏 | Ningxia | | | | 100.0 | | | |
| 新 疆 | Xinjiang | 105.9 | 99.1 | 96.4 | 100.0 | 100.0 | 100.2 | 105.8 |

2-1-9 续表 2 Continued 2

(上年价格＝100) (Preceding year=100)

| 地 区 | Region | 煤炭开采和洗选辅助活动 Support Activities for Coal Mining and Cleaning | 石油和天然气开采辅助活动 Support Activities for Petroleum and Natural Gas Extraction | 其他开采辅助活动 Support Activities for Other Mining and Quarrying | 谷物磨制 Milling of Grains | 饲料加工 Processing of Animal Feeds | 植物油加工 Processing of Vegetable Oils | 制糖业 Manufacture of Sugar |
|---|---|---|---|---|---|---|---|---|
| **全 国** | **National** | | **95.3** | | **99.8** | **102.5** | **97.0** | **87.2** |
| 北 京 | Beijing | | 98.2 | | 100.4 | 102.9 | 97.4 | |
| 天 津 | Tianjin | | 99.5 | | 103.3 | 103.9 | 94.3 | |
| 河 北 | Hebei | | | | 98.6 | 101.6 | 94.3 | 88.6 |
| 山 西 | Shanxi | | | | 101.0 | 102.9 | 96.4 | |
| 内蒙古 | Inner Mongolia | | | | 99.5 | 100.0 | 98.6 | 95.3 |
| 辽 宁 | Liaoning | | 93.3 | | 99.3 | 100.8 | 100.8 | 99.4 |
| 吉 林 | Jilin | | | | 98.5 | 102.5 | 100.0 | 100.7 |
| 黑龙江 | Heilongjiang | | 98.1 | | 100.9 | 100.7 | 101.7 | 100.0 |
| 上 海 | Shanghai | | | | 100.8 | 102.0 | 101.3 | 95.7 |
| 江 苏 | Jiangsu | | | | 98.5 | 104.1 | 95.4 | 96.2 |
| 浙 江 | Zhejiang | | | | 100.1 | 102.5 | 101.1 | |
| 安 徽 | Anhui | | | | 98.0 | 101.1 | 98.0 | |
| 福 建 | Fujian | | | | 100.4 | 102.5 | 103.5 | 96.1 |
| 江 西 | Jiangxi | | | | 98.6 | 103.0 | 102.5 | |
| 山 东 | Shandong | | 78.3 | | 99.7 | 103.1 | 93.0 | 99.0 |
| 河 南 | Henan | | | | 100.6 | 102.2 | 94.5 | |
| 湖 北 | Hubei | | | | 101.2 | 102.9 | 98.8 | |
| 湖 南 | Hunan | | | | 100.9 | 102.0 | 101.7 | 100.0 |
| 广 东 | Guangdong | | | | 100.4 | 102.9 | 99.3 | 93.0 |
| 广 西 | Guangxi | | | | 99.7 | 102.5 | 96.0 | 81.8 |
| 海 南 | Hainan | | | | 101.0 | 102.0 | | 91.1 |
| 重 庆 | Chongqing | | | | 98.7 | 102.9 | 97.8 | 100.0 |
| 四 川 | Sichuan | | | | 99.8 | 103.1 | 97.6 | 109.7 |
| 贵 州 | Guizhou | | | | 101.8 | 103.0 | 99.0 | 95.6 |
| 云 南 | Yunnan | | | | 99.5 | 102.5 | 101.1 | 89.6 |
| 西 藏 | Tibet | | | | 100.2 | 99.2 | 100.8 | |
| 陕 西 | Shaanxi | | 110.1 | | 99.8 | 100.4 | 98.0 | |
| 甘 肃 | Gansu | | | | 99.9 | 101.3 | 99.8 | 97.1 |
| 青 海 | Qinghai | | | | 101.9 | 101.6 | 106.3 | |
| 宁 夏 | Ningxia | | | | 100.6 | 103.6 | 100.1 | |
| 新 疆 | Xinjiang | | 94.6 | | 100.6 | 102.2 | 93.6 | 91.1 |

2-1-9 续表 3 Continued 3

(上年价格＝100) (Preceding year=100)

| 地 区 | Region | 屠宰及肉类加工 Slaughtering and Processing of Meat | 水产品加工 Processing of Seafood | 蔬菜、菌类、水果和坚果加工 Processing of Vegetables, Fungus,Fruits and Nuts | 其他农副食品加工 Processing of Other Food From Agricultural Products | 焙烤食品制造 Manufacture of Bakery Products | 糖果、巧克力及蜜饯制造 Manufacture of Sugar Confectionery, Chocolates and Preserved Fruit in Sugar | 方便食品制造 Manufacture of Instant Foods |
|---|---|---|---|---|---|---|---|---|
| **全 国** | **National** | **101.3** | **101.5** | **100.0** | **102.8** | **101.6** | **101.5** | **101.2** |
| 北 京 | Beijing | 96.0 | | 100.1 | 101.1 | 101.4 | 104.0 | 101.3 |
| 天 津 | Tianjin | 92.2 | 100.0 | 106.7 | 103.8 | 101.4 | 101.7 | 101.5 |
| 河 北 | Hebei | 103.9 | 96.9 | 100.6 | 104.5 | 101.9 | 100.5 | 100.9 |
| 山 西 | Shanxi | 101.6 | | 98.9 | 92.2 | 100.4 | 100.6 | 97.8 |
| 内蒙古 | Inner Mongolia | 101.0 | | 100.9 | 93.0 | 100.3 | | 110.0 |
| 辽 宁 | Liaoning | 107.9 | 100.6 | 96.7 | 101.8 | 99.5 | 97.5 | 101.0 |
| 吉 林 | Jilin | 100.6 | 102.1 | 107.2 | 104.2 | 100.6 | | 101.8 |
| 黑龙江 | Heilongjiang | 95.4 | | 100.6 | 101.4 | 100.0 | 99.5 | 100.2 |
| 上 海 | Shanghai | 100.9 | | 109.2 | 106.1 | 102.5 | 101.5 | 100.8 |
| 江 苏 | Jiangsu | 100.8 | 98.3 | 103.7 | 101.7 | 102.4 | 105.6 | 104.9 |
| 浙 江 | Zhejiang | 97.1 | 102.3 | 102.9 | 103.4 | 100.4 | 99.9 | 100.5 |
| 安 徽 | Anhui | 101.4 | 112.7 | 97.0 | 99.5 | 101.6 | 99.1 | 107.2 |
| 福 建 | Fujian | 101.9 | 100.1 | 101.4 | 102.7 | 101.1 | 100.9 | 100.8 |
| 江 西 | Jiangxi | 95.2 | 102.1 | 100.8 | 99.3 | 102.3 | 102.7 | 100.6 |
| 山 东 | Shandong | 104.3 | 102.3 | 98.1 | 104.0 | 106.9 | 98.0 | 99.4 |
| 河 南 | Henan | 99.4 | | 93.8 | 104.6 | 102.0 | 103.5 | 99.9 |
| 湖 北 | Hubei | 96.1 | 101.0 | 100.6 | 103.5 | 99.1 | 102.5 | 100.9 |
| 湖 南 | Hunan | 96.0 | 104.7 | 98.6 | 104.7 | 100.4 | 101.0 | 100.5 |
| 广 东 | Guangdong | 99.6 | 102.5 | 101.4 | 101.6 | 99.8 | 101.1 | 101.5 |
| 广 西 | Guangxi | 98.2 | 98.1 | 112.3 | 103.3 | 103.2 | 100.0 | 100.4 |
| 海 南 | Hainan | 93.1 | 99.4 | 94.7 | 110.0 | 104.3 | 103.4 | 99.9 |
| 重 庆 | Chongqing | 99.1 | | 101.0 | 101.6 | 99.9 | 100.9 | 98.3 |
| 四 川 | Sichuan | 103.0 | | 102.5 | 105.9 | 100.6 | 109.6 | 102.6 |
| 贵 州 | Guizhou | 96.4 | | 102.2 | 100.4 | 97.2 | 99.9 | 104.3 |
| 云 南 | Yunnan | 97.2 | 103.5 | 100.2 | 102.5 | 100.2 | 101.3 | 102.0 |
| 西 藏 | Tibet | 98.1 | | | 100.0 | 99.9 | | |
| 陕 西 | Shaanxi | 99.0 | | 106.7 | 105.0 | 101.0 | 99.7 | 100.3 |
| 甘 肃 | Gansu | 102.5 | | 99.8 | 97.1 | 101.0 | 100.0 | 101.8 |
| 青 海 | Qinghai | 103.0 | 106.1 | 108.1 | 96.5 | 100.0 | | |
| 宁 夏 | Ningxia | 102.1 | | 101.6 | 98.4 | 101.7 | 101.2 | 100.1 |
| 新 疆 | Xinjiang | 95.3 | 99.4 | 94.7 | 101.6 | 100.0 | 100.5 | 102.6 |

2-1-9 续表 4 Continued 4

(上年价格=100) (Preceding year=100)

| 地 区 | Region | 乳制品制造 Manufacture of Dairy Products | 罐头食品制造 Manufacture of Can Foods | 调味品、发酵制品制造 Manufacture of Condiment and Yeast | 其他食品制造 Manufacture of Other Foods | 酒的制造 Manufacture of Alcoholic Beverages |
|---|---|---|---|---|---|---|
| **全 国** | **National** | **101.4** | **100.6** | **100.9** | **102.7** | **102.1** |
| 北 京 | Beijing | 100.7 | | 101.3 | 98.6 | 108.2 |
| 天 津 | Tianjin | 102.0 | 97.8 | 102.7 | 103.0 | 102.2 |
| 河 北 | Hebei | 99.6 | 100.2 | 91.7 | 107.5 | 100.1 |
| 山 西 | Shanxi | 100.7 | 101.8 | 100.4 | 108.4 | 107.7 |
| 内蒙古 | Inner Mongolia | 101.8 | | 106.8 | 102.8 | 100.0 |
| 辽 宁 | Liaoning | 99.3 | 103.9 | 96.8 | 97.2 | 101.2 |
| 吉 林 | Jilin | 101.9 | 105.0 | 101.1 | 98.6 | 102.5 |
| 黑龙江 | Heilongjiang | 102.1 | 100.6 | 99.0 | 99.2 | 103.3 |
| 上 海 | Shanghai | 100.4 | 100.0 | 98.3 | 104.0 | 101.7 |
| 江 苏 | Jiangsu | 100.4 | 98.1 | 102.3 | 101.2 | 103.2 |
| 浙 江 | Zhejiang | 101.2 | 99.3 | | 100.9 | 98.1 |
| 安 徽 | Anhui | 101.9 | 104.3 | 98.2 | 101.3 | 99.6 |
| 福 建 | Fujian | 99.6 | 100.5 | 101.7 | 100.0 | 100.3 |
| 江 西 | Jiangxi | 100.3 | 97.8 | 100.3 | 102.1 | 101.8 |
| 山 东 | Shandong | 98.9 | 100.3 | 98.1 | 106.6 | 102.3 |
| 河 南 | Henan | 103.9 | 99.9 | 101.9 | 98.6 | 105.1 |
| 湖 北 | Hubei | 100.2 | 101.2 | 105.0 | 106.2 | 100.0 |
| 湖 南 | Hunan | 101.9 | 100.2 | 95.7 | 101.6 | 103.4 |
| 广 东 | Guangdong | 103.3 | 101.0 | 100.6 | 102.7 | 101.4 |
| 广 西 | Guangxi | 104.4 | 94.9 | 99.5 | 101.2 | 101.1 |
| 海 南 | Hainan | 100.1 | | 100.0 | 101.6 | 124.3 |
| 重 庆 | Chongqing | 100.4 | 100.7 | 101.1 | 99.6 | 102.0 |
| 四 川 | Sichuan | 95.6 | 101.6 | 102.0 | 102.5 | 101.9 |
| 贵 州 | Guizhou | 109.4 | 100.0 | 100.1 | 99.6 | 103.7 |
| 云 南 | Yunnan | 104.3 | 102.1 | 97.0 | 107.9 | 99.6 |
| 西 藏 | Tibet | 103.9 | | | 97.4 | 107.5 |
| 陕 西 | Shaanxi | 104.1 | 100.7 | 106.7 | 100.2 | 100.2 |
| 甘 肃 | Gansu | 97.4 | 105.4 | 100.0 | 95.7 | 98.1 |
| 青 海 | Qinghai | 102.7 | | 100.0 | 101.1 | 107.6 |
| 宁 夏 | Ningxia | 105.3 | 100.0 | 107.2 | 96.6 | 103.0 |
| 新 疆 | Xinjiang | 100.5 | 98.7 | 98.6 | 101.4 | 104.7 |

2-1-9 续表 5 Continued 5

(上年价格=100) (Preceding year=100)

| 地 区 | Region | 饮料制造 Manufacture of Soft Drinks | 精制茶加工 Manufacture of Refined Tea | 烟叶复烤 Redrying of Tobacco | 卷烟制造 Manufacture of Cigarettes | 其他烟草制品制造 Manufacture of Other Tobacco Products | 棉纺织及印染精加工 Spinning, Weaving, Dyeing and Finishing of Cotton Materials |
|---|---|---|---|---|---|---|---|
| **全 国** | **National** | **100.9** | **101.4** | **100.3** | **100.4** | **100.9** | **102.0** |
| 北 京 | Beijing | 98.8 | | | 101.4 | | 99.1 |
| 天 津 | Tianjin | 100.5 | | | 100.6 | | 101.0 |
| 河 北 | Hebei | 104.4 | | | 100.2 | | 101.8 |
| 山 西 | Shanxi | 99.0 | 98.0 | | 100.0 | | 101.3 |
| 内蒙古 | Inner Mongolia | 100.3 | | | 100.1 | | 99.1 |
| 辽 宁 | Liaoning | 101.2 | | 100.0 | 100.3 | | 102.4 |
| 吉 林 | Jilin | 101.5 | | 100.7 | 100.3 | 100.0 | 101.1 |
| 黑龙江 | Heilongjiang | 100.7 | 100.0 | 100.2 | 100.0 | | 100.9 |
| 上 海 | Shanghai | 110.9 | 100.8 | | 100.5 | | 99.2 |
| 江 苏 | Jiangsu | 99.8 | 98.6 | | 100.1 | | 100.9 |
| 浙 江 | Zhejiang | 98.8 | 100.3 | | 100.4 | | 102.4 |
| 安 徽 | Anhui | 102.0 | 95.8 | 100.3 | 100.0 | 100.2 | 101.2 |
| 福 建 | Fujian | 100.4 | 100.9 | 100.0 | 100.6 | 100.3 | 104.0 |
| 江 西 | Jiangxi | 101.7 | 99.4 | | 100.5 | | 103.9 |
| 山 东 | Shandong | 97.7 | | | 100.3 | | 101.1 |
| 河 南 | Henan | 101.9 | 97.7 | 100.6 | 100.1 | 101.7 | 103.7 |
| 湖 北 | Hubei | 100.8 | 103.0 | | 100.4 | 101.9 | 102.8 |
| 湖 南 | Hunan | 103.1 | 101.7 | 100.2 | 100.0 | | 101.0 |
| 广 东 | Guangdong | 101.0 | 82.1 | 100.2 | 100.3 | 101.0 | 100.6 |
| 广 西 | Guangxi | 102.3 | 101.0 | | 100.6 | | 102.8 |
| 海 南 | Hainan | 102.7 | 98.0 | | 102.4 | 100.5 | 101.5 |
| 重 庆 | Chongqing | 101.9 | 101.4 | 100.0 | 100.4 | 100.3 | 97.4 |
| 四 川 | Sichuan | 99.9 | 103.4 | | 100.3 | 99.4 | 103.8 |
| 贵 州 | Guizhou | 101.1 | 107.3 | | 100.6 | | |
| 云 南 | Yunnan | 98.9 | 100.3 | 100.4 | 100.6 | 99.9 | 100.2 |
| 西 藏 | Tibet | 102.5 | | | | | |
| 陕 西 | Shaanxi | 101.4 | 102.8 | | 100.3 | | 105.3 |
| 甘 肃 | Gansu | 99.0 | | | 100.2 | 100.1 | 104.5 |
| 青 海 | Qinghai | 101.6 | 84.5 | | | | 102.9 |
| 宁 夏 | Ningxia | 100.3 | 100.2 | 100.0 | 100.0 | | 102.4 |
| 新 疆 | Xinjiang | 104.7 | | | 100.0 | | 102.0 |

2-1-9 续表 6 Continued 6

(上年价格=100) (Preceding year=100)

| 地 区 | Region | 毛纺织及染整精加工 Spinning, Weaving, Dyeing and Finishing of Wool Materials | 麻纺织及染整精加工 Spinning, Weaving, Dyeing and Finishing of Bast Fibres | 丝绢纺织及印染精加工 Spinning, Weaving, Dyeing and Finishing of Silk | 化纤织造及印染精加工 Weaving, Dyeing and Finishing of Chemical Fibres | 针织或钩针编织物及其制品制造 Manufacture of Knitted and Crocheted Fabric Products | 家用纺织制成品制造 Manufacture of Made-up Textile Articles for Household Use |
|---|---|---|---|---|---|---|---|
| **全 国** | **National** | **103.3** | **106.5** | **107.7** | **103.2** | **101.7** | **101.1** |
| 北 京 | Beijing | 96.9 | | | | | |
| 天 津 | Tianjin | 99.7 | | | | 109.9 | 106.9 |
| 河 北 | Hebei | 101.7 | | | 102.7 | 101.8 | 100.9 |
| 山 西 | Shanxi | 91.2 | | | | 102.5 | 102.4 |
| 内蒙古 | Inner Mongolia | 106.7 | | | | 93.9 | 99.5 |
| 辽 宁 | Liaoning | 104.8 | 98.7 | 100.6 | 76.0 | 98.7 | 97.7 |
| 吉 林 | Jilin | 108.7 | 104.1 | | 120.7 | | |
| 黑龙江 | Heilongjiang | 100.0 | 99.9 | | | | 100.0 |
| 上 海 | Shanghai | 107.4 | | | | 100.0 | 100.9 |
| 江 苏 | Jiangsu | 102.2 | 99.3 | 106.3 | 102.7 | 101.2 | 100.7 |
| 浙 江 | Zhejiang | 103.8 | 114.1 | 106.4 | 104.0 | 104.3 | 100.1 |
| 安 徽 | Anhui | 105.1 | 111.7 | 111.7 | 99.4 | 107.0 | 101.4 |
| 福 建 | Fujian | 105.9 | | 100.0 | 101.0 | 99.7 | 99.3 |
| 江 西 | Jiangxi | 101.6 | 129.9 | 108.1 | 105.1 | | 104.2 |
| 山 东 | Shandong | 103.6 | | 110.9 | | 106.5 | 101.3 |
| 河 南 | Henan | 100.8 | 104.0 | 101.2 | 106.6 | 99.2 | 104.0 |
| 湖 北 | Hubei | | 109.0 | | | | 105.0 |
| 湖 南 | Hunan | | 108.0 | | | 102.8 | 100.5 |
| 广 东 | Guangdong | 113.5 | | 115.5 | 101.7 | 97.0 | 102.2 |
| 广 西 | Guangxi | | 104.1 | 109.4 | | | 100.2 |
| 海 南 | Hainan | | | | | | 98.5 |
| 重 庆 | Chongqing | 102.0 | 99.1 | 107.4 | | 100.1 | 112.6 |
| 四 川 | Sichuan | 74.1 | 106.0 | 107.8 | 113.2 | | 99.6 |
| 贵 州 | Guizhou | | 100.0 | | | | |
| 云 南 | Yunnan | | 98.3 | 106.6 | | | |
| 西 藏 | Tibet | 102.6 | | | | | |
| 陕 西 | Shaanxi | 110.5 | | 104.0 | | | 100.7 |
| 甘 肃 | Gansu | 108.1 | | | | | |
| 青 海 | Qinghai | 110.4 | | | | | 101.0 |
| 宁 夏 | Ningxia | 99.9 | | | | 99.5 | |
| 新 疆 | Xinjiang | 99.5 | 98.3 | | | | 100.0 |

2-1-9 续表 7 Continued 7

(上年价格=100) (Preceding year=100)

| 地 区 Region | 产业用纺织制成品制造 Manufacture of Made-up Textile Products for Non-Household Use | 机织服装制造 Manufacture of Woven Textile Wearing Apparel | 针织或钩针编织服装制造 Manufacture of Knitted and Crocheted Textile Wearing Apparel | 服饰制造 Manufacture of Wearing Accessories and Ornamental Products | 皮革鞣制加工 Tanning and Dressing of Leather Wearing Apparel | 皮革制品制造 Manufacture of Leather Products | 毛皮鞣制及制品加工 Dressing of Fur Skins and Processing of Fur Articles | 羽毛(绒)加工及制品制造 Manufacture and Processing of Feather, Down and Related Products |
|---|---|---|---|---|---|---|---|---|
| **全 国 National** | **102.3** | **101.3** | **100.1** | **99.8** | **101.3** | **101.4** | **99.7** | **105.6** |
| 北 京 Beijing | 97.5 | 98.8 | 99.6 | | | 99.6 | 101.2 | |
| 天 津 Tianjin | 100.1 | 99.3 | 100.8 | | 102.8 | 100.2 | 120.1 | 121.1 |
| 河 北 Hebei | 105.0 | 100.9 | 98.4 | 102.9 | 94.7 | 103.3 | 102.0 | 111.3 |
| 山 西 Shanxi | | 100.6 | 105.6 | | 87.4 | | | |
| 内蒙古 Inner Mongolia | | 104.4 | 99.0 | 97.8 | | 99.0 | 93.8 | |
| 辽 宁 Liaoning | 95.9 | 100.5 | 100.2 | 102.1 | | 99.0 | 99.6 | 99.7 |
| 吉 林 Jilin | 96.9 | 100.7 | 97.1 | 91.4 | | 94.8 | | 103.5 |
| 黑龙江 Heilongjiang | 100.0 | 100.0 | 84.0 | | 99.9 | | 99.9 | 100.0 |
| 上 海 Shanghai | 126.7 | 99.9 | 98.0 | 103.9 | 96.0 | 101.6 | | 100.1 |
| 江 苏 Jiangsu | 103.7 | 102.3 | 97.1 | 98.4 | 99.4 | 102.7 | | 103.1 |
| 浙 江 Zhejiang | 100.0 | 100.3 | 100.9 | 101.7 | 99.0 | 98.8 | 101.8 | 111.5 |
| 安 徽 Anhui | 95.1 | 103.1 | 102.4 | 103.1 | 101.7 | 102.1 | | 104.2 |
| 福 建 Fujian | 102.7 | 100.8 | 101.0 | 102.9 | 98.0 | 101.9 | | 121.2 |
| 江 西 Jiangxi | 98.5 | 104.7 | 98.3 | 96.9 | 101.3 | 100.1 | 97.8 | 106.8 |
| 山 东 Shandong | 96.9 | 100.5 | 100.0 | 101.1 | 101.8 | 105.7 | | |
| 河 南 Henan | 114.2 | 100.4 | 98.6 | 100.0 | 105.0 | 100.9 | 95.5 | 100.6 |
| 湖 北 Hubei | 104.5 | 101.0 | 99.2 | | | | 104.2 | |
| 湖 南 Hunan | 96.5 | 100.2 | 102.0 | | 99.9 | 100.0 | | 95.9 |
| 广 东 Guangdong | 104.3 | 100.8 | 101.9 | 96.0 | 107.2 | 99.5 | | 112.0 |
| 广 西 Guangxi | | 99.2 | 99.7 | | 101.2 | 101.9 | | 113.3 |
| 海 南 Hainan | | | | | | | | |
| 重 庆 Chongqing | 103.5 | 101.5 | 100.7 | 100.0 | | 98.3 | | 99.4 |
| 四 川 Sichuan | 114.5 | 104.1 | 100.0 | 101.1 | 110.6 | 89.8 | | 97.5 |
| 贵 州 Guizhou | | 102.3 | | | | 100.1 | | |
| 云 南 Yunnan | | 99.1 | 100.7 | | | | | |
| 西 藏 Tibet | | 100.0 | | | 100.0 | 100.0 | | |
| 陕 西 Shaanxi | | 101.1 | | | | | | |
| 甘 肃 Gansu | 100.0 | 101.0 | | 100.0 | 99.8 | | | 100.9 |
| 青 海 Qinghai | | 106.2 | 104.3 | 99.5 | | | | 103.9 |
| 宁 夏 Ningxia | 87.7 | 100.0 | | | 100.4 | | 94.6 | |
| 新 疆 Xinjiang | | 99.4 | 94.8 | | 100.1 | | | 100.0 |

2-1-9 续表 8 Continued 8

(上年价格＝100) (Preceding year=100)

| 地 区 | Region | 制鞋业 Manufacture of Footware | 木材加工 Processing of Wood | 人造板制造 Manufacture of Wood-Based Panels | 木制品制造 Manufacture of Wood Products | 竹、藤、棕、草制品制造 Manufacture of Bamboo, Vine, Palm,and Straw Products | 木质家具制造 Manufacture of Wooden Furniture | 竹、藤家具制造 Manufacture of Bamboo and Vine Furniture |
|---|---|---|---|---|---|---|---|---|
| **全 国** | **National** | **99.6** | **100.0** | **102.3** | **101.3** | **100.6** | **101.0** | **101.4** |
| 北 京 | Beijing | | | 95.9 | 105.2 | | 102.0 | |
| 天 津 | Tianjin | 104.7 | 97.5 | 103.1 | 99.1 | | 100.1 | |
| 河 北 | Hebei | 100.6 | 104.9 | 103.1 | 98.9 | | 103.9 | |
| 山 西 | Shanxi | | | 101.8 | | | 104.8 | |
| 内蒙古 | Inner Mongolia | 115.2 | 100.1 | 93.6 | 100.0 | 103.9 | 118.3 | |
| 辽 宁 | Liaoning | 100.9 | 97.6 | 98.9 | 100.2 | 101.2 | 98.6 | |
| 吉 林 | Jilin | | 101.4 | 101.9 | 102.2 | | 100.0 | |
| 黑龙江 | Heilongjiang | | 99.5 | 99.8 | 99.3 | | 100.8 | |
| 上 海 | Shanghai | 102.0 | | 93.9 | 100.3 | | 101.0 | |
| 江 苏 | Jiangsu | 100.4 | 94.5 | 102.0 | 99.2 | 96.5 | 100.2 | 94.0 |
| 浙 江 | Zhejiang | 99.5 | 100.9 | 104.0 | 101.8 | 99.5 | 100.9 | 100.5 |
| 安 徽 | Anhui | 102.8 | 101.2 | 101.2 | 99.7 | 102.3 | 101.4 | 106.3 |
| 福 建 | Fujian | 98.8 | 100.2 | 102.6 | 100.6 | 100.5 | 100.0 | 99.9 |
| 江 西 | Jiangxi | 98.8 | 112.9 | 100.7 | 103.4 | 102.1 | 101.7 | |
| 山 东 | Shandong | 103.3 | | 103.4 | 102.7 | 103.7 | 102.8 | |
| 河 南 | Henan | 100.4 | 98.6 | 102.7 | 102.0 | 104.8 | 100.2 | |
| 湖 北 | Hubei | 102.7 | 101.6 | 102.2 | 103.9 | | 100.3 | |
| 湖 南 | Hunan | 100.3 | 100.9 | 101.7 | 101.3 | 99.7 | 101.1 | |
| 广 东 | Guangdong | 98.2 | | 103.9 | 99.9 | 98.0 | 100.0 | 101.9 |
| 广 西 | Guangxi | 101.2 | 101.7 | 102.0 | 106.2 | 100.5 | 101.3 | |
| 海 南 | Hainan | | 100.4 | 99.7 | 105.8 | 100.0 | 100.0 | |
| 重 庆 | Chongqing | 99.2 | 100.0 | 100.1 | 100.2 | 78.2 | 100.9 | |
| 四 川 | Sichuan | 102.5 | 106.5 | 101.9 | 98.5 | 104.0 | 101.5 | 96.6 |
| 贵 州 | Guizhou | 98.9 | 99.7 | 99.5 | 99.9 | 100.5 | 100.8 | |
| 云 南 | Yunnan | 112.6 | 99.7 | 101.0 | 97.9 | | | |
| 西 藏 | Tibet | 100.0 | 100.0 | | | | 103.5 | |
| 陕 西 | Shaanxi | 103.6 | | 101.3 | 100.8 | | 100.7 | |
| 甘 肃 | Gansu | 100.0 | | | 100.3 | | 100.1 | |
| 青 海 | Qinghai | | | | | | 100.0 | |
| 宁 夏 | Ningxia | | | | 100.0 | | 100.0 | |
| 新 疆 | Xinjiang | | 100.0 | 105.0 | | | 100.0 | |

2-1-9 续表 9 Continued 9

(上年价格=100) (Preceding year=100)

| 地 区 | Region | 金属家具制造 Manufacture of Metal Furniture | 塑料家具制造 Manufacture of Plastic Furniture | 其他家具制造 Manufacture of Other Furniture | 纸浆制造 Manufacture of Paper Pulp | 造纸 Manufacture of Paper | 纸制品制造 Manufacture of Paper Products |
|---|---|---|---|---|---|---|---|
| **全 国** | **National** | **101.3** | **106.4** | **101.7** | **111.6** | **108.0** | **104.6** |
| 北 京 | Beijing | 100.1 | | 101.6 | | 106.1 | 104.2 |
| 天 津 | Tianjin | 98.7 | | 102.2 | | 101.8 | 102.4 |
| 河 北 | Hebei | 100.2 | | 104.5 | 100.5 | 108.4 | 105.3 |
| 山 西 | Shanxi | 104.4 | | | | 115.6 | 107.6 |
| 内蒙古 | Inner Mongolia | | | | | 119.7 | 99.6 |
| 辽 宁 | Liaoning | 100.0 | | 100.5 | 107.6 | 105.3 | 105.3 |
| 吉 林 | Jilin | 100.4 | | 100.4 | | 106.6 | 102.8 |
| 黑龙江 | Heilongjiang | 104.6 | | 107.3 | | 107.9 | 122.5 |
| 上 海 | Shanghai | 101.3 | | 99.9 | | 107.8 | 103.6 |
| 江 苏 | Jiangsu | 101.5 | | 101.6 | | 106.7 | 108.8 |
| 浙 江 | Zhejiang | 100.7 | 100.3 | 100.4 | | 104.4 | 107.4 |
| 安 徽 | Anhui | 101.1 | | 107.0 | | 106.4 | 102.7 |
| 福 建 | Fujian | 101.9 | | 100.5 | | 108.1 | 103.9 |
| 江 西 | Jiangxi | 109.4 | | 99.8 | | 105.4 | 107.4 |
| 山 东 | Shandong | | | 101.8 | 113.4 | 107.4 | 102.3 |
| 河 南 | Henan | 100.0 | | 100.9 | 113.8 | 109.5 | 102.1 |
| 湖 北 | Hubei | | | 102.6 | | 112.9 | 109.1 |
| 湖 南 | Hunan | | | 102.0 | | 116.9 | 104.0 |
| 广 东 | Guangdong | 101.3 | 111.2 | 101.4 | 100.3 | 108.6 | 103.0 |
| 广 西 | Guangxi | | | 100.6 | 115.6 | 106.2 | 104.1 |
| 海 南 | Hainan | | | | 113.0 | 106.3 | 105.7 |
| 重 庆 | Chongqing | 107.5 | | 100.8 | | 110.7 | 105.4 |
| 四 川 | Sichuan | 104.1 | | 101.6 | 112.4 | 110.1 | 103.5 |
| 贵 州 | Guizhou | | | 126.7 | 127.2 | 109.0 | 114.4 |
| 云 南 | Yunnan | | | 101.5 | 98.2 | 106.2 | 107.7 |
| 西 藏 | Tibet | | | | | | 104.3 |
| 陕 西 | Shaanxi | | | 100.2 | | 107.3 | 102.4 |
| 甘 肃 | Gansu | | | | | 112.6 | 105.2 |
| 青 海 | Qinghai | | | | | | 158.5 |
| 宁 夏 | Ningxia | | | | | 108.3 | 108.6 |
| 新 疆 | Xinjiang | 100.2 | | | 97.9 | 120.5 | 105.5 |

2-1-9 续表 10 Continued 10

(上年价格=100) (Preceding year=100)

| 地 区 | Region | 印刷 Printing | 装订及印刷相关服务 Binding of Printed Sheets and Other Service Activities Related to Printing | 记录媒介的复制 Reproduction of Recorded Media | 文教办公用品制造 Manufacture of Study, Education and Office Goods | 乐器制造 Manufacture of Musical Instrument | 工艺美术及礼仪用品制造 Manufacture of Arts,Crafts and Etiquette products | 体育用品制造 Manufacture of Sports Goods |
|---|---|---|---|---|---|---|---|---|
| **全 国** | **National** | **101.8** | **101.7** | **98.7** | **100.7** | **102.0** | **98.5** | **101.5** |
| 北 京 | Beijing | 101.2 | 129.3 | | | 102.6 | 99.3 | |
| 天 津 | Tianjin | 102.1 | 105.0 | 101.1 | 98.1 | 102.3 | 98.7 | 99.9 |
| 河 北 | Hebei | 102.5 | 100.0 | | | 101.6 | 101.4 | 101.4 |
| 山 西 | Shanxi | 99.5 | | | | | 99.9 | 100.6 |
| 内蒙古 | Inner Mongolia | 100.6 | | | | | | |
| 辽 宁 | Liaoning | 103.7 | | 98.9 | 105.3 | 99.4 | 100.7 | 99.9 |
| 吉 林 | Jilin | 100.5 | | | 100.7 | 100.4 | 103.4 | |
| 黑龙江 | Heilongjiang | 101.3 | | | 100.2 | 95.2 | 100.3 | |
| 上 海 | Shanghai | 99.6 | | 94.4 | 100.0 | 103.5 | 99.3 | 99.8 |
| 江 苏 | Jiangsu | 101.1 | 100.0 | 100.2 | 99.8 | 103.6 | 98.4 | 101.5 |
| 浙 江 | Zhejiang | 100.2 | 103.2 | | 100.8 | 102.1 | 101.4 | 101.9 |
| 安 徽 | Anhui | 102.9 | 101.9 | | 100.9 | | 102.9 | 102.6 |
| 福 建 | Fujian | 100.2 | | | 100.7 | 107.4 | 98.9 | 102.1 |
| 江 西 | Jiangxi | 100.7 | | 100.0 | 102.3 | 100.5 | 102.0 | 101.1 |
| 山 东 | Shandong | 103.4 | 100.4 | | 99.0 | 96.9 | 97.7 | 101.3 |
| 河 南 | Henan | 103.1 | | | 101.1 | 106.3 | 100.2 | |
| 湖 北 | Hubei | 102.3 | | | | | 100.2 | |
| 湖 南 | Hunan | 102.7 | 100.0 | 98.1 | 100.0 | | 99.1 | 101.0 |
| 广 东 | Guangdong | 100.6 | 97.3 | 99.8 | 100.7 | 104.6 | 96.2 | 102.1 |
| 广 西 | Guangxi | 104.8 | 100.0 | | 103.1 | | 103.0 | |
| 海 南 | Hainan | 102.3 | | 100.0 | 97.4 | | 102.1 | |
| 重 庆 | Chongqing | 101.3 | 104.3 | | 122.3 | | 99.5 | |
| 四 川 | Sichuan | 104.2 | 111.2 | | 101.5 | 101.3 | 99.4 | |
| 贵 州 | Guizhou | 100.3 | | | 96.0 | | 100.0 | |
| 云 南 | Yunnan | 97.3 | 103.0 | | | | 91.5 | |
| 西 藏 | Tibet | 100.0 | | | | | 103.6 | |
| 陕 西 | Shaanxi | 98.8 | 99.4 | | 104.3 | | 96.3 | |
| 甘 肃 | Gansu | 100.0 | 100.0 | | | | 95.7 | 100.0 |
| 青 海 | Qinghai | 101.7 | | | | | 100.5 | |
| 宁 夏 | Ningxia | 79.6 | | | | | | |
| 新 疆 | Xinjiang | 100.5 | 100.0 | | | | 100.8 | |

2-1-9 续表 11 Continued 11

(上年价格＝100) (Preceding year=100)

| 地 区 | Region | 玩具制造 Manufacture of Toys | 游艺器材及娱乐用品 Manufacture of Funfair Equipment and Recreational Goods | 精炼石油产品制造 Manufacture of Refined Petroleum Products | 煤炭加工 Processing of Coal | 核燃料加工 Processing of Nuclear Fuel | 生物质燃料加工 Processing of Biofuel | 基础化学原料制造 Manufacture of Basic Chemicals | 肥料制造 Manufacture of Fertilizers |
|---|---|---|---|---|---|---|---|---|---|
| **全 国** | **National** | **101.4** | **102.2** | **116.1** | **115.1** | | **107.5** | **108.7** | **107.1** |
| 北 京 | Beijing | | | 111.8 | 100.0 | | | 110.8 | 104.0 |
| 天 津 | Tianjin | 104.4 | | 120.2 | 117.2 | | | 109.0 | 113.7 |
| 河 北 | Hebei | 105.4 | 100.0 | 116.5 | 117.3 | | | 105.4 | 106.7 |
| 山 西 | Shanxi | | | 107.5 | 121.5 | | | 102.4 | 110.6 |
| 内蒙古 | Inner Mongolia | | | 113.4 | 118.1 | | | 104.8 | 105.8 |
| 辽 宁 | Liaoning | | 101.0 | 116.2 | 113.9 | | 109.1 | 104.0 | 103.6 |
| 吉 林 | Jilin | | | 116.1 | 92.9 | | 100.0 | 106.2 | 102.2 |
| 黑龙江 | Heilongjiang | | | 115.4 | 116.7 | | | 118.3 | 107.0 |
| 上 海 | Shanghai | 126.1 | 105.3 | 121.0 | 102.2 | | | 100.9 | |
| 江 苏 | Jiangsu | 100.4 | 103.5 | 113.2 | 109.8 | | | 111.1 | 106.3 |
| 浙 江 | Zhejiang | 101.2 | 102.6 | 115.0 | 100.9 | | | 109.7 | 112.7 |
| 安 徽 | Anhui | 101.2 | 99.6 | 123.9 | 108.4 | | | 110.6 | 107.4 |
| 福 建 | Fujian | 97.1 | 98.8 | 122.8 | 103.3 | | | 112.1 | 110.1 |
| 江 西 | Jiangxi | 96.4 | 102.9 | 115.2 | 112.1 | | | 108.8 | 114.6 |
| 山 东 | Shandong | 98.1 | | 113.8 | 120.4 | | | 108.1 | 104.4 |
| 河 南 | Henan | 100.1 | 100.4 | 117.3 | 118.0 | | | 106.2 | 109.2 |
| 湖 北 | Hubei | 99.0 | | 119.7 | 102.6 | | | 110.2 | 108.7 |
| 湖 南 | Hunan | 99.7 | | 115.8 | 104.9 | | | 108.2 | 99.4 |
| 广 东 | Guangdong | 102.7 | 98.3 | 117.2 | 106.0 | | | 109.5 | 106.0 |
| 广 西 | Guangxi | 100.1 | | 118.0 | 101.1 | | | 107.3 | 106.3 |
| 海 南 | Hainan | | | 113.6 | 100.5 | | | 113.9 | 112.9 |
| 重 庆 | Chongqing | 98.2 | | 110.1 | 105.7 | | | 112.2 | 107.0 |
| 四 川 | Sichuan | 101.1 | 98.1 | 112.1 | 105.2 | | | 108.9 | 110.6 |
| 贵 州 | Guizhou | | | 101.4 | 109.6 | | 116.8 | 100.9 | 104.6 |
| 云 南 | Yunnan | | | 117.1 | 100.9 | | | 106.9 | 108.9 |
| 西 藏 | Tibet | | | | | | | | |
| 陕 西 | Shaanxi | | 100.0 | 112.7 | 119.3 | | | 106.5 | 107.7 |
| 甘 肃 | Gansu | | | 118.2 | 100.4 | | | 106.0 | 115.7 |
| 青 海 | Qinghai | | | 111.9 | 111.5 | | | 104.4 | 106.9 |
| 宁 夏 | Ningxia | | | 118.9 | 112.6 | | | 113.9 | 111.5 |
| 新 疆 | Xinjiang | | | 118.5 | 113.0 | | 111.7 | 103.9 | 111.9 |

2-1-9 续表 12 Continued 12

(上年价格＝100) (Preceding year=100)

| 地 区 | Region | 农药制造 Manufacture of Pesticides | 涂料、油墨、颜料及类似产品 Manufacture of Paints, Ink, Pigments and Similar Products | 合成材料制造 Manufacture of Synthetic Materials | 专用化学产品制造 Manufacture of Specific Purpose Chemical Products | 炸药、火工及焰火产品制造 Manufacture of Explosives, Pyrotechnics and Fireworks | 日用化学产品制造 Manufacture of Daily Chemical Products | 化学药品原料药制造 Manufacture of Chemical Pharmaceutical Ingredient |
|---|---|---|---|---|---|---|---|---|
| **全 国** | **National** | **113.0** | **104.1** | **108.7** | **101.4** | **102.0** | **102.3** | **107.3** |
| 北 京 | Beijing | 102.4 | 102.0 | 98.1 | 101.0 | | 99.8 | 100.0 |
| 天 津 | Tianjin | 136.2 | 104.0 | 104.8 | 110.3 | | 104.1 | 104.3 |
| 河 北 | Hebei | 107.2 | 106.2 | 106.7 | 97.6 | 102.4 | 102.1 | 111.2 |
| 山 西 | Shanxi | 102.3 | 107.2 | 104.0 | 114.4 | 100.1 | 101.3 | 118.5 |
| 内蒙古 | Inner Mongolia | 124.9 | 108.2 | 100.6 | 104.2 | 102.0 | 98.0 | 112.5 |
| 辽 宁 | Liaoning | 110.9 | 99.0 | 110.7 | 103.9 | 94.2 | 102.7 | 108.5 |
| 吉 林 | Jilin | 103.6 | 99.3 | 105.2 | 103.0 | 91.0 | 99.9 | 111.9 |
| 黑龙江 | Heilongjiang | 107.9 | 103.3 | 111.9 | 105.8 | 105.3 | 96.9 | 100.3 |
| 上 海 | Shanghai | 101.2 | 99.3 | 108.2 | 104.4 | | 101.2 | 107.6 |
| 江 苏 | Jiangsu | 121.1 | 105.7 | 108.3 | 97.6 | 95.9 | 106.2 | 109.8 |
| 浙 江 | Zhejiang | 106.2 | 114.7 | 114.7 | 98.6 | | 100.7 | 113.8 |
| 安 徽 | Anhui | 108.3 | 100.0 | 106.7 | 103.0 | 101.6 | 101.5 | 97.7 |
| 福 建 | Fujian | 106.0 | 104.5 | 110.5 | 107.1 | 101.4 | 107.5 | 100.4 |
| 江 西 | Jiangxi | 103.7 | 101.4 | 110.1 | 95.0 | 101.1 | 100.4 | 104.3 |
| 山 东 | Shandong | 104.4 | 106.1 | 106.7 | 103.6 | 96.0 | 97.7 | 103.5 |
| 河 南 | Henan | 108.4 | 100.9 | 113.4 | 101.0 | 101.9 | 104.1 | 108.7 |
| 湖 北 | Hubei | 120.0 | 101.2 | 105.8 | 101.5 | 98.1 | 100.5 | 110.3 |
| 湖 南 | Hunan | 108.9 | 100.1 | 102.7 | 101.7 | 103.2 | 102.8 | 101.0 |
| 广 东 | Guangdong | 117.3 | 102.2 | 106.1 | 102.3 | 99.4 | 102.2 | 102.3 |
| 广 西 | Guangxi | 110.4 | 99.6 | 108.3 | 104.7 | 101.9 | 96.3 | 101.6 |
| 海 南 | Hainan | 105.9 | 100.8 | 125.5 | 102.4 | 100.0 | 95.5 | 100.8 |
| 重 庆 | Chongqing | 105.6 | 103.3 | 110.6 | 91.4 | 100.3 | 99.9 | 100.2 |
| 四 川 | Sichuan | 111.8 | 98.5 | 120.9 | 100.9 | 102.6 | 106.3 | 102.2 |
| 贵 州 | Guizhou | 100.0 | 98.5 | 98.4 | 105.6 | 100.2 | 96.2 | 100.7 |
| 云 南 | Yunnan | 108.9 | 100.1 | 79.9 | 106.1 | 96.8 | 112.2 | 96.1 |
| 西 藏 | Tibet | | | | | 100.0 | 100.0 | |
| 陕 西 | Shaanxi | 101.7 | 100.8 | 107.0 | 99.5 | 100.9 | 107.0 | 102.6 |
| 甘 肃 | Gansu | | 102.3 | 103.1 | 113.6 | 101.6 | | 104.5 |
| 青 海 | Qinghai | | | 103.7 | 90.3 | 100.4 | | 96.4 |
| 宁 夏 | Ningxia | 119.1 | 124.0 | 111.8 | 86.9 | 79.9 | 100.0 | 129.9 |
| 新 疆 | Xinjiang | | 103.7 | 108.2 | 101.2 | 104.2 | 99.3 | 97.2 |

2-1-9 续表 13 Continued 13

(上年价格=100) (Preceding year=100)

| 地区 | Region | 化学药品制剂制造 Manufacture of Chemical Compound Preparation | 中药饮片加工 Processing of Chinese Traditional Herbal Pieces | 中成药生产 Manufacture of Finished Traditional Chinese Herbal Medicine | 兽用药品制造 Manufacture of Veterinary Medicine | 生物药品制品制造 Manufacture of Biopharmaceuticals | 卫生材料及医药用品制造 Manufacture of Hygienic Material and Pharmaceutical Substances |
|---|---|---|---|---|---|---|---|
| **全 国** | **National** | **102.9** | **102.6** | **102.3** | **101.8** | **100.0** | **101.3** |
| 北 京 | Beijing | 99.1 | 101.5 | 103.1 | 96.1 | 100.1 | 100.3 |
| 天 津 | Tianjin | 109.5 | 101.6 | 100.5 | | 100.3 | |
| 河 北 | Hebei | 101.8 | 102.8 | 101.5 | 100.7 | 100.5 | |
| 山 西 | Shanxi | 112.3 | 95.1 | 101.5 | 103.9 | 100.0 | 101.0 |
| 内蒙古 | Inner Mongolia | 95.5 | 98.5 | 102.7 | 101.1 | 103.6 | |
| 辽 宁 | Liaoning | 102.2 | 104.0 | 100.9 | 102.0 | 112.3 | 83.6 |
| 吉 林 | Jilin | 102.1 | 100.3 | 98.8 | 100.2 | 104.8 | 100.0 |
| 黑龙江 | Heilongjiang | 103.7 | 98.5 | 103.8 | 101.9 | 100.0 | 100.0 |
| 上 海 | Shanghai | 98.0 | 99.7 | 98.0 | 92.6 | 101.2 | 99.0 |
| 江 苏 | Jiangsu | 100.5 | 109.5 | 101.4 | 100.4 | 99.9 | 102.1 |
| 浙 江 | Zhejiang | 101.1 | 105.8 | 100.5 | 105.9 | 100.0 | 100.5 |
| 安 徽 | Anhui | 104.0 | 100.1 | 101.6 | 95.9 | 101.7 | 101.4 |
| 福 建 | Fujian | 101.7 | 104.6 | 98.8 | 105.9 | 97.0 | 101.9 |
| 江 西 | Jiangxi | 129.0 | 102.5 | 101.5 | 102.7 | 112.0 | 99.6 |
| 山 东 | Shandong | 101.9 | | 104.5 | 100.5 | 97.1 | 104.8 |
| 河 南 | Henan | 106.5 | 100.0 | 109.4 | 102.6 | 99.5 | 97.4 |
| 湖 北 | Hubei | 102.3 | | 102.2 | 99.7 | 101.5 | 101.2 |
| 湖 南 | Hunan | 99.3 | 98.0 | 101.8 | 101.3 | 100.0 | 99.3 |
| 广 东 | Guangdong | 105.4 | 101.9 | 106.5 | 100.9 | 97.5 | 92.7 |
| 广 西 | Guangxi | 101.3 | 97.3 | 105.2 | 100.3 | 101.3 | 99.9 |
| 海 南 | Hainan | 105.2 | | 99.9 | | | 102.5 |
| 重 庆 | Chongqing | 104.0 | 104.6 | 102.8 | 102.9 | 105.2 | 98.5 |
| 四 川 | Sichuan | 103.9 | 104.6 | 104.7 | 103.6 | 97.2 | 100.0 |
| 贵 州 | Guizhou | 100.2 | 101.3 | 101.0 | | 100.4 | 101.0 |
| 云 南 | Yunnan | 104.4 | 101.9 | 104.0 | 102.7 | 100.1 | |
| 西 藏 | Tibet | 100.0 | 101.1 | 100.6 | | | |
| 陕 西 | Shaanxi | 99.4 | 102.4 | 100.5 | 101.9 | 100.7 | 100.3 |
| 甘 肃 | Gansu | 101.5 | 112.5 | 103.7 | | 118.8 | |
| 青 海 | Qinghai | 114.2 | 99.0 | 100.9 | 101.7 | | 98.7 |
| 宁 夏 | Ningxia | 100.4 | 105.3 | 100.8 | 122.4 | | |
| 新 疆 | Xinjiang | 102.3 | 99.2 | 102.4 | 111.7 | 100.0 | 136.7 |

2-1-9 续表 14 Continued 14

(上年价格=100) (Preceding year=100)

| 地 区 | Region | 药用辅料及包装材料 Pharmaceutical Excipient and Packaging Material | 纤维素纤维原料及纤维制品 Manufacture of Fiber Materials and Fiber Cellulose | 合成纤维制造 Manufacture of Synthetic Fibre | 生物基材料制造 Manufacture of Biobased Material | 橡胶制品业 Manufacture of Rubber Products | 塑料制品业 Manufacture of Plastics Products | 水泥、石灰和石膏制造 Manufacture of Cement, Lime and Gypsum |
|---|---|---|---|---|---|---|---|---|
| **全 国** | **National** | **101.3** | **98.8** | **106.7** | **98.8** | **101.1** | **101.8** | **120.1** |
| 北 京 | Beijing | 100.3 | | 100.2 | | 102.2 | 100.4 | 109.8 |
| 天 津 | Tianjin | | | 100.9 | | 99.1 | 102.6 | 112.7 |
| 河 北 | Hebei | | 95.9 | 115.1 | 95.9 | 100.7 | 101.4 | 110.7 |
| 山 西 | Shanxi | 101.0 | | | | 79.3 | 99.7 | 111.6 |
| 内蒙古 | Inner Mongolia | | | | | 129.8 | 99.2 | 103.1 |
| 辽 宁 | Liaoning | 83.6 | 98.3 | 129.8 | 98.3 | 97.4 | 100.1 | 103.8 |
| 吉 林 | Jilin | 100.0 | 100.2 | 117.1 | 100.2 | 98.0 | 102.8 | 104.4 |
| 黑龙江 | Heilongjiang | 100.0 | | 121.2 | | 101.7 | 103.1 | 113.9 |
| 上 海 | Shanghai | 99.0 | 92.0 | 112.2 | 92.0 | 99.2 | 101.7 | 145.6 |
| 江 苏 | Jiangsu | 102.1 | 100.5 | 106.1 | 100.5 | 101.3 | 101.9 | 121.6 |
| 浙 江 | Zhejiang | 100.5 | | 107.2 | | 99.8 | 102.6 | 139.4 |
| 安 徽 | Anhui | 101.4 | 99.8 | 101.4 | 99.8 | 99.3 | 102.3 | 127.4 |
| 福 建 | Fujian | 101.9 | 92.0 | 105.2 | 92.0 | 104.2 | 101.3 | 119.2 |
| 江 西 | Jiangxi | 99.6 | 92.5 | 101.2 | 92.5 | 99.3 | 100.6 | 126.9 |
| 山 东 | Shandong | 104.8 | 95.5 | 98.5 | 95.5 | 101.9 | 101.9 | 124.0 |
| 河 南 | Henan | 97.4 | 104.9 | 115.9 | 104.9 | 103.1 | 101.1 | 113.1 |
| 湖 北 | Hubei | 101.2 | 96.6 | 119.5 | 96.6 | 99.4 | 103.7 | 127.8 |
| 湖 南 | Hunan | 99.3 | 101.7 | 96.9 | 101.7 | 98.7 | 102.1 | 129.5 |
| 广 东 | Guangdong | 92.7 | 107.1 | 106.2 | 107.1 | 100.8 | 101.7 | 127.3 |
| 广 西 | Guangxi | 99.9 | | | | 98.1 | 110.5 | 120.3 |
| 海 南 | Hainan | 102.5 | | | | 88.0 | 101.6 | 112.5 |
| 重 庆 | Chongqing | 98.5 | | 100.3 | | 100.1 | 99.9 | 123.2 |
| 四 川 | Sichuan | 100.0 | 98.4 | 110.0 | 98.4 | 103.1 | 100.1 | 120.6 |
| 贵 州 | Guizhou | 101.0 | | | | 101.1 | 102.4 | 120.9 |
| 云 南 | Yunnan | | 100.3 | | 100.3 | 88.0 | 102.1 | 108.2 |
| 西 藏 | Tibet | | | | | | | 97.1 |
| 陕 西 | Shaanxi | 100.3 | 100.4 | | 100.4 | 107.0 | 101.6 | 121.0 |
| 甘 肃 | Gansu | | | | | 99.5 | 100.3 | 103.1 |
| 青 海 | Qinghai | 98.7 | | | | 101.0 | 101.0 | 104.9 |
| 宁 夏 | Ningxia | | | | | 103.7 | 102.1 | 106.2 |
| 新 疆 | Xinjiang | 136.7 | 94.2 | | 94.2 | 98.6 | 104.3 | 115.1 |

2-1-9 续表 15 Continued 15

(上年价格=100) (Preceding year=100)

| 地 区 Region | 石膏、水泥制品及类似制品制造 Manufacture of Gypsum, Cement and Similar Products | 砖瓦、石材及其他建筑材料制造 Manufacture of Bricks, Stone and Other Construction Materials | 玻璃制造 Manufacture of Glass | 玻璃制品制造 Manufacture of Glass Products | 玻璃纤维和玻璃纤维增强塑料制品制造 Manufacture of Glass Fibres and Glass Fibre Reinforced Plastics Products | 陶瓷制品制造 Manufacture of Ceramic Products | 耐火材料制品制造 Manufacture of Refractory Materials |
|---|---|---|---|---|---|---|---|
| **全 国 National** | **116.0** | **103.4** | **103.5** | **101.8** | **100.9** | **100.9** | **105.3** |
| 北 京 Beijing | 111.6 | 98.8 | | 100.6 | 99.6 | 100.0 | 116.4 |
| 天 津 Tianjin | 115.5 | 101.6 | 98.5 | 101.4 | 98.0 | 100.2 | 102.5 |
| 河 北 Hebei | 114.2 | 105.5 | 110.5 | 101.5 | 102.2 | 99.5 | 102.2 |
| 山 西 Shanxi | 109.3 | 107.8 | 104.9 | 103.0 | 100.2 | 101.2 | 101.7 |
| 内蒙古 Inner Mongolia | 112.1 | 98.1 | 96.9 | 108.4 | 99.2 | | 100.7 |
| 辽 宁 Liaoning | 101.1 | 98.5 | 105.0 | 102.3 | 92.0 | 102.5 | 106.9 |
| 吉 林 Jilin | 103.6 | 101.8 | | 102.3 | | 100.1 | 100.1 |
| 黑龙江 Heilongjiang | 107.8 | 102.7 | 103.3 | 103.4 | 100.2 | 97.3 | 95.7 |
| 上 海 Shanghai | 122.9 | 100.1 | | 99.7 | 107.9 | 97.0 | 100.6 |
| 江 苏 Jiangsu | 121.5 | 102.0 | 101.8 | 101.3 | 104.0 | 98.0 | 106.4 |
| 浙 江 Zhejiang | 123.7 | 108.9 | 102.6 | 101.5 | 105.8 | 101.1 | 112.1 |
| 安 徽 Anhui | 120.9 | 107.6 | 97.4 | 103.2 | 106.7 | 100.4 | 111.2 |
| 福 建 Fujian | 111.0 | 103.5 | 103.1 | 99.3 | 101.5 | 100.5 | 129.9 |
| 江 西 Jiangxi | 122.8 | 108.6 | 101.8 | 104.6 | 100.3 | 102.5 | 100.3 |
| 山 东 Shandong | 117.9 | 107.3 | 103.4 | 103.5 | 98.1 | 101.5 | 108.7 |
| 河 南 Henan | 107.2 | 100.4 | 99.8 | 100.9 | 101.8 | 98.0 | 103.9 |
| 湖 北 Hubei | 118.5 | 102.5 | 101.5 | 100.3 | | 100.2 | 102.7 |
| 湖 南 Hunan | 117.3 | 101.3 | 112.2 | 102.6 | 100.0 | 104.5 | 99.1 |
| 广 东 Guangdong | 115.5 | 100.9 | 104.1 | 100.2 | 98.8 | 100.2 | 103.1 |
| 广 西 Guangxi | 107.5 | 102.0 | 102.5 | 101.2 | | 103.2 | 101.1 |
| 海 南 Hainan | 117.8 | 121.5 | 101.1 | 101.5 | | | |
| 重 庆 Chongqing | 118.7 | 102.0 | 101.9 | 103.1 | 98.9 | 100.4 | 106.6 |
| 四 川 Sichuan | 113.8 | 106.4 | 105.8 | 102.9 | 104.4 | 101.9 | 104.4 |
| 贵 州 Guizhou | 101.2 | 102.5 | | 96.8 | 102.0 | 104.4 | 99.9 |
| 云 南 Yunnan | 103.4 | 98.7 | 104.6 | 100.3 | 101.8 | 115.7 | 95.6 |
| 西 藏 Tibet | 140.2 | 107.6 | | | | | |
| 陕 西 Shaanxi | 122.4 | 101.5 | 106.4 | 101.2 | 105.4 | 98.0 | 97.4 |
| 甘 肃 Gansu | 101.6 | 101.0 | 104.5 | 113.1 | 99.2 | 106.1 | |
| 青 海 Qinghai | 106.4 | 108.6 | 87.2 | | | | 97.7 |
| 宁 夏 Ningxia | 103.0 | 105.5 | 99.6 | 100.0 | | 103.2 | 97.8 |
| 新 疆 Xinjiang | 113.0 | 104.4 | 100.3 | 110.1 | 105.3 | 100.5 | 101.0 |

2-1-9 续表 16 Continued 16

(上年价格=100) (Preceding year=100)

| 地 区 | Region | 石墨及其他非金属矿物制品制造 Manufacture of Graphite and OtherNon-Metallic Mineral Products | 炼铁 Iron Metallurgy | 炼钢 Steel Metallurgy | 钢压延加工 Smelting and Rolling Processing of Iron | 铁合金冶炼 Production of Ferroalloy | 常用有色金属冶炼 Production of Common Non-Ferrous Metals |
|---|---|---|---|---|---|---|---|
| **全 国** | **National** | **110.9** | **109.9** | **109.8** | **109.3** | **107.9** | **103.5** |
| 北 京 | Beijing | 106.0 | | | 104.0 | 98.2 | |
| 天 津 | Tianjin | 114.6 | 112.3 | 113.1 | 109.0 | | 107.1 |
| 河 北 | Hebei | 120.5 | 108.6 | 106.0 | 111.7 | 119.7 | 99.7 |
| 山 西 | Shanxi | 113.7 | 118.8 | 115.1 | 111.1 | 102.5 | 102.9 |
| 内蒙古 | Inner Mongolia | 112.7 | 103.3 | | 109.4 | 107.4 | 103.4 |
| 辽 宁 | Liaoning | 141.5 | 115.3 | 106.7 | 108.8 | 110.6 | 100.8 |
| 吉 林 | Jilin | 131.2 | 100.7 | | 110.3 | 109.8 | 109.2 |
| 黑龙江 | Heilongjiang | 102.2 | 101.2 | | 114.1 | | |
| 上 海 | Shanghai | 110.1 | 106.0 | | 103.4 | | 96.8 |
| 江 苏 | Jiangsu | 105.4 | 109.1 | 111.5 | 106.3 | 105.0 | 111.8 |
| 浙 江 | Zhejiang | 98.7 | | 114.4 | 107.4 | 115.6 | 107.0 |
| 安 徽 | Anhui | 100.8 | 108.2 | 107.0 | 104.4 | 100.1 | 106.2 |
| 福 建 | Fujian | 102.7 | 119.0 | 108.2 | 107.2 | 105.2 | 103.2 |
| 江 西 | Jiangxi | 99.3 | | 105.3 | 109.7 | 91.5 | 104.5 |
| 山 东 | Shandong | 102.4 | 111.5 | 109.1 | 109.0 | 111.1 | 102.3 |
| 河 南 | Henan | 112.0 | 111.4 | 108.4 | 110.5 | 115.0 | 100.3 |
| 湖 北 | Hubei | 100.8 | 105.1 | 110.6 | 109.8 | 118.4 | 105.6 |
| 湖 南 | Hunan | 112.0 | 99.7 | 99.0 | 112.3 | 103.7 | 99.0 |
| 广 东 | Guangdong | 103.6 | | 105.9 | 113.3 | | 115.8 |
| 广 西 | Guangxi | 103.9 | | | 109.1 | 111.0 | 103.2 |
| 海 南 | Hainan | | | 100.0 | 99.9 | | 100.0 |
| 重 庆 | Chongqing | 116.8 | | 96.8 | 108.3 | 106.3 | 103.7 |
| 四 川 | Sichuan | 111.9 | 116.1 | 114.3 | 108.5 | 113.9 | 103.0 |
| 贵 州 | Guizhou | 103.0 | 102.2 | | 103.2 | 100.5 | 102.4 |
| 云 南 | Yunnan | 144.0 | 103.5 | 111.8 | 110.0 | 106.3 | 103.0 |
| 西 藏 | Tibet | | | | | | |
| 陕 西 | Shaanxi | 100.4 | | 112.4 | 119.5 | 114.4 | 104.0 |
| 甘 肃 | Gansu | 117.6 | 116.8 | | 112.7 | 108.1 | 109.0 |
| 青 海 | Qinghai | 109.9 | 100.0 | | 111.6 | 106.2 | 103.0 |
| 宁 夏 | Ningxia | 125.3 | 106.2 | 112.9 | 107.8 | 112.2 | 100.8 |
| 新 疆 | Xinjiang | 118.9 | 102.4 | | 111.7 | 111.1 | 99.7 |

2-1-9 续表 17 Continued 17

(上年价格=100) (Preceding year=100)

| 地 区 | Region | 贵金属冶炼 Production of Precious Metals | 稀有稀土金属冶炼 Production of Rare Metal and Rare Earth Metals | 有色金属合金制造 Manufacture of Non-Ferrous Metal Alloy | 有色金属压延加工 Smelting and Rolling Processing of Non-Ferrous Metals | 结构性金属制品制造 Manufacture of Structural Metal Products | 金属工具制造 Manufacture of Metal Tools |
|---|---|---|---|---|---|---|---|
| **全 国** | **National** | **99.3** | **110.2** | **106.3** | **102.7** | **105.5** | **102.6** |
| 北 京 | Beijing | | | 107.8 | 105.4 | 105.8 | |
| 天 津 | Tianjin | | | 100.6 | 103.7 | 104.3 | 103.1 |
| 河 北 | Hebei | 96.8 | | 118.1 | 102.2 | 107.2 | 103.4 |
| 山 西 | Shanxi | 96.5 | | 98.9 | 94.1 | 107.1 | 101.2 |
| 内蒙古 | Inner Mongolia | 95.5 | 101.8 | 98.4 | 97.2 | 105.1 | |
| 辽 宁 | Liaoning | 92.9 | 98.9 | 104.3 | 109.2 | 102.6 | 98.3 |
| 吉 林 | Jilin | 98.4 | 104.8 | 101.0 | 90.9 | 103.4 | 100.7 |
| 黑龙江 | Heilongjiang | 99.3 | | 99.6 | 104.3 | 104.6 | 101.2 |
| 上 海 | Shanghai | 109.9 | | 101.8 | 102.7 | 102.5 | 102.9 |
| 江 苏 | Jiangsu | 110.3 | 100.0 | 111.2 | 104.2 | 107.9 | 106.6 |
| 浙 江 | Zhejiang | 98.2 | | 100.3 | 103.7 | 104.8 | 102.4 |
| 安 徽 | Anhui | 98.1 | | 103.6 | 102.1 | 107.1 | 110.3 |
| 福 建 | Fujian | 98.1 | 130.8 | 107.9 | 102.0 | 103.4 | 100.1 |
| 江 西 | Jiangxi | 101.9 | 110.8 | 102.7 | 106.4 | 110.6 | 105.6 |
| 山 东 | Shandong | 99.5 | | 100.4 | 99.3 | 103.1 | 105.3 |
| 河 南 | Henan | 98.5 | 102.5 | 100.5 | 100.7 | 107.9 | 100.0 |
| 湖 北 | Hubei | 94.6 | | 138.6 | 104.2 | 103.9 | 104.5 |
| 湖 南 | Hunan | 94.8 | 108.8 | 115.5 | 105.4 | 101.6 | 103.3 |
| 广 东 | Guangdong | 123.6 | 121.1 | 105.0 | 103.6 | 107.9 | 97.1 |
| 广 西 | Guangxi | 100.5 | 127.0 | 99.4 | 99.2 | 100.5 | 104.5 |
| 海 南 | Hainan | 99.1 | | | | 117.3 | |
| 重 庆 | Chongqing | | | 99.8 | 101.0 | 102.3 | 110.7 |
| 四 川 | Sichuan | 100.2 | 99.7 | 106.2 | 102.1 | 103.0 | 103.8 |
| 贵 州 | Guizhou | 98.1 | 148.7 | | 101.7 | 104.5 | 100.2 |
| 云 南 | Yunnan | 101.9 | 119.8 | 100.4 | 98.0 | 99.9 | |
| 西 藏 | Tibet | | | | | | |
| 陕 西 | Shaanxi | 99.4 | 121.6 | 107.6 | 112.5 | 104.4 | 100.1 |
| 甘 肃 | Gansu | 95.3 | 97.2 | 104.0 | 100.3 | 103.8 | |
| 青 海 | Qinghai | 99.0 | | 100.7 | 99.1 | 103.5 | |
| 宁 夏 | Ningxia | 91.6 | 102.2 | | 100.7 | 104.8 | |
| 新 疆 | Xinjiang | 98.5 | | 118.8 | 103.2 | 105.6 | 108.2 |

2-1-9 续表 18 Continued 18

(上年价格=100) (Preceding year=100)

| 地 区 | Region | 集装箱及金属包装容器制造 Manufacture of Metal Container and Metal Packing Vessels | 金属丝绳及其制品制造 Manufacture of Wire, Cable and Products of the Alike | 建筑、安全用金属制品制造 Manufacture of Metal Products for Construction and Safety | 金属表面处理及热处理加工 Treatment on Surface of Metal and Heat Treatment of Metals | 搪瓷制品制造 Manufacture of Porcelain Enameling Metal Products | 金属制日用品制造 Manufacture of Metal Products for Domestic Use |
|---|---|---|---|---|---|---|---|
| **全 国** | **National** | **104.5** | **109.1** | **102.0** | **102.9** | **100.7** | **102.9** |
| 北 京 | Beijing | 101.5 | 98.2 | 100.0 | 101.3 | | |
| 天 津 | Tianjin | 105.4 | 107.2 | 100.7 | 100.0 | 96.2 | 104.9 |
| 河 北 | Hebei | 102.6 | 103.2 | 103.3 | 107.6 | 97.2 | 104.5 |
| 山 西 | Shanxi | 101.6 | 85.9 | 113.8 | 105.5 | | |
| 内蒙古 | Inner Mongolia | 100.4 | 97.7 | 101.7 | | | |
| 辽 宁 | Liaoning | 105.3 | 103.2 | 100.2 | 105.4 | 99.5 | 99.2 |
| 吉 林 | Jilin | 102.3 | 142.4 | 100.0 | | | |
| 黑龙江 | Heilongjiang | 100.6 | 106.1 | 104.6 | 101.4 | 92.4 | 100.0 |
| 上 海 | Shanghai | 99.6 | | 103.2 | 101.0 | | 104.5 |
| 江 苏 | Jiangsu | 111.3 | 108.3 | 98.6 | 106.0 | | 101.3 |
| 浙 江 | Zhejiang | 103.7 | 106.5 | 101.4 | 103.2 | 99.3 | 103.3 |
| 安 徽 | Anhui | 102.5 | 111.6 | 104.7 | 101.4 | | 103.7 |
| 福 建 | Fujian | 101.2 | 111.3 | 102.7 | 103.0 | 106.0 | 98.8 |
| 江 西 | Jiangxi | 116.7 | 110.8 | 105.7 | 100.8 | 100.3 | 108.1 |
| 山 东 | Shandong | 101.0 | 108.2 | 103.2 | 100.6 | | 103.0 |
| 河 南 | Henan | 116.8 | 123.6 | 102.2 | | 100.2 | 100.0 |
| 湖 北 | Hubei | 104.4 | 111.7 | | 100.8 | | 102.9 |
| 湖 南 | Hunan | 101.6 | 112.0 | 103.6 | 98.3 | 107.1 | 100.9 |
| 广 东 | Guangdong | 100.6 | 107.2 | 100.5 | 101.4 | 102.7 | 103.4 |
| 广 西 | Guangxi | | | 100.2 | 99.9 | | 101.7 |
| 海 南 | Hainan | 100.0 | | | 98.7 | | |
| 重 庆 | Chongqing | 100.2 | 114.6 | 98.8 | 101.1 | | 100.2 |
| 四 川 | Sichuan | 100.5 | 106.2 | 101.4 | 107.6 | | 100.4 |
| 贵 州 | Guizhou | | 109.6 | | | | 96.7 |
| 云 南 | Yunnan | | 106.6 | | 104.1 | | |
| 西 藏 | Tibet | | | | | | |
| 陕 西 | Shaanxi | 103.0 | 114.9 | 98.7 | 97.0 | 113.3 | 104.0 |
| 甘 肃 | Gansu | 101.1 | 100.0 | | | | |
| 青 海 | Qinghai | | 109.2 | 110.1 | | | |
| 宁 夏 | Ningxia | | 107.4 | 99.3 | 100.0 | | |
| 新 疆 | Xinjiang | 110.8 | 109.6 | 102.6 | 104.1 | | |

2-1-9 续表 19 Continued 19

(上年价格=100) (Preceding year=100)

| 地 区 | Region | 锻造及其他金属制品制造 Forging and Manufacture of Other Metal | 锅炉及原动设备制造 Manufacture of Boilers and Other Original Motive Power Machinery | 金属加工机械制造 Manufacture of Machinery for Metal Processing | 物料搬运设备制造 Manufacture of Lifting and Handling Equipment | 泵、阀门、压缩机及类似机械制造 Manufacture of Pumps, Valves, Compressor and Similar Machinery | 轴承、齿轮、传动部件制造 Manufacture of Bearings, Gears, and Transmission Parts |
|---|---|---|---|---|---|---|---|
| **全 国** | **National** | **104.0** | **101.9** | **100.8** | **101.9** | **102.3** | **102.0** |
| 北 京 | Beijing | 101.4 | 100.0 | 99.2 | 99.9 | 100.8 | 101.3 |
| 天 津 | Tianjin | 109.8 | 96.7 | 103.0 | 98.9 | 100.0 | 101.8 |
| 河 北 | Hebei | 104.8 | 99.8 | 100.5 | 100.7 | 100.1 | 102.7 |
| 山 西 | Shanxi | 101.2 | 105.8 | 92.7 | 100.7 | 101.1 | 104.2 |
| 内蒙古 | Inner Mongolia | 97.7 | 102.2 | 101.4 | 102.5 | 99.5 | 96.2 |
| 辽 宁 | Liaoning | 103.2 | 101.2 | 99.8 | 94.7 | 102.3 | 101.5 |
| 吉 林 | Jilin | 99.9 | 100.3 | 100.0 | 98.0 | 100.8 | 103.0 |
| 黑龙江 | Heilongjiang | 99.8 | 99.1 | 100.8 | 100.3 | 97.6 | 101.2 |
| 上 海 | Shanghai | 108.0 | 104.9 | 100.9 | 108.1 | 99.3 | 95.0 |
| 江 苏 | Jiangsu | 103.1 | 104.3 | 98.0 | 100.7 | 101.2 | 101.4 |
| 浙 江 | Zhejiang | 102.9 | 101.8 | 100.8 | 103.0 | 101.1 | 101.6 |
| 安 徽 | Anhui | 104.0 | 100.6 | 104.4 | 100.7 | 100.5 | 104.0 |
| 福 建 | Fujian | 104.5 | 97.7 | 101.4 | 102.1 | 102.9 | 100.5 |
| 江 西 | Jiangxi | 105.2 | 102.2 | 102.5 | 102.3 | 103.3 | 101.8 |
| 山 东 | Shandong | 102.0 | 101.9 | 101.3 | 100.9 | 106.0 | 103.6 |
| 河 南 | Henan | 109.2 | 102.9 | 101.3 | 102.8 | 106.6 | 102.0 |
| 湖 北 | Hubei | 102.3 | 100.2 | 100.6 | 100.6 | 99.9 | 104.1 |
| 湖 南 | Hunan | 102.9 | 101.5 | 102.7 | 101.5 | 100.5 | 102.6 |
| 广 东 | Guangdong | 107.1 | 102.1 | 103.7 | 101.2 | 102.2 | 101.8 |
| 广 西 | Guangxi | 102.1 | 100.3 | 100.0 | 100.0 | 99.7 | 103.6 |
| 海 南 | Hainan | | | | | | 100.0 |
| 重 庆 | Chongqing | 101.9 | 100.7 | 100.0 | 99.9 | 103.4 | 100.9 |
| 四 川 | Sichuan | 102.9 | 101.0 | 101.4 | 102.9 | 100.6 | 101.7 |
| 贵 州 | Guizhou | 100.0 | 100.3 | 103.4 | 107.1 | 98.5 | 100.0 |
| 云 南 | Yunnan | 101.5 | | 103.2 | 100.9 | 92.5 | |
| 西 藏 | Tibet | 100.0 | | | | | |
| 陕 西 | Shaanxi | 103.8 | 105.9 | 100.3 | 112.0 | 99.3 | 100.6 |
| 甘 肃 | Gansu | 129.3 | 100.0 | 100.4 | 100.0 | 99.7 | 103.4 |
| 青 海 | Qinghai | 100.9 | | 100.0 | | | |
| 宁 夏 | Ningxia | 102.2 | 100.0 | 99.8 | 100.0 | 100.3 | 100.6 |
| 新 疆 | Xinjiang | 104.3 | 100.0 | 100.0 | 99.2 | | 100.0 |

2-1-9 续表 20 Continued 20

(上年价格=100) (Preceding year=100)

| 地 区 | Region | 烘炉、风机、包装等设备制造 Manufacture of Ovens, Draught Fans, Packing Machinery and Others | 文化、办公用机械制造 Manufacture of Machinery for Culture and Office Use | 通用零部件制造 Manufacture of General-Purpose Parts | 其他通用设备制造 Manufacture of Other General Purpose Machinery | 采矿、冶金、建筑专用设备制造 Manufacture of Specialized Facilities for Mining, Metallurgy, and Construction | 化工、木材、非金属加工专用设备制造 Manufacture of Specialized Equipment for Chemical, Timber, and Non-Metal Processing |
|---|---|---|---|---|---|---|---|
| **全 国** | **National** | **100.4** | **97.8** | **103.1** | **101.1** | **101.5** | **101.1** |
| 北 京 | Beijing | 101.6 | 98.4 | 100.8 | 99.0 | 100.8 | 99.7 |
| 天 津 | Tianjin | 107.6 | 99.7 | 98.6 | 93.4 | 97.2 | 101.3 |
| 河 北 | Hebei | 100.4 | | 101.7 | 109.5 | 102.6 | 100.2 |
| 山 西 | Shanxi | 99.1 | | 102.7 | 99.9 | 102.5 | 101.5 |
| 内蒙古 | Inner Mongolia | 100.0 | | 100.3 | 99.8 | 100.2 | 111.2 |
| 辽 宁 | Liaoning | 99.7 | 101.1 | 103.2 | 109.6 | 101.8 | 97.6 |
| 吉 林 | Jilin | 100.2 | 100.3 | 100.2 | 106.7 | 100.3 | 99.1 |
| 黑龙江 | Heilongjiang | 100.0 | 100.0 | 100.7 | | 100.9 | 102.5 |
| 上 海 | Shanghai | 100.3 | 102.1 | 99.7 | 94.1 | 100.5 | 99.3 |
| 江 苏 | Jiangsu | 100.3 | 98.8 | 102.0 | 98.0 | 101.6 | 100.1 |
| 浙 江 | Zhejiang | 101.2 | 101.2 | 103.9 | 96.4 | 104.2 | 100.6 |
| 安 徽 | Anhui | 102.0 | | 103.7 | 99.9 | 102.0 | 98.5 |
| 福 建 | Fujian | 101.4 | 100.0 | 101.1 | 104.2 | 100.7 | 100.7 |
| 江 西 | Jiangxi | 99.7 | | 104.0 | 101.1 | 101.1 | 103.4 |
| 山 东 | Shandong | 98.5 | | 104.9 | 100.3 | 103.5 | 102.0 |
| 河 南 | Henan | 101.3 | 101.4 | 100.6 | 100.6 | 99.5 | 103.2 |
| 湖 北 | Hubei | 102.4 | | 102.4 | 99.5 | 115.5 | 100.7 |
| 湖 南 | Hunan | 100.3 | 100.2 | 101.8 | 98.4 | 99.1 | 108.4 |
| 广 东 | Guangdong | 99.7 | 96.1 | 99.1 | 101.5 | 103.3 | 102.6 |
| 广 西 | Guangxi | 95.8 | | 100.5 | | 101.1 | 95.2 |
| 海 南 | Hainan | 100.0 | | | | | |
| 重 庆 | Chongqing | 101.9 | | 102.9 | 101.7 | 101.7 | 100.5 |
| 四 川 | Sichuan | 102.3 | | 108.7 | 102.6 | 101.3 | 101.2 |
| 贵 州 | Guizhou | 100.0 | 100.3 | 103.7 | | 102.6 | |
| 云 南 | Yunnan | | | 106.0 | | 100.3 | |
| 西 藏 | Tibet | | | | | | |
| 陕 西 | Shaanxi | 99.8 | | 108.2 | 102.8 | 100.7 | 101.9 |
| 甘 肃 | Gansu | 100.4 | | 106.2 | | 97.1 | 102.2 |
| 青 海 | Qinghai | | | | | | |
| 宁 夏 | Ningxia | 100.0 | | 100.0 | 100.0 | 99.3 | 100.2 |
| 新 疆 | Xinjiang | 103.1 | | 100.9 | | 102.7 | 99.7 |

2-1-9 续表 21 Continued 21

(上年价格=100) (Preceding year=100)

| 地 区 | Region | 食品、饮料、烟草及饲料生产专用设备制造 Manufacture of Specialized Equipment for Production of Food, Beverage, Tobacco and Feedstuff | 印刷、制药、日化及日用品生产专用设备制造 Manufacture of Special Purpose Equipment for Printing, Pharmacy, and Domestic, Daily Used Chemical Product Processing | 纺织、服装、皮革加工专用设备制造 Manufacture of Specialized Machinery for Textile, Clothings and Leather Processing | 电子和电工机械专用设备制造 Manufacture of Specialized Machinery for Electronic Machinery and Electrical Machines | 农、林、牧、渔专用机械制造 Manufacture of Specialized Machinery for Agriculture, Forestry, Animal Production, Fishing and Aquaculture | 医疗仪器设备及器械制造 Manufacture of Medical Instruments and Appliances |
|---|---|---|---|---|---|---|---|
| **全 国** | **National** | **100.7** | **101.3** | **101.0** | **101.4** | **101.2** | **100.1** |
| 北 京 | Beijing | | 100.0 | 100.0 | 101.3 | 100.0 | 98.0 |
| 天 津 | Tianjin | 100.4 | 83.7 | 99.0 | | 100.2 | 101.4 |
| 河 北 | Hebei | 101.8 | 99.8 | 99.5 | 99.5 | 100.0 | 102.0 |
| 山 西 | Shanxi | | | 100.4 | 98.3 | 103.5 | |
| 内蒙古 | Inner Mongolia | 98.1 | 95.6 | | | 100.0 | |
| 辽 宁 | Liaoning | 88.5 | 99.4 | 99.9 | 99.8 | 103.8 | 99.6 |
| 吉 林 | Jilin | 102.7 | 100.0 | | 99.5 | 98.0 | 100.1 |
| 黑龙江 | Heilongjiang | 102.7 | 101.6 | | 100.6 | 100.5 | 100.1 |
| 上 海 | Shanghai | 100.4 | 99.9 | 101.8 | 100.3 | | 101.7 |
| 江 苏 | Jiangsu | 100.6 | 101.9 | 102.2 | 100.5 | 99.3 | 100.6 |
| 浙 江 | Zhejiang | 99.1 | 100.4 | 100.6 | | 101.4 | 99.5 |
| 安 徽 | Anhui | 99.9 | 102.6 | 105.1 | 100.4 | 101.9 | 99.4 |
| 福 建 | Fujian | 99.7 | 100.5 | 99.2 | 100.0 | 100.8 | 97.5 |
| 江 西 | Jiangxi | 100.2 | 100.0 | 101.1 | | 105.4 | 101.8 |
| 山 东 | Shandong | 103.9 | 100.5 | 100.1 | 103.2 | 105.1 | 98.9 |
| 河 南 | Henan | 100.9 | 101.5 | 102.9 | 103.3 | 100.3 | 104.0 |
| 湖 北 | Hubei | 100.1 | | | | 99.7 | |
| 湖 南 | Hunan | 100.9 | 99.8 | 100.2 | | 101.8 | 102.3 |
| 广 东 | Guangdong | 100.5 | 100.6 | 100.8 | 100.3 | 98.8 | 99.8 |
| 广 西 | Guangxi | 99.2 | | | | 100.0 | 98.9 |
| 海 南 | Hainan | 100.0 | | | | 104.9 | |
| 重 庆 | Chongqing | | 96.8 | 100.5 | 99.6 | 101.0 | 100.3 |
| 四 川 | Sichuan | 100.7 | 104.9 | | 100.0 | 92.0 | 100.7 |
| 贵 州 | Guizhou | | | | 100.0 | 100.0 | 102.5 |
| 云 南 | Yunnan | 99.5 | | | | | |
| 西 藏 | Tibet | | | | | | |
| 陕 西 | Shaanxi | 101.5 | 100.2 | 99.6 | 97.1 | 99.2 | 99.7 |
| 甘 肃 | Gansu | | 100.0 | 100.6 | 100.0 | 99.8 | 100.0 |
| 青 海 | Qinghai | | 100.0 | | 125.4 | 97.6 | |
| 宁 夏 | Ningxia | | | | | 99.9 | |
| 新 疆 | Xinjiang | | | | | 99.6 | |

2-1-9 续表 22 Continued 22

(上年价格＝100) (Preceding year=100)

| 地 区 Region | 环保、邮政、社会公共服务及其他专用设备制造 Manufacture of Special Purpose Machinery for Environment, Protection and Social Public Services | 汽车整车制造 Manufacture of Finished Automobiles | 汽车用发动机制造 Manufacture of Automotive Engine | 改装汽车制造 Manufacture of Refitted Automobiles | 低速汽车制造 Manufacture of Low-Speed Vehicles | 电车制造 Manufacture of Electric Vehicles | 汽车车身、挂车制造 Manufacture of Bodies and Trailers of Automobiles |
|---|---|---|---|---|---|---|---|
| **全 国 National** | **100.5** | **99.9** | **99.9** | **101.4** | **102.9** | **99.5** | **100.9** |
| 北 京 Beijing | 100.1 | 99.0 | 99.0 | 100.1 | | | |
| 天 津 Tianjin | 96.9 | 96.8 | 96.8 | 101.8 | | | |
| 河 北 Hebei | 101.7 | 101.0 | 101.0 | 102.1 | | | 99.7 |
| 山 西 Shanxi | 100.4 | 99.0 | 99.0 | 104.1 | | | 92.6 |
| 内蒙古 Inner Mongolia | 101.8 | 100.4 | 100.4 | | | | |
| 辽 宁 Liaoning | 100.2 | 98.7 | 98.7 | 99.8 | | | 101.6 |
| 吉 林 Jilin | 101.6 | 99.8 | 99.8 | 102.0 | | | |
| 黑龙江 Heilongjiang | 103.5 | 100.0 | 100.0 | 101.1 | | | 100.0 |
| 上 海 Shanghai | 98.7 | 100.3 | 100.3 | 99.2 | | | |
| 江 苏 Jiangsu | 101.8 | 99.2 | 99.2 | 100.3 | | | 100.0 |
| 浙 江 Zhejiang | 99.8 | 98.4 | 98.4 | 100.0 | | | |
| 安 徽 Anhui | 100.0 | 100.0 | 100.0 | 99.2 | | 100.5 | 101.1 |
| 福 建 Fujian | 102.5 | 99.5 | 99.5 | 101.8 | 100.0 | | 100.2 |
| 江 西 Jiangxi | 99.5 | 99.9 | 99.9 | 100.5 | | | 105.9 |
| 山 东 Shandong | 96.8 | 101.2 | 101.2 | 100.3 | 103.8 | 99.6 | 113.2 |
| 河 南 Henan | 101.3 | 99.6 | 99.6 | 108.4 | 100.0 | | 98.0 |
| 湖 北 Hubei | 102.9 | 100.6 | 100.6 | 102.7 | | | 98.7 |
| 湖 南 Hunan | 99.0 | 100.2 | 100.2 | 100.2 | | | 101.0 |
| 广 东 Guangdong | 104.0 | 100.2 | 100.2 | 100.2 | | | 98.6 |
| 广 西 Guangxi | 103.7 | 101.6 | 101.6 | 102.2 | 102.0 | | |
| 海 南 Hainan | 100.0 | 94.2 | 94.2 | | | | |
| 重 庆 Chongqing | 100.3 | 99.1 | 99.1 | 102.2 | | | 100.3 |
| 四 川 Sichuan | 100.5 | 101.8 | 101.8 | 101.9 | | | 100.5 |
| 贵 州 Guizhou | 101.2 | 99.4 | 99.4 | 102.2 | 100.0 | | |
| 云 南 Yunnan | 103.3 | 101.6 | 101.6 | | | | |
| 西 藏 Tibet | | | | | | | |
| 陕 西 Shaanxi | 102.3 | 100.7 | 100.7 | 99.7 | | 81.1 | |
| 甘 肃 Gansu | 99.9 | 107.6 | 107.6 | 100.0 | | | 103.6 |
| 青 海 Qinghai | | | | 100.0 | | | |
| 宁 夏 Ningxia | 97.6 | | | | | | |
| 新 疆 Xinjiang | 104.5 | 100.4 | 100.4 | 101.4 | | | 100.0 |

2-1-9 续表 23 Continued 23

(上年价格=100) (Preceding year=100)

| 地 区 | Region | 汽车零部件及配件制造 Manufacture of Parts and Fittings for Automobiles | 铁路运输设备制造 Manufacture of Railway Transport Equipment | 城市轨道交通设备制造 Manufacture of Urban Rail Transit Equipment | 船舶及相关装置制造 Manufacture of Vessels and Similar Equipment | 航空、航天器及设备制造 Manufacture of Aircrafts and Spacecrafts | 摩托车制造 Manufacture of Motorcycles |
|---|---|---|---|---|---|---|---|
| **全 国** | **National** | **100.3** | **100.3** | **97.0** | **101.2** | **100.2** | **101.2** |
| 北 京 | Beijing | 97.6 | 99.8 | | | 100.0 | |
| 天 津 | Tianjin | 99.6 | 100.6 | 100.0 | 100.3 | 102.0 | 99.5 |
| 河 北 | Hebei | 100.1 | 101.0 | | | | 99.4 |
| 山 西 | Shanxi | 101.7 | 101.2 | | | | |
| 内蒙古 | Inner Mongolia | 99.9 | 99.9 | | 100.0 | | |
| 辽 宁 | Liaoning | 100.5 | 101.0 | 86.2 | 99.8 | 99.1 | |
| 吉 林 | Jilin | 99.6 | 100.2 | 100.0 | | | 100.0 |
| 黑龙江 | Heilongjiang | 100.0 | 100.3 | | 100.0 | 100.0 | |
| 上 海 | Shanghai | 97.7 | 100.1 | 100.0 | 100.0 | 97.6 | 100.4 |
| 江 苏 | Jiangsu | 100.2 | 101.9 | 89.9 | 102.7 | 99.6 | 100.5 |
| 浙 江 | Zhejiang | 99.8 | 100.3 | | 99.9 | | 103.2 |
| 安 徽 | Anhui | 101.2 | 100.5 | | 101.0 | | 103.1 |
| 福 建 | Fujian | 100.8 | | | 100.9 | | 99.9 |
| 江 西 | Jiangxi | 100.5 | 96.5 | | 99.4 | | 101.0 |
| 山 东 | Shandong | 101.3 | 99.5 | | 100.8 | | 100.3 |
| 河 南 | Henan | 103.3 | 101.6 | | 103.4 | | 101.6 |
| 湖 北 | Hubei | 100.2 | 100.8 | | 100.3 | | |
| 湖 南 | Hunan | 104.4 | 100.2 | 106.0 | 102.3 | 100.4 | 97.5 |
| 广 东 | Guangdong | 100.4 | 101.0 | 100.0 | 99.0 | | 101.0 |
| 广 西 | Guangxi | 99.6 | 100.1 | | | | 100.0 |
| 海 南 | Hainan | 93.4 | | | 85.6 | | 99.7 |
| 重 庆 | Chongqing | 100.6 | 109.7 | 97.8 | 100.1 | 100.0 | 101.6 |
| 四 川 | Sichuan | 102.1 | 98.9 | 100.0 | 100.5 | | 100.7 |
| 贵 州 | Guizhou | 91.6 | 100.2 | | | | |
| 云 南 | Yunnan | 105.8 | 98.8 | | | | |
| 西 藏 | Tibet | | | | | | |
| 陕 西 | Shaanxi | 100.8 | 98.9 | | | 99.9 | 97.2 |
| 甘 肃 | Gansu | 106.7 | 99.7 | | | | 98.2 |
| 青 海 | Qinghai | 100.0 | 104.5 | | | | |
| 宁 夏 | Ningxia | | | | | | |
| 新 疆 | Xinjiang | 114.2 | | | | | |

2-1-9 续表 24 Continued 24

(上年价格＝100) (Preceding year=100)

| 地区 | Region | 自行车和残疾人座车制造 Manufacture of Bicycles and Cars for Disabled | 助动车制造 Manufacture of Booster Bike | 非公路休闲车及零配件制造 Manufacture of Off-Road Recreational Vehicle and Parts | 潜水救捞及其他未列明运输设备 Manufacture of Equipment for Diving, Underwater Salvage and Other Transport Equipment | 电机制造 Manufacture of Electric Machinery | 输配电及控制设备制造 Manufacture of Electricity Power Transmission, Distribution Control Equipment | 电线、电缆、光缆及电工器材制造 Manufacture of Electrical Wires, Cables, Optical Fiber Cables and Electrical Materials | 电池制造 Manufacture of Battery |
|---|---|---|---|---|---|---|---|---|---|
| **全 国** | **National** | **105.2** | **100.1** | **98.2** | **101.0** | **101.4** | **96.2** | **103.3** | **101.3** |
| 北 京 | Beijing | | | | | 98.8 | 99.7 | 103.4 | 84.0 |
| 天 津 | Tianjin | 108.6 | 98.1 | | | 98.9 | 96.7 | 102.7 | 101.9 |
| 河 北 | Hebei | 101.1 | 112.5 | 100.7 | 101.1 | 99.6 | 95.4 | 102.2 | 98.0 |
| 山 西 | Shanxi | | | | | 100.3 | 101.2 | 105.4 | 101.4 |
| 内蒙古 | Inner Mongolia | | | | | 99.1 | 103.4 | 102.7 | 109.4 |
| 辽 宁 | Liaoning | | | | | 101.3 | 98.8 | 106.5 | 102.6 |
| 吉 林 | Jilin | | | | | 98.7 | 99.2 | 101.3 | 98.1 |
| 黑龙江 | Heilongjiang | | | | | 101.7 | 100.3 | 107.8 | 102.5 |
| 上 海 | Shanghai | 103.2 | 100.1 | | 102.7 | 97.5 | 94.4 | 103.0 | 103.9 |
| 江 苏 | Jiangsu | 104.7 | 97.8 | 96.8 | 101.9 | 103.6 | 94.4 | 103.4 | 98.5 |
| 浙 江 | Zhejiang | 107.9 | 98.7 | 100.3 | | 101.2 | 94.7 | 103.1 | 101.7 |
| 安 徽 | Anhui | | 99.5 | | | 98.1 | 96.7 | 104.0 | 102.4 |
| 福 建 | Fujian | 97.3 | | | | 100.1 | 99.9 | 99.5 | 99.8 |
| 江 西 | Jiangxi | | 100.0 | 99.9 | | 101.1 | 83.7 | 101.7 | 105.2 |
| 山 东 | Shandong | | 102.8 | | 100.6 | 102.3 | 98.8 | 102.0 | 103.8 |
| 河 南 | Henan | | 100.7 | | | 99.1 | 99.7 | 101.5 | 101.2 |
| 湖 北 | Hubei | | | | | 101.0 | 100.3 | 106.4 | 103.3 |
| 湖 南 | Hunan | | | | 103.5 | 102.2 | 101.9 | 103.1 | 103.5 |
| 广 东 | Guangdong | 103.9 | 101.7 | | | 97.9 | 98.7 | 105.3 | 103.2 |
| 广 西 | Guangxi | | | | | 97.0 | 99.1 | 104.0 | 102.3 |
| 海 南 | Hainan | | | | | | 95.1 | 100.6 | |
| 重 庆 | Chongqing | 100.0 | | 100.0 | | 98.5 | 100.3 | 103.1 | 101.7 |
| 四 川 | Sichuan | | | | | 101.2 | 99.5 | 101.9 | 91.0 |
| 贵 州 | Guizhou | | | | | 98.0 | 99.8 | 102.7 | 108.0 |
| 云 南 | Yunnan | | | | | 114.7 | 101.3 | 104.5 | 96.0 |
| 西 藏 | Tibet | | | | | | | | |
| 陕 西 | Shaanxi | | 100.0 | | | 97.9 | 98.1 | 103.8 | |
| 甘 肃 | Gansu | | | | | 108.8 | 93.0 | 102.6 | |
| 青 海 | Qinghai | | | | | | | 103.8 | 90.4 |
| 宁 夏 | Ningxia | | | | | 103.1 | 98.3 | 100.5 | 100.0 |
| 新 疆 | Xinjiang | | | | | 100.5 | 100.2 | 105.8 | |

2-1-9 续表 25 Continued 25

(上年价格＝100) (Preceding year=100)

| 地 区 | Region | 家用电力器具制造 Manufacture of Domestic Electrical Appliances | 非电力家用器具制造 Manufacture of Domestic Non-Electrical Appliances | 照明器具制造 Manufacture of Illuminating Appliances | 其他电气机械及器材制造 Manufacture of Other Electrical Machinery and Equipments | 计算机制造 Manufacture of Computers | 通信设备制造 Manufacture of Communi-cation Equipment | 广播电视设备制造 Manufacture of Broadcasting and Television Equipment | 雷达及配套设备制造 Manufacture of Radar and Corollary Equipment |
|---|---|---|---|---|---|---|---|---|---|
| **全 国** | **National** | **101.2** | **100.2** | **98.6** | **96.9** | **98.8** | **98.5** | **99.9** | **100.9** |
| 北 京 | Beijing | | 96.4 | | 95.6 | 100.7 | 98.6 | 103.0 | |
| 天 津 | Tianjin | 100.1 | 100.3 | 98.0 | | 103.9 | 92.9 | | |
| 河 北 | Hebei | 102.7 | 96.3 | 99.0 | 100.3 | 98.0 | 100.0 | 101.0 | |
| 山 西 | Shanxi | | 100.0 | | | 103.6 | 98.6 | | |
| 内蒙古 | Inner Mongolia | 103.9 | | 97.5 | | | | | |
| 辽 宁 | Liaoning | 105.1 | 57.7 | 100.2 | 104.0 | 94.1 | 99.6 | 101.0 | 100.8 |
| 吉 林 | Jilin | 100.2 | | 100.0 | 100.0 | 100.0 | | | |
| 黑龙江 | Heilongjiang | | | 97.5 | 103.6 | 100.0 | | | |
| 上 海 | Shanghai | 99.6 | 100.4 | 97.9 | 96.8 | 100.3 | 98.8 | 99.5 | 100.0 |
| 江 苏 | Jiangsu | 103.4 | 102.2 | 98.1 | | 96.7 | 97.8 | 100.8 | 99.0 |
| 浙 江 | Zhejiang | 102.0 | 99.8 | 99.0 | 98.8 | 96.0 | 97.0 | 100.0 | |
| 安 徽 | Anhui | 101.5 | 100.3 | 99.6 | 110.0 | 85.3 | 101.1 | | 100.0 |
| 福 建 | Fujian | 100.0 | 98.9 | 98.1 | | 99.5 | 98.9 | 99.1 | |
| 江 西 | Jiangxi | 97.7 | 100.0 | 103.4 | 94.5 | 100.3 | 99.1 | 100.6 | |
| 山 东 | Shandong | 100.7 | 98.4 | 100.5 | 99.9 | 104.3 | 95.6 | 97.7 | |
| 河 南 | Henan | 99.1 | 102.2 | 90.5 | 84.5 | 102.2 | 96.0 | 107.6 | |
| 湖 北 | Hubei | 100.0 | 103.0 | 101.0 | | 99.6 | 100.5 | 99.8 | |
| 湖 南 | Hunan | 102.6 | 100.7 | 101.2 | 102.8 | 100.2 | 84.2 | 97.0 | 103.1 |
| 广 东 | Guangdong | 100.8 | 105.5 | 100.6 | 87.6 | 98.5 | 100.0 | 100.2 | 101.2 |
| 广 西 | Guangxi | 100.5 | 100.5 | 99.6 | | 99.8 | 99.5 | 97.2 | |
| 海 南 | Hainan | | | | | | 100.0 | | |
| 重 庆 | Chongqing | 100.0 | 106.9 | 100.9 | 107.1 | 98.0 | 101.4 | | |
| 四 川 | Sichuan | 99.4 | 96.5 | 93.2 | | 101.1 | 97.1 | 100.0 | |
| 贵 州 | Guizhou | 100.1 | | 96.9 | | | | | |
| 云 南 | Yunnan | | 102.1 | | | | 94.6 | | |
| 西 藏 | Tibet | | | | | | | | |
| 陕 西 | Shaanxi | | 100.0 | 99.3 | 96.6 | 99.1 | 102.2 | 100.0 | 100.2 |
| 甘 肃 | Gansu | | | 98.4 | 100.0 | | | | |
| 青 海 | Qinghai | 109.7 | | | | | | | |
| 宁 夏 | Ningxia | | 98.9 | | | | | | |
| 新 疆 | Xinjiang | | | | | | | 100.3 | |

2-1-9 续表 26 Continued 26

(上年价格＝100) (Preceding year=100)

| 地 区 | Region | 视听设备制造 Manufacture of Audio and Video Equipment | 智能消费设备制造 Manufacture of Intelligent Consumption Equipment | 电子器件制造 Manufacture of Electronic Appliances | 电子元件及电子专用材料制造 Manufacture of Electronic Components | 其他电子设备制造 Manufacture of Other Electronic Equipment | 通用仪器仪表制造 Manufacture of General Purpose Measuring Instruments and Meters | 专用仪器仪表制造 Manufacture of Special Purpose Measuring Instruments and Meters | 钟表与计时仪器制造 Manufacture of Watches and Clocks and Other Timer |
|---|---|---|---|---|---|---|---|---|---|
| **全 国** | **National** | **96.8** | **100.0** | **97.6** | **99.6** | **99.1** | **99.9** | **98.5** | **101.0** |
| 北 京 | Beijing | 99.5 | 101.6 | 94.0 | 99.3 | 105.2 | 99.7 | 99.9 | |
| 天 津 | Tianjin | 90.9 | 99.9 | 93.1 | 99.6 | | 100.0 | 95.8 | 101.0 |
| 河 北 | Hebei | | 114.0 | 96.1 | 99.1 | 101.4 | 99.3 | 104.7 | 99.9 |
| 山 西 | Shanxi | | 99.6 | 99.6 | 110.4 | 100.0 | | 100.0 | |
| 内蒙古 | Inner Mongolia | 86.7 | 100.0 | | | 100.0 | | | |
| 辽 宁 | Liaoning | 97.7 | 98.9 | 97.9 | 95.9 | 98.2 | 100.1 | 92.8 | 106.5 |
| 吉 林 | Jilin | | 100.1 | 100.3 | 104.5 | | 100.0 | | |
| 黑龙江 | Heilongjiang | | 100.0 | 99.5 | | | 102.4 | 100.3 | |
| 上 海 | Shanghai | 93.9 | 90.1 | 96.6 | 95.0 | 79.8 | 100.5 | 99.3 | |
| 江 苏 | Jiangsu | 96.7 | 99.7 | 96.6 | 98.2 | 98.5 | 99.0 | 97.8 | |
| 浙 江 | Zhejiang | 103.3 | 99.6 | 96.0 | 99.9 | 98.5 | 100.4 | 98.9 | 103.2 |
| 安 徽 | Anhui | 96.4 | 100.7 | 91.3 | 99.1 | 102.3 | 101.4 | 100.0 | |
| 福 建 | Fujian | 95.0 | 100.2 | 99.5 | 98.4 | 100.1 | 99.1 | | 100.1 |
| 江 西 | Jiangxi | 100.2 | 99.3 | 99.3 | 100.5 | 99.3 | 100.6 | 106.1 | 100.0 |
| 山 东 | Shandong | 101.9 | 92.5 | 100.1 | 98.6 | | 100.3 | 100.3 | 95.6 |
| 河 南 | Henan | | 95.7 | 89.9 | 101.1 | 91.5 | 101.2 | 94.7 | |
| 湖 北 | Hubei | | 99.7 | 95.9 | 100.7 | | 100.2 | | |
| 湖 南 | Hunan | 85.0 | 100.2 | 100.7 | 99.7 | | 99.1 | 98.1 | |
| 广 东 | Guangdong | 97.8 | 101.0 | 97.3 | 101.0 | 101.5 | 104.1 | 99.2 | 101.4 |
| 广 西 | Guangxi | 101.1 | 98.7 | 97.6 | 96.3 | 98.6 | 106.3 | | 109.7 |
| 海 南 | Hainan | | | 100.5 | 100.0 | | | | |
| 重 庆 | Chongqing | 96.6 | 100.1 | 96.8 | 101.4 | 100.4 | 102.9 | 95.8 | 89.5 |
| 四 川 | Sichuan | 91.2 | 102.2 | 114.0 | 105.2 | 100.0 | 100.1 | 118.2 | |
| 贵 州 | Guizhou | 92.1 | 102.6 | 102.9 | 103.0 | | 100.1 | 100.0 | |
| 云 南 | Yunnan | | | 93.4 | | | 99.5 | | |
| 西 藏 | Tibet | | | | | | | | |
| 陕 西 | Shaanxi | 100.0 | 99.7 | 100.7 | 100.1 | 100.5 | 99.4 | 97.3 | |
| 甘 肃 | Gansu | | | 96.4 | | | 100.0 | | |
| 青 海 | Qinghai | | | 100.0 | | | 98.9 | | |
| 宁 夏 | Ningxia | | | | | | 100.8 | | |
| 新 疆 | Xinjiang | | | | 105.8 | | 99.7 | | |

2-1-9 续表 27 Continued 27

(上年价格=100) (Preceding year=100)

| 地区 | Region | 光学仪器制造 Manufacture of Optical Instruments | 衡器制造 Manufacture of Weighing Apparatus | 其他仪器仪表制造业 Manufacture of Other Measuring Instruments and Meters | 日用杂品制造 Manufacture of Daily Groceries | 核辐射加工 Radiation Processing |
|---|---|---|---|---|---|---|
| **全 国** | **National** | **97.5** | **106.3** | **97.2** | **101.6** | |
| 北 京 | Beijing | | 96.3 | 97.5 | | |
| 天 津 | Tianjin | | | | 100.0 | |
| 河 北 | Hebei | | 116.2 | 102.9 | 101.7 | |
| 山 西 | Shanxi | 102.3 | 100.5 | 100.0 | | |
| 内蒙古 | Inner Mongolia | | 109.3 | | | |
| 辽 宁 | Liaoning | 100.0 | 100.6 | 100.1 | 106.6 | |
| 吉 林 | Jilin | 100.0 | 100.0 | 99.5 | | |
| 黑龙江 | Heilongjiang | 105.6 | 100.0 | 100.0 | 100.0 | |
| 上 海 | Shanghai | 101.7 | 96.2 | 101.5 | 102.8 | |
| 江 苏 | Jiangsu | 98.8 | 101.2 | 94.6 | 100.6 | |
| 浙 江 | Zhejiang | 86.1 | | | 100.8 | |
| 安 徽 | Anhui | | | 98.3 | 101.8 | |
| 福 建 | Fujian | 97.8 | 102.4 | 100.0 | 102.0 | |
| 江 西 | Jiangxi | 96.4 | 112.8 | | 96.9 | |
| 山 东 | Shandong | | 105.9 | | 99.3 | |
| 河 南 | Henan | 101.2 | 101.1 | 99.4 | 98.6 | |
| 湖 北 | Hubei | | | | | |
| 湖 南 | Hunan | 100.0 | 125.0 | | 102.7 | |
| 广 东 | Guangdong | 97.1 | 99.5 | 95.1 | 102.8 | |
| 广 西 | Guangxi | 100.4 | | | 95.5 | |
| 海 南 | Hainan | | | | | |
| 重 庆 | Chongqing | 100.3 | | 100.0 | 100.6 | |
| 四 川 | Sichuan | 101.3 | | 99.9 | 123.8 | |
| 贵 州 | Guizhou | 105.3 | | | | |
| 云 南 | Yunnan | 100.0 | | | | |
| 西 藏 | Tibet | | | | | |
| 陕 西 | Shaanxi | 94.7 | | | | |
| 甘 肃 | Gansu | | 100.0 | | | |
| 青 海 | Qinghai | | | | | |
| 宁 夏 | Ningxia | | | | | |
| 新 疆 | Xinjiang | | | | | |

2-1-9 续表 28 Continued 28

(上年价格=100) (Preceding year=100)

| 地 区 | Region | 其他未列明制造业 Other Manufacturing n.e.c. | 金属废料和碎屑加工处理 Recycling and Disposal of Metal Waste and Scrap | 非金属废料和碎屑加工处理 Recycling and Disposal of Non-Metal Waste and Scrap | 金属制品修理 Repair of Fabricated Metal Products | 通用设备修理 Repair of General Purpose Machinery |
|---|---|---|---|---|---|---|
| **全 国** | **National** | **100.2** | **116.6** | **105.3** | **104.5** | **100.0** |
| 北 京 | Beijing | 100.6 | 101.7 | | | |
| 天 津 | Tianjin | | 124.2 | | | |
| 河 北 | Hebei | 93.6 | 102.0 | 121.0 | | |
| 山 西 | Shanxi | 100.0 | | | | |
| 内蒙古 | Inner Mongolia | | | | | |
| 辽 宁 | Liaoning | 95.5 | 132.7 | 115.2 | | 100.0 |
| 吉 林 | Jilin | 100.2 | 102.0 | 100.9 | | |
| 黑龙江 | Heilongjiang | 100.0 | 121.3 | 99.1 | | |
| 上 海 | Shanghai | 94.7 | 100.0 | 104.1 | | |
| 江 苏 | Jiangsu | 102.9 | 116.5 | 109.6 | | |
| 浙 江 | Zhejiang | 100.6 | 103.9 | 102.7 | | |
| 安 徽 | Anhui | 105.0 | 122.4 | 104.9 | | |
| 福 建 | Fujian | 100.1 | 107.3 | 115.9 | | |
| 江 西 | Jiangxi | 107.7 | 190.5 | 93.0 | | |
| 山 东 | Shandong | 104.8 | 138.8 | | | |
| 河 南 | Henan | 100.0 | | | | |
| 湖 北 | Hubei | | 122.2 | | | |
| 湖 南 | Hunan | | 128.9 | | | |
| 广 东 | Guangdong | 93.5 | 108.6 | 89.8 | | |
| 广 西 | Guangxi | 100.0 | 98.5 | | | |
| 海 南 | Hainan | | 100.0 | | | |
| 重 庆 | Chongqing | 103.0 | 110.7 | 158.8 | 104.5 | |
| 四 川 | Sichuan | 99.9 | 112.7 | 115.8 | | |
| 贵 州 | Guizhou | 100.0 | 101.4 | | | |
| 云 南 | Yunnan | 99.6 | | | | |
| 西 藏 | Tibet | | | | | |
| 陕 西 | Shaanxi | 99.2 | 110.7 | 125.4 | | |
| 甘 肃 | Gansu | | | 99.3 | | |
| 青 海 | Qinghai | | | | | |
| 宁 夏 | Ningxia | | | | | |
| 新 疆 | Xinjiang | | 100.0 | | | |

2-1-9 续表 29 Continued 29

(上年价格＝100) (Preceding year=100)

| 地区 | Region | 专用设备修理 Repair of Special Purpose Machinery | 铁路、船舶、航空航天等运输设备修理 Repair of Railway Transports, Ships and Boats, Air and Spacecrafts and Other Transportation Equipments | 电气设备修理 Repair of Electrical Machinery | 仪器仪表修理 Repair of Measuring Instrument and Meters | 其他机械和设备修理业 Repair of Other Machinery and Equipments |
|---|---|---|---|---|---|---|
| **全 国** | **National** | **100.0** | **100.5** | **99.9** | | **105.6** |
| 北 京 | Beijing | 100.0 | | | | |
| 天 津 | Tianjin | | 102.7 | | | |
| 河 北 | Hebei | | 97.5 | | | |
| 山 西 | Shanxi | | 100.0 | | | |
| 内蒙古 | Inner Mongolia | | | 99.7 | | |
| 辽 宁 | Liaoning | 100.0 | 100.8 | | | 100.7 |
| 吉 林 | Jilin | | | | | 108.7 |
| 黑龙江 | Heilongjiang | | 100.0 | 100.0 | | |
| 上 海 | Shanghai | | 97.8 | | | |
| 江 苏 | Jiangsu | | 103.9 | | | |
| 浙 江 | Zhejiang | | 99.7 | | | |
| 安 徽 | Anhui | | | | | |
| 福 建 | Fujian | | 100.0 | | | |
| 江 西 | Jiangxi | | | | | 99.5 |
| 山 东 | Shandong | 100.0 | 96.9 | | | |
| 河 南 | Henan | | 100.0 | | | |
| 湖 北 | Hubei | | | | | |
| 湖 南 | Hunan | | | | | |
| 广 东 | Guangdong | | 101.6 | | | |
| 广 西 | Guangxi | | | | | |
| 海 南 | Hainan | | | 100.0 | | |
| 重 庆 | Chongqing | | | | | |
| 四 川 | Sichuan | | 100.0 | | | |
| 贵 州 | Guizhou | | 100.2 | | | |
| 云 南 | Yunnan | | | | | |
| 西 藏 | Tibet | | | | | |
| 陕 西 | Shaanxi | | 110.2 | | | |
| 甘 肃 | Gansu | | 100.2 | | | |
| 青 海 | Qinghai | | | | | |
| 宁 夏 | Ningxia | | | | | |
| 新 疆 | Xinjiang | 100.0 | | | | |

2-1-9 续表 30 Continued 30

(上年价格=100) (Preceding year=100)

| 地 区 | Region | 电力生产<br>Products of Power Supply | 电力供应<br>Supply of Electricity | 热力生产和供应<br>Production and Supply of Heating Power | 燃气生产和供应业<br>Production and Supply of Gas | 生物质燃气生产和供应业<br>Production and Supply of Biomass Gas |
|---|---|---|---|---|---|---|
| **全 国** | **National** | **100.5** | **98.2** | **101.4** | **104.0** | **104.0** |
| 北 京 | Beijing | 100.0 | 98.8 | 101.3 | 100.0 | 100.0 |
| 天 津 | Tianjin | 100.4 | 100.0 | 101.4 | 101.2 | 101.2 |
| 河 北 | Hebei | 101.6 | 99.6 | 100.3 | 102.1 | 102.1 |
| 山 西 | Shanxi | 102.5 | 99.1 | 100.2 | 102.8 | 102.8 |
| 内蒙古 | Inner Mongolia | 101.4 | 90.9 | 99.8 | 109.0 | 109.0 |
| 辽 宁 | Liaoning | 101.1 | 99.3 | 100.2 | 102.3 | 102.3 |
| 吉 林 | Jilin | 100.1 | 99.6 | 103.4 | 101.8 | 101.8 |
| 黑龙江 | Heilongjiang | 100.1 | 98.7 | 99.6 | 97.1 | 97.1 |
| 上 海 | Shanghai | 101.6 | 97.8 | 111.6 | 98.5 | 98.5 |
| 江 苏 | Jiangsu | 101.8 | 100.2 | 105.3 | 104.8 | 104.8 |
| 浙 江 | Zhejiang | 102.0 | 98.2 | 103.2 | 100.9 | 100.9 |
| 安 徽 | Anhui | 99.8 | 99.1 | 102.1 | 103.0 | 103.0 |
| 福 建 | Fujian | 101.3 | 98.3 | 99.8 | 102.8 | 102.8 |
| 江 西 | Jiangxi | 102.1 | 99.4 | 119.0 | 99.3 | 99.3 |
| 山 东 | Shandong | 93.8 | 99.3 | 100.1 | 103.2 | 103.2 |
| 河 南 | Henan | 102.9 | 100.6 | 100.0 | 104.7 | 104.7 |
| 湖 北 | Hubei | 101.5 | 99.2 | 103.3 | 102.6 | 102.6 |
| 湖 南 | Hunan | 100.7 | 98.6 | 100.1 | 98.6 | 98.6 |
| 广 东 | Guangdong | 100.2 | 94.3 | 103.0 | 106.0 | 106.0 |
| 广 西 | Guangxi | 100.9 | 99.2 | 102.5 | 101.1 | 101.1 |
| 海 南 | Hainan | 100.6 | 99.2 |  | 100.5 | 100.5 |
| 重 庆 | Chongqing | 108.8 | 99.1 | 99.2 | 101.4 | 101.4 |
| 四 川 | Sichuan | 98.1 | 97.6 |  | 105.6 | 105.6 |
| 贵 州 | Guizhou | 99.3 | 99.7 |  | 104.7 | 104.7 |
| 云 南 | Yunnan | 90.8 | 97.8 |  | 100.2 | 100.2 |
| 西 藏 | Tibet | 80.3 | 88.4 |  |  |  |
| 陕 西 | Shaanxi | 103.8 | 99.2 | 100.6 | 117.0 | 117.0 |
| 甘 肃 | Gansu | 109.8 | 97.1 | 100.2 | 102.0 | 102.0 |
| 青 海 | Qinghai | 98.3 | 101.1 | 105.1 | 100.7 | 100.7 |
| 宁 夏 | Ningxia | 103.3 | 100.2 | 103.7 | 126.2 | 126.2 |
| 新 疆 | Xinjiang | 98.0 | 97.4 | 102.2 | 114.7 | 114.7 |

2-1-9 续表 31 Continued 31

(上年价格=100) (Preceding year=100)

| 地 区 | Region | 自来水生产和供应 Production and Supply of Tap Water | 污水处理及其再生利用 Recycling and Treatment of Waste Water | 海水淡化处理 Disposal of Sea Water Desalination | 其他水的处理、利用与分配 Disposal,Utilization and Distribution of Other Water |
|---|---|---|---|---|---|
| **全 国** | **National** | **102.3** | **98.6** | **100.0** | **100.0** |
| 北 京 | Beijing | 100.0 | 101.5 | | |
| 天 津 | Tianjin | 123.0 | | | |
| 河 北 | Hebei | 113.2 | 100.2 | | |
| 山 西 | Shanxi | 97.4 | | | |
| 内蒙古 | Inner Mongolia | 101.4 | 108.7 | | |
| 辽 宁 | Liaoning | 102.4 | 100.0 | | |
| 吉 林 | Jilin | 98.8 | | | |
| 黑龙江 | Heilongjiang | 100.0 | 99.9 | | |
| 上 海 | Shanghai | 98.0 | 100.9 | | |
| 江 苏 | Jiangsu | 102.6 | 96.9 | | |
| 浙 江 | Zhejiang | 100.4 | 101.2 | | |
| 安 徽 | Anhui | 100.4 | 99.9 | | |
| 福 建 | Fujian | 101.4 | 103.4 | | |
| 江 西 | Jiangxi | 109.4 | 102.3 | | |
| 山 东 | Shandong | 101.3 | 104.7 | | |
| 河 南 | Henan | 102.4 | 105.2 | | |
| 湖 北 | Hubei | 100.0 | | | |
| 湖 南 | Hunan | 100.5 | 100.0 | | |
| 广 东 | Guangdong | 102.0 | 88.5 | | |
| 广 西 | Guangxi | 101.3 | 99.5 | | |
| 海 南 | Hainan | 100.2 | | 100.0 | 100.0 |
| 重 庆 | Chongqing | 100.2 | | | |
| 四 川 | Sichuan | 100.8 | 102.4 | | |
| 贵 州 | Guizhou | 106.1 | 97.0 | | |
| 云 南 | Yunnan | 102.2 | | | |
| 西 藏 | Tibet | 100.0 | | | |
| 陕 西 | Shaanxi | 100.0 | 100.0 | 100.0 | |
| 甘 肃 | Gansu | | | | |
| 青 海 | Qinghai | | | | |
| 宁 夏 | Ningxia | 120.4 | | | |
| 新 疆 | Xinjiang | 100.0 | | | |

# 2-2-1 全国工业生产者购进价格分类指数(1986 ~ 2018年)
# Purchasing Price Indices for Industrial Producers (1986~2018)

(上年价格=100) (Preceding year=100)

| 年 份 Year | 总指数 General Index | 燃料、动力类 Fuel and Power | 黑色金属材料类 Ferrous Metals | 有色金属材料类 Nonferrous Metals | 化工原料类 Raw Chemical Materials | 木材及纸浆类 Timber and Paper Pulp | 建材类 Building Materials | 其他工业原料类 Other Materials | 农副产品类 Agricultural Products | 纺织原料类 Textile Materials |
|---|---|---|---|---|---|---|---|---|---|---|
| 1986 | 109.5 | 109.1 | 110.6 | 107.6 | 105.1 | 110.9 | 126.7 | | 107.5 | |
| 1987 | 111.0 | 109.2 | 110.4 | 108.4 | 115.7 | 138.2 | 111.6 | | 107.3 | 107.8 |
| 1988 | 120.2 | 112.9 | 118.3 | 130.7 | 133.4 | 143.1 | 114.2 | | 122.6 | 115.7 |
| 1989 | 126.4 | 124.7 | 130.3 | 127.6 | 124.4 | 111.4 | 122.7 | | 128.9 | 128.5 |
| 1990 | 105.6 | 110.7 | 103.9 | 97.2 | 95.6 | 99.4 | 115.2 | | 107.8 | 107.4 |
| 1991 | 109.1 | 112.9 | 112.5 | 101.2 | 99.8 | 105.6 | 101.2 | | 106.8 | 108.9 |
| 1992 | 111.0 | 116.4 | 114.5 | 112.4 | 102.6 | 102.0 | 118.8 | | 103.4 | 100.5 |
| 1993 | 135.1 | 136.7 | 174.1 | 115.8 | 114.3 | 128.6 | 140.9 | | 112.2 | 107.1 |
| 1994 | 118.2 | 118.0 | 103.8 | 110.7 | 111.7 | 115.1 | 114.3 | | 148.3 | 139.6 |
| 1995 | 115.3 | 108.7 | 98.2 | 128.3 | 127.2 | 115.8 | 102.6 | | 143.1 | 123.6 |
| 1996 | 103.9 | 110.2 | 99.3 | 92.4 | 98.0 | 101.9 | 102.5 | | 114.7 | 94.5 |
| 1997 | 101.3 | 109.3 | 97.4 | 96.2 | 97.1 | 100.9 | 99.7 | | 102.0 | 94.7 |
| 1998 | 95.8 | 99.1 | 95.1 | 88.3 | 93.6 | 96.7 | 98.6 | 93.5 | 94.5 | 94.3 |
| 1999 | 96.7 | 100.9 | 94.7 | 98.9 | 97.6 | 100.4 | 98.8 | 97.5 | 89.8 | 96.8 |
| 2000 | 105.1 | 115.4 | 100.9 | 110.3 | 105.6 | 99.8 | 101.5 | 103.9 | 99.9 | 102.4 |
| 2001 | 99.8 | 100.2 | 100.5 | 95.6 | 98.4 | 100.4 | 98.6 | 98.8 | 101.2 | 99.7 |
| 2002 | 97.7 | 100.1 | 98.2 | 96.5 | 97.5 | 98.7 | 98.2 | 97.5 | 95.7 | 97.1 |
| 2003 | 104.8 | 107.4 | 107.9 | 105.3 | 102.9 | 100.3 | 99.7 | 100.2 | 106.7 | 101.4 |
| 2004 | 111.4 | 109.7 | 120.4 | 120.1 | 108.9 | 102.8 | 105.1 | 105.6 | 114.2 | 104.7 |
| 2005 | 108.3 | 115.0 | 107.5 | 114.0 | 108.3 | 103.5 | 103.1 | 102.5 | 101.7 | 102.4 |
| 2006 | 106.0 | 111.9 | 98.3 | 130.8 | 102.1 | 102.6 | 101.9 | 102.1 | 104.3 | 102.9 |
| 2007 | 104.4 | 104.3 | 105.4 | 111.6 | 103.6 | 102.7 | 103.0 | 102.7 | 106.1 | 101.4 |
| 2008 | 110.5 | 120.6 | 118.4 | 98.6 | 105.2 | 105.2 | 109.5 | 103.4 | 107.5 | 103.1 |
| 2009 | 92.1 | 89.2 | 86.3 | 81.1 | 91.3 | 95.8 | 101.1 | 98.0 | 97.0 | 98.8 |
| 2010 | 109.6 | 116.3 | 106.6 | 122.2 | 107.0 | 103.0 | 103.8 | 102.3 | 110.4 | 106.7 |
| 2011 | 109.1 | 110.8 | 109.4 | 112.1 | 110.4 | 104.6 | 108.4 | 104.4 | 115.6 | 112.7 |
| 2012 | 98.2 | 100.9 | 92.9 | 94.5 | 96.1 | 100.1 | 99.7 | 99.0 | 100.2 | 99.1 |
| 2013 | 98.0 | 96.6 | 95.7 | 95.4 | 97.3 | 99.6 | 98.7 | 99.1 | 101.6 | 99.9 |
| 2014 | 97.8 | 97.1 | 94.6 | 96.1 | 98.3 | 99.4 | 99.8 | 98.8 | 99.4 | 98.9 |
| 2015 | 93.9 | 88.7 | 88.4 | 92.7 | 93.7 | 99.3 | 95.9 | 97.6 | 97.7 | 97.8 |
| 2016 | 98.0 | 95.6 | 97.7 | 97.9 | 97.6 | 99.7 | 97.6 | 99.1 | 100.1 | 99.7 |
| 2017 | 108.1 | 113.0 | 115.9 | 115.3 | 108.4 | 106.2 | 108.6 | 102.6 | 101.5 | 104.0 |
| 2018 | 104.1 | 107.1 | 106.1 | 103.9 | 104.6 | 105.4 | 110.5 | 101.3 | 99.6 | 102.2 |

# 2-2-2 各地区工业生产者购进价格总指数(1986 ~ 2018年)

# Purchasing Price Indices for Industrial Producers by Region (1986~2018)

(上年价格=100) (Preceding year=100)

| 地 区 Region | 1986 | 1987 | 1988 | 1989 | 1990 | 1991 | 1992 | 1993 | 1994 | 1995 | 1996 | 1997 | 1998 | 1999 | 2000 | 2001 |
|---|---|---|---|---|---|---|---|---|---|---|---|---|---|---|---|---|
| **全 国 National** | **109.5** | **111.0** | **120.2** | **126.4** | **105.6** | **109.1** | **111.0** | **135.1** | **118.2** | **115.3** | **103.9** | **101.3** | **95.8** | **96.7** | **105.1** | **99.8** |
| 北 京 Beijing | | | | | 114.8 | 111.7 | 114.2 | 142.7 | 123.8 | 119.8 | 104.2 | 103.4 | 98.1 | 95.8 | 100.0 | 100.5 |
| 天 津 Tianjin | | | | | | | 108.4 | 139.1 | 121.7 | 112.8 | 101.9 | 99.0 | 95.9 | 96.3 | 104.5 | 98.8 |
| 河 北 Hebei | | | | | | | 111.4 | 134.9 | 119.9 | 110.9 | 106.3 | 102.0 | 96.2 | 95.4 | 103.3 | 101.0 |
| 山 西 Shanxi | | | | | 107.4 | 108.0 | 111.9 | 135.9 | 115.1 | 113.1 | 104.8 | 102.0 | 97.3 | 97.0 | 102.0 | 101.8 |
| 内蒙古 Inner Mongolia | | 114.9 | 118.2 | 124.4 | 108.3 | 111.2 | 112.1 | 132.6 | 116.8 | 112.8 | 100.8 | 100.9 | 98.1 | 96.8 | 106.5 | 101.3 |
| 辽 宁 Liaoning | | | 133.9 | 133.3 | 117.6 | 108.1 | 121.2 | 149.9 | 118.2 | 114.2 | 104.8 | 103.1 | 99.3 | 99.1 | 103.9 | 99.9 |
| 吉 林 Jilin | | | 115.7 | 131.5 | 102.8 | 114.1 | 127.1 | 173.9 | 113.9 | 113.8 | 102.4 | 103.9 | 96.6 | 100.5 | 106.8 | 101.8 |
| 黑龙江 Heilongjiang | | | | | | | 112.9 | 139.6 | 117.6 | 112.7 | 104.2 | 104.4 | 98.6 | 98.2 | 108.6 | 99.5 |
| 上 海 Shanghai | | | | | | | 113.1 | 129.2 | 121.4 | 114.8 | 101.6 | 97.8 | 94.1 | 97.1 | 107.1 | 98.7 |
| 江 苏 Jiangsu | | | | | | 107.0 | 110.3 | 125.8 | 120.1 | 117.6 | 104.3 | 98.0 | 91.5 | 94.4 | 107.1 | 99.5 |
| 浙 江 Zhejiang | | | | | 104.7 | 102.7 | 106.3 | 126.4 | 124.8 | 119.2 | 101.5 | 96.5 | 92.6 | 96.2 | 107.2 | 99.6 |
| 安 徽 Anhui | | | | | | | 113.9 | 128.8 | 122.3 | 117.9 | 109.9 | 101.7 | 96.0 | 94.5 | 102.6 | 101.2 |
| 福 建 Fujian | | | | | | | 109.3 | 129.6 | 115.2 | 119.6 | 104.3 | 98.6 | 92.5 | 97.9 | 112.4 | 96.7 |
| 江 西 Jiangxi | | | | | | | | 129.4 | 123.4 | 114.7 | 105.8 | 100.4 | 95.4 | 96.9 | 101.2 | 99.3 |
| 山 东 Shandong | | | | 136.7 | 105.4 | 107.0 | 111.0 | 134.7 | 120.1 | 113.2 | 105.7 | 100.6 | 93.4 | 93.4 | 104.7 | 100.0 |
| 河 南 Henan | | | | 130.0 | 105.5 | 104.4 | 110.0 | 133.0 | 122.0 | 114.1 | 105.3 | 100.7 | 94.8 | 94.3 | 105.1 | 101.9 |
| 湖 北 Hubei | | | | 126.1 | 108.4 | 113.1 | 110.2 | 135.5 | 116.6 | 118.2 | 108.4 | 101.5 | 95.2 | 95.6 | 105.6 | 100.2 |
| 湖 南 Hunan | | | | 122.5 | 103.3 | 110.4 | 116.2 | 139.7 | 119.6 | 117.6 | 105.9 | 100.1 | 94.8 | 96.2 | 106.7 | 101.1 |
| 广 东 Guangdong | | | | | | | | 134.3 | 121.1 | 118.7 | 104.6 | 97.3 | 91.4 | 97.8 | 110.9 | 99.1 |
| 广 西 Guangxi | 121.0 | 112.0 | | | 102.2 | 107.8 | 105.2 | 141.7 | 117.8 | 112.9 | 103.4 | 99.3 | 95.3 | 93.6 | 100.9 | 103.7 |
| 海 南 Hainan | | | | | | | | | | | | | | | | |
| 重 庆 Chongqing | | | | | 103.7 | 109.2 | 123.8 | 124.5 | 124.6 | 111.6 | 106.3 | 100.1 | 95.1 | 96.9 | 105.6 | 99.5 |
| 四 川 Sichuan | | | | 129.4 | 106.4 | 108.6 | 112.5 | 137.2 | 119.1 | 113.5 | 106.1 | 101.6 | 95.3 | 96.8 | 101.7 | 98.5 |
| 贵 州 Guizhou | | | | | | | 113.5 | 144.6 | 115.0 | 114.9 | 108.1 | 101.9 | 95.7 | 97.0 | 102.9 | 100.2 |
| 云 南 Yunnan | | | | | | 108.2 | 115.2 | 138.1 | 110.3 | 113.2 | 110.3 | 102.9 | 100.7 | 98.8 | 101.5 | 99.4 |
| 西 藏 Tibet | | | | | | | | | | | | | | | | |
| 陕 西 Shaanxi | | | | | | | 111.5 | 138.4 | 115.6 | 114.3 | 109.1 | 106.8 | 97.1 | 95.5 | 100.0 | 100.5 |
| 甘 肃 Gansu | | | | 129.8 | 114.1 | 112.4 | 122.2 | 139.4 | 118.3 | 113.7 | 107.4 | 102.2 | 96.4 | 98.3 | 111.8 | 101.4 |
| 青 海 Qinghai | | | | 123.8 | 113.9 | 112.8 | 105.3 | 138.9 | 112.3 | 110.2 | 108.3 | 110.7 | 101.3 | 99.1 | 98.9 | 99.1 |
| 宁 夏 Ningxia | | | | | | | | | | | | 103.5 | 101.1 | 97.0 | 105.8 | 102.5 |
| 新 疆 Xinjiang | | | | | | | 121.1 | 136.4 | 110.9 | 116.8 | 107.0 | 104.5 | 95.6 | 98.2 | 115.2 | 98.9 |

2-2-2 续表 Continued

(上年价格=100) (Preceding year=100)

| 地区 Region | 2002 | 2003 | 2004 | 2005 | 2006 | 2007 | 2008 | 2009 | 2010 | 2011 | 2012 | 2013 | 2014 | 2015 | 2016 | 2017 | 2018 |
|---|---|---|---|---|---|---|---|---|---|---|---|---|---|---|---|---|---|
| **全 国 National** | **97.7** | **104.8** | **111.4** | **108.3** | **106.0** | **104.4** | **110.5** | **92.1** | **109.6** | **109.1** | **98.2** | **98.0** | **97.8** | **93.9** | **98.0** | **108.1** | **104.1** |
| 北 京 Beijing | 97.1 | 104.7 | 114.2 | 111.4 | 105.5 | 105.0 | 115.8 | 88.6 | 110.5 | 108.4 | 98.7 | 97.8 | 98.8 | 93.7 | 98.5 | 104.4 | 100.8 |
| 天 津 Tianjin | 95.9 | 108.7 | 115.4 | 104.9 | 104.7 | 105.7 | 112.9 | 90.2 | 110.0 | 109.7 | 97.1 | 97.4 | 97.1 | 92.4 | 98.3 | 111.1 | 106.2 |
| 河 北 Hebei | 97.3 | 109.4 | 118.4 | 107.0 | 105.0 | 107.8 | 115.9 | 93.5 | 110.9 | 110.9 | 96.2 | 97.6 | 95.6 | 90.3 | 98.3 | 114.5 | 104.0 |
| 山 西 Shanxi | 102.6 | 107.8 | 114.5 | 108.2 | 102.6 | 105.3 | 118.3 | 96.6 | 109.0 | 108.1 | 98.1 | 95.5 | 96.2 | 93.1 | 98.1 | 115.2 | 105.5 |
| 内蒙古 Inner Mongolia | 99.9 | 102.9 | 109.2 | 109.9 | 105.9 | 104.8 | 111.7 | 99.1 | 105.0 | 106.1 | 102.0 | 99.3 | 98.4 | 95.9 | 97.4 | 106.3 | 102.4 |
| 辽 宁 Liaoning | 98.3 | 105.1 | 112.1 | 108.1 | 104.2 | 104.8 | 111.5 | 93.3 | 108.6 | 108.3 | 99.0 | 98.5 | 98.0 | 93.5 | 97.9 | 108.0 | 104.5 |
| 吉 林 Jilin | 97.8 | 104.8 | 110.5 | 107.0 | 103.8 | 105.2 | 111.3 | 95.3 | 108.6 | 106.1 | 99.3 | 99.4 | 99.2 | 96.6 | 97.8 | 103.4 | 103.5 |
| 黑龙江 Heilongjiang | 99.3 | 107.6 | 115.2 | 111.8 | 105.6 | 105.0 | 114.1 | 93.4 | 114.5 | 111.1 | 98.8 | 98.7 | 97.6 | 88.2 | 96.0 | 110.2 | 109.0 |
| 上 海 Shanghai | 97.7 | 106.4 | 116.4 | 106.8 | 104.8 | 104.1 | 110.3 | 89.8 | 111.2 | 107.5 | 94.7 | 96.5 | 95.9 | 90.6 | 97.7 | 108.9 | 105.2 |
| 江 苏 Jiangsu | 98.6 | 106.5 | 116.3 | 107.6 | 106.4 | 105.0 | 115.0 | 91.9 | 112.8 | 108.9 | 95.8 | 97.1 | 97.0 | 92.1 | 98.0 | 109.7 | 104.6 |
| 浙 江 Zhejiang | 97.5 | 105.8 | 113.4 | 105.4 | 105.6 | 105.3 | 110.6 | 92.6 | 112.0 | 108.3 | 96.7 | 97.7 | 98.2 | 94.5 | 97.8 | 109.6 | 105.1 |
| 安 徽 Anhui | 98.2 | 106.7 | 115.0 | 107.1 | 103.9 | 105.1 | 112.4 | 95.3 | 111.8 | 110.8 | 98.2 | 96.9 | 97.2 | 93.5 | 98.4 | 109.2 | 105.3 |
| 福 建 Fujian | 97.6 | 106.3 | 113.3 | 108.1 | 103.9 | 104.3 | 110.2 | 93.2 | 107.7 | 108.0 | 97.7 | 98.4 | 98.3 | 96.1 | 98.0 | 105.3 | 102.8 |
| 江 西 Jiangxi | 98.6 | 106.5 | 114.5 | 110.0 | 108.6 | 107.9 | 114.2 | 90.7 | 111.8 | 112.4 | 98.3 | 98.4 | 98.4 | 93.6 | 97.7 | 107.2 | 103.2 |
| 山 东 Shandong | 98.7 | 105.7 | 113.4 | 105.9 | 104.3 | 104.8 | 113.1 | 95.5 | 109.3 | 109.2 | 99.2 | 98.4 | 98.2 | 95.0 | 98.0 | 107.3 | 103.6 |
| 河 南 Henan | 97.6 | 107.8 | 115.7 | 108.3 | 105.3 | 106.4 | 111.9 | 97.1 | 110.2 | 110.1 | 99.2 | 99.3 | 98.4 | 95.4 | 99.2 | 107.3 | 104.0 |
| 湖 北 Hubei | 97.7 | 108.2 | 113.1 | 107.0 | 104.9 | 104.5 | 110.9 | 93.4 | 110.4 | 111.5 | 98.9 | 98.2 | 97.8 | 92.8 | 98.3 | 108.3 | 104.8 |
| 湖 南 Hunan | 99.3 | 106.7 | 114.4 | 109.4 | 106.5 | 106.1 | 112.0 | 92.6 | 110.0 | 110.8 | 100.1 | 98.4 | 97.9 | 94.5 | 98.0 | 107.2 | 103.5 |
| 广 东 Guangdong | 96.3 | 104.1 | 110.7 | 105.0 | 103.6 | 103.3 | 107.9 | 93.8 | 107.3 | 107.3 | 99.5 | 98.2 | 98.8 | 95.3 | 98.0 | 105.3 | 102.5 |
| 广 西 Guangxi | 95.6 | 101.2 | 116.3 | 108.2 | 111.4 | 106.1 | 110.6 | 95.1 | 111.2 | 110.0 | 99.2 | 98.9 | 98.2 | 95.7 | 98.3 | 106.5 | 103.4 |
| 海 南 Hainan | 101.5 | 102.2 | 105.9 | 104.2 | 101.5 | 105.0 | 111.6 | 85.3 | 110.3 | 115.3 | 99.6 | 97.0 | 99.0 | 88.5 | 94.8 | 112.4 | 110.8 |
| 重 庆 Chongqing | 99.2 | 104.9 | 110.3 | 108.2 | 104.8 | 106.2 | 112.2 | 95.0 | 106.9 | 105.7 | 99.5 | 97.6 | 98.1 | 97.1 | 98.4 | 104.4 | 102.5 |
| 四 川 Sichuan | 97.6 | 101.7 | 112.0 | 109.3 | 104.3 | 105.7 | 112.4 | 95.3 | 106.1 | 112.6 | 100.0 | 99.2 | 98.7 | 96.7 | 98.8 | 108.3 | 105.3 |
| 贵 州 Guizhou | 97.6 | 106.0 | 109.6 | 107.4 | 107.3 | 107.5 | 112.5 | 93.5 | 109.8 | 115.0 | 102.3 | 96.4 | 98.6 | 97.5 | 98.5 | 109.7 | 103.4 |
| 云 南 Yunnan | 99.1 | 102.7 | 113.0 | 106.5 | 107.6 | 108.2 | 111.6 | 95.0 | 109.0 | 108.0 | 99.3 | 98.8 | 99.0 | 96.9 | 95.9 | 106.2 | 104.4 |
| 西 藏 Tibet | | | | | | | | | | | | | | | | | |
| 陕 西 Shaanxi | 98.8 | 104.8 | 110.4 | 107.5 | 106.7 | 106.3 | 111.2 | 98.4 | 109.7 | 109.6 | 100.0 | 99.3 | 98.5 | 95.2 | 95.9 | 106.4 | 104.2 |
| 甘 肃 Gansu | 98.4 | 105.6 | 112.5 | 109.9 | 108.8 | 104.3 | 110.2 | 90.5 | 114.4 | 115.1 | 98.7 | 97.8 | 97.6 | 87.0 | 94.6 | 115.5 | 109.8 |
| 青 海 Qinghai | 102.8 | 101.8 | 108.5 | 105.3 | 102.8 | 104.4 | 110.4 | 99.8 | 108.6 | 107.0 | 98.6 | 98.8 | 97.6 | 97.7 | 96.2 | 108.0 | 104.5 |
| 宁 夏 Ningxia | 97.8 | 106.8 | 117.3 | 109.7 | 108.5 | 107.1 | 121.8 | 94.7 | 114.1 | 112.8 | 99.5 | 97.0 | 97.0 | 92.1 | 96.9 | 112.9 | 106.5 |
| 新 疆 Xinjiang | 94.9 | 114.8 | 118.2 | 110.7 | 111.1 | 103.8 | 117.8 | 90.6 | 123.9 | 117.8 | 97.9 | 97.8 | 97.5 | 84.3 | 95.5 | 112.8 | 109.2 |

# 2-2-3 各地区工业生产者购进价格分类指数(2018年)
# Purchasing Price Indices for Industrial Producer by Category and Region (2018)

(上年价格=100) (Preceding year=100)

| 地区 | Region | 总指数 General Index | 燃料、动力类 Fuel and Power | 黑色金属材料类 Ferrous Metals | 有色金属材料类 Nonferrous Metals | 化工原料类 Raw Chemical Materials | 木材及纸浆类 Timber and Paper Pulp | 建材类 Building Materials | 其他工业原料类 Other Materials | 农副产品类 Agricultural Products | 纺织原料类 Textile Materials |
|---|---|---|---|---|---|---|---|---|---|---|---|
| **全国** | **National** | **104.1** | **107.1** | **106.1** | **103.9** | **104.6** | **105.4** | **110.5** | **101.3** | **99.6** | **102.2** |
| 北京 | Beijing | 100.8 | 102.0 | 105.7 | 105.8 | 101.5 | 101.1 | 105.0 | 98.8 | 90.7 | 100.8 |
| 天津 | Tianjin | 106.2 | 111.4 | 111.2 | 104.4 | 104.7 | 106.6 | 116.9 | 102.3 | 98.4 | 100.4 |
| 河北 | Hebei | 104.0 | 108.2 | 102.4 | 100.9 | 101.9 | 105.8 | 108.8 | 103.7 | 97.9 | 99.9 |
| 山西 | Shanxi | 105.5 | 104.6 | 108.5 | 105.8 | 104.6 | 105.1 | 111.1 | 102.6 | 101.0 | 100.2 |
| 内蒙古 | Inner Mongolia | 102.4 | 102.9 | 105.2 | 103.3 | 102.6 | 101.3 | 105.4 | 99.4 | 101.1 | 104.3 |
| 辽宁 | Liaoning | 104.5 | 109.7 | 104.7 | 105.2 | 104.6 | 104.2 | 112.1 | 100.4 | 100.1 | 100.9 |
| 吉林 | Jilin | 103.5 | 108.4 | 104.8 | 102.2 | 103.8 | 104.1 | 107.8 | 100.4 | 101.3 | 101.7 |
| 黑龙江 | Heilongjiang | 109.0 | 114.9 | 106.5 | 100.5 | 105.8 | 106.2 | 109.7 | 102.3 | 96.8 | 99.8 |
| 上海 | Shanghai | 105.2 | 117.2 | 103.2 | 103.6 | 105.4 | 103.7 | 109.2 | 101.2 | 100.5 | 101.4 |
| 江苏 | Jiangsu | 104.6 | 107.4 | 107.8 | 103.8 | 106.0 | 106.0 | 110.7 | 101.3 | 98.9 | 102.2 |
| 浙江 | Zhejiang | 105.1 | 108.0 | 106.4 | 104.0 | 107.3 | 105.4 | 122.1 | 101.6 | 101.0 | 101.6 |
| 安徽 | Anhui | 105.3 | 110.1 | 106.8 | 103.1 | 106.9 | 104.1 | 107.1 | 104.1 | 100.0 | 103.3 |
| 福建 | Fujian | 102.8 | 107.8 | 103.1 | 106.5 | 104.3 | 102.6 | 108.4 | 99.5 | 97.7 | 99.4 |
| 江西 | Jiangxi | 103.2 | 105.6 | 104.3 | 104.3 | 98.8 | 103.8 | 107.6 | 101.9 | 99.8 | 102.8 |
| 山东 | Shandong | 103.6 | 106.4 | 106.4 | 103.5 | 102.6 | 107.2 | 109.5 | 102.0 | 97.9 | 103.1 |
| 河南 | Henan | 104.0 | 106.1 | 107.1 | 104.9 | 103.9 | 106.5 | 107.7 | 101.9 | 100.0 | 99.9 |
| 湖北 | Hubei | 104.8 | 108.0 | 107.1 | 105.0 | 105.6 | 107.5 | 111.1 | 102.1 | 98.9 | 104.1 |
| 湖南 | Hunan | 103.5 | 106.6 | 105.3 | 103.6 | 103.1 | 102.8 | 106.5 | 100.5 | 101.3 | 103.3 |
| 广东 | Guangdong | 102.5 | 103.7 | 104.8 | 104.2 | 103.4 | 106.2 | 115.2 | 100.3 | 99.0 | 103.0 |
| 广西 | Guangxi | 103.4 | 106.9 | 102.0 | 99.7 | 103.8 | 104.4 | 109.3 | 102.1 | 99.7 | 101.1 |
| 海南 | Hainan | 110.8 | 118.0 | 101.4 | 118.2 | 103.9 | 116.4 | 108.9 | 102.8 | 99.9 | 100.0 |
| 重庆 | Chongqing | 102.5 | 101.7 | 103.8 | 102.4 | 103.5 | 105.4 | 113.2 | 101.6 | 100.5 | 101.3 |
| 四川 | Sichuan | 105.3 | 105.6 | 110.2 | 105.8 | 107.4 | 107.7 | 113.6 | 101.4 | 102.6 | 100.2 |
| 贵州 | Guizhou | 103.4 | 103.0 | 101.7 | 101.7 | 108.2 | 100.6 | 108.0 | 101.8 | 100.2 | 99.6 |
| 云南 | Yunnan | 104.4 | 102.5 | 107.3 | 104.6 | 111.7 | 104.3 | 107.6 | 101.4 | 99.4 | 100.0 |
| 西藏 | Tibet | | | | | | | | | | |
| 陕西 | Shaanxi | 104.2 | 105.7 | 105.1 | 104.1 | 103.6 | 104.4 | 113.0 | 100.9 | 103.4 | 101.3 |
| 甘肃 | Gansu | 109.8 | 111.6 | 109.6 | 104.4 | 108.6 | 105.5 | 109.9 | 104.0 | 103.3 | 108.6 |
| 青海 | Qinghai | 104.5 | 103.7 | 103.4 | 103.4 | 111.1 | 105.2 | 106.7 | 101.7 | 101.4 | 100.5 |
| 宁夏 | Ningxia | 106.5 | 108.1 | 111.0 | 101.4 | 106.0 | 115.8 | 106.6 | 103.3 | 102.7 | 100.1 |
| 新疆 | Xinjiang | 109.2 | 112.4 | 111.9 | 101.0 | 105.2 | 128.0 | 107.1 | 102.4 | 98.0 | 103.4 |

# 2-3-1 全国固定资产投资价格分类指数(1991～2018年)
## Price Indices for Investment in Fixed Assets(1991~2018)

(上年价格=100) (Preceding year=100)

| 年 份 Year | 总指数 Geneval Index | 建筑安装工程 Construction and Installation | 人工费 Labour Costs | 材料费 Material Costs | 机械使用费 Machine Costs | 设备、工器具 Purchase of Equipment, and Instruments | 其他费用 Other Expenses |
|---|---|---|---|---|---|---|---|
| 1991 | 109.5 | 109.7 | 112.2 | 110.9 | | 106.1 | 116.8 |
| 1992 | 115.3 | 116.8 | 116.5 | 117.2 | | 109.4 | 120.9 |
| 1993 | 126.6 | 131.3 | 137.8 | 134.7 | | 119.7 | 123.4 |
| 1994 | 110.4 | 110.4 | 123.3 | 107.9 | | 109.5 | 112.1 |
| 1995 | 105.9 | 104.7 | 121.5 | 100.6 | | 106.3 | 112.4 |
| 1996 | 104.0 | 105.1 | 116.2 | 101.6 | 115.3 | 101.6 | 104.3 |
| 1997 | 101.7 | 102.9 | 113.6 | 100.8 | 105.9 | 98.1 | 102.9 |
| 1998 | 99.8 | 100.5 | 104.8 | 98.9 | 100.4 | 97.5 | 100.4 |
| 1999 | 99.6 | 100.3 | 103.0 | 98.9 | 101.2 | 97.5 | 99.9 |
| 2000 | 101.1 | 102.4 | 107.0 | 102.1 | 100.8 | 97.4 | 101.0 |
| 2001 | 100.4 | 101.4 | 104.2 | 100.5 | 101.9 | 97.0 | 101.0 |
| 2002 | 100.2 | 101.0 | 104.1 | 100.2 | 101.0 | 97.0 | 101.2 |
| 2003 | 102.2 | 104.2 | 103.8 | 105.0 | 100.9 | 97.0 | 101.6 |
| 2004 | 105.6 | 108.2 | 104.6 | 110.7 | 101.6 | 99.4 | 103.5 |
| 2005 | 101.6 | 101.8 | 105.6 | 100.9 | 101.9 | 99.4 | 103.2 |
| 2006 | 101.5 | 101.3 | 106.7 | 99.8 | 102.6 | 100.7 | 103.3 |
| 2007 | 103.9 | 105.1 | 108.9 | 104.5 | 103.3 | 100.2 | 104.2 |
| 2008 | 108.9 | 112.9 | 113.8 | 114.1 | 106.5 | 100.6 | 105.4 |
| 2009 | 97.6 | 96.3 | 106.6 | 92.8 | 102.0 | 97.6 | 102.4 |
| 2010 | 103.6 | 104.9 | 109.1 | 104.3 | 102.9 | 100.3 | 103.1 |
| 2011 | 106.6 | 109.2 | 113.5 | 108.7 | 104.9 | 101.1 | 104.0 |
| 2012 | 101.1 | 101.6 | 109.7 | 98.0 | 103.4 | 98.9 | 102.2 |
| 2013 | 100.3 | 100.3 | 108.1 | 97.6 | 102.2 | 99.0 | 101.7 |
| 2014 | 100.5 | 100.6 | 106.1 | 98.5 | 101.7 | 99.7 | 101.4 |
| 2015 | 98.2 | 97.3 | 104.6 | 94.0 | 100.9 | 99.3 | 100.7 |
| 2016 | 99.4 | 99.4 | 103.5 | 97.6 | 100.6 | 98.9 | 100.5 |
| 2017 | 105.8 | 108.0 | 103.9 | 110.9 | 101.8 | 100.6 | 101.0 |
| 2018 | 105.4 | 107.2 | 104.4 | 109.4 | 102.2 | 101.0 | 101.2 |

# 2-3-2 各地区固定资产投资价格总指数(1991 ~ 2018年)
# Price Indices for Investment in Fixed Assets by Region(1991~2018)

(上年价格=100) (Preceding year=100)

| 地 区 | Region | 1991 | 1992 | 1993 | 1994 | 1995 | 1996 | 1997 | 1998 | 1999 | 2000 | 2001 | 2002 | 2003 | 2004 |
|---|---|---|---|---|---|---|---|---|---|---|---|---|---|---|---|
| **全 国** | **National** | **109.5** | **115.3** | **126.6** | **110.4** | **105.9** | **104.0** | **101.7** | **99.8** | **99.6** | **101.1** | **100.4** | **100.2** | **102.2** | **105.6** |
| 北 京 | Beijing | 107.3 | 112.2 | 126.6 | 116.2 | 113.9 | 108.2 | 102.7 | 100.8 | 99.9 | 101.0 | 100.6 | 100.4 | 102.2 | 104.3 |
| 天 津 | Tianjin | | 119.4 | 122.9 | 111.9 | 107.6 | 102.5 | 100.8 | 98.9 | 99.2 | 99.9 | 99.7 | 99.5 | 102.6 | 107.3 |
| 河 北 | Hebei | 106.8 | 129.3 | 124.8 | 110.0 | 106.9 | 103.9 | 101.5 | 97.8 | 99.4 | 101.1 | 99.9 | 99.5 | 102.3 | 107.0 |
| 山 西 | Shanxi | 107.8 | 116.8 | 124.8 | 108.3 | 106.8 | 104.9 | 101.5 | 98.8 | 99.7 | 101.8 | 101.7 | 100.5 | 102.9 | 105.2 |
| 内蒙古 | Inner Mongolia | 107.1 | 109.3 | 124.5 | 106.7 | 103.9 | 105.3 | 99.7 | 101.7 | 101.9 | 101.9 | 100.8 | 101.0 | 102.6 | 105.0 |
| 辽 宁 | Liaoning | 108.2 | 121.0 | 136.4 | 117.4 | 104.9 | 102.2 | 102.3 | 99.8 | 100.0 | 101.1 | 100.4 | 100.7 | 102.5 | 104.8 |
| 吉 林 | Jilin | 111.9 | 116.4 | 128.8 | 107.3 | 109.6 | 102.9 | 104.4 | 100.8 | 102.2 | 102.0 | 101.1 | 101.2 | 101.1 | 104.1 |
| 黑龙江 | Heilongjiang | 107.6 | 113.5 | 127.9 | 109.0 | 106.5 | 103.4 | 102.7 | 100.8 | 99.7 | 101.5 | 100.1 | 100.2 | 102.3 | 105.0 |
| 上 海 | Shanghai | 107.3 | 113.0 | 131.4 | 108.8 | 103.1 | 106.9 | 100.5 | 98.4 | 98.1 | 100.0 | 100.7 | 100.3 | 102.4 | 106.7 |
| 江 苏 | Jiangsu | 104.5 | 112.1 | 138.8 | 114.6 | 107.4 | 103.2 | 99.2 | 98.4 | 98.3 | 101.1 | 100.8 | 101.7 | 104.3 | 109.4 |
| 浙 江 | Zhejiang | | | 138.8 | 112.4 | 107.2 | 101.3 | 99.5 | 97.6 | 98.2 | 100.3 | 100.4 | 100.5 | 103.5 | 105.9 |
| 安 徽 | Anhui | 114.8 | 119.8 | 123.0 | 120.1 | 106.5 | 103.4 | 101.3 | 100.0 | 99.3 | 101.6 | 99.5 | 101.1 | 103.5 | 106.1 |
| 福 建 | Fujian | 108.6 | 114.9 | 134.1 | 107.3 | 104.8 | 104.7 | 101.1 | 98.0 | 98.5 | 100.2 | 99.5 | 99.7 | 101.4 | 103.4 |
| 江 西 | Jiangxi | 110.4 | 110.1 | 129.8 | 114.6 | 107.2 | 105.8 | 101.4 | 102.1 | 98.6 | 101.4 | 98.9 | 100.0 | 105.1 | 107.4 |
| 山 东 | Shandong | 112.4 | 119.4 | 122.1 | 115.8 | 106.6 | 103.1 | 100.4 | 99.2 | 99.6 | 102.4 | 101.4 | 101.1 | 102.9 | 107.4 |
| 河 南 | Henan | 109.4 | 119.8 | 126.7 | 106.0 | 105.9 | 103.9 | 102.9 | 98.7 | 98.0 | 102.9 | 100.4 | 98.7 | 103.8 | 110.1 |
| 湖 北 | Hubei | 108.3 | 117.0 | 127.4 | 107.9 | 105.0 | 104.0 | 102.1 | 100.5 | 99.5 | 101.7 | 100.1 | 99.8 | 103.3 | 106.0 |
| 湖 南 | Hunan | 108.1 | 116.4 | 129.5 | 113.5 | 109.5 | 104.9 | 101.8 | 102.7 | 100.5 | 102.3 | 101.3 | 100.3 | 102.8 | 105.5 |
| 广 东 | Guangdong | | | | | | | | | | | 100.2 | 99.7 | 102.2 | 106.4 |
| 广 西 | Guangxi | 101.7 | 117.9 | 131.2 | 112.3 | 103.4 | 103.6 | 100.3 | 99.9 | 96.1 | 101.4 | 102.0 | 100.3 | 101.8 | 104.6 |
| 海 南 | Hainan | | | | | | | | | | 101.8 | 100.3 | 98.2 | 103.2 | 105.6 |
| 重 庆 | Chongqing | | | | | | | 101.7 | 98.7 | 100.5 | 102.5 | 100.8 | 100.7 | 102.9 | 105.1 |
| 四 川 | Sichuan | 108.1 | 113.9 | 133.2 | 107.3 | 101.2 | 104.8 | 102.2 | 97.5 | 100.5 | 100.9 | 101.5 | 100.5 | 102.2 | 106.8 |
| 贵 州 | Guizhou | 110.6 | 120.2 | 126.9 | 113.1 | 107.6 | 105.4 | 101.4 | 100.0 | 99.4 | 102.2 | 100.4 | 100.2 | 102.3 | 104.9 |
| 云 南 | Yunnan | 112.1 | 117.6 | 135.4 | 113.6 | 104.0 | 104.3 | 105.4 | 101.8 | 100.7 | 101.6 | 101.0 | 100.0 | 102.2 | 108.0 |
| 西 藏 | Tibet | | | | | | | | | | | | | | |
| 陕 西 | Shaanxi | 112.9 | 119.1 | 129.5 | 111.7 | 107.9 | 107.8 | 105.3 | 101.8 | 101.2 | 103.6 | 103.6 | 102.0 | 101.7 | 104.5 |
| 甘 肃 | Gansu | 116.5 | 117.4 | 126.2 | 112.6 | 109.4 | 104.9 | 102.7 | 100.3 | 101.0 | 103.3 | 102.0 | 100.2 | 101.7 | 105.5 |
| 青 海 | Qinghai | | 115.1 | 125.9 | 108.4 | 105.3 | 103.5 | 103.0 | 98.5 | 100.1 | 101.6 | 100.3 | 103.2 | 102.0 | 102.8 |
| 宁 夏 | Ningxia | 110.4 | 117.3 | 123.0 | 112.6 | 109.3 | 107.4 | 102.2 | 102.1 | 99.7 | 104.5 | 101.5 | 100.7 | 102.3 | 104.9 |
| 新 疆 | Xinjiang | 114.8 | 117.0 | 126.5 | 112.3 | 106.2 | 105.6 | 103.2 | 102.0 | 99.0 | 103.6 | 102.5 | 100.2 | 103.4 | 104.5 |

2-3-2 续表 Continued

(上年价格=100) (Preceding year=100)

| 地 区 | Region | 2005 | 2006 | 2007 | 2008 | 2009 | 2010 | 2011 | 2012 | 2013 | 2014 | 2015 | 2016 | 2017 | 2018 |
|---|---|---|---|---|---|---|---|---|---|---|---|---|---|---|---|
| **全 国** | **National** | **101.6** | **101.5** | **103.9** | **108.9** | **97.6** | **103.6** | **106.6** | **101.1** | **100.3** | **100.5** | **98.2** | **99.4** | **105.8** | **105.4** |
| 北 京 | Beijing | 100.7 | 100.4 | 102.8 | 107.8 | 97.1 | 102.5 | 105.7 | 101.3 | 99.9 | 100.0 | 97.6 | 99.7 | 104.7 | 103.8 |
| 天 津 | Tianjin | 101.2 | 100.7 | 102.6 | 109.2 | 97.6 | 102.6 | 105.7 | 100.0 | 99.5 | 100.5 | 99.9 | 99.4 | 104.3 | 104.5 |
| 河 北 | Hebei | 101.9 | 101.7 | 103.8 | 109.6 | 96.5 | 103.7 | 105.5 | 100.3 | 99.9 | 100.2 | 98.0 | 99.4 | 106.7 | 105.0 |
| 山 西 | Shanxi | 103.0 | 101.5 | 104.1 | 113.3 | 98.1 | 103.7 | 105.5 | 101.2 | 100.5 | 99.6 | 98.2 | 100.0 | 106.3 | 104.5 |
| 内蒙古 | Inner Mongolia | 103.7 | 103.3 | 103.8 | 108.1 | 98.5 | 105.4 | 106.3 | 101.6 | 99.6 | 99.8 | 98.0 | 99.5 | 103.4 | 103.6 |
| 辽 宁 | Liaoning | 102.8 | 102.1 | 104.3 | 109.1 | 97.0 | 103.3 | 106.6 | 101.0 | 100.0 | 99.7 | 97.9 | 99.2 | 104.0 | 103.5 |
| 吉 林 | Jilin | 102.0 | 102.2 | 103.9 | 107.3 | 99.4 | 102.4 | 105.6 | 100.4 | 100.0 | 100.2 | 97.6 | 98.7 | 104.7 | 104.6 |
| 黑龙江 | Heilongjiang | 102.2 | 102.1 | 104.5 | 109.0 | 97.6 | 105.2 | 107.5 | 100.8 | 100.1 | 100.0 | 99.0 | 99.4 | 103.4 | 103.3 |
| 上 海 | Shanghai | 100.8 | 100.1 | 103.5 | 107.9 | 97.0 | 103.8 | 106.5 | 99.4 | 100.2 | 100.5 | 97.0 | 99.6 | 106.7 | 105.6 |
| 江 苏 | Jiangsu | 100.9 | 101.2 | 104.9 | 110.0 | 97.7 | 105.1 | 106.8 | 98.6 | 100.5 | 101.1 | 96.2 | 98.8 | 107.6 | 106.0 |
| 浙 江 | Zhejiang | 100.3 | 101.5 | 104.4 | 109.3 | 96.7 | 104.7 | 107.5 | 99.2 | 100.0 | 100.6 | 97.4 | 99.5 | 105.8 | 105.7 |
| 安 徽 | Anhui | 101.0 | 101.9 | 105.4 | 109.4 | 96.0 | 105.4 | 108.1 | 101.0 | 100.2 | 100.3 | 96.9 | 99.2 | 107.4 | 105.8 |
| 福 建 | Fujian | 100.7 | 102.0 | 105.9 | 105.9 | 98.0 | 103.3 | 106.2 | 100.3 | 100.1 | 100.4 | 98.3 | 100.0 | 105.6 | 104.9 |
| 江 西 | Jiangxi | 100.5 | 103.2 | 105.4 | 110.4 | 96.1 | 104.8 | 108.4 | 101.0 | 100.4 | 100.1 | 96.8 | 100.0 | 106.1 | 106.4 |
| 山 东 | Shandong | 102.9 | 101.8 | 104.0 | 107.7 | 96.9 | 103.6 | 106.8 | 100.8 | 100.4 | 100.3 | 97.7 | 99.1 | 105.8 | 106.1 |
| 河 南 | Henan | 101.4 | 101.6 | 104.6 | 109.0 | 96.4 | 103.5 | 107.4 | 101.0 | 99.9 | 100.0 | 97.6 | 99.2 | 107.4 | 105.4 |
| 湖 北 | Hubei | 102.2 | 101.8 | 104.1 | 109.4 | 98.8 | 104.7 | 107.3 | 101.8 | 100.5 | 101.0 | 99.4 | 100.1 | 105.9 | 106.6 |
| 湖 南 | Hunan | 103.6 | 103.1 | 105.8 | 109.9 | 99.7 | 104.0 | 107.2 | 101.7 | 101.3 | 101.5 | 100.4 | 100.4 | 105.7 | 104.8 |
| 广 东 | Guangdong | 101.6 | 100.7 | 102.4 | 108.6 | 96.7 | 103.0 | 105.5 | 101.5 | 101.4 | 101.5 | 99.0 | 100.3 | 105.3 | 106.2 |
| 广 西 | Guangxi | 101.4 | 101.2 | 102.3 | 107.9 | 97.9 | 103.0 | 106.2 | 100.6 | 100.1 | 101.6 | 98.8 | 99.5 | 104.4 | 104.5 |
| 海 南 | Hainan | 101.2 | 101.0 | 106.1 | 113.3 | 97.7 | 105.2 | 106.4 | 102.0 | 99.3 | 100.6 | 99.4 | 100.1 | 104.1 | 106.2 |
| 重 庆 | Chongqing | 102.3 | 101.7 | 105.5 | 110.2 | 97.8 | 102.1 | 105.9 | 101.8 | 100.5 | 100.3 | 98.2 | 98.9 | 105.3 | 105.0 |
| 四 川 | Sichuan | 103.9 | 102.9 | 104.7 | 112.5 | 98.3 | 102.5 | 105.2 | 101.0 | 100.4 | 100.5 | 97.9 | 99.8 | 107.7 | 106.4 |
| 贵 州 | Guizhou | 101.4 | 101.1 | 103.5 | 108.9 | 100.5 | 102.7 | 105.4 | 101.5 | 100.9 | 101.1 | 98.4 | 98.6 | 106.1 | 105.2 |
| 云 南 | Yunnan | 104.6 | 101.8 | 104.2 | 107.4 | 98.1 | 102.7 | 104.6 | 101.4 | 101.1 | 101.0 | 99.1 | 100.1 | 104.9 | 104.9 |
| 西 藏 | Tibet | | | | | | | | | | | | | | |
| 陕 西 | Shaanxi | 103.7 | 102.6 | 104.0 | 109.5 | 99.3 | 103.6 | 105.9 | 102.6 | 102.0 | 101.1 | 98.8 | 99.9 | 105.3 | 105.4 |
| 甘 肃 | Gansu | 102.2 | 104.1 | 102.8 | 106.7 | 101.5 | 103.5 | 104.7 | 102.1 | 100.4 | 100.1 | 97.7 | 98.7 | 105.9 | 104.6 |
| 青 海 | Qinghai | 102.1 | 102.4 | 104.2 | 110.5 | 100.9 | 103.8 | 106.5 | 102.2 | 101.5 | 100.9 | 98.2 | 99.6 | 106.1 | 104.3 |
| 宁 夏 | Ningxia | 102.1 | 101.3 | 103.2 | 109.0 | 100.2 | 104.2 | 107.5 | 101.5 | 99.8 | 100.8 | 97.5 | 99.6 | 105.9 | 103.5 |
| 新 疆 | Xinjiang | 102.8 | 102.2 | 104.4 | 111.2 | 98.0 | 104.6 | 107.1 | 100.6 | 100.5 | 100.3 | 98.3 | 99.9 | 103.5 | 103.7 |

# 2-3-3 各地区固定资产投资价格分类指数(2017~2018年)
# Price Indices for Investment in Fixed Assets by Region and Category (2017~2018)

(上年价格=100) (Preceding year=100)

| 地区 Region | 2017 固定资产投资 Investment in Fixed Assets | 2017 建筑安装工程 Construction and Installation | 2017 设备、工器具 Purchase of Equipment, and Instruments | 2017 其他费用 Other Expenses | 2018 固定资产投资 Investment in Fixed Assets | 2018 建筑安装工程 Construction and Installation | 2018 设备、工器具 Purchase of Equipment, and Instruments | 2018 其他费用 Other Expenses |
|---|---|---|---|---|---|---|---|---|
| **全国 National** | **105.8** | **108.0** | **100.6** | **101.0** | **105.4** | **107.2** | **101.0** | **101.2** |
| 北京 Beijing | 104.7 | 110.5 | 100.1 | 100.0 | 103.8 | 108.2 | 100.4 | 100.6 |
| 天津 Tianjin | 104.3 | 106.6 | 100.5 | 100.7 | 104.5 | 106.9 | 101.0 | 100.5 |
| 河北 Hebei | 106.7 | 109.5 | 100.5 | 101.6 | 105.0 | 106.7 | 101.3 | 100.6 |
| 山西 Shanxi | 106.3 | 109.4 | 100.6 | 100.1 | 104.5 | 106.5 | 101.0 | 100.9 |
| 内蒙古 Inner Mongolia | 103.4 | 104.5 | 100.6 | 101.4 | 103.6 | 104.6 | 101.0 | 100.8 |
| 辽宁 Liaoning | 104.0 | 105.3 | 100.3 | 101.1 | 103.5 | 104.4 | 100.8 | 101.2 |
| 吉林 Jilin | 104.7 | 107.4 | 100.6 | 100.5 | 104.6 | 107.8 | 100.8 | 100.9 |
| 黑龙江 Heilongjiang | 103.4 | 104.5 | 100.4 | 101.2 | 103.3 | 104.4 | 100.8 | 100.4 |
| 上海 Shanghai | 106.7 | 110.9 | 100.2 | 100.9 | 105.6 | 109.2 | 100.8 | 101.0 |
| 江苏 Jiangsu | 107.6 | 112.9 | 100.6 | 102.1 | 106.0 | 109.6 | 100.7 | 102.3 |
| 浙江 Zhejiang | 105.8 | 109.3 | 100.7 | 101.2 | 105.7 | 108.8 | 100.7 | 101.9 |
| 安徽 Anhui | 107.4 | 109.9 | 100.6 | 100.8 | 105.8 | 108.5 | 101.0 | 100.8 |
| 福建 Fujian | 105.6 | 107.6 | 100.9 | 101.1 | 104.9 | 106.7 | 100.8 | 100.4 |
| 江西 Jiangxi | 106.1 | 108.6 | 100.8 | 100.7 | 106.4 | 109.2 | 100.1 | 101.0 |
| 山东 Shandong | 105.8 | 108.7 | 100.6 | 101.4 | 106.1 | 108.7 | 101.5 | 101.5 |
| 河南 Henan | 107.4 | 110.9 | 100.8 | 100.8 | 105.4 | 107.4 | 101.5 | 101.0 |
| 湖北 Hubei | 105.9 | 108.0 | 100.8 | 101.9 | 106.6 | 108.8 | 101.1 | 102.3 |
| 湖南 Hunan | 105.7 | 107.7 | 100.0 | 100.6 | 104.8 | 105.8 | 100.7 | 102.6 |
| 广东 Guangdong | 105.3 | 107.4 | 100.9 | 101.1 | 106.2 | 108.4 | 101.1 | 101.3 |
| 广西 Guangxi | 104.4 | 106.2 | 100.8 | 100.0 | 104.5 | 106.3 | 100.6 | 100.3 |
| 海南 Hainan | 104.1 | 105.2 | 100.6 | 101.8 | 106.2 | 108.0 | 101.0 | 101.7 |
| 重庆 Chongqing | 105.3 | 106.9 | 100.6 | 100.4 | 105.0 | 106.3 | 101.0 | 100.5 |
| 四川 Sichuan | 107.7 | 112.3 | 101.3 | 100.3 | 106.4 | 109.0 | 101.0 | 103.7 |
| 贵州 Guizhou | 106.1 | 107.3 | 100.7 | 100.7 | 105.2 | 106.0 | 101.7 | 101.1 |
| 云南 Yunnan | 104.9 | 105.8 | 101.4 | 100.6 | 104.9 | 105.7 | 100.9 | 100.6 |
| 西藏 Tibet | | | | | | | | |
| 陕西 Shaanxi | 105.3 | 107.4 | 100.0 | 102.2 | 105.4 | 107.1 | 100.6 | 103.1 |
| 甘肃 Gansu | 105.9 | 107.0 | 101.4 | 100.6 | 104.6 | 105.4 | 101.8 | 101.5 |
| 青海 Qinghai | 106.1 | 107.4 | 100.6 | 102.7 | 104.3 | 105.2 | 101.0 | 102.2 |
| 宁夏 Ningxia | 105.9 | 107.6 | 100.3 | 100.0 | 103.5 | 104.7 | 100.9 | 100.0 |
| 新疆 Xinjiang | 103.5 | 104.5 | 100.8 | 100.3 | 103.7 | 104.5 | 101.1 | 100.2 |

# 流通消费价格指数
# Consumer Price Index

3

# 3-1-1 全国居民消费价格分类指数(2018年)
## Consumer Price Indices by Category(2018)

(上年价格=100) (Preceding year =100)

| 项 目 | Item | 全 国 National Indeces | 城 市 Urban Indices | 农 村 Rural Indices |
|---|---|---|---|---|
| **居民消费价格总指数** | **Consumer Price Index** | **102.1** | **102.1** | **102.1** |
| **一、食品烟酒** | **Food,tabacoo and Liquor** | **101.9** | **102.1** | **101.1** |
| 1.食品 | Food | 101.8 | 102.1 | 101.0 |
| (1)粮食 | Grain | 100.8 | 100.8 | 100.8 |
| (2)薯类 | Tubers | 107.1 | 107.8 | 105.7 |
| (3)豆类 | Beans | 100.9 | 101.1 | 100.6 |
| (4)食用油 | Edible Oil and Fats | 99.2 | 99.6 | 98.3 |
| (5)菜 | Vegetables | 106.6 | 106.9 | 105.6 |
| (6)畜肉类 | Meat of Livestock | 96.2 | 96.8 | 94.6 |
| (7)禽肉类 | Meat of Poultry | 105.5 | 105.3 | 106.2 |
| (8)水产品 | Aquatic Products | 102.3 | 102.2 | 102.7 |
| (9)蛋类 | Eggs | 112.0 | 111.7 | 112.7 |
| (10)奶类 | Milk | 101.4 | 101.6 | 100.8 |
| (11)干鲜瓜果类 | Dried and Fresh Melons and Fruits | 104.1 | 104.0 | 104.5 |
| (12)糖果糕点类 | Candy and Cake | 102.0 | 102.2 | 101.6 |
| (13)调味品 | Falvoring | 101.9 | 102.0 | 101.5 |
| (14)其他食品类 | Other Foods | 101.3 | 101.4 | 101.2 |
| 2.茶及饮料 | Tea and Beverages | 101.7 | 101.8 | 101.5 |
| 3.烟酒 | Tobacco and Liquor | 101.2 | 101.4 | 100.9 |
| (1)烟草 | Tabacco | 100.2 | 100.2 | 100.1 |
| (2)酒类 | Liquor | 102.8 | 103.1 | 102.3 |
| 4.在外餐饮 | Dining Out | 102.4 | 102.4 | 102.3 |
| **二、衣着** | **Clothing** | **101.2** | **101.1** | **101.5** |
| 1.服装 | Garments | 101.4 | 101.4 | 101.6 |
| (1)男式服装 | Men's clothing | 101.4 | 101.3 | 101.7 |
| (2)女式服装 | Women's Clothing | 101.5 | 101.5 | 101.6 |
| (3)儿童服装 | Children's Clothing | 101.3 | 101.1 | 101.8 |
| 2.服装材料 | Clothing materials | 101.9 | 101.7 | 102.3 |
| 3.其他衣着及配件 | Other Clothing and Parts | 100.4 | 100.4 | 100.6 |
| 4.衣着加工服务费 | Clothing Manufacturing Services | 104.1 | 104.2 | 103.8 |
| 5.鞋类 | Footware | 100.4 | 100.2 | 101.2 |
| (1)鞋 | Shoes | 100.4 | 100.1 | 101.1 |
| (2)鞋类加工服务 | Footware Manufactuing Services | 103.3 | 103.2 | 103.7 |
| **三、居住** | **Residence** | **102.4** | **102.1** | **103.3** |
| 1.租赁房房租 | Rent of Rental Housing | 102.5 | 102.3 | 103.5 |
| 2.住房保养维修及管理 | Housing Maintenance and Management | 103.8 | 103.6 | 104.1 |
| (1)住房装潢材料 | Building and Building Decoration Matrials | 103.5 | 103.1 | 104.4 |
| (2)物业管理费 | Property Management fee | 101.0 | 100.9 | 101.7 |
| (3)住房装潢维修 | Decoration and Repair | 105.1 | 105.9 | 103.9 |
| 3.水电燃料 | Water,Electricity and Fuels | 101.8 | 101.5 | 102.9 |
| (1)水 | Water | 102.3 | 102.1 | 103.3 |
| (2)电 | Electricity | 99.5 | 99.5 | 99.4 |
| (3)燃气 | Gas | 105.0 | 104.7 | 106.1 |
| (4)取暖费 | Heating fees | 100.3 | 100.3 | 100.3 |
| (5)其他燃料 | Other Fuels | 107.8 | 106.6 | 108.7 |
| 4.自有住房 | Private Housing | 102.2 | 102.0 | 103.1 |
| **四、生活用品及服务** | **Articles for Daily Use and Services** | **101.6** | **101.6** | **101.6** |
| 1.家具及室内装饰品 | Furniture and Interior Decorations | 102.3 | 102.2 | 102.5 |
| (1)家具 | Furniture | 102.4 | 102.4 | 102.6 |
| (2)室内装饰品 | Interior Decorations | 100.9 | 100.8 | 101.6 |
| 2.家用器具 | Home Appliances | 100.5 | 100.3 | 100.8 |
| (1)大型家用器具 | Large Houshold Appliances | 100.5 | 100.4 | 100.8 |
| (2)小家电 | Small Household Appliances | 100.1 | 99.9 | 101.0 |
| 3.家用纺织品 | Home Textiles | 100.7 | 100.6 | 101.0 |
| (1)床上用品 | Bed Articles | 100.6 | 100.6 | 100.8 |

3-1-1 续表 continued

(上年价格=100) (Preceding year =100)

| 项目 | Item | 全国 National Indeces | 城市 Urban Indices | 农村 Rural Indices |
|---|---|---|---|---|
| (2)窗帘门帘 | Curtains | 101.9 | 101.7 | 102.4 |
| (3)其他家用纺织品 | Other Interior Textiles | 100.0 | 99.7 | 101.0 |
| 4.家庭日用杂品 | Daily Use Household Articles | 101.4 | 101.4 | 101.4 |
| (1)洗涤卫生用品 | Clearing Products | 101.8 | 101.9 | 101.5 |
| (2)厨具餐具茶具 | Kichenware Tableware and Teaset | 100.7 | 100.5 | 101.1 |
| (3)家用手工工具 | Hand Tools for Household Use | 102.2 | 101.4 | 103.8 |
| (4)其他家庭日用杂品 | Other Daily Use Household Articles | 101.0 | 101.0 | 101.1 |
| 5.个人护理用品 | Personal-care Supplies | 101.0 | 101.0 | 101.1 |
| (1)化妆品 | Cosmetics | 101.0 | 101.0 | 101.0 |
| (2)其他护理用品类 | Other Nursing Materials | 101.0 | 101.0 | 101.1 |
| 6.家庭服务 | Household Service | 105.6 | 105.7 | 105.2 |
| **五、交通和通信** | **Transportaion and Communications** | **101.7** | **101.6** | **101.8** |
| 1.交通 | Transport | 103.2 | 103.2 | 103.2 |
| (1)交通工具 | Transport Facility | 98.5 | 98.3 | 98.9 |
| (2)交通工具用燃料 | Fuels for Transport Facility | 112.6 | 112.6 | 112.7 |
| (3)交通工具使用和维修 | Use and Maintenance of Transport Facility | 102.8 | 103.1 | 101.6 |
| (4)交通费 | Traffic Fair | 101.3 | 101.3 | 101.2 |
| 2.通信 | Communications | 98.8 | 98.7 | 99.2 |
| (1)通信工具 | Communication Facility | 98.1 | 98.1 | 98.3 |
| (2)通信服务 | Communicaiton Service | 98.8 | 98.6 | 99.4 |
| (3)邮递服务 | Postal Service | 101.8 | 102.1 | 100.8 |
| **六、教育文化和娱乐** | **Education, Culture and Recreation** | **102.2** | **102.3** | **102.2** |
| 1.教育 | Education | 102.9 | 102.9 | 102.7 |
| (1)教育用品 | Education Articles | 102.5 | 102.6 | 102.3 |
| (2)教育服务 | Education Services | 102.9 | 103.0 | 102.7 |
| 2.文化娱乐 | Culture and Recreation | 101.4 | 101.5 | 101.0 |
| (1)文娱耐用消费品 | Durable Consumer Goods for Culture and Recreation | 98.3 | 98.1 | 98.9 |
| (2)其他文娱用品 | Other Articles | 101.9 | 101.9 | 101.7 |
| (3)文化娱乐服务 | Services for Culture and Recreation | 100.8 | 100.9 | 100.4 |
| (4)旅游 | Touring and Outing | 103.3 | 103.2 | 104.0 |
| **七、医疗保健** | **Health Care** | **104.3** | **104.6** | **103.7** |
| 1.药品及医疗器具 | Medicine and Medical Instrument | 104.4 | 104.1 | 105.3 |
| (1)中药 | Traditional chinese Medicine | 105.6 | 105.6 | 105.6 |
| (2)西药 | Western Medicine | 105.2 | 104.9 | 106.2 |
| (3)滋补保健品 | Health Care Articles | 102.9 | 102.7 | 103.9 |
| (4)医疗卫生器具 | Medical Instrument | 100.7 | 100.9 | 100.3 |
| (5)保健器具 | Health Care Appliances | 100.2 | 100.1 | 100.5 |
| 2.医疗服务 | Medical Services | 104.3 | 105.0 | 102.8 |
| (1)综合医疗类 | General Practice | 109.9 | 111.7 | 105.5 |
| (2)诊断类 | Diagnostic Medical | 100.0 | 99.9 | 100.2 |
| (3)治疗类 | Medical Treatment | 104.8 | 105.4 | 103.5 |
| (4)康复类 | Rehabilitation | 104.0 | 104.7 | 102.2 |
| (5)中医医疗服务类 | Traditional Chinese Medical | 105.8 | 106.3 | 104.7 |
| (6)其他医疗服务 | Other Health Care Services | 102.9 | 102.6 | 103.4 |
| **八、其他用品和服务** | **Other Articles and Services** | **101.2** | **101.2** | **101.2** |
| 1.其他用品类 | Other Articles | 99.1 | 99.0 | 99.6 |
| (1)首饰手表 | Jewelry and Watches | 98.5 | 98.4 | 98.8 |
| (2)其他杂项用品 | Other Miscellaneous Articles | 100.2 | 100.1 | 100.5 |
| 2.其他服务类 | Other Services | 102.8 | 102.9 | 102.8 |
| (1)旅馆住宿 | Hotel Accommodations | 102.9 | 103.2 | 101.0 |
| (2)美容美发洗浴 | Beaty Salon,Hair Salon and Scouring Bath | 104.0 | 104.1 | 103.6 |
| (3)养老服务 | Elderly Care | 104.6 | 104.9 | 102.8 |
| (4)金融保险 | Finance and Insurance | 101.8 | 101.5 | 102.8 |
| (5)其他服务类 | Other Miscellaneous Services | 101.6 | 101.5 | 101.8 |

# 3-1-2 各地区居民消费价格总指数(2000～2018年)

(上年价格=100)

| 地　区 | Region | 2000 | 2001 | 2002 | 2003 | 2004 | 2005 | 2006 | 2007 |
|---|---|---|---|---|---|---|---|---|---|
| **全国平均** | **National** | **100.4** | **100.7** | **99.2** | **101.2** | **103.9** | **101.8** | **101.5** | **104.8** |
| 北　京 | Beijing | 103.5 | 103.1 | 98.2 | 100.2 | 101.0 | 101.5 | 100.9 | 102.4 |
| 天　津 | Tianjin | 99.6 | 101.2 | 99.6 | 101.0 | 102.3 | 101.5 | 101.5 | 104.2 |
| 河　北 | Hebei | 99.7 | 100.5 | 99.0 | 102.2 | 104.3 | 101.8 | 101.7 | 104.7 |
| 山　西 | Shanxi | 103.9 | 99.8 | 98.4 | 101.8 | 104.1 | 102.3 | 102.0 | 104.6 |
| 内蒙古 | Inner Mongolia | 101.3 | 100.6 | 100.2 | 102.2 | 102.9 | 102.4 | 101.5 | 104.6 |
| 辽　宁 | Liaoning | 99.9 | 100.0 | 98.9 | 101.7 | 103.5 | 101.4 | 101.2 | 105.1 |
| 吉　林 | Jilin | 98.6 | 101.3 | 99.5 | 101.2 | 104.1 | 101.5 | 101.4 | 104.8 |
| 黑龙江 | Heilongjiang | 98.3 | 100.8 | 99.3 | 100.9 | 103.8 | 101.2 | 101.9 | 105.4 |
| 上　海 | Shanghai | 102.5 | 100.0 | 100.5 | 100.1 | 102.2 | 101.0 | 101.2 | 103.2 |
| 江　苏 | Jiangsu | 100.1 | 100.8 | 99.2 | 101.0 | 104.1 | 102.1 | 101.6 | 104.3 |
| 浙　江 | Zhejiang | 101.0 | 99.8 | 99.1 | 101.9 | 103.9 | 101.3 | 101.1 | 104.2 |
| 安　徽 | Anhui | 100.7 | 100.5 | 99.0 | 101.7 | 104.5 | 101.4 | 101.2 | 105.3 |
| 福　建 | Fujian | 102.1 | 98.7 | 99.5 | 100.8 | 104.0 | 102.2 | 100.8 | 105.2 |
| 江　西 | Jiangxi | 100.3 | 99.5 | 100.1 | 100.8 | 103.5 | 101.7 | 101.2 | 104.8 |
| 山　东 | Shandong | 100.2 | 101.8 | 99.3 | 101.1 | 103.6 | 101.7 | 101.0 | 104.4 |
| 河　南 | Henan | 99.2 | 100.7 | 100.1 | 101.6 | 105.4 | 102.1 | 101.3 | 105.4 |
| 湖　北 | Hubei | 99.0 | 100.3 | 99.6 | 102.2 | 104.9 | 102.9 | 101.6 | 104.8 |
| 湖　南 | Hunan | 101.4 | 99.1 | 99.5 | 102.4 | 105.1 | 102.3 | 101.4 | 105.6 |
| 广　东 | Guangdong | 101.4 | 99.3 | 98.6 | 100.6 | 103.0 | 102.3 | 101.8 | 103.7 |
| 广　西 | Guangxi | 99.7 | 100.6 | 99.1 | 101.1 | 104.4 | 102.4 | 101.3 | 106.1 |
| 海　南 | Hainan | 101.1 | 98.5 | 99.5 | 100.1 | 104.4 | 101.5 | 101.5 | 105.0 |
| 重　庆 | Chongqing | 96.7 | 101.7 | 99.6 | 100.6 | 103.7 | 100.8 | 102.4 | 104.7 |
| 四　川 | Sichuan | 100.1 | 102.1 | 99.7 | 101.7 | 104.9 | 101.7 | 102.3 | 105.9 |
| 贵　州 | Guizhou | 99.5 | 101.8 | 99.0 | 101.2 | 104.0 | 101.0 | 101.7 | 106.4 |
| 云　南 | Yunnan | 97.9 | 99.1 | 99.8 | 101.2 | 106.0 | 101.4 | 101.9 | 105.9 |
| 西　藏 | Tibet | 99.9 | 100.1 | 100.4 | 100.9 | 102.7 | 101.5 | 102.0 | 103.4 |
| 陕　西 | Shaanxi | 99.5 | 101.0 | 98.9 | 101.7 | 103.1 | 101.2 | 101.5 | 105.1 |
| 甘　肃 | Gansu | 99.5 | 104.0 | 100.0 | 101.1 | 102.3 | 101.7 | 101.3 | 105.5 |
| 青　海 | Qinghai | 99.5 | 102.6 | 102.3 | 102.0 | 103.2 | 100.8 | 101.6 | 106.6 |
| 宁　夏 | Ningxia | 99.6 | 101.6 | 99.4 | 101.7 | 103.7 | 101.5 | 101.9 | 105.4 |
| 新　疆 | Xinjiang | 99.4 | 104.0 | 99.4 | 100.4 | 102.7 | 100.7 | 101.3 | 105.5 |

# Consumer Price Indices by Region(2000~2018)

(Preceding year=100)

| 2008 | 2009 | 2010 | 2011 | 2012 | 2013 | 2014 | 2015 | 2016 | 2017 | 2018 |
|---|---|---|---|---|---|---|---|---|---|---|
| **105.9** | **99.3** | **103.3** | **105.4** | **102.6** | **102.6** | **102.0** | **101.4** | **102.0** | **101.6** | **102.1** |
| 105.1 | 98.5 | 102.4 | 105.6 | 103.3 | 103.3 | 101.6 | 101.8 | 101.4 | 101.9 | 102.5 |
| 105.4 | 99.0 | 103.5 | 104.9 | 102.7 | 103.1 | 101.9 | 101.7 | 102.1 | 102.1 | 102.0 |
| 106.2 | 99.3 | 103.1 | 105.7 | 102.6 | 103.0 | 101.7 | 100.9 | 101.5 | 101.7 | 102.4 |
| 107.2 | 99.6 | 103.0 | 105.2 | 102.5 | 103.1 | 101.7 | 100.6 | 101.1 | 101.1 | 101.8 |
| 105.7 | 99.7 | 103.2 | 105.6 | 103.1 | 103.2 | 101.6 | 101.1 | 101.2 | 101.7 | 101.8 |
| 104.6 | 100.0 | 103.0 | 105.2 | 102.8 | 102.4 | 101.7 | 101.4 | 101.6 | 101.4 | 102.5 |
| 105.1 | 100.1 | 103.7 | 105.2 | 102.5 | 102.9 | 102.0 | 101.7 | 101.6 | 101.6 | 102.1 |
| 105.6 | 100.2 | 103.9 | 105.8 | 103.2 | 102.2 | 101.5 | 101.1 | 101.5 | 101.3 | 102.0 |
| 105.8 | 99.6 | 103.1 | 105.2 | 102.8 | 102.3 | 102.7 | 102.4 | 103.2 | 101.7 | 101.6 |
| 105.4 | 99.6 | 103.8 | 105.3 | 102.6 | 102.3 | 102.2 | 101.7 | 102.3 | 101.7 | 102.3 |
| 105.0 | 98.5 | 103.8 | 105.4 | 102.2 | 102.3 | 102.1 | 101.4 | 101.9 | 102.1 | 102.3 |
| 106.2 | 99.1 | 103.1 | 105.6 | 102.3 | 102.4 | 101.6 | 101.3 | 101.8 | 101.2 | 102.0 |
| 104.6 | 98.2 | 103.2 | 105.3 | 102.4 | 102.5 | 102.0 | 101.7 | 101.7 | 101.2 | 101.5 |
| 106.0 | 99.3 | 103.0 | 105.2 | 102.7 | 102.5 | 102.3 | 101.5 | 102.0 | 102.0 | 102.1 |
| 105.3 | 100.0 | 102.9 | 105.0 | 102.1 | 102.2 | 101.9 | 101.2 | 102.1 | 101.5 | 102.5 |
| 107.0 | 99.4 | 103.5 | 105.6 | 102.5 | 102.9 | 101.9 | 101.3 | 101.9 | 101.4 | 102.3 |
| 106.3 | 99.6 | 102.9 | 105.8 | 102.9 | 102.8 | 102.0 | 101.5 | 102.2 | 101.5 | 101.9 |
| 106.0 | 99.6 | 103.1 | 105.5 | 102.0 | 102.5 | 101.9 | 101.4 | 101.9 | 101.4 | 102.0 |
| 105.6 | 97.7 | 103.1 | 105.3 | 102.8 | 102.5 | 102.3 | 101.5 | 102.3 | 101.5 | 102.2 |
| 107.8 | 97.9 | 103.0 | 105.9 | 103.2 | 102.2 | 102.1 | 101.5 | 101.6 | 101.6 | 102.3 |
| 106.9 | 99.3 | 104.8 | 106.1 | 103.2 | 102.8 | 102.4 | 101.0 | 102.8 | 102.8 | 102.5 |
| 105.6 | 98.4 | 103.2 | 105.3 | 102.6 | 102.7 | 101.8 | 101.3 | 101.8 | 101.0 | 102.0 |
| 105.1 | 100.8 | 103.2 | 105.3 | 102.5 | 102.8 | 101.6 | 101.5 | 101.9 | 101.4 | 101.7 |
| 107.6 | 98.7 | 102.9 | 105.1 | 102.7 | 102.5 | 102.4 | 101.8 | 101.4 | 100.9 | 101.8 |
| 105.7 | 100.4 | 103.7 | 104.9 | 102.7 | 103.1 | 102.4 | 101.9 | 101.5 | 100.9 | 101.6 |
| 105.7 | 101.4 | 102.2 | 105.0 | 103.5 | 103.6 | 102.9 | 102.0 | 102.5 | 101.6 | 101.7 |
| 106.4 | 100.5 | 104.0 | 105.7 | 102.8 | 103.0 | 101.6 | 101.0 | 101.3 | 101.6 | 102.1 |
| 108.2 | 101.3 | 104.1 | 105.9 | 102.7 | 103.2 | 102.1 | 101.6 | 101.3 | 101.4 | 102.0 |
| 110.1 | 102.6 | 105.4 | 106.1 | 103.1 | 103.9 | 102.8 | 102.6 | 101.8 | 101.5 | 102.5 |
| 108.5 | 100.7 | 104.1 | 106.3 | 102.0 | 103.4 | 101.9 | 101.1 | 101.5 | 101.6 | 102.3 |
| 108.1 | 100.7 | 104.3 | 105.9 | 103.8 | 103.9 | 102.1 | 100.6 | 101.4 | 102.2 | 102.0 |

# 3-1-3 各地区居民消费价格指数(2018年)
# Consumer Price Indices by Category and Region (2018)

(上年价格=100) (Preceding year=100)

| 地 区 | Region | 居民消费价格总指数 Consumer Price Index | 一、食品烟酒 Food, Tobacco and Liquor | 1.食品 Food | (1)粮食 Grain | (2)薯类 Tubers | (3)豆类 Beans |
|---|---|---|---|---|---|---|---|
| **全 国** | **National** | **102.1** | **101.9** | **101.8** | **100.8** | **107.1** | **100.9** |
| 北 京 | Beijing | 102.5 | 103.1 | 102.9 | 101.4 | 106.7 | 100.6 |
| 天 津 | Tianjin | 102.0 | 103.1 | 103.4 | 99.2 | 110.9 | 100.4 |
| 河 北 | Hebei | 102.4 | 102.0 | 102.2 | 99.9 | 110.2 | 101.0 |
| 山 西 | Shanxi | 101.8 | 101.7 | 102.0 | 100.2 | 106.3 | 100.6 |
| 内蒙古 | Inner Mongolia | 101.8 | 102.0 | 102.3 | 100.8 | 104.4 | 100.3 |
| 辽 宁 | Liaoning | 102.5 | 102.2 | 102.3 | 100.5 | 106.6 | 100.0 |
| 吉 林 | Jilin | 102.1 | 101.4 | 101.2 | 101.1 | 111.1 | 99.6 |
| 黑龙江 | Heilongjiang | 102.0 | 100.9 | 100.7 | 101.3 | 106.9 | 98.9 |
| 上 海 | Shanghai | 101.6 | 102.3 | 102.5 | 100.3 | 105.7 | 105.4 |
| 江 苏 | Jiangsu | 102.3 | 102.3 | 102.2 | 101.2 | 108.5 | 99.6 |
| 浙 江 | Zhejiang | 102.3 | 102.6 | 102.6 | 100.5 | 105.5 | 101.7 |
| 安 徽 | Anhui | 102.0 | 102.1 | 102.1 | 100.5 | 111.5 | 100.9 |
| 福 建 | Fujian | 101.5 | 101.7 | 101.7 | 100.8 | 104.6 | 101.8 |
| 江 西 | Jiangxi | 102.1 | 101.0 | 100.6 | 101.1 | 104.3 | 101.0 |
| 山 东 | Shandong | 102.5 | 102.3 | 102.4 | 100.4 | 112.8 | 101.2 |
| 河 南 | Henan | 102.3 | 101.5 | 101.2 | 100.4 | 112.5 | 100.7 |
| 湖 北 | Hubei | 101.9 | 101.8 | 101.6 | 100.9 | 109.1 | 99.9 |
| 湖 南 | Hunan | 102.0 | 100.8 | 100.8 | 101.1 | 102.9 | 99.7 |
| 广 东 | Guangdong | 102.2 | 102.1 | 101.8 | 102.1 | 103.7 | 101.2 |
| 广 西 | Guangxi | 102.3 | 101.0 | 100.4 | 100.9 | 101.6 | 101.8 |
| 海 南 | Hainan | 102.5 | 101.2 | 100.9 | 100.9 | 104.6 | 101.3 |
| 重 庆 | Chongqing | 102.0 | 101.4 | 101.4 | 98.2 | 104.3 | 100.8 |
| 四 川 | Sichuan | 101.7 | 101.3 | 101.3 | 100.3 | 107.7 | 103.5 |
| 贵 州 | Guizhou | 101.8 | 100.7 | 100.3 | 101.6 | 105.0 | 99.8 |
| 云 南 | Yunnan | 101.6 | 100.5 | 100.2 | 102.1 | 102.2 | 100.7 |
| 西 藏 | Tibet | 101.7 | 102.3 | 101.7 | 102.4 | 102.9 | 103.2 |
| 陕 西 | Shaanxi | 102.1 | 102.0 | 101.9 | 100.9 | 105.9 | 99.9 |
| 甘 肃 | Gansu | 102.0 | 100.9 | 100.9 | 100.2 | 101.5 | 99.9 |
| 青 海 | Qinghai | 102.5 | 102.7 | 103.3 | 101.5 | 105.1 | 103.3 |
| 宁 夏 | Ningxia | 102.3 | 102.5 | 103.3 | 100.9 | 107.6 | 101.0 |
| 新 疆 | Xinjiang | 102.0 | 103.1 | 102.8 | 100.0 | 102.6 | 103.9 |

3-1-3 续表 1 continued 1

(上年价格=100) (Preceding year=100)

| 地 区 | Region | (4)食用油 Edible Oil and Fats | (5)菜 Vegetables | (6)畜肉类 Meat of Livestock | (7)禽肉类 Meat of Poultry | (8)水产品 Aquatic Products | (9)蛋类 Eggs |
|---|---|---|---|---|---|---|---|
| **全 国** | **National** | **99.2** | **106.6** | **96.2** | **105.5** | **102.3** | **112.0** |
| 北 京 | Beijing | 100.6 | 111.9 | 99.2 | 103.0 | 100.6 | 115.8 |
| 天 津 | Tianjin | 100.7 | 109.3 | 99.5 | 104.1 | 104.5 | 114.3 |
| 河 北 | Hebei | 99.5 | 108.5 | 95.9 | 103.9 | 103.2 | 112.9 |
| 山 西 | Shanxi | 99.9 | 107.0 | 95.4 | 103.6 | 100.8 | 119.9 |
| 内蒙古 | Inner Mongolia | 97.2 | 106.6 | 100.6 | 103.4 | 103.6 | 111.7 |
| 辽 宁 | Liaoning | 99.7 | 106.5 | 96.2 | 105.0 | 104.8 | 111.5 |
| 吉 林 | Jilin | 99.7 | 106.7 | 94.6 | 103.6 | 101.6 | 111.8 |
| 黑龙江 | Heilongjiang | 98.9 | 106.3 | 92.2 | 102.7 | 101.2 | 110.7 |
| 上 海 | Shanghai | 100.2 | 107.1 | 98.8 | 106.3 | 101.3 | 108.6 |
| 江 苏 | Jiangsu | 100.2 | 107.5 | 97.0 | 105.7 | 100.2 | 112.5 |
| 浙 江 | Zhejiang | 99.3 | 107.2 | 98.3 | 106.7 | 103.8 | 109.6 |
| 安 徽 | Anhui | 98.9 | 108.9 | 95.2 | 106.9 | 98.5 | 113.2 |
| 福 建 | Fujian | 99.3 | 107.8 | 95.0 | 108.5 | 102.7 | 110.1 |
| 江 西 | Jiangxi | 99.0 | 105.9 | 93.8 | 108.0 | 98.9 | 111.3 |
| 山 东 | Shandong | 100.2 | 110.0 | 95.7 | 107.0 | 102.7 | 112.2 |
| 河 南 | Henan | 98.8 | 104.6 | 93.4 | 105.6 | 101.9 | 116.6 |
| 湖 北 | Hubei | 99.9 | 106.7 | 96.3 | 105.2 | 98.6 | 110.1 |
| 湖 南 | Hunan | 99.2 | 106.0 | 94.1 | 105.8 | 100.5 | 107.7 |
| 广 东 | Guangdong | 99.8 | 105.1 | 96.3 | 104.6 | 104.9 | 108.5 |
| 广 西 | Guangxi | 97.4 | 103.0 | 93.2 | 107.0 | 104.2 | 108.5 |
| 海 南 | Hainan | 98.8 | 103.9 | 97.8 | 104.8 | 101.4 | 108.3 |
| 重 庆 | Chongqing | 98.6 | 106.4 | 96.5 | 105.8 | 101.1 | 115.8 |
| 四 川 | Sichuan | 98.0 | 108.4 | 96.0 | 105.7 | 100.9 | 109.6 |
| 贵 州 | Guizhou | 95.1 | 103.7 | 94.7 | 106.2 | 102.7 | 109.0 |
| 云 南 | Yunnan | 96.3 | 104.3 | 93.6 | 103.8 | 102.6 | 107.9 |
| 西 藏 | Tibet | 99.4 | 102.9 | 100.2 | 101.2 | 104.3 | 102.9 |
| 陕 西 | Shaanxi | 100.5 | 105.0 | 96.6 | 103.7 | 99.5 | 115.1 |
| 甘 肃 | Gansu | 100.8 | 101.5 | 98.4 | 102.1 | 102.7 | 111.3 |
| 青 海 | Qinghai | 99.9 | 103.2 | 106.4 | 103.6 | 100.1 | 112.5 |
| 宁 夏 | Ningxia | 99.9 | 107.9 | 104.3 | 101.8 | 100.7 | 113.5 |
| 新 疆 | Xinjiang | 99.3 | 99.6 | 106.9 | 103.4 | 107.1 | 116.5 |

3-1-3 续表 2 continued 2

(上年价格=100) (Preceding year=100)

| 地区 | Region | (10)奶类 Milk | (11)干鲜瓜果类 Dried and Fresh Melons and Fruits | (12)糖果糕点类 Candy and Cake | (13)调味品 Flavoring | (14)其他食品类 Other Foods | 2.茶及饮料 Tea and Beverages |
|---|---|---|---|---|---|---|---|
| **全 国** | **National** | **101.4** | **104.1** | **102.0** | **101.9** | **101.3** | **101.7** |
| 北 京 | Beijing | 100.8 | 102.7 | 101.7 | 101.4 | 102.6 | 101.3 |
| 天 津 | Tianjin | 99.9 | 105.6 | 103.2 | 102.6 | 102.1 | 102.6 |
| 河 北 | Hebei | 100.6 | 106.3 | 102.2 | 102.6 | 102.4 | 102.5 |
| 山 西 | Shanxi | 99.6 | 107.1 | 101.2 | 101.0 | 100.9 | 101.4 |
| 内蒙古 | Inner Mongolia | 100.2 | 104.1 | 100.9 | 101.0 | 101.1 | 100.8 |
| 辽 宁 | Liaoning | 101.3 | 107.0 | 101.3 | 100.5 | 101.3 | 103.3 |
| 吉 林 | Jilin | 102.7 | 102.8 | 103.2 | 102.0 | 100.8 | 102.7 |
| 黑龙江 | Heilongjiang | 101.9 | 105.3 | 101.4 | 101.9 | 100.9 | 102.1 |
| 上 海 | Shanghai | 101.3 | 102.9 | 101.9 | 100.4 | 103.7 | 103.2 |
| 江 苏 | Jiangsu | 103.1 | 104.6 | 102.7 | 103.4 | 102.0 | 102.3 |
| 浙 江 | Zhejiang | 102.3 | 103.8 | 101.2 | 102.0 | 100.5 | 101.4 |
| 安 徽 | Anhui | 101.8 | 107.7 | 102.4 | 102.2 | 102.0 | 103.4 |
| 福 建 | Fujian | 100.8 | 103.4 | 101.9 | 101.8 | 103.2 | 101.8 |
| 江 西 | Jiangxi | 102.1 | 101.4 | 103.0 | 102.1 | 101.3 | 100.8 |
| 山 东 | Shandong | 101.0 | 104.9 | 103.2 | 102.5 | 101.2 | 100.7 |
| 河 南 | Henan | 100.1 | 104.4 | 101.4 | 103.0 | 101.1 | 101.9 |
| 湖 北 | Hubei | 102.3 | 106.0 | 101.7 | 102.0 | 100.5 | 100.9 |
| 湖 南 | Hunan | 101.7 | 103.7 | 102.0 | 103.6 | 100.8 | 100.9 |
| 广 东 | Guangdong | 101.8 | 103.0 | 102.4 | 101.7 | 100.8 | 101.6 |
| 广 西 | Guangxi | 102.1 | 100.3 | 101.5 | 101.9 | 100.8 | 102.3 |
| 海 南 | Hainan | 104.5 | 95.9 | 100.8 | 101.2 | 101.3 | 100.2 |
| 重 庆 | Chongqing | 100.3 | 101.2 | 99.9 | 101.1 | 100.9 | 101.9 |
| 四 川 | Sichuan | 100.5 | 102.9 | 101.7 | 101.1 | 100.5 | 101.2 |
| 贵 州 | Guizhou | 102.1 | 102.8 | 101.9 | 101.1 | 101.2 | 100.6 |
| 云 南 | Yunnan | 101.5 | 104.5 | 100.9 | 102.3 | 100.5 | 101.5 |
| 西 藏 | Tibet | 102.6 | 101.3 | 102.0 | 101.5 | 102.2 | 100.7 |
| 陕 西 | Shaanxi | 102.4 | 104.5 | 103.5 | 100.1 | 100.6 | 101.1 |
| 甘 肃 | Gansu | 102.2 | 101.8 | 101.3 | 100.9 | 100.7 | 101.8 |
| 青 海 | Qinghai | 100.6 | 100.9 | 101.4 | 102.1 | 100.9 | 100.0 |
| 宁 夏 | Ningxia | 101.7 | 101.5 | 101.2 | 101.5 | 101.8 | 102.6 |
| 新 疆 | Xinjiang | 99.7 | 101.3 | 101.4 | 101.3 | 101.2 | 101.6 |

3-1-3 续表 3 continued 3

(上年价格=100) (Preceding year=100)

| 地 区 | Region | 3.烟酒 Tobacco and Liquor | (1)烟草 Tabacco | (2)酒类 Liquor | 4.在外餐饮 Dining Out | 二、衣着 Clothing | 1.服装 Garments |
|---|---|---|---|---|---|---|---|
| **全 国** | **National** | **101.2** | **100.2** | **102.8** | **102.4** | **101.2** | **101.4** |
| 北 京 | Beijing | 101.9 | 100.4 | 103.4 | 103.9 | 99.7 | 99.7 |
| 天 津 | Tianjin | 101.1 | 101.0 | 101.1 | 102.9 | 101.1 | 101.0 |
| 河 北 | Hebei | 100.4 | 100.1 | 100.7 | 101.9 | 101.7 | 102.4 |
| 山 西 | Shanxi | 101.1 | 100.1 | 102.9 | 100.9 | 100.5 | 100.8 |
| 内蒙古 | Inner Mongolia | 100.8 | 100.4 | 101.3 | 101.7 | 101.7 | 102.0 |
| 辽 宁 | Liaoning | 101.8 | 101.5 | 102.1 | 101.9 | 100.4 | 100.1 |
| 吉 林 | Jilin | 101.1 | 99.9 | 103.1 | 101.8 | 102.5 | 102.6 |
| 黑龙江 | Heilongjiang | 102.0 | 100.7 | 103.8 | 101.1 | 100.9 | 101.3 |
| 上 海 | Shanghai | 101.3 | 100.7 | 102.5 | 101.9 | 98.3 | 98.6 |
| 江 苏 | Jiangsu | 102.0 | 100.0 | 105.3 | 102.8 | 102.2 | 102.3 |
| 浙 江 | Zhejiang | 101.2 | 100.0 | 103.7 | 103.5 | 101.1 | 101.9 |
| 安 徽 | Anhui | 100.7 | 99.6 | 102.4 | 102.9 | 102.0 | 102.3 |
| 福 建 | Fujian | 100.6 | 100.6 | 100.7 | 102.4 | 99.6 | 99.9 |
| 江 西 | Jiangxi | 100.0 | 99.6 | 100.8 | 103.0 | 100.2 | 100.5 |
| 山 东 | Shandong | 101.7 | 100.3 | 103.2 | 102.7 | 103.2 | 103.8 |
| 河 南 | Henan | 102.4 | 100.2 | 104.5 | 101.9 | 101.1 | 101.1 |
| 湖 北 | Hubei | 100.6 | 100.0 | 101.7 | 103.1 | 100.8 | 100.6 |
| 湖 南 | Hunan | 101.3 | 100.7 | 102.3 | 100.8 | 101.9 | 102.3 |
| 广 东 | Guangdong | 101.8 | 100.7 | 103.6 | 103.1 | 101.7 | 101.7 |
| 广 西 | Guangxi | 100.5 | 99.9 | 101.4 | 103.0 | 101.5 | 101.1 |
| 海 南 | Hainan | 100.0 | 99.6 | 100.9 | 102.6 | 104.1 | 103.8 |
| 重 庆 | Chongqing | 99.7 | 99.8 | 99.5 | 101.8 | 101.5 | 101.7 |
| 四 川 | Sichuan | 101.7 | 99.8 | 104.6 | 100.9 | 101.1 | 101.7 |
| 贵 州 | Guizhou | 100.7 | 100.0 | 102.4 | 102.0 | 100.9 | 101.2 |
| 云 南 | Yunnan | 100.2 | 99.9 | 101.2 | 101.5 | 101.4 | 100.9 |
| 西 藏 | Tibet | 100.7 | 100.9 | 100.6 | 105.1 | 102.3 | 101.8 |
| 陕 西 | Shaanxi | 100.4 | 99.9 | 101.0 | 103.1 | 100.9 | 100.6 |
| 甘 肃 | Gansu | 100.6 | 99.9 | 101.6 | 101.1 | 101.1 | 100.8 |
| 青 海 | Qinghai | 100.1 | 100.0 | 100.2 | 102.2 | 101.4 | 102.2 |
| 宁 夏 | Ningxia | 100.4 | 100.0 | 101.4 | 101.1 | 102.2 | 102.2 |
| 新 疆 | Xinjiang | 101.6 | 100.2 | 103.3 | 104.4 | 98.9 | 98.6 |

3-1-3 续表 4 continued 4

(上年价格=100) (Preceding year=100)

| 地 区 | Region | (1)男式服装 Men's clothing | (2)女式服装 Women's Clothing | (3)儿童服装 Children's Clothing | 2.服装材料 Garments Material | 3.其他衣着及配件 Other Clothing and Parts | 4.衣着加工服务费 Clothing Manufacturing Service Fees |
|---|---|---|---|---|---|---|---|
| **全 国** | **National** | **101.4** | **101.5** | **101.3** | **101.9** | **100.4** | **104.1** |
| 北 京 | Beijing | 99.5 | 100.0 | 96.6 | 101.8 | 99.0 | 108.0 |
| 天 津 | Tianjin | 99.7 | 101.6 | 101.9 | 104.6 | 101.1 | 101.1 |
| 河 北 | Hebei | 102.7 | 102.4 | 101.8 | 100.9 | 100.7 | 102.8 |
| 山 西 | Shanxi | 101.4 | 100.5 | 100.0 | 100.9 | 101.0 | 100.8 |
| 内蒙古 | Inner Mongolia | 102.1 | 101.8 | 102.3 | 102.2 | 101.1 | 102.3 |
| 辽 宁 | Liaoning | 100.2 | 100.0 | 100.1 | 100.3 | 100.4 | 101.5 |
| 吉 林 | Jilin | 103.1 | 102.1 | 103.5 | 104.0 | 101.5 | 104.7 |
| 黑龙江 | Heilongjiang | 100.7 | 101.8 | 100.9 | 99.7 | 99.7 | 101.7 |
| 上 海 | Shanghai | 98.3 | 98.9 | 97.5 | 101.8 | 100.8 | 108.3 |
| 江 苏 | Jiangsu | 101.6 | 102.9 | 101.9 | 101.7 | 101.5 | 106.5 |
| 浙 江 | Zhejiang | 102.0 | 102.3 | 100.1 | 103.2 | 100.0 | 103.4 |
| 安 徽 | Anhui | 102.1 | 102.2 | 102.8 | 102.3 | 100.9 | 102.6 |
| 福 建 | Fujian | 98.6 | 100.9 | 99.4 | 103.2 | 100.8 | 102.1 |
| 江 西 | Jiangxi | 99.8 | 100.2 | 103.6 | 104.5 | 100.2 | 102.9 |
| 山 东 | Shandong | 104.0 | 103.8 | 103.0 | 103.7 | 101.5 | 103.6 |
| 河 南 | Henan | 101.4 | 100.8 | 101.6 | 101.2 | 100.2 | 103.3 |
| 湖 北 | Hubei | 100.9 | 101.0 | 98.7 | 100.8 | 99.8 | 105.2 |
| 湖 南 | Hunan | 101.9 | 102.6 | 102.0 | 102.4 | 100.1 | 105.1 |
| 广 东 | Guangdong | 101.1 | 101.8 | 102.2 | 100.7 | 99.4 | 103.4 |
| 广 西 | Guangxi | 101.2 | 100.9 | 101.1 | 100.3 | 100.0 | 106.9 |
| 海 南 | Hainan | 106.2 | 101.7 | 106.0 | 102.4 | 102.6 | 105.4 |
| 重 庆 | Chongqing | 101.6 | 101.9 | 100.1 | 100.9 | 100.2 | 102.6 |
| 四 川 | Sichuan | 101.3 | 101.9 | 101.8 | 104.6 | 99.5 | 104.7 |
| 贵 州 | Guizhou | 101.6 | 100.9 | 101.4 | 105.1 | 100.4 | 102.1 |
| 云 南 | Yunnan | 100.7 | 100.7 | 101.8 | 99.9 | 100.5 | 103.6 |
| 西 藏 | Tibet | 101.9 | 101.8 | 101.8 | 101.1 | 101.0 | 108.4 |
| 陕 西 | Shaanxi | 102.0 | 100.3 | 98.3 | 101.3 | 99.8 | 105.4 |
| 甘 肃 | Gansu | 99.8 | 101.7 | 100.3 | 102.4 | 101.1 | 105.9 |
| 青 海 | Qinghai | 100.9 | 101.1 | 105.0 | 102.3 | 101.5 | 103.3 |
| 宁 夏 | Ningxia | 103.1 | 101.6 | 101.7 | 101.7 | 101.1 | 102.2 |
| 新 疆 | Xinjiang | 99.3 | 98.3 | 98.1 | 101.4 | 99.2 | 103.7 |

3-1-3 续表 5 continued 5

(上年价格=100) (Preceding year=100)

| 地 区 | Region | 5.鞋类 Footware | (1)鞋 Shoes | (2)鞋类加工服务 Footware Manufactuing Services | 三、居住 Residence | 1.租赁房房租 Rent of Rental Housing | 2.住房保养维修及管理 Housing Maintenance and Management |
|---|---|---|---|---|---|---|---|
| **全 国** | **National** | **100.4** | **100.4** | **103.3** | **102.4** | **102.5** | **103.8** |
| 北 京 | Beijing | 99.0 | 98.9 | 104.5 | 103.2 | 102.9 | 104.5 |
| 天 津 | Tianjin | 101.2 | 101.2 | 100.7 | 101.3 | 101.2 | 104.3 |
| 河 北 | Hebei | 99.8 | 99.8 | 100.5 | 102.5 | 100.8 | 102.0 |
| 山 西 | Shanxi | 99.5 | 99.5 | 101.9 | 102.4 | 106.0 | 101.5 |
| 内 蒙 古 | Inner Mongolia | 100.9 | 101.0 | 100.0 | 102.3 | 105.2 | 100.9 |
| 辽 宁 | Liaoning | 101.0 | 101.0 | 100.1 | 101.5 | 101.9 | 101.9 |
| 吉 林 | Jilin | 101.9 | 101.9 | 101.9 | 102.1 | 103.5 | 103.9 |
| 黑 龙 江 | Heilongjiang | 100.0 | 99.9 | 102.8 | 101.1 | 100.9 | 102.1 |
| 上 海 | Shanghai | 95.6 | 95.5 | 100.3 | 100.2 | 99.7 | 105.9 |
| 江 苏 | Jiangsu | 101.7 | 101.6 | 105.0 | 102.4 | 101.9 | 106.7 |
| 浙 江 | Zhejiang | 98.0 | 97.9 | 103.5 | 103.4 | 103.9 | 103.4 |
| 安 徽 | Anhui | 101.4 | 101.4 | 102.2 | 102.1 | 101.9 | 104.0 |
| 福 建 | Fujian | 98.0 | 97.9 | 102.2 | 101.9 | 100.7 | 107.0 |
| 江 西 | Jiangxi | 98.8 | 98.7 | 101.1 | 102.6 | 101.7 | 106.0 |
| 山 东 | Shandong | 101.5 | 101.5 | 100.3 | 103.1 | 102.6 | 103.8 |
| 河 南 | Henan | 100.8 | 100.8 | 102.1 | 102.2 | 101.8 | 102.8 |
| 湖 北 | Hubei | 101.1 | 101.0 | 102.7 | 102.5 | 103.1 | 103.5 |
| 湖 南 | Hunan | 100.6 | 100.4 | 105.0 | 103.6 | 103.5 | 103.5 |
| 广 东 | Guangdong | 102.1 | 102.2 | 101.9 | 102.1 | 102.2 | 102.5 |
| 广 西 | Guangxi | 102.8 | 101.5 | 114.0 | 104.3 | 105.2 | 104.6 |
| 海 南 | Hainan | 105.2 | 105.0 | 110.3 | 103.4 | 107.0 | 102.6 |
| 重 庆 | Chongqing | 101.3 | 101.3 | 100.5 | 102.8 | 103.5 | 102.5 |
| 四 川 | Sichuan | 99.4 | 99.2 | 104.7 | 102.6 | 104.6 | 104.1 |
| 贵 州 | Guizhou | 100.0 | 99.9 | 105.6 | 102.9 | 104.6 | 101.9 |
| 云 南 | Yunnan | 102.7 | 102.6 | 103.5 | 102.1 | 103.0 | 102.3 |
| 西 藏 | Tibet | 101.6 | 101.4 | 107.2 | 101.1 | 101.2 | 100.9 |
| 陕 西 | Shaanxi | 101.5 | 101.6 | 100.4 | 102.7 | 102.5 | 104.6 |
| 甘 肃 | Gansu | 101.6 | 101.4 | 106.8 | 103.5 | 103.6 | 103.8 |
| 青 海 | Qinghai | 98.5 | 98.5 | 101.7 | 102.5 | 100.8 | 101.0 |
| 宁 夏 | Ningxia | 102.4 | 102.4 | 100.6 | 102.6 | 98.2 | 103.5 |
| 新 疆 | Xinjiang | 99.3 | 98.5 | 104.4 | 97.9 | 99.2 | 102.8 |

3-1-3 续表 6 continued 6

(上年价格=100) (Preceding year=100)

| 地 区 | Region | (1)住房装潢材料 Building and Building Decoration Matrials | (2)物业管理费 Property Management fee | (3)住房装潢维修 Decoration and Repair | 3.水电燃料 Water,Electricity and Fuels | (1)水 Water | (2)电 Electricity |
|---|---|---|---|---|---|---|---|
| **全 国** | **National** | **103.5** | **101.0** | **105.1** | **101.8** | **102.3** | **99.5** |
| 北 京 | Beijing | 103.4 | 100.0 | 112.8 | 100.9 | 100.0 | 100.0 |
| 天 津 | Tianjin | 103.3 | 100.0 | 108.6 | 100.8 | 100.0 | 100.0 |
| 河 北 | Hebei | 101.1 | 107.5 | 101.8 | 106.0 | 114.7 | 100.0 |
| 山 西 | Shanxi | 102.0 | 100.9 | 101.3 | 102.0 | 101.4 | 100.0 |
| 内蒙古 | Inner Mongolia | 102.3 | 100.1 | 99.8 | 100.8 | 103.6 | 99.7 |
| 辽 宁 | Liaoning | 101.3 | 100.0 | 103.0 | 101.2 | 101.6 | 100.0 |
| 吉 林 | Jilin | 103.3 | 100.2 | 105.3 | 101.0 | 104.1 | 100.0 |
| 黑龙江 | Heilongjiang | 101.9 | 101.8 | 102.5 | 101.9 | 100.4 | 100.0 |
| 上 海 | Shanghai | 104.6 | 102.7 | 111.2 | 100.6 | 100.0 | 100.0 |
| 江 苏 | Jiangsu | 106.3 | 100.1 | 109.3 | 101.6 | 100.5 | 100.0 |
| 浙 江 | Zhejiang | 103.9 | 100.7 | 104.3 | 102.2 | 101.3 | 100.0 |
| 安 徽 | Anhui | 103.9 | 101.0 | 104.8 | 102.9 | 102.1 | 100.0 |
| 福 建 | Fujian | 103.6 | 100.1 | 112.9 | 101.5 | 99.9 | 100.0 |
| 江 西 | Jiangxi | 104.7 | 104.0 | 107.3 | 101.8 | 105.1 | 100.0 |
| 山 东 | Shandong | 104.0 | 100.2 | 104.7 | 101.5 | 102.4 | 99.9 |
| 河 南 | Henan | 103.4 | 101.8 | 102.4 | 102.4 | 102.9 | 100.0 |
| 湖 北 | Hubei | 102.8 | 100.2 | 105.4 | 101.9 | 100.7 | 100.1 |
| 湖 南 | Hunan | 104.2 | 100.2 | 103.4 | 102.2 | 100.7 | 100.0 |
| 广 东 | Guangdong | 102.7 | 100.5 | 103.9 | 101.8 | 104.0 | 98.7 |
| 广 西 | Guangxi | 103.2 | 102.8 | 106.7 | 103.1 | 100.5 | 100.0 |
| 海 南 | Hainan | 101.4 | 100.0 | 104.5 | 102.9 | 100.9 | 100.0 |
| 重 庆 | Chongqing | 102.1 | 100.0 | 105.3 | 101.4 | 100.4 | 100.0 |
| 四 川 | Sichuan | 104.6 | 100.0 | 105.2 | 101.8 | 103.9 | 99.5 |
| 贵 州 | Guizhou | 101.5 | 103.5 | 101.7 | 101.4 | 102.8 | 100.0 |
| 云 南 | Yunnan | 102.4 | 100.6 | 102.9 | 100.4 | 101.0 | 99.8 |
| 西 藏 | Tibet | 100.4 | 101.1 | 101.5 | 100.2 | 101.7 | 100.0 |
| 陕 西 | Shaanxi | 104.0 | 100.5 | 106.7 | 101.5 | 100.6 | 100.0 |
| 甘 肃 | Gansu | 103.2 | 102.9 | 104.9 | 102.3 | 101.5 | 100.1 |
| 青 海 | Qinghai | 101.1 | 100.2 | 100.9 | 101.8 | 109.3 | 100.0 |
| 宁 夏 | Ningxia | 104.3 | 100.0 | 103.6 | 104.0 | 115.8 | 100.0 |
| 新 疆 | Xinjiang | 103.4 | 104.5 | 100.9 | 93.2 | 108.2 | 73.7 |

3-1-3 续表 7 continued 7

(上年价格=100) (Preceding year=100)

| 地区 | Region | (3)燃气 Gas | (4)取暖费 Heating fees | (5)其他燃料 Other Fuels | 4.自有住房 Private Housing | 四、生活用品及服务 Articles for Daily Use and Services | 1.家具及室内装饰品 Furniture and Interior Decorations |
|---|---|---|---|---|---|---|---|
| **全　国** | **National** | **105.0** | **100.3** | **107.8** | **102.2** | **101.6** | **102.3** |
| 北　京 | Beijing | 105.2 | 100.0 | 100.6 | 103.4 | 101.3 | 102.9 |
| 天　津 | Tianjin | 105.1 | 100.0 | 100.0 | 101.1 | 101.1 | 100.8 |
| 河　北 | Hebei | 102.6 | 100.0 | 119.9 | 101.1 | 101.7 | 103.3 |
| 山　西 | Shanxi | 103.5 | 100.0 | 106.4 | 102.5 | 100.6 | 101.2 |
| 内蒙古 | Inner Mongolia | 102.0 | 100.1 | 101.7 | 103.2 | 101.1 | 100.9 |
| 辽　宁 | Liaoning | 102.7 | 100.0 | 105.2 | 101.6 | 100.4 | 101.0 |
| 吉　林 | Jilin | 101.9 | 100.0 | 102.8 | 102.2 | 102.3 | 103.2 |
| 黑龙江 | Heilongjiang | 102.6 | 100.0 | 109.8 | 100.4 | 100.8 | 99.8 |
| 上　海 | Shanghai | 102.3 | 100.0 | 100.0 | 99.5 | 101.4 | 103.0 |
| 江　苏 | Jiangsu | 105.4 | 100.1 | 102.9 | 101.6 | 103.4 | 103.5 |
| 浙　江 | Zhejiang | 107.1 | 100.0 | 102.3 | 103.6 | 101.4 | 101.7 |
| 安　徽 | Anhui | 109.1 | 100.0 | 104.7 | 101.1 | 101.7 | 101.4 |
| 福　建 | Fujian | 105.7 | 100.0 | 103.8 | 100.9 | 100.9 | 101.5 |
| 江　西 | Jiangxi | 103.6 | 100.0 | 103.7 | 101.9 | 101.0 | 102.7 |
| 山　东 | Shandong | 102.6 | 100.0 | 106.2 | 103.7 | 101.6 | 102.8 |
| 河　南 | Henan | 103.8 | 100.0 | 110.0 | 101.9 | 101.6 | 102.6 |
| 湖　北 | Hubei | 105.4 | 101.9 | 103.4 | 102.4 | 101.3 | 102.5 |
| 湖　南 | Hunan | 106.9 | 100.0 | 103.0 | 104.4 | 101.3 | 101.0 |
| 广　东 | Guangdong | 107.1 | 100.0 | 101.7 | 102.2 | 101.4 | 102.1 |
| 广　西 | Guangxi | 109.1 | 100.0 | 106.4 | 104.6 | 101.9 | 101.3 |
| 海　南 | Hainan | 108.5 | 100.0 | 100.7 | 103.4 | 102.0 | 102.7 |
| 重　庆 | Chongqing | 104.6 | 100.0 | 100.0 | 103.5 | 101.7 | 103.5 |
| 四　川 | Sichuan | 103.6 | 100.0 | 106.3 | 102.3 | 101.5 | 103.9 |
| 贵　州 | Guizhou | 100.1 | 98.5 | 109.5 | 103.6 | 100.9 | 101.2 |
| 云　南 | Yunnan | 100.2 | 99.6 | 104.2 | 102.5 | 101.1 | 101.3 |
| 西　藏 | Tibet | 99.9 | 100.0 | 100.1 | 101.7 | 101.7 | 101.6 |
| 陕　西 | Shaanxi | 100.9 | 100.2 | 110.2 | 103.1 | 102.3 | 102.6 |
| 甘　肃 | Gansu | 100.7 | 106.4 | 100.8 | 104.3 | 100.8 | 100.7 |
| 青　海 | Qinghai | 101.8 | 101.3 | 102.9 | 104.4 | 101.1 | 101.9 |
| 宁　夏 | Ningxia | 103.8 | 100.0 | 109.6 | 101.7 | 102.3 | 103.4 |
| 新　疆 | Xinjiang | 100.8 | 100.4 | 108.4 | 99.1 | 102.3 | 101.3 |

3-1-3 续表 8 continued 8

(上年价格=100) (Preceding year=100)

| 地区 | Region | (1)家具 Furniture | (2)室内装饰品 Interior Decorations | 2.家用器具 Home Appliances | (1)大型家用器具 Large Houshold Appliances | (2)小家电 Small Household Appliances | 3.家用纺织品 Home Textiles |
|---|---|---|---|---|---|---|---|
| **全　国** | **National** | **102.4** | **100.9** | **100.5** | **100.5** | **100.1** | **100.7** |
| 北　京 | Beijing | 103.2 | 99.8 | 97.9 | 98.4 | 96.4 | 100.3 |
| 天　津 | Tianjin | 100.8 | 100.9 | 99.8 | 99.7 | 100.2 | 101.4 |
| 河　北 | Hebei | 103.2 | 104.0 | 101.2 | 101.3 | 100.5 | 100.3 |
| 山　西 | Shanxi | 101.3 | 100.2 | 99.2 | 99.1 | 99.6 | 100.5 |
| 内蒙古 | Inner Mongolia | 100.8 | 101.3 | 101.4 | 101.4 | 101.7 | 101.0 |
| 辽　宁 | Liaoning | 101.2 | 99.6 | 99.7 | 99.8 | 99.6 | 100.2 |
| 吉　林 | Jilin | 103.4 | 100.3 | 103.1 | 103.2 | 102.3 | 101.9 |
| 黑龙江 | Heilongjiang | 99.8 | 99.2 | 99.8 | 99.7 | 100.0 | 100.7 |
| 上　海 | Shanghai | 103.2 | 101.1 | 99.8 | 98.9 | 102.9 | 99.0 |
| 江　苏 | Jiangsu | 103.6 | 102.4 | 102.2 | 102.1 | 103.3 | 102.5 |
| 浙　江 | Zhejiang | 101.9 | 100.2 | 99.5 | 99.7 | 98.5 | 100.0 |
| 安　徽 | Anhui | 101.4 | 101.0 | 101.1 | 101.1 | 100.9 | 100.6 |
| 福　建 | Fujian | 101.6 | 100.8 | 100.5 | 100.4 | 100.8 | 101.4 |
| 江　西 | Jiangxi | 102.9 | 101.4 | 100.3 | 100.0 | 101.5 | 100.0 |
| 山　东 | Shandong | 103.0 | 101.7 | 101.4 | 101.5 | 100.6 | 101.6 |
| 河　南 | Henan | 102.6 | 101.8 | 101.8 | 102.1 | 99.9 | 100.8 |
| 湖　北 | Hubei | 102.8 | 99.8 | 99.6 | 99.6 | 99.5 | 99.5 |
| 湖　南 | Hunan | 101.0 | 100.8 | 100.8 | 100.7 | 101.6 | 100.5 |
| 广　东 | Guangdong | 102.2 | 100.9 | 99.0 | 99.3 | 98.0 | 100.4 |
| 广　西 | Guangxi | 101.4 | 101.0 | 100.8 | 100.9 | 100.4 | 100.6 |
| 海　南 | Hainan | 103.0 | 100.2 | 102.3 | 102.6 | 100.8 | 106.3 |
| 重　庆 | Chongqing | 103.8 | 101.2 | 99.2 | 99.9 | 96.1 | 100.8 |
| 四　川 | Sichuan | 104.4 | 100.8 | 99.7 | 99.6 | 100.2 | 101.3 |
| 贵　州 | Guizhou | 101.4 | 100.2 | 100.5 | 100.3 | 101.0 | 100.3 |
| 云　南 | Yunnan | 101.3 | 101.3 | 100.5 | 100.2 | 101.8 | 99.8 |
| 西　藏 | Tibet | 101.5 | 102.1 | 102.4 | 102.6 | 101.0 | 101.2 |
| 陕　西 | Shaanxi | 103.2 | 99.6 | 100.5 | 100.7 | 99.7 | 101.7 |
| 甘　肃 | Gansu | 100.5 | 101.6 | 100.3 | 100.4 | 100.2 | 99.6 |
| 青　海 | Qinghai | 102.2 | 100.1 | 101.2 | 101.5 | 98.0 | 100.3 |
| 宁　夏 | Ningxia | 103.7 | 101.7 | 103.7 | 103.6 | 104.2 | 102.9 |
| 新　疆 | Xinjiang | 101.9 | 97.6 | 100.0 | 100.0 | 100.2 | 99.0 |

3-1-3 续表 9 continued 9

(上年价格=100) (Preceding year=100)

| 地 区 | Region | (1)床上用品 Bed Articles | (2)窗帘门帘 Curtains | (3)其他家用纺织品 Other Interior Textiles | 4.家庭日用杂品 Household Articles for Daily Use | (1)洗涤卫生用品 Clearing Products | (2)厨具餐具茶具 Kichenware Tableware and Teaset |
|---|---|---|---|---|---|---|---|
| **全 国** | **National** | **100.6** | **101.9** | **100.0** | **101.4** | **101.8** | **100.7** |
| 北 京 | Beijing | 100.5 | 100.8 | 97.1 | 100.9 | 101.0 | 99.8 |
| 天 津 | Tianjin | 101.8 | 100.1 | 99.3 | 100.9 | 101.1 | 101.5 |
| 河 北 | Hebei | 100.3 | 100.9 | 99.4 | 101.3 | 101.6 | 102.1 |
| 山 西 | Shanxi | 100.4 | 101.4 | 100.5 | 101.1 | 101.8 | 100.3 |
| 内蒙古 | Inner Mongolia | 100.9 | 101.2 | 101.3 | 100.7 | 100.8 | 100.8 |
| 辽 宁 | Liaoning | 100.3 | 99.7 | 100.0 | 100.1 | 100.2 | 99.8 |
| 吉 林 | Jilin | 102.2 | 101.7 | 99.5 | 101.9 | 101.8 | 101.8 |
| 黑龙江 | Heilongjiang | 100.8 | 100.1 | 100.3 | 101.0 | 101.6 | 100.2 |
| 上 海 | Shanghai | 99.0 | 100.4 | 97.7 | 102.1 | 103.1 | 97.9 |
| 江 苏 | Jiangsu | 102.5 | 103.7 | 101.8 | 104.1 | 104.9 | 103.0 |
| 浙 江 | Zhejiang | 98.8 | 109.4 | 100.5 | 102.0 | 102.7 | 102.1 |
| 安 徽 | Anhui | 100.6 | 102.4 | 98.7 | 101.7 | 102.1 | 101.5 |
| 福 建 | Fujian | 101.8 | 99.7 | 100.0 | 100.1 | 99.7 | 101.2 |
| 江 西 | Jiangxi | 99.4 | 102.6 | 102.7 | 100.8 | 100.8 | 100.0 |
| 山 东 | Shandong | 101.7 | 101.4 | 100.0 | 100.9 | 101.4 | 99.8 |
| 河 南 | Henan | 100.7 | 101.7 | 99.8 | 100.6 | 101.1 | 99.8 |
| 湖 北 | Hubei | 99.4 | 100.5 | 99.6 | 101.4 | 101.1 | 100.3 |
| 湖 南 | Hunan | 100.4 | 100.7 | 100.6 | 101.9 | 103.3 | 101.2 |
| 广 东 | Guangdong | 100.5 | 100.9 | 98.8 | 100.8 | 101.0 | 100.0 |
| 广 西 | Guangxi | 100.5 | 102.5 | 99.2 | 102.0 | 102.2 | 99.9 |
| 海 南 | Hainan | 108.2 | 100.2 | 100.2 | 100.3 | 100.5 | 98.7 |
| 重 庆 | Chongqing | 101.0 | 100.2 | 99.3 | 102.2 | 103.2 | 100.9 |
| 四 川 | Sichuan | 100.9 | 103.9 | 101.5 | 101.1 | 101.8 | 100.1 |
| 贵 州 | Guizhou | 100.2 | 101.4 | 99.7 | 100.9 | 100.9 | 100.8 |
| 云 南 | Yunnan | 99.5 | 101.5 | 99.8 | 101.5 | 102.0 | 101.3 |
| 西 藏 | Tibet | 101.1 | 100.1 | 104.3 | 100.9 | 100.1 | 101.6 |
| 陕 西 | Shaanxi | 101.9 | 102.2 | 98.7 | 102.4 | 102.3 | 102.6 |
| 甘 肃 | Gansu | 98.7 | 102.7 | 101.8 | 101.1 | 100.9 | 100.5 |
| 青 海 | Qinghai | 99.7 | 103.0 | 100.4 | 99.6 | 98.8 | 100.2 |
| 宁 夏 | Ningxia | 103.6 | 100.6 | 104.1 | 101.0 | 100.9 | 101.3 |
| 新 疆 | Xinjiang | 98.5 | 99.9 | 99.6 | 100.9 | 101.6 | 99.9 |

3-1-3 续表 10 continued 10

(上年价格=100) (Preceding year=100)

| 地 区 Region | (3)家用手工工具 Hand Tools for Household Use | (4)其他家庭日用杂品 Other Daily Use Household Articles | 5.个人护理用品 Personal-care Supplies | (1)化妆品 Cosmetics | (2)其他护理用品类 Other Nursing Materials | 6.家庭服务 Household Services |
|---|---|---|---|---|---|---|
| **全 国 National** | **102.2** | **101.0** | **101.0** | **101.0** | **101.0** | **105.6** |
| 北 京 Beijing | 103.8 | 101.9 | 101.7 | 102.3 | 99.9 | 105.5 |
| 天 津 Tianjin | 101.8 | 99.9 | 100.4 | 100.7 | 100.0 | 105.1 |
| 河 北 Hebei | 100.1 | 100.4 | 101.5 | 101.3 | 102.0 | 104.3 |
| 山 西 Shanxi | 101.8 | 100.2 | 100.2 | 99.9 | 100.8 | 104.3 |
| 内 蒙 古 Inner Mongolia | 100.4 | 100.6 | 100.6 | 100.5 | 100.8 | 104.7 |
| 辽 宁 Liaoning | 100.9 | 100.0 | 100.7 | 100.7 | 100.6 | 102.0 |
| 吉 林 Jilin | 101.9 | 102.1 | 101.3 | 101.4 | 101.2 | 103.4 |
| 黑 龙 江 Heilongjiang | 101.9 | 100.3 | 101.4 | 101.5 | 101.2 | 103.2 |
| 上 海 Shanghai | 100.4 | 103.0 | 100.4 | 99.9 | 101.2 | 103.7 |
| 江 苏 Jiangsu | 103.3 | 102.6 | 102.1 | 101.3 | 103.3 | 107.5 |
| 浙 江 Zhejiang | 102.5 | 101.1 | 100.1 | 99.9 | 100.5 | 107.6 |
| 安 徽 Anhui | 101.4 | 101.0 | 101.6 | 101.9 | 101.2 | 106.5 |
| 福 建 Fujian | 101.1 | 100.2 | 100.5 | 100.1 | 101.0 | 104.2 |
| 江 西 Jiangxi | 104.7 | 101.0 | 100.5 | 101.5 | 99.6 | 102.9 |
| 山 东 Shandong | 100.9 | 100.6 | 100.8 | 100.8 | 100.7 | 104.0 |
| 河 南 Henan | 102.9 | 100.4 | 101.7 | 101.9 | 101.4 | 104.2 |
| 湖 北 Hubei | 101.3 | 102.3 | 101.2 | 101.0 | 101.4 | 107.1 |
| 湖 南 Hunan | 100.2 | 100.4 | 101.3 | 100.6 | 101.8 | 103.0 |
| 广 东 Guangdong | 100.2 | 100.9 | 100.6 | 101.1 | 100.2 | 106.1 |
| 广 西 Guangxi | 106.5 | 102.3 | 101.2 | 100.9 | 101.4 | 107.4 |
| 海 南 Hainan | 101.7 | 100.5 | 101.6 | 100.8 | 102.0 | 102.9 |
| 重 庆 Chongqing | 104.6 | 100.4 | 100.8 | 101.0 | 100.6 | 106.4 |
| 四 川 Sichuan | 103.3 | 100.5 | 100.5 | 100.6 | 100.4 | 107.0 |
| 贵 州 Guizhou | 100.1 | 100.9 | 100.9 | 100.9 | 100.8 | 103.1 |
| 云 南 Yunnan | 101.2 | 100.7 | 100.5 | 100.5 | 100.5 | 104.4 |
| 西 藏 Tibet | 100.2 | 102.2 | 102.4 | 101.5 | 103.0 | 101.7 |
| 陕 西 Shaanxi | 103.5 | 101.1 | 100.7 | 100.5 | 101.1 | 108.6 |
| 甘 肃 Gansu | 100.1 | 101.9 | 100.8 | 100.5 | 101.2 | 103.2 |
| 青 海 Qinghai | 103.9 | 100.8 | 101.8 | 101.9 | 101.6 | 103.5 |
| 宁 夏 Ningxia | 100.8 | 100.8 | 100.3 | 100.0 | 100.8 | 103.1 |
| 新 疆 Xinjiang | 101.5 | 100.8 | 101.1 | 100.9 | 101.4 | 120.3 |

3-1-3 续表 11 continued 11

(上年价格=100) (Preceding year=100)

| 地 区 | Region | 五、交通和通信 Transport and Communications | 1.交通 Transport | (1)交通工具 Transport Facility | (2)交通工具用燃料 Fuels for Transport Facility | (3)交通工具使用和维修 Use and Maintenance of Transport Facility | (4)交通费 Traffic Fee |
|---|---|---|---|---|---|---|---|
| **全 国** | **National** | **101.7** | **103.2** | **98.5** | **112.6** | **102.8** | **101.3** |
| 北 京 | Beijing | 100.6 | 103.6 | 96.9 | 112.5 | 102.9 | 103.9 |
| 天 津 | Tianjin | 101.3 | 103.3 | 97.4 | 113.0 | 103.2 | 101.5 |
| 河 北 | Hebei | 100.4 | 101.6 | 95.3 | 112.8 | 100.8 | 101.4 |
| 山 西 | Shanxi | 101.2 | 102.9 | 98.2 | 112.6 | 101.1 | 100.1 |
| 内蒙古 | Inner Mongolia | 101.4 | 102.0 | 96.0 | 113.0 | 101.1 | 102.4 |
| 辽 宁 | Liaoning | 101.5 | 102.8 | 99.4 | 113.0 | 103.2 | 101.0 |
| 吉 林 | Jilin | 100.8 | 102.1 | 97.6 | 112.7 | 104.5 | 99.7 |
| 黑龙江 | Heilongjiang | 101.2 | 103.0 | 99.6 | 112.7 | 101.7 | 102.0 |
| 上 海 | Shanghai | 104.0 | 105.1 | 98.9 | 112.7 | 103.2 | 104.0 |
| 江 苏 | Jiangsu | 102.5 | 103.7 | 98.7 | 112.7 | 106.3 | 100.4 |
| 浙 江 | Zhejiang | 101.0 | 103.3 | 99.1 | 112.5 | 102.4 | 101.1 |
| 安 徽 | Anhui | 101.1 | 101.9 | 96.0 | 112.6 | 105.2 | 100.1 |
| 福 建 | Fujian | 101.2 | 102.3 | 99.0 | 112.2 | 101.2 | 97.6 |
| 江 西 | Jiangxi | 101.6 | 103.1 | 98.8 | 112.7 | 101.5 | 100.5 |
| 山 东 | Shandong | 101.8 | 103.3 | 98.4 | 112.9 | 102.6 | 102.4 |
| 河 南 | Henan | 102.2 | 103.6 | 100.1 | 113.0 | 104.5 | 101.2 |
| 湖 北 | Hubei | 102.2 | 104.0 | 99.0 | 112.7 | 101.9 | 103.3 |
| 湖 南 | Hunan | 102.8 | 104.4 | 99.8 | 112.9 | 102.4 | 103.0 |
| 广 东 | Guangdong | 101.9 | 103.9 | 98.7 | 112.7 | 103.9 | 100.9 |
| 广 西 | Guangxi | 101.6 | 103.0 | 97.8 | 112.3 | 102.8 | 101.0 |
| 海 南 | Hainan | 103.3 | 105.2 | 100.0 | 111.1 | 102.6 | 108.3 |
| 重 庆 | Chongqing | 100.1 | 102.1 | 97.1 | 112.6 | 101.1 | 99.4 |
| 四 川 | Sichuan | 101.2 | 102.8 | 96.9 | 112.1 | 100.8 | 100.8 |
| 贵 州 | Guizhou | 102.1 | 104.0 | 99.0 | 112.6 | 101.0 | 99.3 |
| 云 南 | Yunnan | 101.7 | 103.6 | 100.1 | 112.0 | 101.7 | 98.9 |
| 西 藏 | Tibet | 101.5 | 103.6 | 100.3 | 111.4 | 101.4 | 102.0 |
| 陕 西 | Shaanxi | 101.0 | 101.8 | 98.8 | 112.6 | 101.1 | 100.9 |
| 甘 肃 | Gansu | 101.2 | 102.6 | 100.0 | 112.0 | 101.3 | 100.0 |
| 青 海 | Qinghai | 101.6 | 103.6 | 102.2 | 112.6 | 101.5 | 98.5 |
| 宁 夏 | Ningxia | 102.7 | 104.2 | 104.2 | 112.1 | 100.6 | 99.3 |
| 新 疆 | Xinjiang | 101.2 | 102.2 | 97.7 | 111.9 | 101.8 | 100.9 |

3-1-3 续表 12 continued 12

(上年价格=100) (Preceding year=100)

| 地 区 | Region | 2.通信 Commu-nications | (1)通信工具 Communication Facility | (2)通信服务 ommunicaiton Service | (3)邮递服务 Postal Serice | 六、教育文化和娱乐 Education, Culture and Recreation | 1.教育 Education |
|---|---|---|---|---|---|---|---|
| **全 国** | **National** | **98.8** | **98.1** | **98.8** | **101.8** | **102.2** | **102.9** |
| 北 京 | Beijing | 93.3 | 98.4 | 90.2 | 105.4 | 103.6 | 106.9 |
| 天 津 | Tianjin | 97.8 | 96.9 | 97.7 | 101.5 | 102.4 | 102.0 |
| 河 北 | Hebei | 98.0 | 95.4 | 99.0 | 100.0 | 102.4 | 102.7 |
| 山 西 | Shanxi | 98.2 | 93.4 | 99.7 | 102.4 | 101.9 | 102.7 |
| 内 蒙 古 | Inner Mongolia | 100.1 | 100.0 | 100.1 | 100.0 | 100.8 | 100.7 |
| 辽 宁 | Liaoning | 99.0 | 96.4 | 99.9 | 100.3 | 102.1 | 103.4 |
| 吉 林 | Jilin | 98.4 | 100.7 | 97.1 | 101.8 | 102.3 | 102.4 |
| 黑 龙 江 | Heilongjiang | 97.9 | 94.4 | 99.1 | 99.9 | 102.9 | 103.8 |
| 上 海 | Shanghai | 102.2 | 110.9 | 99.2 | 108.0 | 103.1 | 106.9 |
| 江 苏 | Jiangsu | 100.0 | 102.0 | 99.1 | 104.7 | 102.4 | 102.0 |
| 浙 江 | Zhejiang | 96.3 | 93.4 | 97.0 | 104.1 | 102.2 | 103.0 |
| 安 徽 | Anhui | 99.6 | 97.4 | 100.0 | 103.3 | 102.2 | 102.8 |
| 福 建 | Fujian | 99.2 | 96.6 | 99.9 | 100.5 | 102.1 | 102.8 |
| 江 西 | Jiangxi | 98.8 | 94.0 | 99.9 | 102.6 | 102.6 | 103.4 |
| 山 东 | Shandong | 99.3 | 97.1 | 99.6 | 103.4 | 102.2 | 102.8 |
| 河 南 | Henan | 99.6 | 108.3 | 95.9 | 101.1 | 103.0 | 104.5 |
| 湖 北 | Hubei | 99.4 | 96.5 | 100.3 | 100.0 | 101.5 | 102.0 |
| 湖 南 | Hunan | 99.9 | 99.9 | 99.9 | 100.2 | 101.5 | 101.8 |
| 广 东 | Guangdong | 98.5 | 96.5 | 98.9 | 100.7 | 102.3 | 102.9 |
| 广 西 | Guangxi | 99.2 | 98.2 | 99.4 | 100.5 | 102.5 | 103.3 |
| 海 南 | Hainan | 100.4 | 101.7 | 100.1 | 100.7 | 102.7 | 104.2 |
| 重 庆 | Chongqing | 96.5 | 96.2 | 96.2 | 100.7 | 103.0 | 103.3 |
| 四 川 | Sichuan | 98.6 | 94.6 | 99.6 | 100.3 | 101.5 | 102.5 |
| 贵 州 | Guizhou | 99.4 | 98.0 | 99.6 | 100.4 | 103.4 | 101.7 |
| 云 南 | Yunnan | 98.7 | 97.6 | 99.0 | 99.4 | 102.3 | 102.3 |
| 西 藏 | Tibet | 98.7 | 103.6 | 96.8 | 100.1 | 100.4 | 100.2 |
| 陕 西 | Shaanxi | 99.3 | 97.3 | 100.1 | 100.0 | 101.7 | 101.8 |
| 甘 肃 | Gansu | 98.5 | 97.9 | 98.6 | 100.0 | 100.5 | 100.7 |
| 青 海 | Qinghai | 97.2 | 89.6 | 100.1 | 100.4 | 104.8 | 104.6 |
| 宁 夏 | Ningxia | 100.1 | 100.1 | 99.9 | 102.8 | 101.8 | 102.7 |
| 新 疆 | Xinjiang | 98.8 | 94.0 | 99.9 | 102.5 | 101.3 | 101.4 |

3-1-3 续表 13 continued 13

(上年价格=100) (Preceding year=100)

| 地 区 | Region | (1)教育用品 Education Articles | (2)教育服务 Education Services | 2.文化娱乐 Cultural and Recreational Articles | (1)文娱耐用消费品 Durable Consumer Goods for Culture and Recreation | (2)其他文娱用品 Other Articles | (3)文化娱乐服务 Cultural and Recreational Services |
|---|---|---|---|---|---|---|---|
| **全 国** | **National** | **102.5** | **102.9** | **101.4** | **98.3** | **101.9** | **100.8** |
| 北 京 | Beijing | 103.3 | 107.0 | 101.5 | 96.1 | 101.2 | 100.8 |
| 天 津 | Tianjin | 100.1 | 102.0 | 102.8 | 96.5 | 102.2 | 101.6 |
| 河 北 | Hebei | 103.2 | 102.7 | 101.7 | 99.0 | 101.6 | 100.3 |
| 山 西 | Shanxi | 103.8 | 102.6 | 100.5 | 98.1 | 101.9 | 100.4 |
| 内蒙古 | Inner Mongolia | 100.4 | 100.7 | 101.1 | 99.9 | 101.9 | 100.0 |
| 辽 宁 | Liaoning | 103.2 | 103.4 | 99.8 | 97.7 | 101.1 | 100.2 |
| 吉 林 | Jilin | 104.4 | 102.3 | 102.2 | 100.9 | 102.0 | 100.1 |
| 黑龙江 | Heilongjiang | 101.2 | 104.0 | 101.1 | 96.4 | 100.7 | 100.0 |
| 上 海 | Shanghai | 103.3 | 107.0 | 100.7 | 96.5 | 101.7 | 101.5 |
| 江 苏 | Jiangsu | 105.3 | 101.8 | 102.9 | 99.4 | 103.8 | 100.7 |
| 浙 江 | Zhejiang | 101.1 | 103.0 | 101.1 | 96.6 | 103.2 | 100.6 |
| 安 徽 | Anhui | 109.2 | 102.6 | 101.1 | 98.3 | 100.7 | 102.3 |
| 福 建 | Fujian | 103.9 | 102.7 | 101.1 | 99.0 | 101.0 | 101.3 |
| 江 西 | Jiangxi | 102.4 | 103.4 | 101.3 | 98.4 | 104.6 | 100.6 |
| 山 东 | Shandong | 103.4 | 102.8 | 101.4 | 99.5 | 101.5 | 101.4 |
| 河 南 | Henan | 102.4 | 104.6 | 100.6 | 99.4 | 102.3 | 100.0 |
| 湖 北 | Hubei | 100.8 | 102.2 | 100.7 | 98.7 | 101.0 | 100.8 |
| 湖 南 | Hunan | 100.4 | 102.0 | 101.0 | 100.9 | 100.7 | 101.3 |
| 广 东 | Guangdong | 102.6 | 103.0 | 101.2 | 97.5 | 100.9 | 100.9 |
| 广 西 | Guangxi | 102.1 | 103.4 | 101.4 | 99.0 | 102.3 | 101.3 |
| 海 南 | Hainan | 100.8 | 104.6 | 100.3 | 100.1 | 103.1 | 101.0 |
| 重 庆 | Chongqing | 102.7 | 103.3 | 102.7 | 97.5 | 101.3 | 101.0 |
| 四 川 | Sichuan | 102.1 | 102.6 | 100.5 | 96.3 | 102.6 | 100.8 |
| 贵 州 | Guizhou | 102.5 | 101.7 | 105.4 | 99.0 | 101.4 | 100.0 |
| 云 南 | Yunnan | 101.5 | 102.4 | 102.4 | 98.7 | 101.9 | 102.1 |
| 西 藏 | Tibet | 100.2 | 100.2 | 100.6 | 100.5 | 100.3 | 101.4 |
| 陕 西 | Shaanxi | 103.1 | 101.5 | 101.5 | 99.3 | 104.3 | 99.8 |
| 甘 肃 | Gansu | 100.6 | 100.7 | 100.1 | 99.2 | 100.6 | 100.6 |
| 青 海 | Qinghai | 104.3 | 104.6 | 105.1 | 99.0 | 100.2 | 101.5 |
| 宁 夏 | Ningxia | 105.5 | 102.3 | 100.2 | 99.4 | 103.8 | 100.1 |
| 新 疆 | Xinjiang | 101.1 | 101.4 | 101.1 | 97.9 | 101.0 | 100.0 |

3-1-3 续表 14 continued 14

(上年价格=100) (Preceding year=100)

| 地 区 | Region | (4)旅游 Touring and Outgoing | 七、医疗保健 Health Care | 1.药品及医疗器具 Medicine and Medical Instrument | (1)中药 Traditional chinese Medicine | (2)西药 Western Medicine | (3)滋补保健品 Health Care Articles |
|---|---|---|---|---|---|---|---|
| **全 国** | **National** | **103.3** | **104.3** | **104.4** | **105.6** | **105.2** | **102.9** |
| 北 京 | Beijing | 106.8 | 103.0 | 101.5 | 101.7 | 100.6 | 102.8 |
| 天 津 | Tianjin | 106.9 | 102.6 | 104.3 | 107.5 | 105.2 | 101.4 |
| 河 北 | Hebei | 104.8 | 107.4 | 107.3 | 106.5 | 109.5 | 102.6 |
| 山 西 | Shanxi | 101.3 | 103.6 | 104.0 | 105.7 | 104.8 | 101.2 |
| 内蒙古 | Inner Mongolia | 102.4 | 102.7 | 102.6 | 101.8 | 103.7 | 100.3 |
| 辽 宁 | Liaoning | 100.2 | 111.1 | 104.1 | 105.9 | 105.0 | 101.2 |
| 吉 林 | Jilin | 104.2 | 105.3 | 107.2 | 107.7 | 108.9 | 102.6 |
| 黑龙江 | Heilongjiang | 105.0 | 108.6 | 104.5 | 105.9 | 105.0 | 103.4 |
| 上 海 | Shanghai | 101.8 | 102.4 | 101.1 | 105.6 | 99.7 | 101.0 |
| 江 苏 | Jiangsu | 105.0 | 101.2 | 104.2 | 107.8 | 105.1 | 101.9 |
| 浙 江 | Zhejiang | 102.4 | 102.6 | 105.3 | 105.5 | 107.2 | 103.2 |
| 安 徽 | Anhui | 102.3 | 102.8 | 105.4 | 106.8 | 106.7 | 102.8 |
| 福 建 | Fujian | 102.0 | 102.1 | 104.0 | 105.4 | 105.3 | 101.0 |
| 江 西 | Jiangxi | 101.9 | 108.3 | 101.4 | 104.1 | 99.9 | 103.2 |
| 山 东 | Shandong | 102.1 | 103.0 | 106.1 | 105.2 | 108.5 | 103.8 |
| 河 南 | Henan | 101.5 | 106.1 | 105.6 | 106.8 | 105.6 | 106.8 |
| 湖 北 | Hubei | 101.7 | 103.5 | 102.3 | 104.4 | 101.6 | 102.0 |
| 湖 南 | Hunan | 101.0 | 102.5 | 105.5 | 105.8 | 106.1 | 104.1 |
| 广 东 | Guangdong | 103.5 | 104.5 | 103.4 | 105.1 | 104.4 | 102.3 |
| 广 西 | Guangxi | 103.0 | 104.5 | 104.6 | 106.6 | 105.3 | 103.5 |
| 海 南 | Hainan | 98.3 | 103.6 | 107.6 | 107.4 | 106.8 | 115.2 |
| 重 庆 | Chongqing | 106.9 | 105.7 | 104.4 | 104.9 | 104.9 | 104.8 |
| 四 川 | Sichuan | 101.6 | 102.8 | 104.4 | 105.0 | 106.1 | 102.2 |
| 贵 州 | Guizhou | 115.9 | 102.0 | 103.2 | 102.0 | 104.3 | 102.7 |
| 云 南 | Yunnan | 106.1 | 104.1 | 106.4 | 107.9 | 107.7 | 103.7 |
| 西 藏 | Tibet | 100.1 | 102.1 | 103.9 | 104.8 | 105.2 | 101.1 |
| 陕 西 | Shaanxi | 103.3 | 104.0 | 104.4 | 108.8 | 103.5 | 101.1 |
| 甘 肃 | Gansu | 99.9 | 108.0 | 104.6 | 109.4 | 103.0 | 103.4 |
| 青 海 | Qinghai | 124.0 | 103.4 | 107.6 | 108.7 | 109.0 | 102.7 |
| 宁 夏 | Ningxia | 99.4 | 101.9 | 102.6 | 104.8 | 101.8 | 102.5 |
| 新 疆 | Xinjiang | 106.0 | 112.5 | 101.3 | 101.3 | 101.3 | 101.7 |

3-1-3 续表 15 continued 15

(上年价格=100) (Preceding year=100)

| 地　区 | Region | (4)医疗卫生器具 Medical Instrument | (5)保健器具 Health Care Appliances | 2.医疗服务 Medical Services | (1)综合医疗类 General Practice | (2)诊断类 Diagnostic Medical | (3)治疗类 Medical Treatment |
|---|---|---|---|---|---|---|---|
| **全　国** | **National** | **100.7** | **100.2** | **104.3** | **109.9** | **100.0** | **104.8** |
| 北　京 | Beijing | 100.2 | 99.5 | 105.8 | 113.1 | 99.1 | 100.6 |
| 天　津 | Tianjin | 100.2 | 101.3 | 101.1 | 100.1 | 100.0 | 102.4 |
| 河　北 | Hebei | 100.7 | 100.3 | 107.5 | 117.8 | 100.8 | 103.5 |
| 山　西 | Shanxi | 100.9 | 99.9 | 103.3 | 107.1 | 99.7 | 102.7 |
| 内蒙古 | Inner Mongolia | 101.7 | 100.2 | 102.9 | 104.5 | 99.7 | 104.3 |
| 辽　宁 | Liaoning | 100.6 | 99.9 | 116.0 | 136.2 | 97.6 | 118.1 |
| 吉　林 | Jilin | 102.7 | 100.0 | 104.0 | 111.9 | 97.9 | 102.7 |
| 黑龙江 | Heilongjiang | 100.8 | 99.7 | 111.2 | 118.4 | 98.2 | 119.0 |
| 上　海 | Shanghai | 100.8 | 101.4 | 103.8 | 106.0 | 103.0 | 103.2 |
| 江　苏 | Jiangsu | 100.2 | 102.1 | 99.9 | 100.4 | 99.4 | 100.1 |
| 浙　江 | Zhejiang | 101.1 | 100.3 | 101.0 | 103.0 | 100.3 | 100.5 |
| 安　徽 | Anhui | 101.3 | 101.3 | 101.5 | 105.2 | 99.8 | 101.0 |
| 福　建 | Fujian | 100.7 | 99.9 | 101.1 | 103.7 | 99.9 | 101.0 |
| 江　西 | Jiangxi | 101.1 | 99.4 | 111.6 | 122.7 | 101.9 | 111.7 |
| 山　东 | Shandong | 100.2 | 101.2 | 100.5 | 101.5 | 99.9 | 100.4 |
| 河　南 | Henan | 101.9 | 100.9 | 106.3 | 110.6 | 101.0 | 108.0 |
| 湖　北 | Hubei | 100.3 | 99.7 | 104.2 | 108.9 | 99.9 | 105.1 |
| 湖　南 | Hunan | 100.1 | 100.2 | 100.7 | 101.5 | 100.2 | 100.5 |
| 广　东 | Guangdong | 100.3 | 99.1 | 105.2 | 113.6 | 99.4 | 106.5 |
| 广　西 | Guangxi | 100.2 | 101.0 | 104.5 | 112.8 | 100.3 | 102.8 |
| 海　南 | Hainan | 102.0 | 100.1 | 100.4 | 100.5 | 100.5 | 100.4 |
| 重　庆 | Chongqing | 101.4 | 100.2 | 106.7 | 121.4 | 99.5 | 105.3 |
| 四　川 | Sichuan | 100.2 | 99.6 | 101.6 | 101.0 | 100.4 | 101.9 |
| 贵　州 | Guizhou | 101.2 | 100.2 | 101.1 | 101.9 | 100.7 | 101.4 |
| 云　南 | Yunnan | 101.1 | 100.2 | 102.2 | 108.5 | 100.8 | 101.2 |
| 西　藏 | Tibet | 99.9 | 100.0 | 100.8 | 101.3 | 101.3 | 99.9 |
| 陕　西 | Shaanxi | 100.8 | 100.6 | 103.7 | 108.1 | 100.3 | 103.2 |
| 甘　肃 | Gansu | 100.4 | 101.4 | 110.6 | 127.9 | 99.9 | 108.5 |
| 青　海 | Qinghai | 100.7 | 100.1 | 100.4 | 100.4 | 100.5 | 99.9 |
| 宁　夏 | Ningxia | 99.9 | 100.1 | 101.2 | 102.1 | 100.7 | 101.3 |
| 新　疆 | Xinjiang | 100.9 | 101.0 | 117.2 | 137.9 | 104.1 | 118.4 |

3-1-3 续表 16 continued 16

(上年价格=100) (Preceding year=100)

| 地 区 | Region | (4)康复类 Rehabilitation | (5)中医医疗服务类 Traditional Chinese Medical | (6)其他医疗服务 Other Health Care Services | 八、其他用品和服务 Other Articles and Services | 1.其他用品类 Other Articles | (1)首饰手表 Jewelry and Watches |
|---|---|---|---|---|---|---|---|
| **全 国** | **National** | **104.0** | **105.8** | **102.9** | **101.2** | **99.1** | **98.5** |
| 北 京 | Beijing | 100.0 | 118.7 | 100.0 | 102.2 | 98.8 | 99.1 |
| 天 津 | Tianjin | 100.0 | 100.0 | 100.0 | 101.1 | 98.7 | 97.7 |
| 河 北 | Hebei | 99.0 | 116.0 | 106.6 | 102.5 | 100.0 | 98.9 |
| 山 西 | Shanxi | 100.5 | 102.7 | 109.7 | 101.3 | 100.1 | 100.0 |
| 内蒙古 | Inner Mongolia | 102.6 | 101.9 | 100.8 | 100.6 | 99.6 | 99.1 |
| 辽 宁 | Liaoning | 126.4 | 106.7 | 102.9 | 100.9 | 98.8 | 97.7 |
| 吉 林 | Jilin | 103.7 | 101.2 | 100.0 | 100.7 | 99.8 | 98.8 |
| 黑龙江 | Heilongjiang | 103.4 | 113.9 | 111.1 | 99.8 | 98.4 | 97.5 |
| 上 海 | Shanghai | 100.6 | 108.5 | 100.2 | 102.4 | 100.5 | 100.6 |
| 江 苏 | Jiangsu | 100.1 | 101.1 | 100.2 | 102.2 | 99.3 | 98.1 |
| 浙 江 | Zhejiang | 101.0 | 103.1 | 100.1 | 100.2 | 99.2 | 98.8 |
| 安 徽 | Anhui | 100.8 | 104.9 | 99.2 | 100.6 | 99.4 | 98.4 |
| 福 建 | Fujian | 102.9 | 100.1 | 101.4 | 100.5 | 98.7 | 98.3 |
| 江 西 | Jiangxi | 110.2 | 117.4 | 113.4 | 100.8 | 99.0 | 98.4 |
| 山 东 | Shandong | 100.1 | 100.2 | 102.3 | 100.8 | 98.9 | 97.8 |
| 河 南 | Henan | 110.5 | 105.9 | 106.6 | 101.4 | 99.3 | 98.9 |
| 湖 北 | Hubei | 101.1 | 104.1 | 103.3 | 100.6 | 98.7 | 97.7 |
| 湖 南 | Hunan | 100.5 | 100.1 | 100.8 | 100.6 | 99.1 | 98.4 |
| 广 东 | Guangdong | 101.1 | 108.2 | 103.6 | 101.0 | 98.7 | 98.1 |
| 广 西 | Guangxi | 101.6 | 111.3 | 102.6 | 101.3 | 98.5 | 96.8 |
| 海 南 | Hainan | 101.2 | 99.9 | 100.0 | 101.8 | 97.9 | 96.8 |
| 重 庆 | Chongqing | 105.8 | 104.1 | 100.0 | 100.9 | 99.0 | 98.4 |
| 四 川 | Sichuan | 109.4 | 101.5 | 103.6 | 102.4 | 99.4 | 99.1 |
| 贵 州 | Guizhou | 100.1 | 101.3 | 100.8 | 100.6 | 99.7 | 98.8 |
| 云 南 | Yunnan | 100.6 | 103.3 | 100.1 | 100.8 | 100.3 | 99.6 |
| 西 藏 | Tibet | 100.0 | 100.5 | 99.5 | 101.1 | 99.1 | 98.4 |
| 陕 西 | Shaanxi | 103.6 | 103.1 | 101.3 | 101.3 | 98.8 | 97.7 |
| 甘 肃 | Gansu | 103.0 | 123.3 | 104.8 | 100.8 | 98.9 | 97.1 |
| 青 海 | Qinghai | 100.0 | 102.5 | 100.0 | 100.5 | 99.6 | 99.3 |
| 宁 夏 | Ningxia | 99.8 | 100.1 | 100.1 | 101.2 | 98.5 | 97.5 |
| 新 疆 | Xinjiang | 109.1 | 110.2 | 103.7 | 100.1 | 97.7 | 98.6 |

3-1-3 续表 17 continued 17

(上年价格=100) (Preceding year=100)

| 地区 Region | (2)其他杂项用品 Other Miscellaneous Articles | 2.其他服务类 Other Services | (1)旅馆住宿 Hotel Accommo-dations | (2)美容美发洗浴 Beauty Salon, Hair Salon and Scouring Bath | (3)养老服务 Elderly Care | (4)金融保险 Finance and Insurance | (5)其他服务类 Other Services |
|---|---|---|---|---|---|---|---|
| **全国 National** | **100.2** | **102.8** | **102.9** | **104.0** | **104.6** | **101.8** | **101.6** |
| 北京 Beijing | 97.1 | 104.4 | 106.4 | 105.8 | 104.7 | 102.6 | 100.1 |
| 天津 Tianjin | 100.9 | 103.1 | 97.9 | 102.8 | 116.0 | 101.0 | 103.6 |
| 河北 Hebei | 101.1 | 104.3 | 99.2 | 102.2 | 101.3 | 105.7 | 102.2 |
| 山西 Shanxi | 100.2 | 102.3 | 101.8 | 103.7 | 100.4 | 102.1 | 101.7 |
| 内蒙古 Inner Mongolia | 100.9 | 101.4 | 104.2 | 103.1 | 100.0 | 100.0 | 103.2 |
| 辽宁 Liaoning | 100.5 | 102.5 | 99.8 | 102.9 | 102.4 | 103.3 | 99.3 |
| 吉林 Jilin | 101.1 | 101.4 | 101.1 | 102.1 | 102.7 | 100.8 | 101.0 |
| 黑龙江 Heilongjiang | 100.1 | 100.9 | 98.4 | 102.2 | 101.8 | 100.3 | 100.3 |
| 上海 Shanghai | 100.1 | 103.6 | 112.5 | 103.3 | 100.0 | 100.0 | 102.0 |
| 江苏 Jiangsu | 101.5 | 104.5 | 102.3 | 108.7 | 106.6 | 101.0 | 102.0 |
| 浙江 Zhejiang | 99.8 | 100.9 | 100.6 | 103.1 | 104.5 | 98.0 | 103.8 |
| 安徽 Anhui | 100.8 | 101.7 | 101.1 | 103.2 | 103.7 | 100.0 | 101.9 |
| 福建 Fujian | 99.2 | 101.9 | 99.9 | 102.9 | 103.1 | 101.7 | 100.2 |
| 江西 Jiangxi | 100.0 | 102.4 | 100.7 | 101.9 | 102.5 | 103.3 | 103.5 |
| 山东 Shandong | 100.9 | 102.6 | 101.5 | 103.2 | 104.1 | 102.2 | 101.1 |
| 河南 Henan | 100.5 | 103.2 | 101.9 | 103.8 | 106.7 | 101.9 | 101.1 |
| 湖北 Hubei | 99.9 | 102.3 | 102.6 | 104.5 | 103.7 | 99.8 | 101.3 |
| 湖南 Hunan | 99.8 | 101.9 | 102.1 | 104.3 | 101.9 | 100.8 | 100.6 |
| 广东 Guangdong | 99.8 | 103.1 | 102.2 | 103.4 | 108.8 | 101.4 | 99.9 |
| 广西 Guangxi | 99.7 | 103.5 | 101.4 | 105.6 | 106.8 | 101.5 | 107.1 |
| 海南 Hainan | 99.1 | 105.0 | 101.9 | 104.6 | 108.4 | 105.4 | 105.8 |
| 重庆 Chongqing | 99.9 | 102.1 | 103.3 | 103.2 | 101.3 | 101.1 | 100.0 |
| 四川 Sichuan | 99.9 | 104.2 | 102.8 | 105.5 | 100.7 | 105.1 | 101.4 |
| 贵州 Guizhou | 100.5 | 101.4 | 104.9 | 101.4 | 101.9 | 100.7 | 99.2 |
| 云南 Yunnan | 101.0 | 101.6 | 100.3 | 102.0 | 104.9 | 101.1 | 105.5 |
| 西藏 Tibet | 100.3 | 103.1 | 108.7 | 103.9 | 100.0 | 100.0 | 100.0 |
| 陕西 Shaanxi | 100.3 | 103.4 | 101.9 | 104.9 | 100.4 | 104.2 | 102.4 |
| 甘肃 Gansu | 101.0 | 102.5 | 102.6 | 103.7 | 102.4 | 102.0 | 101.2 |
| 青海 Qinghai | 100.1 | 101.3 | 101.6 | 100.8 | 107.2 | 100.6 | 104.6 |
| 宁夏 Ningxia | 100.4 | 103.6 | 99.4 | 102.6 | 100.2 | 108.0 | 100.4 |
| 新疆 Xinjiang | 96.2 | 102.4 | 100.3 | 102.2 | 107.2 | 102.3 | 99.3 |

# 3-1-4 各地区城市居民消费价格指数(2018年)
# Urban Consumer Price Indices by Category and Region (2018)

(上年价格=100) (Preceding year=100)

| 地区 | Region | 居民消费价格总指数 Consumer Price Index | 一、食品烟酒 Food, Tobacco and Liquor | 1.食品 Food | (1)粮食 Grain | (2)薯类 Tubers | (3)豆类 Beans |
|---|---|---|---|---|---|---|---|
| **全国** | **National** | **102.1** | **102.1** | **102.1** | **100.8** | **107.8** | **101.1** |
| 北京 | Beijing | 102.5 | 103.1 | 102.9 | 101.4 | 106.7 | 100.6 |
| 天津 | Tianjin | 102.0 | 103.1 | 103.4 | 99.2 | 110.9 | 100.4 |
| 河北 | Hebei | 102.5 | 102.0 | 102.2 | 99.7 | 110.7 | 100.8 |
| 山西 | Shanxi | 101.8 | 101.9 | 102.2 | 100.4 | 108.0 | 99.9 |
| 内蒙古 | Inner Mongolia | 101.8 | 102.1 | 102.5 | 101.0 | 105.5 | 99.4 |
| 辽宁 | Liaoning | 102.6 | 102.5 | 102.7 | 100.6 | 107.2 | 100.0 |
| 吉林 | Jilin | 102.0 | 101.6 | 101.6 | 100.9 | 110.8 | 99.3 |
| 黑龙江 | Heilongjiang | 102.0 | 101.1 | 101.0 | 100.7 | 106.4 | 98.1 |
| 上海 | Shanghai | 101.6 | 102.3 | 102.5 | 100.3 | 105.7 | 105.4 |
| 江苏 | Jiangsu | 102.3 | 102.4 | 102.4 | 101.3 | 109.0 | 99.6 |
| 浙江 | Zhejiang | 102.3 | 102.8 | 102.8 | 100.4 | 105.2 | 101.5 |
| 安徽 | Anhui | 102.0 | 102.4 | 102.4 | 100.5 | 113.0 | 100.3 |
| 福建 | Fujian | 101.5 | 101.9 | 101.9 | 100.8 | 104.6 | 102.4 |
| 江西 | Jiangxi | 102.1 | 101.5 | 101.3 | 100.7 | 104.7 | 100.9 |
| 山东 | Shandong | 102.4 | 102.5 | 102.5 | 100.5 | 112.8 | 101.8 |
| 河南 | Henan | 102.4 | 101.9 | 101.6 | 100.3 | 115.3 | 100.5 |
| 湖北 | Hubei | 102.0 | 101.9 | 101.5 | 100.3 | 110.6 | 100.0 |
| 湖南 | Hunan | 101.9 | 101.6 | 101.9 | 100.7 | 109.3 | 100.9 |
| 广东 | Guangdong | 102.2 | 102.4 | 102.1 | 102.5 | 103.3 | 100.9 |
| 广西 | Guangxi | 102.4 | 101.3 | 100.7 | 101.3 | 102.7 | 103.0 |
| 海南 | Hainan | 102.4 | 101.0 | 100.5 | 101.4 | 101.6 | 104.4 |
| 重庆 | Chongqing | 102.0 | 101.4 | 101.4 | 98.2 | 104.3 | 100.8 |
| 四川 | Sichuan | 101.7 | 101.5 | 101.7 | 100.4 | 108.2 | 104.9 |
| 贵州 | Guizhou | 102.0 | 101.2 | 100.8 | 101.6 | 103.8 | 100.7 |
| 云南 | Yunnan | 101.6 | 100.5 | 100.3 | 102.0 | 102.3 | 100.9 |
| 西藏 | Tibet | 101.3 | 101.3 | 100.4 | 101.6 | 105.2 | 103.7 |
| 陕西 | Shaanxi | 102.0 | 102.1 | 102.0 | 101.1 | 104.4 | 99.9 |
| 甘肃 | Gansu | 101.9 | 101.1 | 101.2 | 100.0 | 100.4 | 99.8 |
| 青海 | Qinghai | 102.5 | 102.2 | 102.7 | 101.8 | 104.7 | 104.9 |
| 宁夏 | Ningxia | 102.2 | 102.2 | 102.8 | 100.5 | 109.4 | 102.1 |
| 新疆 | Xinjiang | 101.8 | 103.2 | 102.8 | 100.3 | 101.3 | 106.0 |

3-1-4 续表 1 continued 1

(上年价格=100) (Preceding year=100)

| 地 区 | Region | (4)食用油 Edible Oil and Fats | (5)菜 Vegetables | (6)畜肉类 Meat of Livestock | (7)禽肉类 Meat of Poultry | (8)水产品 Aquatic Products | (9)蛋类 Eggs |
|---|---|---|---|---|---|---|---|
| **全 国** | **National** | **99.6** | **106.9** | **96.8** | **105.3** | **102.2** | **111.7** |
| 北 京 | Beijing | 100.6 | 111.9 | 99.2 | 103.0 | 100.6 | 115.8 |
| 天 津 | Tianjin | 100.7 | 109.3 | 99.5 | 104.1 | 104.5 | 114.3 |
| 河 北 | Hebei | 100.0 | 107.8 | 96.3 | 103.9 | 103.2 | 111.5 |
| 山 西 | Shanxi | 100.4 | 107.3 | 96.9 | 104.0 | 100.6 | 118.9 |
| 内 蒙 古 | Inner Mongolia | 98.6 | 106.5 | 100.9 | 102.8 | 101.9 | 111.3 |
| 辽 宁 | Liaoning | 99.7 | 106.5 | 97.1 | 105.4 | 105.0 | 111.7 |
| 吉 林 | Jilin | 99.7 | 106.4 | 96.4 | 104.1 | 102.1 | 112.1 |
| 黑 龙 江 | Heilongjiang | 99.4 | 106.4 | 93.4 | 102.0 | 100.8 | 110.2 |
| 上 海 | Shanghai | 100.2 | 107.1 | 98.8 | 106.3 | 101.3 | 108.6 |
| 江 苏 | Jiangsu | 100.2 | 107.9 | 97.6 | 105.5 | 100.2 | 112.9 |
| 浙 江 | Zhejiang | 99.4 | 107.2 | 98.5 | 106.8 | 103.8 | 109.6 |
| 安 徽 | Anhui | 99.5 | 109.7 | 95.2 | 107.3 | 98.4 | 113.2 |
| 福 建 | Fujian | 99.4 | 108.1 | 95.0 | 108.4 | 102.9 | 109.6 |
| 江 西 | Jiangxi | 99.5 | 106.6 | 95.6 | 109.7 | 97.9 | 112.2 |
| 山 东 | Shandong | 100.2 | 110.1 | 96.3 | 106.6 | 102.4 | 113.4 |
| 河 南 | Henan | 99.1 | 105.2 | 94.5 | 105.2 | 101.4 | 114.4 |
| 湖 北 | Hubei | 99.5 | 106.6 | 96.5 | 103.6 | 97.2 | 108.3 |
| 湖 南 | Hunan | 101.8 | 108.5 | 95.7 | 104.9 | 100.6 | 108.8 |
| 广 东 | Guangdong | 100.0 | 105.1 | 96.9 | 104.6 | 104.8 | 108.6 |
| 广 西 | Guangxi | 97.5 | 103.3 | 94.0 | 107.2 | 103.6 | 107.5 |
| 海 南 | Hainan | 100.1 | 103.5 | 98.1 | 103.2 | 99.0 | 106.7 |
| 重 庆 | Chongqing | 98.6 | 106.4 | 96.5 | 105.8 | 101.1 | 115.8 |
| 四 川 | Sichuan | 98.9 | 109.6 | 96.5 | 103.9 | 100.5 | 109.7 |
| 贵 州 | Guizhou | 95.6 | 103.2 | 95.3 | 106.3 | 102.7 | 110.5 |
| 云 南 | Yunnan | 96.0 | 104.3 | 94.1 | 104.2 | 101.8 | 106.8 |
| 西 藏 | Tibet | 97.6 | 100.7 | 99.2 | 98.2 | 102.2 | 101.3 |
| 陕 西 | Shaanxi | 101.0 | 104.4 | 96.9 | 103.6 | 99.3 | 116.1 |
| 甘 肃 | Gansu | 101.3 | 102.3 | 98.6 | 103.7 | 102.5 | 112.9 |
| 青 海 | Qinghai | 100.1 | 101.3 | 105.2 | 104.2 | 100.2 | 113.8 |
| 宁 夏 | Ningxia | 99.9 | 106.6 | 102.2 | 102.4 | 101.0 | 113.5 |
| 新 疆 | Xinjiang | 100.2 | 99.8 | 106.3 | 102.8 | 106.7 | 115.9 |

3-1-4 续表 2 continued 2

(上年价格=100) (Preceding year=100)

| 地 区 | Region | (10)奶类 Milk | (11)干鲜瓜果类 Dried and Fresh Melons and Fruits | (12)糖果糕点类 Candy and Cake | (13)调味品 Falvoring | (14)其他食品类 Other Foods | 2.茶及饮料 Tea and Beverages |
|---|---|---|---|---|---|---|---|
| **全 国** | **National** | **101.6** | **104.0** | **102.2** | **102.0** | **101.4** | **101.8** |
| 北 京 | Beijing | 100.8 | 102.7 | 101.7 | 101.4 | 102.6 | 101.3 |
| 天 津 | Tianjin | 99.9 | 105.6 | 103.2 | 102.6 | 102.1 | 102.6 |
| 河 北 | Hebei | 100.5 | 105.9 | 102.2 | 102.7 | 102.1 | 102.3 |
| 山 西 | Shanxi | 99.8 | 105.2 | 101.3 | 101.0 | 101.1 | 101.8 |
| 内蒙古 | Inner Mongolia | 100.4 | 104.3 | 100.9 | 100.4 | 101.1 | 100.8 |
| 辽 宁 | Liaoning | 101.4 | 106.7 | 101.4 | 100.5 | 101.5 | 103.7 |
| 吉 林 | Jilin | 102.4 | 101.9 | 103.4 | 102.4 | 101.3 | 102.9 |
| 黑龙江 | Heilongjiang | 102.4 | 105.2 | 102.2 | 101.8 | 101.3 | 102.5 |
| 上 海 | Shanghai | 101.3 | 102.9 | 101.9 | 100.4 | 103.7 | 103.2 |
| 江 苏 | Jiangsu | 103.3 | 104.3 | 102.8 | 103.6 | 101.7 | 102.1 |
| 浙 江 | Zhejiang | 102.7 | 104.3 | 101.1 | 101.7 | 100.3 | 101.6 |
| 安 徽 | Anhui | 101.5 | 108.3 | 102.2 | 102.3 | 102.0 | 103.5 |
| 福 建 | Fujian | 100.7 | 103.8 | 101.9 | 101.8 | 103.9 | 102.0 |
| 江 西 | Jiangxi | 103.2 | 100.3 | 103.2 | 101.5 | 101.4 | 100.9 |
| 山 东 | Shandong | 101.1 | 103.8 | 103.0 | 102.8 | 100.6 | 100.5 |
| 河 南 | Henan | 100.6 | 104.4 | 101.9 | 103.6 | 100.7 | 101.9 |
| 湖 北 | Hubei | 102.9 | 107.0 | 101.2 | 102.5 | 100.3 | 100.9 |
| 湖 南 | Hunan | 102.1 | 104.5 | 102.9 | 105.4 | 101.1 | 101.4 |
| 广 东 | Guangdong | 101.9 | 103.1 | 102.6 | 102.0 | 101.0 | 101.6 |
| 广 西 | Guangxi | 102.1 | 99.7 | 101.8 | 101.9 | 100.2 | 102.2 |
| 海 南 | Hainan | 105.5 | 96.6 | 100.5 | 103.4 | 101.1 | 100.8 |
| 重 庆 | Chongqing | 100.3 | 101.2 | 99.9 | 101.1 | 100.9 | 101.9 |
| 四 川 | Sichuan | 101.1 | 102.1 | 102.5 | 101.5 | 100.4 | 101.5 |
| 贵 州 | Guizhou | 103.3 | 102.0 | 102.8 | 102.3 | 102.3 | 100.7 |
| 云 南 | Yunnan | 101.7 | 104.3 | 100.8 | 101.7 | 100.7 | 101.9 |
| 西 藏 | Tibet | 99.7 | 101.5 | 100.7 | 101.8 | 102.0 | 100.0 |
| 陕 西 | Shaanxi | 102.5 | 104.6 | 104.2 | 99.7 | 100.6 | 100.8 |
| 甘 肃 | Gansu | 101.7 | 101.7 | 101.2 | 101.3 | 100.6 | 102.6 |
| 青 海 | Qinghai | 99.6 | 101.7 | 101.2 | 101.3 | 101.0 | 98.1 |
| 宁 夏 | Ningxia | 102.2 | 101.7 | 101.5 | 101.8 | 102.5 | 103.4 |
| 新 疆 | Xinjiang | 99.4 | 102.3 | 101.2 | 101.1 | 100.9 | 101.7 |

3-1-4 续表 3 continued 3

(上年价格=100) (Preceding year=100)

| 地 区 | Region | 3.烟酒 Tobacco and Liquor | (1)烟草 Tabacco | (2)酒类 Liquor | 4.在外餐饮 Dining Out | 二、衣着 Clothing | 1.服装 Garments |
|---|---|---|---|---|---|---|---|
| **全 国** | **National** | **101.4** | **100.2** | **103.1** | **102.4** | **101.1** | **101.4** |
| 北 京 | Beijing | 101.9 | 100.4 | 103.4 | 103.9 | 99.7 | 99.7 |
| 天 津 | Tianjin | 101.1 | 101.0 | 101.1 | 102.9 | 101.1 | 101.0 |
| 河 北 | Hebei | 99.6 | 99.8 | 99.5 | 102.1 | 101.7 | 102.5 |
| 山 西 | Shanxi | 101.9 | 100.2 | 104.6 | 101.0 | 100.2 | 100.5 |
| 内 蒙 古 | Inner Mongolia | 100.5 | 100.5 | 100.5 | 101.6 | 101.4 | 101.7 |
| 辽 宁 | Liaoning | 101.9 | 101.6 | 102.6 | 102.0 | 100.3 | 100.0 |
| 吉 林 | Jilin | 101.2 | 99.8 | 103.6 | 101.7 | 102.3 | 102.4 |
| 黑 龙 江 | Heilongjiang | 102.1 | 100.7 | 104.1 | 101.1 | 100.7 | 101.1 |
| 上 海 | Shanghai | 101.3 | 100.7 | 102.5 | 101.9 | 98.3 | 98.6 |
| 江 苏 | Jiangsu | 102.1 | 100.1 | 105.4 | 102.4 | 102.0 | 102.1 |
| 浙 江 | Zhejiang | 101.3 | 100.0 | 104.0 | 103.6 | 101.1 | 102.0 |
| 安 徽 | Anhui | 101.4 | 99.8 | 103.7 | 102.5 | 101.9 | 102.1 |
| 福 建 | Fujian | 100.8 | 100.5 | 101.3 | 102.3 | 99.1 | 99.5 |
| 江 西 | Jiangxi | 100.2 | 100.1 | 100.4 | 102.8 | 100.5 | 100.8 |
| 山 东 | Shandong | 101.7 | 100.1 | 103.5 | 103.0 | 103.2 | 103.9 |
| 河 南 | Henan | 103.1 | 99.9 | 105.4 | 102.2 | 101.0 | 101.1 |
| 湖 北 | Hubei | 100.6 | 100.0 | 101.7 | 103.4 | 101.1 | 100.8 |
| 湖 南 | Hunan | 101.4 | 101.2 | 101.7 | 100.9 | 101.9 | 102.2 |
| 广 东 | Guangdong | 102.0 | 100.7 | 103.8 | 103.1 | 101.9 | 101.8 |
| 广 西 | Guangxi | 100.9 | 100.0 | 102.3 | 102.8 | 101.8 | 101.3 |
| 海 南 | Hainan | 100.4 | 100.0 | 101.3 | 102.5 | 105.4 | 105.2 |
| 重 庆 | Chongqing | 99.7 | 99.8 | 99.5 | 101.8 | 101.5 | 101.7 |
| 四 川 | Sichuan | 101.5 | 99.6 | 104.3 | 101.0 | 101.1 | 101.9 |
| 贵 州 | Guizhou | 101.0 | 100.0 | 103.6 | 102.2 | 100.4 | 100.9 |
| 云 南 | Yunnan | 100.2 | 99.9 | 101.1 | 100.9 | 101.6 | 101.1 |
| 西 藏 | Tibet | 101.2 | 100.9 | 101.4 | 103.7 | 102.3 | 102.0 |
| 陕 西 | Shaanxi | 100.3 | 99.9 | 101.1 | 103.1 | 100.9 | 100.8 |
| 甘 肃 | Gansu | 101.0 | 100.0 | 102.6 | 100.9 | 101.3 | 100.9 |
| 青 海 | Qinghai | 100.1 | 100.0 | 100.2 | 101.9 | 101.6 | 103.0 |
| 宁 夏 | Ningxia | 100.5 | 100.0 | 101.8 | 101.1 | 101.8 | 101.9 |
| 新 疆 | Xinjiang | 102.1 | 100.4 | 104.2 | 104.6 | 98.1 | 98.1 |

3-1-4 续表 4 continued 4

(上年价格=100) (Preceding year=100)

| 地区 | Region | (1)男式服装 Men's clothing | (2)女式服装 Women's Clothing | (3)儿童服装 Children's Clothing | 2.服装材料 Garments Material | 3.其他衣着及配件 Other Clothing and Parts | 4.衣着加工服务费 Clothing Manufacturing Service Fees |
|---|---|---|---|---|---|---|---|
| **全国** | **National** | **101.3** | **101.5** | **101.1** | **101.7** | **100.4** | **104.2** |
| 北京 | Beijing | 99.5 | 100.0 | 96.6 | 101.8 | 99.0 | 108.0 |
| 天津 | Tianjin | 99.7 | 101.6 | 101.9 | 104.6 | 101.1 | 101.1 |
| 河北 | Hebei | 102.7 | 102.5 | 101.7 | 100.7 | 101.0 | 102.1 |
| 山西 | Shanxi | 100.8 | 100.4 | 100.3 | 101.1 | 101.1 | 100.8 |
| 内蒙古 | Inner Mongolia | 101.8 | 101.5 | 101.8 | 102.5 | 101.0 | 102.0 |
| 辽宁 | Liaoning | 100.1 | 100.0 | 99.9 | 100.3 | 100.4 | 101.4 |
| 吉林 | Jilin | 102.8 | 102.0 | 103.1 | 102.8 | 101.0 | 103.9 |
| 黑龙江 | Heilongjiang | 100.6 | 101.6 | 100.5 | 99.3 | 99.6 | 101.5 |
| 上海 | Shanghai | 98.3 | 98.9 | 97.5 | 101.8 | 100.8 | 108.3 |
| 江苏 | Jiangsu | 101.3 | 102.7 | 101.7 | 101.7 | 101.7 | 107.2 |
| 浙江 | Zhejiang | 102.1 | 102.3 | 99.8 | 103.5 | 99.5 | 103.5 |
| 安徽 | Anhui | 101.8 | 102.1 | 102.7 | 102.2 | 100.9 | 101.9 |
| 福建 | Fujian | 97.6 | 100.9 | 98.9 | 103.2 | 101.0 | 101.2 |
| 江西 | Jiangxi | 99.6 | 100.7 | 105.2 | 106.2 | 100.2 | 103.6 |
| 山东 | Shandong | 104.2 | 104.1 | 102.8 | 102.6 | 101.0 | 103.9 |
| 河南 | Henan | 101.5 | 100.5 | 101.8 | 101.2 | 100.1 | 102.9 |
| 湖北 | Hubei | 101.6 | 101.1 | 98.1 | 101.1 | 100.4 | 106.1 |
| 湖南 | Hunan | 101.9 | 102.6 | 101.6 | 102.3 | 100.0 | 105.0 |
| 广东 | Guangdong | 101.1 | 102.0 | 102.5 | 100.5 | 99.8 | 103.3 |
| 广西 | Guangxi | 101.4 | 101.2 | 101.7 | 99.9 | 99.8 | 107.8 |
| 海南 | Hainan | 107.9 | 103.5 | 106.2 | 103.2 | 102.7 | 106.6 |
| 重庆 | Chongqing | 101.6 | 101.9 | 100.1 | 100.9 | 100.2 | 102.6 |
| 四川 | Sichuan | 101.2 | 102.2 | 102.0 | 104.8 | 99.3 | 104.7 |
| 贵州 | Guizhou | 101.6 | 100.6 | 100.4 | 106.5 | 100.7 | 102.8 |
| 云南 | Yunnan | 100.7 | 101.2 | 101.8 | 99.6 | 99.8 | 104.1 |
| 西藏 | Tibet | 101.4 | 102.4 | 102.1 | 101.3 | 100.7 | 111.2 |
| 陕西 | Shaanxi | 102.5 | 100.2 | 98.2 | 100.0 | 99.3 | 105.7 |
| 甘肃 | Gansu | 99.6 | 102.3 | 98.9 | 103.7 | 100.3 | 106.3 |
| 青海 | Qinghai | 100.7 | 101.5 | 107.1 | 104.1 | 102.1 | 102.8 |
| 宁夏 | Ningxia | 102.6 | 101.4 | 101.1 | 101.9 | 100.6 | 102.2 |
| 新疆 | Xinjiang | 99.4 | 97.6 | 96.7 | 100.4 | 98.8 | 103.6 |

3-1-4 续表 5 continued 5

(上年价格=100) (Preceding year=100)

| 地 区 | Region | 5.鞋类 Footware | (1)鞋 Shoes | (2)鞋类加工服务 Footware Manufactuing Services | 三、居住 Residence | 1.租赁房房租 Rent of Rental Housing | 2.住房保养维修及管理 Housing Maintenance and Management |
|---|---|---|---|---|---|---|---|
| **全 国** | **National** | **100.2** | **100.1** | **103.2** | **102.1** | **102.3** | **103.6** |
| 北 京 | Beijing | 99.0 | 98.9 | 104.5 | 103.2 | 102.9 | 104.5 |
| 天 津 | Tianjin | 101.2 | 101.2 | 100.7 | 101.3 | 101.2 | 104.3 |
| 河 北 | Hebei | 99.6 | 99.6 | 100.7 | 101.9 | 100.9 | 103.2 |
| 山 西 | Shanxi | 98.7 | 98.7 | 103.0 | 102.2 | 106.3 | 101.1 |
| 内蒙古 | Inner Mongolia | 100.5 | 100.5 | 99.9 | 102.8 | 105.6 | 101.9 |
| 辽 宁 | Liaoning | 101.0 | 101.0 | 100.1 | 101.6 | 102.0 | 101.8 |
| 吉 林 | Jilin | 102.1 | 102.2 | 101.2 | 101.6 | 103.4 | 103.0 |
| 黑龙江 | Heilongjiang | 99.6 | 99.6 | 100.3 | 100.5 | 100.8 | 102.3 |
| 上 海 | Shanghai | 95.6 | 95.5 | 100.3 | 100.2 | 99.7 | 105.9 |
| 江 苏 | Jiangsu | 101.6 | 101.6 | 104.8 | 102.1 | 101.9 | 105.9 |
| 浙 江 | Zhejiang | 97.7 | 97.6 | 104.4 | 103.3 | 103.9 | 102.9 |
| 安 徽 | Anhui | 101.3 | 101.3 | 100.9 | 101.7 | 102.2 | 103.6 |
| 福 建 | Fujian | 97.1 | 97.0 | 100.9 | 101.9 | 100.6 | 107.7 |
| 江 西 | Jiangxi | 98.8 | 98.7 | 100.9 | 102.2 | 101.6 | 106.4 |
| 山 东 | Shandong | 101.0 | 101.1 | 100.0 | 102.7 | 102.2 | 103.2 |
| 河 南 | Henan | 100.4 | 100.4 | 102.6 | 102.3 | 101.8 | 103.2 |
| 湖 北 | Hubei | 101.6 | 101.6 | 103.5 | 102.3 | 103.0 | 102.5 |
| 湖 南 | Hunan | 100.6 | 100.5 | 106.0 | 102.7 | 102.5 | 102.3 |
| 广 东 | Guangdong | 102.4 | 102.5 | 102.0 | 101.9 | 102.0 | 102.5 |
| 广 西 | Guangxi | 103.2 | 101.5 | 119.3 | 104.1 | 105.5 | 104.9 |
| 海 南 | Hainan | 106.2 | 106.2 | 106.7 | 103.3 | 107.7 | 102.9 |
| 重 庆 | Chongqing | 101.3 | 101.3 | 100.5 | 102.8 | 103.5 | 102.5 |
| 四 川 | Sichuan | 98.8 | 98.6 | 103.5 | 102.0 | 104.2 | 103.4 |
| 贵 州 | Guizhou | 98.7 | 98.5 | 108.3 | 103.2 | 105.0 | 102.0 |
| 云 南 | Yunnan | 103.0 | 103.0 | 103.2 | 102.1 | 103.2 | 102.5 |
| 西 藏 | Tibet | 100.1 | 99.8 | 108.6 | 101.6 | 101.7 | 101.1 |
| 陕 西 | Shaanxi | 101.3 | 101.4 | 99.9 | 102.3 | 102.5 | 103.9 |
| 甘 肃 | Gansu | 102.2 | 101.9 | 118.8 | 102.4 | 102.7 | 102.6 |
| 青 海 | Qinghai | 96.6 | 96.5 | 102.5 | 102.8 | 100.5 | 100.4 |
| 宁 夏 | Ningxia | 101.8 | 101.8 | 100.8 | 102.9 | 98.1 | 104.2 |
| 新 疆 | Xinjiang | 97.6 | 97.0 | 101.0 | 97.3 | 99.0 | 102.4 |

3-1-4 续表 6 continued 6

(上年价格=100) (Preceding year=100)

| 地 区 | Region | (1)住房装潢材料 Building and Building Decoration Matrials | (2)物业管理费 Property Management fee | (3)住房装潢维修 Decoration and Repair | 3.水电燃料 Water, Electricity and Fuels | (1)水 Water | (2)电 Electricity |
|---|---|---|---|---|---|---|---|
| **全 国** | **National** | **103.1** | **100.9** | **105.9** | **101.5** | **102.1** | **99.5** |
| 北 京 | Beijing | 103.4 | 100.0 | 112.8 | 100.9 | 100.0 | 100.0 |
| 天 津 | Tianjin | 103.3 | 100.0 | 108.6 | 100.8 | 100.0 | 100.0 |
| 河 北 | Hebei | 101.6 | 107.8 | 102.9 | 103.7 | 116.2 | 100.0 |
| 山 西 | Shanxi | 101.4 | 100.8 | 100.8 | 101.0 | 101.3 | 100.0 |
| 内蒙古 | Inner Mongolia | 102.4 | 100.0 | 102.1 | 100.7 | 104.0 | 99.7 |
| 辽 宁 | Liaoning | 100.9 | 100.0 | 103.9 | 100.8 | 101.6 | 100.0 |
| 吉 林 | Jilin | 103.3 | 100.2 | 104.2 | 100.8 | 103.7 | 100.0 |
| 黑龙江 | Heilongjiang | 101.4 | 102.0 | 103.6 | 100.6 | 100.3 | 100.0 |
| 上 海 | Shanghai | 104.6 | 102.7 | 111.2 | 100.6 | 100.0 | 100.0 |
| 江 苏 | Jiangsu | 105.0 | 100.1 | 109.2 | 101.2 | 99.8 | 100.0 |
| 浙 江 | Zhejiang | 103.7 | 100.7 | 103.3 | 102.1 | 101.4 | 100.0 |
| 安 徽 | Anhui | 103.5 | 101.2 | 104.8 | 102.1 | 100.2 | 100.0 |
| 福 建 | Fujian | 103.7 | 100.1 | 115.2 | 101.8 | 99.7 | 100.0 |
| 江 西 | Jiangxi | 104.3 | 104.2 | 108.5 | 101.6 | 104.8 | 100.0 |
| 山 东 | Shandong | 102.8 | 100.1 | 104.9 | 101.2 | 102.4 | 100.0 |
| 河 南 | Henan | 102.8 | 102.0 | 103.9 | 102.6 | 102.4 | 100.0 |
| 湖 北 | Hubei | 101.6 | 100.0 | 104.8 | 102.0 | 100.0 | 100.0 |
| 湖 南 | Hunan | 103.3 | 100.0 | 101.5 | 102.0 | 100.4 | 100.0 |
| 广 东 | Guangdong | 102.7 | 100.1 | 104.6 | 101.5 | 104.1 | 98.6 |
| 广 西 | Guangxi | 103.4 | 101.6 | 107.5 | 102.6 | 100.7 | 100.0 |
| 海 南 | Hainan | 101.3 | 100.0 | 105.8 | 103.1 | 100.9 | 100.0 |
| 重 庆 | Chongqing | 102.1 | 100.0 | 105.3 | 101.4 | 100.4 | 100.0 |
| 四 川 | Sichuan | 103.5 | 100.0 | 105.8 | 101.9 | 103.1 | 100.1 |
| 贵 州 | Guizhou | 100.9 | 104.3 | 101.9 | 101.4 | 103.8 | 100.0 |
| 云 南 | Yunnan | 102.7 | 101.0 | 103.0 | 100.2 | 100.8 | 100.0 |
| 西 藏 | Tibet | 100.4 | 101.4 | 102.0 | 99.9 | 100.6 | 100.0 |
| 陕 西 | Shaanxi | 101.8 | 100.6 | 107.4 | 101.2 | 100.7 | 100.0 |
| 甘 肃 | Gansu | 104.2 | 102.5 | 100.4 | 102.9 | 100.0 | 100.1 |
| 青 海 | Qinghai | 100.1 | 100.3 | 101.2 | 101.6 | 111.9 | 100.0 |
| 宁 夏 | Ningxia | 104.3 | 100.0 | 107.4 | 104.1 | 115.1 | 100.0 |
| 新 疆 | Xinjiang | 103.1 | 104.2 | 100.2 | 93.9 | 109.2 | 75.8 |

3-1-4 续表 7 continued 7

(上年价格=100) (Preceding year=100)

| 地区 | Region | (3)燃气 Gas | (4)取暖费 Heating fees | (5)其他燃料 Other Fuels | 4.自有住房 Private Housing | 四、生活用品及服务 Articles for Daily Use and Services | 1.家具及室内装饰品 Furniture and Interior Decorations |
|---|---|---|---|---|---|---|---|
| **全国** | **National** | **104.7** | **100.3** | **106.6** | **102.0** | **101.6** | **102.2** |
| 北京 | Beijing | 105.2 | 100.0 | 100.6 | 103.4 | 101.3 | 102.9 |
| 天津 | Tianjin | 105.1 | 100.0 | 100.0 | 101.1 | 101.1 | 100.8 |
| 河北 | Hebei | 102.0 | 100.0 | 119.5 | 101.1 | 101.8 | 103.7 |
| 山西 | Shanxi | 103.0 | 100.0 | 104.5 | 102.6 | 100.7 | 101.3 |
| 内蒙古 | Inner Mongolia | 102.1 | 100.1 | 101.2 | 103.7 | 101.1 | 101.1 |
| 辽宁 | Liaoning | 102.3 | 100.0 | 103.7 | 101.9 | 100.4 | 101.0 |
| 吉林 | Jilin | 101.3 | 100.0 | 103.0 | 101.7 | 102.4 | 103.5 |
| 黑龙江 | Heilongjiang | 101.8 | 100.0 | 103.5 | 100.1 | 100.5 | 99.8 |
| 上海 | Shanghai | 102.3 | 100.0 | 100.0 | 99.5 | 101.4 | 103.0 |
| 江苏 | Jiangsu | 104.4 | 100.1 | 102.9 | 101.6 | 103.4 | 102.9 |
| 浙江 | Zhejiang | 106.5 | 100.0 | 102.5 | 103.6 | 101.4 | 101.5 |
| 安徽 | Anhui | 107.3 | 100.0 | 101.6 | 100.9 | 102.0 | 101.9 |
| 福建 | Fujian | 106.8 | 100.0 | 102.4 | 100.7 | 100.9 | 101.2 |
| 江西 | Jiangxi | 103.2 | 100.0 | 101.7 | 101.2 | 100.8 | 103.0 |
| 山东 | Shandong | 102.1 | 100.0 | 109.2 | 103.5 | 101.5 | 103.0 |
| 河南 | Henan | 105.1 | 100.0 | 112.7 | 101.9 | 101.6 | 102.1 |
| 湖北 | Hubei | 105.8 | 102.4 | 104.7 | 102.2 | 101.3 | 103.1 |
| 湖南 | Hunan | 106.9 | 100.0 | 100.2 | 103.2 | 101.3 | 100.6 |
| 广东 | Guangdong | 106.2 | 100.0 | 101.4 | 101.9 | 101.4 | 102.1 |
| 广西 | Guangxi | 107.8 | 100.0 | 105.6 | 104.2 | 101.7 | 101.7 |
| 海南 | Hainan | 109.6 | 100.0 | 101.2 | 102.7 | 102.4 | 102.3 |
| 重庆 | Chongqing | 104.6 | 100.0 | 100.0 | 103.5 | 101.7 | 103.5 |
| 四川 | Sichuan | 103.7 | 100.0 | 106.6 | 101.4 | 101.4 | 103.1 |
| 贵州 | Guizhou | 99.7 | 100.0 | 112.8 | 104.2 | 101.2 | 101.0 |
| 云南 | Yunnan | 99.3 | 99.4 | 103.6 | 102.6 | 101.2 | 100.5 |
| 西藏 | Tibet | 99.4 | 100.0 | 100.1 | 102.6 | 100.9 | 99.9 |
| 陕西 | Shaanxi | 101.2 | 100.3 | 109.2 | 102.5 | 102.3 | 102.6 |
| 甘肃 | Gansu | 100.8 | 108.7 | 99.9 | 101.9 | 100.9 | 101.3 |
| 青海 | Qinghai | 102.0 | 100.5 | 101.7 | 105.3 | 101.2 | 102.3 |
| 宁夏 | Ningxia | 104.2 | 100.0 | 115.3 | 102.2 | 102.3 | 103.7 |
| 新疆 | Xinjiang | 100.8 | 100.5 | 104.0 | 97.4 | 102.4 | 100.4 |

3-1-4 续表 8 continued 8

(上年价格=100) (Preceding year=100)

| 地区 | Region | (1)家具 Furniture | (2)室内装饰品 Interior Decorations | 2.家用器具 Home Appliances | (1)大型家用器具 Large Houshold Appliances | (2)小家电 Small Household Appliances | 3.家用纺织品 Home Textiles |
|---|---|---|---|---|---|---|---|
| **全　国** | **National** | **102.4** | **100.8** | **100.3** | **100.4** | **99.9** | **100.6** |
| 北　京 | Beijing | 103.2 | 99.8 | 97.9 | 98.4 | 96.4 | 100.3 |
| 天　津 | Tianjin | 100.8 | 100.9 | 99.8 | 99.7 | 100.2 | 101.4 |
| 河　北 | Hebei | 103.6 | 104.4 | 101.6 | 101.8 | 100.7 | 100.3 |
| 山　西 | Shanxi | 101.4 | 100.1 | 99.0 | 98.9 | 99.6 | 100.3 |
| 内蒙古 | Inner Mongolia | 101.0 | 101.7 | 101.4 | 101.4 | 101.8 | 101.2 |
| 辽　宁 | Liaoning | 101.1 | 99.6 | 99.6 | 99.6 | 99.5 | 100.1 |
| 吉　林 | Jilin | 103.8 | 99.7 | 103.3 | 103.4 | 102.7 | 102.2 |
| 黑龙江 | Heilongjiang | 99.8 | 98.9 | 99.8 | 99.8 | 99.8 | 100.9 |
| 上　海 | Shanghai | 103.2 | 101.1 | 99.8 | 98.9 | 102.9 | 99.0 |
| 江　苏 | Jiangsu | 103.1 | 101.4 | 102.3 | 102.2 | 103.1 | 102.1 |
| 浙　江 | Zhejiang | 101.8 | 99.5 | 99.4 | 99.6 | 98.3 | 100.0 |
| 安　徽 | Anhui | 102.1 | 101.1 | 101.3 | 101.3 | 101.2 | 100.6 |
| 福　建 | Fujian | 101.3 | 101.0 | 100.3 | 100.1 | 100.9 | 102.1 |
| 江　西 | Jiangxi | 103.3 | 101.0 | 100.0 | 99.8 | 101.0 | 99.6 |
| 山　东 | Shandong | 103.3 | 101.9 | 100.8 | 100.9 | 99.9 | 101.9 |
| 河　南 | Henan | 102.1 | 102.0 | 102.0 | 102.3 | 100.1 | 100.6 |
| 湖　北 | Hubei | 103.5 | 99.8 | 99.1 | 99.2 | 98.3 | 99.6 |
| 湖　南 | Hunan | 100.6 | 100.6 | 100.6 | 100.4 | 101.2 | 100.4 |
| 广　东 | Guangdong | 102.2 | 100.9 | 98.8 | 99.1 | 97.7 | 100.4 |
| 广　西 | Guangxi | 101.9 | 100.5 | 100.6 | 100.9 | 99.5 | 99.7 |
| 海　南 | Hainan | 102.7 | 99.7 | 102.3 | 102.9 | 99.6 | 109.1 |
| 重　庆 | Chongqing | 103.8 | 101.2 | 99.2 | 99.9 | 96.1 | 100.8 |
| 四　川 | Sichuan | 103.6 | 100.4 | 99.9 | 99.9 | 100.0 | 101.1 |
| 贵　州 | Guizhou | 101.2 | 100.2 | 100.8 | 100.7 | 101.4 | 100.0 |
| 云　南 | Yunnan | 100.6 | 100.3 | 101.5 | 101.0 | 103.2 | 99.3 |
| 西　藏 | Tibet | 99.9 | 100.0 | 99.9 | 99.8 | 100.5 | 100.9 |
| 陕　西 | Shaanxi | 103.5 | 99.1 | 99.7 | 99.9 | 98.4 | 101.4 |
| 甘　肃 | Gansu | 101.3 | 101.8 | 101.1 | 101.2 | 100.3 | 99.3 |
| 青　海 | Qinghai | 102.8 | 100.0 | 101.9 | 102.5 | 97.8 | 99.9 |
| 宁　夏 | Ningxia | 103.8 | 102.4 | 104.0 | 103.6 | 105.7 | 102.9 |
| 新　疆 | Xinjiang | 101.0 | 97.2 | 100.3 | 100.5 | 99.7 | 97.1 |

3-1-4 续表 9 continued 9

(上年价格=100) (Preceding year=100)

| 地 区 | Region | (1)床上用品 Bed Articles | (2)窗帘门帘 Curtains | (3)其他家用纺织品 Other Interior Textiles | 4.家庭日用杂品 Household Articles for Daily Use | (1)洗涤卫生用品 Clearing Products | (2)厨具餐具茶具 Kichenware Tableware and Teaset |
|---|---|---|---|---|---|---|---|
| **全 国** | **National** | **100.6** | **101.7** | **99.7** | **101.4** | **101.9** | **100.5** |
| 北 京 | Beijing | 100.5 | 100.8 | 97.1 | 100.9 | 101.0 | 99.8 |
| 天 津 | Tianjin | 101.8 | 100.1 | 99.3 | 100.9 | 101.1 | 101.5 |
| 河 北 | Hebei | 100.3 | 101.5 | 99.1 | 101.2 | 101.6 | 102.6 |
| 山 西 | Shanxi | 100.3 | 100.3 | 100.7 | 101.6 | 102.7 | 100.1 |
| 内蒙古 | Inner Mongolia | 101.1 | 102.0 | 101.0 | 100.7 | 100.6 | 100.9 |
| 辽 宁 | Liaoning | 100.2 | 99.4 | 100.0 | 100.1 | 100.3 | 99.5 |
| 吉 林 | Jilin | 102.5 | 102.5 | 99.4 | 101.6 | 101.9 | 100.8 |
| 黑龙江 | Heilongjiang | 101.0 | 100.1 | 100.4 | 100.6 | 101.5 | 98.9 |
| 上 海 | Shanghai | 99.0 | 100.4 | 97.7 | 102.1 | 103.1 | 97.9 |
| 江 苏 | Jiangsu | 102.1 | 103.6 | 101.5 | 104.2 | 105.3 | 102.7 |
| 浙 江 | Zhejiang | 98.6 | 111.7 | 100.7 | 102.2 | 102.8 | 102.2 |
| 安 徽 | Anhui | 100.6 | 102.6 | 98.8 | 101.9 | 102.7 | 101.1 |
| 福 建 | Fujian | 102.8 | 99.1 | 100.0 | 100.0 | 99.9 | 101.0 |
| 江 西 | Jiangxi | 99.0 | 102.8 | 102.1 | 100.5 | 100.5 | 99.1 |
| 山 东 | Shandong | 102.3 | 100.9 | 99.6 | 100.7 | 101.1 | 99.9 |
| 河 南 | Henan | 100.6 | 101.6 | 99.9 | 100.5 | 101.2 | 99.3 |
| 湖 北 | Hubei | 99.5 | 100.6 | 99.5 | 101.3 | 100.7 | 100.3 |
| 湖 南 | Hunan | 100.4 | 100.8 | 100.7 | 102.5 | 103.7 | 102.1 |
| 广 东 | Guangdong | 100.6 | 100.2 | 98.7 | 100.9 | 101.0 | 100.1 |
| 广 西 | Guangxi | 99.5 | 102.3 | 99.3 | 101.2 | 101.6 | 99.6 |
| 海 南 | Hainan | 112.0 | 100.3 | 100.2 | 101.0 | 101.7 | 98.9 |
| 重 庆 | Chongqing | 101.0 | 100.2 | 99.3 | 102.2 | 103.2 | 100.9 |
| 四 川 | Sichuan | 101.2 | 101.2 | 100.1 | 101.1 | 102.2 | 99.8 |
| 贵 州 | Guizhou | 99.7 | 102.3 | 100.1 | 101.4 | 101.4 | 101.6 |
| 云 南 | Yunnan | 98.9 | 101.6 | 99.3 | 101.4 | 101.7 | 101.7 |
| 西 藏 | Tibet | 100.0 | 101.7 | 107.8 | 100.5 | 100.0 | 100.6 |
| 陕 西 | Shaanxi | 102.0 | 101.2 | 97.6 | 102.2 | 102.6 | 102.0 |
| 甘 肃 | Gansu | 98.0 | 104.2 | 103.0 | 101.0 | 100.4 | 100.1 |
| 青 海 | Qinghai | 99.2 | 102.9 | 100.4 | 98.5 | 97.3 | 100.3 |
| 宁 夏 | Ningxia | 103.4 | 100.5 | 104.9 | 101.0 | 101.1 | 101.1 |
| 新 疆 | Xinjiang | 96.5 | 97.7 | 98.2 | 100.8 | 101.9 | 99.4 |

3-1-4 续表 10 continued 10

(上年价格=100) (Preceding year=100)

| 地 区 | Region | (3)家用手工工具 Hand Tools for Household Use | (4)其他家庭日用杂品 Other Daily Use Household Articles | 5.个人护理用品 Personal-care Supplies | (1)化妆品 Cosmetics | (2)其他护理用品类 Other Nursing Materials | 6.家庭服务 Household Services |
|---|---|---|---|---|---|---|---|
| **全 国** | **National** | **101.4** | **101.0** | **101.0** | **101.0** | **101.0** | **105.7** |
| 北 京 | Beijing | 103.8 | 101.9 | 101.7 | 102.3 | 99.9 | 105.5 |
| 天 津 | Tianjin | 101.8 | 99.9 | 100.4 | 100.7 | 100.0 | 105.1 |
| 河 北 | Hebei | 100.0 | 99.5 | 101.7 | 101.5 | 102.3 | 103.8 |
| 山 西 | Shanxi | 101.6 | 100.1 | 100.3 | 100.0 | 100.9 | 104.5 |
| 内蒙古 | Inner Mongolia | 100.8 | 100.7 | 100.6 | 100.3 | 101.3 | 104.0 |
| 辽 宁 | Liaoning | 101.1 | 99.9 | 100.7 | 100.7 | 100.7 | 102.1 |
| 吉 林 | Jilin | 102.1 | 101.7 | 101.3 | 101.4 | 101.1 | 103.5 |
| 黑龙江 | Heilongjiang | 102.4 | 99.8 | 101.4 | 101.5 | 101.3 | 101.0 |
| 上 海 | Shanghai | 100.4 | 103.0 | 100.4 | 99.9 | 101.2 | 103.7 |
| 江 苏 | Jiangsu | 103.4 | 102.4 | 102.1 | 101.3 | 103.4 | 107.5 |
| 浙 江 | Zhejiang | 102.1 | 101.3 | 100.0 | 99.7 | 100.4 | 107.7 |
| 安 徽 | Anhui | 101.0 | 100.8 | 101.7 | 102.1 | 101.1 | 106.9 |
| 福 建 | Fujian | 100.9 | 99.7 | 100.4 | 99.8 | 100.9 | 104.3 |
| 江 西 | Jiangxi | 101.6 | 101.0 | 100.6 | 101.6 | 99.6 | 103.1 |
| 山 东 | Shandong | 100.8 | 100.3 | 100.7 | 100.7 | 100.6 | 103.8 |
| 河 南 | Henan | 102.2 | 100.5 | 101.7 | 102.0 | 101.3 | 104.4 |
| 湖 北 | Hubei | 101.1 | 103.0 | 101.0 | 100.7 | 101.3 | 107.7 |
| 湖 南 | Hunan | 100.0 | 100.7 | 101.0 | 100.6 | 101.5 | 102.3 |
| 广 东 | Guangdong | 100.5 | 101.1 | 100.7 | 101.1 | 100.2 | 106.3 |
| 广 西 | Guangxi | 101.1 | 101.7 | 101.2 | 101.0 | 101.3 | 107.7 |
| 海 南 | Hainan | 100.2 | 100.7 | 101.9 | 100.6 | 102.6 | 103.3 |
| 重 庆 | Chongqing | 104.6 | 100.4 | 100.8 | 101.0 | 100.6 | 106.4 |
| 四 川 | Sichuan | 103.1 | 100.0 | 100.3 | 100.4 | 100.2 | 106.9 |
| 贵 州 | Guizhou | 100.2 | 101.4 | 101.2 | 101.2 | 101.4 | 104.1 |
| 云 南 | Yunnan | 101.2 | 100.7 | 100.3 | 100.3 | 100.2 | 104.5 |
| 西 藏 | Tibet | 99.7 | 101.4 | 103.4 | 101.6 | 104.9 | 101.6 |
| 陕 西 | Shaanxi | 102.1 | 100.3 | 100.8 | 100.4 | 101.4 | 109.4 |
| 甘 肃 | Gansu | 100.7 | 102.7 | 100.7 | 100.3 | 101.3 | 101.5 |
| 青 海 | Qinghai | 104.6 | 99.9 | 102.2 | 102.3 | 101.8 | 104.2 |
| 宁 夏 | Ningxia | 100.5 | 100.8 | 100.3 | 100.0 | 100.9 | 103.3 |
| 新 疆 | Xinjiang | 102.2 | 100.7 | 100.9 | 100.4 | 101.5 | 123.0 |

3-1-4 续表 11 continued 11

(上年价格=100) (Preceding year=100)

| 地区 | Region | 五、交通和通信 Transport and Communications | 1.交通 Transport | (1)交通工具 Transport Facility | (2)交通工具用燃料 Fuels for Transport Facility | (3)交通工具使用和维修 Use and Maintenance of Transport Facility | (4)交通费 Traffic Fee |
|---|---|---|---|---|---|---|---|
| **全国** | **National** | **101.6** | **103.2** | **98.3** | **112.6** | **103.1** | **101.3** |
| 北京 | Beijing | 100.6 | 103.6 | 96.9 | 112.5 | 102.9 | 103.9 |
| 天津 | Tianjin | 101.3 | 103.3 | 97.4 | 113.0 | 103.2 | 101.5 |
| 河北 | Hebei | 100.3 | 101.6 | 95.7 | 112.8 | 100.9 | 100.6 |
| 山西 | Shanxi | 101.2 | 102.7 | 98.1 | 112.5 | 101.1 | 100.0 |
| 内蒙古 | Inner Mongolia | 101.1 | 101.7 | 95.6 | 113.0 | 100.9 | 102.5 |
| 辽宁 | Liaoning | 101.4 | 102.6 | 99.3 | 112.9 | 103.8 | 101.1 |
| 吉林 | Jilin | 100.3 | 101.6 | 97.5 | 113.0 | 105.2 | 99.5 |
| 黑龙江 | Heilongjiang | 101.2 | 103.0 | 99.6 | 112.7 | 101.7 | 102.7 |
| 上海 | Shanghai | 104.0 | 105.1 | 98.9 | 112.7 | 103.2 | 104.0 |
| 江苏 | Jiangsu | 102.6 | 103.9 | 98.5 | 112.7 | 107.5 | 100.1 |
| 浙江 | Zhejiang | 100.9 | 103.2 | 98.8 | 112.5 | 102.1 | 101.1 |
| 安徽 | Anhui | 101.0 | 101.8 | 95.5 | 112.5 | 106.5 | 99.4 |
| 福建 | Fujian | 101.0 | 102.2 | 98.8 | 112.1 | 101.1 | 97.4 |
| 江西 | Jiangxi | 101.6 | 103.3 | 98.8 | 112.6 | 102.4 | 100.7 |
| 山东 | Shandong | 101.8 | 103.4 | 98.2 | 112.9 | 103.2 | 102.8 |
| 河南 | Henan | 101.8 | 103.8 | 100.0 | 113.0 | 105.3 | 101.1 |
| 湖北 | Hubei | 102.2 | 103.9 | 98.8 | 112.7 | 102.5 | 103.8 |
| 湖南 | Hunan | 102.7 | 104.3 | 99.8 | 112.9 | 102.7 | 102.5 |
| 广东 | Guangdong | 101.8 | 103.7 | 98.6 | 112.6 | 103.9 | 100.9 |
| 广西 | Guangxi | 101.7 | 103.0 | 98.1 | 112.1 | 103.0 | 100.5 |
| 海南 | Hainan | 103.4 | 105.3 | 100.0 | 111.1 | 103.3 | 108.0 |
| 重庆 | Chongqing | 100.1 | 102.1 | 97.1 | 112.6 | 101.1 | 99.4 |
| 四川 | Sichuan | 101.2 | 102.8 | 96.8 | 112.0 | 100.9 | 100.5 |
| 贵州 | Guizhou | 102.1 | 103.6 | 98.9 | 112.6 | 100.7 | 98.5 |
| 云南 | Yunnan | 102.1 | 103.7 | 100.1 | 112.0 | 101.9 | 99.2 |
| 西藏 | Tibet | 100.5 | 103.1 | 100.0 | 111.6 | 100.1 | 100.4 |
| 陕西 | Shaanxi | 101.0 | 101.4 | 98.5 | 112.5 | 100.4 | 101.1 |
| 甘肃 | Gansu | 101.4 | 102.7 | 100.3 | 111.9 | 101.6 | 100.4 |
| 青海 | Qinghai | 101.1 | 103.4 | 102.5 | 112.7 | 100.8 | 98.2 |
| 宁夏 | Ningxia | 102.4 | 103.9 | 104.7 | 112.0 | 100.5 | 98.2 |
| 新疆 | Xinjiang | 101.2 | 102.2 | 97.0 | 111.8 | 102.5 | 101.8 |

3-1-4 续表 12 continued 12

(上年价格=100) (Preceding year=100)

| 地 区 | Region | 2.通信 Communications | (1)通信工具 Communication Facility | (2)通信服务 Communicaiton Service | (3)邮递服务 Postal Serice | 六、教育文化和娱乐 Education, Culture and Recreation | 1.教育 Education |
|---|---|---|---|---|---|---|---|
| **全 国** | **National** | **98.7** | **98.1** | **98.6** | **102.1** | **102.3** | **102.9** |
| 北 京 | Beijing | 93.3 | 98.4 | 90.2 | 105.4 | 103.6 | 106.9 |
| 天 津 | Tianjin | 97.8 | 96.9 | 97.7 | 101.5 | 102.4 | 102.0 |
| 河 北 | Hebei | 97.9 | 95.4 | 98.9 | 100.0 | 102.4 | 102.8 |
| 山 西 | Shanxi | 98.4 | 93.3 | 100.1 | 102.7 | 102.0 | 103.1 |
| 内蒙古 | Inner Mongolia | 100.1 | 100.0 | 100.1 | 100.0 | 100.8 | 100.6 |
| 辽 宁 | Liaoning | 99.1 | 96.6 | 99.9 | 100.2 | 102.1 | 103.5 |
| 吉 林 | Jilin | 98.0 | 100.2 | 96.5 | 102.2 | 102.2 | 102.3 |
| 黑龙江 | Heilongjiang | 97.7 | 94.4 | 98.8 | 99.9 | 103.1 | 104.2 |
| 上 海 | Shanghai | 102.2 | 110.9 | 99.2 | 108.0 | 103.1 | 106.9 |
| 江 苏 | Jiangsu | 99.9 | 102.0 | 98.9 | 104.9 | 102.5 | 102.0 |
| 浙 江 | Zhejiang | 96.1 | 92.6 | 96.9 | 104.3 | 102.2 | 103.0 |
| 安 徽 | Anhui | 99.6 | 97.4 | 100.0 | 103.3 | 102.2 | 102.9 |
| 福 建 | Fujian | 99.1 | 96.4 | 99.9 | 100.3 | 102.1 | 102.8 |
| 江 西 | Jiangxi | 98.7 | 93.4 | 99.8 | 103.4 | 102.1 | 102.7 |
| 山 东 | Shandong | 98.9 | 95.7 | 99.5 | 103.7 | 102.1 | 102.6 |
| 河 南 | Henan | 98.2 | 108.4 | 93.9 | 100.6 | 102.3 | 103.7 |
| 湖 北 | Hubei | 99.5 | 96.3 | 100.5 | 99.9 | 101.3 | 101.9 |
| 湖 南 | Hunan | 99.9 | 99.9 | 99.9 | 100.3 | 101.5 | 102.0 |
| 广 东 | Guangdong | 98.4 | 96.6 | 98.7 | 100.7 | 102.4 | 103.1 |
| 广 西 | Guangxi | 99.3 | 99.8 | 99.0 | 101.0 | 102.6 | 103.6 |
| 海 南 | Hainan | 100.6 | 103.0 | 100.1 | 100.8 | 102.5 | 104.3 |
| 重 庆 | Chongqing | 96.5 | 96.2 | 96.2 | 100.7 | 103.0 | 103.3 |
| 四 川 | Sichuan | 98.7 | 94.6 | 99.6 | 100.5 | 101.6 | 102.4 |
| 贵 州 | Guizhou | 99.9 | 99.4 | 100.0 | 100.6 | 103.3 | 101.6 |
| 云 南 | Yunnan | 99.4 | 96.5 | 100.2 | 99.3 | 102.5 | 102.4 |
| 西 藏 | Tibet | 97.1 | 97.8 | 96.6 | 100.1 | 100.2 | 100.1 |
| 陕 西 | Shaanxi | 100.0 | 99.4 | 100.2 | 100.0 | 101.6 | 101.7 |
| 甘 肃 | Gansu | 99.1 | 98.2 | 99.2 | 100.0 | 100.4 | 100.4 |
| 青 海 | Qinghai | 96.9 | 88.2 | 100.1 | 100.0 | 106.3 | 106.6 |
| 宁 夏 | Ningxia | 99.8 | 99.2 | 99.6 | 103.1 | 102.0 | 103.4 |
| 新 疆 | Xinjiang | 98.6 | 92.6 | 99.9 | 103.7 | 101.5 | 101.7 |

3-1-4 续表 13 continued 13

(上年价格=100) (Preceding year=100)

| 地区 | Region | (1)教育用品 Education Articles | (2)教育服务 Education Services | 2.文化娱乐 Cultural and Recreational Articles | (1)文娱耐用消费品 Durable Consumer Goods for Culture and Recreation | (2)其他文娱用品 Other Articles | (3)文化娱乐服务 Cultural and Recreational Services |
|---|---|---|---|---|---|---|---|
| **全 国** | **National** | **102.6** | **103.0** | **101.5** | **98.1** | **101.9** | **100.9** |
| 北 京 | Beijing | 103.3 | 107.0 | 101.5 | 96.1 | 101.2 | 100.8 |
| 天 津 | Tianjin | 100.1 | 102.0 | 102.8 | 96.5 | 102.2 | 101.6 |
| 河 北 | Hebei | 103.0 | 102.8 | 101.9 | 99.0 | 101.5 | 100.2 |
| 山 西 | Shanxi | 105.1 | 102.9 | 100.5 | 97.4 | 102.0 | 100.6 |
| 内蒙古 | Inner Mongolia | 100.4 | 100.6 | 101.2 | 100.0 | 102.0 | 99.9 |
| 辽 宁 | Liaoning | 103.3 | 103.5 | 99.8 | 97.7 | 101.1 | 100.2 |
| 吉 林 | Jilin | 104.7 | 102.1 | 102.2 | 100.7 | 102.2 | 100.1 |
| 黑龙江 | Heilongjiang | 101.6 | 104.3 | 101.5 | 96.6 | 100.3 | 100.0 |
| 上 海 | Shanghai | 103.3 | 107.0 | 100.7 | 96.5 | 101.7 | 101.5 |
| 江 苏 | Jiangsu | 104.5 | 102.0 | 103.0 | 99.2 | 103.9 | 100.6 |
| 浙 江 | Zhejiang | 100.9 | 103.1 | 101.1 | 96.5 | 103.1 | 100.5 |
| 安 徽 | Anhui | 109.1 | 102.7 | 101.2 | 98.2 | 100.8 | 102.4 |
| 福 建 | Fujian | 103.7 | 102.8 | 101.1 | 98.7 | 101.2 | 101.3 |
| 江 西 | Jiangxi | 102.4 | 102.7 | 101.4 | 98.0 | 106.2 | 100.7 |
| 山 东 | Shandong | 103.1 | 102.6 | 101.4 | 99.4 | 101.2 | 101.8 |
| 河 南 | Henan | 102.4 | 103.8 | 100.5 | 100.0 | 102.2 | 99.9 |
| 湖 北 | Hubei | 100.6 | 102.1 | 100.5 | 98.0 | 100.6 | 101.0 |
| 湖 南 | Hunan | 100.1 | 102.2 | 100.8 | 100.2 | 100.9 | 101.7 |
| 广 东 | Guangdong | 102.6 | 103.2 | 101.4 | 97.5 | 101.0 | 101.0 |
| 广 西 | Guangxi | 102.5 | 103.8 | 101.3 | 98.7 | 101.6 | 101.9 |
| 海 南 | Hainan | 100.3 | 104.7 | 100.1 | 100.2 | 104.3 | 101.1 |
| 重 庆 | Chongqing | 102.7 | 103.3 | 102.7 | 97.5 | 101.3 | 101.0 |
| 四 川 | Sichuan | 103.2 | 102.4 | 101.0 | 96.9 | 103.5 | 100.9 |
| 贵 州 | Guizhou | 102.9 | 101.5 | 105.1 | 98.5 | 102.0 | 100.1 |
| 云 南 | Yunnan | 101.9 | 102.4 | 102.6 | 98.4 | 101.0 | 102.5 |
| 西 藏 | Tibet | 100.1 | 100.1 | 100.2 | 100.0 | 100.1 | 100.5 |
| 陕 西 | Shaanxi | 103.1 | 101.5 | 101.4 | 99.9 | 104.4 | 99.7 |
| 甘 肃 | Gansu | 100.3 | 100.4 | 100.3 | 99.3 | 100.8 | 100.9 |
| 青 海 | Qinghai | 102.5 | 106.7 | 105.9 | 98.6 | 99.1 | 101.7 |
| 宁 夏 | Ningxia | 105.8 | 102.9 | 100.0 | 98.9 | 103.9 | 99.9 |
| 新 疆 | Xinjiang | 100.4 | 101.7 | 101.1 | 97.5 | 100.6 | 100.2 |

3-1-4 续表 14 continued 14

(上年价格=100) (Preceding year=100)

| 地区 | Region | (4)旅游 Touring and Outgoing | 七、医疗保健 Health Care | 1.药品及医疗器具 Medicine and Medical Instrument | (1)中药 Traditional chinese Medicine | (2)西药 Western Medicine | (3)滋补保健品 Health Care Articles |
|---|---|---|---|---|---|---|---|
| **全国** | **National** | **103.2** | **104.6** | **104.1** | **105.6** | **104.9** | **102.7** |
| 北京 | Beijing | 106.8 | 103.0 | 101.5 | 101.7 | 100.6 | 102.8 |
| 天津 | Tianjin | 106.9 | 102.6 | 104.3 | 107.5 | 105.2 | 101.4 |
| 河北 | Hebei | 104.8 | 109.2 | 106.6 | 105.1 | 109.3 | 101.6 |
| 山西 | Shanxi | 101.3 | 104.1 | 104.0 | 105.7 | 105.0 | 101.1 |
| 内蒙古 | Inner Mongolia | 102.4 | 102.1 | 102.5 | 101.4 | 103.5 | 101.3 |
| 辽宁 | Liaoning | 100.2 | 111.9 | 104.2 | 106.4 | 105.0 | 101.0 |
| 吉林 | Jilin | 104.1 | 105.9 | 106.4 | 105.5 | 108.6 | 102.6 |
| 黑龙江 | Heilongjiang | 105.4 | 110.3 | 103.9 | 104.4 | 104.5 | 103.5 |
| 上海 | Shanghai | 101.8 | 102.4 | 101.1 | 105.6 | 99.7 | 101.0 |
| 江苏 | Jiangsu | 105.0 | 101.1 | 104.2 | 108.1 | 104.9 | 102.2 |
| 浙江 | Zhejiang | 102.4 | 103.0 | 105.9 | 106.0 | 108.5 | 103.3 |
| 安徽 | Anhui | 102.1 | 102.7 | 104.7 | 107.5 | 105.7 | 101.8 |
| 福建 | Fujian | 101.9 | 102.1 | 103.5 | 105.5 | 104.6 | 101.1 |
| 江西 | Jiangxi | 101.8 | 107.7 | 101.5 | 104.0 | 100.3 | 102.3 |
| 山东 | Shandong | 102.1 | 102.9 | 105.7 | 106.0 | 108.0 | 103.2 |
| 河南 | Henan | 100.3 | 108.1 | 105.8 | 107.5 | 105.6 | 107.0 |
| 湖北 | Hubei | 101.4 | 104.4 | 101.6 | 103.6 | 100.9 | 101.1 |
| 湖南 | Hunan | 100.4 | 102.0 | 104.3 | 105.9 | 103.8 | 104.6 |
| 广东 | Guangdong | 103.5 | 104.7 | 103.5 | 105.7 | 104.6 | 102.1 |
| 广西 | Guangxi | 103.0 | 104.7 | 104.0 | 106.7 | 104.0 | 103.5 |
| 海南 | Hainan | 97.4 | 103.3 | 107.1 | 106.4 | 107.3 | 111.3 |
| 重庆 | Chongqing | 106.9 | 105.7 | 104.4 | 104.9 | 104.9 | 104.8 |
| 四川 | Sichuan | 102.0 | 103.6 | 105.1 | 105.4 | 107.8 | 102.4 |
| 贵州 | Guizhou | 114.9 | 102.3 | 103.7 | 102.0 | 105.0 | 103.3 |
| 云南 | Yunnan | 106.6 | 103.6 | 105.3 | 107.5 | 106.2 | 101.8 |
| 西藏 | Tibet | 100.3 | 102.9 | 104.8 | 107.7 | 105.9 | 101.3 |
| 陕西 | Shaanxi | 102.3 | 104.3 | 103.9 | 109.2 | 102.6 | 100.5 |
| 甘肃 | Gansu | 100.4 | 108.1 | 105.6 | 110.4 | 103.3 | 106.0 |
| 青海 | Qinghai | 129.2 | 103.2 | 106.6 | 109.3 | 107.4 | 102.2 |
| 宁夏 | Ningxia | 99.5 | 101.9 | 102.4 | 104.1 | 101.8 | 103.0 |
| 新疆 | Xinjiang | 106.3 | 113.2 | 101.5 | 102.3 | 101.3 | 101.6 |

3-1-4 续表 15 continued 15

(上年价格=100) (Preceding year=100)

| 地 区 | Region | (4)医疗卫生器具 Medical Instrument | (5)保健器具 Health Care Appliances | 2.医疗服务 Medical Services | (1)综合医疗类 General Practice | (2)诊断类 Diagnostic Medical | (3)治疗类 Medical Treatment |
|---|---|---|---|---|---|---|---|
| **全 国** | **National** | **100.9** | **100.1** | **105.0** | **111.7** | **99.9** | **105.4** |
| 北 京 | Beijing | 100.2 | 99.5 | 105.8 | 113.1 | 99.1 | 100.6 |
| 天 津 | Tianjin | 100.2 | 101.3 | 101.1 | 100.1 | 100.0 | 102.4 |
| 河 北 | Hebei | 100.7 | 100.3 | 111.1 | 127.5 | 100.2 | 104.6 |
| 山 西 | Shanxi | 101.4 | 100.0 | 104.2 | 108.4 | 99.8 | 103.2 |
| 内蒙古 | Inner Mongolia | 102.1 | 100.3 | 101.8 | 103.1 | 99.2 | 102.9 |
| 辽 宁 | Liaoning | 100.7 | 99.9 | 117.7 | 140.2 | 97.9 | 117.8 |
| 吉 林 | Jilin | 103.3 | 100.1 | 105.5 | 116.6 | 97.0 | 103.7 |
| 黑龙江 | Heilongjiang | 100.7 | 99.6 | 114.8 | 126.1 | 96.3 | 125.6 |
| 上 海 | Shanghai | 100.8 | 101.4 | 103.8 | 106.0 | 103.0 | 103.2 |
| 江 苏 | Jiangsu | 100.3 | 102.2 | 99.6 | 100.1 | 99.1 | 99.9 |
| 浙 江 | Zhejiang | 101.1 | 100.7 | 101.0 | 102.4 | 100.4 | 100.7 |
| 安 徽 | Anhui | 101.6 | 101.5 | 101.7 | 104.3 | 100.1 | 101.2 |
| 福 建 | Fujian | 100.5 | 99.9 | 101.4 | 104.0 | 99.9 | 101.3 |
| 江 西 | Jiangxi | 101.7 | 99.1 | 111.2 | 121.0 | 101.5 | 112.0 |
| 山 东 | Shandong | 100.4 | 101.3 | 100.6 | 101.3 | 99.9 | 100.9 |
| 河 南 | Henan | 102.5 | 100.3 | 109.8 | 115.5 | 102.1 | 112.6 |
| 湖 北 | Hubei | 100.2 | 99.4 | 106.2 | 112.2 | 99.8 | 107.3 |
| 湖 南 | Hunan | 99.5 | 100.2 | 100.5 | 101.0 | 100.2 | 100.3 |
| 广 东 | Guangdong | 100.6 | 99.0 | 105.6 | 114.3 | 99.1 | 107.1 |
| 广 西 | Guangxi | 100.3 | 101.7 | 105.1 | 114.7 | 100.2 | 102.8 |
| 海 南 | Hainan | 102.7 | 100.2 | 100.5 | 100.3 | 100.8 | 100.4 |
| 重 庆 | Chongqing | 101.4 | 100.2 | 106.7 | 121.4 | 99.5 | 105.3 |
| 四 川 | Sichuan | 100.2 | 99.0 | 102.5 | 101.1 | 100.9 | 102.3 |
| 贵 州 | Guizhou | 101.2 | 100.3 | 101.2 | 101.6 | 101.0 | 101.6 |
| 云 南 | Yunnan | 102.1 | 99.4 | 102.2 | 110.5 | 100.2 | 101.0 |
| 西 藏 | Tibet | 99.8 | 100.0 | 101.6 | 102.4 | 102.4 | 99.9 |
| 陕 西 | Shaanxi | 99.7 | 100.5 | 104.5 | 109.8 | 100.1 | 103.9 |
| 甘 肃 | Gansu | 101.8 | 101.8 | 110.4 | 129.0 | 100.5 | 107.6 |
| 青 海 | Qinghai | 102.2 | 99.9 | 100.5 | 100.0 | 100.8 | 100.0 |
| 宁 夏 | Ningxia | 99.8 | 100.0 | 101.3 | 102.4 | 100.5 | 101.6 |
| 新 疆 | Xinjiang | 100.7 | 101.7 | 118.1 | 137.6 | 106.7 | 119.7 |

3-1-4 续表 16 continued 16

(上年价格=100) (Preceding year=100)

| 地区 | Region | (4)康复类 Rehabilitation | (5)中医医疗服务类 Traditional Chinese Medical | (6)其他医疗服务 Other Health Care Services | 八、其他用品和服务 Other Articles and Services | 1.其他用品类 Other Articles | (1)首饰手表 Jewelry and Watches |
|---|---|---|---|---|---|---|---|
| **全 国** | **National** | **104.7** | **106.3** | **102.6** | **101.2** | **99.0** | **98.4** |
| 北 京 | Beijing | 100.0 | 118.7 | 100.0 | 102.2 | 98.8 | 99.1 |
| 天 津 | Tianjin | 100.0 | 100.0 | 100.0 | 101.1 | 98.7 | 97.7 |
| 河 北 | Hebei | 97.6 | 122.3 | 103.0 | 101.9 | 100.1 | 98.9 |
| 山 西 | Shanxi | 100.9 | 103.4 | 112.7 | 100.6 | 99.8 | 99.9 |
| 内蒙古 | Inner Mongolia | 100.8 | 102.1 | 100.9 | 100.6 | 99.6 | 99.3 |
| 辽 宁 | Liaoning | 128.3 | 108.4 | 100.3 | 100.7 | 98.7 | 97.7 |
| 吉 林 | Jilin | 103.6 | 101.7 | 100.0 | 100.4 | 99.5 | 99.0 |
| 黑龙江 | Heilongjiang | 103.3 | 113.4 | 102.2 | 99.6 | 98.4 | 97.5 |
| 上 海 | Shanghai | 100.6 | 108.5 | 100.2 | 102.4 | 100.5 | 100.6 |
| 江 苏 | Jiangsu | 100.0 | 100.7 | 99.7 | 102.3 | 99.1 | 98.1 |
| 浙 江 | Zhejiang | 101.4 | 103.1 | 100.2 | 100.0 | 98.9 | 98.5 |
| 安 徽 | Anhui | 101.2 | 107.7 | 99.5 | 100.8 | 99.5 | 98.7 |
| 福 建 | Fujian | 104.1 | 100.4 | 102.1 | 100.4 | 98.5 | 98.1 |
| 江 西 | Jiangxi | 108.9 | 114.5 | 113.4 | 100.7 | 98.5 | 98.4 |
| 山 东 | Shandong | 100.1 | 100.2 | 103.4 | 100.7 | 98.9 | 97.8 |
| 河 南 | Henan | 115.3 | 108.9 | 107.3 | 101.5 | 98.9 | 98.5 |
| 湖 北 | Hubei | 101.6 | 105.9 | 105.1 | 100.5 | 98.2 | 97.2 |
| 湖 南 | Hunan | 100.3 | 100.2 | 101.1 | 100.6 | 98.6 | 97.4 |
| 广 东 | Guangdong | 100.9 | 110.5 | 103.6 | 101.3 | 98.9 | 98.3 |
| 广 西 | Guangxi | 101.5 | 109.3 | 104.9 | 101.5 | 98.3 | 96.4 |
| 海 南 | Hainan | 101.6 | 99.8 | 100.0 | 101.8 | 97.0 | 96.4 |
| 重 庆 | Chongqing | 105.8 | 104.1 | 100.0 | 100.9 | 99.0 | 98.4 |
| 四 川 | Sichuan | 115.2 | 101.9 | 106.5 | 102.6 | 99.4 | 98.8 |
| 贵 州 | Guizhou | 100.1 | 101.6 | 101.6 | 100.5 | 99.3 | 98.4 |
| 云 南 | Yunnan | 100.2 | 103.7 | 100.1 | 100.8 | 100.5 | 99.5 |
| 西 藏 | Tibet | 100.0 | 100.8 | 99.2 | 100.3 | 99.0 | 98.4 |
| 陕 西 | Shaanxi | 104.3 | 103.9 | 102.2 | 100.5 | 98.6 | 97.5 |
| 甘 肃 | Gansu | 107.1 | 110.1 | 104.6 | 100.6 | 98.3 | 96.6 |
| 青 海 | Qinghai | 100.0 | 102.9 | 100.0 | 99.9 | 99.5 | 99.2 |
| 宁 夏 | Ningxia | 99.8 | 100.1 | 100.2 | 100.5 | 99.1 | 98.3 |
| 新 疆 | Xinjiang | 108.2 | 109.9 | 104.1 | 100.3 | 97.0 | 98.6 |

3-1-4 续表 17 continued 17

(上年价格=100) (Preceding year=100)

| 地 区 | Region | (2)其他杂项用品 Other Miscellaneous Articles | 2.其他服务类 Other Services | (1)旅馆住宿 Hotel Accommod-ations | (2)美容美发洗浴 Beauty Salon, Hair Salon and Scouring Bath | (3)养老服务 Elderly Care | (4)金融保险 Finance and Insurance | (5)其他服务类 Other Miscellaneous Services |
|---|---|---|---|---|---|---|---|---|
| **全 国** | **National** | **100.1** | **102.9** | **103.2** | **104.1** | **104.9** | **101.5** | **101.5** |
| 北 京 | Beijing | 97.1 | 104.4 | 106.4 | 105.8 | 104.7 | 102.6 | 100.1 |
| 天 津 | Tianjin | 100.9 | 103.1 | 97.9 | 102.8 | 116.0 | 101.0 | 103.6 |
| 河 北 | Hebei | 101.5 | 103.2 | 99.1 | 102.0 | 100.9 | 104.3 | 101.8 |
| 山 西 | Shanxi | 99.8 | 101.2 | 102.1 | 103.8 | 100.1 | 100.1 | 101.9 |
| 内蒙古 | Inner Mongolia | 100.5 | 101.5 | 103.9 | 103.0 | 100.0 | 100.0 | 102.9 |
| 辽 宁 | Liaoning | 100.5 | 102.3 | 99.9 | 103.1 | 100.4 | 103.0 | 99.0 |
| 吉 林 | Jilin | 100.4 | 101.2 | 101.1 | 101.7 | 103.3 | 100.3 | 100.5 |
| 黑龙江 | Heilongjiang | 100.0 | 100.5 | 98.0 | 102.2 | 101.5 | 99.7 | 100.4 |
| 上 海 | Shanghai | 100.1 | 103.6 | 112.5 | 103.3 | 100.0 | 100.0 | 102.0 |
| 江 苏 | Jiangsu | 101.1 | 104.6 | 102.1 | 109.5 | 106.2 | 101.1 | 101.4 |
| 浙 江 | Zhejiang | 99.5 | 100.7 | 100.3 | 102.8 | 104.8 | 98.0 | 103.7 |
| 安 徽 | Anhui | 100.8 | 101.9 | 101.2 | 103.4 | 104.4 | 100.0 | 103.0 |
| 福 建 | Fujian | 99.2 | 101.8 | 100.0 | 103.0 | 103.2 | 101.5 | 100.3 |
| 江 西 | Jiangxi | 98.6 | 102.7 | 100.6 | 101.7 | 103.3 | 104.0 | 104.3 |
| 山 东 | Shandong | 101.1 | 102.4 | 101.9 | 102.5 | 104.6 | 102.3 | 101.2 |
| 河 南 | Henan | 100.2 | 103.3 | 101.8 | 103.8 | 106.7 | 102.2 | 101.3 |
| 湖 北 | Hubei | 99.9 | 102.4 | 102.9 | 104.7 | 103.3 | 99.8 | 101.2 |
| 湖 南 | Hunan | 100.7 | 102.4 | 102.3 | 106.7 | 102.6 | 101.1 | 100.1 |
| 广 东 | Guangdong | 99.8 | 103.5 | 102.7 | 103.6 | 109.7 | 101.7 | 100.2 |
| 广 西 | Guangxi | 99.6 | 104.2 | 102.4 | 106.7 | 109.3 | 101.2 | 108.3 |
| 海 南 | Hainan | 97.9 | 105.5 | 102.2 | 103.8 | 109.5 | 106.4 | 107.5 |
| 重 庆 | Chongqing | 99.9 | 102.1 | 103.3 | 103.2 | 101.3 | 101.1 | 100.0 |
| 四 川 | Sichuan | 100.3 | 104.5 | 103.2 | 105.6 | 100.8 | 105.4 | 101.7 |
| 贵 州 | Guizhou | 100.2 | 101.3 | 106.2 | 100.6 | 103.0 | 100.9 | 98.4 |
| 云 南 | Yunnan | 101.5 | 101.3 | 100.1 | 101.7 | 104.2 | 101.2 | 100.7 |
| 西 藏 | Tibet | 100.0 | 101.7 | 105.4 | 101.8 | 100.0 | 100.0 | 100.0 |
| 陕 西 | Shaanxi | 99.9 | 102.0 | 101.9 | 105.1 | 100.3 | 100.9 | 102.5 |
| 甘 肃 | Gansu | 100.9 | 102.4 | 102.9 | 104.4 | 103.5 | 101.4 | 100.0 |
| 青 海 | Qinghai | 100.2 | 100.3 | 98.6 | 100.2 | 107.3 | 100.7 | 100.0 |
| 宁 夏 | Ningxia | 100.6 | 101.7 | 99.6 | 100.8 | 100.8 | 103.9 | 100.7 |
| 新 疆 | Xinjiang | 94.6 | 103.3 | 101.8 | 102.8 | 108.4 | 102.9 | 99.0 |

# 3-1-5 各地区农村居民消费价格指数(2018年)
# Rural Consumer Price Indices by Category and Region (2018)

(上年价格=100) (Preceding year=100)

| 地区 | Region | 居民消费价格总指数 Consumer Price Index | 一、食品烟酒 Food, Tobacco and Liquor | 1.食品 Food | (1)粮食 Grain | (2)薯类 Tubers | (3)豆类 Beans |
|---|---|---|---|---|---|---|---|
| **全国** | **National** | **102.1** | **101.1** | **101.0** | **100.8** | **105.7** | **100.6** |
| 北京 | Beijing | | | | | | |
| 天津 | Tianjin | | | | | | |
| 河北 | Hebei | 102.4 | 101.9 | 102.2 | 100.1 | 109.2 | 101.4 |
| 山西 | Shanxi | 101.8 | 101.1 | 101.4 | 99.9 | 102.4 | 102.0 |
| 内蒙古 | Inner Mongolia | 101.9 | 101.9 | 101.9 | 100.6 | 101.4 | 102.6 |
| 辽宁 | Liaoning | 102.0 | 100.7 | 100.6 | 100.3 | 103.8 | 100.1 |
| 吉林 | Jilin | 102.3 | 100.7 | 100.3 | 101.3 | 111.7 | 100.1 |
| 黑龙江 | Heilongjiang | 101.9 | 100.3 | 99.9 | 102.2 | 108.7 | 100.4 |
| 上海 | Shanghai | | | | | | |
| 江苏 | Jiangsu | 102.4 | 101.9 | 101.2 | 101.0 | 106.9 | 99.6 |
| 浙江 | Zhejiang | 102.2 | 101.9 | 102.0 | 100.8 | 106.3 | 102.1 |
| 安徽 | Anhui | 102.0 | 101.7 | 101.5 | 100.6 | 109.2 | 101.7 |
| 福建 | Fujian | 101.5 | 101.1 | 101.1 | 101.0 | 104.5 | 100.4 |
| 江西 | Jiangxi | 102.2 | 99.9 | 99.2 | 101.7 | 100.5 | 101.3 |
| 山东 | Shandong | 102.7 | 101.9 | 102.0 | 100.3 | 112.9 | 100.2 |
| 河南 | Henan | 102.0 | 100.8 | 100.5 | 100.6 | 107.9 | 101.0 |
| 湖北 | Hubei | 101.8 | 101.7 | 101.9 | 102.0 | 107.5 | 99.6 |
| 湖南 | Hunan | 102.0 | 99.3 | 98.9 | 101.6 | 96.6 | 97.8 |
| 广东 | Guangdong | 101.9 | 101.0 | 100.7 | 100.3 | 104.9 | 102.1 |
| 广西 | Guangxi | 102.2 | 100.5 | 100.0 | 100.3 | 100.5 | 100.0 |
| 海南 | Hainan | 102.5 | 101.7 | 101.9 | 99.7 | 111.0 | 93.7 |
| 重庆 | Chongqing | | | | | | |
| 四川 | Sichuan | 101.7 | 100.9 | 100.7 | 100.2 | 107.0 | 101.6 |
| 贵州 | Guizhou | 101.4 | 100.1 | 99.7 | 101.6 | 106.8 | 98.5 |
| 云南 | Yunnan | 101.4 | 100.6 | 100.1 | 102.2 | 102.1 | 100.5 |
| 西藏 | Tibet | 102.2 | 103.2 | 102.9 | 103.0 | 100.9 | 102.9 |
| 陕西 | Shaanxi | 102.3 | 101.8 | 101.7 | 100.4 | 109.9 | 99.9 |
| 甘肃 | Gansu | 102.3 | 100.6 | 100.5 | 100.4 | 102.7 | 100.1 |
| 青海 | Qinghai | 102.5 | 103.7 | 104.4 | 101.1 | 105.4 | 98.8 |
| 宁夏 | Ningxia | 102.7 | 103.4 | 104.2 | 101.4 | 105.0 | 98.4 |
| 新疆 | Xinjiang | 102.4 | 102.8 | 102.9 | 99.7 | 105.9 | 99.8 |

3-1-5 续表 1 continued 1

(上年价格=100) (Preceding year=100)

| 地 区 | Region | (4)食用油 Edible Oil and Fats | (5)菜 Vegetables | (6)畜肉类 Meat of Livestock | (7)禽肉类 Meat of Poultry | (8)水产品 Aquatic Products | (9)蛋类 Eggs |
|---|---|---|---|---|---|---|---|
| **全 国** | **National** | **98.3** | **105.6** | **94.6** | **106.2** | **102.7** | **112.7** |
| 北 京 | Beijing | | | | | | |
| 天 津 | Tianjin | | | | | | |
| 河 北 | Hebei | 98.8 | 109.9 | 95.1 | 104.0 | 103.1 | 114.8 |
| 山 西 | Shanxi | 99.3 | 106.3 | 92.1 | 102.5 | 101.2 | 121.7 |
| 内 蒙 古 | Inner Mongolia | 95.4 | 106.9 | 99.6 | 105.3 | 109.7 | 112.7 |
| 辽 宁 | Liaoning | 99.8 | 106.2 | 91.4 | 102.4 | 103.2 | 110.6 |
| 吉 林 | Jilin | 99.7 | 108.1 | 90.4 | 102.0 | 99.5 | 110.9 |
| 黑 龙 江 | Heilongjiang | 98.2 | 106.3 | 89.2 | 105.3 | 102.7 | 112.1 |
| 上 海 | Shanghai | | | | | | |
| 江 苏 | Jiangsu | 100.2 | 105.9 | 95.4 | 106.7 | 100.0 | 111.2 |
| 浙 江 | Zhejiang | 99.1 | 107.3 | 98.0 | 106.5 | 103.6 | 109.5 |
| 安 徽 | Anhui | 98.1 | 107.1 | 95.3 | 106.1 | 98.7 | 113.2 |
| 福 建 | Fujian | 99.2 | 106.5 | 95.0 | 108.7 | 102.0 | 111.4 |
| 江 西 | Jiangxi | 98.3 | 104.1 | 91.1 | 104.8 | 100.7 | 109.7 |
| 山 东 | Shandong | 100.3 | 109.6 | 94.2 | 108.0 | 103.6 | 109.3 |
| 河 南 | Henan | 98.4 | 103.6 | 91.9 | 106.4 | 103.1 | 119.9 |
| 湖 北 | Hubei | 100.5 | 107.0 | 96.0 | 109.1 | 102.6 | 113.8 |
| 湖 南 | Hunan | 96.2 | 101.6 | 91.8 | 107.4 | 100.2 | 106.0 |
| 广 东 | Guangdong | 98.6 | 104.9 | 94.6 | 104.8 | 105.3 | 107.9 |
| 广 西 | Guangxi | 97.4 | 102.5 | 92.1 | 106.5 | 105.6 | 110.2 |
| 海 南 | Hainan | 95.3 | 104.9 | 97.0 | 109.6 | 109.1 | 112.4 |
| 重 庆 | Chongqing | | | | | | |
| 四 川 | Sichuan | 96.7 | 106.1 | 95.0 | 109.2 | 101.7 | 109.6 |
| 贵 州 | Guizhou | 94.6 | 104.8 | 93.9 | 105.8 | 102.8 | 106.0 |
| 云 南 | Yunnan | 96.8 | 104.4 | 92.9 | 103.0 | 104.5 | 109.6 |
| 西 藏 | Tibet | 100.9 | 105.3 | 101.0 | 103.9 | 106.1 | 104.1 |
| 陕 西 | Shaanxi | 99.4 | 106.2 | 95.8 | 104.1 | 100.1 | 113.2 |
| 甘 肃 | Gansu | 100.1 | 100.3 | 98.1 | 100.0 | 103.2 | 108.4 |
| 青 海 | Qinghai | 99.6 | 107.5 | 108.6 | 102.7 | 99.7 | 109.8 |
| 宁 夏 | Ningxia | 100.1 | 111.0 | 109.0 | 100.5 | 99.6 | 113.6 |
| 新 疆 | Xinjiang | 98.5 | 99.3 | 107.7 | 104.4 | 108.5 | 117.4 |

3-1-5 续表 2 continued 2

(上年价格=100) (Preceding year=100)

| 地 区 | Region | (10)奶类 Milk | (11)干鲜瓜果类 Dried and Fresh Melons and Fruits | (12)糖果糕点类 Candy and Cake | (13)调味品 Falvoring | (14)其他食品类 Other Foods | 2.茶及饮料 Tea and Beverages |
|---|---|---|---|---|---|---|---|
| **全 国** | **National** | **100.8** | **104.5** | **101.6** | **101.5** | **101.2** | **101.5** |
| 北 京 | Beijing | | | | | | |
| 天 津 | Tianjin | | | | | | |
| 河 北 | Hebei | 100.7 | 107.3 | 102.4 | 102.4 | 102.8 | 102.8 |
| 山 西 | Shanxi | 99.0 | 112.6 | 100.8 | 100.9 | 100.3 | 100.5 |
| 内蒙古 | Inner Mongolia | 99.5 | 103.4 | 100.7 | 102.4 | 101.1 | 100.9 |
| 辽 宁 | Liaoning | 100.0 | 108.9 | 100.3 | 100.4 | 100.9 | 100.9 |
| 吉 林 | Jilin | 103.8 | 105.4 | 102.2 | 101.0 | 100.0 | 102.4 |
| 黑龙江 | Heilongjiang | 99.7 | 105.5 | 98.9 | 102.2 | 100.1 | 100.7 |
| 上 海 | Shanghai | | | | | | |
| 江 苏 | Jiangsu | 102.6 | 105.6 | 102.4 | 102.7 | 102.7 | 103.1 |
| 浙 江 | Zhejiang | 100.9 | 101.8 | 101.4 | 102.6 | 101.4 | 100.9 |
| 安 徽 | Anhui | 102.3 | 106.4 | 102.6 | 102.1 | 101.9 | 103.2 |
| 福 建 | Fujian | 101.0 | 102.0 | 101.8 | 101.7 | 101.2 | 101.2 |
| 江 西 | Jiangxi | 100.0 | 103.8 | 102.3 | 102.8 | 101.2 | 100.6 |
| 山 东 | Shandong | 100.7 | 108.8 | 103.8 | 101.8 | 102.3 | 101.0 |
| 河 南 | Henan | 99.5 | 104.3 | 100.8 | 102.0 | 101.6 | 101.9 |
| 湖 北 | Hubei | 100.7 | 103.3 | 102.8 | 101.0 | 101.0 | 100.8 |
| 湖 南 | Hunan | 101.0 | 101.6 | 100.7 | 100.8 | 100.4 | 100.1 |
| 广 东 | Guangdong | 101.0 | 102.7 | 101.2 | 100.8 | 99.9 | 101.3 |
| 广 西 | Guangxi | 102.1 | 101.3 | 101.1 | 101.8 | 101.9 | 102.7 |
| 海 南 | Hainan | 101.4 | 93.9 | 101.5 | 97.1 | 101.8 | 98.8 |
| 重 庆 | Chongqing | | | | | | |
| 四 川 | Sichuan | 99.4 | 104.2 | 100.4 | 100.5 | 100.6 | 100.9 |
| 贵 州 | Guizhou | 99.5 | 104.0 | 100.7 | 99.8 | 99.6 | 100.3 |
| 云 南 | Yunnan | 101.2 | 105.0 | 101.3 | 103.3 | 100.3 | 100.9 |
| 西 藏 | Tibet | 105.1 | 101.2 | 103.0 | 101.2 | 102.4 | 101.5 |
| 陕 西 | Shaanxi | 102.1 | 104.2 | 101.7 | 100.8 | 100.7 | 102.3 |
| 甘 肃 | Gansu | 103.1 | 101.9 | 101.6 | 100.0 | 101.0 | 100.1 |
| 青 海 | Qinghai | 103.0 | 99.1 | 101.9 | 103.3 | 100.8 | 102.9 |
| 宁 夏 | Ningxia | 100.1 | 101.2 | 100.4 | 101.0 | 99.9 | 100.8 |
| 新 疆 | Xinjiang | 100.4 | 99.4 | 101.7 | 101.5 | 101.9 | 101.5 |

3-1-5 续表 3 continued 3

(上年价格=100) (Preceding year=100)

| 地 区 | Region | 3.烟酒 Tobacco and Liquor | (1)烟草 Tabacco | (2)酒类 Liquor | 4.在外餐饮 Dining Out | 二、衣着 Clothing | 1.服装 Garments |
|---|---|---|---|---|---|---|---|
| **全 国** | **National** | **100.9** | **100.1** | **102.3** | **102.3** | **101.5** | **101.6** |
| 北 京 | Beijing | | | | | | |
| 天 津 | Tianjin | | | | | | |
| 河 北 | Hebei | 101.1 | 100.4 | 102.1 | 101.3 | 101.8 | 102.4 |
| 山 西 | Shanxi | 100.1 | 100.0 | 100.4 | 100.2 | 101.6 | 101.6 |
| 内蒙古 | Inner Mongolia | 101.3 | 100.4 | 102.4 | 102.3 | 103.1 | 103.5 |
| 辽 宁 | Liaoning | 101.3 | 101.5 | 101.0 | 100.8 | 100.9 | 100.9 |
| 吉 林 | Jilin | 100.8 | 100.0 | 102.5 | 102.5 | 103.0 | 103.4 |
| 黑龙江 | Heilongjiang | 101.9 | 100.7 | 103.5 | 101.2 | 101.8 | 102.1 |
| 上 海 | Shanghai | | | | | | |
| 江 苏 | Jiangsu | 101.7 | 99.8 | 105.3 | 104.4 | 102.9 | 103.3 |
| 浙 江 | Zhejiang | 101.0 | 100.0 | 103.1 | 102.8 | 101.3 | 101.9 |
| 安 徽 | Anhui | 99.8 | 99.4 | 100.6 | 104.2 | 102.4 | 102.7 |
| 福 建 | Fujian | 100.2 | 100.7 | 99.4 | 102.5 | 101.1 | 101.2 |
| 江 西 | Jiangxi | 99.7 | 98.9 | 101.3 | 103.7 | 99.5 | 99.6 |
| 山 东 | Shandong | 101.6 | 100.7 | 102.6 | 101.6 | 103.2 | 103.4 |
| 河 南 | Henan | 101.3 | 100.5 | 102.7 | 101.1 | 101.3 | 101.2 |
| 湖 北 | Hubei | 100.5 | 99.9 | 101.8 | 101.9 | 100.0 | 100.1 |
| 湖 南 | Hunan | 101.2 | 100.1 | 103.2 | 100.4 | 102.0 | 102.5 |
| 广 东 | Guangdong | 101.1 | 100.4 | 102.8 | 102.9 | 100.7 | 100.9 |
| 广 西 | Guangxi | 100.0 | 99.8 | 100.3 | 103.5 | 100.8 | 100.3 |
| 海 南 | Hainan | 99.2 | 98.9 | 99.9 | 102.9 | 100.7 | 100.0 |
| 重 庆 | Chongqing | | | | | | |
| 四 川 | Sichuan | 102.0 | 100.0 | 105.1 | 100.8 | 101.2 | 101.3 |
| 贵 州 | Guizhou | 100.4 | 100.0 | 101.2 | 101.6 | 102.0 | 101.8 |
| 云 南 | Yunnan | 100.2 | 99.7 | 101.3 | 103.0 | 100.8 | 100.4 |
| 西 藏 | Tibet | 100.4 | 100.8 | 100.0 | 108.1 | 102.2 | 101.6 |
| 陕 西 | Shaanxi | 100.4 | 100.1 | 100.9 | 103.2 | 100.9 | 100.2 |
| 甘 肃 | Gansu | 100.1 | 99.9 | 100.3 | 101.7 | 100.8 | 100.7 |
| 青 海 | Qinghai | 100.1 | 100.0 | 100.2 | 103.4 | 101.0 | 100.5 |
| 宁 夏 | Ningxia | 100.0 | 100.0 | 100.1 | 101.1 | 103.5 | 103.3 |
| 新 疆 | Xinjiang | 100.8 | 100.1 | 101.8 | 103.9 | 100.7 | 99.8 |

3-1-5 续表 4 continued 4

(上年价格=100) (Preceding year=100)

| 地 区 | Region | (1)男式服装 Men's clothing | (2)女式服装 Women's Clothing | (3)儿童服装 Children's Clothing | 2.服装材料 Garments materials | 3.其他衣着及配件 Other Clothing and Parts | 4.衣着加工服务费 Clothing Manufacturing Service Fees |
|---|---|---|---|---|---|---|---|
| **全 国** | **National** | **101.7** | **101.6** | **101.8** | **102.3** | **100.6** | **103.8** |
| 北 京 | Beijing | | | | | | |
| 天 津 | Tianjin | | | | | | |
| 河 北 | Hebei | 102.7 | 102.3 | 102.0 | 101.1 | 99.7 | 104.5 |
| 山 西 | Shanxi | 103.5 | 101.0 | 99.2 | 100.5 | 100.7 | 101.2 |
| 内蒙古 | Inner Mongolia | 103.6 | 103.0 | 104.7 | 100.4 | 101.6 | 104.4 |
| 辽 宁 | Liaoning | 101.5 | 100.3 | 101.4 | 100.4 | 100.6 | 102.3 |
| 吉 林 | Jilin | 104.0 | 102.4 | 105.1 | 108.4 | 103.6 | 108.8 |
| 黑龙江 | Heilongjiang | 101.2 | 102.7 | 102.1 | 101.0 | 99.8 | 102.2 |
| 上 海 | Shanghai | | | | | | |
| 江 苏 | Jiangsu | 102.9 | 104.0 | 102.7 | 101.7 | 100.8 | 103.9 |
| 浙 江 | Zhejiang | 101.6 | 102.2 | 101.3 | 102.6 | 101.9 | 103.4 |
| 安 徽 | Anhui | 102.7 | 102.5 | 103.2 | 102.5 | 100.7 | 104.2 |
| 福 建 | Fujian | 101.7 | 100.8 | 101.0 | 103.2 | 99.8 | 104.9 |
| 江 西 | Jiangxi | 100.3 | 99.0 | 99.9 | 102.6 | 100.2 | 100.9 |
| 山 东 | Shandong | 103.6 | 103.1 | 103.6 | 105.9 | 103.1 | 102.5 |
| 河 南 | Henan | 101.1 | 101.3 | 101.3 | 101.1 | 100.4 | 104.6 |
| 湖 北 | Hubei | 99.2 | 100.6 | 100.5 | 100.2 | 98.7 | 102.7 |
| 湖 南 | Hunan | 102.0 | 102.7 | 103.2 | 102.5 | 100.5 | 105.8 |
| 广 东 | Guangdong | 100.7 | 101.0 | 101.0 | 101.8 | 97.8 | 104.6 |
| 广 西 | Guangxi | 100.8 | 100.3 | 99.7 | 102.3 | 100.5 | 105.1 |
| 海 南 | Hainan | 102.1 | 96.8 | 105.5 | 100.2 | 102.2 | 100.9 |
| 重 庆 | Chongqing | | | | | | |
| 四 川 | Sichuan | 101.6 | 101.1 | 101.7 | 104.1 | 100.1 | 104.6 |
| 贵 州 | Guizhou | 101.5 | 101.6 | 103.4 | 102.3 | 99.7 | 100.2 |
| 云 南 | Yunnan | 100.6 | 99.6 | 101.8 | 100.7 | 102.3 | 101.6 |
| 西 藏 | Tibet | 102.5 | 101.1 | 101.5 | 100.9 | 101.3 | 104.9 |
| 陕 西 | Shaanxi | 100.4 | 100.6 | 98.4 | 103.1 | 101.1 | 104.9 |
| 甘 肃 | Gansu | 100.4 | 100.5 | 103.3 | 99.8 | 102.4 | 105.0 |
| 青 海 | Qinghai | 101.3 | 100.2 | 100.3 | 100.2 | 100.5 | 104.5 |
| 宁 夏 | Ningxia | 104.7 | 102.2 | 103.1 | 101.0 | 102.4 | 102.3 |
| 新 疆 | Xinjiang | 99.3 | 99.8 | 101.0 | 102.8 | 100.2 | 103.8 |

3-1-5 续表 5 continued 5

(上年价格=100) (Preceding year=100)

| 地 区 | Region | 5.鞋类 Footware | (1)鞋 Shoes | (2)鞋类加工服务 Footware Manufactuing Services | 三、居住 Residence | 1.租赁房房租 Rent of Rental Housing | 2.住房保养维修及管理 Housing Maintenance and Management |
|---|---|---|---|---|---|---|---|
| **全 国** | **National** | **101.2** | **101.1** | **103.7** | **103.3** | **103.5** | **104.1** |
| 北 京 | Beijing | | | | | | |
| 天 津 | Tianjin | | | | | | |
| 河 北 | Hebei | 100.3 | 100.3 | 100.2 | 103.7 | 100.8 | 101.1 |
| 山 西 | Shanxi | 102.0 | 102.0 | 100.1 | 102.9 | 104.3 | 102.1 |
| 内蒙古 | Inner Mongolia | 102.5 | 102.5 | 101.0 | 100.9 | 103.1 | 99.2 |
| 辽 宁 | Liaoning | 101.1 | 101.1 | 100.2 | 101.2 | 99.8 | 102.0 |
| 吉 林 | Jilin | 101.2 | 101.1 | 107.1 | 103.3 | 104.3 | 105.0 |
| 黑龙江 | Heilongjiang | 101.5 | 101.3 | 109.7 | 102.8 | 101.8 | 101.9 |
| 上 海 | Shanghai | | | | | | |
| 江 苏 | Jiangsu | 101.8 | 101.7 | 105.4 | 103.4 | 102.0 | 109.4 |
| 浙 江 | Zhejiang | 99.1 | 99.0 | 101.2 | 103.8 | 104.1 | 105.1 |
| 安 徽 | Anhui | 101.7 | 101.6 | 103.5 | 102.9 | 99.8 | 104.5 |
| 福 建 | Fujian | 100.7 | 100.6 | 105.9 | 101.9 | 101.4 | 105.2 |
| 江 西 | Jiangxi | 98.8 | 98.8 | 101.5 | 103.4 | 102.7 | 105.5 |
| 山 东 | Shandong | 102.9 | 102.9 | 100.8 | 104.0 | 106.1 | 105.2 |
| 河 南 | Henan | 101.5 | 101.5 | 101.2 | 102.1 | 101.9 | 102.3 |
| 湖 北 | Hubei | 99.4 | 99.4 | 101.2 | 103.1 | 103.3 | 105.2 |
| 湖 南 | Hunan | 100.4 | 100.3 | 103.7 | 105.4 | 108.2 | 105.2 |
| 广 东 | Guangdong | 100.5 | 100.5 | 101.1 | 103.4 | 103.4 | 102.8 |
| 广 西 | Guangxi | 101.6 | 101.5 | 102.5 | 104.7 | 103.8 | 104.1 |
| 海 南 | Hainan | 102.5 | 102.1 | 119.2 | 103.7 | 101.2 | 101.9 |
| 重 庆 | Chongqing | | | | | | |
| 四 川 | Sichuan | 100.8 | 100.5 | 106.4 | 103.8 | 105.5 | 104.9 |
| 贵 州 | Guizhou | 102.7 | 102.7 | 101.0 | 102.3 | 103.7 | 101.8 |
| 云 南 | Yunnan | 101.9 | 101.9 | 104.4 | 101.9 | 102.5 | 101.9 |
| 西 藏 | Tibet | 103.4 | 103.3 | 105.5 | 100.3 | 100.3 | 100.7 |
| 陕 西 | Shaanxi | 102.0 | 102.1 | 101.3 | 103.7 | 102.7 | 106.5 |
| 甘 肃 | Gansu | 100.3 | 100.4 | 100.0 | 105.4 | 106.9 | 105.6 |
| 青 海 | Qinghai | 102.3 | 102.3 | 100.5 | 102.0 | 101.7 | 101.9 |
| 宁 夏 | Ningxia | 104.4 | 104.5 | 100.0 | 102.0 | 99.2 | 102.3 |
| 新 疆 | Xinjiang | 102.8 | 101.4 | 112.4 | 99.2 | 100.7 | 103.7 |

3-1-5 续表 6 continued 6

(上年价格=100) (Preceding year=100)

| 地 区 | Region | (1)住房装潢材料 Building and Building Decoration Matrials | (2)物业管理费 Property Management fee | (3)住房装潢维修 Decoration and Repair | 3.水电燃料 Water, Electricity and Fuels | (1)水 Water | (2)电 Electricity |
|---|---|---|---|---|---|---|---|
| **全 国** | **National** | **104.4** | **101.7** | **103.9** | **102.9** | **103.3** | **99.4** |
| 北 京 | Beijing | | | | | | |
| 天 津 | Tianjin | | | | | | |
| 河 北 | Hebei | 100.5 | 103.1 | 101.3 | 109.6 | 106.4 | 100.0 |
| 山 西 | Shanxi | 102.9 | 101.1 | 101.7 | 104.1 | 101.7 | 100.0 |
| 内蒙古 | Inner Mongolia | 101.7 | 102.9 | 98.2 | 101.0 | 102.0 | 99.7 |
| 辽 宁 | Liaoning | 102.6 | 100.0 | 101.7 | 103.7 | 102.7 | 100.0 |
| 吉 林 | Jilin | 103.2 | 101.8 | 106.0 | 101.8 | 106.4 | 100.0 |
| 黑龙江 | Heilongjiang | 102.6 | 100.4 | 101.6 | 106.2 | 101.1 | 100.0 |
| 上 海 | Shanghai | | | | | | |
| 江 苏 | Jiangsu | 110.0 | 100.7 | 109.4 | 102.9 | 103.4 | 100.0 |
| 浙 江 | Zhejiang | 104.5 | 100.1 | 107.3 | 102.7 | 101.0 | 100.0 |
| 安 徽 | Anhui | 104.4 | 100.0 | 104.8 | 104.3 | 107.5 | 100.0 |
| 福 建 | Fujian | 103.4 | 100.8 | 107.6 | 100.9 | 100.6 | 100.0 |
| 江 西 | Jiangxi | 105.2 | 100.0 | 105.8 | 102.1 | 106.1 | 100.0 |
| 山 东 | Shandong | 106.4 | 102.4 | 104.2 | 102.3 | 102.5 | 99.7 |
| 河 南 | Henan | 104.2 | 100.1 | 101.0 | 102.1 | 105.1 | 100.0 |
| 湖 北 | Hubei | 104.8 | 101.3 | 106.0 | 101.5 | 103.9 | 100.2 |
| 湖 南 | Hunan | 105.5 | 101.5 | 105.0 | 102.7 | 103.3 | 100.0 |
| 广 东 | Guangdong | 102.8 | 106.2 | 102.2 | 103.3 | 102.8 | 98.7 |
| 广 西 | Guangxi | 102.8 | 105.0 | 105.3 | 104.2 | 100.0 | 100.0 |
| 海 南 | Hainan | 101.4 | 100.0 | 102.4 | 102.0 | 101.1 | 99.9 |
| 重 庆 | Chongqing | | | | | | |
| 四 川 | Sichuan | 105.8 | 100.0 | 104.5 | 101.4 | 105.6 | 98.4 |
| 贵 州 | Guizhou | 102.2 | 100.3 | 101.5 | 101.6 | 100.4 | 100.0 |
| 云 南 | Yunnan | 102.0 | 99.4 | 102.7 | 101.1 | 102.7 | 99.4 |
| 西 藏 | Tibet | 100.4 | 100.0 | 101.1 | 100.5 | 104.7 | 100.0 |
| 陕 西 | Shaanxi | 108.8 | 100.0 | 104.5 | 102.1 | 100.6 | 100.0 |
| 甘 肃 | Gansu | 101.5 | 104.0 | 109.8 | 101.1 | 103.7 | 100.0 |
| 青 海 | Qinghai | 102.9 | 100.0 | 100.4 | 102.1 | 102.4 | 100.0 |
| 宁 夏 | Ningxia | 104.5 | 100.0 | 99.1 | 103.9 | 119.4 | 100.0 |
| 新 疆 | Xinjiang | 104.0 | 105.3 | 102.4 | 91.8 | 105.9 | 69.3 |

3-1-5 续表 7 continued 7

(上年价格=100) (Preceding year=100)

| 地 区 | Region | (3)燃气 Gas | (4)取暖费 Heating fees | (5)其他燃料 Other Fuels | 4.自有住房 Private Housing | 四、生活用品及服务 Articles for Daily Use and Services | 1.家具及室内装饰品 Furniture and Interior Decorations |
|---|---|---|---|---|---|---|---|
| **全 国** | **National** | **106.1** | **100.3** | **108.7** | **103.1** | **101.6** | **102.5** |
| 北 京 | Beijing | | | | | | |
| 天 津 | Tianjin | | | | | | |
| 河 北 | Hebei | 103.6 | 100.1 | 120.1 | 101.1 | 101.4 | 102.4 |
| 山 西 | Shanxi | 104.9 | 99.9 | 107.4 | 102.3 | 100.3 | 100.8 |
| 内蒙古 | Inner Mongolia | 101.7 | 100.2 | 102.1 | 101.3 | 101.2 | 100.1 |
| 辽 宁 | Liaoning | 106.5 | 99.9 | 107.5 | 99.6 | 100.4 | 101.1 |
| 吉 林 | Jilin | 104.1 | 100.0 | 102.7 | 103.4 | 102.1 | 101.8 |
| 黑龙江 | Heilongjiang | 105.8 | 100.0 | 114.3 | 101.4 | 101.6 | 99.7 |
| 上 海 | Shanghai | | | | | | |
| 江 苏 | Jiangsu | 108.1 | 100.0 | 102.9 | 101.9 | 103.5 | 105.3 |
| 浙 江 | Zhejiang | 108.6 | 100.0 | 102.0 | 103.8 | 101.2 | 102.2 |
| 安 徽 | Anhui | 112.6 | 100.0 | 106.1 | 101.4 | 101.2 | 100.4 |
| 福 建 | Fujian | 102.6 | 100.0 | 105.1 | 101.4 | 101.0 | 102.2 |
| 江 西 | Jiangxi | 104.3 | 100.0 | 106.2 | 103.3 | 101.2 | 102.2 |
| 山 东 | Shandong | 104.0 | 100.0 | 104.7 | 104.4 | 102.0 | 102.3 |
| 河 南 | Henan | 102.0 | 100.0 | 107.9 | 101.9 | 101.7 | 103.4 |
| 湖 北 | Hubei | 104.3 | 100.1 | 101.7 | 102.9 | 101.2 | 101.3 |
| 湖 南 | Hunan | 106.7 | 100.0 | 104.5 | 106.9 | 101.4 | 101.7 |
| 广 东 | Guangdong | 111.5 | 100.0 | 102.0 | 103.8 | 101.0 | 102.5 |
| 广 西 | Guangxi | 111.6 | 100.0 | 107.0 | 105.2 | 102.1 | 100.6 |
| 海 南 | Hainan | 105.6 | 100.0 | 100.0 | 106.0 | 100.9 | 103.5 |
| 重 庆 | Chongqing | | | | | | |
| 四 川 | Sichuan | 103.1 | 100.0 | 106.2 | 104.0 | 101.7 | 105.1 |
| 贵 州 | Guizhou | 100.9 | 98.1 | 107.5 | 102.6 | 100.3 | 101.5 |
| 云 南 | Yunnan | 103.0 | 100.1 | 104.4 | 102.2 | 101.0 | 102.4 |
| 西 藏 | Tibet | 100.4 | 100.0 | 100.0 | 100.1 | 102.6 | 103.2 |
| 陕 西 | Shaanxi | 100.4 | 99.8 | 111.4 | 104.3 | 102.2 | 102.4 |
| 甘 肃 | Gansu | 100.5 | 101.1 | 102.1 | 108.0 | 100.6 | 99.6 |
| 青 海 | Qinghai | 101.1 | 102.7 | 104.8 | 102.0 | 101.0 | 101.3 |
| 宁 夏 | Ningxia | 102.4 | 100.0 | 106.1 | 100.4 | 102.3 | 103.0 |
| 新 疆 | Xinjiang | 101.0 | 100.3 | 114.0 | 102.2 | 102.0 | 103.2 |

3-1-5 续表 8 continued 8

(上年价格=100) (Preceding year=100)

| 地 区 | Region | (1)家具 Furniture | (2)室内装饰品 Interior Decorations | 2.家用器具 Home Appliances | (1)大型家用器具 Large Houshold Appliances | (2)小家电 Small Household Appliances | 3.家用纺织品 Home Textiles |
|---|---|---|---|---|---|---|---|
| **全 国** | **National** | **102.6** | **101.6** | **100.8** | **100.8** | **101.0** | **101.0** |
| 北 京 | Beijing | | | | | | |
| 天 津 | Tianjin | | | | | | |
| 河 北 | Hebei | 102.4 | 102.0 | 100.4 | 100.4 | 100.0 | 100.3 |
| 山 西 | Shanxi | 100.8 | 100.8 | 99.7 | 99.7 | 99.5 | 101.1 |
| 内 蒙 古 | Inner Mongolia | 100.1 | 99.4 | 101.5 | 101.4 | 101.5 | 100.3 |
| 辽 宁 | Liaoning | 101.2 | 99.6 | 100.7 | 100.8 | 100.0 | 100.4 |
| 吉 林 | Jilin | 101.8 | 102.2 | 102.3 | 102.5 | 100.6 | 101.1 |
| 黑 龙 江 | Heilongjiang | 99.6 | 100.7 | 99.7 | 99.5 | 100.6 | 100.0 |
| 上 海 | Shanghai | | | | | | |
| 江 苏 | Jiangsu | 105.3 | 105.4 | 102.0 | 101.8 | 104.2 | 104.0 |
| 浙 江 | Zhejiang | 102.2 | 102.4 | 99.7 | 99.8 | 99.3 | 99.9 |
| 安 徽 | Anhui | 100.4 | 100.8 | 100.9 | 101.0 | 100.3 | 100.6 |
| 福 建 | Fujian | 102.4 | 100.1 | 100.9 | 101.0 | 100.3 | 99.0 |
| 江 西 | Jiangxi | 102.2 | 102.4 | 100.8 | 100.5 | 102.6 | 100.8 |
| 山 东 | Shandong | 102.4 | 101.2 | 102.7 | 102.6 | 102.8 | 100.5 |
| 河 南 | Henan | 103.6 | 101.3 | 101.6 | 101.8 | 99.7 | 101.1 |
| 湖 北 | Hubei | 101.4 | 100.0 | 100.6 | 100.3 | 102.3 | 99.2 |
| 湖 南 | Hunan | 101.7 | 101.9 | 101.2 | 101.1 | 102.4 | 100.5 |
| 广 东 | Guangdong | 102.6 | 101.0 | 100.2 | 100.2 | 100.3 | 100.4 |
| 广 西 | Guangxi | 100.5 | 102.0 | 101.1 | 100.9 | 101.9 | 102.4 |
| 海 南 | Hainan | 103.7 | 101.6 | 102.3 | 102.1 | 103.5 | 99.6 |
| 重 庆 | Chongqing | | | | | | |
| 四 川 | Sichuan | 105.7 | 101.5 | 99.4 | 99.1 | 100.4 | 101.7 |
| 贵 州 | Guizhou | 101.8 | 100.3 | 99.9 | 99.8 | 100.4 | 100.7 |
| 云 南 | Yunnan | 102.3 | 102.9 | 99.2 | 99.1 | 99.7 | 101.0 |
| 西 藏 | Tibet | 103.1 | 104.3 | 104.9 | 105.5 | 101.7 | 101.6 |
| 陕 西 | Shaanxi | 102.6 | 101.2 | 102.6 | 102.7 | 102.2 | 102.3 |
| 甘 肃 | Gansu | 99.3 | 101.3 | 99.0 | 98.8 | 100.0 | 100.0 |
| 青 海 | Qinghai | 101.5 | 100.3 | 99.7 | 99.7 | 99.0 | 101.0 |
| 宁 夏 | Ningxia | 103.4 | 100.9 | 103.2 | 103.8 | 98.6 | 102.8 |
| 新 疆 | Xinjiang | 103.8 | 98.7 | 99.4 | 99.0 | 101.2 | 103.0 |

3-1-5 续表 9 continued 9

(上年价格=100) (Preceding year=100)

| 地 区 Region | (1)床上用品 Bed Articles | (2)窗帘门帘 Curtains | (3)其他家用纺织品 Other Interior Textiles | 4.家庭日用杂品 Household Articles for Daily Use | (1)洗涤卫生用品 Clearing Products | (2)厨具餐具茶具 Kichenware Tableware and Teaset |
|---|---|---|---|---|---|---|
| **全 国 National** | **100.8** | **102.4** | **101.0** | **101.4** | **101.5** | **101.1** |
| 北 京 Beijing | | | | | | |
| 天 津 Tianjin | | | | | | |
| 河 北 Hebei | 100.4 | 100.0 | 100.9 | 101.5 | 101.4 | 101.0 |
| 山 西 Shanxi | 100.8 | 103.0 | 99.7 | 100.0 | 99.5 | 100.6 |
| 内 蒙 古 Inner Mongolia | 100.2 | 99.0 | 102.6 | 100.9 | 101.2 | 100.8 |
| 辽 宁 Liaoning | 100.4 | 100.8 | 100.1 | 100.2 | 99.8 | 100.7 |
| 吉 林 Jilin | 101.3 | 100.4 | 100.4 | 102.5 | 101.5 | 104.0 |
| 黑 龙 江 Heilongjiang | 100.0 | 100.0 | 100.0 | 101.9 | 101.8 | 102.8 |
| 上 海 Shanghai | | | | | | |
| 江 苏 Jiangsu | 104.1 | 104.1 | 103.4 | 103.7 | 103.9 | 104.1 |
| 浙 江 Zhejiang | 99.7 | 101.8 | 99.4 | 101.7 | 102.3 | 101.9 |
| 安 徽 Anhui | 100.6 | 102.0 | 98.4 | 101.4 | 101.2 | 102.2 |
| 福 建 Fujian | 98.6 | 101.6 | 99.6 | 100.3 | 99.4 | 101.7 |
| 江 西 Jiangxi | 100.3 | 102.5 | 104.9 | 101.4 | 101.3 | 101.4 |
| 山 东 Shandong | 100.1 | 102.5 | 101.0 | 101.3 | 102.0 | 99.5 |
| 河 南 Henan | 101.1 | 101.9 | 99.6 | 100.9 | 101.0 | 100.8 |
| 湖 北 Hubei | 99.0 | 100.4 | 100.1 | 101.5 | 102.2 | 100.4 |
| 湖 南 Hunan | 100.5 | 100.4 | 100.4 | 100.8 | 102.3 | 99.8 |
| 广 东 Guangdong | 99.9 | 104.3 | 99.8 | 100.4 | 100.8 | 99.7 |
| 广 西 Guangxi | 102.8 | 102.7 | 99.1 | 103.4 | 103.1 | 100.5 |
| 海 南 Hainan | 99.5 | 100.0 | 100.2 | 98.7 | 97.9 | 98.2 |
| 重 庆 Chongqing | | | | | | |
| 四 川 Sichuan | 100.5 | 109.0 | 103.5 | 101.1 | 101.0 | 100.5 |
| 贵 州 Guizhou | 101.0 | 100.2 | 98.8 | 100.0 | 100.0 | 99.9 |
| 云 南 Yunnan | 100.9 | 101.3 | 101.0 | 101.6 | 102.5 | 100.5 |
| 西 藏 Tibet | 102.1 | 98.6 | 100.1 | 101.3 | 100.1 | 102.7 |
| 陕 西 Shaanxi | 101.7 | 104.3 | 101.6 | 102.9 | 101.5 | 103.8 |
| 甘 肃 Gansu | 99.7 | 101.1 | 100.3 | 101.2 | 101.7 | 101.4 |
| 青 海 Qinghai | 100.5 | 103.1 | 100.3 | 101.5 | 101.7 | 100.0 |
| 宁 夏 Ningxia | 104.0 | 100.8 | 100.3 | 101.1 | 100.5 | 102.4 |
| 新 疆 Xinjiang | 102.5 | 104.8 | 102.4 | 101.0 | 101.0 | 101.1 |

3-1-5 续表 10 continued 10

(上年价格=100) (Preceding year=100)

| 地 区 | Region | (3)家用手工工具 Hand Tools for Household Use | (4)其他家庭日用杂品 Other Daily Use Household Articles | 5.个人护理用品 Personal-care Supplies | (1)化妆品 Cosmetics | (2)其他护理用品类 Other Nursing Materials | 6.家庭服务 Household Services |
|---|---|---|---|---|---|---|---|
| **全 国** | **National** | **103.8** | **101.1** | **101.1** | **101.0** | **101.1** | **105.2** |
| 北 京 | Beijing | | | | | | |
| 天 津 | Tianjin | | | | | | |
| 河 北 | Hebei | 100.6 | 102.0 | 100.8 | 100.6 | 101.2 | 105.5 |
| 山 西 | Shanxi | 102.3 | 100.6 | 99.9 | 99.5 | 100.3 | 103.6 |
| 内 蒙 古 | Inner Mongolia | 99.1 | 100.4 | 100.5 | 101.9 | 98.6 | 107.0 |
| 辽 宁 | Liaoning | 100.3 | 100.4 | 99.8 | 99.7 | 100.1 | 100.7 |
| 吉 林 | Jilin | 101.6 | 103.1 | 101.3 | 101.3 | 101.4 | 103.0 |
| 黑 龙 江 | Heilongjiang | 100.0 | 101.5 | 101.2 | 101.7 | 100.7 | 112.4 |
| 上 海 | Shanghai | | | | | | |
| 江 苏 | Jiangsu | 102.9 | 103.1 | 102.2 | 101.7 | 103.1 | 107.3 |
| 浙 江 | Zhejiang | 103.1 | 100.8 | 101.0 | 101.1 | 100.8 | 106.9 |
| 安 徽 | Anhui | 102.0 | 101.3 | 101.3 | 101.3 | 101.3 | 105.6 |
| 福 建 | Fujian | 101.5 | 101.4 | 101.2 | 101.1 | 101.3 | 103.8 |
| 江 西 | Jiangxi | 106.3 | 101.0 | 100.2 | 100.8 | 99.4 | 102.3 |
| 山 东 | Shandong | 101.2 | 101.2 | 101.4 | 101.6 | 101.2 | 104.9 |
| 河 南 | Henan | 104.4 | 100.2 | 101.4 | 100.9 | 102.0 | 103.1 |
| 湖 北 | Hubei | 101.6 | 101.2 | 101.9 | 102.7 | 101.6 | 105.0 |
| 湖 南 | Hunan | 100.5 | 100.0 | 102.0 | 100.7 | 102.2 | 105.3 |
| 广 东 | Guangdong | 98.8 | 100.0 | 100.3 | 100.3 | 100.2 | 104.2 |
| 广 西 | Guangxi | 112.0 | 103.3 | 101.2 | 100.6 | 101.6 | 106.5 |
| 海 南 | Hainan | 103.8 | 100.0 | 100.4 | 102.2 | 99.7 | 99.8 |
| 重 庆 | Chongqing | | | | | | |
| 四 川 | Sichuan | 103.5 | 101.3 | 101.0 | 101.1 | 101.0 | 107.4 |
| 贵 州 | Guizhou | 100.0 | 100.1 | 100.0 | 100.2 | 99.7 | 100.1 |
| 云 南 | Yunnan | 101.0 | 100.6 | 101.1 | 101.1 | 101.1 | 104.1 |
| 西 藏 | Tibet | 100.8 | 103.0 | 101.3 | 101.3 | 101.3 | 101.9 |
| 陕 西 | Shaanxi | 106.2 | 102.3 | 100.4 | 100.5 | 100.3 | 102.3 |
| 甘 肃 | Gansu | 98.9 | 100.7 | 100.9 | 100.9 | 101.0 | 107.9 |
| 青 海 | Qinghai | 102.6 | 102.2 | 100.6 | 100.6 | 100.7 | 102.0 |
| 宁 夏 | Ningxia | 102.4 | 100.9 | 100.1 | 100.0 | 100.4 | 102.0 |
| 新 疆 | Xinjiang | 100.2 | 101.0 | 101.7 | 102.2 | 101.2 | 110.4 |

3-1-5 续表 11 continued 11

(上年价格=100) (Preceding year=100)

| 地 区 | Region | 五、交通和通信 Transport and Communications | 1.交通 Transport | (1)交通工具 Transport Facility | (2)交通工具用燃料 Fuels for Transport Facility | (3)交通工具使用和维修 Use and Maintenance of Transport Facility | (4)交通费 Traffic Fee |
|---|---|---|---|---|---|---|---|
| **全 国** | **National** | **101.8** | **103.2** | **98.9** | **112.7** | **101.6** | **101.2** |
| 北 京 | Beijing | | | | | | |
| 天 津 | Tianjin | | | | | | |
| 河 北 | Hebei | 100.5 | 101.7 | 94.7 | 112.7 | 100.5 | 102.6 |
| 山 西 | Shanxi | 101.3 | 103.3 | 98.7 | 112.8 | 101.2 | 100.5 |
| 内 蒙 古 | Inner Mongolia | 102.2 | 103.3 | 97.8 | 113.0 | 101.5 | 102.1 |
| 辽 宁 | Liaoning | 101.9 | 103.5 | 99.7 | 113.3 | 100.7 | 100.3 |
| 吉 林 | Jilin | 102.1 | 103.3 | 98.0 | 112.3 | 103.2 | 100.3 |
| 黑 龙 江 | Heilongjiang | 101.2 | 102.8 | 99.6 | 112.7 | 101.5 | 100.4 |
| 上 海 | Shanghai | | | | | | |
| 江 苏 | Jiangsu | 102.1 | 103.0 | 99.5 | 112.9 | 101.7 | 101.8 |
| 浙 江 | Zhejiang | 101.4 | 103.7 | 100.0 | 112.6 | 103.4 | 100.9 |
| 安 徽 | Anhui | 101.2 | 102.1 | 96.9 | 112.8 | 102.6 | 101.3 |
| 福 建 | Fujian | 101.6 | 102.8 | 99.5 | 112.5 | 101.4 | 98.7 |
| 江 西 | Jiangxi | 101.5 | 102.9 | 99.0 | 112.8 | 99.6 | 99.6 |
| 山 东 | Shandong | 102.0 | 103.0 | 99.0 | 112.9 | 101.4 | 100.7 |
| 河 南 | Henan | 102.9 | 103.2 | 100.3 | 113.1 | 102.5 | 101.4 |
| 湖 北 | Hubei | 102.2 | 104.0 | 99.4 | 112.8 | 100.2 | 102.2 |
| 湖 南 | Hunan | 103.0 | 104.7 | 99.9 | 112.9 | 101.7 | 103.8 |
| 广 东 | Guangdong | 102.7 | 104.9 | 99.1 | 112.9 | 103.2 | 101.1 |
| 广 西 | Guangxi | 101.6 | 103.0 | 97.2 | 112.7 | 102.3 | 102.0 |
| 海 南 | Hainan | 103.1 | 105.0 | 99.9 | 111.2 | 100.9 | 109.6 |
| 重 庆 | Chongqing | | | | | | |
| 四 川 | Sichuan | 101.3 | 102.7 | 97.0 | 112.3 | 100.5 | 101.3 |
| 贵 州 | Guizhou | 101.9 | 104.6 | 99.2 | 112.6 | 101.6 | 100.5 |
| 云 南 | Yunnan | 101.0 | 103.3 | 100.2 | 112.0 | 101.2 | 98.2 |
| 西 藏 | Tibet | 102.6 | 104.3 | 100.7 | 111.3 | 102.5 | 104.2 |
| 陕 西 | Shaanxi | 101.2 | 102.9 | 99.7 | 112.7 | 103.0 | 100.2 |
| 甘 肃 | Gansu | 100.7 | 102.6 | 99.6 | 112.2 | 100.9 | 99.4 |
| 青 海 | Qinghai | 102.5 | 104.0 | 101.8 | 112.5 | 102.7 | 99.6 |
| 宁 夏 | Ningxia | 103.6 | 104.9 | 103.1 | 112.2 | 101.1 | 102.4 |
| 新 疆 | Xinjiang | 101.2 | 102.2 | 99.0 | 112.0 | 100.3 | 99.0 |

3-1-5 续表 12 continued 12

(上年价格=100) (Preceding year=100)

| 地 区 | Region | 2.通信 Communications | (1)通信工具 Communication Facility | (2)通信服务 ommunicaiton Service | (3)邮递服务 Postal Serice | 六、教育文化和娱乐 Education, Culture and Recreation | 1.教育 Education |
|---|---|---|---|---|---|---|---|
| **全 国** | **National** | **99.2** | **98.3** | **99.4** | **100.8** | **102.2** | **102.7** |
| 北 京 | Beijing | | | | | | |
| 天 津 | Tianjin | | | | | | |
| 河 北 | Hebei | 98.3 | 95.4 | 99.3 | 100.0 | 102.3 | 102.7 |
| 山 西 | Shanxi | 97.7 | 93.7 | 98.8 | 101.1 | 101.6 | 101.9 |
| 内 蒙 古 | Inner Mongolia | 100.1 | 100.0 | 100.1 | 100.0 | 100.9 | 100.9 |
| 辽 宁 | Liaoning | 98.6 | 95.0 | 100.0 | 100.3 | 102.3 | 102.9 |
| 吉 林 | Jilin | 99.8 | 102.0 | 98.6 | 100.1 | 102.5 | 102.7 |
| 黑 龙 江 | Heilongjiang | 98.5 | 94.5 | 100.0 | 100.0 | 102.4 | 103.2 |
| 上 海 | Shanghai | | | | | | |
| 江 苏 | Jiangsu | 100.3 | 101.9 | 99.8 | 103.9 | 102.0 | 101.8 |
| 浙 江 | Zhejiang | 97.1 | 95.9 | 97.3 | 103.3 | 102.3 | 102.8 |
| 安 徽 | Anhui | 99.6 | 97.3 | 100.0 | 103.1 | 102.3 | 102.8 |
| 福 建 | Fujian | 99.5 | 97.1 | 100.0 | 101.4 | 102.2 | 102.7 |
| 江 西 | Jiangxi | 99.2 | 95.4 | 100.0 | 100.7 | 103.6 | 104.4 |
| 山 东 | Shandong | 100.3 | 101.1 | 100.0 | 102.0 | 102.7 | 103.2 |
| 河 南 | Henan | 102.2 | 108.1 | 99.6 | 101.9 | 104.1 | 105.6 |
| 湖 北 | Hubei | 99.1 | 97.1 | 99.7 | 100.1 | 101.8 | 102.2 |
| 湖 南 | Hunan | 100.0 | 99.9 | 100.0 | 100.0 | 101.5 | 101.5 |
| 广 东 | Guangdong | 99.1 | 95.6 | 99.8 | 100.6 | 101.4 | 102.0 |
| 广 西 | Guangxi | 99.1 | 95.4 | 100.2 | 99.3 | 102.3 | 102.6 |
| 海 南 | Hainan | 99.7 | 98.3 | 100.2 | 100.0 | 103.2 | 104.1 |
| 重 庆 | Chongqing | | | | | | |
| 四 川 | Sichuan | 98.5 | 94.5 | 99.6 | 100.0 | 101.2 | 102.7 |
| 贵 州 | Guizhou | 98.5 | 96.3 | 99.1 | 100.0 | 103.5 | 101.9 |
| 云 南 | Yunnan | 97.5 | 99.3 | 96.8 | 100.0 | 102.0 | 102.2 |
| 西 藏 | Tibet | 100.4 | 108.7 | 97.1 | 100.2 | 100.7 | 100.4 |
| 陕 西 | Shaanxi | 97.4 | 90.9 | 99.8 | 100.2 | 101.8 | 101.8 |
| 甘 肃 | Gansu | 97.6 | 97.5 | 97.4 | 99.8 | 100.6 | 101.2 |
| 青 海 | Qinghai | 98.2 | 93.2 | 100.1 | 102.5 | 101.6 | 100.9 |
| 宁 夏 | Ningxia | 101.2 | 102.2 | 100.7 | 101.5 | 101.2 | 101.2 |
| 新 疆 | Xinjiang | 99.0 | 96.5 | 99.8 | 100.2 | 100.8 | 100.7 |

3-1-5 续表 13 continued 13

(上年价格=100) (Preceding year=100)

| 地 区 | Region | (1)教育用品 Education Articles | (2)教育服务 Education Services | 2.文化娱乐 Cultural and Recreational Articles | (1)文娱耐用消费品 Durable Consumer Goods for Culture and Recreation | (2)其他文娱用品 Other Articles | (3)文化娱乐服务 Cultural and Recreational Services |
|---|---|---|---|---|---|---|---|
| **全 国** | **National** | **102.3** | **102.7** | **101.0** | **98.9** | **101.7** | **100.4** |
| 北 京 | Beijing | | | | | | |
| 天 津 | Tianjin | | | | | | |
| 河 北 | Hebei | 103.9 | 102.7 | 100.9 | 99.2 | 101.9 | 100.5 |
| 山 西 | Shanxi | 101.4 | 102.0 | 100.5 | 100.0 | 101.5 | 99.9 |
| 内蒙古 | Inner Mongolia | 100.5 | 101.2 | 100.7 | 99.7 | 101.4 | 100.7 |
| 辽 宁 | Liaoning | 103.1 | 102.8 | 99.4 | 97.7 | 100.9 | 100.4 |
| 吉 林 | Jilin | 104.1 | 102.6 | 101.6 | 101.3 | 101.0 | 100.3 |
| 黑龙江 | Heilongjiang | 100.5 | 103.3 | 98.2 | 95.9 | 103.2 | 100.1 |
| 上 海 | Shanghai | | | | | | |
| 江 苏 | Jiangsu | 106.1 | 101.4 | 102.5 | 100.3 | 103.1 | 101.6 |
| 浙 江 | Zhejiang | 101.8 | 102.9 | 100.6 | 96.7 | 103.6 | 100.9 |
| 安 徽 | Anhui | 109.3 | 102.6 | 100.7 | 98.6 | 100.6 | 102.1 |
| 福 建 | Fujian | 104.4 | 102.6 | 101.1 | 99.8 | 100.4 | 101.5 |
| 江 西 | Jiangxi | 102.4 | 104.4 | 100.7 | 99.7 | 100.6 | 100.3 |
| 山 东 | Shandong | 104.1 | 103.2 | 101.1 | 100.0 | 102.3 | 99.6 |
| 河 南 | Henan | 102.2 | 105.8 | 100.7 | 98.5 | 102.5 | 100.4 |
| 湖 北 | Hubei | 101.0 | 102.4 | 101.0 | 99.8 | 101.6 | 100.2 |
| 湖 南 | Hunan | 100.7 | 101.6 | 101.7 | 101.8 | 100.2 | 100.1 |
| 广 东 | Guangdong | 102.7 | 101.9 | 100.1 | 97.7 | 100.5 | 100.2 |
| 广 西 | Guangxi | 101.4 | 102.8 | 101.5 | 99.7 | 104.1 | 99.5 |
| 海 南 | Hainan | 101.6 | 104.4 | 101.2 | 99.9 | 100.4 | 100.5 |
| 重 庆 | Chongqing | | | | | | |
| 四 川 | Sichuan | 99.9 | 102.9 | 99.0 | 95.0 | 101.2 | 100.5 |
| 贵 州 | Guizhou | 102.1 | 101.9 | 105.9 | 99.9 | 100.3 | 99.8 |
| 云 南 | Yunnan | 100.9 | 102.2 | 101.6 | 99.7 | 104.1 | 100.8 |
| 西 藏 | Tibet | 100.2 | 100.5 | 100.9 | 100.9 | 100.5 | 102.5 |
| 陕 西 | Shaanxi | 102.9 | 101.6 | 101.7 | 98.2 | 103.9 | 100.0 |
| 甘 肃 | Gansu | 100.9 | 101.2 | 99.3 | 98.9 | 100.0 | 99.9 |
| 青 海 | Qinghai | 107.9 | 100.7 | 102.9 | 100.0 | 102.8 | 100.7 |
| 宁 夏 | Ningxia | 103.2 | 101.1 | 101.2 | 101.7 | 103.6 | 101.0 |
| 新 疆 | Xinjiang | 102.7 | 100.6 | 101.1 | 98.8 | 102.1 | 99.3 |

3-1-5 续表 14 continued 14

(上年价格=100) (Preceding year=100)

| 地 区 | Region | (4)旅游 Touring and Outing | 七、医疗保健 Health Care | 1.药品及医疗器具 Medicine and Medical Instrument | (1)中药 Traditional chinese Medicine | (2)西药 Western Medicine | (3)滋补保健品 Health Care Articles |
|---|---|---|---|---|---|---|---|
| **全 国** | **National** | **104.0** | **103.7** | **105.3** | **105.6** | **106.2** | **103.9** |
| 北 京 | Beijing | | | | | | |
| 天 津 | Tianjin | | | | | | |
| 河 北 | Hebei | 104.2 | 104.4 | 108.7 | 108.9 | 110.1 | 105.6 |
| 山 西 | Shanxi | 100.1 | 102.4 | 103.9 | 105.7 | 104.3 | 102.0 |
| 内蒙古 | Inner Mongolia | 101.9 | 104.1 | 102.8 | 103.1 | 104.3 | 96.7 |
| 辽 宁 | Liaoning | 101.4 | 107.8 | 104.0 | 103.6 | 104.9 | 102.1 |
| 吉 林 | Jilin | 105.7 | 104.1 | 108.9 | 110.9 | 109.4 | 102.6 |
| 黑龙江 | Heilongjiang | 94.7 | 104.9 | 106.2 | 109.6 | 106.0 | 102.1 |
| 上 海 | Shanghai | | | | | | |
| 江 苏 | Jiangsu | 105.7 | 101.7 | 104.2 | 106.1 | 105.6 | 100.4 |
| 浙 江 | Zhejiang | 103.2 | 101.6 | 102.8 | 103.8 | 103.0 | 102.7 |
| 安 徽 | Anhui | 103.8 | 102.9 | 107.0 | 105.4 | 108.6 | 105.8 |
| 福 建 | Fujian | 103.6 | 101.9 | 105.6 | 105.1 | 107.4 | 100.6 |
| 江 西 | Jiangxi | 103.1 | 109.4 | 101.0 | 104.3 | 98.9 | 106.0 |
| 山 东 | Shandong | 102.8 | 103.2 | 107.1 | 102.8 | 109.5 | 106.0 |
| 河 南 | Henan | 105.1 | 103.2 | 105.4 | 106.0 | 105.7 | 106.4 |
| 湖 北 | Hubei | 103.8 | 101.5 | 104.1 | 106.6 | 103.0 | 105.9 |
| 湖 南 | Hunan | 105.3 | 103.4 | 107.7 | 105.7 | 109.5 | 101.1 |
| 广 东 | Guangdong | 103.1 | 103.6 | 103.2 | 103.3 | 103.8 | 104.7 |
| 广 西 | Guangxi | 103.1 | 104.3 | 105.8 | 106.5 | 107.4 | 103.4 |
| 海 南 | Hainan | 106.7 | 104.3 | 108.8 | 109.0 | 105.7 | 126.6 |
| 重 庆 | Chongqing | | | | | | |
| 四 川 | Sichuan | 100.1 | 101.7 | 103.5 | 104.7 | 103.8 | 101.9 |
| 贵 州 | Guizhou | 118.2 | 101.5 | 102.3 | 101.9 | 103.0 | 101.2 |
| 云 南 | Yunnan | 103.4 | 104.8 | 108.2 | 108.8 | 110.1 | 106.5 |
| 西 藏 | Tibet | 100.0 | 101.0 | 102.8 | 101.7 | 104.2 | 100.6 |
| 陕 西 | Shaanxi | 107.1 | 103.2 | 105.3 | 107.9 | 105.0 | 102.8 |
| 甘 肃 | Gansu | 98.2 | 107.7 | 102.2 | 106.0 | 102.5 | 94.8 |
| 青 海 | Qinghai | 109.7 | 103.9 | 109.9 | 105.8 | 111.9 | 105.7 |
| 宁 夏 | Ningxia | 98.5 | 102.0 | 103.1 | 106.8 | 101.9 | 99.5 |
| 新 疆 | Xinjiang | 105.4 | 111.3 | 101.0 | 99.7 | 101.4 | 101.9 |

3-1-5 续表 15 continued 15

(上年价格=100) (Preceding year=100)

| 地 区 | Region | (4)医疗卫生器具 Medical Instrument | (5)保健器具 Health Care Appliances | 2.医疗服务 Medical Services | (1)综合医疗类 General Practice | (2)诊断类 Diagnostic Medical | (3)治疗类 Medical Treatment |
|---|---|---|---|---|---|---|---|
| **全 国** | **National** | **100.3** | **100.5** | **102.8** | **105.5** | **100.2** | **103.5** |
| 北 京 | Beijing | | | | | | |
| 天 津 | Tianjin | | | | | | |
| 河 北 | Hebei | 100.7 | 100.3 | 102.0 | 101.7 | 101.8 | 101.7 |
| 山 西 | Shanxi | 99.4 | 99.7 | 101.6 | 103.8 | 99.4 | 101.9 |
| 内蒙古 | Inner Mongolia | 100.0 | 99.3 | 104.6 | 107.6 | 100.6 | 106.2 |
| 辽 宁 | Liaoning | 100.2 | 99.7 | 110.0 | 119.1 | 96.5 | 119.0 |
| 吉 林 | Jilin | 100.6 | 99.7 | 101.6 | 104.5 | 99.4 | 100.9 |
| 黑龙江 | Heilongjiang | 100.9 | 100.0 | 104.2 | 101.7 | 101.8 | 105.5 |
| 上 海 | Shanghai | | | | | | |
| 江 苏 | Jiangsu | 99.7 | 101.0 | 100.8 | 101.0 | 100.6 | 100.6 |
| 浙 江 | Zhejiang | 101.1 | 97.4 | 101.0 | 104.5 | 100.0 | 100.1 |
| 安 徽 | Anhui | 100.6 | 100.4 | 101.3 | 106.4 | 99.3 | 100.8 |
| 福 建 | Fujian | 101.4 | 99.8 | 100.7 | 103.1 | 99.8 | 100.4 |
| 江 西 | Jiangxi | 99.3 | 100.9 | 112.2 | 125.5 | 102.5 | 111.3 |
| 山 东 | Shandong | 99.8 | 101.1 | 100.1 | 102.1 | 99.8 | 99.3 |
| 河 南 | Henan | 100.5 | 101.7 | 101.9 | 103.9 | 99.7 | 102.4 |
| 湖 北 | Hubei | 100.4 | 100.5 | 100.1 | 100.6 | 100.0 | 100.0 |
| 湖 南 | Hunan | 102.2 | 100.0 | 101.1 | 102.0 | 100.2 | 101.0 |
| 广 东 | Guangdong | 98.7 | 100.1 | 103.8 | 110.3 | 100.5 | 104.7 |
| 广 西 | Guangxi | 99.7 | 100.1 | 103.5 | 109.3 | 100.3 | 102.7 |
| 海 南 | Hainan | 100.1 | 99.5 | 100.4 | 101.0 | 100.0 | 100.4 |
| 重 庆 | Chongqing | | | | | | |
| 四 川 | Sichuan | 100.2 | 100.9 | 100.3 | 100.9 | 99.6 | 101.0 |
| 贵 州 | Guizhou | 101.1 | 100.0 | 100.9 | 102.4 | 100.3 | 100.6 |
| 云 南 | Yunnan | 98.9 | 101.5 | 102.2 | 105.3 | 101.7 | 101.4 |
| 西 藏 | Tibet | 100.0 | 100.0 | 100.0 | 100.0 | 100.0 | 100.0 |
| 陕 西 | Shaanxi | 103.7 | 100.8 | 101.2 | 101.9 | 100.8 | 101.1 |
| 甘 肃 | Gansu | 98.5 | 100.0 | 111.0 | 126.1 | 99.1 | 109.5 |
| 青 海 | Qinghai | 99.7 | 100.9 | 100.2 | 101.0 | 99.9 | 99.7 |
| 宁 夏 | Ningxia | 100.0 | 101.0 | 101.0 | 101.5 | 101.1 | 100.8 |
| 新 疆 | Xinjiang | 101.5 | 100.3 | 115.7 | 138.5 | 100.2 | 116.3 |

3-1-5 续表 16 continued 16

(上年价格=100) (Preceding year=100)

| 地 区 | Region | (4)康复类 Rehabilitation | (5)中医医疗服务类 Traditional Chinese Medical | (6)其他医疗服务 Other Health Care Services | 八、其他用品和服务 Other Articles and Services | 1.其他用品类 Other Articles | (1)首饰手表 Jewelry and Watches |
|---|---|---|---|---|---|---|---|
| **全 国** | **National** | **102.2** | **104.7** | **103.4** | **101.2** | **99.6** | **98.8** |
| 北 京 | Beijing | | | | | | |
| 天 津 | Tianjin | | | | | | |
| 河 北 | Hebei | 101.0 | 104.7 | 111.1 | 103.6 | 99.8 | 99.1 |
| 山 西 | Shanxi | 99.7 | 101.6 | 104.2 | 103.4 | 100.8 | 100.4 |
| 内蒙古 | Inner Mongolia | 108.8 | 101.5 | 100.6 | 100.7 | 100.0 | 98.1 |
| 辽 宁 | Liaoning | 116.9 | 100.0 | 107.5 | 102.0 | 99.1 | 97.9 |
| 吉 林 | Jilin | 104.1 | 100.4 | 100.0 | 101.5 | 100.6 | 98.2 |
| 黑龙江 | Heilongjiang | 104.1 | 115.0 | 117.7 | 100.7 | 98.4 | 97.1 |
| 上 海 | Shanghai | | | | | | |
| 江 苏 | Jiangsu | 100.8 | 102.5 | 101.8 | 102.0 | 100.2 | 98.2 |
| 浙 江 | Zhejiang | 99.9 | 103.1 | 100.1 | 101.2 | 100.5 | 100.1 |
| 安 徽 | Anhui | 100.0 | 100.3 | 98.7 | 100.2 | 99.2 | 97.6 |
| 福 建 | Fujian | 100.2 | 99.3 | 100.0 | 100.7 | 99.1 | 98.9 |
| 江 西 | Jiangxi | 112.7 | 123.6 | 113.4 | 100.8 | 100.1 | 98.4 |
| 山 东 | Shandong | 99.9 | 100.2 | 99.1 | 101.1 | 99.1 | 98.0 |
| 河 南 | Henan | 102.0 | 102.4 | 105.7 | 101.1 | 99.9 | 99.5 |
| 湖 北 | Hubei | 100.0 | 100.1 | 100.1 | 100.9 | 99.7 | 99.4 |
| 湖 南 | Hunan | 101.1 | 100.0 | 100.0 | 100.5 | 99.9 | 101.8 |
| 广 东 | Guangdong | 102.1 | 101.2 | 103.4 | 99.2 | 97.9 | 97.1 |
| 广 西 | Guangxi | 101.9 | 113.8 | 100.0 | 101.0 | 99.1 | 97.8 |
| 海 南 | Hainan | 100.2 | 100.2 | 100.0 | 101.9 | 100.2 | 98.3 |
| 重 庆 | Chongqing | | | | | | |
| 四 川 | Sichuan | 100.4 | 101.0 | 100.2 | 101.9 | 99.6 | 100.0 |
| 贵 州 | Guizhou | 100.0 | 100.8 | 100.0 | 101.0 | 100.5 | 99.8 |
| 云 南 | Yunnan | 101.7 | 102.7 | 100.2 | 100.7 | 100.1 | 99.9 |
| 西 藏 | Tibet | 100.0 | 100.1 | 100.0 | 102.1 | 99.4 | 98.5 |
| 陕 西 | Shaanxi | 100.9 | 101.3 | 99.6 | 103.5 | 99.3 | 98.1 |
| 甘 肃 | Gansu | 92.8 | 137.9 | 105.0 | 101.3 | 100.0 | 98.3 |
| 青 海 | Qinghai | 100.0 | 101.5 | 100.0 | 101.5 | 99.7 | 99.4 |
| 宁 夏 | Ningxia | 100.0 | 100.0 | 100.0 | 103.3 | 96.7 | 95.5 |
| 新 疆 | Xinjiang | 110.6 | 110.6 | 102.7 | 99.8 | 99.6 | 98.8 |

3-1-5 续表 17 continued 17

(上年价格=100) (Preceding year=100)

| 地区 | Region | (2)其他杂项用品 Other Miscellaneous Articles | 2.其他服务类 Other Services | (1)旅馆住宿 Hotel Accommodations | (2)美容美发洗浴 Beauty Salon, Hair Salon and Scouring Bath | (3)养老服务 Elderly Care | (4)金融保险 Finance and Insurance | (5)其他服务类 Other Miscellaneous Services |
|---|---|---|---|---|---|---|---|---|
| **全国** | **National** | **100.5** | **102.8** | **101.0** | **103.6** | **102.8** | **102.8** | **101.8** |
| 北京 | Beijing | | | | | | | |
| 天津 | Tianjin | | | | | | | |
| 河北 | Hebei | 100.5 | 106.6 | 100.4 | 102.7 | 101.7 | 108.7 | 102.8 |
| 山西 | Shanxi | 101.1 | 105.7 | 100.7 | 103.3 | 101.2 | 109.3 | 101.0 |
| 内蒙古 | Inner Mongolia | 101.6 | 101.3 | 108.7 | 103.6 | 100.0 | 100.0 | 104.3 |
| 辽宁 | Liaoning | 100.3 | 104.0 | 97.8 | 101.2 | 112.2 | 104.6 | 101.0 |
| 吉林 | Jilin | 103.1 | 102.1 | 100.7 | 103.3 | 101.1 | 101.8 | 103.1 |
| 黑龙江 | Heilongjiang | 100.7 | 101.9 | 100.5 | 102.5 | 102.8 | 101.9 | 100.0 |
| 上海 | Shanghai | | | | | | | |
| 江苏 | Jiangsu | 102.4 | 104.0 | 105.3 | 105.1 | 109.1 | 100.6 | 104.0 |
| 浙江 | Zhejiang | 101.2 | 101.7 | 101.8 | 104.1 | 102.8 | 98.3 | 104.2 |
| 安徽 | Anhui | 100.7 | 101.2 | 100.8 | 102.7 | 101.6 | 100.0 | 99.1 |
| 福建 | Fujian | 99.3 | 102.2 | 99.4 | 102.7 | 102.6 | 102.4 | 100.0 |
| 江西 | Jiangxi | 102.2 | 101.6 | 100.9 | 102.3 | 100.2 | 101.3 | 101.8 |
| 山东 | Shandong | 100.4 | 103.0 | 99.0 | 105.0 | 102.1 | 101.9 | 100.3 |
| 河南 | Henan | 100.8 | 102.8 | 102.7 | 103.9 | 106.6 | 101.3 | 100.9 |
| 湖北 | Hubei | 99.9 | 101.9 | 101.2 | 104.2 | 104.9 | 99.9 | 101.5 |
| 湖南 | Hunan | 98.9 | 101.1 | 101.5 | 101.9 | 100.0 | 100.1 | 102.3 |
| 广东 | Guangdong | 99.8 | 100.4 | 100.5 | 101.8 | 100.2 | 100.0 | 97.9 |
| 广西 | Guangxi | 99.9 | 102.3 | 99.4 | 103.4 | 102.2 | 102.3 | 104.8 |
| 海南 | Hainan | 101.5 | 103.4 | 100.7 | 106.6 | 104.6 | 102.2 | 100.0 |
| 重庆 | Chongqing | | | | | | | |
| 四川 | Sichuan | 99.1 | 103.5 | 101.5 | 105.1 | 100.2 | 104.2 | 101.0 |
| 贵州 | Guizhou | 100.8 | 101.4 | 102.5 | 103.2 | 100.0 | 100.2 | 100.0 |
| 云南 | Yunnan | 100.2 | 103.9 | 101.6 | 104.2 | 110.4 | 100.2 | 123.7 |
| 西藏 | Tibet | 100.8 | 104.8 | 112.8 | 106.4 | 100.0 | 100.0 | 100.0 |
| 陕西 | Shaanxi | 101.5 | 108.5 | 101.7 | 104.4 | 101.0 | 115.2 | 101.9 |
| 甘肃 | Gansu | 101.2 | 102.6 | 101.5 | 101.4 | 100.0 | 103.7 | 103.3 |
| 青海 | Qinghai | 100.1 | 103.6 | 104.8 | 103.0 | 106.1 | 100.5 | 111.5 |
| 宁夏 | Ningxia | 99.7 | 110.0 | 98.0 | 107.1 | 95.9 | 119.1 | 100.0 |
| 新疆 | Xinjiang | 100.7 | 100.0 | 96.7 | 100.5 | 103.8 | 100.6 | 100.0 |

# 3-2-1 全国商品零售价格分类指数（2018年）
## Retail Price by Category (2018)

(上年价格=100) Precding year =100

| 项　　目 | Item | 全国 National Indices | 城市 Urban Indices | 农村 Rural Indices |
|---|---|---|---|---|
| **商品零售价格指数** | **Retail Price Index** | **101.9** | **101.9** | **102.1** |
| **一、食品** | **Food** | **102.1** | **102.2** | **101.6** |
| 1.粮食 | Grain | 100.7 | 100.7 | 100.8 |
| 2.薯类 | Tubers | 107.8 | 108.1 | 106.4 |
| 3.豆类 | Beans | 101.1 | 101.1 | 100.8 |
| 4.食用油 | Edible Oil and Fats | 99.6 | 99.7 | 98.9 |
| 5.菜 | Vegetables | 107.0 | 107.0 | 106.4 |
| 6.畜肉类 | Meat of Livestock | 96.4 | 96.7 | 95.0 |
| 7.禽肉类 | Meat of Poultry | 105.4 | 105.3 | 106.5 |
| 8.水产品 | Aquatic Products | 102.2 | 102.2 | 102.6 |
| 9.蛋类 | Eggs | 111.6 | 111.5 | 112.0 |
| 10.奶类 | Milk | 101.6 | 101.7 | 100.9 |
| 11.干鲜瓜果类 | Dried and Fresh Melons and Fruits | 104.0 | 103.9 | 104.9 |
| 12.糖果糕点类 | Candy and Cake | 102.2 | 102.2 | 101.9 |
| 13.调味品 | Flavoring | 102.1 | 102.2 | 101.6 |
| 14.其他食品类 | Other Foods | 101.4 | 101.3 | 101.7 |
| 15.在外餐饮 | Dining Out | 102.4 | 102.4 | 102.2 |
| **二、饮料、烟酒** | **Beverages,Tobacco and Liquor** | **101.5** | **101.6** | **101.3** |
| 1.茶及饮料 | Tea and Beverages | 101.9 | 101.9 | 101.6 |
| 2.烟草 | Tobacco | 100.3 | 100.3 | 100.3 |
| 3.酒类 | Liquor | 103.1 | 103.1 | 102.6 |
| **三、服装、鞋帽** | **Garments , Shoes and Hats** | **101.3** | **101.2** | **101.6** |
| 1.服装 | Garments | 101.6 | 101.5 | 101.9 |
| 2.鞋帽袜 | Footgear and Hats | 100.4 | 100.3 | 100.8 |
| 3.其他衣着配件 | Other Clothing Accessories | 100.1 | 100.1 | 100.6 |
| **四、纺织品** | **Textiles** | **100.8** | **100.8** | **100.8** |
| 1.服装材料 | Clothing | 101.7 | 101.6 | 102.4 |
| 2.床上用品 | Bedding | 100.6 | 100.6 | 100.3 |
| **五、家用电器及音像器材** | **Household Appliances,Music and Video Equipment** | **99.5** | **99.4** | **100.2** |
| 1.家庭设备 | Household Facilities | 100.5 | 100.4 | 101.1 |
| 2.文娱用耐用消费品 | Durable Consumer Goods for Cultural and Recreational Use | 97.8 | 97.7 | 98.5 |
| 3.专业音像器材 | Music and Video Equipment | 99.0 | 99.0 | 99.4 |
| **六、文化办公用品** | **Cultural and Office Appliances** | **100.0** | **99.9** | **100.9** |

3-2-1 续表 continued

(上年价格=100) Precding year =100

| 项　　目 | Item | 全国 National Indices | 城市 Urban Indices | 农村 Rural Indices |
|---|---|---|---|---|
| **七、日用品** | **Articles for Daily Use** | **101.1** | **101.1** | **101.4** |
| 1.日用百货 | General Merchandise for Daily Use | 101.5 | 101.4 | 101.7 |
| 2.厨具餐具茶具 | Kichenware,Tableware and Tea set | 100.7 | 100.6 | 101.2 |
| 3.清洗用品 | Cleaning Products | 101.8 | 101.8 | 101.7 |
| 4.其他日用品 | Other Aritcles for Daily Use | 100.3 | 100.2 | 100.8 |
| **八、体育娱乐用品** | **Sports and Recreation Articles** | **100.8** | **100.8** | **100.8** |
| 1.体育户外用品 | Sports and Outdoor Articles | 100.2 | 100.2 | 100.6 |
| 2.娱乐用品 | Recreation Articles | 101.1 | 101.1 | 100.9 |
| **九、交通、通信用品** | **Transportation and Communication Appliances** | **98.6** | **98.6** | **98.7** |
| 1.交通运输机械 | Transportation Appliances | 98.8 | 98.7 | 98.8 |
| 2.通信器材 | Communication Appliances | 98.3 | 98.2 | 98.7 |
| **十、家具** | **Furniture** | **102.5** | **102.5** | **102.4** |
| **十一、化妆品** | **Cosmetics** | **101.0** | **101.0** | **101.2** |
| **十二、金银饰品** | **Gold and Silver Ornaments** | **97.9** | **97.8** | **98.4** |
| **十三、中西药品及医疗保健用品** | **Traditional Chinese and Western Medicines and Health Care Articles** | **104.5** | **104.4** | **105.2** |
| 1.医疗卫生器具 | Medical Instrument | 100.7 | 100.8 | 99.8 |
| 2.中药 | Traditional Chinese Medicines | 105.7 | 105.7 | 105.4 |
| 3.西药 | Western Medicines | 105.1 | 105.0 | 106.1 |
| 4.保健器具及用品 | Health Care Appliances and Articles | 102.3 | 102.3 | 103.1 |
| **十四、书报杂志及电子出版物** | **Books,Newspapers,Magazines and Electronic Pubblications** | **103.5** | **103.6** | **103.1** |
| 1.教材及参考书 | Teaching Materials and Reference Books | 102.8 | 102.8 | 102.9 |
| 2.书报杂志 | Newspapers and Maganizes | 105.4 | 105.5 | 104.3 |
| 3.计算机办公软件 | Office Software | 101.2 | 101.2 | 100.7 |
| **十五、燃料** | **Fuels** | **109.7** | **109.7** | **109.9** |
| 1.煤炭及制品 | Coal and its product | 107.4 | 107.1 | 108.7 |
| 2.石油及制品 | Petroleum and its product | 110.1 | 110.0 | 110.4 |
| **十六、建筑材料及五金电料** | **Building Materials and Hardware** | **102.8** | **102.6** | **104.0** |
| 1.建筑装璜材料 | Building Decoration Materials | 103.1 | 102.8 | 104.5 |
| 2.五金水暖 | Hardware | 101.9 | 101.8 | 102.3 |

# 3-2-2 各地区商品零售价格指数(2018年)
# Retail Price Indices by Category and Region (2018)

(上年价格=100) (Preceding year=100)

| 地 区 | Region | 商品零售价格指数 Retail Price Index | 一、食品 Food | 1.粮食 Grain | 2.薯类 Tubers | 3.豆类 Beans | 4.食用油 Edible Oil and Fats | 5.菜 Vegetables | 6.畜肉类 Meat of Livestock |
|---|---|---|---|---|---|---|---|---|---|
| **全 国** | **National** | **101.9** | **102.1** | **100.7** | **107.8** | **101.1** | **99.6** | **107.0** | **96.4** |
| 北 京 | Beijing | 101.1 | 103.2 | 101.4 | 106.7 | 100.6 | 100.6 | 111.9 | 99.2 |
| 天 津 | Tianjin | 101.6 | 103.2 | 99.7 | 110.9 | 100.4 | 100.7 | 109.3 | 99.5 |
| 河 北 | Hebei | 102.2 | 102.2 | 100.0 | 109.7 | 100.7 | 99.8 | 107.6 | 96.0 |
| 山 西 | Shanxi | 101.7 | 101.7 | 100.2 | 106.6 | 100.2 | 100.1 | 106.9 | 95.8 |
| 内蒙古 | Inner Mongolia | 101.6 | 102.5 | 100.8 | 104.5 | 99.8 | 98.6 | 106.5 | 102.0 |
| 辽 宁 | Liaoning | 101.4 | 102.3 | 100.6 | 106.7 | 100.2 | 99.8 | 106.6 | 96.3 |
| 吉 林 | Jilin | 102.4 | 101.6 | 100.8 | 111.0 | 99.1 | 99.6 | 106.2 | 96.5 |
| 黑龙江 | Heilongjiang | 101.1 | 100.6 | 101.1 | 106.8 | 98.7 | 99.0 | 107.1 | 92.5 |
| 上 海 | Shanghai | 101.6 | 102.3 | 100.3 | 105.7 | 105.4 | 100.2 | 107.1 | 98.8 |
| 江 苏 | Jiangsu | 102.6 | 102.4 | 101.3 | 108.5 | 99.9 | 100.2 | 107.9 | 97.3 |
| 浙 江 | Zhejiang | 102.1 | 102.9 | 100.6 | 105.1 | 102.0 | 99.4 | 107.1 | 98.3 |
| 安 徽 | Anhui | 101.9 | 102.4 | 100.6 | 113.1 | 100.6 | 99.3 | 109.9 | 95.4 |
| 福 建 | Fujian | 101.5 | 102.1 | 100.8 | 105.2 | 101.9 | 99.6 | 107.7 | 95.0 |
| 江 西 | Jiangxi | 101.0 | 101.1 | 101.0 | 104.9 | 101.1 | 99.5 | 106.3 | 94.7 |
| 山 东 | Shandong | 102.2 | 102.5 | 100.5 | 113.0 | 101.4 | 100.6 | 110.0 | 95.6 |
| 河 南 | Henan | 102.9 | 101.6 | 100.3 | 114.0 | 100.6 | 99.0 | 104.9 | 94.0 |
| 湖 北 | Hubei | 101.2 | 101.9 | 100.7 | 108.9 | 99.9 | 99.6 | 106.2 | 96.4 |
| 湖 南 | Hunan | 102.3 | 101.7 | 100.9 | 105.7 | 100.6 | 100.7 | 108.4 | 95.1 |
| 广 东 | Guangdong | 102.1 | 102.5 | 102.1 | 103.3 | 101.0 | 99.9 | 105.0 | 97.0 |
| 广 西 | Guangxi | 101.6 | 101.0 | 101.2 | 102.6 | 103.0 | 96.8 | 103.4 | 93.7 |
| 海 南 | Hainan | 102.5 | 101.2 | 101.1 | 103.4 | 103.0 | 99.4 | 103.8 | 97.9 |
| 重 庆 | Chongqing | 101.2 | 101.5 | 98.2 | 104.3 | 100.8 | 98.6 | 106.4 | 96.5 |
| 四 川 | Sichuan | 101.4 | 101.5 | 100.2 | 106.9 | 105.2 | 98.3 | 110.1 | 96.4 |
| 贵 州 | Guizhou | 101.8 | 100.8 | 101.6 | 104.0 | 100.3 | 95.9 | 103.5 | 95.0 |
| 云 南 | Yunnan | 101.5 | 100.4 | 101.6 | 101.7 | 101.4 | 95.9 | 104.6 | 94.3 |
| 西 藏 | Tibet | 101.5 | 101.8 | 102.1 | 104.2 | 103.1 | 98.4 | 101.5 | 99.6 |
| 陕 西 | Shaanxi | 102.1 | 102.1 | 101.3 | 105.5 | 99.9 | 100.5 | 104.5 | 95.5 |
| 甘 肃 | Gansu | 101.7 | 101.3 | 100.1 | 101.8 | 99.9 | 101.6 | 102.2 | 98.8 |
| 青 海 | Qinghai | 102.1 | 102.9 | 101.8 | 104.6 | 104.3 | 99.7 | 101.8 | 105.2 |
| 宁 夏 | Ningxia | 102.9 | 102.5 | 100.9 | 108.4 | 100.9 | 99.4 | 106.5 | 103.1 |
| 新 疆 | Xinjiang | 100.9 | 102.7 | 100.6 | 100.9 | 104.7 | 100.3 | 99.0 | 106.4 |

3-2-2 续表 1 continued 1

(上年价格=100) (Preceding year=100)

| 地 区 | Region | 7.禽肉类 Meat of Poultry | 8.水产品 Aquatic Products | 9.蛋类 Eggs | 10.奶类 Milk | 11.干鲜瓜果类 Dried and Fresh Melons and Fruits | 12.糖果糕点类 Candy and Cake | 13.调味品 Flavoring | 14.其他食品类 Other Foods |
|---|---|---|---|---|---|---|---|---|---|
| **全 国** | **National** | **105.4** | **102.2** | **111.6** | **101.6** | **104.0** | **102.2** | **102.1** | **101.4** |
| 北 京 | Beijing | 103.0 | 100.6 | 115.8 | 100.8 | 102.7 | 101.7 | 101.4 | 102.6 |
| 天 津 | Tianjin | 104.1 | 104.6 | 114.3 | 99.9 | 105.6 | 103.2 | 102.6 | 102.1 |
| 河 北 | Hebei | 104.8 | 103.6 | 112.0 | 100.7 | 106.6 | 102.0 | 102.5 | 102.0 |
| 山 西 | Shanxi | 103.4 | 100.7 | 119.6 | 99.6 | 106.4 | 101.3 | 101.1 | 100.9 |
| 内蒙古 | Inner Mongolia | 102.8 | 102.2 | 111.3 | 100.3 | 103.5 | 100.7 | 100.7 | 101.3 |
| 辽 宁 | Liaoning | 105.7 | 105.1 | 111.5 | 101.4 | 106.8 | 101.4 | 100.7 | 101.6 |
| 吉 林 | Jilin | 103.8 | 102.2 | 112.4 | 102.3 | 102.1 | 102.9 | 102.5 | 101.0 |
| 黑龙江 | Heilongjiang | 102.1 | 100.1 | 109.8 | 102.7 | 105.0 | 101.7 | 102.1 | 101.5 |
| 上 海 | Shanghai | 106.3 | 101.3 | 108.6 | 101.3 | 102.9 | 101.9 | 100.4 | 103.7 |
| 江 苏 | Jiangsu | 105.5 | 100.2 | 112.6 | 103.4 | 104.4 | 102.9 | 103.4 | 102.0 |
| 浙 江 | Zhejiang | 106.5 | 103.7 | 109.4 | 102.5 | 103.5 | 101.3 | 101.9 | 100.8 |
| 安 徽 | Anhui | 107.0 | 98.6 | 113.3 | 101.5 | 107.5 | 102.3 | 102.7 | 102.0 |
| 福 建 | Fujian | 108.9 | 102.5 | 109.0 | 100.9 | 104.0 | 102.0 | 102.0 | 103.1 |
| 江 西 | Jiangxi | 109.5 | 97.8 | 111.3 | 103.4 | 101.0 | 102.8 | 101.5 | 101.7 |
| 山 东 | Shandong | 107.2 | 102.4 | 112.1 | 101.2 | 104.4 | 103.2 | 102.6 | 101.4 |
| 河 南 | Henan | 105.3 | 101.7 | 115.4 | 100.4 | 104.2 | 101.7 | 103.3 | 100.7 |
| 湖 北 | Hubei | 104.6 | 99.0 | 110.2 | 102.4 | 106.5 | 101.7 | 102.0 | 100.8 |
| 湖 南 | Hunan | 105.2 | 100.6 | 108.7 | 101.9 | 104.4 | 102.6 | 104.5 | 101.1 |
| 广 东 | Guangdong | 104.6 | 104.5 | 109.0 | 101.8 | 102.8 | 102.5 | 102.0 | 100.9 |
| 广 西 | Guangxi | 107.5 | 103.5 | 107.7 | 102.4 | 99.6 | 101.6 | 101.8 | 100.5 |
| 海 南 | Hainan | 104.0 | 100.3 | 107.4 | 105.1 | 96.2 | 100.6 | 102.4 | 101.3 |
| 重 庆 | Chongqing | 105.8 | 101.1 | 115.8 | 100.3 | 101.2 | 99.9 | 101.1 | 100.9 |
| 四 川 | Sichuan | 104.6 | 100.2 | 108.4 | 100.5 | 102.1 | 102.5 | 101.5 | 100.3 |
| 贵 州 | Guizhou | 105.4 | 102.6 | 109.7 | 102.7 | 102.2 | 102.4 | 101.6 | 101.8 |
| 云 南 | Yunnan | 104.0 | 101.8 | 107.8 | 100.8 | 105.0 | 101.0 | 101.8 | 99.9 |
| 西 藏 | Tibet | 99.3 | 102.9 | 101.8 | 101.0 | 101.8 | 101.0 | 102.1 | 102.6 |
| 陕 西 | Shaanxi | 103.4 | 99.6 | 115.2 | 102.8 | 104.4 | 103.7 | 99.9 | 101.2 |
| 甘 肃 | Gansu | 103.7 | 102.4 | 112.5 | 102.2 | 101.7 | 101.2 | 100.5 | 100.6 |
| 青 海 | Qinghai | 103.8 | 100.0 | 114.8 | 100.0 | 101.2 | 101.6 | 101.9 | 101.1 |
| 宁 夏 | Ningxia | 102.4 | 100.2 | 113.0 | 101.9 | 101.5 | 101.9 | 101.7 | 102.0 |
| 新 疆 | Xinjiang | 103.6 | 105.4 | 114.9 | 99.3 | 101.3 | 101.7 | 100.8 | 101.4 |

3-2-2 续表 2 continued 2

(上年价格=100) (Preceding year=100)

| 地 区 | Region | 15.在外餐饮 Outward Dinner Food | 二、饮料、烟酒 Beverages, Tobacco and Liquor | 1.茶及饮料 Tea and Beverages | 2.烟草 Tobacco | 3.酒类 Liquor | 三、服装、鞋帽 Garments, Shoes and Hats | 1.服装 Garments | 2.鞋帽袜 Footgear and Hats |
|---|---|---|---|---|---|---|---|---|---|
| **全 国** | **National** | **102.4** | **101.5** | **101.9** | **100.3** | **103.1** | **101.3** | **101.6** | **100.4** |
| 北 京 | Beijing | 103.9 | 101.7 | 101.3 | 100.4 | 103.4 | 99.5 | 99.7 | 99.0 |
| 天 津 | Tianjin | 102.9 | 101.4 | 102.6 | 101.0 | 101.1 | 101.0 | 100.9 | 101.2 |
| 河 北 | Hebei | 102.2 | 100.5 | 102.9 | 99.9 | 100.1 | 101.6 | 102.4 | 99.6 |
| 山 西 | Shanxi | 101.0 | 101.4 | 101.5 | 100.1 | 103.6 | 100.5 | 100.8 | 99.4 |
| 内 蒙 古 | Inner Mongolia | 101.7 | 100.5 | 100.3 | 100.5 | 100.6 | 101.6 | 101.8 | 101.1 |
| 辽 宁 | Liaoning | 102.0 | 102.4 | 104.3 | 101.6 | 102.7 | 100.2 | 99.9 | 100.9 |
| 吉 林 | Jilin | 101.8 | 101.6 | 102.3 | 99.8 | 103.6 | 102.5 | 102.6 | 102.6 |
| 黑 龙 江 | Heilongjiang | 101.2 | 102.5 | 102.3 | 100.7 | 105.6 | 100.8 | 101.2 | 99.4 |
| 上 海 | Shanghai | 101.9 | 101.6 | 103.2 | 100.7 | 102.5 | 98.0 | 98.6 | 95.8 |
| 江 苏 | Jiangsu | 102.6 | 102.1 | 102.4 | 100.0 | 105.5 | 102.2 | 102.4 | 101.7 |
| 浙 江 | Zhejiang | 103.5 | 101.3 | 101.6 | 100.0 | 103.5 | 101.1 | 102.0 | 98.2 |
| 安 徽 | Anhui | 102.6 | 101.6 | 103.8 | 99.7 | 103.2 | 101.9 | 102.1 | 101.2 |
| 福 建 | Fujian | 102.8 | 101.0 | 101.5 | 100.6 | 100.9 | 99.2 | 99.7 | 97.7 |
| 江 西 | Jiangxi | 102.7 | 100.4 | 101.1 | 100.0 | 100.6 | 100.0 | 100.1 | 99.6 |
| 山 东 | Shandong | 102.8 | 101.6 | 100.8 | 100.4 | 103.8 | 103.5 | 104.2 | 101.5 |
| 河 南 | Henan | 102.0 | 102.6 | 102.2 | 100.0 | 104.8 | 101.0 | 101.1 | 100.7 |
| 湖 北 | Hubei | 103.2 | 101.0 | 101.5 | 100.0 | 101.7 | 100.6 | 100.8 | 100.1 |
| 湖 南 | Hunan | 100.8 | 101.5 | 101.2 | 101.0 | 102.2 | 101.8 | 102.4 | 100.4 |
| 广 东 | Guangdong | 103.1 | 101.8 | 101.6 | 100.6 | 103.7 | 101.7 | 101.8 | 102.0 |
| 广 西 | Guangxi | 103.0 | 101.5 | 102.3 | 100.0 | 102.5 | 100.9 | 100.9 | 101.2 |
| 海 南 | Hainan | 102.6 | 100.4 | 100.5 | 99.8 | 101.2 | 104.5 | 104.4 | 105.2 |
| 重 庆 | Chongqing | 101.8 | 100.2 | 101.9 | 99.8 | 99.5 | 101.5 | 101.7 | 101.2 |
| 四 川 | Sichuan | 101.0 | 101.6 | 101.8 | 100.0 | 104.0 | 100.9 | 101.8 | 98.5 |
| 贵 州 | Guizhou | 102.2 | 101.0 | 101.0 | 100.0 | 103.6 | 100.7 | 101.3 | 98.8 |
| 云 南 | Yunnan | 100.3 | 100.4 | 102.0 | 99.9 | 101.3 | 101.7 | 101.0 | 103.6 |
| 西 藏 | Tibet | 104.5 | 101.0 | 100.4 | 100.9 | 101.3 | 101.5 | 101.9 | 100.6 |
| 陕 西 | Shaanxi | 103.1 | 100.7 | 100.7 | 99.9 | 101.5 | 100.8 | 100.8 | 100.9 |
| 甘 肃 | Gansu | 100.9 | 101.3 | 101.8 | 100.0 | 102.5 | 100.9 | 100.7 | 101.3 |
| 青 海 | Qinghai | 102.1 | 100.0 | 100.5 | 100.0 | 99.8 | 101.8 | 102.8 | 99.3 |
| 宁 夏 | Ningxia | 101.1 | 101.9 | 104.6 | 100.0 | 101.4 | 101.7 | 101.6 | 102.0 |
| 新 疆 | Xinjiang | 102.6 | 102.4 | 102.5 | 100.2 | 104.7 | 98.4 | 98.7 | 97.6 |

3-2-2 续表 3 continued 3

(上年价格=100) (Preceding year=100)

| 地 区 Region | 3.其他衣着配件 Other Clothing Accessories | 四、纺织品 Textiles | 1.服装材料 Clothing Materials | 2.床上用品 Bed Articles | 五、家用电器及音像器材 Household Appliances, Music and Video Equipment | 1.家庭设备 Household Facilities | 2.文娱用耐用消费品 Durable Consumer Goods for Cultural and Recreational Use | 3.专业音像器材 Music and Video Equipment |
|---|---|---|---|---|---|---|---|---|
| **全 国 National** | **100.1** | **100.8** | **101.7** | **100.6** | **99.5** | **100.5** | **97.8** | **99.0** |
| 北 京 Beijing | 97.7 | 100.6 | 101.8 | 100.5 | 96.6 | 97.9 | 94.5 | 97.4 |
| 天 津 Tianjin | 97.7 | 102.2 | 104.6 | 101.8 | 97.8 | 99.8 | 95.1 | 96.8 |
| 河 北 Hebei | 100.8 | 100.6 | 100.9 | 100.5 | 100.6 | 101.3 | 99.2 | 98.5 |
| 山 西 Shanxi | 101.4 | 100.5 | 100.8 | 100.4 | 98.5 | 99.2 | 96.9 | 98.5 |
| 内 蒙 古 Inner Mongolia | 101.3 | 100.9 | 101.9 | 100.7 | 100.7 | 101.4 | 99.3 | 100.1 |
| 辽 宁 Liaoning | 100.9 | 100.0 | 100.3 | 99.9 | 98.6 | 99.3 | 97.4 | 98.0 |
| 吉 林 Jilin | 101.4 | 102.9 | 104.0 | 102.7 | 101.6 | 103.1 | 99.7 | 99.2 |
| 黑 龙 江 Heilongjiang | 101.5 | 100.7 | 99.5 | 101.0 | 99.0 | 100.4 | 97.0 | 97.1 |
| 上 海 Shanghai | 101.4 | 99.2 | 101.8 | 99.0 | 97.9 | 99.8 | 91.7 | 102.6 |
| 江 苏 Jiangsu | 100.4 | 102.1 | 101.7 | 102.2 | 100.9 | 102.4 | 98.3 | 100.8 |
| 浙 江 Zhejiang | 98.8 | 99.9 | 103.5 | 98.7 | 98.2 | 99.7 | 95.2 | 98.4 |
| 安 徽 Anhui | 101.3 | 100.9 | 101.9 | 100.7 | 100.0 | 101.1 | 98.4 | 99.0 |
| 福 建 Fujian | 99.1 | 102.5 | 103.2 | 102.3 | 99.3 | 100.1 | 98.8 | 94.6 |
| 江 西 Jiangxi | 99.3 | 100.4 | 105.2 | 99.1 | 99.2 | 100.6 | 96.4 | 99.5 |
| 山 东 Shandong | 102.6 | 102.3 | 104.1 | 101.9 | 100.3 | 101.0 | 99.3 | 99.7 |
| 河 南 Henan | 100.4 | 100.8 | 101.3 | 100.7 | 100.8 | 101.9 | 98.8 | 100.5 |
| 湖 北 Hubei | 100.2 | 99.7 | 101.0 | 99.1 | 99.0 | 99.5 | 98.1 | 99.1 |
| 湖 南 Hunan | 100.1 | 101.2 | 102.7 | 100.4 | 100.5 | 100.7 | 100.2 | 101.0 |
| 广 东 Guangdong | 98.0 | 100.2 | 100.1 | 100.3 | 98.9 | 99.3 | 98.4 | 98.0 |
| 广 西 Guangxi | 99.3 | 99.3 | 99.1 | 99.3 | 99.6 | 100.9 | 98.2 | 98.0 |
| 海 南 Hainan | 100.8 | 108.0 | 102.8 | 109.9 | 101.2 | 102.4 | 100.1 | 97.7 |
| 重 庆 Chongqing | 101.1 | 101.0 | 100.9 | 101.0 | 98.3 | 99.2 | 95.8 | 98.6 |
| 四 川 Sichuan | 98.8 | 100.6 | 103.9 | 99.9 | 98.7 | 99.9 | 96.0 | 99.6 |
| 贵 州 Guizhou | 103.6 | 100.6 | 107.1 | 99.9 | 99.7 | 100.7 | 97.8 | 100.8 |
| 云 南 Yunnan | 100.9 | 98.5 | 99.3 | 98.4 | 99.4 | 101.0 | 96.7 | 98.3 |
| 西 藏 Tibet | 100.4 | 101.3 | 102.3 | 100.4 | 100.3 | 100.4 | 100.5 | 98.8 |
| 陕 西 Shaanxi | 99.8 | 101.4 | 99.0 | 102.0 | 99.4 | 99.9 | 98.5 | 100.2 |
| 甘 肃 Gansu | 100.6 | 99.1 | 101.5 | 98.3 | 100.0 | 100.6 | 99.1 | 99.8 |
| 青 海 Qinghai | 98.4 | 100.2 | 103.9 | 99.2 | 98.8 | 101.0 | 95.4 | 100.7 |
| 宁 夏 Ningxia | 100.6 | 103.6 | 102.0 | 103.9 | 101.2 | 103.7 | 98.4 | 98.7 |
| 新 疆 Xinjiang | 97.4 | 95.9 | 100.1 | 93.9 | 99.0 | 100.5 | 96.8 | 100.3 |

3-2-2 续表 4 continued 4

(上年价格=100) (Preceding year=100)

| 地 区 Region | 六、文化办公用品 Cultural and Office Appliances | 七、日用品 Articles for Daily Use | 1.日用百货 General Merchandise for Daily Use | 2.厨具餐具茶具 Kichenware, Tableware and Tea set | 3.清洗用品 Cleaning Products | 4.其他日用品 Other Aritcles for Daily Use | 八、体育娱乐用品 Sports and Recreation Articles | 1.体育户外用品 Sports and Outdoor Articles |
|---|---|---|---|---|---|---|---|---|
| **全 国 National** | **100.0** | **101.1** | **101.5** | **100.7** | **101.8** | **100.3** | **100.8** | **100.2** |
| 北 京 Beijing | 98.5 | 100.0 | 100.7 | 99.8 | 101.3 | 98.0 | 99.4 | 97.5 |
| 天 津 Tianjin | 98.9 | 100.8 | 101.2 | 101.5 | 101.6 | 99.9 | 100.2 | 98.4 |
| 河 北 Hebei | 100.1 | 101.4 | 101.3 | 102.5 | 102.3 | 100.7 | 101.2 | 100.9 |
| 山 西 Shanxi | 99.9 | 101.2 | 101.3 | 100.2 | 103.6 | 100.0 | 100.7 | 100.3 |
| 内蒙古 Inner Mongolia | 101.0 | 100.9 | 101.3 | 100.5 | 100.3 | 100.9 | 100.2 | 100.5 |
| 辽 宁 Liaoning | 98.3 | 99.8 | 99.3 | 99.6 | 100.4 | 100.2 | 100.5 | 99.9 |
| 吉 林 Jilin | 101.3 | 100.9 | 102.0 | 100.7 | 100.8 | 100.3 | 101.3 | 99.9 |
| 黑龙江 Heilongjiang | 97.5 | 100.7 | 102.1 | 99.0 | 100.8 | 99.5 | 100.3 | 99.3 |
| 上 海 Shanghai | 100.4 | 101.0 | 104.2 | 97.9 | 98.7 | 100.8 | 101.3 | 99.3 |
| 江 苏 Jiangsu | 101.4 | 103.5 | 105.3 | 102.9 | 102.6 | 101.8 | 102.6 | 101.1 |
| 浙 江 Zhejiang | 100.5 | 101.5 | 101.9 | 102.4 | 101.7 | 99.8 | 100.7 | 100.7 |
| 安 徽 Anhui | 99.1 | 101.2 | 101.0 | 101.2 | 102.5 | 100.6 | 99.6 | 99.1 |
| 福 建 Fujian | 100.3 | 101.0 | 100.0 | 100.9 | 104.1 | 99.6 | 100.2 | 99.8 |
| 江 西 Jiangxi | 100.6 | 100.1 | 101.3 | 99.4 | 98.9 | 99.5 | 101.1 | 101.4 |
| 山 东 Shandong | 101.2 | 100.9 | 101.6 | 99.7 | 100.8 | 100.8 | 100.3 | 100.6 |
| 河 南 Henan | 100.5 | 101.2 | 101.7 | 99.4 | 101.8 | 100.8 | 101.5 | 100.4 |
| 湖 北 Hubei | 98.9 | 100.8 | 100.6 | 100.3 | 101.9 | 100.1 | 101.2 | 100.4 |
| 湖 南 Hunan | 100.8 | 102.0 | 101.1 | 101.9 | 104.4 | 100.4 | 100.2 | 99.9 |
| 广 东 Guangdong | 98.3 | 100.1 | 100.0 | 99.9 | 100.9 | 99.6 | 100.0 | 99.3 |
| 广 西 Guangxi | 100.2 | 100.9 | 101.1 | 99.6 | 102.1 | 100.5 | 100.9 | 100.5 |
| 海 南 Hainan | 99.9 | 100.1 | 100.7 | 98.9 | 100.8 | 99.5 | 104.3 | 99.5 |
| 重 庆 Chongqing | 100.8 | 101.7 | 100.7 | 100.9 | 106.3 | 99.9 | 100.4 | 99.1 |
| 四 川 Sichuan | 99.4 | 100.9 | 100.4 | 99.4 | 103.5 | 100.1 | 103.8 | 102.0 |
| 贵 州 Guizhou | 100.7 | 100.9 | 100.3 | 101.3 | 101.6 | 100.4 | 100.6 | 100.7 |
| 云 南 Yunnan | 101.6 | 100.9 | 100.6 | 101.7 | 100.4 | 102.1 | 100.4 | 101.5 |
| 西 藏 Tibet | 99.6 | 100.3 | 100.4 | 101.1 | 99.8 | 100.1 | 100.6 | 100.3 |
| 陕 西 Shaanxi | 101.9 | 102.4 | 100.6 | 102.5 | 105.7 | 100.7 | 101.3 | 100.4 |
| 甘 肃 Gansu | 100.9 | 101.0 | 101.3 | 101.0 | 99.9 | 101.1 | 100.0 | 102.4 |
| 青 海 Qinghai | 102.8 | 98.9 | 98.1 | 100.6 | 97.2 | 100.6 | 98.7 | 98.7 |
| 宁 夏 Ningxia | 100.4 | 100.9 | 101.4 | 101.1 | 100.6 | 100.8 | 101.0 | 100.3 |
| 新 疆 Xinjiang | 98.6 | 100.5 | 100.6 | 99.4 | 103.2 | 96.8 | 99.8 | 100.4 |

3-2-2 续表 5 continued 5

(上年价格=100) (Preceding year=100)

| 地 区 Region | 2.娱乐用品 Recreation Articles | 九、交通、通信用品 Transportation and Communication Appliances | 1.交通运输机械 Transportation Appliances | 2.通信器材 Communication Appliances | 十、家具 Furniture | 十一、化妆品 Cosmetics | 十二、金银饰品 Gold and Silver Ornaments | 十三、中西药品及医疗保健用品 Traditional Chinese and Western Medicines and Health Care Articles |
|---|---|---|---|---|---|---|---|---|
| **全 国 National** | **101.1** | **98.6** | **98.8** | **98.3** | **102.5** | **101.0** | **97.9** | **104.5** |
| 北 京 Beijing | 100.0 | 97.5 | 97.1 | 98.4 | 103.3 | 101.9 | 98.7 | 101.6 |
| 天 津 Tianjin | 100.3 | 98.4 | 98.5 | 97.5 | 100.8 | 100.6 | 97.5 | 104.7 |
| 河 北 Hebei | 101.2 | 97.1 | 97.9 | 95.3 | 103.5 | 101.5 | 98.6 | 107.3 |
| 山 西 Shanxi | 100.8 | 97.9 | 98.5 | 95.5 | 101.3 | 100.3 | 99.0 | 104.3 |
| 内蒙古 Inner Mongolia | 100.1 | 97.3 | 96.0 | 100.2 | 100.3 | 100.5 | 98.4 | 102.9 |
| 辽 宁 Liaoning | 100.6 | 99.0 | 99.8 | 96.8 | 101.4 | 100.9 | 97.1 | 104.8 |
| 吉 林 Jilin | 101.7 | 99.2 | 98.4 | 100.5 | 104.0 | 101.7 | 98.3 | 106.6 |
| 黑龙江 Heilongjiang | 100.6 | 98.0 | 99.9 | 94.5 | 100.1 | 101.8 | 96.6 | 103.9 |
| 上 海 Shanghai | 101.6 | 100.4 | 98.4 | 109.8 | 103.2 | 100.4 | 100.6 | 101.2 |
| 江 苏 Jiangsu | 103.2 | 99.0 | 98.5 | 101.0 | 103.1 | 102.0 | 97.3 | 104.2 |
| 浙 江 Zhejiang | 100.7 | 98.4 | 99.3 | 94.6 | 101.8 | 99.8 | 98.3 | 105.3 |
| 安 徽 Anhui | 99.7 | 97.5 | 97.5 | 97.5 | 101.9 | 101.6 | 98.4 | 104.5 |
| 福 建 Fujian | 100.5 | 97.9 | 98.8 | 95.7 | 101.3 | 100.1 | 97.5 | 104.4 |
| 江 西 Jiangxi | 101.0 | 97.7 | 98.5 | 94.5 | 103.4 | 100.5 | 98.0 | 100.9 |
| 山 东 Shandong | 100.1 | 98.6 | 98.7 | 98.3 | 104.5 | 101.0 | 96.8 | 105.8 |
| 河 南 Henan | 102.9 | 102.7 | 99.9 | 108.3 | 102.4 | 101.6 | 98.3 | 105.6 |
| 湖 北 Hubei | 101.8 | 98.1 | 99.3 | 96.4 | 103.1 | 101.6 | 97.2 | 102.3 |
| 湖 南 Hunan | 100.4 | 99.9 | 99.9 | 99.7 | 100.9 | 101.2 | 97.5 | 104.2 |
| 广 东 Guangdong | 100.5 | 98.7 | 99.4 | 96.7 | 102.3 | 100.8 | 97.2 | 104.3 |
| 广 西 Guangxi | 101.2 | 98.6 | 98.4 | 99.0 | 101.6 | 101.3 | 95.7 | 104.9 |
| 海 南 Hainan | 105.9 | 100.4 | 99.8 | 101.9 | 102.9 | 101.6 | 96.3 | 107.2 |
| 重 庆 Chongqing | 100.6 | 97.5 | 98.4 | 96.3 | 103.8 | 101.3 | 98.2 | 104.4 |
| 四 川 Sichuan | 104.3 | 96.4 | 97.0 | 95.2 | 103.8 | 99.7 | 98.5 | 104.9 |
| 贵 州 Guizhou | 100.6 | 100.7 | 101.3 | 99.4 | 101.2 | 101.6 | 98.2 | 103.4 |
| 云 南 Yunnan | 99.7 | 99.5 | 100.1 | 97.3 | 100.9 | 99.9 | 100.1 | 105.6 |
| 西 藏 Tibet | 100.7 | 99.8 | 100.0 | 99.1 | 100.5 | 103.7 | 98.2 | 104.5 |
| 陕 西 Shaanxi | 101.7 | 99.1 | 99.3 | 98.5 | 103.6 | 101.1 | 96.5 | 104.4 |
| 甘 肃 Gansu | 98.5 | 99.3 | 100.6 | 97.6 | 100.9 | 100.5 | 96.4 | 105.5 |
| 青 海 Qinghai | 98.7 | 96.0 | 101.2 | 93.0 | 102.8 | 101.9 | 98.7 | 106.6 |
| 宁 夏 Ningxia | 101.4 | 102.4 | 103.3 | 101.0 | 103.7 | 100.2 | 97.3 | 102.9 |
| 新 疆 Xinjiang | 99.3 | 96.6 | 99.3 | 93.1 | 101.1 | 101.4 | 98.4 | 101.4 |

3-2-2 续表 6 continued 6

(上年价格=100) (Preceding year=100)

| 地 区 | Region | 1.医疗卫生器具 Medical Instrument | 2.中药 Traditional Chinese Medicines | 3.西药 Western Medicines | 4.保健器具及用品 Health Care Appliances and Articles | 十四、书报杂志及电子出版物 Books,Newspapers, Magazines and Electronic Pubblications | 1.教材及参考书 Teaching Materials and Reference Books | 2.书报杂志 Newspapers and Maganizes |
|---|---|---|---|---|---|---|---|---|
| **全 国** | **National** | **100.7** | **105.7** | **105.1** | **102.3** | **103.5** | **102.8** | **105.4** |
| 北 京 | Beijing | 100.2 | 101.7 | 100.7 | 102.6 | 103.1 | 103.3 | 104.3 |
| 天 津 | Tianjin | 100.2 | 107.5 | 105.2 | 101.4 | 101.9 | 100.1 | 108.1 |
| 河 北 | Hebei | 100.6 | 106.2 | 109.1 | 101.1 | 105.3 | 103.2 | 107.8 |
| 山 西 | Shanxi | 101.0 | 106.0 | 105.3 | 101.0 | 104.7 | 104.8 | 106.0 |
| 内蒙古 | Inner Mongolia | 102.0 | 101.4 | 104.0 | 101.3 | 102.4 | 100.4 | 106.7 |
| 辽 宁 | Liaoning | 100.9 | 106.3 | 105.2 | 100.3 | 103.7 | 103.7 | 105.5 |
| 吉 林 | Jilin | 103.0 | 105.1 | 109.0 | 102.1 | 104.2 | 104.8 | 106.1 |
| 黑龙江 | Heilongjiang | 100.0 | 104.3 | 104.4 | 101.2 | 102.1 | 101.7 | 103.4 |
| 上 海 | Shanghai | 100.8 | 105.6 | 99.7 | 101.0 | 106.0 | 103.3 | 105.0 |
| 江 苏 | Jiangsu | 100.4 | 107.7 | 104.6 | 101.8 | 107.4 | 104.6 | 108.9 |
| 浙 江 | Zhejiang | 101.1 | 105.1 | 107.1 | 102.9 | 104.3 | 101.1 | 109.9 |
| 安 徽 | Anhui | 102.1 | 107.2 | 105.1 | 102.1 | 106.7 | 109.2 | 105.0 |
| 福 建 | Fujian | 100.6 | 105.2 | 105.2 | 100.8 | 102.9 | 104.1 | 102.2 |
| 江 西 | Jiangxi | 100.6 | 103.8 | 99.6 | 101.6 | 107.0 | 102.4 | 113.6 |
| 山 东 | Shandong | 100.1 | 105.1 | 108.4 | 103.1 | 102.7 | 103.4 | 102.1 |
| 河 南 | Henan | 102.4 | 107.2 | 105.3 | 106.0 | 104.1 | 102.9 | 106.0 |
| 湖 北 | Hubei | 100.4 | 104.1 | 101.3 | 101.6 | 100.4 | 101.0 | 100.0 |
| 湖 南 | Hunan | 99.9 | 105.3 | 104.2 | 103.7 | 100.7 | 100.2 | 101.8 |
| 广 东 | Guangdong | 100.2 | 105.8 | 105.1 | 102.2 | 102.0 | 102.2 | 103.4 |
| 广 西 | Guangxi | 100.0 | 106.9 | 104.8 | 103.2 | 102.7 | 102.6 | 103.8 |
| 海 南 | Hainan | 102.3 | 107.0 | 107.0 | 111.4 | 100.5 | 100.5 | 100.8 |
| 重 庆 | Chongqing | 101.4 | 104.9 | 104.9 | 104.1 | 102.4 | 102.7 | 103.6 |
| 四 川 | Sichuan | 100.3 | 105.8 | 106.0 | 101.9 | 102.8 | 102.1 | 105.9 |
| 贵 州 | Guizhou | 101.6 | 101.9 | 104.6 | 102.4 | 103.4 | 102.8 | 104.8 |
| 云 南 | Yunnan | 101.7 | 108.7 | 106.2 | 101.3 | 101.7 | 102.2 | 101.7 |
| 西 藏 | Tibet | 99.8 | 105.9 | 105.6 | 101.0 | 100.0 | 100.1 | 99.9 |
| 陕 西 | Shaanxi | 100.0 | 109.3 | 102.7 | 100.7 | 105.4 | 103.0 | 111.1 |
| 甘 肃 | Gansu | 103.1 | 110.2 | 103.5 | 104.8 | 100.5 | 100.2 | 101.1 |
| 青 海 | Qinghai | 101.9 | 108.9 | 108.0 | 102.3 | 104.7 | 104.6 | 106.2 |
| 宁 夏 | Ningxia | 99.8 | 106.1 | 101.9 | 102.0 | 111.2 | 105.8 | 117.5 |
| 新 疆 | Xinjiang | 101.9 | 102.1 | 100.9 | 101.3 | 100.9 | 100.4 | 101.9 |

3-2-2 续表 7 continued 7

(上年价格00) Preceding year=100)

| 地 区 | Region | 3.计算机办公软件 Office Software | 十五、燃料 Fuels | 1.煤炭及制品 Coal and its product | 2.石油及制品 Petroleum and its product | 十六、建筑材料及五金电料 Building Materials and Hardware | 1.建筑装璜材料 Building Decoration Materials | 2.五金水暖 Plumbing hardware copper fittings |
|---|---|---|---|---|---|---|---|---|
| **全 国** | **National** | **101.2** | **109.7** | **107.4** | **110.1** | **102.8** | **103.1** | **101.9** |
| 北 京 | Beijing | 99.1 | 111.2 | 101.8 | 111.2 | 103.1 | 103.4 | 102.6 |
| 天 津 | Tianjin | 96.8 | 110.3 | 102.5 | 111.6 | 102.5 | 103.3 | 101.3 |
| 河 北 | Hebei | 106.5 | 112.5 | 117.4 | 110.5 | 101.1 | 101.4 | 100.4 |
| 山 西 | Shanxi | 99.6 | 110.2 | 110.9 | 109.9 | 101.7 | 101.8 | 101.3 |
| 内蒙古 | Inner Mongolia | 100.0 | 109.7 | 107.3 | 110.5 | 102.5 | 102.9 | 101.2 |
| 辽 宁 | Liaoning | 100.8 | 108.4 | 104.2 | 109.6 | 100.7 | 100.8 | 100.4 |
| 吉 林 | Jilin | 97.6 | 107.7 | 108.4 | 107.6 | 103.1 | 103.2 | 102.7 |
| 黑龙江 | Heilongjiang | 99.2 | 109.1 | 107.0 | 109.7 | 101.4 | 101.5 | 100.9 |
| 上 海 | Shanghai | 117.7 | 110.9 | 100.0 | 110.9 | 105.3 | 104.6 | 107.1 |
| 江 苏 | Jiangsu | 109.2 | 109.9 | 103.3 | 110.6 | 105.0 | 105.7 | 103.1 |
| 浙 江 | Zhejiang | 97.9 | 110.0 | 102.0 | 111.0 | 103.6 | 104.0 | 102.6 |
| 安 徽 | Anhui | 97.5 | 109.0 | 104.9 | 110.0 | 103.6 | 103.8 | 102.7 |
| 福 建 | Fujian | 101.4 | 110.5 | 110.2 | 110.6 | 102.7 | 103.5 | 100.1 |
| 江 西 | Jiangxi | 101.3 | 108.3 | 102.3 | 109.5 | 103.3 | 103.6 | 102.6 |
| 山 东 | Shandong | 101.8 | 108.6 | 104.0 | 110.0 | 103.3 | 103.6 | 102.3 |
| 河 南 | Henan | 102.7 | 112.0 | 115.3 | 111.2 | 102.8 | 103.2 | 101.7 |
| 湖 北 | Hubei | 100.1 | 108.2 | 104.3 | 108.8 | 102.1 | 102.0 | 102.2 |
| 湖 南 | Hunan | 99.5 | 109.9 | 101.2 | 110.8 | 102.8 | 103.5 | 100.6 |
| 广 东 | Guangdong | 98.9 | 109.8 | 104.8 | 109.9 | 102.4 | 102.9 | 100.8 |
| 广 西 | Guangxi | 100.5 | 111.0 | 105.4 | 111.6 | 102.6 | 102.7 | 102.5 |
| 海 南 | Hainan | 100.0 | 109.8 | 100.6 | 110.3 | 101.4 | 101.4 | 101.4 |
| 重 庆 | Chongqing | 99.5 | 107.8 | 108.3 | 107.7 | 102.2 | 102.1 | 102.9 |
| 四 川 | Sichuan | 98.8 | 109.1 | 109.1 | 109.1 | 102.8 | 103.0 | 101.2 |
| 贵 州 | Guizhou | 101.1 | 109.7 | 111.0 | 109.4 | 101.3 | 101.4 | 100.8 |
| 云 南 | Yunnan | 101.4 | 107.7 | 103.2 | 108.2 | 102.2 | 102.6 | 100.9 |
| 西 藏 | Tibet | 99.2 | 106.3 | 101.1 | 108.1 | 101.1 | 100.3 | 103.9 |
| 陕 西 | Shaanxi | 100.4 | 109.2 | 112.6 | 108.0 | 102.5 | 102.7 | 101.9 |
| 甘 肃 | Gansu | 99.7 | 107.1 | 102.8 | 108.7 | 103.6 | 103.7 | 103.3 |
| 青 海 | Qinghai | 100.0 | 109.8 | 107.2 | 110.8 | 100.7 | 100.4 | 101.7 |
| 宁 夏 | Ningxia | 100.0 | 109.8 | 109.7 | 109.9 | 103.8 | 104.1 | 103.0 |
| 新 疆 | Xinjiang | 98.8 | 107.7 | 102.9 | 108.4 | 102.5 | 102.2 | 103.3 |

# 3-2-3 各地区城市商品零售价格指数(2018年)
## Urban Retail Price Indices by Category and Region (2018)

(上年价格=100) (Preceding year=100)

| 地区 | Region | 商品零售价格指数 Retail Price Index | 一、食品 Food | 1.粮食 Grain | 2.薯类 Tubers | 3.豆类 Beans | 4.食用油 Edible Oil and Fats | 5.菜 Vegetables | 6.畜肉类 Meat of Livestock |
|---|---|---|---|---|---|---|---|---|---|
| **全国** | **National** | **101.9** | **102.2** | **100.7** | **108.1** | **101.1** | **99.7** | **107.0** | **96.7** |
| 北京 | Beijing | 101.1 | 103.2 | 101.4 | 106.7 | 100.6 | 100.6 | 111.9 | 99.2 |
| 天津 | Tianjin | 101.6 | 103.2 | 99.7 | 110.9 | 100.4 | 100.7 | 109.3 | 99.5 |
| 河北 | Hebei | 102.1 | 102.2 | 99.8 | 110.0 | 100.6 | 100.2 | 107.7 | 96.3 |
| 山西 | Shanxi | 101.7 | 101.9 | 100.4 | 107.7 | 99.8 | 100.3 | 107.1 | 96.8 |
| 内蒙古 | Inner Mongolia | 101.6 | 102.4 | 100.8 | 104.6 | 99.4 | 99.4 | 106.4 | 102.0 |
| 辽宁 | Liaoning | 101.4 | 102.5 | 100.6 | 106.9 | 100.2 | 99.7 | 106.6 | 96.7 |
| 吉林 | Jilin | 102.4 | 101.6 | 100.6 | 111.0 | 99.0 | 99.6 | 106.0 | 96.6 |
| 黑龙江 | Heilongjiang | 101.0 | 100.6 | 100.8 | 106.5 | 98.3 | 99.2 | 107.2 | 92.8 |
| 上海 | Shanghai | 101.6 | 102.3 | 100.3 | 105.7 | 105.4 | 100.2 | 107.1 | 98.8 |
| 江苏 | Jiangsu | 102.5 | 102.5 | 101.4 | 109.4 | 99.8 | 100.2 | 108.2 | 97.6 |
| 浙江 | Zhejiang | 102.1 | 103.0 | 100.5 | 104.9 | 101.9 | 99.6 | 107.1 | 98.3 |
| 安徽 | Anhui | 101.9 | 102.5 | 100.6 | 114.5 | 100.4 | 99.8 | 110.6 | 95.5 |
| 福建 | Fujian | 101.5 | 102.2 | 100.7 | 105.2 | 102.1 | 99.7 | 107.7 | 95.0 |
| 江西 | Jiangxi | 101.0 | 101.5 | 100.9 | 106.2 | 100.9 | 100.1 | 106.5 | 95.8 |
| 山东 | Shandong | 102.1 | 102.5 | 100.3 | 112.7 | 101.7 | 100.2 | 110.0 | 96.0 |
| 河南 | Henan | 103.0 | 101.8 | 100.2 | 115.2 | 100.5 | 99.3 | 105.1 | 94.6 |
| 湖北 | Hubei | 101.2 | 101.8 | 100.3 | 109.5 | 99.9 | 99.5 | 106.1 | 96.4 |
| 湖南 | Hunan | 102.3 | 102.0 | 100.8 | 108.8 | 100.9 | 101.5 | 109.2 | 95.6 |
| 广东 | Guangdong | 102.1 | 102.6 | 102.5 | 103.0 | 100.8 | 100.1 | 104.8 | 97.2 |
| 广西 | Guangxi | 101.6 | 101.1 | 101.3 | 103.1 | 103.6 | 96.9 | 103.5 | 94.0 |
| 海南 | Hainan | 102.6 | 101.0 | 101.3 | 101.7 | 104.7 | 100.1 | 103.5 | 98.0 |
| 重庆 | Chongqing | 101.2 | 101.5 | 98.2 | 104.3 | 100.8 | 98.6 | 106.4 | 96.5 |
| 四川 | Sichuan | 101.4 | 101.7 | 100.1 | 107.5 | 106.4 | 98.6 | 110.8 | 96.6 |
| 贵州 | Guizhou | 102.0 | 100.9 | 101.6 | 103.3 | 100.7 | 95.8 | 103.3 | 95.2 |
| 云南 | Yunnan | 101.5 | 100.4 | 101.6 | 102.4 | 101.1 | 95.9 | 104.8 | 94.4 |
| 西藏 | Tibet | 101.3 | 101.4 | 101.9 | 104.8 | 103.4 | 97.7 | 100.4 | 99.2 |
| 陕西 | Shaanxi | 102.1 | 102.1 | 101.5 | 104.6 | 99.9 | 101.0 | 104.3 | 95.7 |
| 甘肃 | Gansu | 101.8 | 101.4 | 100.0 | 100.4 | 99.7 | 101.9 | 102.3 | 98.5 |
| 青海 | Qinghai | 102.0 | 102.8 | 101.9 | 104.4 | 104.9 | 99.8 | 101.1 | 105.0 |
| 宁夏 | Ningxia | 102.9 | 102.4 | 100.7 | 108.6 | 101.1 | 99.3 | 105.9 | 102.6 |
| 新疆 | Xinjiang | 100.8 | 102.6 | 100.7 | 100.1 | 105.1 | 100.4 | 98.9 | 106.2 |

3-2-3 续表 1 continued 1

(上年价格=100) (Preceding year=100)

| 地区 | Region | 7.禽肉类 Meat of Poultry | 8.水产品 Aquatic Products | 9.蛋类 Eggs | 10.奶类 Milk | 11.干鲜瓜果类 Dried and Fresh Melons and Fruits | 12.糖果糕点类 Candy and Cake | 13.调味品 Flavoring | 14.其他食品类 Other Foods |
|---|---|---|---|---|---|---|---|---|---|
| **全　国** | **National** | **105.3** | **102.2** | **111.5** | **101.7** | **103.9** | **102.2** | **102.2** | **101.3** |
| 北　京 | Beijing | 103.0 | 100.6 | 115.8 | 100.8 | 102.7 | 101.7 | 101.4 | 102.6 |
| 天　津 | Tianjin | 104.1 | 104.6 | 114.3 | 99.9 | 105.6 | 103.2 | 102.6 | 102.1 |
| 河　北 | Hebei | 104.6 | 103.7 | 110.8 | 100.6 | 106.5 | 102.1 | 102.6 | 101.5 |
| 山　西 | Shanxi | 103.6 | 100.6 | 119.0 | 99.7 | 105.3 | 101.4 | 101.2 | 101.1 |
| 内蒙古 | Inner Mongolia | 102.5 | 101.5 | 111.2 | 100.4 | 103.3 | 100.7 | 100.5 | 101.2 |
| 辽　宁 | Liaoning | 106.0 | 105.2 | 111.5 | 101.5 | 106.6 | 101.5 | 100.8 | 101.7 |
| 吉　林 | Jilin | 103.9 | 102.0 | 112.5 | 102.3 | 101.8 | 103.0 | 102.6 | 101.1 |
| 黑龙江 | Heilongjiang | 101.5 | 99.9 | 109.3 | 103.0 | 104.8 | 102.3 | 102.1 | 101.7 |
| 上　海 | Shanghai | 106.3 | 101.3 | 108.6 | 101.3 | 102.9 | 101.9 | 100.4 | 103.7 |
| 江　苏 | Jiangsu | 105.3 | 100.3 | 113.0 | 103.5 | 104.3 | 102.9 | 103.5 | 101.9 |
| 浙　江 | Zhejiang | 106.5 | 103.8 | 109.4 | 102.7 | 103.9 | 101.1 | 101.7 | 100.6 |
| 安　徽 | Anhui | 107.0 | 98.6 | 113.5 | 101.3 | 107.7 | 102.3 | 102.9 | 102.1 |
| 福　建 | Fujian | 109.0 | 102.6 | 108.6 | 100.9 | 104.2 | 102.0 | 102.0 | 103.4 |
| 江　西 | Jiangxi | 110.4 | 97.3 | 111.6 | 104.2 | 100.2 | 102.8 | 101.3 | 101.7 |
| 山　东 | Shandong | 106.6 | 102.1 | 113.2 | 101.3 | 103.4 | 103.0 | 102.9 | 100.8 |
| 河　南 | Henan | 105.2 | 101.5 | 114.4 | 100.5 | 104.2 | 101.8 | 103.6 | 100.6 |
| 湖　北 | Hubei | 103.7 | 98.5 | 109.2 | 102.7 | 106.9 | 101.4 | 102.0 | 100.7 |
| 湖　南 | Hunan | 104.9 | 100.7 | 109.0 | 102.0 | 104.7 | 102.9 | 104.9 | 101.2 |
| 广　东 | Guangdong | 104.6 | 104.6 | 109.3 | 102.0 | 102.7 | 102.7 | 102.1 | 101.0 |
| 广　西 | Guangxi | 107.5 | 103.2 | 107.2 | 102.3 | 99.4 | 101.6 | 101.8 | 100.2 |
| 海　南 | Hainan | 103.1 | 99.0 | 106.8 | 105.5 | 96.6 | 100.5 | 103.5 | 101.1 |
| 重　庆 | Chongqing | 105.8 | 101.1 | 115.8 | 100.3 | 101.2 | 99.9 | 101.1 | 100.9 |
| 四　川 | Sichuan | 103.8 | 100.0 | 108.2 | 100.7 | 101.6 | 103.1 | 101.8 | 100.1 |
| 贵　州 | Guizhou | 105.5 | 102.7 | 110.3 | 103.5 | 101.9 | 102.8 | 102.2 | 102.3 |
| 云　南 | Yunnan | 104.2 | 101.2 | 107.4 | 100.7 | 104.9 | 100.9 | 101.1 | 99.6 |
| 西　藏 | Tibet | 98.2 | 102.5 | 101.2 | 100.0 | 101.8 | 100.6 | 102.2 | 102.9 |
| 陕　西 | Shaanxi | 103.4 | 99.6 | 115.5 | 102.9 | 104.3 | 104.0 | 99.8 | 101.3 |
| 甘　肃 | Gansu | 104.4 | 102.7 | 113.3 | 101.9 | 102.1 | 101.2 | 100.9 | 100.6 |
| 青　海 | Qinghai | 103.9 | 99.9 | 115.1 | 99.8 | 101.5 | 101.5 | 101.5 | 101.2 |
| 宁　夏 | Ningxia | 102.7 | 100.3 | 112.9 | 102.1 | 101.9 | 102.1 | 101.9 | 102.4 |
| 新　疆 | Xinjiang | 103.4 | 105.3 | 115.0 | 99.2 | 101.5 | 101.8 | 100.7 | 101.3 |

3-2-3 续表 2 continued 2

(上年价格=100) (Preceding year=100)

| 地 区 | Region | 15.在外餐饮 Dining Out | 二、饮料、烟酒 Beverages, Tobacco and Liquor | 1.茶及饮料 Tea and Beverages | 2.烟草 Tobacco | 3.酒类 Liquor | 三、服装、鞋帽 Garments, Shoes and Hats | 1.服装 Garments | 2.鞋帽袜 Footgear and Hats |
|---|---|---|---|---|---|---|---|---|---|
| **全 国** | **National** | **102.4** | **101.6** | **101.9** | **100.3** | **103.1** | **101.2** | **101.5** | **100.3** |
| 北 京 | Beijing | 103.9 | 101.7 | 101.3 | 100.4 | 103.4 | 99.5 | 99.7 | 99.0 |
| 天 津 | Tianjin | 102.9 | 101.4 | 102.6 | 101.0 | 101.1 | 101.0 | 100.9 | 101.2 |
| 河 北 | Hebei | 102.1 | 100.2 | 102.9 | 99.6 | 99.1 | 101.7 | 102.5 | 99.6 |
| 山 西 | Shanxi | 101.1 | 101.7 | 101.6 | 100.2 | 104.4 | 100.1 | 100.6 | 99.0 |
| 内 蒙 古 | Inner Mongolia | 101.7 | 100.4 | 100.3 | 100.5 | 100.4 | 101.5 | 101.6 | 101.0 |
| 辽 宁 | Liaoning | 102.1 | 102.5 | 104.5 | 101.6 | 102.8 | 100.2 | 99.9 | 100.8 |
| 吉 林 | Jilin | 101.9 | 101.7 | 102.3 | 99.8 | 103.8 | 102.5 | 102.4 | 102.8 |
| 黑 龙 江 | Heilongjiang | 101.2 | 102.6 | 102.4 | 100.7 | 105.9 | 100.6 | 101.1 | 99.1 |
| 上 海 | Shanghai | 101.9 | 101.6 | 103.2 | 100.7 | 102.5 | 98.0 | 98.6 | 95.8 |
| 江 苏 | Jiangsu | 102.5 | 102.2 | 102.3 | 100.1 | 105.5 | 102.1 | 102.3 | 101.7 |
| 浙 江 | Zhejiang | 103.5 | 101.3 | 101.6 | 100.0 | 103.5 | 101.1 | 102.0 | 98.2 |
| 安 徽 | Anhui | 102.3 | 102.0 | 103.9 | 99.8 | 103.8 | 101.8 | 101.9 | 101.1 |
| 福 建 | Fujian | 102.7 | 101.0 | 101.6 | 100.6 | 101.1 | 99.1 | 99.6 | 97.4 |
| 江 西 | Jiangxi | 102.6 | 100.5 | 101.1 | 100.3 | 100.4 | 100.0 | 100.2 | 99.8 |
| 山 东 | Shandong | 103.0 | 101.5 | 100.7 | 100.2 | 104.1 | 103.6 | 104.3 | 101.2 |
| 河 南 | Henan | 102.2 | 102.8 | 102.1 | 100.0 | 105.5 | 100.9 | 101.1 | 100.4 |
| 湖 北 | Hubei | 103.4 | 101.1 | 101.6 | 100.0 | 101.8 | 100.8 | 100.9 | 100.3 |
| 湖 南 | Hunan | 100.8 | 101.5 | 101.3 | 101.1 | 102.1 | 101.8 | 102.3 | 100.4 |
| 广 东 | Guangdong | 103.2 | 101.9 | 101.6 | 100.6 | 103.7 | 101.9 | 102.0 | 102.4 |
| 广 西 | Guangxi | 102.9 | 101.6 | 102.3 | 100.0 | 102.8 | 101.0 | 101.0 | 101.3 |
| 海 南 | Hainan | 102.5 | 100.6 | 100.7 | 100.0 | 101.4 | 105.2 | 105.2 | 106.0 |
| 重 庆 | Chongqing | 101.8 | 100.2 | 101.9 | 99.8 | 99.5 | 101.5 | 101.7 | 101.2 |
| 四 川 | Sichuan | 101.0 | 101.6 | 102.0 | 100.0 | 103.8 | 100.7 | 101.8 | 97.9 |
| 贵 州 | Guizhou | 102.3 | 101.2 | 101.1 | 100.0 | 104.0 | 100.4 | 101.2 | 98.2 |
| 云 南 | Yunnan | 100.0 | 100.5 | 102.1 | 99.8 | 101.3 | 101.9 | 101.2 | 104.0 |
| 西 藏 | Tibet | 104.2 | 101.1 | 100.3 | 101.0 | 101.5 | 101.4 | 102.0 | 100.1 |
| 陕 西 | Shaanxi | 103.1 | 100.6 | 100.5 | 99.9 | 101.4 | 100.8 | 100.8 | 100.9 |
| 甘 肃 | Gansu | 100.9 | 101.6 | 102.2 | 100.0 | 102.9 | 100.9 | 100.7 | 101.5 |
| 青 海 | Qinghai | 102.0 | 99.9 | 100.0 | 100.0 | 99.7 | 102.0 | 103.2 | 99.0 |
| 宁 夏 | Ningxia | 101.1 | 102.0 | 104.8 | 100.0 | 101.5 | 101.6 | 101.5 | 101.8 |
| 新 疆 | Xinjiang | 102.6 | 102.4 | 102.6 | 100.2 | 104.8 | 98.2 | 98.7 | 97.2 |

3-2-3 续表 3 continued 3

(上年价格=100) (Preceding year=100)

| 地 区 | Region | 3.其他衣着配件 Other Clothing Accessories | 四、纺织品 Textiles | 1.服装材料 Clothing Materials | 2.床上用品 Bed Articles | 五、家用电器及音像器材 Household Appliances, Music and Video Equipment | 1.家庭设备 Household Facilities | 2.文娱用耐用消费品 Durable Consumer Goods for Cultural and Recreational Use | 3.专业音像器材 Music and Video Equipment |
|---|---|---|---|---|---|---|---|---|---|
| **全 国** | **National** | **100.1** | **100.8** | **101.6** | **100.6** | **99.4** | **100.4** | **97.7** | **99.0** |
| 北 京 | Beijing | 97.7 | 100.6 | 101.8 | 100.5 | 96.6 | 97.9 | 94.5 | 97.4 |
| 天 津 | Tianjin | 97.7 | 102.2 | 104.6 | 101.8 | 97.8 | 99.8 | 95.1 | 96.8 |
| 河 北 | Hebei | 100.9 | 100.5 | 100.5 | 100.5 | 100.7 | 101.5 | 99.1 | 98.4 |
| 山 西 | Shanxi | 101.4 | 100.4 | 100.8 | 100.3 | 98.3 | 99.0 | 96.1 | 98.7 |
| 内 蒙 古 | Inner Mongolia | 101.4 | 101.0 | 102.4 | 100.7 | 100.6 | 101.4 | 99.3 | 100.1 |
| 辽 宁 | Liaoning | 100.9 | 99.9 | 100.2 | 99.9 | 98.4 | 99.2 | 97.3 | 98.0 |
| 吉 林 | Jilin | 101.6 | 102.9 | 103.4 | 102.9 | 101.7 | 103.2 | 99.7 | 99.2 |
| 黑 龙 江 | Heilongjiang | 101.6 | 100.8 | 99.2 | 101.2 | 99.0 | 100.4 | 97.1 | 97.1 |
| 上 海 | Shanghai | 101.4 | 99.2 | 101.8 | 99.0 | 97.9 | 99.8 | 91.7 | 102.6 |
| 江 苏 | Jiangsu | 100.2 | 102.0 | 101.7 | 102.0 | 100.9 | 102.4 | 98.1 | 100.8 |
| 浙 江 | Zhejiang | 97.9 | 99.6 | 103.5 | 98.3 | 98.2 | 99.6 | 95.3 | 98.4 |
| 安 徽 | Anhui | 101.5 | 101.0 | 101.7 | 100.8 | 99.9 | 101.2 | 98.2 | 99.2 |
| 福 建 | Fujian | 99.0 | 102.9 | 103.2 | 102.8 | 99.2 | 100.1 | 98.7 | 94.4 |
| 江 西 | Jiangxi | 98.6 | 100.4 | 106.0 | 99.0 | 98.9 | 100.5 | 95.8 | 99.8 |
| 山 东 | Shandong | 102.9 | 102.6 | 103.4 | 102.4 | 100.1 | 100.5 | 99.5 | 99.7 |
| 河 南 | Henan | 100.5 | 100.6 | 101.1 | 100.5 | 100.8 | 102.0 | 98.9 | 100.5 |
| 湖 北 | Hubei | 100.6 | 100.0 | 101.2 | 99.3 | 98.7 | 99.2 | 97.9 | 98.9 |
| 湖 南 | Hunan | 100.1 | 101.1 | 102.7 | 100.4 | 100.4 | 100.6 | 100.0 | 101.0 |
| 广 东 | Guangdong | 97.7 | 100.3 | 99.9 | 100.5 | 98.8 | 99.2 | 98.5 | 97.9 |
| 广 西 | Guangxi | 99.2 | 98.7 | 98.6 | 98.7 | 99.5 | 100.8 | 98.1 | 98.4 |
| 海 南 | Hainan | 100.4 | 109.8 | 103.4 | 112.2 | 101.1 | 102.3 | 100.2 | 97.6 |
| 重 庆 | Chongqing | 101.1 | 101.0 | 100.9 | 101.0 | 98.3 | 99.2 | 95.8 | 98.6 |
| 四 川 | Sichuan | 97.9 | 100.9 | 104.7 | 100.1 | 98.8 | 99.9 | 96.2 | 99.3 |
| 贵 州 | Guizhou | 104.1 | 100.6 | 108.0 | 99.8 | 99.6 | 100.9 | 97.4 | 100.7 |
| 云 南 | Yunnan | 100.5 | 98.2 | 99.1 | 98.1 | 99.4 | 101.2 | 96.5 | 98.2 |
| 西 藏 | Tibet | 100.4 | 100.9 | 102.0 | 100.0 | 99.9 | 99.9 | 100.3 | 98.8 |
| 陕 西 | Shaanxi | 99.6 | 101.3 | 98.5 | 102.0 | 99.2 | 99.5 | 98.6 | 100.1 |
| 甘 肃 | Gansu | 100.8 | 99.0 | 102.8 | 97.9 | 100.3 | 100.9 | 99.2 | 99.9 |
| 青 海 | Qinghai | 98.2 | 100.1 | 104.5 | 99.0 | 98.7 | 101.1 | 94.9 | 100.6 |
| 宁 夏 | Ningxia | 100.6 | 103.7 | 102.2 | 104.0 | 101.1 | 103.7 | 98.2 | 98.7 |
| 新 疆 | Xinjiang | 97.1 | 95.2 | 99.6 | 93.2 | 99.0 | 100.7 | 96.7 | 100.4 |

3-2-3 续表 4 continued 4

(上年价格=100) (Preceding year=100)

| 地 区 Region | 六、文化办公用品 Cultural and Office Appliances | 七、日用品 Articles for Daily Use | 1.日用百货 General Merchandise for Daily Use | 2.厨具餐具茶具 Kichenware, Tableware and Tea set | 3.清洗用品 Cleaning Products | 4.其他日用品 Other Aritcles for Daily Use | 八、体育娱乐用品 Sports and Recreation Articles | 1.体育户外用品 Sports and Outdoor Articles |
|---|---|---|---|---|---|---|---|---|
| **全 国 National** | **99.9** | **101.1** | **101.4** | **100.6** | **101.8** | **100.2** | **100.8** | **100.2** |
| 北 京 Beijing | 98.5 | 100.0 | 100.7 | 99.8 | 101.3 | 98.0 | 99.4 | 97.5 |
| 天 津 Tianjin | 98.9 | 100.8 | 101.2 | 101.5 | 101.6 | 99.9 | 100.2 | 98.4 |
| 河 北 Hebei | 99.7 | 101.5 | 101.3 | 103.1 | 102.3 | 100.7 | 100.9 | 100.9 |
| 山 西 Shanxi | 99.7 | 101.4 | 101.5 | 100.1 | 104.5 | 99.8 | 100.7 | 99.2 |
| 内蒙古 Inner Mongolia | 101.0 | 100.8 | 101.4 | 100.5 | 100.1 | 100.9 | 100.2 | 100.4 |
| 辽 宁 Liaoning | 98.3 | 99.8 | 99.2 | 99.4 | 100.4 | 100.2 | 100.5 | 99.9 |
| 吉 林 Jilin | 101.0 | 100.7 | 101.9 | 100.2 | 100.8 | 99.9 | 101.3 | 100.2 |
| 黑龙江 Heilongjiang | 97.5 | 100.6 | 102.2 | 98.5 | 100.7 | 99.4 | 100.1 | 99.2 |
| 上 海 Shanghai | 100.4 | 101.0 | 104.2 | 97.9 | 98.7 | 100.8 | 101.3 | 99.3 |
| 江 苏 Jiangsu | 101.5 | 103.5 | 105.5 | 102.9 | 102.3 | 101.6 | 102.6 | 101.1 |
| 浙 江 Zhejiang | 100.5 | 101.2 | 101.8 | 102.3 | 101.2 | 99.5 | 100.7 | 100.6 |
| 安 徽 Anhui | 99.1 | 101.2 | 101.1 | 101.0 | 102.8 | 100.6 | 99.5 | 98.9 |
| 福 建 Fujian | 100.3 | 101.0 | 99.8 | 100.8 | 104.5 | 99.6 | 100.2 | 99.8 |
| 江 西 Jiangxi | 100.3 | 99.9 | 101.3 | 98.9 | 98.8 | 99.0 | 101.4 | 101.7 |
| 山 东 Shandong | 100.7 | 100.7 | 101.1 | 99.7 | 100.6 | 100.8 | 100.2 | 100.7 |
| 河 南 Henan | 100.6 | 101.2 | 101.8 | 99.2 | 101.9 | 100.8 | 101.6 | 100.4 |
| 湖 北 Hubei | 98.7 | 100.8 | 100.5 | 100.2 | 102.3 | 99.9 | 101.3 | 100.3 |
| 湖 南 Hunan | 100.7 | 102.1 | 101.3 | 102.1 | 104.5 | 100.6 | 100.2 | 99.8 |
| 广 东 Guangdong | 98.1 | 100.0 | 100.0 | 100.0 | 100.9 | 99.5 | 100.0 | 99.2 |
| 广 西 Guangxi | 100.0 | 100.7 | 101.0 | 99.5 | 101.8 | 100.3 | 100.9 | 100.5 |
| 海 南 Hainan | 100.0 | 100.3 | 101.2 | 99.1 | 101.0 | 99.2 | 104.8 | 99.4 |
| 重 庆 Chongqing | 100.8 | 101.7 | 100.7 | 100.9 | 106.3 | 99.9 | 100.4 | 99.1 |
| 四 川 Sichuan | 99.4 | 100.8 | 100.2 | 99.1 | 103.9 | 100.0 | 104.5 | 102.2 |
| 贵 州 Guizhou | 100.7 | 101.0 | 100.2 | 101.6 | 102.0 | 100.5 | 100.8 | 100.7 |
| 云 南 Yunnan | 101.4 | 100.8 | 100.6 | 101.9 | 100.1 | 102.4 | 100.2 | 101.1 |
| 西 藏 Tibet | 99.4 | 100.2 | 100.2 | 100.9 | 99.9 | 100.0 | 100.6 | 100.2 |
| 陕 西 Shaanxi | 102.1 | 102.3 | 100.4 | 102.1 | 106.2 | 100.7 | 101.1 | 100.4 |
| 甘 肃 Gansu | 100.8 | 100.8 | 101.3 | 100.0 | 99.7 | 101.1 | 100.1 | 102.7 |
| 青 海 Qinghai | 102.8 | 98.6 | 97.5 | 100.7 | 96.8 | 100.6 | 98.4 | 98.4 |
| 宁 夏 Ningxia | 100.3 | 100.9 | 101.4 | 101.1 | 100.5 | 100.8 | 100.9 | 100.3 |
| 新 疆 Xinjiang | 98.4 | 100.5 | 100.5 | 99.3 | 103.3 | 96.5 | 99.6 | 100.3 |

3-2-3 续表 5 continued 5

(上年价格=100) (Preceding year=100)

| 地 区 Region | 2.娱乐用品 Recreation Articles | 九、交通、通信用品 Transportation and Communication Appliances | 1.交通运输机械 Transportation Appliances | 2.通信器材 Communication Appliances | 十、家具 Furniture | 十一、化妆品 Cosmetics | 十二、金银饰品 Gold and Silver Ornaments | 十三、中西药品及医疗保健用品 Traditional Chinese and Western Medicines and Health Care Articles |
|---|---|---|---|---|---|---|---|---|
| **全 国 National** | **101.1** | **98.6** | **98.7** | **98.2** | **102.5** | **101.0** | **97.8** | **104.4** |
| 北 京 Beijing | 100.0 | 97.5 | 97.1 | 98.4 | 103.3 | 101.9 | 98.7 | 101.6 |
| 天 津 Tianjin | 100.3 | 98.4 | 98.5 | 97.5 | 100.8 | 100.6 | 97.5 | 104.7 |
| 河 北 Hebei | 100.9 | 97.4 | 98.2 | 95.3 | 103.8 | 101.7 | 98.6 | 106.7 |
| 山 西 Shanxi | 101.0 | 97.9 | 98.4 | 95.6 | 101.5 | 100.3 | 99.0 | 104.4 |
| 内 蒙 古 Inner Mongolia | 100.1 | 97.1 | 95.9 | 100.2 | 100.3 | 100.5 | 98.4 | 102.8 |
| 辽 宁 Liaoning | 100.6 | 99.0 | 99.8 | 96.9 | 101.3 | 101.1 | 97.1 | 104.9 |
| 吉 林 Jilin | 101.5 | 99.1 | 98.4 | 100.1 | 104.3 | 101.7 | 98.4 | 106.3 |
| 黑 龙 江 Heilongjiang | 100.4 | 98.0 | 99.9 | 94.5 | 100.2 | 101.8 | 96.6 | 103.5 |
| 上 海 Shanghai | 101.6 | 100.4 | 98.4 | 109.8 | 103.2 | 100.4 | 100.6 | 101.2 |
| 江 苏 Jiangsu | 103.3 | 98.9 | 98.5 | 100.8 | 102.8 | 102.0 | 97.3 | 104.1 |
| 浙 江 Zhejiang | 100.7 | 98.3 | 99.1 | 94.2 | 101.8 | 99.7 | 98.0 | 105.8 |
| 安 徽 Anhui | 99.6 | 97.6 | 97.6 | 97.5 | 102.1 | 101.7 | 98.7 | 104.0 |
| 福 建 Fujian | 100.5 | 97.9 | 98.8 | 95.5 | 101.0 | 100.1 | 97.4 | 104.1 |
| 江 西 Jiangxi | 101.3 | 97.7 | 98.6 | 94.0 | 103.8 | 100.3 | 97.9 | 100.8 |
| 山 东 Shandong | 99.9 | 98.1 | 98.7 | 97.2 | 104.9 | 100.8 | 96.6 | 105.8 |
| 河 南 Henan | 103.3 | 102.5 | 99.9 | 108.4 | 102.0 | 101.7 | 98.1 | 105.6 |
| 湖 北 Hubei | 102.1 | 98.0 | 99.4 | 96.0 | 103.4 | 101.4 | 96.9 | 101.9 |
| 湖 南 Hunan | 100.4 | 99.9 | 99.9 | 99.7 | 100.8 | 101.1 | 97.1 | 103.9 |
| 广 东 Guangdong | 100.5 | 98.7 | 99.4 | 96.9 | 102.3 | 100.8 | 97.2 | 104.3 |
| 广 西 Guangxi | 101.2 | 99.0 | 98.6 | 99.9 | 101.7 | 101.3 | 95.6 | 104.6 |
| 海 南 Hainan | 106.6 | 100.6 | 99.8 | 102.7 | 102.7 | 101.7 | 96.1 | 106.9 |
| 重 庆 Chongqing | 100.6 | 97.5 | 98.4 | 96.3 | 103.8 | 101.3 | 98.2 | 104.4 |
| 四 川 Sichuan | 105.1 | 96.5 | 97.0 | 95.2 | 103.6 | 99.5 | 98.4 | 105.1 |
| 贵 州 Guizhou | 100.8 | 101.1 | 101.4 | 100.3 | 101.0 | 101.9 | 97.9 | 103.6 |
| 云 南 Yunnan | 99.6 | 99.5 | 100.1 | 97.2 | 100.9 | 99.7 | 100.2 | 105.2 |
| 西 藏 Tibet | 100.8 | 99.4 | 100.0 | 97.5 | 100.0 | 104.1 | 98.2 | 104.7 |
| 陕 西 Shaanxi | 101.5 | 99.3 | 99.2 | 99.5 | 103.7 | 101.2 | 96.3 | 104.3 |
| 甘 肃 Gansu | 98.4 | 99.4 | 100.9 | 97.5 | 101.2 | 100.6 | 96.2 | 106.2 |
| 青 海 Qinghai | 98.4 | 95.8 | 101.2 | 92.3 | 103.0 | 102.0 | 98.6 | 106.4 |
| 宁 夏 Ningxia | 101.3 | 102.4 | 103.3 | 101.0 | 103.7 | 100.2 | 97.5 | 102.8 |
| 新 疆 Xinjiang | 99.1 | 96.5 | 99.2 | 92.7 | 100.8 | 101.3 | 98.4 | 101.4 |

3-2-3 续表 6 continued 6

(上年价格=100) (Preceding year=100)

| 地 区 | Region | 1.医疗卫生器具 Medical Instrument | 2.中药 Traditional Chinese Medicines | 3.西药 Western Medicines | 4.保健器具及用品 Health Care Appliances and Articles | 十四、书报杂志及电子出版物 Books,Newspapers, Magazines and Electronic Pubblications | 1.教材及参考书 Teaching Materials and Reference Books | 2.书报杂志 Newspapers and Maganizes |
|---|---|---|---|---|---|---|---|---|
| **全 国** | **National** | **100.8** | **105.7** | **105.0** | **102.3** | **103.6** | **102.8** | **105.5** |
| 北 京 | Beijing | 100.2 | 101.7 | 100.7 | 102.6 | 103.1 | 103.3 | 104.3 |
| 天 津 | Tianjin | 100.2 | 107.5 | 105.2 | 101.4 | 101.9 | 100.1 | 108.1 |
| 河 北 | Hebei | 100.1 | 105.1 | 108.9 | 100.9 | 105.6 | 102.7 | 109.1 |
| 山 西 | Shanxi | 101.3 | 106.0 | 105.5 | 100.9 | 105.1 | 105.5 | 106.3 |
| 内 蒙 古 | Inner Mongolia | 102.9 | 101.2 | 103.9 | 101.4 | 102.4 | 100.4 | 106.7 |
| 辽 宁 | Liaoning | 101.0 | 106.7 | 105.3 | 100.3 | 103.9 | 103.8 | 105.8 |
| 吉 林 | Jilin | 103.3 | 104.4 | 108.8 | 102.3 | 104.6 | 105.0 | 106.8 |
| 黑 龙 江 | Heilongjiang | 100.0 | 103.4 | 104.2 | 101.1 | 101.9 | 101.9 | 102.8 |
| 上 海 | Shanghai | 100.8 | 105.6 | 99.7 | 101.0 | 106.0 | 103.3 | 105.0 |
| 江 苏 | Jiangsu | 100.4 | 107.8 | 104.5 | 101.9 | 107.5 | 104.5 | 109.1 |
| 浙 江 | Zhejiang | 101.1 | 105.4 | 108.1 | 103.0 | 104.2 | 101.0 | 109.9 |
| 安 徽 | Anhui | 102.4 | 107.7 | 104.3 | 101.6 | 106.6 | 109.2 | 105.1 |
| 福 建 | Fujian | 100.5 | 105.2 | 104.8 | 100.9 | 102.9 | 104.0 | 102.3 |
| 江 西 | Jiangxi | 100.9 | 103.7 | 99.5 | 101.0 | 108.2 | 102.2 | 116.2 |
| 山 东 | Shandong | 100.3 | 105.7 | 108.3 | 103.0 | 102.5 | 103.2 | 101.8 |
| 河 南 | Henan | 102.5 | 107.4 | 105.2 | 106.3 | 104.2 | 103.0 | 106.1 |
| 湖 北 | Hubei | 100.4 | 103.9 | 100.9 | 101.0 | 100.5 | 101.0 | 100.0 |
| 湖 南 | Hunan | 99.8 | 105.3 | 103.7 | 103.9 | 100.6 | 100.2 | 101.7 |
| 广 东 | Guangdong | 100.4 | 106.0 | 105.2 | 101.9 | 102.0 | 102.2 | 103.6 |
| 广 西 | Guangxi | 100.0 | 107.0 | 104.2 | 103.3 | 102.6 | 102.7 | 103.4 |
| 海 南 | Hainan | 102.6 | 106.4 | 107.2 | 109.8 | 100.5 | 100.3 | 100.9 |
| 重 庆 | Chongqing | 101.4 | 104.9 | 104.9 | 104.1 | 102.4 | 102.7 | 103.6 |
| 四 川 | Sichuan | 100.3 | 106.0 | 106.4 | 102.0 | 103.2 | 102.7 | 105.9 |
| 贵 州 | Guizhou | 101.6 | 101.9 | 104.8 | 102.5 | 103.9 | 102.9 | 105.5 |
| 云 南 | Yunnan | 102.4 | 108.7 | 105.5 | 101.1 | 101.8 | 102.5 | 101.6 |
| 西 藏 | Tibet | 99.7 | 106.7 | 105.7 | 101.1 | 100.0 | 100.1 | 99.8 |
| 陕 西 | Shaanxi | 99.7 | 109.6 | 102.4 | 100.5 | 105.6 | 103.0 | 111.3 |
| 甘 肃 | Gansu | 104.2 | 111.4 | 103.7 | 105.7 | 100.6 | 100.1 | 101.1 |
| 青 海 | Qinghai | 102.3 | 109.2 | 107.6 | 101.9 | 104.1 | 103.7 | 106.0 |
| 宁 夏 | Ningxia | 99.8 | 105.8 | 101.8 | 102.3 | 111.7 | 106.0 | 118.0 |
| 新 疆 | Xinjiang | 101.8 | 102.4 | 100.9 | 101.3 | 100.7 | 100.1 | 101.9 |

3-2-3 续表 7 continued 7

(上年价格=100)

| 地 区 | Region | 3.计算机办公软件 Office Software | 十五、燃料 Fuels | 1.煤炭及制品 Coal and its product | 2.石油及制品 Petroleum and its product | 十六、建筑材料及五金电料 Building Materials and Hardware | 1.建筑装璜材料 Building Decoration Materials | 2.五金水暖 Plumbing hardware copper fittings |
|---|---|---|---|---|---|---|---|---|
| **全 国** | **National** | **101.2** | **109.7** | **107.1** | **110.0** | **102.6** | **102.8** | **101.8** |
| 北 京 | Beijing | 99.1 | 111.2 | 101.8 | 111.2 | 103.1 | 103.4 | 102.6 |
| 天 津 | Tianjin | 96.8 | 110.3 | 102.5 | 111.6 | 102.5 | 103.3 | 101.3 |
| 河 北 | Hebei | 106.5 | 111.6 | 116.3 | 110.4 | 101.2 | 101.6 | 100.1 |
| 山 西 | Shanxi | 99.6 | 110.3 | 111.5 | 109.8 | 101.4 | 101.5 | 101.2 |
| 内蒙古 | Inner Mongolia | 100.0 | 110.2 | 108.3 | 110.7 | 102.6 | 103.1 | 101.2 |
| 辽 宁 | Liaoning | 100.8 | 108.2 | 103.7 | 109.4 | 100.6 | 100.7 | 100.4 |
| 吉 林 | Jilin | 97.6 | 107.8 | 108.7 | 107.6 | 103.1 | 103.2 | 102.8 |
| 黑龙江 | Heilongjiang | 99.1 | 108.5 | 104.3 | 109.5 | 101.3 | 101.4 | 100.9 |
| 上 海 | Shanghai | 117.7 | 110.9 | 100.0 | 110.9 | 105.3 | 104.6 | 107.1 |
| 江 苏 | Jiangsu | 109.2 | 110.0 | 103.3 | 110.6 | 104.4 | 104.9 | 102.8 |
| 浙 江 | Zhejiang | 97.9 | 109.9 | 101.9 | 110.8 | 103.4 | 103.8 | 102.4 |
| 安 徽 | Anhui | 97.6 | 108.5 | 104.5 | 109.4 | 103.5 | 103.6 | 103.0 |
| 福 建 | Fujian | 101.5 | 110.8 | 109.8 | 110.9 | 102.7 | 103.5 | 99.9 |
| 江 西 | Jiangxi | 101.6 | 108.3 | 101.9 | 109.5 | 103.2 | 103.4 | 102.7 |
| 山 东 | Shandong | 101.9 | 108.7 | 103.9 | 110.0 | 102.6 | 102.8 | 102.3 |
| 河 南 | Henan | 102.7 | 112.0 | 115.7 | 111.2 | 102.4 | 102.8 | 101.6 |
| 湖 北 | Hubei | 100.1 | 108.4 | 105.0 | 108.8 | 101.8 | 101.6 | 102.5 |
| 湖 南 | Hunan | 99.4 | 110.0 | 100.9 | 110.8 | 102.5 | 103.1 | 100.6 |
| 广 东 | Guangdong | 98.8 | 109.7 | 105.2 | 109.8 | 102.3 | 102.8 | 100.8 |
| 广 西 | Guangxi | 100.5 | 110.9 | 105.4 | 111.5 | 102.6 | 102.7 | 102.2 |
| 海 南 | Hainan | 100.0 | 110.0 | 101.2 | 110.4 | 101.5 | 101.4 | 101.5 |
| 重 庆 | Chongqing | 99.5 | 107.8 | 108.3 | 107.7 | 102.2 | 102.1 | 102.9 |
| 四 川 | Sichuan | 98.6 | 109.1 | 108.9 | 109.1 | 102.1 | 102.3 | 100.5 |
| 贵 州 | Guizhou | 101.8 | 109.8 | 112.1 | 109.3 | 101.0 | 101.1 | 100.8 |
| 云 南 | Yunnan | 101.5 | 107.6 | 103.7 | 107.9 | 102.2 | 102.6 | 100.6 |
| 西 藏 | Tibet | 99.0 | 106.3 | 101.0 | 108.0 | 101.2 | 100.3 | 104.3 |
| 陕 西 | Shaanxi | 100.5 | 109.3 | 113.2 | 108.0 | 101.6 | 101.7 | 101.2 |
| 甘 肃 | Gansu | 100.1 | 107.3 | 102.5 | 108.8 | 104.3 | 104.4 | 103.9 |
| 青 海 | Qinghai | 100.0 | 110.0 | 107.5 | 110.8 | 100.4 | 100.1 | 101.3 |
| 宁 夏 | Ningxia | 100.0 | 109.9 | 110.9 | 109.8 | 103.9 | 104.2 | 102.9 |
| 新 疆 | Xinjiang | 98.7 | 107.5 | 100.4 | 108.4 | 102.3 | 101.9 | 103.7 |

# 3-2-4 各地区农村商品零售价格指数(2018年)
# Rural Retail Price Indices by Category and Region (2018)

(上年价格=100) (Preceding year=100)

| 地区 | Region | 商品零售价格指数 Retail Price Index | 一、食品 Food | 1.粮食 Grain | 2.薯类 Tubers | 3.豆类 Beans | 4.食用油 Edible Oil and Fats | 5.菜 Vegetables | 6.畜肉类 Meat of Livestock |
|---|---|---|---|---|---|---|---|---|---|
| **全国** | **National** | **102.1** | **101.6** | **100.8** | **106.4** | **100.8** | **98.9** | **106.4** | **95.0** |
| 北京 | Beijing | | | | | | | | |
| 天津 | Tianjin | | | | | | | | |
| 河北 | Hebei | 102.6 | 102.1 | 100.4 | 108.8 | 101.0 | 99.0 | 107.3 | 95.1 |
| 山西 | Shanxi | 101.6 | 101.1 | 99.8 | 102.8 | 101.5 | 99.5 | 106.3 | 91.9 |
| 内蒙古 | Inner Mongolia | 101.8 | 102.7 | 100.8 | 103.2 | 102.5 | 94.4 | 106.5 | 102.3 |
| 辽宁 | Liaoning | 101.3 | 100.8 | 100.3 | 104.4 | 100.4 | 100.1 | 106.1 | 92.4 |
| 吉林 | Jilin | 102.8 | 102.0 | 102.1 | 110.9 | 99.9 | 99.6 | 107.9 | 95.7 |
| 黑龙江 | Heilongjiang | 101.9 | 100.5 | 102.0 | 108.4 | 100.4 | 98.5 | 106.9 | 89.8 |
| 上海 | Shanghai | | | | | | | | |
| 江苏 | Jiangsu | 103.2 | 101.9 | 101.1 | 106.1 | 100.1 | 100.1 | 105.7 | 95.5 |
| 浙江 | Zhejiang | 102.3 | 102.5 | 100.9 | 106.2 | 102.2 | 99.0 | 106.8 | 98.1 |
| 安徽 | Anhui | 102.1 | 102.0 | 100.5 | 108.7 | 101.1 | 98.0 | 107.1 | 95.3 |
| 福建 | Fujian | 101.6 | 101.4 | 101.1 | 104.6 | 100.4 | 99.2 | 106.9 | 94.9 |
| 江西 | Jiangxi | 100.8 | 99.7 | 101.6 | 99.9 | 101.5 | 97.1 | 104.7 | 90.1 |
| 山东 | Shandong | 102.7 | 102.4 | 101.2 | 114.1 | 100.6 | 101.6 | 110.0 | 94.4 |
| 河南 | Henan | 102.9 | 100.8 | 100.5 | 107.9 | 100.8 | 98.3 | 103.7 | 91.7 |
| 湖北 | Hubei | 101.6 | 102.0 | 102.2 | 107.5 | 99.7 | 100.1 | 107.2 | 96.0 |
| 湖南 | Hunan | 102.0 | 98.8 | 101.5 | 96.4 | 97.9 | 96.1 | 100.8 | 91.6 |
| 广东 | Guangdong | 101.8 | 101.6 | 100.4 | 104.5 | 102.0 | 98.9 | 106.1 | 96.2 |
| 广西 | Guangxi | 101.7 | 100.5 | 100.5 | 100.3 | 99.9 | 96.2 | 102.3 | 92.1 |
| 海南 | Hainan | 102.2 | 102.3 | 99.9 | 112.7 | 93.3 | 95.3 | 105.2 | 97.4 |
| 重庆 | Chongqing | | | | | | | | |
| 四川 | Sichuan | 101.3 | 100.9 | 100.4 | 105.1 | 101.1 | 97.4 | 107.2 | 95.5 |
| 贵州 | Guizhou | 101.3 | 100.1 | 101.4 | 107.0 | 98.5 | 95.9 | 104.9 | 94.0 |
| 云南 | Yunnan | 101.8 | 100.7 | 101.9 | 100.4 | 102.3 | 95.8 | 103.2 | 94.2 |
| 西藏 | Tibet | 102.4 | 103.6 | 102.9 | 102.0 | 102.3 | 101.0 | 106.6 | 101.5 |
| 陕西 | Shaanxi | 102.3 | 101.4 | 100.1 | 111.3 | 99.9 | 98.5 | 106.1 | 94.1 |
| 甘肃 | Gansu | 101.0 | 101.1 | 100.5 | 104.6 | 100.6 | 100.8 | 102.1 | 99.8 |
| 青海 | Qinghai | 102.6 | 103.6 | 101.1 | 105.8 | 99.8 | 99.3 | 106.9 | 106.4 |
| 宁夏 | Ningxia | 103.2 | 103.1 | 102.1 | 107.2 | 98.0 | 100.0 | 112.3 | 106.5 |
| 新疆 | Xinjiang | 102.0 | 102.9 | 99.8 | 105.0 | 99.8 | 99.2 | 99.9 | 108.5 |

3-2-4 续表 1 continued 1

(上年价格=100) (Preceding year=100)

| 地区 | Region | 7.禽肉类 Meat of Poultry | 8.水产品 Aquatic Products | 9.蛋类 Eggs | 10.奶类 Milk | 11.干鲜瓜果类 Dried and Fresh Melons and Fruits | 12.糖果糕点类 Candy and Cake | 13.调味品 Flavoring | 14.其他食品类 Other Foods |
|---|---|---|---|---|---|---|---|---|---|
| **全国** | **National** | **106.5** | **102.6** | **112.0** | **100.9** | **104.9** | **101.9** | **101.6** | **101.7** |
| 北京 | Beijing | | | | | | | | |
| 天津 | Tianjin | | | | | | | | |
| 河北 | Hebei | 105.6 | 103.0 | 114.8 | 100.8 | 107.0 | 102.0 | 102.4 | 103.2 |
| 山西 | Shanxi | 102.5 | 100.9 | 121.3 | 99.0 | 111.8 | 100.8 | 100.8 | 100.3 |
| 内蒙古 | Inner Mongolia | 104.4 | 107.7 | 112.1 | 99.5 | 105.1 | 101.1 | 101.9 | 101.5 |
| 辽宁 | Liaoning | 102.5 | 103.0 | 111.4 | 99.8 | 109.3 | 100.3 | 100.3 | 101.1 |
| 吉林 | Jilin | 102.9 | 103.5 | 112.0 | 102.4 | 104.5 | 101.8 | 101.1 | 100.1 |
| 黑龙江 | Heilongjiang | 105.9 | 102.7 | 112.5 | 99.4 | 106.1 | 98.6 | 102.2 | 100.2 |
| 上海 | Shanghai | | | | | | | | |
| 江苏 | Jiangsu | 107.0 | 100.1 | 110.3 | 102.5 | 105.3 | 102.5 | 102.7 | 102.3 |
| 浙江 | Zhejiang | 106.4 | 103.6 | 109.4 | 101.1 | 101.6 | 102.3 | 102.9 | 101.7 |
| 安徽 | Anhui | 106.7 | 98.6 | 113.0 | 102.2 | 106.5 | 102.5 | 102.1 | 101.9 |
| 福建 | Fujian | 108.0 | 102.0 | 111.9 | 100.8 | 102.6 | 101.4 | 101.5 | 101.4 |
| 江西 | Jiangxi | 105.1 | 100.1 | 109.9 | 99.7 | 105.1 | 102.9 | 102.4 | 101.2 |
| 山东 | Shandong | 109.1 | 103.6 | 108.9 | 100.8 | 108.7 | 103.8 | 101.9 | 103.4 |
| 河南 | Henan | 106.1 | 102.8 | 119.4 | 99.3 | 104.1 | 101.2 | 102.0 | 101.2 |
| 湖北 | Hubei | 109.7 | 102.4 | 114.8 | 100.9 | 103.8 | 103.3 | 101.7 | 101.5 |
| 湖南 | Hunan | 109.0 | 99.8 | 106.6 | 101.0 | 101.7 | 100.6 | 100.9 | 100.4 |
| 广东 | Guangdong | 104.4 | 103.5 | 107.2 | 100.6 | 102.8 | 101.7 | 101.0 | 100.3 |
| 广西 | Guangxi | 107.8 | 106.6 | 111.6 | 102.4 | 101.8 | 101.7 | 101.8 | 102.7 |
| 海南 | Hainan | 110.3 | 109.6 | 111.7 | 101.7 | 93.7 | 101.1 | 97.0 | 101.9 |
| 重庆 | Chongqing | | | | | | | | |
| 四川 | Sichuan | 108.2 | 100.8 | 109.4 | 99.5 | 104.1 | 100.6 | 100.6 | 100.9 |
| 贵州 | Guizhou | 105.1 | 102.2 | 106.8 | 99.6 | 103.4 | 100.7 | 99.8 | 99.6 |
| 云南 | Yunnan | 102.6 | 105.5 | 110.0 | 101.7 | 105.4 | 101.4 | 103.6 | 100.9 |
| 西藏 | Tibet | 103.4 | 105.2 | 104.1 | 104.2 | 102.2 | 102.5 | 101.4 | 101.9 |
| 陕西 | Shaanxi | 103.2 | 100.5 | 112.6 | 102.2 | 105.1 | 101.6 | 100.7 | 100.8 |
| 甘肃 | Gansu | 100.8 | 101.2 | 108.5 | 103.7 | 100.3 | 100.9 | 99.6 | 100.8 |
| 青海 | Qinghai | 102.6 | 101.3 | 112.4 | 101.8 | 99.7 | 101.8 | 103.4 | 100.7 |
| 宁夏 | Ningxia | 99.0 | 98.2 | 114.8 | 100.2 | 98.8 | 100.5 | 100.4 | 100.2 |
| 新疆 | Xinjiang | 105.1 | 108.2 | 114.0 | 100.0 | 99.6 | 100.7 | 101.7 | 101.4 |

3-2-4 续表 2 continued 2

(上年价格=100) (Preceding year=100)

| 地区 | Region | 15.在外餐饮 Outward Dinner Food | 二、饮料、烟酒 Beverages, Tobacco and Liquor | 1.茶及饮料 Tea and Beverages | 2.烟草 Tobacco | 3.酒类 Liquor | 三、服装、鞋帽 Garments, Shoes and Hats | 1.服装 Garments | 2.鞋帽袜 Footgear and Hats |
|---|---|---|---|---|---|---|---|---|---|
| **全国** | **National** | **102.2** | **101.3** | **101.6** | **100.3** | **102.6** | **101.6** | **101.9** | **100.8** |
| 北京 | Beijing | | | | | | | | |
| 天津 | Tianjin | | | | | | | | |
| 河北 | Hebei | 102.5 | 101.6 | 103.0 | 100.5 | 102.5 | 101.2 | 102.0 | 99.4 |
| 山西 | Shanxi | 100.1 | 100.2 | 100.5 | 100.0 | 100.5 | 102.0 | 102.1 | 101.8 |
| 内蒙古 | Inner Mongolia | 101.9 | 101.0 | 100.6 | 100.4 | 101.9 | 102.8 | 103.2 | 101.8 |
| 辽宁 | Liaoning | 101.0 | 101.2 | 100.5 | 101.3 | 101.1 | 100.9 | 100.9 | 101.0 |
| 吉林 | Jilin | 101.3 | 101.0 | 102.1 | 100.0 | 101.8 | 102.9 | 103.8 | 100.9 |
| 黑龙江 | Heilongjiang | 101.2 | 101.8 | 100.6 | 100.5 | 103.8 | 101.7 | 101.9 | 101.4 |
| 上海 | Shanghai | | | | | | | | |
| 江苏 | Jiangsu | 104.5 | 102.1 | 103.2 | 99.8 | 105.5 | 102.8 | 103.3 | 101.7 |
| 浙江 | Zhejiang | 103.6 | 101.2 | 101.5 | 100.0 | 103.3 | 101.3 | 102.1 | 98.5 |
| 安徽 | Anhui | 104.5 | 100.3 | 102.9 | 99.3 | 100.6 | 102.4 | 102.7 | 101.7 |
| 福建 | Fujian | 102.9 | 100.4 | 101.0 | 100.6 | 99.5 | 100.9 | 101.1 | 100.5 |
| 江西 | Jiangxi | 103.1 | 100.0 | 100.9 | 98.7 | 101.3 | 99.7 | 99.9 | 98.8 |
| 山东 | Shandong | 101.6 | 101.7 | 101.3 | 101.2 | 102.7 | 103.3 | 103.6 | 102.6 |
| 河南 | Henan | 101.1 | 101.9 | 102.3 | 100.2 | 102.8 | 101.3 | 101.3 | 101.4 |
| 湖北 | Hubei | 101.9 | 100.9 | 101.2 | 100.1 | 101.6 | 99.7 | 100.1 | 98.9 |
| 湖南 | Hunan | 100.5 | 101.4 | 100.1 | 100.2 | 103.3 | 102.0 | 102.7 | 100.3 |
| 广东 | Guangdong | 102.5 | 101.5 | 101.3 | 100.2 | 103.5 | 100.7 | 101.0 | 100.0 |
| 广西 | Guangxi | 103.5 | 100.9 | 102.8 | 99.8 | 100.7 | 100.1 | 100.1 | 100.1 |
| 海南 | Hainan | 102.9 | 99.0 | 98.4 | 98.8 | 99.8 | 100.4 | 99.8 | 101.7 |
| 重庆 | Chongqing | | | | | | | | |
| 四川 | Sichuan | 100.7 | 101.7 | 100.8 | 99.9 | 104.8 | 101.4 | 101.8 | 100.6 |
| 贵州 | Guizhou | 101.8 | 100.4 | 100.4 | 100.0 | 101.4 | 101.8 | 101.7 | 102.1 |
| 云南 | Yunnan | 103.5 | 100.2 | 100.7 | 99.9 | 101.1 | 100.6 | 100.2 | 101.4 |
| 西藏 | Tibet | 107.8 | 100.5 | 101.1 | 100.5 | 100.1 | 101.8 | 101.2 | 103.2 |
| 陕西 | Shaanxi | 103.3 | 101.3 | 102.2 | 100.0 | 101.9 | 100.6 | 100.4 | 101.2 |
| 甘肃 | Gansu | 101.0 | 100.4 | 100.4 | 99.9 | 101.0 | 100.6 | 100.7 | 100.5 |
| 青海 | Qinghai | 103.1 | 100.9 | 102.9 | 100.0 | 100.3 | 100.8 | 100.5 | 101.7 |
| 宁夏 | Ningxia | 100.6 | 100.2 | 100.9 | 100.0 | 100.0 | 103.0 | 102.5 | 104.7 |
| 新疆 | Xinjiang | 102.9 | 101.4 | 101.8 | 100.3 | 102.6 | 99.9 | 99.2 | 101.0 |

3-2-4 续表 3 continued 3

(上年价格=100) (Preceding year=100)

| 地 区 | Region | 3.其他衣着配件 Other Clothing Accessories | 四、纺织品 Textiles | 1.服装材料 Clothing Materials | 2.床上用品 Bed Articles | 五、家用电器及音像器材 Household Appliances, Music and Video Equipment | 1.家庭设备 Household Facilities | 2.文娱用耐用消费品 Durable Consumer Goods for Cultural and Recreational Use | 3.专业音像器材 Music and Video Equipment |
|---|---|---|---|---|---|---|---|---|---|
| **全 国** | **National** | **100.6** | **100.8** | **102.4** | **100.3** | **100.2** | **101.1** | **98.5** | **99.4** |
| 北 京 | Beijing | | | | | | | | |
| 天 津 | Tianjin | | | | | | | | |
| 河 北 | Hebei | 100.1 | 100.8 | 102.0 | 100.6 | 100.3 | 100.7 | 99.5 | 98.7 |
| 山 西 | Shanxi | 101.6 | 100.9 | 100.9 | 100.9 | 99.6 | 99.8 | 99.4 | 97.4 |
| 内蒙古 | Inner Mongolia | 100.9 | 100.4 | 100.3 | 100.4 | 100.8 | 101.8 | 99.1 | 100.1 |
| 辽 宁 | Liaoning | 100.6 | 100.3 | 100.4 | 100.3 | 100.0 | 100.7 | 98.8 | 97.7 |
| 吉 林 | Jilin | 99.6 | 102.9 | 108.9 | 101.5 | 101.3 | 102.4 | 99.5 | 99.5 |
| 黑龙江 | Heilongjiang | 100.4 | 100.1 | 100.9 | 99.8 | 98.5 | 100.0 | 96.2 | 97.1 |
| 上 海 | Shanghai | | | | | | | | |
| 江 苏 | Jiangsu | 101.4 | 103.0 | 101.7 | 103.5 | 101.7 | 102.4 | 99.9 | 100.8 |
| 浙 江 | Zhejiang | 102.8 | 101.5 | 103.4 | 100.8 | 98.3 | 99.9 | 95.0 | 97.9 |
| 安 徽 | Anhui | 100.3 | 100.8 | 102.7 | 100.3 | 100.3 | 101.0 | 99.3 | 97.8 |
| 福 建 | Fujian | 99.9 | 99.5 | 103.2 | 98.3 | 100.2 | 100.8 | 99.6 | 97.7 |
| 江 西 | Jiangxi | 102.5 | 100.5 | 103.1 | 99.5 | 100.5 | 101.2 | 99.8 | 96.5 |
| 山 东 | Shandong | 101.3 | 101.3 | 106.2 | 99.9 | 101.4 | 102.9 | 98.1 | 99.7 |
| 河 南 | Henan | 100.0 | 101.3 | 101.8 | 101.2 | 100.9 | 101.6 | 98.6 | 101.2 |
| 湖 北 | Hubei | 97.5 | 98.8 | 100.3 | 98.2 | 100.2 | 100.7 | 99.4 | 100.1 |
| 湖 南 | Hunan | 100.0 | 101.2 | 102.8 | 100.6 | 101.7 | 101.2 | 102.6 | 100.9 |
| 广 东 | Guangdong | 100.1 | 99.5 | 101.2 | 98.8 | 99.5 | 100.1 | 98.4 | 99.3 |
| 广 西 | Guangxi | 100.0 | 103.3 | 102.2 | 104.0 | 100.6 | 101.6 | 99.6 | 94.2 |
| 海 南 | Hainan | 104.2 | 99.7 | 100.2 | 99.5 | 101.3 | 102.5 | 99.6 | 99.5 |
| 重 庆 | Chongqing | | | | | | | | |
| 四 川 | Sichuan | 102.0 | 100.0 | 102.2 | 99.4 | 98.5 | 99.7 | 95.4 | 101.1 |
| 贵 州 | Guizhou | 100.7 | 100.9 | 102.1 | 100.7 | 99.9 | 99.9 | 99.6 | 101.3 |
| 云 南 | Yunnan | 102.6 | 101.3 | 101.9 | 101.2 | 99.1 | 99.0 | 99.3 | 99.5 |
| 西 藏 | Tibet | 100.3 | 103.1 | 103.4 | 102.6 | 102.4 | 103.1 | 101.2 | 100.8 |
| 陕 西 | Shaanxi | 101.5 | 102.1 | 102.3 | 102.0 | 100.7 | 102.5 | 98.2 | 102.5 |
| 甘 肃 | Gansu | 100.0 | 99.5 | 99.4 | 99.6 | 98.9 | 99.2 | 98.5 | 99.5 |
| 青 海 | Qinghai | 99.7 | 100.8 | 100.2 | 101.1 | 98.9 | 99.8 | 97.8 | 101.2 |
| 宁 夏 | Ningxia | 100.0 | 102.4 | 100.5 | 102.9 | 102.8 | 104.1 | 101.0 | 99.0 |
| 新 疆 | Xinjiang | 104.0 | 103.5 | 104.0 | 103.1 | 98.6 | 98.8 | 98.1 | 100.2 |

3-2-4 续表 4 continued 4

(上年价格=100) (Preceding year=100)

| 地　　区 | Region | 六、文化办公用品 Cultural and Office Appliances | 七、日用品 Articles for Daily Use | 1.日用百货 General Merchandise for Daily Use | 2.厨具餐具茶具 Kichenware, Tableware and Tea set | 3.清洗用品 Cleaning Products | 4.其他日用品 Other Aritcles for Daily Use | 八、体育娱乐用品 Sports and Recreation Articles | 1.体育户外用品 Sports and Outdoor Articles |
|---|---|---|---|---|---|---|---|---|---|
| **全　国** | **National** | **100.9** | **101.4** | **101.7** | **101.2** | **101.7** | **100.8** | **100.8** | **100.6** |
| 北　京 | Beijing | | | | | | | | |
| 天　津 | Tianjin | | | | | | | | |
| 河　北 | Hebei | 101.5 | 101.2 | 101.2 | 100.7 | 102.3 | 100.7 | 101.9 | 100.7 |
| 山　西 | Shanxi | 100.9 | 100.6 | 100.5 | 100.6 | 99.8 | 101.1 | 100.6 | 102.9 |
| 内蒙古 | Inner Mongolia | 101.1 | 100.9 | 100.9 | 101.1 | 101.1 | 100.8 | 100.2 | 100.6 |
| 辽　宁 | Liaoning | 98.5 | 100.2 | 100.0 | 100.8 | 100.2 | 100.2 | 100.5 | 100.0 |
| 吉　林 | Jilin | 103.1 | 102.8 | 103.0 | 104.7 | 100.5 | 103.4 | 101.5 | 97.7 |
| 黑龙江 | Heilongjiang | 97.9 | 101.2 | 101.3 | 102.5 | 100.8 | 100.7 | 102.2 | 100.0 |
| 上　海 | Shanghai | | | | | | | | |
| 江　苏 | Jiangsu | 101.1 | 103.8 | 103.6 | 103.6 | 104.1 | 103.8 | 102.0 | 101.2 |
| 浙　江 | Zhejiang | 101.0 | 102.6 | 102.6 | 103.0 | 104.1 | 101.0 | 100.8 | 101.4 |
| 安　徽 | Anhui | 98.9 | 101.1 | 100.9 | 102.0 | 101.1 | 100.9 | 100.1 | 100.3 |
| 福　建 | Fujian | 100.4 | 100.9 | 101.2 | 101.5 | 101.0 | 99.5 | 100.2 | 100.1 |
| 江　西 | Jiangxi | 102.9 | 101.1 | 101.2 | 102.6 | 99.1 | 102.4 | 99.1 | 99.6 |
| 山　东 | Shandong | 103.0 | 101.7 | 103.2 | 99.6 | 101.2 | 100.7 | 100.7 | 99.6 |
| 河　南 | Henan | 99.6 | 101.4 | 101.7 | 100.9 | 101.1 | 100.8 | 100.6 | 100.8 |
| 湖　北 | Hubei | 100.6 | 100.8 | 101.2 | 100.5 | 100.3 | 100.8 | 100.5 | 100.7 |
| 湖　南 | Hunan | 101.4 | 100.6 | 100.1 | 99.9 | 103.6 | 98.9 | 100.5 | 100.3 |
| 广　东 | Guangdong | 100.1 | 100.3 | 100.6 | 99.7 | 100.8 | 100.1 | 100.2 | 100.2 |
| 广　西 | Guangxi | 101.7 | 101.9 | 101.6 | 100.0 | 103.7 | 101.8 | 101.3 | 100.8 |
| 海　南 | Hainan | 99.7 | 98.9 | 97.8 | 97.7 | 99.3 | 100.9 | 100.3 | 100.2 |
| 重　庆 | Chongqing | | | | | | | | |
| 四　川 | Sichuan | 99.2 | 101.1 | 101.3 | 100.4 | 102.0 | 100.5 | 100.8 | 100.9 |
| 贵　州 | Guizhou | 100.6 | 100.2 | 100.8 | 99.9 | 99.9 | 100.1 | 100.1 | 100.7 |
| 云　南 | Yunnan | 102.9 | 101.6 | 101.3 | 100.8 | 102.9 | 100.3 | 101.7 | 103.5 |
| 西　藏 | Tibet | 100.4 | 100.8 | 101.1 | 102.4 | 99.3 | 100.8 | 100.5 | 101.5 |
| 陕　西 | Shaanxi | 100.6 | 102.8 | 102.2 | 105.5 | 101.4 | 100.9 | 103.2 | 100.7 |
| 甘　肃 | Gansu | 101.3 | 101.9 | 101.2 | 104.7 | 100.7 | 101.2 | 99.2 | 99.5 |
| 青　海 | Qinghai | 102.8 | 100.8 | 102.2 | 100.0 | 100.2 | 101.0 | 100.6 | 100.4 |
| 宁　夏 | Ningxia | 101.9 | 101.0 | 100.9 | 101.4 | 101.5 | 100.1 | 101.5 | 100.1 |
| 新　疆 | Xinjiang | 100.4 | 100.9 | 101.1 | 100.8 | 101.1 | 100.2 | 101.6 | 101.1 |

3-2-4 续表 5 continued 5

(上年价格=100) (Preceding year=100)

| 地 区 Region | 2.娱乐用品 Recreation Articles | 九、交通、通信用品 Transportation and Communication Appliances | 1.交通运输机械 Transportation Appliances | 2.通信器材 Communication Appliances | 十、家具 Furniture | 十一、化妆品 Cosmetics | 十二、金银饰品 Gold and Silver Ornaments | 十三、中西药品及医疗保健用品 Traditional Chinese and Western Medicines and Health Care Articles |
|---|---|---|---|---|---|---|---|---|
| **全 国 National** | **100.9** | **98.7** | **98.8** | **98.7** | **102.4** | **101.2** | **98.4** | **105.2** |
| 北 京 Beijing | | | | | | | | |
| 天 津 Tianjin | | | | | | | | |
| 河 北 Hebei | 102.0 | 96.1 | 96.5 | 95.4 | 102.1 | 100.8 | 98.6 | 109.0 |
| 山 西 Shanxi | 100.0 | 97.9 | 98.8 | 95.0 | 100.6 | 99.9 | 99.2 | 104.1 |
| 内 蒙 古 Inner Mongolia | 100.1 | 98.5 | 97.0 | 100.4 | 100.0 | 100.7 | 98.6 | 103.3 |
| 辽 宁 Liaoning | 100.6 | 98.5 | 99.8 | 95.7 | 101.5 | 99.4 | 97.6 | 103.9 |
| 吉 林 Jilin | 102.5 | 100.3 | 98.1 | 103.6 | 102.1 | 101.7 | 97.8 | 108.4 |
| 黑 龙 江 Heilongjiang | 102.6 | 98.0 | 100.1 | 94.5 | 99.5 | 101.1 | 96.9 | 106.4 |
| 上 海 Shanghai | | | | | | | | |
| 江 苏 Jiangsu | 102.5 | 100.2 | 98.7 | 101.8 | 105.1 | 101.9 | 97.6 | 105.0 |
| 浙 江 Zhejiang | 100.6 | 99.3 | 100.3 | 96.4 | 102.0 | 100.8 | 100.0 | 102.8 |
| 安 徽 Anhui | 100.0 | 97.2 | 97.2 | 97.3 | 100.6 | 101.5 | 96.9 | 106.6 |
| 福 建 Fujian | 100.3 | 98.4 | 98.9 | 96.8 | 103.6 | 101.0 | 98.6 | 106.8 |
| 江 西 Jiangxi | 98.9 | 97.7 | 98.1 | 96.5 | 101.8 | 101.1 | 98.3 | 101.6 |
| 山 东 Shandong | 101.1 | 99.4 | 98.4 | 102.4 | 102.6 | 101.8 | 98.0 | 106.1 |
| 河 南 Henan | 100.5 | 103.3 | 99.8 | 108.1 | 103.9 | 101.3 | 99.3 | 105.6 |
| 湖 北 Hubei | 100.4 | 99.2 | 99.1 | 99.4 | 101.0 | 102.9 | 99.5 | 103.9 |
| 湖 南 Hunan | 100.7 | 99.9 | 100.1 | 99.6 | 102.0 | 101.7 | 102.6 | 106.7 |
| 广 东 Guangdong | 100.2 | 98.3 | 99.8 | 95.6 | 102.6 | 100.8 | 96.5 | 104.0 |
| 广 西 Guangxi | 101.7 | 95.2 | 96.6 | 93.1 | 100.5 | 101.1 | 97.5 | 107.4 |
| 海 南 Hainan | 100.4 | 99.1 | 99.7 | 98.0 | 104.1 | 101.4 | 98.0 | 108.6 |
| 重 庆 Chongqing | | | | | | | | |
| 四 川 Sichuan | 100.8 | 96.4 | 97.0 | 95.3 | 104.4 | 100.9 | 99.6 | 104.3 |
| 贵 州 Guizhou | 100.0 | 98.9 | 100.8 | 95.5 | 101.8 | 100.2 | 99.5 | 102.5 |
| 云 南 Yunnan | 100.5 | 99.4 | 100.1 | 97.8 | 101.3 | 101.0 | 100.0 | 108.5 |
| 西 藏 Tibet | 100.2 | 101.8 | 100.0 | 105.9 | 103.0 | 101.1 | 98.3 | 103.2 |
| 陕 西 Shaanxi | 103.9 | 97.3 | 100.1 | 91.7 | 102.3 | 100.4 | 98.3 | 105.2 |
| 甘 肃 Gansu | 99.1 | 98.8 | 99.5 | 97.8 | 99.4 | 99.9 | 97.7 | 102.5 |
| 青 海 Qinghai | 100.8 | 96.9 | 101.2 | 96.3 | 101.4 | 100.8 | 99.4 | 107.9 |
| 宁 夏 Ningxia | 101.8 | 102.2 | 102.6 | 101.5 | 103.3 | 100.1 | 94.8 | 103.6 |
| 新 疆 Xinjiang | 102.0 | 98.4 | 99.7 | 96.9 | 105.5 | 102.8 | 99.6 | 100.8 |

3-2-4 续表 6 continued 6

(上年价格=100) (Preceding year=100)

| 地 区 | Region | 1.医疗卫生器具 Medical Instrument | 2.中药 Traditional Chinese Medicines | 3.西药 Western Medicines | 4.保健器具及用品 Health Care Appliances and Articles | 十四、书报杂志及电子出版物 Books,Newspapers, Magazines and Electronic Pubblications | 1.教材及参考书 Teaching Materials and Reference Books | 2.书报杂志 Newspapers and Maganizes |
|---|---|---|---|---|---|---|---|---|
| **全 国** | **National** | **99.8** | **105.4** | **106.1** | **103.1** | **103.1** | **102.9** | **104.3** |
| 北 京 | Beijing | | | | | | | |
| 天 津 | Tianjin | | | | | | | |
| 河 北 | Hebei | 101.0 | 108.8 | 109.8 | 103.8 | 104.4 | 104.8 | 102.5 |
| 山 西 | Shanxi | 99.4 | 105.9 | 104.6 | 101.5 | 102.8 | 102.1 | 104.5 |
| 内蒙古 | Inner Mongolia | 99.6 | 102.9 | 104.2 | 99.0 | 102.1 | 100.4 | 106.7 |
| 辽 宁 | Liaoning | 100.2 | 102.9 | 104.6 | 101.3 | 102.2 | 102.9 | 102.0 |
| 吉 林 | Jilin | 100.6 | 110.9 | 110.1 | 101.0 | 101.7 | 103.3 | 100.6 |
| 黑龙江 | Heilongjiang | 100.7 | 109.5 | 105.4 | 102.0 | 103.8 | 100.8 | 108.7 |
| 上 海 | Shanghai | | | | | | | |
| 江 苏 | Jiangsu | 99.9 | 106.3 | 105.9 | 100.4 | 106.7 | 105.5 | 107.5 |
| 浙 江 | Zhejiang | 101.1 | 103.5 | 102.7 | 102.4 | 104.9 | 101.5 | 109.9 |
| 安 徽 | Anhui | 100.6 | 105.0 | 108.1 | 105.0 | 106.7 | 109.2 | 104.6 |
| 福 建 | Fujian | 101.6 | 104.8 | 108.6 | 100.6 | 102.8 | 104.8 | 101.6 |
| 江 西 | Jiangxi | 98.8 | 104.1 | 99.9 | 106.2 | 100.7 | 103.4 | 98.0 |
| 山 东 | Shandong | 98.9 | 102.4 | 108.5 | 104.3 | 103.5 | 104.0 | 103.3 |
| 河 南 | Henan | 100.6 | 106.2 | 105.7 | 102.9 | 103.4 | 102.5 | 104.8 |
| 湖 北 | Hubei | 100.6 | 105.3 | 103.1 | 104.5 | 100.4 | 100.8 | 100.0 |
| 湖 南 | Hunan | 102.6 | 105.6 | 108.6 | 100.9 | 101.3 | 100.7 | 102.5 |
| 广 东 | Guangdong | 98.4 | 104.9 | 104.3 | 105.0 | 101.7 | 102.3 | 101.6 |
| 广 西 | Guangxi | 99.6 | 106.7 | 109.1 | 102.5 | 103.6 | 101.6 | 107.4 |
| 海 南 | Hainan | 100.1 | 109.6 | 105.9 | 125.4 | 101.0 | 101.5 | 100.6 |
| 重 庆 | Chongqing | | | | | | | |
| 四 川 | Sichuan | 100.1 | 105.2 | 104.6 | 101.6 | 101.2 | 99.8 | 105.8 |
| 贵 州 | Guizhou | 101.7 | 101.8 | 103.1 | 101.5 | 100.9 | 102.4 | 100.2 |
| 云 南 | Yunnan | 92.9 | 108.9 | 110.2 | 103.4 | 100.7 | 100.5 | 102.0 |
| 西 藏 | Tibet | 100.0 | 102.6 | 104.8 | 100.8 | 100.2 | 100.2 | 100.1 |
| 陕 西 | Shaanxi | 102.7 | 107.4 | 104.5 | 102.0 | 104.1 | 103.0 | 107.8 |
| 甘 肃 | Gansu | 98.7 | 105.1 | 102.3 | 98.2 | 100.5 | 100.5 | 101.2 |
| 青 海 | Qinghai | 99.1 | 106.7 | 110.4 | 106.8 | 107.8 | 109.8 | 107.3 |
| 宁 夏 | Ningxia | 100.0 | 108.8 | 102.3 | 99.3 | 105.1 | 103.9 | 108.7 |
| 新 疆 | Xinjiang | 102.2 | 99.6 | 101.2 | 101.5 | 102.3 | 103.5 | 101.4 |

3-2-4 续表 7 continued 7

(上年价格=100) (Preceding year=100)

| 地 区 Region | 3.计算机办公软件 Office Software | 十五、燃料 Fuels | 1.煤炭及制品 Coal and its product | 2.石油及制品 Petroleum and its product | 十六、建筑材料及五金电料 Building Materials and Hardware | 1.建筑装潢材料 Building Decoration Materials | 2.五金水暖 Plumbing hardware copper fittings |
|---|---|---|---|---|---|---|---|
| **全 国 National** | **100.7** | **109.9** | **108.7** | **110.4** | **104.0** | **104.5** | **102.3** |
| 北 京 Beijing | | | | | | | |
| 天 津 Tianjin | | | | | | | |
| 河 北 Hebei | 106.5 | 115.3 | 118.8 | 111.3 | 100.8 | 100.7 | 101.1 |
| 山 西 Shanxi | 100.0 | 109.8 | 108.8 | 110.6 | 102.6 | 102.9 | 101.8 |
| 内 蒙 古 Inner Mongolia | 100.0 | 106.7 | 103.7 | 108.8 | 102.0 | 102.2 | 101.3 |
| 辽 宁 Liaoning | 100.1 | 110.5 | 107.1 | 112.1 | 101.6 | 102.0 | 100.6 |
| 吉 林 Jilin | 97.5 | 107.4 | 106.2 | 107.5 | 103.2 | 103.4 | 102.3 |
| 黑 龙 江 Heilongjiang | 99.7 | 112.4 | 114.1 | 111.2 | 102.0 | 102.5 | 100.7 |
| 上 海 Shanghai | | | | | | | |
| 江 苏 Jiangsu | 109.2 | 109.1 | 103.4 | 110.3 | 108.8 | 110.3 | 105.1 |
| 浙 江 Zhejiang | 97.9 | 110.4 | 102.7 | 111.7 | 104.3 | 104.7 | 103.5 |
| 安 徽 Anhui | 96.9 | 110.9 | 106.0 | 112.8 | 103.8 | 104.4 | 101.3 |
| 福 建 Fujian | 100.0 | 108.1 | 112.9 | 107.2 | 102.7 | 103.4 | 101.2 |
| 江 西 Jiangxi | 98.8 | 108.5 | 103.7 | 109.5 | 104.1 | 104.9 | 102.1 |
| 山 东 Shandong | 101.3 | 108.1 | 104.2 | 109.7 | 105.0 | 106.4 | 102.4 |
| 河 南 Henan | 102.7 | 112.0 | 114.0 | 111.2 | 104.0 | 104.2 | 102.8 |
| 湖 北 Hubei | 100.0 | 107.0 | 102.3 | 108.5 | 103.3 | 104.0 | 100.8 |
| 湖 南 Hunan | 100.2 | 109.0 | 102.2 | 111.0 | 105.6 | 106.6 | 100.9 |
| 广 东 Guangdong | 99.4 | 110.4 | 103.4 | 110.9 | 102.8 | 103.3 | 100.8 |
| 广 西 Guangxi | 100.0 | 111.2 | 105.2 | 112.5 | 103.1 | 102.7 | 104.6 |
| 海 南 Hainan | 100.0 | 108.5 | 98.5 | 109.4 | 101.2 | 101.2 | 101.0 |
| 重 庆 Chongqing | | | | | | | |
| 四 川 Sichuan | 99.8 | 109.2 | 109.7 | 108.9 | 104.8 | 105.2 | 103.0 |
| 贵 州 Guizhou | 98.3 | 109.1 | 104.4 | 110.2 | 102.2 | 102.5 | 100.5 |
| 云 南 Yunnan | 100.4 | 108.1 | 102.6 | 109.9 | 102.1 | 102.2 | 101.8 |
| 西 藏 Tibet | 100.9 | 106.1 | 101.4 | 108.2 | 100.8 | 100.4 | 102.3 |
| 陕 西 Shaanxi | 99.4 | 108.7 | 110.1 | 107.7 | 108.6 | 109.8 | 105.7 |
| 甘 肃 Gansu | 97.9 | 106.4 | 103.6 | 108.3 | 101.1 | 101.3 | 100.5 |
| 青 海 Qinghai | 100.0 | 108.9 | 105.5 | 110.6 | 102.8 | 102.4 | 104.0 |
| 宁 夏 Ningxia | 100.0 | 109.1 | 106.0 | 110.8 | 103.5 | 103.5 | 103.5 |
| 新 疆 Xinjiang | 100.0 | 110.1 | 112.7 | 108.8 | 104.2 | 105.5 | 100.8 |

# 3-3-1 各地区农业生产资料价格分类指数(2018年)
# Price Indices of Means of Agricultural Production by Category(2018)

(上年价格=100) (Preceding year =100)

| 地 区 | Region | 农业生产资料价格指数 General Index | 一、农用手工工具 Farm Handtools | 二、饲料 Forage | 三、仔畜幼禽及产品畜 Newborn Animals & Poultry, and Commodity Animals | 四、半机械化农具 Semi-mechanized Farm Tools | 五、机械化农具 Mechanized Farm Machinery | 六、化学肥料 Chemical Fertilizer |
|---|---|---|---|---|---|---|---|---|
| **全 国** | **National** | **103.1** | **103.8** | **102.9** | **89.5** | **101.4** | **101.8** | **107.4** |
| 河 北 | Hebei | 103.2 | 100.8 | 103.6 | 89.6 | 101.7 | 100.7 | 108.4 |
| 山 西 | Shanxi | 102.5 | 106.2 | 103.6 | 89.5 | 100.3 | 100.3 | 105.4 |
| 内蒙古 | Inner Mongolia | 102.8 | 108.9 | 100.2 | 97.4 | 101.8 | 100.9 | 107.4 |
| 辽 宁 | Liaoning | 101.8 | 99.7 | 103.0 | 77.3 | 100.3 | 100.8 | 105.7 |
| 吉 林 | Jilin | 103.7 | 102.2 | 105.3 | 99.5 | 100.0 | 100.7 | 107.9 |
| 黑龙江 | Heilongjiang | 103.6 | 107.5 | 101.3 | 89.7 | 100.9 | 102.4 | 105.3 |
| 江 苏 | Jiangsu | 103.9 | 106.8 | 104.0 | 92.7 | 100.5 | 100.3 | 109.3 |
| 浙 江 | Zhejiang | 101.8 | 105.8 | 101.1 | 87.1 | 102.2 | 102.9 | 105.2 |
| 安 徽 | Anhui | 101.5 | 102.8 | 100.8 | 77.0 | 101.2 | 100.3 | 108.3 |
| 福 建 | Fujian | 103.1 | 101.6 | 102.7 | 96.4 | 100.0 | 99.9 | 107.1 |
| 江 西 | Jiangxi | 102.7 | 103.5 | 105.2 | 90.3 | 102.5 | 102.5 | 103.8 |
| 山 东 | Shandong | 106.9 | 101.1 | 107.5 | 90.5 | 106.6 | 104.8 | 112.3 |
| 河 南 | Henan | 104.3 | 106.1 | 106.4 | 83.7 | 100.8 | 100.7 | 109.4 |
| 湖 北 | Hubei | 100.9 | 100.3 | 98.7 | 96.0 | 99.4 | 101.5 | 103.9 |
| 湖 南 | Hunan | 102.7 | 101.5 | 101.2 | 90.1 | 102.2 | 104.8 | 106.4 |
| 广 东 | Guangdong | 102.5 | 102.5 | 101.5 | 92.5 | 99.8 | 100.3 | 104.8 |
| 广 西 | Guangxi | 101.8 | 104.0 | 100.8 | 77.8 | 101.1 | 103.7 | 106.7 |
| 海 南 | Hainan | 102.2 | 102.8 | 100.6 | 90.9 | 100.0 | 104.0 | 106.6 |
| 四 川 | Sichuan | 101.8 | 107.3 | 103.6 | 88.2 | 101.2 | 101.8 | 107.0 |
| 贵 州 | Guizhou | 98.8 | 102.7 | 100.2 | 86.0 | 100.6 | 100.1 | 103.9 |
| 云 南 | Yunnan | 101.7 | 103.2 | 102.9 | 86.1 | 100.4 | 100.6 | 108.5 |
| 西 藏 | Tibet | 101.0 | 102.6 | 100.7 | 101.0 | 100.0 | 100.0 | 100.0 |
| 陕 西 | Shaanxi | 103.8 | 103.7 | 101.4 | 88.0 | 104.6 | 106.3 | 108.0 |
| 甘 肃 | Gansu | 104.2 | 105.5 | 101.9 | 99.4 | 102.4 | 103.1 | 108.3 |
| 青 海 | Qinghai | 102.1 | 100.9 | 100.5 | 95.4 | 101.4 | 101.7 | 105.8 |
| 宁 夏 | Ningxia | 105.6 | 110.9 | 107.3 | 107.1 | 108.7 | 99.7 | 108.0 |
| 新 疆 | Xinjiang | 104.9 | 102.6 | 102.2 | 98.5 | 100.5 | 100.6 | 111.9 |

3-3-1 续表 continued

(上年=100) (Precding year =100)

| 地区 | Region | 七、农药及农药器械 Pesticide and Its Appliances | 1.化学农药 Chemical Pesticide | 2.农药器械 Pesticides Appliances | 八、农机用油 Oil for Farm Machinery | 九、其他农用生产资料 Other Means of Agricultural Production | 十、农业生产服务 Service for Agricultural Production |
|---|---|---|---|---|---|---|---|
| **全国** | **National** | **104.8** | **105.1** | **102.3** | **112.6** | **101.3** | **102.8** |
| 河北 | Hebei | 105.2 | 105.5 | 101.8 | 111.2 | 101.8 | 100.2 |
| 山西 | Shanxi | 102.1 | 102.4 | 100.3 | 113.3 | 100.6 | 101.6 |
| 内蒙古 | Inner Mongolia | 102.0 | 102.3 | 100.3 | 112.6 | 99.1 | 100.9 |
| 辽宁 | Liaoning | 102.0 | 102.2 | 100.9 | 113.8 | 100.9 | 102.9 |
| 吉林 | Jilin | 102.7 | 102.7 | 102.7 | 112.5 | 97.3 | 100.5 |
| 黑龙江 | Heilongjiang | 106.6 | 106.2 | 108.6 | 112.8 | 104.7 | 104.8 |
| 江苏 | Jiangsu | 105.2 | 105.5 | 101.9 | 116.0 | 101.8 | 102.3 |
| 浙江 | Zhejiang | 102.9 | 103.1 | 100.2 | 113.0 | 101.8 | 102.1 |
| 安徽 | Anhui | 101.3 | 101.3 | 101.2 | 113.1 | 99.8 | 100.4 |
| 福建 | Fujian | 105.4 | 105.6 | 102.1 | 110.6 | 100.7 | 100.6 |
| 江西 | Jiangxi | 103.8 | 104.3 | 100.1 | 110.3 | 102.3 | 99.5 |
| 山东 | Shandong | 114.6 | 115.6 | 104.2 | 112.1 | 101.4 | 105.3 |
| 河南 | Henan | 105.1 | 105.3 | 101.6 | 115.2 | 100.3 | 102.5 |
| 湖北 | Hubei | 101.8 | 102.0 | 99.9 | 112.4 | 99.8 | 100.3 |
| 湖南 | Hunan | 105.2 | 105.5 | 100.6 | 113.8 | 101.6 | 102.0 |
| 广东 | Guangdong | 103.8 | 104.4 | 99.8 | 111.3 | 101.1 | 104.1 |
| 广西 | Guangxi | 103.2 | 103.4 | 101.7 | 113.0 | 101.0 | 106.5 |
| 海南 | Hainan | 102.3 | 102.3 | 103.3 | 112.3 | 101.2 | 100.0 |
| 四川 | Sichuan | 103.8 | 103.9 | 103.0 | 111.3 | 102.5 | 104.4 |
| 贵州 | Guizhou | 100.2 | 100.1 | 100.2 | 107.6 | 99.4 | 100.2 |
| 云南 | Yunnan | 103.4 | 103.5 | 103.1 | 109.5 | 102.7 | 102.8 |
| 西藏 | Tibet | 100.0 | 100.0 | 100.2 | 105.9 | 102.0 | 100.0 |
| 陕西 | Shaanxi | 105.7 | 106.4 | 102.2 | 111.8 | 103.0 | 102.7 |
| 甘肃 | Gansu | 101.2 | 101.3 | 100.5 | 111.5 | 101.2 | 103.9 |
| 青海 | Qinghai | 107.4 | 107.6 | 100.7 | 113.1 | 98.3 | 101.7 |
| 宁夏 | Ningxia | 101.3 | 101.3 | 101.2 | 114.1 | 100.0 | 102.4 |
| 新疆 | Xinjiang | 101.7 | 102.4 | 99.4 | 112.4 | 101.1 | 105.4 |

# 3-4-1 36城市居民消费价格指数(2018年)
# Consumer Price Indices in 36 Major Cities (2018)

(上年价格=100) (Preceding year=100)

| 地 区 | Region | 居民消费价格总指数 Consumer Price Index | 一、食品烟酒 Food, Tobacco and Liquor | 1.食品 Food | (1)粮食 Grain | (2)薯类 Tubers | (3)豆类 Beans |
|---|---|---|---|---|---|---|---|
| **平 均** | **Average** | **102.2** | **102.5** | **102.5** | **100.9** | **107.7** | **102.3** |
| 北 京 | Beijing | 102.5 | 103.1 | 102.9 | 101.4 | 106.7 | 100.6 |
| 天 津 | Tianjin | 102.0 | 103.1 | 103.4 | 99.2 | 110.9 | 100.4 |
| 石家庄 | Shijiazhuang | 102.3 | 101.1 | 101.0 | 98.6 | 113.2 | 100.2 |
| 太 原 | Taiyuan | 101.8 | 102.0 | 102.3 | 100.5 | 107.2 | 100.4 |
| 呼和浩特 | Hohhot | 102.1 | 102.4 | 102.6 | 100.4 | 103.2 | 99.7 |
| 沈 阳 | Shenyang | 103.0 | 102.8 | 103.1 | 100.5 | 107.1 | 98.4 |
| 大 连 | Dalian | 103.0 | 103.6 | 103.5 | 100.4 | 107.1 | 102.8 |
| 长 春 | Changchun | 102.0 | 101.7 | 101.2 | 100.4 | 111.8 | 99.9 |
| 哈尔滨 | Harbin | 102.5 | 101.7 | 101.5 | 100.2 | 104.1 | 97.5 |
| 上 海 | Shanghai | 101.6 | 102.3 | 102.5 | 100.3 | 105.7 | 105.4 |
| 南 京 | Nanjing | 102.4 | 103.6 | 104.0 | 101.3 | 112.5 | 99.6 |
| 杭 州 | Hangzhou | 102.3 | 102.7 | 102.6 | 100.7 | 103.0 | 103.8 |
| 宁 波 | Ningbo | 102.2 | 102.6 | 102.7 | 100.4 | 106.4 | 100.2 |
| 合 肥 | Hefei | 102.0 | 102.7 | 103.3 | 101.4 | 121.8 | 102.0 |
| 福 州 | Fuzhou | 101.5 | 102.5 | 102.0 | 101.9 | 108.5 | 101.7 |
| 厦 门 | Xiamen | 101.8 | 101.7 | 101.6 | 99.9 | 103.8 | 106.2 |
| 南 昌 | Nanchang | 102.3 | 102.0 | 101.7 | 100.9 | 102.9 | 103.9 |
| 济 南 | Jinan | 102.6 | 103.2 | 102.8 | 100.9 | 115.1 | 111.1 |
| 青 岛 | Qingdao | 102.1 | 102.9 | 103.1 | 100.5 | 120.9 | 101.0 |
| 郑 州 | Zhengzhou | 102.4 | 102.1 | 101.4 | 98.7 | 122.7 | 100.6 |
| 武 汉 | Wuhan | 101.9 | 101.9 | 101.7 | 99.9 | 113.8 | 99.9 |
| 长 沙 | Changsha | 102.0 | 102.2 | 102.9 | 100.8 | 114.4 | 101.1 |
| 广 州 | Guangzhou | 102.4 | 102.5 | 102.4 | 105.4 | 104.2 | 100.5 |
| 深 圳 | Shenzhen | 102.8 | 103.2 | 102.9 | 105.6 | 105.8 | 102.6 |
| 南 宁 | Nanning | 102.5 | 101.4 | 100.5 | 100.8 | 107.1 | 106.5 |
| 海 口 | Haikou | 102.4 | 100.9 | 100.6 | 101.1 | 101.2 | 106.5 |
| 重 庆 | Chongqing | 102.0 | 101.4 | 101.4 | 98.2 | 104.3 | 100.8 |
| 成 都 | Chengdu | 101.4 | 101.9 | 102.3 | 99.5 | 107.8 | 113.3 |
| 贵 阳 | Guiyang | 101.7 | 101.0 | 100.5 | 102.7 | 102.7 | 101.5 |
| 昆 明 | Kunming | 101.7 | 100.8 | 101.5 | 102.4 | 101.1 | 101.6 |
| 拉 萨 | Lhasa | 101.1 | 100.7 | 100.2 | 100.3 | 106.9 | 104.5 |
| 西 安 | Xi'an | 101.9 | 102.2 | 101.8 | 101.6 | 103.4 | 99.2 |
| 兰 州 | Lanzhou | 101.7 | 101.3 | 101.2 | 100.0 | 99.9 | 99.6 |
| 西 宁 | Xining | 102.7 | 101.9 | 102.3 | 101.8 | 103.4 | 105.7 |
| 银 川 | Yinchuan | 102.2 | 101.8 | 102.2 | 100.2 | 110.1 | 102.9 |
| 乌鲁木齐 | Urumqi | 102.2 | 103.5 | 102.4 | 100.9 | 97.9 | 103.3 |

3-4-1 续表 1 continued 1

(上年价格=100) (Preceding year=100)

| 地 区 | Region | (4)食用油 Edible Oil and Fats | (5)菜 Vegetables | (6)畜肉类 Meat of Livestock | (7)禽肉类 Meat of Poultry | (8)水产品 Aquatic Products | (9)蛋类 Eggs |
|---|---|---|---|---|---|---|---|
| **平 均** | **Average** | **99.8** | **108.1** | **97.6** | **104.7** | **102.6** | **111.4** |
| 北 京 | Beijing | 100.6 | 111.9 | 99.2 | 103.0 | 100.6 | 115.8 |
| 天 津 | Tianjin | 100.7 | 109.3 | 99.5 | 104.1 | 104.5 | 114.3 |
| 石家庄 | Shijiazhuang | 99.0 | 106.0 | 94.7 | 103.7 | 102.3 | 108.4 |
| 太 原 | Taiyuan | 100.3 | 107.3 | 97.6 | 106.7 | 100.2 | 117.4 |
| 呼和浩特 | Hohhot | 99.6 | 108.6 | 103.7 | 102.4 | 101.0 | 108.7 |
| 沈 阳 | Shenyang | 99.9 | 108.1 | 96.8 | 105.8 | 108.1 | 109.6 |
| 大 连 | Dalian | 98.7 | 107.2 | 98.3 | 106.4 | 103.5 | 114.2 |
| 长 春 | Changchun | 99.9 | 105.3 | 97.0 | 103.6 | 100.9 | 112.4 |
| 哈尔滨 | Harbin | 98.0 | 109.5 | 94.2 | 101.0 | 99.8 | 106.4 |
| 上 海 | Shanghai | 100.2 | 107.1 | 98.8 | 106.3 | 101.3 | 108.6 |
| 南 京 | Nanjing | 100.2 | 111.6 | 98.1 | 105.2 | 101.8 | 116.3 |
| 杭 州 | Hangzhou | 99.7 | 107.8 | 97.7 | 106.6 | 103.5 | 110.1 |
| 宁 波 | Ningbo | 99.1 | 108.2 | 98.9 | 106.2 | 101.5 | 109.1 |
| 合 肥 | Hefei | 100.1 | 114.8 | 95.9 | 106.4 | 97.8 | 113.4 |
| 福 州 | Fuzhou | 101.1 | 106.6 | 95.0 | 112.6 | 100.9 | 102.4 |
| 厦 门 | Xiamen | 99.4 | 108.8 | 95.9 | 107.0 | 103.2 | 104.1 |
| 南 昌 | Nanchang | 99.0 | 103.8 | 95.3 | 112.3 | 96.1 | 112.4 |
| 济 南 | Jinan | 101.0 | 116.1 | 95.4 | 107.7 | 102.9 | 114.3 |
| 青 岛 | Qingdao | 99.7 | 112.9 | 97.3 | 106.5 | 104.5 | 111.4 |
| 郑 州 | Zhengzhou | 96.7 | 106.0 | 95.7 | 104.6 | 103.0 | 111.0 |
| 武 汉 | Wuhan | 98.5 | 106.9 | 97.2 | 103.7 | 95.9 | 107.1 |
| 长 沙 | Changsha | 101.3 | 111.5 | 95.9 | 103.2 | 102.5 | 108.7 |
| 广 州 | Guangzhou | 101.0 | 104.9 | 96.8 | 104.0 | 104.6 | 114.2 |
| 深 圳 | Shenzhen | 98.9 | 106.1 | 98.3 | 102.1 | 106.5 | 107.8 |
| 南 宁 | Nanning | 100.7 | 105.2 | 93.3 | 106.6 | 102.6 | 105.7 |
| 海 口 | Haikou | 100.9 | 103.4 | 98.8 | 101.7 | 99.6 | 106.9 |
| 重 庆 | Chongqing | 98.6 | 106.4 | 96.5 | 105.8 | 101.1 | 115.8 |
| 成 都 | Chengdu | 100.2 | 114.8 | 96.3 | 102.9 | 99.9 | 103.9 |
| 贵 阳 | Guiyang | 95.5 | 101.4 | 96.3 | 101.5 | 101.0 | 109.1 |
| 昆 明 | Kunming | 97.9 | 105.4 | 95.8 | 103.7 | 103.7 | 109.6 |
| 拉 萨 | Lhasa | 95.8 | 101.3 | 100.0 | 97.7 | 101.7 | 101.1 |
| 西 安 | Xi'an | 101.6 | 103.5 | 97.3 | 101.7 | 98.4 | 115.6 |
| 兰 州 | Lanzhou | 101.7 | 102.0 | 98.5 | 105.0 | 103.1 | 112.9 |
| 西 宁 | Xining | 100.5 | 100.6 | 103.9 | 103.9 | 100.4 | 114.8 |
| 银 川 | Yinchuan | 99.5 | 106.4 | 100.6 | 101.2 | 102.0 | 112.7 |
| 乌鲁木齐 | Urumqi | 100.8 | 98.0 | 106.0 | 104.3 | 103.3 | 113.1 |

3-4-1 续表 2 continued 2

(上年价格=100) (Preceding year=100)

| 地 区 | Region | (10)奶类 Milk | (11)干鲜瓜果类 Dried and Fresh Melons and Fruits | (12)糖果糕点类 Candy and Cake | (13)调味品 Flavoring | (14)其他食品类 Other Foods | 2.茶及饮料 Tea and Beverages |
|---|---|---|---|---|---|---|---|
| **平 均** | **Average** | **101.9** | **103.4** | **102.1** | **101.9** | **101.8** | **102.0** |
| 北 京 | Beijing | 100.8 | 102.7 | 101.7 | 101.4 | 102.6 | 101.3 |
| 天 津 | Tianjin | 99.9 | 105.6 | 103.2 | 102.6 | 102.1 | 102.6 |
| 石家庄 | Shijiazhuang | 103.8 | 101.9 | 101.3 | 100.7 | 103.4 | 102.0 |
| 太 原 | Taiyuan | 99.1 | 105.2 | 101.9 | 99.7 | 101.7 | 102.7 |
| 呼和浩特 | Hohhot | 100.2 | 100.7 | 100.7 | 101.7 | 100.1 | 100.1 |
| 沈 阳 | Shenyang | 102.3 | 107.0 | 100.9 | 102.1 | 101.4 | 105.6 |
| 大 连 | Dalian | 101.7 | 108.2 | 103.3 | 99.2 | 101.7 | 105.6 |
| 长 春 | Changchun | 105.2 | 99.0 | 103.4 | 103.5 | 100.8 | 103.8 |
| 哈尔滨 | Harbin | 104.7 | 106.0 | 104.3 | 104.4 | 101.9 | 104.2 |
| 上 海 | Shanghai | 101.3 | 102.9 | 101.9 | 100.4 | 103.7 | 103.2 |
| 南 京 | Nanjing | 107.2 | 105.1 | 105.0 | 101.4 | 102.1 | 102.3 |
| 杭 州 | Hangzhou | 102.7 | 103.4 | 101.3 | 100.3 | 100.6 | 99.9 |
| 宁 波 | Ningbo | 104.7 | 104.8 | 100.6 | 100.1 | 100.6 | 103.5 |
| 合 肥 | Hefei | 100.7 | 105.7 | 102.7 | 105.3 | 101.5 | 105.5 |
| 福 州 | Fuzhou | 102.2 | 105.7 | 102.2 | 103.0 | 102.2 | 100.7 |
| 厦 门 | Xiamen | 100.9 | 98.2 | 101.2 | 101.9 | 109.4 | 103.4 |
| 南 昌 | Nanchang | 106.5 | 104.6 | 102.7 | 101.9 | 102.2 | 103.4 |
| 济 南 | Jinan | 102.6 | 100.0 | 104.4 | 105.3 | 98.7 | 100.6 |
| 青 岛 | Qingdao | 100.7 | 102.1 | 99.4 | 101.3 | 100.3 | 98.9 |
| 郑 州 | Zhengzhou | 99.8 | 101.4 | 102.7 | 107.7 | 101.8 | 101.1 |
| 武 汉 | Wuhan | 103.5 | 107.7 | 100.7 | 104.2 | 99.3 | 100.4 |
| 长 沙 | Changsha | 102.2 | 105.9 | 102.2 | 106.9 | 100.8 | 100.5 |
| 广 州 | Guangzhou | 102.2 | 102.4 | 103.6 | 102.7 | 102.4 | 101.6 |
| 深 圳 | Shenzhen | 104.4 | 103.9 | 101.4 | 102.9 | 100.7 | 101.8 |
| 南 宁 | Nanning | 103.3 | 98.1 | 100.0 | 102.5 | 99.9 | 101.4 |
| 海 口 | Haikou | 106.5 | 96.3 | 100.0 | 103.7 | 100.6 | 100.1 |
| 重 庆 | Chongqing | 100.3 | 101.2 | 99.9 | 101.1 | 100.9 | 101.9 |
| 成 都 | Chengdu | 100.1 | 102.1 | 104.5 | 102.2 | 98.4 | 101.9 |
| 贵 阳 | Guiyang | 105.8 | 101.6 | 102.2 | 102.1 | 102.0 | 101.7 |
| 昆 明 | Kunming | 100.1 | 106.3 | 100.8 | 100.4 | 101.0 | 102.8 |
| 拉 萨 | Lhasa | 98.6 | 100.0 | 101.0 | 100.6 | 99.9 | 98.5 |
| 西 安 | Xi'an | 103.1 | 102.7 | 104.7 | 99.0 | 100.0 | 100.7 |
| 兰 州 | Lanzhou | 102.2 | 102.0 | 101.4 | 101.0 | 100.2 | 103.4 |
| 西 宁 | Xining | 99.2 | 102.2 | 100.6 | 101.5 | 100.7 | 97.7 |
| 银 川 | Yinchuan | 102.4 | 100.4 | 100.5 | 102.1 | 102.1 | 103.9 |
| 乌鲁木齐 | Urumqi | 99.4 | 101.7 | 102.5 | 99.5 | 102.1 | 103.1 |

3-4-1 续表 3 continued 3

(上年价格=100) (Preceding year=100)

| 地区 | Region | 3.烟酒 Tobacco and Liquor | 4.在外餐饮 Dining Out | 二、衣着 Clothing | 1.服装 Garments |
|---|---|---|---|---|---|
| **平均** | **Average** | **101.4** | **102.8** | **100.8** | **101.0** |
| 北京 | Beijing | 101.9 | 103.9 | 99.7 | 99.7 |
| 天津 | Tianjin | 101.1 | 102.9 | 101.1 | 101.0 |
| 石家庄 | Shijiazhuang | 98.1 | 102.3 | 102.4 | 103.6 |
| 太原 | Taiyuan | 103.0 | 100.8 | 100.3 | 100.9 |
| 呼和浩特 | Hohhot | 99.9 | 102.7 | 102.2 | 102.6 |
| 沈阳 | Shenyang | 103.9 | 101.1 | 100.4 | 99.5 |
| 大连 | Dalian | 100.8 | 104.7 | 100.2 | 100.6 |
| 长春 | Changchun | 102.4 | 102.6 | 104.0 | 103.6 |
| 哈尔滨 | Harbin | 104.8 | 101.4 | 100.1 | 100.5 |
| 上海 | Shanghai | 101.3 | 101.9 | 98.3 | 98.6 |
| 南京 | Nanjing | 102.1 | 103.6 | 101.7 | 101.8 |
| 杭州 | Hangzhou | 100.8 | 104.0 | 101.4 | 102.4 |
| 宁波 | Ningbo | 101.5 | 102.8 | 100.0 | 101.8 |
| 合肥 | Hefei | 101.5 | 101.3 | 101.5 | 101.5 |
| 福州 | Fuzhou | 101.0 | 104.7 | 99.6 | 100.5 |
| 厦门 | Xiamen | 101.6 | 101.7 | 99.4 | 99.7 |
| 南昌 | Nanchang | 100.5 | 103.1 | 98.7 | 98.0 |
| 济南 | Jinan | 103.8 | 104.5 | 103.8 | 104.9 |
| 青岛 | Qingdao | 100.8 | 103.5 | 103.8 | 105.9 |
| 郑州 | Zhengzhou | 103.8 | 103.5 | 101.1 | 101.1 |
| 武汉 | Wuhan | 100.4 | 103.0 | 101.7 | 100.9 |
| 长沙 | Changsha | 101.0 | 100.8 | 102.5 | 102.8 |
| 广州 | Guangzhou | 101.7 | 103.0 | 104.2 | 104.4 |
| 深圳 | Shenzhen | 101.1 | 104.4 | 100.4 | 99.9 |
| 南宁 | Nanning | 101.2 | 103.8 | 102.6 | 102.0 |
| 海口 | Haikou | 100.6 | 102.0 | 105.8 | 106.0 |
| 重庆 | Chongqing | 99.7 | 101.8 | 101.5 | 101.7 |
| 成都 | Chengdu | 101.2 | 101.1 | 100.4 | 101.6 |
| 贵阳 | Guiyang | 101.5 | 101.9 | 101.6 | 103.2 |
| 昆明 | Kunming | 100.2 | 99.1 | 102.6 | 101.4 |
| 拉萨 | Lhasa | 100.2 | 102.3 | 102.8 | 102.5 |
| 西安 | Xi'an | 100.3 | 103.6 | 100.9 | 100.7 |
| 兰州 | Lanzhou | 101.9 | 100.9 | 101.2 | 100.6 |
| 西宁 | Xining | 100.1 | 102.1 | 101.3 | 102.6 |
| 银川 | Yinchuan | 100.2 | 101.2 | 102.0 | 102.1 |
| 乌鲁木齐 | Urumqi | 102.3 | 105.9 | 97.6 | 97.8 |

3-4-1 续表 4 continued 4

(上年价格=100) (Preceding year=100)

| 地 区 | Region | 2.服装材料 Garments Material | 3.其他衣着及配件 Other Clothing and Parts | 4.衣着加工服务费 Clothing Manufacturing Service Fees | 5.鞋类 Footware | 三、居住 Residence |
|---|---|---|---|---|---|---|
| **平 均** | **Average** | **101.1** | **100.3** | **104.9** | **99.6** | **101.9** |
| 北 京 | Beijing | 101.8 | 99.0 | 108.0 | 99.0 | 103.2 |
| 天 津 | Tianjin | 104.6 | 101.1 | 101.1 | 101.2 | 101.3 |
| 石家庄 | Shijiazhuang | 100.1 | 101.1 | 100.0 | 99.0 | 101.7 |
| 太 原 | Taiyuan | 102.5 | 103.1 | 100.4 | 97.9 | 102.8 |
| 呼和浩特 | Hohhot | 102.4 | 100.9 | 100.0 | 101.4 | 103.9 |
| 沈 阳 | Shenyang | 100.0 | 100.3 | 102.1 | 103.1 | 103.1 |
| 大 连 | Dalian | 100.4 | 101.2 | 100.3 | 98.6 | 101.3 |
| 长 春 | Changchun | 102.3 | 101.1 | 102.2 | 106.1 | 102.4 |
| 哈尔滨 | Harbin | 100.0 | 98.7 | 100.0 | 99.3 | 100.7 |
| 上 海 | Shanghai | 101.8 | 100.8 | 108.3 | 95.6 | 100.2 |
| 南 京 | Nanjing | 101.7 | 101.6 | 101.7 | 101.1 | 102.4 |
| 杭 州 | Hangzhou | 103.7 | 95.6 | 109.0 | 97.7 | 103.7 |
| 宁 波 | Ningbo | 105.7 | 104.2 | 100.0 | 92.8 | 102.4 |
| 合 肥 | Hefei | 100.4 | 100.5 | 103.0 | 101.6 | 101.2 |
| 福 州 | Fuzhou | 103.2 | 105.8 | 103.4 | 95.5 | 101.9 |
| 厦 门 | Xiamen | 103.2 | 102.3 | 100.5 | 97.7 | 103.0 |
| 南 昌 | Nanchang | 101.9 | 100.6 | 103.0 | 100.7 | 102.3 |
| 济 南 | Jinan | 107.9 | 101.5 | 110.0 | 100.2 | 103.5 |
| 青 岛 | Qingdao | 100.0 | 100.5 | 100.4 | 98.7 | 100.9 |
| 郑 州 | Zhengzhou | 100.0 | 100.2 | 102.6 | 100.8 | 100.6 |
| 武 汉 | Wuhan | 101.6 | 99.7 | 107.8 | 103.3 | 102.0 |
| 长 沙 | Changsha | 101.9 | 100.0 | 107.5 | 101.0 | 102.0 |
| 广 州 | Guangzhou | 94.0 | 100.7 | 103.9 | 104.7 | 101.3 |
| 深 圳 | Shenzhen | 100.8 | 97.9 | 102.5 | 102.4 | 103.4 |
| 南 宁 | Nanning | 95.2 | 100.3 | 109.2 | 104.4 | 104.4 |
| 海 口 | Haikou | 104.2 | 101.8 | 108.1 | 105.7 | 103.2 |
| 重 庆 | Chongqing | 100.9 | 100.2 | 102.6 | 101.3 | 102.8 |
| 成 都 | Chengdu | 105.2 | 99.0 | 107.0 | 96.0 | 100.2 |
| 贵 阳 | Guiyang | 113.8 | 101.9 | 107.1 | 96.4 | 101.1 |
| 昆 明 | Kunming | 97.7 | 102.4 | 103.8 | 106.0 | 99.8 |
| 拉 萨 | Lhasa | 100.0 | 100.4 | 111.3 | 100.7 | 100.6 |
| 西 安 | Xi'an | 100.0 | 96.8 | 106.9 | 101.8 | 101.7 |
| 兰 州 | Lanzhou | 97.9 | 98.8 | 108.6 | 103.0 | 102.8 |
| 西 宁 | Xining | 104.7 | 103.4 | 102.6 | 96.5 | 102.6 |
| 银 川 | Yinchuan | 101.3 | 100.3 | 102.9 | 101.7 | 103.5 |
| 乌鲁木齐 | Urumqi | 99.1 | 96.3 | 104.8 | 96.8 | 97.4 |

3-4-1 续表 5 continued 5

(上年价格=100) (Preceding year=100)

| 地 区 | Region | 1.租赁房房租 Rent of Rental Housing | 2.住房保养维修及管理 Housing Maintenance and Management | 3.水电燃料 Water,Electricity and Fuels | 4.自有住房 Private Housing |
|---|---|---|---|---|---|
| **平 均** | **Average** | **102.3** | **103.6** | **101.0** | **101.9** |
| 北 京 | Beijing | 102.9 | 104.5 | 100.9 | 103.4 |
| 天 津 | Tianjin | 101.2 | 104.3 | 100.8 | 101.1 |
| 石家庄 | Shijiazhuang | 100.3 | 103.1 | 103.2 | 101.1 |
| 太 原 | Taiyuan | 107.5 | 100.3 | 100.5 | 103.8 |
| 呼和浩特 | Hohhot | 105.6 | 101.6 | 100.3 | 106.1 |
| 沈 阳 | Shenyang | 106.4 | 100.0 | 100.2 | 105.1 |
| 大 连 | Dalian | 100.8 | 104.0 | 100.4 | 101.0 |
| 长 春 | Changchun | 105.0 | 103.8 | 100.5 | 103.0 |
| 哈尔滨 | Harbin | 100.7 | 101.9 | 100.4 | 100.7 |
| 上 海 | Shanghai | 99.7 | 105.9 | 100.6 | 99.5 |
| 南 京 | Nanjing | 101.7 | 107.8 | 102.4 | 101.5 |
| 杭 州 | Hangzhou | 104.5 | 102.0 | 102.4 | 104.3 |
| 宁 波 | Ningbo | 103.4 | 102.3 | 100.7 | 102.7 |
| 合 肥 | Hefei | 103.5 | 103.1 | 101.1 | 100.3 |
| 福 州 | Fuzhou | 100.7 | 105.6 | 102.8 | 100.8 |
| 厦 门 | Xiamen | 101.2 | 114.4 | 101.6 | 101.3 |
| 南 昌 | Nanchang | 102.3 | 102.2 | 102.3 | 102.2 |
| 济 南 | Jinan | 102.0 | 101.5 | 100.6 | 105.4 |
| 青 岛 | Qingdao | 100.6 | 101.6 | 101.1 | 100.7 |
| 郑 州 | Zhengzhou | 99.2 | 103.3 | 103.0 | 99.3 |
| 武 汉 | Wuhan | 101.4 | 103.9 | 101.7 | 101.5 |
| 长 沙 | Changsha | 102.1 | 101.3 | 101.7 | 102.5 |
| 广 州 | Guangzhou | 101.6 | 103.3 | 99.6 | 101.9 |
| 深 圳 | Shenzhen | 104.4 | 101.1 | 101.6 | 104.5 |
| 南 宁 | Nanning | 105.7 | 107.0 | 101.8 | 104.4 |
| 海 口 | Haikou | 108.3 | 100.6 | 103.1 | 103.2 |
| 重 庆 | Chongqing | 103.5 | 102.5 | 101.4 | 103.5 |
| 成 都 | Chengdu | 104.1 | 101.8 | 102.0 | 98.9 |
| 贵 阳 | Guiyang | 100.6 | 100.9 | 100.7 | 101.5 |
| 昆 明 | Kunming | 101.2 | 100.4 | 98.3 | 100.0 |
| 拉 萨 | Lhasa | 102.1 | 100.9 | 99.8 | 100.4 |
| 西 安 | Xi'an | 102.5 | 102.5 | 101.1 | 101.6 |
| 兰 州 | Lanzhou | 102.2 | 103.2 | 103.8 | 102.1 |
| 西 宁 | Xining | 100.8 | 99.9 | 100.6 | 105.8 |
| 银 川 | Yinchuan | 97.7 | 104.7 | 105.0 | 103.1 |
| 乌鲁木齐 | Urumqi | 100.0 | 100.5 | 93.7 | 99.8 |

3-4-1 续表 6 continued 6

(上年价格=100) (Preceding year=100)

| 地 区 | Region | 四、生活用品及服务 Articles for Daily Use and Services | 1.家具及室内装饰品 Furniture and Interior Decorations | 2.家用器具 Home Appliances | 3.家用纺织品 Home Textiles | 4.家庭日用杂品 Household Articles for Daily Use |
|---|---|---|---|---|---|---|
| **平 均** | **Average** | **101.5** | **102.4** | **99.7** | **100.5** | **101.5** |
| 北 京 | Beijing | 101.3 | 102.9 | 97.9 | 100.3 | 100.9 |
| 天 津 | Tianjin | 101.1 | 100.8 | 99.8 | 101.4 | 100.9 |
| 石家庄 | Shijiazhuang | 102.0 | 105.1 | 101.7 | 100.0 | 101.8 |
| 太 原 | Taiyuan | 100.7 | 101.3 | 97.6 | 99.7 | 102.7 |
| 呼和浩特 | Hohhot | 101.0 | 100.0 | 100.2 | 100.0 | 99.7 |
| 沈 阳 | Shenyang | 100.0 | 101.8 | 96.8 | 99.9 | 99.3 |
| 大 连 | Dalian | 100.6 | 100.1 | 101.5 | 101.7 | 100.2 |
| 长 春 | Changchun | 103.4 | 105.8 | 105.4 | 104.4 | 101.3 |
| 哈尔滨 | Harbin | 100.8 | 99.6 | 100.0 | 101.0 | 101.5 |
| 上 海 | Shanghai | 101.4 | 103.0 | 99.8 | 99.0 | 102.1 |
| 南 京 | Nanjing | 104.6 | 102.7 | 102.8 | 105.7 | 108.4 |
| 杭 州 | Hangzhou | 100.6 | 100.0 | 100.3 | 92.5 | 104.9 |
| 宁 波 | Ningbo | 102.3 | 104.7 | 97.5 | 108.7 | 100.6 |
| 合 肥 | Hefei | 101.9 | 101.8 | 100.6 | 102.3 | 100.8 |
| 福 州 | Fuzhou | 99.9 | 99.8 | 99.3 | 100.2 | 98.9 |
| 厦 门 | Xiamen | 101.2 | 101.1 | 100.8 | 102.1 | 99.9 |
| 南 昌 | Nanchang | 100.9 | 103.9 | 101.7 | 100.0 | 99.3 |
| 济 南 | Jinan | 100.6 | 102.4 | 97.1 | 105.3 | 99.9 |
| 青 岛 | Qingdao | 101.3 | 103.2 | 99.4 | 103.8 | 100.6 |
| 郑 州 | Zhengzhou | 101.6 | 102.9 | 101.9 | 100.7 | 99.8 |
| 武 汉 | Wuhan | 102.1 | 103.8 | 99.3 | 100.3 | 102.0 |
| 长 沙 | Changsha | 101.3 | 100.9 | 100.4 | 100.1 | 103.3 |
| 广 州 | Guangzhou | 101.9 | 102.7 | 101.4 | 101.0 | 100.3 |
| 深 圳 | Shenzhen | 101.5 | 101.1 | 98.7 | 99.7 | 100.8 |
| 南 宁 | Nanning | 100.9 | 101.0 | 99.1 | 98.7 | 100.9 |
| 海 口 | Haikou | 102.1 | 101.2 | 102.3 | 109.9 | 99.9 |
| 重 庆 | Chongqing | 101.7 | 103.5 | 99.2 | 100.8 | 102.2 |
| 成 都 | Chengdu | 101.1 | 103.2 | 99.9 | 99.3 | 100.2 |
| 贵 阳 | Guiyang | 101.2 | 101.1 | 101.2 | 99.8 | 100.8 |
| 昆 明 | Kunming | 101.1 | 100.9 | 101.7 | 97.3 | 101.8 |
| 拉 萨 | Lhasa | 100.6 | 99.3 | 100.0 | 100.8 | 99.5 |
| 西 安 | Xi'an | 102.8 | 103.4 | 99.2 | 101.6 | 102.8 |
| 兰 州 | Lanzhou | 100.7 | 101.1 | 100.6 | 99.6 | 101.0 |
| 西 宁 | Xining | 101.3 | 101.8 | 102.0 | 99.5 | 98.5 |
| 银 川 | Yinchuan | 102.6 | 103.8 | 104.9 | 103.1 | 101.1 |
| 乌鲁木齐 | Urumqi | 104.1 | 100.3 | 100.5 | 92.9 | 101.8 |

3-4-1 续表 7 continued 7

(上年价格=100) (Preceding year=100)

| 地 区 | Region | 5.个人护理用品 Personal-care Supplies | 6.家庭服务 Household Services | 五、交通和通信 Transport and Communications | 1.交通 Transport | 2.通信 Communications |
|---|---|---|---|---|---|---|
| **平 均** | **Average** | **100.7** | **105.9** | **101.6** | **103.4** | **98.2** |
| 北 京 | Beijing | 101.7 | 105.5 | 100.6 | 103.6 | 93.3 |
| 天 津 | Tianjin | 100.4 | 105.1 | 101.3 | 103.3 | 97.8 |
| 石 家 庄 | Shijiazhuang | 101.9 | 100.0 | 101.7 | 104.6 | 97.2 |
| 太 原 | Taiyuan | 100.5 | 105.8 | 101.5 | 102.8 | 99.1 |
| 呼和浩特 | Hohhot | 101.0 | 112.0 | 101.5 | 102.1 | 100.1 |
| 沈 阳 | Shenyang | 102.0 | 104.7 | 102.0 | 103.0 | 100.1 |
| 大 连 | Dalian | 99.9 | 100.3 | 101.3 | 102.7 | 98.3 |
| 长 春 | Changchun | 102.2 | 102.7 | 99.9 | 101.3 | 97.8 |
| 哈 尔 滨 | Harbin | 101.6 | 100.0 | 100.9 | 103.1 | 96.2 |
| 上 海 | Shanghai | 100.4 | 103.7 | 104.0 | 105.1 | 102.2 |
| 南 京 | Nanjing | 103.1 | 103.8 | 101.3 | 101.2 | 101.6 |
| 杭 州 | Hangzhou | 96.2 | 107.1 | 101.3 | 103.3 | 96.7 |
| 宁 波 | Ningbo | 100.1 | 110.2 | 101.2 | 103.5 | 96.4 |
| 合 肥 | Hefei | 100.5 | 109.5 | 101.8 | 102.7 | 99.7 |
| 福 州 | Fuzhou | 99.6 | 104.4 | 100.9 | 102.5 | 98.1 |
| 厦 门 | Xiamen | 100.5 | 105.3 | 101.0 | 102.0 | 99.4 |
| 南 昌 | Nanchang | 98.9 | 103.4 | 102.0 | 103.9 | 98.7 |
| 济 南 | Jinan | 101.0 | 102.4 | 102.1 | 103.3 | 99.9 |
| 青 岛 | Qingdao | 100.1 | 105.0 | 100.8 | 103.4 | 95.5 |
| 郑 州 | Zhengzhou | 102.5 | 104.2 | 100.0 | 105.4 | 89.9 |
| 武 汉 | Wuhan | 101.5 | 111.0 | 102.2 | 104.1 | 99.3 |
| 长 沙 | Changsha | 101.0 | 101.4 | 102.2 | 103.5 | 100.1 |
| 广 州 | Guangzhou | 100.3 | 106.0 | 101.7 | 104.5 | 96.6 |
| 深 圳 | Shenzhen | 100.8 | 107.9 | 102.3 | 103.6 | 99.9 |
| 南 宁 | Nanning | 99.9 | 109.2 | 100.1 | 102.7 | 95.6 |
| 海 口 | Haikou | 102.0 | 103.9 | 103.8 | 106.0 | 100.4 |
| 重 庆 | Chongqing | 100.8 | 106.4 | 100.1 | 102.1 | 96.5 |
| 成 都 | Chengdu | 98.9 | 109.8 | 101.2 | 102.9 | 98.1 |
| 贵 阳 | Guiyang | 103.4 | 101.2 | 103.0 | 104.5 | 100.9 |
| 昆 明 | Kunming | 99.8 | 103.1 | 103.5 | 104.7 | 101.7 |
| 拉 萨 | Lhasa | 104.4 | 100.7 | 101.7 | 102.9 | 99.8 |
| 西 安 | Xi'an | 101.1 | 113.4 | 100.7 | 100.9 | 100.3 |
| 兰 州 | Lanzhou | 100.3 | 101.4 | 100.5 | 101.2 | 99.3 |
| 西 宁 | Xining | 102.7 | 105.4 | 100.5 | 102.5 | 96.9 |
| 银 川 | Yinchuan | 100.1 | 103.2 | 102.2 | 103.4 | 99.5 |
| 乌鲁木齐 | Urumqi | 101.2 | 138.0 | 100.7 | 101.5 | 98.8 |

3-4-1 续表 8 continued 8

(上年价格=100) (Preceding year=100)

| 地 区 | Region | 六、教育文化和娱乐 Education, Culture and Recreation | 1.教育 Education | 2.文化娱乐 Cultural and Recreational Articles | 七、医疗保健 Health Care | 1.药品及医疗器具 Medicine and Medical Instrument |
|---|---|---|---|---|---|---|
| **平 均** | **Average** | **102.5** | **103.8** | **101.2** | **104.5** | **103.4** |
| 北 京 | Beijing | 103.6 | 106.9 | 101.5 | 103.0 | 101.5 |
| 天 津 | Tianjin | 102.4 | 102.0 | 102.8 | 102.6 | 104.3 |
| 石家庄 | Shijiazhuang | 102.5 | 102.7 | 102.3 | 109.4 | 104.0 |
| 太 原 | Taiyuan | 102.2 | 102.9 | 101.2 | 101.6 | 100.4 |
| 呼和浩特 | Hohhot | 100.6 | 100.0 | 101.2 | 100.7 | 101.7 |
| 沈 阳 | Shenyang | 100.7 | 101.9 | 99.0 | 112.7 | 104.1 |
| 大 连 | Dalian | 105.5 | 111.0 | 97.8 | 111.5 | 104.5 |
| 长 春 | Changchun | 101.1 | 100.2 | 102.3 | 103.2 | 107.1 |
| 哈尔滨 | Harbin | 105.9 | 104.8 | 107.6 | 111.3 | 101.2 |
| 上 海 | Shanghai | 103.1 | 106.9 | 100.7 | 102.4 | 101.1 |
| 南 京 | Nanjing | 101.6 | 99.7 | 103.1 | 100.9 | 102.8 |
| 杭 州 | Hangzhou | 101.5 | 102.6 | 100.0 | 102.0 | 105.0 |
| 宁 波 | Ningbo | 102.3 | 103.2 | 101.2 | 105.0 | 107.6 |
| 合 肥 | Hefei | 102.1 | 103.7 | 100.4 | 102.1 | 102.6 |
| 福 州 | Fuzhou | 101.5 | 102.0 | 100.8 | 101.6 | 104.8 |
| 厦 门 | Xiamen | 101.7 | 102.4 | 100.7 | 104.0 | 105.8 |
| 南 昌 | Nanchang | 102.2 | 103.3 | 100.9 | 110.9 | 99.3 |
| 济 南 | Jinan | 99.6 | 103.3 | 96.3 | 104.7 | 109.4 |
| 青 岛 | Qingdao | 103.1 | 104.0 | 102.3 | 102.4 | 104.6 |
| 郑 州 | Zhengzhou | 103.0 | 104.7 | 100.8 | 113.0 | 110.1 |
| 武 汉 | Wuhan | 101.1 | 102.2 | 99.6 | 103.0 | 101.0 |
| 长 沙 | Changsha | 101.4 | 102.3 | 100.3 | 101.6 | 103.9 |
| 广 州 | Guangzhou | 102.4 | 103.2 | 101.2 | 106.1 | 104.0 |
| 深 圳 | Shenzhen | 102.3 | 103.6 | 100.4 | 104.3 | 103.6 |
| 南 宁 | Nanning | 103.3 | 105.8 | 100.2 | 105.1 | 100.9 |
| 海 口 | Haikou | 102.3 | 104.3 | 99.7 | 103.3 | 106.9 |
| 重 庆 | Chongqing | 103.0 | 103.3 | 102.7 | 105.7 | 104.4 |
| 成 都 | Chengdu | 101.9 | 103.3 | 101.0 | 102.8 | 103.2 |
| 贵 阳 | Guiyang | 103.9 | 100.8 | 106.8 | 101.4 | 103.4 |
| 昆 明 | Kunming | 104.2 | 103.0 | 105.1 | 103.7 | 104.1 |
| 拉 萨 | Lhasa | 100.0 | 100.0 | 99.9 | 102.4 | 106.0 |
| 西 安 | Xi'an | 101.6 | 102.2 | 100.9 | 104.3 | 104.3 |
| 兰 州 | Lanzhou | 100.0 | 100.0 | 100.0 | 108.0 | 107.1 |
| 西 宁 | Xining | 109.1 | 110.3 | 107.6 | 103.4 | 107.0 |
| 银 川 | Yinchuan | 102.2 | 104.2 | 99.7 | 101.6 | 102.2 |
| 乌鲁木齐 | Urumqi | 102.6 | 102.1 | 103.4 | 113.9 | 100.8 |

3-4-1 续表 9 continued 9

(上年价格=100) (Preceding year=100)

| 地 区 | Region | 2.医疗服务 Medical Services | 八、其他用品和服务 Other Articles and Services | 1.其他用品类 Other Articles | 2.其他服务类 Other Services |
|---|---|---|---|---|---|
| **平 均** | **Average** | **105.4** | **101.4** | **98.8** | **103.3** |
| 北 京 | Beijing | 105.8 | 102.2 | 98.8 | 104.4 |
| 天 津 | Tianjin | 101.1 | 101.1 | 98.7 | 103.1 |
| 石 家 庄 | Shijiazhuang | 114.6 | 99.9 | 99.9 | 99.9 |
| 太 原 | Taiyuan | 102.4 | 100.4 | 100.7 | 100.2 |
| 呼和浩特 | Hohhot | 100.0 | 101.0 | 98.6 | 103.2 |
| 沈 阳 | Shenyang | 120.0 | 101.1 | 98.8 | 102.6 |
| 大 连 | Dalian | 116.9 | 98.0 | 97.1 | 98.8 |
| 长 春 | Changchun | 100.5 | 100.6 | 99.6 | 101.3 |
| 哈 尔 滨 | Harbin | 118.6 | 98.6 | 97.8 | 99.4 |
| 上 海 | Shanghai | 103.8 | 102.4 | 100.5 | 103.6 |
| 南 京 | Nanjing | 100.0 | 102.0 | 98.6 | 105.0 |
| 杭 州 | Hangzhou | 100.1 | 100.0 | 98.9 | 100.7 |
| 宁 波 | Ningbo | 103.2 | 100.1 | 98.1 | 101.4 |
| 合 肥 | Hefei | 101.8 | 101.5 | 100.7 | 102.2 |
| 福 州 | Fuzhou | 100.0 | 99.6 | 97.6 | 101.2 |
| 厦 门 | Xiamen | 103.0 | 100.2 | 98.9 | 101.2 |
| 南 昌 | Nanchang | 118.2 | 101.1 | 99.3 | 102.6 |
| 济 南 | Jinan | 100.3 | 99.6 | 98.3 | 100.9 |
| 青 岛 | Qingdao | 100.0 | 101.3 | 97.3 | 104.1 |
| 郑 州 | Zhengzhou | 115.1 | 102.7 | 99.3 | 105.0 |
| 武 汉 | Wuhan | 104.2 | 100.4 | 97.8 | 102.6 |
| 长 沙 | Changsha | 100.0 | 100.9 | 97.9 | 104.0 |
| 广 州 | Guangzhou | 107.7 | 101.2 | 97.7 | 104.2 |
| 深 圳 | Shenzhen | 104.8 | 101.9 | 99.3 | 104.3 |
| 南 宁 | Nanning | 107.7 | 102.3 | 98.2 | 105.7 |
| 海 口 | Haikou | 100.7 | 102.3 | 97.2 | 106.3 |
| 重 庆 | Chongqing | 106.7 | 100.9 | 99.0 | 102.1 |
| 成 都 | Chengdu | 102.5 | 104.4 | 98.6 | 107.7 |
| 贵 阳 | Guiyang | 99.9 | 99.8 | 97.9 | 101.3 |
| 昆 明 | Kunming | 103.3 | 100.8 | 100.8 | 100.7 |
| 拉 萨 | Lhasa | 100.0 | 100.1 | 98.5 | 102.0 |
| 西 安 | Xi'an | 104.3 | 100.1 | 98.3 | 102.4 |
| 兰 州 | Lanzhou | 108.8 | 100.0 | 97.7 | 102.1 |
| 西 宁 | Xining | 100.5 | 99.6 | 99.0 | 100.3 |
| 银 川 | Yinchuan | 100.9 | 100.2 | 98.5 | 101.5 |
| 乌鲁木齐 | Urumqi | 120.9 | 100.5 | 94.8 | 104.7 |

# 商品住宅销售价格指数

# Commercial Housing Price Index

# 4

# 4-1-1 2018年70个大中城市新建商品住宅销售价格指数
# Housing Price Indices of Newly Constructed Commercial Residential Buildings in 70 Large and Medium-Sized Cities 2018

(以2015年价格为100) (2015=100)

| 城市 City | 1月 | 2月 | 3月 | 4月 | 5月 | 6月 | 7月 | 8月 | 9月 | 10月 | 11月 | 12月 |
|---|---|---|---|---|---|---|---|---|---|---|---|---|
| 北京 Beijing | 133.6 | 134.7 | 134.9 | 135.1 | 135.3 | 135.3 | 135.6 | 135.6 | 135.7 | 135.9 | 136.7 | 138.1 |
| 天津 Tianjin | 128.0 | 129.3 | 129.3 | 129.4 | 130.0 | 130.4 | 130.4 | 130.6 | 131.0 | 131.1 | 130.7 | 130.8 |
| 石家庄 Shijiazhuang | 123.6 | 124.0 | 124.9 | 125.2 | 126.7 | 127.1 | 129.7 | 130.9 | 132.4 | 136.8 | 138.7 | 142.2 |
| 太原 Taiyuan | 112.3 | 112.5 | 113.2 | 114.8 | 115.6 | 116.3 | 117.6 | 119.9 | 121.1 | 121.7 | 123.3 | 124.4 |
| 呼和浩特 Hohhot | 107.2 | 108.0 | 108.5 | 109.6 | 111.3 | 112.5 | 115.2 | 118.5 | 121.8 | 123.8 | 127.4 | 129.9 |
| 沈阳 Shenyang | 114.9 | 116.3 | 116.9 | 117.8 | 119.8 | 121.5 | 123.1 | 124.5 | 126.1 | 128.0 | 128.9 | 129.5 |
| 大连 Dalian | 112.4 | 113.3 | 114.1 | 115.4 | 117.3 | 119.5 | 120.7 | 121.9 | 122.6 | 123.4 | 125.2 | 126.3 |
| 长春 Changchun | 113.4 | 113.3 | 114.5 | 115.5 | 117.0 | 118.9 | 120.0 | 120.9 | 121.2 | 122.3 | 124.6 | 125.9 |
| 哈尔滨 Harbin | 114.3 | 114.5 | 115.6 | 117.2 | 118.6 | 120.2 | 122.8 | 124.0 | 125.5 | 128.1 | 129.3 | 130.0 |
| 上海 Shanghai | 145.1 | 144.9 | 145.2 | 145.1 | 144.8 | 144.8 | 144.7 | 144.9 | 144.7 | 144.8 | 145.6 | 146.4 |
| 南京 Nanjing | 145.3 | 145.9 | 145.4 | 145.1 | 144.9 | 144.5 | 144.4 | 144.4 | 145.0 | 145.3 | 147.5 | 147.4 |
| 杭州 Hangzhou | 132.6 | 132.9 | 133.3 | 133.4 | 133.4 | 134.1 | 135.2 | 136.0 | 136.3 | 138.0 | 138.9 | 140.5 |
| 宁波 Ningbo | 121.7 | 121.7 | 122.1 | 123.4 | 124.0 | 124.3 | 125.5 | 127.9 | 128.3 | 128.3 | 128.4 | 128.1 |
| 合肥 Hefei | 148.3 | 148.1 | 148.0 | 147.7 | 147.9 | 148.1 | 149.0 | 151.3 | 152.8 | 153.6 | 154.2 | 154.8 |
| 福州 Fuzhou | 127.0 | 128.0 | 127.5 | 127.4 | 125.9 | 128.7 | 130.4 | 133.3 | 134.7 | 136.0 | 138.7 | 139.2 |
| 厦门 Xiamen | 151.6 | 151.1 | 150.9 | 151.3 | 152.9 | 152.9 | 152.9 | 152.7 | 152.7 | 152.6 | 151.9 | 151.2 |
| 南昌 Nanchang | 123.6 | 123.6 | 124.4 | 124.7 | 125.5 | 127.5 | 129.7 | 131.6 | 132.7 | 133.2 | 134.9 | 135.6 |
| 济南 Jinan | 121.5 | 122.1 | 122.3 | 122.4 | 122.9 | 127.3 | 131.1 | 134.8 | 136.6 | 137.6 | 139.9 | 140.9 |
| 青岛 Qingdao | 117.3 | 117.9 | 118.3 | 118.5 | 120.9 | 123.7 | 126.3 | 128.3 | 128.8 | 129.5 | 131.9 | 133.4 |
| 郑州 Zhengzhou | 129.4 | 129.8 | 129.7 | 130.3 | 132.5 | 134.9 | 136.7 | 138.8 | 139.4 | 140.7 | 141.9 | 142.3 |
| 武汉 Wuhan | 129.9 | 130.3 | 130.1 | 129.8 | 131.2 | 132.8 | 134.2 | 136.1 | 136.4 | 139.9 | 142.1 | 143.9 |
| 长沙 Changsha | 125.9 | 126.7 | 127.1 | 127.3 | 129.4 | 131.9 | 135.5 | 138.2 | 139.0 | 139.1 | 139.4 | 140.0 |
| 广州 Guangzhou | 136.4 | 136.7 | 137.0 | 136.8 | 139.3 | 141.9 | 142.7 | 144.0 | 144.7 | 145.0 | 145.0 | 149.3 |
| 深圳 Shenzhen | 144.3 | 144.9 | 144.7 | 144.8 | 144.7 | 145.2 | 145.9 | 146.6 | 146.4 | 145.7 | 145.3 | 145.9 |
| 南宁 Nanning | 123.1 | 123.6 | 124.2 | 124.4 | 124.8 | 127.2 | 128.3 | 130.4 | 131.0 | 131.4 | 132.0 | 134.2 |
| 海口 Haikou | 115.4 | 117.5 | 120.0 | 122.3 | 124.9 | 129.8 | 132.8 | 134.0 | 134.5 | 135.3 | 135.7 | 137.5 |
| 重庆 Chongqing | 118.0 | 119.1 | 119.8 | 121.1 | 122.2 | 124.4 | 126.0 | 127.3 | 128.7 | 129.6 | 131.0 | 132.1 |
| 成都 Chengdu | 123.5 | 123.5 | 123.7 | 124.1 | 126.7 | 128.8 | 130.1 | 131.6 | 132.5 | 134.7 | 137.1 | 139.0 |
| 贵阳 Guiyang | 117.1 | 117.3 | 118.2 | 119.7 | 120.4 | 121.8 | 123.9 | 126.2 | 128.8 | 134.2 | 136.8 | 137.5 |
| 昆明 Kunming | 114.5 | 115.6 | 116.6 | 117.4 | 118.5 | 120.8 | 124.3 | 126.2 | 128.7 | 130.5 | 131.4 | 132.6 |
| 西安 Xi'an | 121.1 | 122.6 | 123.7 | 125.7 | 127.7 | 129.1 | 130.7 | 134.6 | 143.0 | 144.8 | 146.9 | 148.5 |
| 兰州 Lanzhou | 109.2 | 110.0 | 110.4 | 111.0 | 111.8 | 113.2 | 114.0 | 115.3 | 116.6 | 118.7 | 119.7 | 120.9 |
| 西宁 Xining | 107.0 | 107.8 | 107.8 | 107.7 | 107.8 | 110.7 | 111.2 | 112.9 | 115.2 | 116.4 | 117.9 | 119.6 |
| 银川 Yinchuan | 105.0 | 105.9 | 106.7 | 107.3 | 107.8 | 109.2 | 110.3 | 112.1 | 113.1 | 113.3 | 113.7 | 114.6 |
| 乌鲁木齐 Urumqi | 105.2 | 106.5 | 107.4 | 108.6 | 110.0 | 110.9 | 111.2 | 112.8 | 113.3 | 113.6 | 114.6 | 115.0 |

注：①个别城市因存在滞后网签和集中网签情况，故对其历史数据进行了修正。(下同)
②定基价格指数以2015年价格为100，同比价格指数以上年同月价格为100，环比价格指数以上月价格为100。
a. The data released publicly of certain cities have been revised in this yearbook because of the updating of the data. (similarly hereinafter)
b. Fixed base price index:2015=100; Year-on-year price index: Same month of preceding year=100; Month-on-month price index: Last month=100.

4-1-1 续表 Continued

(以2015年价格为100) (2015=100)

| 城 市 | City | 1月 | 2月 | 3月 | 4月 | 5月 | 6月 | 7月 | 8月 | 9月 | 10月 | 11月 | 12月 |
|---|---|---|---|---|---|---|---|---|---|---|---|---|---|
| 唐 山 | Tangshan | 109.4 | 109.5 | 110.4 | 111.1 | 111.4 | 112.8 | 114.7 | 118.0 | 119.6 | 121.1 | 122.7 | 122.6 |
| 秦皇岛 | Qinhuangdao | 112.4 | 114.0 | 115.6 | 116.4 | 117.1 | 118.4 | 119.6 | 122.9 | 125.3 | 127.9 | 129.8 | 131.9 |
| 包 头 | Baotou | 102.7 | 105.7 | 106.4 | 107.0 | 107.9 | 108.9 | 110.9 | 113.6 | 114.2 | 115.8 | 116.3 | 116.3 |
| 丹 东 | Dandong | 102.0 | 101.6 | 102.0 | 104.0 | 109.6 | 113.1 | 113.7 | 114.1 | 115.3 | 115.7 | 116.9 | 119.1 |
| 锦 州 | Jinzhou | 96.9 | 98.8 | 99.7 | 100.4 | 100.7 | 101.2 | 101.7 | 102.3 | 104.2 | 105.7 | 107.4 | 109.8 |
| 吉 林 | Jilin | 109.6 | 109.3 | 109.6 | 110.3 | 110.7 | 112.1 | 113.9 | 116.6 | 117.8 | 119.6 | 121.3 | 122.1 |
| 牡丹江 | Mudanjiang | 105.0 | 104.8 | 105.3 | 106.2 | 106.2 | 108.4 | 109.9 | 111.4 | 113.1 | 115.0 | 115.5 | 116.5 |
| 无 锡 | Wuxi | 131.0 | 132.9 | 132.7 | 132.4 | 132.2 | 132.0 | 134.0 | 138.5 | 139.2 | 139.8 | 141.0 | 140.8 |
| 扬 州 | Yangzhou | 121.0 | 121.7 | 122.4 | 123.4 | 124.1 | 124.8 | 128.2 | 129.8 | 131.6 | 133.2 | 135.5 | 136.0 |
| 徐 州 | Xuzhou | 119.3 | 121.9 | 122.8 | 123.8 | 125.4 | 126.2 | 129.1 | 133.4 | 134.9 | 137.4 | 139.6 | 141.1 |
| 温 州 | Wenzhou | 114.0 | 114.2 | 114.1 | 114.0 | 114.2 | 114.7 | 114.9 | 115.7 | 116.0 | 115.9 | 115.5 | 115.8 |
| 金 华 | Jinhua | 118.7 | 118.9 | 119.2 | 120.8 | 121.5 | 121.9 | 123.3 | 124.7 | 124.5 | 124.6 | 124.3 | 124.0 |
| 蚌 埠 | Bengbu | 117.2 | 117.1 | 116.7 | 116.7 | 116.9 | 116.6 | 119.1 | 121.2 | 123.3 | 124.1 | 125.6 | 126.3 |
| 安 庆 | Anqing | 113.5 | 113.6 | 113.6 | 113.3 | 113.2 | 114.4 | 115.1 | 117.3 | 119.1 | 121.7 | 122.3 | 122.9 |
| 泉 州 | Quanzhou | 110.1 | 110.6 | 110.7 | 110.7 | 110.6 | 111.1 | 111.0 | 112.0 | 112.0 | 112.2 | 112.5 | 112.4 |
| 九 江 | Jiujiang | 121.2 | 121.2 | 121.9 | 122.1 | 123.1 | 123.8 | 125.2 | 127.1 | 128.0 | 128.7 | 130.6 | 131.8 |
| 赣 州 | Ganzhou | 115.1 | 116.4 | 116.6 | 116.8 | 117.3 | 118.0 | 118.7 | 121.0 | 122.3 | 123.0 | 123.8 | 124.9 |
| 烟 台 | Yantai | 115.5 | 115.2 | 115.6 | 117.1 | 118.0 | 119.0 | 122.4 | 124.0 | 124.8 | 126.3 | 127.3 | 129.2 |
| 济 宁 | Jining | 110.3 | 109.9 | 110.3 | 111.0 | 111.8 | 113.3 | 114.9 | 116.8 | 117.5 | 119.7 | 121.7 | 123.0 |
| 洛 阳 | Luoyang | 113.6 | 114.1 | 114.6 | 115.5 | 116.0 | 116.1 | 117.4 | 118.2 | 120.3 | 122.0 | 124.8 | 126.0 |
| 平顶山 | Pingdingshan | 111.3 | 112.0 | 112.2 | 113.5 | 114.5 | 114.2 | 115.1 | 115.8 | 117.4 | 117.8 | 118.9 | 119.7 |
| 宜 昌 | Yichang | 114.2 | 115.4 | 116.5 | 116.9 | 117.8 | 119.4 | 122.8 | 124.3 | 125.9 | 126.3 | 127.0 | 128.4 |
| 襄 阳 | Xiangyang | 108.4 | 108.7 | 108.8 | 109.5 | 109.6 | 110.4 | 112.9 | 116.2 | 116.8 | 119.7 | 121.1 | 122.8 |
| 岳 阳 | Yueyang | 112.8 | 114.2 | 115.0 | 115.2 | 116.4 | 117.2 | 118.2 | 120.9 | 122.3 | 123.2 | 123.6 | 123.3 |
| 常 德 | Changde | 112.5 | 111.2 | 111.3 | 111.8 | 112.6 | 113.2 | 113.3 | 116.3 | 117.9 | 120.4 | 121.7 | 123.0 |
| 惠 州 | Huizhou | 130.5 | 131.4 | 131.3 | 131.5 | 131.9 | 132.5 | 133.1 | 134.0 | 134.4 | 135.3 | 135.6 | 135.9 |
| 湛 江 | Zhanjiang | 116.2 | 116.6 | 117.0 | 117.3 | 117.4 | 117.8 | 119.0 | 121.2 | 122.2 | 124.1 | 124.6 | 125.4 |
| 韶 关 | Shaoguan | 112.1 | 116.3 | 117.0 | 117.5 | 118.1 | 118.9 | 119.3 | 121.0 | 121.7 | 122.1 | 122.9 | 122.7 |
| 桂 林 | Guilin | 110.1 | 112.1 | 112.8 | 113.5 | 114.2 | 114.9 | 115.5 | 116.2 | 117.4 | 118.2 | 120.9 | 121.4 |
| 北 海 | Beihai | 115.2 | 117.7 | 118.7 | 119.6 | 120.9 | 122.5 | 123.0 | 126.8 | 127.8 | 129.4 | 130.8 | 131.5 |
| 三 亚 | Sanya | 126.7 | 128.1 | 128.9 | 131.4 | 134.6 | 138.9 | 144.1 | 144.3 | 144.6 | 144.5 | 145.1 | 145.3 |
| 泸 州 | Luzhou | 110.3 | 110.7 | 111.1 | 111.5 | 112.3 | 113.8 | 114.4 | 116.5 | 119.5 | 121.4 | 122.0 | 122.3 |
| 南 充 | Nanchong | 110.5 | 112.2 | 112.9 | 113.9 | 115.5 | 116.8 | 117.8 | 120.8 | 123.0 | 125.0 | 125.3 | 125.3 |
| 遵 义 | Zunyi | 109.2 | 110.3 | 111.3 | 112.2 | 113.0 | 114.0 | 115.1 | 116.9 | 118.2 | 120.4 | 122.5 | 123.3 |
| 大 理 | Dali | 108.9 | 109.7 | 110.8 | 112.1 | 113.1 | 114.4 | 116.2 | 118.4 | 120.2 | 122.7 | 126.1 | 128.3 |

# 4-1-2 2018年70个大中城市90㎡及以下新建商品住宅销售价格指数

## Housing Price Indices of 90㎡ and below Newly Constructed Commercial Residential Buildings in 70 Large and Medium-Sized Cities 2018

(以2015年价格为100) (2015=100)

| 城市 | City | 1月 | 2月 | 3月 | 4月 | 5月 | 6月 | 7月 | 8月 | 9月 | 10月 | 11月 | 12月 |
|---|---|---|---|---|---|---|---|---|---|---|---|---|---|
| 北京 | Beijing | 121.4 | 122.7 | 122.6 | 122.8 | 123.0 | 123.0 | 123.3 | 123.2 | 123.2 | 123.6 | 124.0 | 124.9 |
| 天津 | Tianjin | 133.7 | 135.7 | 136.3 | 136.6 | 137.2 | 137.4 | 138.0 | 137.7 | 137.7 | 138.4 | 137.7 | 137.6 |
| 石家庄 | Shijiazhuang | 122.2 | 121.7 | 122.0 | 121.8 | 123.5 | 123.9 | 126.7 | 127.5 | 128.8 | 132.3 | 133.9 | 138.1 |
| 太原 | Taiyuan | 114.6 | 114.4 | 114.6 | 115.9 | 116.9 | 118.0 | 119.4 | 121.5 | 123.6 | 124.7 | 126.1 | 127.6 |
| 呼和浩特 | Hohhot | 103.7 | 104.7 | 105.6 | 106.9 | 108.0 | 109.9 | 111.6 | 114.3 | 117.0 | 118.5 | 121.8 | 123.6 |
| 沈阳 | Shenyang | 118.1 | 118.9 | 119.6 | 120.4 | 122.2 | 123.6 | 125.4 | 126.4 | 127.7 | 129.6 | 130.4 | 131.2 |
| 大连 | Dalian | 111.7 | 113.3 | 113.8 | 115.4 | 117.5 | 119.8 | 121.2 | 122.5 | 123.2 | 123.6 | 125.1 | 126.1 |
| 长春 | Changchun | 118.0 | 118.3 | 119.6 | 121.1 | 122.9 | 125.3 | 126.3 | 127.4 | 128.0 | 128.9 | 130.4 | 131.2 |
| 哈尔滨 | Harbin | 114.8 | 114.1 | 115.2 | 116.3 | 117.9 | 119.3 | 122.1 | 122.7 | 124.2 | 127.4 | 128.4 | 128.8 |
| 上海 | Shanghai | 147.4 | 148.4 | 148.5 | 148.2 | 147.8 | 148.6 | 148.4 | 148.0 | 147.8 | 147.8 | 148.7 | 149.1 |
| 南京 | Nanjing | 150.7 | 151.5 | 150.9 | 150.4 | 150.3 | 149.3 | 149.6 | 149.8 | 150.3 | 150.3 | 152.4 | 152.9 |
| 杭州 | Hangzhou | 137.3 | 137.5 | 138.2 | 138.4 | 138.3 | 139.0 | 140.6 | 141.5 | 141.6 | 143.4 | 144.1 | 146.3 |
| 宁波 | Ningbo | 126.3 | 126.4 | 126.8 | 128.0 | 128.9 | 128.9 | 130.5 | 133.4 | 134.7 | 134.7 | 134.7 | 134.6 |
| 合肥 | Hefei | 146.5 | 146.5 | 146.8 | 146.9 | 147.8 | 147.6 | 147.9 | 150.2 | 151.6 | 152.4 | 152.2 | 153.6 |
| 福州 | Fuzhou | 124.6 | 127.0 | 126.7 | 126.1 | 123.4 | 125.8 | 127.5 | 130.0 | 131.1 | 133.1 | 135.2 | 135.4 |
| 厦门 | Xiamen | 151.4 | 151.9 | 151.7 | 151.6 | 154.0 | 153.8 | 154.0 | 154.0 | 154.3 | 153.4 | 152.5 | 151.0 |
| 南昌 | Nanchang | 127.7 | 127.7 | 128.3 | 128.4 | 129.8 | 131.5 | 133.6 | 135.0 | 137.2 | 137.5 | 139.3 | 139.2 |
| 济南 | Jinan | 119.0 | 119.8 | 119.9 | 120.1 | 120.5 | 125.4 | 129.7 | 133.6 | 134.7 | 135.9 | 138.2 | 139.5 |
| 青岛 | Qingdao | 116.9 | 117.6 | 118.1 | 118.0 | 120.6 | 123.4 | 126.6 | 128.7 | 129.2 | 130.1 | 132.4 | 133.6 |
| 郑州 | Zhengzhou | 131.9 | 131.8 | 131.8 | 132.6 | 134.0 | 136.6 | 138.3 | 140.6 | 141.5 | 142.7 | 143.8 | 144.3 |
| 武汉 | Wuhan | 129.8 | 130.4 | 130.1 | 129.6 | 131.9 | 133.2 | 134.5 | 136.1 | 136.5 | 140.7 | 142.8 | 145.5 |
| 长沙 | Changsha | 123.4 | 125.2 | 125.5 | 125.7 | 126.7 | 129.3 | 132.8 | 135.8 | 136.4 | 137.1 | 137.6 | 138.4 |
| 广州 | Guangzhou | 138.7 | 139.4 | 139.4 | 139.3 | 142.1 | 145.0 | 145.2 | 146.4 | 147.4 | 147.9 | 147.9 | 151.7 |
| 深圳 | Shenzhen | 143.7 | 143.6 | 143.7 | 143.9 | 143.8 | 144.1 | 144.8 | 145.7 | 145.5 | 144.9 | 144.2 | 144.6 |
| 南宁 | Nanning | 125.1 | 125.0 | 125.9 | 125.8 | 126.5 | 129.1 | 129.9 | 132.3 | 132.8 | 134.0 | 134.6 | 136.6 |
| 海口 | Haikou | 113.7 | 115.2 | 117.7 | 119.6 | 121.8 | 126.7 | 129.3 | 130.7 | 131.1 | 132.0 | 132.6 | 134.3 |
| 重庆 | Chongqing | 120.2 | 121.1 | 122.1 | 123.9 | 125.4 | 127.4 | 129.0 | 130.2 | 132.0 | 133.5 | 135.3 | 137.1 |
| 成都 | Chengdu | 122.6 | 122.8 | 123.2 | 123.4 | 126.1 | 128.2 | 129.7 | 131.4 | 132.8 | 135.1 | 138.0 | 140.0 |
| 贵阳 | Guiyang | 118.6 | 117.8 | 118.4 | 120.2 | 121.5 | 123.6 | 125.8 | 128.9 | 131.8 | 138.0 | 140.3 | 140.8 |
| 昆明 | Kunming | 114.8 | 116.1 | 117.5 | 118.0 | 118.6 | 120.6 | 124.9 | 127.4 | 129.8 | 131.4 | 132.0 | 132.9 |
| 西安 | Xi'an | 121.2 | 122.9 | 123.9 | 125.4 | 127.3 | 129.3 | 131.6 | 135.8 | 144.9 | 146.6 | 149.4 | 151.1 |
| 兰州 | Lanzhou | 109.7 | 111.2 | 111.9 | 112.7 | 113.0 | 115.0 | 115.6 | 116.7 | 118.5 | 121.2 | 122.9 | 124.5 |
| 西宁 | Xining | 109.0 | 109.6 | 109.8 | 109.8 | 110.3 | 114.3 | 115.2 | 116.8 | 118.3 | 119.2 | 119.9 | 121.5 |
| 银川 | Yinchuan | 105.8 | 106.3 | 106.4 | 107.1 | 107.3 | 108.4 | 109.8 | 111.7 | 112.8 | 112.6 | 112.8 | 114.4 |
| 乌鲁木齐 | Urumqi | 104.7 | 106.4 | 107.4 | 109.2 | 109.8 | 109.8 | 109.9 | 111.9 | 112.7 | 112.9 | 113.9 | 114.2 |

4-1-2 续表 Continued

(以2015年价格为100) (2015=100)

| 城 市 | City | 1月 | 2月 | 3月 | 4月 | 5月 | 6月 | 7月 | 8月 | 9月 | 10月 | 11月 | 12月 |
|---|---|---|---|---|---|---|---|---|---|---|---|---|---|
| 唐 山 | Tangshan | 108.8 | 109.4 | 109.5 | 110.5 | 110.7 | 111.1 | 113.5 | 116.7 | 117.8 | 119.7 | 121.8 | 121.2 |
| 秦皇岛 | Qinhuangdao | 113.1 | 115.1 | 117.2 | 117.8 | 118.3 | 120.5 | 121.0 | 124.2 | 126.2 | 128.7 | 130.5 | 132.4 |
| 包 头 | Baotou | 107.5 | 108.1 | 109.3 | 110.0 | 111.2 | 111.7 | 113.4 | 116.8 | 117.4 | 119.4 | 120.5 | 121.6 |
| 丹 东 | Dandong | 103.5 | 103.9 | 104.3 | 106.0 | 111.4 | 115.4 | 115.8 | 115.9 | 117.2 | 116.5 | 118.4 | 120.0 |
| 锦 州 | Jinzhou | 94.8 | 96.5 | 97.5 | 98.3 | 98.6 | 99.3 | 100.2 | 101.5 | 103.0 | 104.3 | 105.6 | 107.9 |
| 吉 林 | Jilin | 108.9 | 109.7 | 109.8 | 110.8 | 111.5 | 113.1 | 114.7 | 117.3 | 118.9 | 120.9 | 122.5 | 123.2 |
| 牡丹江 | Mudanjiang | 103.8 | 104.4 | 104.9 | 105.4 | 105.1 | 107.4 | 108.2 | 109.0 | 110.3 | 112.5 | 113.1 | 113.9 |
| 无 锡 | Wuxi | 135.5 | 137.2 | 137.0 | 136.4 | 136.3 | 136.7 | 139.5 | 144.5 | 146.1 | 146.5 | 147.9 | 147.6 |
| 扬 州 | Yangzhou | 121.5 | 121.9 | 122.3 | 122.9 | 124.2 | 125.0 | 128.8 | 130.4 | 131.8 | 133.6 | 136.0 | 135.5 |
| 徐 州 | Xuzhou | 120.3 | 121.9 | 123.3 | 124.1 | 125.8 | 125.9 | 128.9 | 133.0 | 134.9 | 137.0 | 139.7 | 142.2 |
| 温 州 | Wenzhou | 111.1 | 112.0 | 111.8 | 110.9 | 111.3 | 112.2 | 112.6 | 113.7 | 114.4 | 114.4 | 114.4 | 115.1 |
| 金 华 | Jinhua | 120.8 | 120.6 | 120.9 | 122.8 | 123.3 | 124.0 | 125.5 | 127.4 | 127.3 | 127.4 | 127.5 | 127.2 |
| 蚌 埠 | Bengbu | 117.8 | 116.4 | 116.4 | 116.5 | 116.5 | 116.0 | 119.2 | 121.5 | 123.3 | 123.7 | 125.9 | 126.7 |
| 安 庆 | Anqing | 114.4 | 114.9 | 115.4 | 114.4 | 114.5 | 115.4 | 116.3 | 118.8 | 120.5 | 123.7 | 123.8 | 124.0 |
| 泉 州 | Quanzhou | 110.8 | 111.5 | 111.6 | 111.8 | 111.6 | 111.9 | 112.1 | 113.6 | 113.1 | 113.5 | 114.1 | 113.9 |
| 九 江 | Jiujiang | 123.6 | 123.5 | 123.9 | 124.4 | 125.2 | 126.0 | 127.6 | 129.4 | 131.0 | 131.7 | 134.7 | 135.5 |
| 赣 州 | Ganzhou | 117.0 | 118.2 | 117.9 | 117.6 | 117.3 | 117.6 | 118.0 | 120.2 | 121.6 | 121.9 | 122.9 | 123.9 |
| 烟 台 | Yantai | 112.7 | 112.8 | 113.3 | 114.7 | 115.5 | 116.4 | 119.8 | 121.4 | 122.2 | 123.5 | 124.5 | 126.4 |
| 济 宁 | Jining | 111.9 | 111.1 | 112.2 | 113.3 | 114.1 | 114.9 | 116.7 | 119.0 | 119.6 | 121.3 | 123.8 | 124.4 |
| 洛 阳 | Luoyang | 121.6 | 120.4 | 120.8 | 122.8 | 123.6 | 124.1 | 124.7 | 126.2 | 127.5 | 128.6 | 132.0 | 133.2 |
| 平顶山 | Pingdingshan | 109.9 | 108.2 | 108.2 | 109.5 | 109.9 | 110.3 | 110.9 | 112.2 | 113.6 | 113.9 | 115.3 | 116.7 |
| 宜 昌 | Yichang | 112.6 | 115.5 | 117.3 | 117.9 | 118.6 | 119.3 | 123.2 | 125.0 | 126.4 | 127.3 | 128.7 | 131.1 |
| 襄 阳 | Xiangyang | 113.7 | 113.1 | 113.2 | 113.5 | 113.6 | 114.4 | 117.7 | 121.6 | 122.6 | 126.0 | 127.8 | 129.4 |
| 岳 阳 | Yueyang | 111.3 | 113.6 | 114.5 | 114.6 | 115.5 | 116.8 | 117.3 | 120.9 | 123.1 | 123.6 | 124.7 | 125.0 |
| 常 德 | Changde | 115.1 | 114.6 | 114.7 | 115.2 | 116.0 | 117.2 | 117.1 | 121.0 | 122.1 | 124.8 | 126.8 | 128.7 |
| 惠 州 | Huizhou | 131.7 | 132.4 | 132.7 | 132.9 | 133.3 | 133.8 | 135.4 | 136.0 | 136.4 | 137.1 | 137.5 | 137.9 |
| 湛 江 | Zhanjiang | 116.6 | 115.9 | 116.0 | 116.1 | 116.1 | 116.4 | 117.6 | 120.1 | 121.2 | 123.1 | 123.6 | 124.6 |
| 韶 关 | Shaoguan | 110.1 | 115.3 | 116.3 | 116.6 | 117.9 | 118.4 | 118.5 | 120.6 | 121.2 | 121.9 | 123.3 | 123.4 |
| 桂 林 | Guilin | 109.6 | 111.0 | 111.2 | 111.9 | 112.5 | 113.4 | 114.4 | 115.4 | 116.1 | 117.8 | 120.5 | 121.0 |
| 北 海 | Beihai | 114.9 | 118.4 | 119.2 | 119.8 | 121.3 | 122.8 | 123.2 | 127.0 | 127.9 | 129.3 | 130.6 | 131.5 |
| 三 亚 | Sanya | 126.4 | 128.1 | 128.1 | 130.7 | 134.0 | 137.3 | 144.0 | 144.5 | 145.8 | 145.7 | 145.7 | 145.7 |
| 泸 州 | Luzhou | 109.8 | 110.7 | 111.7 | 112.1 | 112.9 | 113.9 | 114.5 | 117.5 | 120.8 | 122.6 | 123.5 | 123.5 |
| 南 充 | Nanchong | 111.1 | 111.9 | 112.8 | 113.6 | 116.2 | 116.4 | 117.5 | 120.4 | 122.5 | 124.5 | 124.8 | 124.7 |
| 遵 义 | Zunyi | 110.8 | 112.1 | 112.2 | 113.6 | 114.3 | 115.5 | 116.0 | 117.6 | 119.4 | 121.6 | 123.8 | 125.6 |
| 大 理 | Dali | 113.0 | 112.9 | 113.9 | 115.4 | 116.0 | 116.9 | 118.6 | 120.9 | 122.8 | 124.2 | 127.5 | 129.6 |

# 4-1-3　2018年70个大中城市90㎡-144㎡新建商品住宅销售价格指数

# Housing Price Indices of 90㎡-144㎡ Newly Constructed Commercial Residential Buildings in 70 Large and Medium-Sized Cities 2018

(以2015年价格为100)　　(2015=100)

| 城　市 | City | 1月 | 2月 | 3月 | 4月 | 5月 | 6月 | 7月 | 8月 | 9月 | 10月 | 11月 | 12月 |
|---|---|---|---|---|---|---|---|---|---|---|---|---|---|
| 北　京 | Beijing | 137.3 | 138.9 | 139.0 | 139.5 | 140.0 | 139.7 | 140.0 | 140.0 | 140.2 | 140.5 | 140.7 | 141.7 |
| 天　津 | Tianjin | 126.8 | 128.8 | 128.7 | 128.8 | 129.4 | 130.2 | 130.0 | 130.1 | 130.4 | 130.4 | 130.1 | 130.0 |
| 石家庄 | Shijiazhuang | 124.6 | 125.0 | 126.2 | 126.7 | 128.3 | 128.6 | 131.0 | 132.5 | 134.1 | 138.8 | 140.6 | 144.1 |
| 太　原 | Taiyuan | 113.8 | 114.3 | 115.3 | 117.4 | 117.9 | 118.6 | 120.0 | 122.0 | 122.7 | 122.7 | 124.3 | 125.4 |
| 呼和浩特 | Hohhot | 107.4 | 108.9 | 109.3 | 110.2 | 112.4 | 113.3 | 116.2 | 119.8 | 123.2 | 125.1 | 128.9 | 131.5 |
| 沈　阳 | Shenyang | 114.8 | 115.5 | 116.5 | 117.6 | 119.5 | 121.1 | 122.8 | 124.5 | 126.3 | 128.3 | 129.1 | 129.4 |
| 大　连 | Dalian | 116.4 | 116.1 | 117.3 | 118.4 | 120.3 | 122.4 | 123.3 | 124.3 | 125.3 | 126.6 | 128.3 | 129.8 |
| 长　春 | Changchun | 111.8 | 111.5 | 113.0 | 113.4 | 114.7 | 116.4 | 117.5 | 118.3 | 118.1 | 118.9 | 121.7 | 123.0 |
| 哈尔滨 | Harbin | 115.5 | 115.1 | 115.9 | 117.3 | 118.3 | 120.3 | 122.7 | 124.1 | 125.6 | 127.9 | 129.2 | 129.8 |
| 上　海 | Shanghai | 146.0 | 145.6 | 145.2 | 145.5 | 144.8 | 144.9 | 144.6 | 145.2 | 144.7 | 144.9 | 145.1 | 145.9 |
| 南　京 | Nanjing | 144.9 | 145.6 | 144.9 | 144.7 | 144.6 | 144.4 | 144.2 | 144.2 | 144.6 | 144.9 | 147.1 | 147.3 |
| 杭　州 | Hangzhou | 131.5 | 132.0 | 132.2 | 132.0 | 132.1 | 132.6 | 133.3 | 133.9 | 134.2 | 136.1 | 137.3 | 138.6 |
| 宁　波 | Ningbo | 121.2 | 121.7 | 122.0 | 123.7 | 124.3 | 124.7 | 125.6 | 128.1 | 128.3 | 128.1 | 128.1 | 128.2 |
| 合　肥 | Hefei | 148.8 | 148.5 | 148.3 | 147.7 | 147.7 | 148.0 | 149.2 | 151.3 | 152.6 | 153.5 | 154.5 | 155.0 |
| 福　州 | Fuzhou | 126.1 | 128.4 | 127.5 | 127.5 | 125.5 | 128.3 | 129.6 | 132.3 | 133.5 | 134.6 | 137.0 | 137.4 |
| 厦　门 | Xiamen | 152.2 | 152.5 | 152.5 | 153.4 | 154.7 | 154.4 | 154.7 | 154.4 | 154.6 | 154.2 | 152.9 | 152.7 |
| 南　昌 | Nanchang | 123.8 | 123.6 | 124.4 | 124.6 | 125.5 | 127.5 | 129.9 | 131.6 | 132.5 | 132.8 | 134.6 | 135.4 |
| 济　南 | Jinan | 122.5 | 122.4 | 122.6 | 122.7 | 123.2 | 127.4 | 131.0 | 134.9 | 137.0 | 137.8 | 140.0 | 141.1 |
| 青　岛 | Qingdao | 118.6 | 119.1 | 119.4 | 119.8 | 121.7 | 124.6 | 126.7 | 129.1 | 129.5 | 130.0 | 132.4 | 134.3 |
| 郑　州 | Zhengzhou | 128.6 | 129.4 | 129.2 | 129.6 | 131.8 | 134.3 | 136.2 | 138.1 | 138.5 | 140.1 | 141.5 | 141.8 |
| 武　汉 | Wuhan | 131.0 | 131.5 | 131.4 | 131.3 | 132.3 | 133.6 | 135.2 | 137.1 | 137.4 | 140.6 | 142.9 | 144.4 |
| 长　沙 | Changsha | 126.2 | 126.6 | 127.0 | 127.3 | 130.2 | 132.4 | 136.0 | 138.4 | 139.4 | 139.5 | 139.7 | 140.2 |
| 广　州 | Guangzhou | 136.3 | 136.2 | 136.4 | 136.1 | 138.9 | 141.2 | 141.7 | 143.1 | 143.7 | 144.0 | 144.2 | 148.3 |
| 深　圳 | Shenzhen | 143.6 | 144.9 | 144.7 | 144.5 | 144.2 | 144.4 | 144.9 | 146.2 | 146.1 | 145.9 | 146.2 | 146.5 |
| 南　宁 | Nanning | 121.7 | 122.6 | 123.1 | 123.7 | 123.7 | 125.9 | 127.1 | 129.1 | 129.5 | 129.5 | 130.2 | 132.2 |
| 海　口 | Haikou | 116.8 | 118.7 | 121.3 | 124.2 | 127.0 | 132.0 | 135.5 | 136.6 | 137.2 | 137.9 | 138.4 | 140.3 |
| 重　庆 | Chongqing | 116.6 | 118.2 | 119.0 | 120.0 | 120.9 | 122.9 | 124.7 | 126.0 | 127.3 | 128.2 | 129.1 | 129.5 |
| 成　都 | Chengdu | 124.4 | 124.2 | 124.2 | 124.7 | 127.3 | 129.1 | 130.4 | 131.4 | 131.8 | 134.3 | 136.2 | 138.0 |
| 贵　阳 | Guiyang | 117.6 | 118.3 | 119.2 | 120.8 | 121.2 | 122.3 | 124.2 | 126.1 | 128.6 | 133.6 | 136.4 | 137.3 |
| 昆　明 | Kunming | 114.5 | 116.6 | 117.6 | 118.6 | 120.1 | 122.4 | 125.5 | 127.1 | 129.4 | 131.2 | 132.2 | 133.0 |
| 西　安 | Xi'an | 121.5 | 122.7 | 123.9 | 125.9 | 128.0 | 129.2 | 130.5 | 134.7 | 142.8 | 145.2 | 146.9 | 147.9 |
| 兰　州 | Lanzhou | 109.2 | 109.8 | 110.2 | 110.6 | 111.8 | 112.8 | 113.4 | 115.1 | 116.3 | 118.1 | 118.7 | 119.8 |
| 西　宁 | Xining | 107.0 | 107.9 | 107.9 | 107.8 | 107.8 | 110.6 | 110.9 | 112.6 | 115.2 | 116.5 | 118.2 | 119.7 |
| 银　川 | Yinchuan | 104.8 | 105.3 | 106.4 | 107.1 | 107.7 | 109.5 | 110.3 | 112.3 | 112.8 | 113.1 | 113.3 | 114.0 |
| 乌鲁木齐 | Urumqi | 107.1 | 108.7 | 109.5 | 110.6 | 112.6 | 113.9 | 114.1 | 115.7 | 116.1 | 116.5 | 117.3 | 117.5 |

4-1-3 续表 Continued

(以2015年价格为100) (2015=100)

| 城 市 | City | 1月 | 2月 | 3月 | 4月 | 5月 | 6月 | 7月 | 8月 | 9月 | 10月 | 11月 | 12月 |
|---|---|---|---|---|---|---|---|---|---|---|---|---|---|
| 唐 山 | Tangshan | 109.9 | 109.5 | 110.9 | 111.4 | 111.8 | 113.9 | 115.6 | 119.2 | 120.8 | 121.8 | 123.2 | 123.5 |
| 秦皇岛 | Qinhuangdao | 113.5 | 114.7 | 116.2 | 117.1 | 118.0 | 118.9 | 120.1 | 123.6 | 125.9 | 128.8 | 131.0 | 133.2 |
| 包 头 | Baotou | 102.7 | 105.2 | 106.0 | 106.5 | 107.4 | 108.5 | 110.4 | 113.0 | 113.7 | 115.2 | 115.6 | 115.3 |
| 丹 东 | Dandong | 102.3 | 101.0 | 101.4 | 103.8 | 109.4 | 112.7 | 113.4 | 113.8 | 115.0 | 116.0 | 116.7 | 119.4 |
| 锦 州 | Jinzhou | 97.9 | 99.7 | 100.4 | 101.1 | 101.4 | 101.8 | 102.1 | 102.3 | 104.4 | 106.0 | 108.0 | 110.5 |
| 吉 林 | Jilin | 109.8 | 109.1 | 109.6 | 109.9 | 110.0 | 111.0 | 113.1 | 115.9 | 116.8 | 118.6 | 120.1 | 120.7 |
| 牡丹江 | Mudanjiang | 106.5 | 105.5 | 106.0 | 107.2 | 107.2 | 109.2 | 111.2 | 113.1 | 115.1 | 116.8 | 117.1 | 118.5 |
| 无 锡 | Wuxi | 134.1 | 135.2 | 135.4 | 135.3 | 134.8 | 134.2 | 136.2 | 140.8 | 140.8 | 141.1 | 142.3 | 141.8 |
| 扬 州 | Yangzhou | 121.1 | 121.8 | 122.5 | 123.6 | 124.1 | 124.8 | 128.0 | 129.6 | 131.6 | 133.0 | 135.5 | 136.4 |
| 徐 州 | Xuzhou | 119.4 | 121.8 | 122.7 | 123.9 | 125.7 | 126.6 | 129.3 | 133.7 | 135.3 | 137.7 | 139.8 | 140.8 |
| 温 州 | Wenzhou | 115.3 | 115.7 | 115.7 | 115.9 | 116.0 | 116.5 | 116.8 | 117.0 | 117.1 | 116.9 | 116.6 | 116.8 |
| 金 华 | Jinhua | 120.0 | 120.5 | 120.8 | 122.3 | 123.0 | 123.2 | 124.9 | 126.4 | 126.2 | 126.3 | 125.7 | 125.5 |
| 蚌 埠 | Bengbu | 117.3 | 117.7 | 117.3 | 117.3 | 117.5 | 117.2 | 119.4 | 121.4 | 123.7 | 124.6 | 125.9 | 126.6 |
| 安 庆 | Anqing | 113.5 | 113.5 | 113.4 | 113.3 | 113.2 | 114.6 | 115.1 | 117.3 | 119.0 | 121.6 | 122.3 | 123.1 |
| 泉 州 | Quanzhou | 110.1 | 110.1 | 110.0 | 109.8 | 109.9 | 110.4 | 110.3 | 110.9 | 110.6 | 110.8 | 110.8 | 110.9 |
| 九 江 | Jiujiang | 121.1 | 120.6 | 121.3 | 121.3 | 122.3 | 123.0 | 124.2 | 126.1 | 126.9 | 127.5 | 129.2 | 130.6 |
| 赣 州 | Ganzhou | 114.1 | 115.2 | 115.5 | 115.8 | 116.4 | 117.3 | 118.0 | 120.4 | 121.8 | 122.5 | 123.2 | 124.3 |
| 烟 台 | Yantai | 118.9 | 117.9 | 118.4 | 120.0 | 120.9 | 122.0 | 125.6 | 127.1 | 127.9 | 129.4 | 130.4 | 132.3 |
| 济 宁 | Jining | 111.3 | 110.3 | 110.6 | 111.2 | 112.4 | 114.2 | 116.1 | 117.9 | 118.6 | 120.7 | 122.7 | 123.8 |
| 洛 阳 | Luoyang | 112.4 | 113.3 | 113.8 | 114.4 | 114.8 | 114.8 | 116.5 | 117.2 | 119.5 | 121.4 | 123.9 | 125.2 |
| 平顶山 | Pingdingshan | 112.3 | 113.7 | 113.9 | 115.1 | 116.4 | 115.8 | 116.9 | 117.4 | 118.9 | 119.1 | 120.2 | 120.8 |
| 宜 昌 | Yichang | 114.8 | 115.3 | 116.3 | 116.5 | 117.5 | 119.5 | 122.8 | 124.1 | 125.8 | 126.0 | 126.5 | 127.6 |
| 襄 阳 | Xiangyang | 107.6 | 108.1 | 108.3 | 109.1 | 109.2 | 110.1 | 112.2 | 115.3 | 115.9 | 118.7 | 120.1 | 121.7 |
| 岳 阳 | Yueyang | 114.6 | 113.3 | 114.0 | 114.1 | 115.5 | 116.0 | 117.0 | 119.3 | 120.5 | 121.0 | 121.0 | 120.6 |
| 常 德 | Changde | 111.7 | 110.2 | 110.4 | 111.2 | 112.1 | 112.4 | 112.6 | 115.1 | 117.2 | 119.5 | 120.4 | 121.6 |
| 惠 州 | Huizhou | 131.5 | 132.1 | 131.8 | 131.8 | 132.1 | 132.6 | 132.9 | 133.8 | 134.1 | 134.7 | 134.8 | 134.9 |
| 湛 江 | Zhanjiang | 116.5 | 117.5 | 118.0 | 118.1 | 118.2 | 118.7 | 119.8 | 121.7 | 122.8 | 124.6 | 125.3 | 126.2 |
| 韶 关 | Shaoguan | 112.0 | 117.2 | 117.9 | 118.3 | 118.8 | 119.3 | 119.8 | 121.0 | 121.4 | 121.6 | 122.5 | 122.1 |
| 桂 林 | Guilin | 109.2 | 112.1 | 113.0 | 113.9 | 114.3 | 115.2 | 115.5 | 116.1 | 117.1 | 117.7 | 120.5 | 121.0 |
| 北 海 | Beihai | 115.8 | 116.7 | 117.9 | 119.4 | 120.7 | 122.1 | 122.6 | 126.4 | 127.6 | 129.6 | 131.1 | 131.6 |
| 三 亚 | Sanya | 126.1 | 127.8 | 130.1 | 132.8 | 135.7 | 140.8 | 145.5 | 145.9 | 145.6 | 145.4 | 146.4 | 147.1 |
| 泸 州 | Luzhou | 110.4 | 110.8 | 111.0 | 111.5 | 112.2 | 114.0 | 114.5 | 116.2 | 119.1 | 121.0 | 121.6 | 121.8 |
| 南 充 | Nanchong | 110.3 | 112.3 | 113.0 | 114.2 | 115.3 | 117.2 | 118.1 | 121.2 | 123.4 | 125.4 | 125.9 | 125.9 |
| 遵 义 | Zunyi | 109.1 | 109.3 | 110.5 | 111.2 | 112.0 | 112.9 | 114.2 | 116.0 | 117.1 | 119.4 | 121.6 | 122.0 |
| 大 理 | Dali | 107.3 | 109.8 | 111.0 | 112.5 | 113.1 | 115.0 | 117.7 | 120.2 | 122.4 | 125.2 | 128.8 | 130.7 |

# 4-1-4 2018年70个大中城市144㎡以上新建商品住宅销售价格指数

# Housing Price Indices of Above 144㎡ Newly Constructed Commercial Residential Buildings in 70 Large and Medium-Sized Cities 2018

(以2015年价格为100) (2015=100)

| 城 市 | City | 1月 | 2月 | 3月 | 4月 | 5月 | 6月 | 7月 | 8月 | 9月 | 10月 | 11月 | 12月 |
|---|---|---|---|---|---|---|---|---|---|---|---|---|---|
| 北 京 | Beijing | 139.9 | 140.4 | 140.7 | 140.7 | 140.8 | 141.0 | 141.4 | 141.3 | 141.4 | 141.5 | 143.0 | 145.0 |
| 天 津 | Tianjin | 126.1 | 125.8 | 125.5 | 125.5 | 126.1 | 126.1 | 125.9 | 126.8 | 127.5 | 127.3 | 127.1 | 127.6 |
| 石家庄 | Shijiazhuang | 121.7 | 123.0 | 123.3 | 123.6 | 124.8 | 125.5 | 128.5 | 129.3 | 130.5 | 134.7 | 137.0 | 140.0 |
| 太 原 | Taiyuan | 109.5 | 109.3 | 109.7 | 110.7 | 111.9 | 112.6 | 113.8 | 116.3 | 117.9 | 119.2 | 120.9 | 122.0 |
| 呼和浩特 | Hohhot | 108.6 | 108.2 | 108.8 | 109.8 | 111.0 | 112.5 | 115.3 | 118.5 | 122.0 | 124.3 | 127.7 | 130.3 |
| 沈 阳 | Shenyang | 109.4 | 112.4 | 112.6 | 113.5 | 116.0 | 118.1 | 119.4 | 121.2 | 122.9 | 124.7 | 126.0 | 126.6 |
| 大 连 | Dalian | 106.4 | 108.3 | 108.9 | 109.9 | 111.6 | 113.3 | 114.8 | 116.3 | 116.3 | 117.4 | 119.4 | 119.9 |
| 长 春 | Changchun | 110.3 | 110.2 | 110.8 | 112.2 | 113.6 | 115.3 | 116.2 | 117.3 | 117.8 | 119.7 | 122.1 | 124.0 |
| 哈尔滨 | Harbin | 111.5 | 113.9 | 115.4 | 117.7 | 119.8 | 120.9 | 123.8 | 124.9 | 126.5 | 129.1 | 130.2 | 131.4 |
| 上 海 | Shanghai | 143.4 | 143.1 | 144.0 | 143.7 | 143.8 | 143.4 | 143.6 | 143.5 | 143.7 | 143.7 | 144.9 | 145.9 |
| 南 京 | Nanjing | 141.6 | 141.6 | 141.8 | 141.5 | 140.8 | 140.7 | 140.3 | 140.2 | 141.2 | 141.9 | 144.2 | 143.1 |
| 杭 州 | Hangzhou | 128.2 | 128.4 | 128.7 | 129.0 | 128.9 | 129.9 | 130.7 | 131.7 | 132.1 | 133.5 | 134.5 | 135.5 |
| 宁 波 | Ningbo | 120.5 | 120.0 | 120.3 | 121.1 | 121.5 | 122.0 | 123.3 | 125.4 | 125.9 | 126.1 | 126.2 | 125.4 |
| 合 肥 | Hefei | 148.8 | 149.0 | 149.0 | 149.0 | 149.2 | 149.1 | 149.9 | 153.4 | 155.3 | 155.9 | 156.1 | 156.0 |
| 福 州 | Fuzhou | 129.4 | 127.9 | 127.8 | 127.8 | 127.7 | 130.6 | 132.8 | 136.2 | 138.2 | 139.5 | 142.8 | 143.5 |
| 厦 门 | Xiamen | 150.7 | 148.2 | 147.7 | 147.6 | 149.2 | 149.6 | 149.2 | 149.0 | 148.6 | 149.4 | 149.7 | 148.9 |
| 南 昌 | Nanchang | 120.4 | 121.2 | 121.8 | 122.9 | 123.0 | 124.8 | 127.1 | 129.7 | 131.0 | 131.9 | 133.5 | 134.1 |
| 济 南 | Jinan | 119.7 | 122.5 | 122.7 | 122.9 | 123.1 | 128.2 | 132.0 | 135.2 | 136.4 | 137.8 | 140.3 | 141.1 |
| 青 岛 | Qingdao | 115.4 | 115.7 | 116.4 | 116.7 | 119.5 | 122.5 | 124.6 | 125.8 | 126.6 | 127.6 | 129.6 | 131.1 |
| 郑 州 | Zhengzhou | 124.4 | 124.9 | 125.0 | 126.0 | 129.8 | 131.8 | 133.4 | 135.4 | 135.7 | 136.7 | 137.7 | 137.9 |
| 武 汉 | Wuhan | 126.0 | 125.8 | 125.4 | 124.5 | 126.4 | 129.2 | 130.4 | 132.4 | 133.0 | 136.1 | 138.3 | 139.9 |
| 长 沙 | Changsha | 127.1 | 127.9 | 128.4 | 128.5 | 129.8 | 133.0 | 136.7 | 139.4 | 140.0 | 139.7 | 140.2 | 140.8 |
| 广 州 | Guangzhou | 135.4 | 136.2 | 136.9 | 136.6 | 138.5 | 141.4 | 142.9 | 144.2 | 144.6 | 144.9 | 144.8 | 149.6 |
| 深 圳 | Shenzhen | 146.1 | 147.2 | 146.6 | 146.9 | 146.6 | 147.8 | 148.6 | 148.8 | 148.3 | 147.0 | 146.9 | 147.6 |
| 南 宁 | Nanning | 122.4 | 122.9 | 123.2 | 123.2 | 123.6 | 126.3 | 127.8 | 129.6 | 130.5 | 130.2 | 130.7 | 133.6 |
| 海 口 | Haikou | 113.5 | 116.4 | 119.0 | 120.3 | 122.5 | 127.2 | 129.3 | 130.9 | 130.9 | 132.0 | 132.0 | 133.8 |
| 重 庆 | Chongqing | 117.0 | 117.2 | 117.6 | 118.6 | 119.3 | 122.1 | 123.5 | 124.8 | 125.7 | 126.1 | 127.4 | 128.6 |
| 成 都 | Chengdu | 123.9 | 123.9 | 124.1 | 124.4 | 127.1 | 129.3 | 130.5 | 132.4 | 133.0 | 134.7 | 136.9 | 138.5 |
| 贵 阳 | Guiyang | 113.3 | 113.8 | 114.7 | 115.7 | 116.4 | 117.7 | 120.4 | 122.5 | 125.0 | 130.4 | 132.9 | 133.3 |
| 昆 明 | Kunming | 114.0 | 113.4 | 113.8 | 114.5 | 115.3 | 117.8 | 121.6 | 123.5 | 126.5 | 128.4 | 129.4 | 131.5 |
| 西 安 | Xi'an | 120.2 | 122.3 | 123.2 | 125.7 | 127.5 | 128.5 | 130.1 | 133.4 | 141.5 | 142.5 | 144.2 | 147.0 |
| 兰 州 | Lanzhou | 108.1 | 108.7 | 108.7 | 109.3 | 109.8 | 111.3 | 112.7 | 113.7 | 114.7 | 116.2 | 117.4 | 117.9 |
| 西 宁 | Xining | 105.9 | 106.9 | 106.5 | 106.1 | 106.6 | 109.3 | 110.1 | 111.7 | 113.6 | 114.5 | 116.1 | 118.5 |
| 银 川 | Yinchuan | 105.1 | 107.2 | 107.7 | 107.8 | 108.1 | 109.0 | 110.4 | 111.9 | 114.0 | 114.6 | 115.1 | 116.2 |
| 乌鲁木齐 | Urumqi | 100.2 | 100.6 | 101.7 | 102.6 | 103.0 | 103.7 | 104.3 | 105.4 | 105.8 | 106.2 | 107.5 | 108.6 |

4-1-4 续表 Continued

(以2015年价格为100) (2015=100)

| 城 市 | City | 1月 | 2月 | 3月 | 4月 | 5月 | 6月 | 7月 | 8月 | 9月 | 10月 | 11月 | 12月 |
|---|---|---|---|---|---|---|---|---|---|---|---|---|---|
| 唐　山 | Tangshan | 109.1 | 109.5 | 109.8 | 111.2 | 111.3 | 112.0 | 113.7 | 116.4 | 119.0 | 121.1 | 122.4 | 122.0 |
| 秦皇岛 | Qinhuangdao | 107.5 | 109.8 | 110.9 | 112.0 | 112.3 | 114.0 | 115.5 | 119.1 | 121.8 | 123.9 | 124.8 | 126.8 |
| 包　头 | Baotou | 99.8 | 105.5 | 105.7 | 106.4 | 107.1 | 108.2 | 110.6 | 113.4 | 113.8 | 115.1 | 115.4 | 115.5 |
| 丹　东 | Dandong | 97.9 | 99.4 | 99.7 | 101.4 | 106.9 | 110.7 | 111.1 | 112.1 | 113.0 | 113.3 | 115.0 | 116.6 |
| 锦　州 | Jinzhou | 96.1 | 101.1 | 102.2 | 104.1 | 104.2 | 104.2 | 105.6 | 106.4 | 107.7 | 109.5 | 110.6 | 112.2 |
| 吉　林 | Jilin | 110.5 | 109.1 | 109.2 | 109.9 | 111.0 | 113.4 | 114.4 | 116.6 | 118.1 | 119.4 | 122.1 | 124.0 |
| 牡丹江 | Mudanjiang | 99.9 | 102.3 | 102.4 | 102.5 | 103.5 | 106.3 | 108.3 | 109.3 | 110.7 | 112.5 | 113.9 | 114.5 |
| 无　锡 | Wuxi | 121.8 | 125.1 | 124.4 | 123.9 | 124.2 | 124.4 | 125.6 | 129.7 | 131.0 | 132.5 | 133.6 | 133.9 |
| 扬　州 | Yangzhou | 120.4 | 121.3 | 121.9 | 123.0 | 124.0 | 124.4 | 128.3 | 130.0 | 131.6 | 133.5 | 134.8 | 135.1 |
| 徐　州 | Xuzhou | 118.1 | 122.1 | 122.3 | 123.1 | 123.6 | 124.4 | 128.0 | 132.1 | 133.2 | 136.5 | 138.9 | 141.4 |
| 温　州 | Wenzhou | 114.4 | 113.8 | 113.7 | 113.8 | 113.9 | 114.1 | 114.1 | 115.4 | 115.6 | 115.7 | 114.9 | 115.1 |
| 金　华 | Jinhua | 114.8 | 115.0 | 115.3 | 116.7 | 117.6 | 117.9 | 118.9 | 119.5 | 119.5 | 119.5 | 119.1 | 118.7 |
| 蚌　埠 | Bengbu | 111.6 | 111.9 | 111.0 | 110.0 | 111.1 | 111.6 | 113.7 | 116.3 | 118.3 | 119.5 | 119.5 | 120.1 |
| 安　庆 | Anqing | 112.0 | 112.1 | 111.8 | 111.3 | 111.1 | 112.2 | 112.6 | 114.8 | 117.3 | 119.1 | 119.9 | 120.0 |
| 泉　州 | Quanzhou | 109.6 | 110.7 | 111.2 | 111.5 | 111.2 | 111.7 | 111.4 | 112.8 | 113.4 | 113.5 | 114.1 | 113.8 |
| 九　江 | Jiujiang | 119.8 | 122.4 | 123.1 | 123.8 | 125.0 | 125.9 | 128.1 | 129.9 | 130.9 | 132.2 | 134.0 | 134.9 |
| 赣　州 | Ganzhou | 117.5 | 119.7 | 120.0 | 120.6 | 121.3 | 121.8 | 122.4 | 124.4 | 125.2 | 126.7 | 127.5 | 128.6 |
| 烟　台 | Yantai | 110.2 | 111.4 | 111.5 | 112.5 | 113.4 | 114.2 | 117.1 | 118.6 | 119.9 | 121.7 | 122.9 | 124.7 |
| 济　宁 | Jining | 107.6 | 108.8 | 109.2 | 110.1 | 110.1 | 110.9 | 111.6 | 113.9 | 114.6 | 117.1 | 119.1 | 120.9 |
| 洛　阳 | Luoyang | 111.0 | 111.8 | 112.5 | 113.1 | 113.5 | 113.9 | 114.5 | 115.3 | 117.5 | 119.1 | 122.0 | 123.0 |
| 平顶山 | Pingdingshan | 109.4 | 111.6 | 111.5 | 113.5 | 114.3 | 114.0 | 114.6 | 115.3 | 117.5 | 118.5 | 119.2 | 120.3 |
| 宜　昌 | Yichang | 112.8 | 115.9 | 116.5 | 117.2 | 118.2 | 119.0 | 122.4 | 124.5 | 126.0 | 127.1 | 127.5 | 129.4 |
| 襄　阳 | Xiangyang | 105.5 | 105.7 | 106.0 | 106.7 | 106.9 | 107.3 | 110.2 | 113.3 | 113.8 | 116.3 | 117.1 | 119.4 |
| 岳　阳 | Yueyang | 110.0 | 116.5 | 117.5 | 118.2 | 119.2 | 120.2 | 121.7 | 124.4 | 126.0 | 127.7 | 128.4 | 128.1 |
| 常　德 | Changde | 110.2 | 108.0 | 107.4 | 107.3 | 108.0 | 108.3 | 108.4 | 111.2 | 112.2 | 114.9 | 116.2 | 116.8 |
| 惠　州 | Huizhou | 127.8 | 129.2 | 129.1 | 129.7 | 130.2 | 131.2 | 131.6 | 132.8 | 133.6 | 134.9 | 135.8 | 136.4 |
| 湛　江 | Zhanjiang | 114.0 | 114.8 | 115.6 | 116.5 | 117.1 | 117.5 | 118.9 | 121.8 | 122.3 | 124.4 | 123.8 | 124.4 |
| 韶　关 | Shaoguan | 112.8 | 115.3 | 115.8 | 116.5 | 117.0 | 118.4 | 118.8 | 121.1 | 122.4 | 123.1 | 123.4 | 123.4 |
| 桂　林 | Guilin | 113.1 | 113.2 | 113.6 | 114.1 | 115.4 | 115.7 | 116.7 | 117.6 | 119.6 | 120.1 | 122.7 | 123.2 |
| 北　海 | Beihai | 114.8 | 116.9 | 117.0 | 117.9 | 118.7 | 120.6 | 122.3 | 126.5 | 127.9 | 128.7 | 129.7 | 130.6 |
| 三　亚 | Sanya | 128.1 | 128.5 | 128.5 | 130.6 | 133.8 | 138.7 | 142.2 | 141.7 | 141.4 | 141.5 | 142.0 | 142.1 |
| 泸　州 | Luzhou | 111.4 | 109.6 | 109.2 | 109.0 | 110.4 | 111.4 | 112.1 | 114.3 | 117.3 | 119.8 | 120.2 | 121.6 |
| 南　充 | Nanchong | 110.1 | 111.8 | 112.0 | 112.5 | 113.8 | 114.2 | 114.4 | 117.8 | 120.1 | 121.2 | 121.1 | 121.8 |
| 遵　义 | Zunyi | 107.5 | 113.2 | 114.4 | 115.5 | 116.8 | 118.3 | 119.1 | 121.0 | 122.6 | 123.8 | 125.2 | 126.7 |
| 大　理 | Dali | 108.5 | 108.3 | 109.1 | 110.3 | 111.7 | 112.8 | 113.8 | 115.6 | 116.9 | 119.6 | 123.0 | 125.5 |

# 4-1-5 2018年70个大中城市二手住宅销售价格指数
# Housing Price Indices of Second-Hand Residential Buildings in 70 Large and Medium-Sized Cities 2018

(以2015年价格为100) (2015=100)

| 城 市 | City | 1月 | 2月 | 3月 | 4月 | 5月 | 6月 | 7月 | 8月 | 9月 | 10月 | 11月 | 12月 |
|---|---|---|---|---|---|---|---|---|---|---|---|---|---|
| 北 京 | Beijing | 146.8 | 146.4 | 146.1 | 146.1 | 146.6 | 146.7 | 147.2 | 147.2 | 146.9 | 146.5 | 145.6 | 145.3 |
| 天 津 | Tianjin | 125.1 | 128.3 | 128.5 | 130.7 | 132.5 | 134.4 | 134.1 | 135.2 | 135.1 | 135.0 | 134.5 | 134.3 |
| 石家庄 | Shijiazhuang | 118.3 | 119.0 | 119.1 | 119.5 | 120.9 | 121.8 | 123.6 | 124.9 | 125.3 | 125.0 | 124.8 | 124.7 |
| 太 原 | Taiyuan | 114.9 | 114.2 | 115.9 | 117.4 | 118.4 | 119.1 | 120.4 | 121.6 | 122.9 | 123.1 | 124.4 | 124.5 |
| 呼和浩特 | Hohhot | 101.8 | 102.6 | 103.0 | 103.5 | 104.3 | 105.3 | 107.8 | 110.5 | 112.7 | 114.6 | 118.3 | 120.0 |
| 沈 阳 | Shenyang | 109.0 | 109.4 | 109.4 | 109.8 | 110.4 | 112.0 | 113.4 | 114.5 | 115.7 | 116.1 | 117.0 | 117.6 |
| 大 连 | Dalian | 107.2 | 108.0 | 108.4 | 109.0 | 109.9 | 111.0 | 112.0 | 113.3 | 114.3 | 114.5 | 115.6 | 115.9 |
| 长 春 | Changchun | 106.5 | 107.1 | 107.7 | 108.4 | 109.5 | 111.6 | 112.1 | 113.3 | 114.1 | 115.3 | 116.5 | 117.1 |
| 哈尔滨 | Harbin | 108.6 | 109.6 | 110.8 | 111.7 | 112.6 | 113.7 | 115.9 | 117.6 | 119.0 | 119.5 | 120.1 | 120.8 |
| 上 海 | Shanghai | 141.5 | 140.9 | 140.1 | 139.9 | 139.4 | 139.0 | 138.8 | 138.6 | 138.4 | 138.1 | 137.9 | 137.5 |
| 南 京 | Nanjing | 135.2 | 136.2 | 136.8 | 137.8 | 137.6 | 137.5 | 137.5 | 137.9 | 138.2 | 138.3 | 138.5 | 138.3 |
| 杭 州 | Hangzhou | 134.3 | 134.9 | 135.8 | 136.9 | 138.1 | 139.3 | 140.6 | 141.6 | 141.6 | 141.0 | 140.2 | 140.3 |
| 宁 波 | Ningbo | 118.3 | 118.8 | 119.9 | 120.5 | 121.3 | 121.9 | 123.0 | 124.3 | 125.0 | 124.7 | 124.1 | 123.7 |
| 合 肥 | Hefei | 151.4 | 151.3 | 151.4 | 151.7 | 151.7 | 152.6 | 152.9 | 154.3 | 155.5 | 156.0 | 155.8 | 156.1 |
| 福 州 | Fuzhou | 125.6 | 125.3 | 125.1 | 125.0 | 124.3 | 124.2 | 125.4 | 126.0 | 126.0 | 126.6 | 126.1 | 125.5 |
| 厦 门 | Xiamen | 140.7 | 139.8 | 139.2 | 138.6 | 138.4 | 138.2 | 137.6 | 137.2 | 136.8 | 135.5 | 134.6 | 133.8 |
| 南 昌 | Nanchang | 118.2 | 117.9 | 118.4 | 119.4 | 120.7 | 122.0 | 124.2 | 126.5 | 127.3 | 128.1 | 129.9 | 130.8 |
| 济 南 | Jinan | 119.4 | 119.4 | 119.7 | 119.9 | 120.5 | 121.6 | 124.7 | 128.2 | 129.7 | 130.5 | 131.2 | 131.9 |
| 青 岛 | Qingdao | 122.7 | 120.7 | 122.4 | 124.0 | 124.9 | 125.7 | 128.5 | 131.0 | 132.0 | 133.2 | 134.1 | 133.5 |
| 郑 州 | Zhengzhou | 130.3 | 130.3 | 130.1 | 129.8 | 129.8 | 130.5 | 131.8 | 133.0 | 133.3 | 133.2 | 132.7 | 132.4 |
| 武 汉 | Wuhan | 136.8 | 136.9 | 136.8 | 136.8 | 139.3 | 139.7 | 141.5 | 143.2 | 143.8 | 144.9 | 146.3 | 147.1 |
| 长 沙 | Changsha | 126.2 | 127.3 | 127.3 | 128.1 | 128.5 | 129.7 | 132.6 | 134.6 | 135.1 | 135.7 | 135.9 | 136.1 |
| 广 州 | Guangzhou | 145.9 | 146.8 | 147.2 | 147.9 | 149.3 | 149.7 | 150.1 | 151.0 | 151.3 | 151.1 | 150.6 | 150.0 |
| 深 圳 | Shenzhen | 145.3 | 147.1 | 148.1 | 148.3 | 149.6 | 150.1 | 151.0 | 152.6 | 152.7 | 151.7 | 151.4 | 150.9 |
| 南 宁 | Nanning | 115.7 | 116.5 | 117.0 | 116.9 | 117.0 | 117.8 | 118.0 | 119.9 | 120.4 | 121.0 | 121.8 | 124.3 |
| 海 口 | Haikou | 103.6 | 104.4 | 106.1 | 107.1 | 108.5 | 110.3 | 113.5 | 115.8 | 115.6 | 115.3 | 115.2 | 115.1 |
| 重 庆 | Chongqing | 115.6 | 115.9 | 116.3 | 117.3 | 118.5 | 120.0 | 121.4 | 123.4 | 124.4 | 125.0 | 125.5 | 126.2 |
| 成 都 | Chengdu | 110.2 | 110.6 | 110.3 | 109.9 | 110.5 | 111.0 | 112.8 | 114.4 | 115.1 | 115.6 | 116.2 | 117.2 |
| 贵 阳 | Guiyang | 107.9 | 108.7 | 109.1 | 109.8 | 110.2 | 111.3 | 113.4 | 115.2 | 118.2 | 120.3 | 121.2 | 121.8 |
| 昆 明 | Kunming | 108.9 | 110.1 | 110.6 | 110.9 | 112.7 | 113.5 | 116.2 | 118.5 | 121.6 | 123.1 | 123.9 | 125.6 |
| 西 安 | Xi'an | 105.1 | 104.9 | 106.3 | 108.6 | 110.3 | 112.0 | 113.1 | 115.7 | 118.6 | 120.4 | 121.2 | 120.8 |
| 兰 州 | Lanzhou | 104.7 | 105.7 | 106.0 | 106.2 | 106.7 | 107.3 | 108.0 | 109.9 | 111.9 | 113.8 | 115.4 | 115.7 |
| 西 宁 | Xining | 101.7 | 102.5 | 102.5 | 102.4 | 102.5 | 103.3 | 103.6 | 104.8 | 106.7 | 107.4 | 108.3 | 109.5 |
| 银 川 | Yinchuan | 100.5 | 100.7 | 100.8 | 101.0 | 101.0 | 101.7 | 102.6 | 103.6 | 105.0 | 105.2 | 105.7 | 106.0 |
| 乌鲁木齐 | Urumqi | 107.8 | 109.9 | 112.2 | 113.8 | 115.9 | 116.2 | 116.4 | 118.3 | 119.7 | 120.9 | 121.5 | 122.0 |

4-1-5 续表 Continued

(以2015年价格为100) (2015=100)

| 城 市 | City | 1月 | 2月 | 3月 | 4月 | 5月 | 6月 | 7月 | 8月 | 9月 | 10月 | 11月 | 12月 |
|---|---|---|---|---|---|---|---|---|---|---|---|---|---|
| 唐 山 | Tangshan | 105.3 | 105.9 | 106.2 | 106.1 | 106.5 | 107.4 | 108.7 | 109.9 | 110.9 | 112.0 | 113.6 | 114.3 |
| 秦皇岛 | Qinhuangdao | 108.4 | 109.2 | 110.0 | 110.7 | 111.3 | 112.0 | 113.1 | 115.5 | 117.2 | 118.1 | 119.4 | 119.8 |
| 包 头 | Baotou | 100.3 | 101.1 | 101.3 | 101.8 | 102.1 | 102.8 | 103.7 | 105.4 | 105.8 | 106.0 | 106.8 | 107.1 |
| 丹 东 | Dandong | 100.7 | 101.0 | 101.3 | 102.7 | 104.0 | 104.7 | 105.2 | 105.8 | 106.2 | 106.2 | 106.8 | 107.2 |
| 锦 州 | Jinzhou | 93.6 | 93.7 | 94.1 | 94.6 | 95.1 | 95.6 | 95.9 | 95.9 | 97.3 | 97.7 | 98.9 | 100.6 |
| 吉 林 | Jilin | 105.5 | 105.7 | 106.1 | 106.5 | 107.2 | 108.1 | 109.3 | 110.7 | 111.8 | 112.3 | 114.0 | 114.4 |
| 牡丹江 | Mudanjiang | 103.5 | 103.9 | 104.1 | 104.2 | 104.8 | 105.5 | 106.2 | 107.2 | 107.9 | 108.7 | 108.9 | 109.2 |
| 无 锡 | Wuxi | 129.1 | 129.6 | 129.8 | 130.1 | 130.5 | 131.1 | 132.3 | 135.1 | 137.1 | 137.3 | 136.4 | 136.1 |
| 扬 州 | Yangzhou | 112.3 | 112.9 | 113.3 | 114.1 | 114.5 | 114.9 | 117.0 | 119.0 | 120.6 | 122.3 | 122.9 | 123.1 |
| 徐 州 | Xuzhou | 110.9 | 111.6 | 111.9 | 112.9 | 113.6 | 114.1 | 115.5 | 117.9 | 118.9 | 120.1 | 120.7 | 121.0 |
| 温 州 | Wenzhou | 111.5 | 111.3 | 111.4 | 111.6 | 112.2 | 112.6 | 112.9 | 113.3 | 113.2 | 112.9 | 112.6 | 112.5 |
| 金 华 | Jinhua | 113.5 | 114.4 | 114.9 | 115.7 | 116.6 | 117.2 | 118.6 | 119.9 | 119.8 | 119.8 | 119.5 | 119.0 |
| 蚌 埠 | Bengbu | 112.3 | 112.3 | 112.4 | 112.6 | 112.9 | 113.0 | 114.9 | 117.4 | 118.3 | 119.1 | 119.7 | 120.3 |
| 安 庆 | Anqing | 113.2 | 113.9 | 113.9 | 113.6 | 113.8 | 114.6 | 115.4 | 118.0 | 119.7 | 121.9 | 122.4 | 122.2 |
| 泉 州 | Quanzhou | 112.4 | 112.6 | 112.8 | 112.9 | 113.2 | 113.7 | 114.6 | 115.3 | 115.2 | 115.1 | 114.9 | 114.4 |
| 九 江 | Jiujiang | 114.6 | 114.7 | 114.8 | 115.0 | 115.4 | 116.0 | 117.2 | 118.9 | 119.7 | 120.5 | 121.7 | 122.1 |
| 赣 州 | Ganzhou | 113.7 | 114.3 | 114.6 | 114.8 | 115.4 | 116.5 | 117.7 | 119.5 | 120.8 | 121.6 | 122.2 | 122.7 |
| 烟 台 | Yantai | 109.2 | 109.7 | 110.0 | 110.7 | 111.4 | 112.4 | 114.7 | 117.0 | 118.6 | 119.8 | 120.5 | 121.3 |
| 济 宁 | Jining | 107.9 | 109.1 | 110.3 | 111.4 | 112.7 | 113.7 | 116.7 | 119.5 | 121.6 | 123.4 | 124.8 | 126.7 |
| 洛 阳 | Luoyang | 106.6 | 106.7 | 107.0 | 107.6 | 107.8 | 108.4 | 110.0 | 111.9 | 113.6 | 114.3 | 116.3 | 117.5 |
| 平顶山 | Pingdingshan | 106.0 | 106.5 | 106.7 | 107.6 | 108.2 | 108.4 | 109.5 | 110.6 | 112.1 | 112.8 | 113.6 | 114.2 |
| 宜 昌 | Yichang | 111.4 | 111.9 | 112.5 | 113.1 | 113.8 | 114.3 | 116.6 | 119.2 | 121.3 | 121.9 | 122.4 | 122.7 |
| 襄 阳 | Xiangyang | 106.4 | 106.1 | 106.3 | 107.0 | 107.4 | 107.8 | 109.5 | 112.1 | 113.4 | 113.9 | 115.1 | 116.1 |
| 岳 阳 | Yueyang | 107.2 | 107.5 | 107.7 | 108.1 | 108.7 | 109.5 | 110.2 | 112.8 | 114.3 | 114.6 | 114.5 | 114.4 |
| 常 德 | Changde | 106.7 | 106.9 | 107.1 | 107.4 | 107.8 | 108.5 | 109.0 | 112.5 | 113.9 | 114.6 | 115.0 | 115.2 |
| 惠 州 | Huizhou | 122.8 | 123.4 | 124.0 | 124.5 | 124.5 | 125.1 | 126.5 | 127.9 | 129.0 | 129.6 | 130.7 | 131.0 |
| 湛 江 | Zhanjiang | 109.4 | 109.4 | 109.6 | 109.7 | 110.1 | 110.6 | 111.8 | 113.2 | 113.7 | 113.9 | 114.0 | 113.8 |
| 韶 关 | Shaoguan | 107.0 | 107.2 | 107.2 | 107.7 | 108.5 | 109.3 | 110.3 | 111.7 | 113.1 | 113.5 | 114.5 | 115.2 |
| 桂 林 | Guilin | 100.2 | 100.3 | 100.6 | 100.7 | 100.9 | 101.7 | 102.2 | 103.0 | 104.4 | 105.1 | 106.5 | 106.9 |
| 北 海 | Beihai | 112.1 | 111.9 | 112.1 | 112.6 | 113.1 | 114.1 | 114.6 | 117.1 | 119.4 | 119.9 | 120.7 | 121.1 |
| 三 亚 | Sanya | 105.5 | 105.9 | 106.9 | 108.2 | 109.8 | 111.7 | 115.2 | 117.5 | 118.2 | 118.0 | 118.1 | 119.5 |
| 泸 州 | Luzhou | 109.0 | 109.6 | 110.0 | 110.3 | 112.1 | 112.7 | 114.2 | 116.0 | 118.5 | 119.4 | 120.1 | 120.4 |
| 南 充 | Nanchong | 110.3 | 111.1 | 111.9 | 112.8 | 113.6 | 114.5 | 115.7 | 118.4 | 120.5 | 120.9 | 120.9 | 120.8 |
| 遵 义 | Zunyi | 106.5 | 107.6 | 108.1 | 108.5 | 108.9 | 109.8 | 111.6 | 113.5 | 114.5 | 115.2 | 116.9 | 117.6 |
| 大 理 | Dali | 101.6 | 102.9 | 103.3 | 103.8 | 104.3 | 105.1 | 106.7 | 108.7 | 110.0 | 112.0 | 114.8 | 116.5 |

# 4-1-6 2018年70个大中城市90㎡及以下二手住宅销售价格指数

## Housing Price Indices of 90㎡ and below Second-Hand Residential Buildings in 70 Large and Medium-Sized Cities 2018

(以2015年价格为100) (2015=100)

| 城市 | City | 1月 | 2月 | 3月 | 4月 | 5月 | 6月 | 7月 | 8月 | 9月 | 10月 | 11月 | 12月 |
|---|---|---|---|---|---|---|---|---|---|---|---|---|---|
| 北京 | Beijing | 146.8 | 146.4 | 146.2 | 146.1 | 146.8 | 147.1 | 147.9 | 147.9 | 147.6 | 147.3 | 146.5 | 146.2 |
| 天津 | Tianjin | 128.3 | 130.9 | 131.1 | 132.5 | 134.9 | 138.4 | 137.9 | 138.3 | 139.1 | 138.6 | 138.1 | 137.2 |
| 石家庄 | Shijiazhuang | 121.0 | 121.4 | 121.4 | 121.7 | 122.8 | 123.6 | 125.4 | 126.5 | 126.7 | 125.9 | 125.4 | 125.5 |
| 太原 | Taiyuan | 115.0 | 114.5 | 116.4 | 117.8 | 118.9 | 119.6 | 121.0 | 122.1 | 123.4 | 123.9 | 125.0 | 125.1 |
| 呼和浩特 | Hohhot | 101.8 | 102.5 | 103.1 | 103.6 | 104.4 | 105.5 | 107.8 | 110.5 | 112.7 | 114.4 | 117.9 | 119.7 |
| 沈阳 | Shenyang | 108.8 | 109.1 | 109.2 | 109.6 | 110.3 | 111.8 | 113.2 | 114.3 | 115.6 | 116.0 | 116.9 | 117.4 |
| 大连 | Dalian | 107.1 | 107.5 | 107.8 | 108.3 | 109.3 | 110.3 | 111.1 | 112.2 | 113.2 | 113.9 | 114.7 | 114.9 |
| 长春 | Changchun | 107.4 | 108.0 | 108.7 | 109.4 | 110.9 | 113.2 | 113.7 | 115.1 | 115.8 | 116.8 | 118.1 | 118.8 |
| 哈尔滨 | Harbin | 108.9 | 110.2 | 111.1 | 112.4 | 113.2 | 114.4 | 116.8 | 118.0 | 118.9 | 119.6 | 120.1 | 120.7 |
| 上海 | Shanghai | 142.1 | 142.1 | 141.1 | 140.9 | 140.4 | 140.0 | 139.3 | 139.3 | 138.7 | 138.0 | 137.5 | 137.7 |
| 南京 | Nanjing | 130.4 | 130.7 | 131.0 | 131.3 | 130.8 | 129.7 | 129.0 | 129.0 | 129.0 | 129.1 | 128.9 | 128.6 |
| 杭州 | Hangzhou | 135.5 | 135.9 | 136.6 | 137.8 | 139.0 | 140.3 | 141.8 | 142.4 | 142.4 | 141.9 | 140.7 | 140.9 |
| 宁波 | Ningbo | 118.3 | 118.7 | 120.0 | 120.7 | 121.4 | 121.9 | 123.3 | 124.3 | 125.3 | 124.9 | 124.4 | 123.9 |
| 合肥 | Hefei | 152.6 | 152.6 | 152.5 | 153.0 | 152.9 | 153.5 | 152.8 | 154.4 | 155.7 | 156.4 | 156.3 | 156.5 |
| 福州 | Fuzhou | 125.3 | 125.0 | 124.6 | 124.5 | 124.2 | 124.0 | 125.2 | 125.8 | 125.4 | 125.5 | 124.7 | 124.1 |
| 厦门 | Xiamen | 144.5 | 143.4 | 142.6 | 142.1 | 141.8 | 141.6 | 140.9 | 140.2 | 139.9 | 138.5 | 137.5 | 136.6 |
| 南昌 | Nanchang | 121.1 | 120.9 | 121.5 | 122.6 | 123.7 | 125.4 | 127.8 | 130.2 | 131.4 | 132.3 | 133.8 | 134.9 |
| 济南 | Jinan | 120.6 | 120.4 | 120.6 | 121.0 | 121.3 | 122.7 | 125.5 | 128.4 | 129.5 | 130.3 | 131.5 | 132.3 |
| 青岛 | Qingdao | 122.0 | 120.9 | 122.8 | 124.5 | 125.6 | 126.4 | 129.4 | 131.3 | 132.1 | 133.0 | 134.2 | 133.7 |
| 郑州 | Zhengzhou | 130.8 | 131.0 | 130.7 | 130.4 | 130.5 | 131.4 | 132.8 | 134.0 | 134.4 | 134.5 | 134.0 | 133.8 |
| 武汉 | Wuhan | 139.0 | 139.1 | 139.1 | 139.0 | 142.2 | 142.9 | 144.6 | 146.2 | 146.7 | 148.0 | 149.3 | 150.0 |
| 长沙 | Changsha | 125.6 | 126.4 | 126.9 | 127.4 | 127.6 | 129.3 | 132.0 | 133.7 | 134.2 | 134.6 | 134.9 | 134.9 |
| 广州 | Guangzhou | 148.3 | 148.5 | 148.4 | 149.4 | 150.5 | 150.2 | 150.5 | 151.7 | 152.5 | 152.0 | 151.5 | 150.5 |
| 深圳 | Shenzhen | 149.4 | 149.7 | 151.3 | 151.7 | 152.9 | 153.5 | 154.1 | 156.5 | 156.1 | 154.9 | 154.3 | 152.8 |
| 南宁 | Nanning | 113.2 | 113.5 | 113.8 | 113.8 | 114.3 | 115.4 | 115.5 | 117.3 | 117.5 | 118.2 | 118.9 | 121.1 |
| 海口 | Haikou | 103.1 | 103.9 | 105.8 | 106.7 | 108.0 | 109.4 | 112.4 | 114.9 | 114.7 | 114.5 | 114.4 | 114.3 |
| 重庆 | Chongqing | 115.6 | 115.7 | 116.3 | 117.1 | 118.1 | 119.3 | 120.5 | 122.5 | 123.8 | 124.9 | 125.5 | 126.4 |
| 成都 | Chengdu | 111.8 | 112.3 | 112.1 | 111.6 | 112.3 | 113.0 | 114.7 | 116.1 | 116.5 | 116.8 | 117.7 | 118.3 |
| 贵阳 | Guiyang | 107.6 | 108.5 | 108.8 | 109.2 | 109.6 | 110.7 | 112.7 | 114.7 | 118.0 | 119.8 | 120.9 | 121.6 |
| 昆明 | Kunming | 108.2 | 109.8 | 109.9 | 110.5 | 112.2 | 113.1 | 115.5 | 118.1 | 121.2 | 122.4 | 123.0 | 124.4 |
| 西安 | Xi'an | 106.7 | 107.0 | 108.6 | 111.7 | 113.7 | 115.0 | 116.1 | 118.9 | 121.8 | 123.5 | 124.3 | 123.7 |
| 兰州 | Lanzhou | 106.1 | 107.0 | 107.4 | 107.9 | 108.3 | 108.9 | 109.5 | 111.6 | 113.5 | 115.5 | 117.1 | 117.5 |
| 西宁 | Xining | 101.4 | 102.0 | 102.1 | 102.1 | 102.2 | 103.1 | 103.3 | 104.5 | 106.7 | 107.3 | 107.7 | 108.7 |
| 银川 | Yinchuan | 100.8 | 101.0 | 101.1 | 101.2 | 101.2 | 102.1 | 103.0 | 103.8 | 105.2 | 105.6 | 106.2 | 106.6 |
| 乌鲁木齐 | Urumqi | 108.2 | 109.0 | 111.4 | 113.0 | 115.2 | 115.6 | 116.0 | 118.3 | 120.0 | 121.0 | 121.0 | 121.6 |

4-1-6 续表 Continued

(以2015年价格为100) (2015=100)

| 城 市 | City | 1月 | 2月 | 3月 | 4月 | 5月 | 6月 | 7月 | 8月 | 9月 | 10月 | 11月 | 12月 |
|---|---|---|---|---|---|---|---|---|---|---|---|---|---|
| 唐 山 | Tangshan | 105.9 | 106.8 | 107.2 | 107.3 | 107.5 | 108.8 | 110.3 | 111.6 | 112.9 | 113.8 | 115.1 | 115.8 |
| 秦皇岛 | Qinhuangdao | 110.3 | 111.1 | 111.5 | 112.3 | 113.1 | 113.6 | 114.7 | 117.1 | 118.2 | 118.8 | 120.7 | 121.5 |
| 包 头 | Baotou | 98.9 | 99.5 | 99.5 | 100.0 | 100.3 | 100.9 | 102.0 | 103.6 | 103.9 | 104.0 | 104.6 | 105.1 |
| 丹 东 | Dandong | 100.0 | 100.1 | 100.4 | 102.0 | 103.1 | 103.8 | 103.9 | 104.6 | 104.9 | 105.0 | 105.6 | 105.8 |
| 锦 州 | Jinzhou | 93.9 | 93.9 | 94.6 | 95.2 | 95.8 | 96.1 | 96.5 | 96.6 | 98.4 | 98.4 | 99.9 | 102.0 |
| 吉 林 | Jilin | 105.7 | 106.0 | 106.3 | 106.7 | 107.3 | 108.2 | 109.4 | 110.6 | 111.8 | 112.4 | 114.3 | 114.7 |
| 牡丹江 | Mudanjiang | 104.6 | 105.0 | 105.2 | 105.4 | 106.0 | 106.8 | 107.4 | 108.5 | 109.1 | 109.9 | 110.0 | 110.1 |
| 无 锡 | Wuxi | 130.0 | 130.7 | 130.8 | 131.0 | 131.7 | 132.4 | 133.9 | 136.6 | 138.4 | 138.4 | 137.5 | 136.9 |
| 扬 州 | Yangzhou | 112.9 | 113.6 | 114.0 | 114.9 | 115.3 | 115.7 | 117.9 | 120.0 | 121.9 | 123.6 | 124.6 | 125.2 |
| 徐 州 | Xuzhou | 111.6 | 112.4 | 112.6 | 113.7 | 114.4 | 115.0 | 116.1 | 118.9 | 119.9 | 121.0 | 121.5 | 122.0 |
| 温 州 | Wenzhou | 113.7 | 113.4 | 113.6 | 113.9 | 115.6 | 116.0 | 116.4 | 117.0 | 117.5 | 117.3 | 116.7 | 116.6 |
| 金 华 | Jinhua | 115.5 | 116.5 | 117.2 | 118.1 | 119.2 | 119.7 | 120.8 | 122.3 | 122.1 | 122.2 | 122.1 | 121.8 |
| 蚌 埠 | Bengbu | 112.6 | 112.9 | 113.0 | 113.3 | 113.5 | 113.7 | 115.6 | 118.2 | 119.2 | 119.9 | 120.5 | 121.2 |
| 安 庆 | Anqing | 113.0 | 113.7 | 113.7 | 113.5 | 113.6 | 114.4 | 115.0 | 117.6 | 119.1 | 121.3 | 122.0 | 121.8 |
| 泉 州 | Quanzhou | 112.2 | 112.5 | 112.8 | 113.0 | 113.2 | 113.6 | 114.4 | 115.0 | 114.9 | 114.8 | 114.6 | 114.3 |
| 九 江 | Jiujiang | 117.3 | 117.3 | 117.4 | 117.5 | 117.8 | 118.4 | 119.8 | 121.5 | 122.5 | 123.7 | 124.7 | 125.1 |
| 赣 州 | Ganzhou | 113.1 | 113.9 | 114.4 | 113.8 | 114.4 | 115.7 | 116.8 | 118.3 | 119.3 | 120.5 | 121.6 | 122.7 |
| 烟 台 | Yantai | 111.1 | 111.7 | 112.0 | 112.8 | 113.7 | 114.8 | 117.4 | 119.9 | 121.6 | 122.8 | 123.4 | 124.3 |
| 济 宁 | Jining | 107.0 | 108.9 | 110.3 | 110.8 | 111.4 | 112.2 | 115.1 | 117.9 | 120.2 | 121.9 | 123.2 | 125.1 |
| 洛 阳 | Luoyang | 107.8 | 108.1 | 108.5 | 109.5 | 110.0 | 110.6 | 112.0 | 113.9 | 116.0 | 116.6 | 118.7 | 120.2 |
| 平顶山 | Pingdingshan | 102.0 | 102.4 | 102.4 | 103.1 | 103.7 | 104.3 | 105.6 | 106.8 | 108.7 | 109.7 | 110.5 | 111.3 |
| 宜 昌 | Yichang | 112.6 | 113.2 | 114.0 | 114.6 | 115.2 | 115.8 | 118.0 | 120.0 | 122.0 | 122.5 | 123.2 | 123.5 |
| 襄 阳 | Xiangyang | 106.5 | 106.2 | 106.3 | 106.8 | 107.4 | 107.9 | 109.2 | 111.6 | 112.8 | 113.6 | 114.7 | 115.8 |
| 岳 阳 | Yueyang | 108.0 | 108.4 | 108.6 | 109.1 | 109.7 | 110.4 | 111.3 | 114.2 | 115.5 | 115.9 | 115.8 | 115.7 |
| 常 德 | Changde | 107.2 | 107.3 | 107.4 | 107.7 | 108.1 | 109.0 | 109.7 | 113.2 | 114.5 | 115.4 | 115.8 | 115.8 |
| 惠 州 | Huizhou | 123.6 | 124.2 | 125.4 | 125.4 | 125.6 | 125.9 | 128.2 | 129.7 | 130.7 | 131.3 | 133.0 | 133.3 |
| 湛 江 | Zhanjiang | 109.0 | 109.1 | 109.3 | 109.6 | 109.8 | 110.3 | 111.4 | 112.9 | 113.4 | 113.6 | 113.7 | 113.3 |
| 韶 关 | Shaoguan | 106.9 | 106.8 | 106.8 | 107.2 | 107.9 | 108.4 | 109.2 | 111.1 | 112.7 | 113.3 | 114.4 | 114.4 |
| 桂 林 | Guilin | 100.5 | 100.8 | 101.7 | 101.8 | 102.1 | 102.8 | 103.2 | 104.2 | 105.9 | 106.8 | 107.9 | 108.4 |
| 北 海 | Beihai | 112.3 | 112.0 | 112.2 | 112.6 | 113.2 | 114.2 | 114.9 | 117.4 | 119.4 | 119.8 | 120.5 | 120.9 |
| 三 亚 | Sanya | 105.8 | 106.4 | 107.3 | 108.2 | 110.1 | 112.2 | 116.2 | 118.8 | 119.2 | 118.8 | 119.0 | 119.6 |
| 泸 州 | Luzhou | 107.7 | 108.6 | 108.8 | 109.7 | 110.6 | 111.3 | 113.5 | 115.3 | 118.0 | 118.8 | 119.7 | 119.9 |
| 南 充 | Nanchong | 111.1 | 111.8 | 112.5 | 113.3 | 114.1 | 115.0 | 116.3 | 119.1 | 121.3 | 122.0 | 122.1 | 122.0 |
| 遵 义 | Zunyi | 107.3 | 108.3 | 108.9 | 109.2 | 109.5 | 111.0 | 112.9 | 114.9 | 116.1 | 116.9 | 118.3 | 119.1 |
| 大 理 | Dali | 101.1 | 102.5 | 102.8 | 103.1 | 103.8 | 104.7 | 106.7 | 108.8 | 110.3 | 112.8 | 116.1 | 117.8 |

# 4-1-7 2018年70个大中城市90㎡-144㎡二手住宅销售价格指数

# Housing Price Indices of 90㎡-144㎡ Second-Hand Residential Buildings in 70 Large and Medium-Sized Cities 2018

(以2015年价格为100) (2015=100)

| 城 市 | City | 1月 | 2月 | 3月 | 4月 | 5月 | 6月 | 7月 | 8月 | 9月 | 10月 | 11月 | 12月 |
|---|---|---|---|---|---|---|---|---|---|---|---|---|---|
| 北 京 | Beijing | 145.9 | 145.5 | 145.2 | 145.2 | 145.5 | 145.6 | 145.9 | 145.8 | 145.4 | 144.9 | 143.9 | 143.4 |
| 天 津 | Tianjin | 125.2 | 128.4 | 128.7 | 131.6 | 132.9 | 134.3 | 133.8 | 135.6 | 134.5 | 134.3 | 134.0 | 133.9 |
| 石家庄 | Shijiazhuang | 117.3 | 118.2 | 118.2 | 119.1 | 120.9 | 121.7 | 123.2 | 124.7 | 124.8 | 124.9 | 124.4 | 124.2 |
| 太 原 | Taiyuan | 116.6 | 115.6 | 116.9 | 118.8 | 120.0 | 120.9 | 122.4 | 123.7 | 124.7 | 124.6 | 125.8 | 125.9 |
| 呼和浩特 | Hohhot | 101.9 | 102.9 | 103.2 | 103.7 | 104.6 | 105.6 | 108.1 | 110.6 | 112.8 | 114.8 | 118.9 | 120.2 |
| 沈 阳 | Shenyang | 110.1 | 110.4 | 110.5 | 110.7 | 111.1 | 112.7 | 114.5 | 115.2 | 116.4 | 116.7 | 117.4 | 118.3 |
| 大 连 | Dalian | 107.6 | 109.2 | 109.5 | 110.3 | 111.2 | 112.2 | 113.7 | 115.4 | 116.2 | 115.3 | 116.8 | 117.0 |
| 长 春 | Changchun | 105.5 | 106.1 | 106.6 | 107.2 | 108.0 | 109.9 | 110.3 | 111.5 | 112.6 | 114.0 | 114.9 | 115.7 |
| 哈尔滨 | Harbin | 108.5 | 109.2 | 110.3 | 110.8 | 111.4 | 112.7 | 114.6 | 116.8 | 118.3 | 118.5 | 119.1 | 119.6 |
| 上 海 | Shanghai | 140.8 | 139.9 | 138.9 | 138.6 | 137.9 | 137.7 | 138.5 | 138.2 | 138.3 | 138.2 | 137.9 | 136.9 |
| 南 京 | Nanjing | 137.8 | 139.0 | 139.5 | 140.8 | 140.4 | 140.7 | 141.2 | 141.5 | 141.6 | 141.4 | 141.4 | 141.5 |
| 杭 州 | Hangzhou | 135.1 | 135.9 | 137.2 | 138.2 | 139.7 | 140.6 | 141.9 | 143.1 | 143.0 | 142.3 | 141.5 | 141.5 |
| 宁 波 | Ningbo | 119.0 | 119.6 | 120.6 | 121.4 | 122.1 | 122.6 | 123.6 | 124.9 | 125.5 | 125.2 | 124.7 | 124.2 |
| 合 肥 | Hefei | 149.9 | 149.7 | 150.0 | 150.1 | 150.2 | 151.2 | 152.4 | 153.7 | 154.8 | 155.1 | 154.8 | 155.2 |
| 福 州 | Fuzhou | 124.7 | 124.7 | 124.4 | 124.3 | 123.5 | 123.3 | 124.4 | 125.3 | 125.2 | 125.6 | 125.1 | 124.5 |
| 厦 门 | Xiamen | 139.7 | 138.8 | 138.2 | 137.6 | 137.1 | 136.9 | 136.3 | 135.8 | 135.4 | 134.1 | 133.0 | 132.1 |
| 南 昌 | Nanchang | 116.5 | 116.0 | 116.3 | 117.2 | 118.6 | 119.5 | 121.6 | 123.7 | 124.1 | 124.8 | 126.8 | 127.4 |
| 济 南 | Jinan | 118.8 | 119.1 | 119.5 | 119.5 | 120.3 | 121.4 | 124.8 | 128.7 | 130.7 | 131.5 | 131.7 | 132.2 |
| 青 岛 | Qingdao | 122.1 | 121.5 | 123.1 | 124.8 | 125.6 | 126.5 | 129.4 | 132.4 | 133.7 | 134.9 | 135.7 | 135.0 |
| 郑 州 | Zhengzhou | 130.8 | 130.5 | 130.2 | 129.9 | 129.9 | 130.4 | 131.7 | 132.9 | 133.1 | 132.8 | 132.3 | 132.0 |
| 武 汉 | Wuhan | 137.1 | 137.3 | 137.1 | 137.1 | 139.3 | 139.4 | 141.4 | 143.1 | 143.9 | 144.7 | 145.7 | 146.4 |
| 长 沙 | Changsha | 125.2 | 127.1 | 127.0 | 128.3 | 128.6 | 129.4 | 132.4 | 134.3 | 134.5 | 134.6 | 135.0 | 135.1 |
| 广 州 | Guangzhou | 143.9 | 146.0 | 146.1 | 146.4 | 148.0 | 149.6 | 150.1 | 150.4 | 150.4 | 150.1 | 149.5 | 149.4 |
| 深 圳 | Shenzhen | 140.7 | 143.1 | 143.8 | 144.0 | 145.1 | 145.4 | 147.3 | 148.0 | 148.3 | 147.6 | 147.6 | 147.8 |
| 南 宁 | Nanning | 114.5 | 115.8 | 116.0 | 116.3 | 116.2 | 116.7 | 117.3 | 119.0 | 119.7 | 120.3 | 120.9 | 123.5 |
| 海 口 | Haikou | 104.4 | 105.1 | 106.7 | 107.8 | 109.0 | 111.6 | 115.0 | 117.0 | 116.8 | 116.5 | 116.4 | 116.3 |
| 重 庆 | Chongqing | 117.8 | 118.1 | 118.1 | 119.6 | 120.9 | 123.0 | 124.5 | 126.5 | 127.3 | 127.6 | 127.9 | 128.6 |
| 成 都 | Chengdu | 108.6 | 109.0 | 108.7 | 108.3 | 108.8 | 109.0 | 110.6 | 112.2 | 113.5 | 114.3 | 114.5 | 115.7 |
| 贵 阳 | Guiyang | 107.3 | 108.0 | 108.6 | 109.2 | 109.5 | 110.5 | 112.6 | 114.2 | 117.1 | 119.0 | 119.6 | 120.1 |
| 昆 明 | Kunming | 108.5 | 109.6 | 110.0 | 110.0 | 111.6 | 112.6 | 115.2 | 117.5 | 121.0 | 122.7 | 123.1 | 125.0 |
| 西 安 | Xi'an | 105.6 | 105.2 | 106.3 | 108.5 | 110.0 | 111.9 | 113.0 | 115.6 | 118.3 | 120.0 | 120.7 | 120.3 |
| 兰 州 | Lanzhou | 104.1 | 105.4 | 105.6 | 105.7 | 106.0 | 106.8 | 107.6 | 109.6 | 111.5 | 113.1 | 114.5 | 114.9 |
| 西 宁 | Xining | 101.9 | 102.9 | 102.9 | 102.8 | 102.8 | 103.5 | 103.9 | 105.1 | 106.8 | 107.4 | 108.4 | 109.5 |
| 银 川 | Yinchuan | 100.3 | 100.6 | 100.6 | 101.0 | 101.0 | 101.7 | 102.6 | 103.5 | 105.0 | 105.1 | 105.4 | 105.4 |
| 乌鲁木齐 | Urumqi | 108.2 | 111.3 | 113.5 | 115.0 | 117.0 | 117.2 | 117.3 | 118.8 | 120.0 | 121.4 | 122.6 | 123.2 |

4-1-7 续表 Continued

(以2015年价格为100) (2015=100)

| 城 市 | City | 1月 | 2月 | 3月 | 4月 | 5月 | 6月 | 7月 | 8月 | 9月 | 10月 | 11月 | 12月 |
|---|---|---|---|---|---|---|---|---|---|---|---|---|---|
| 唐 山 | Tangshan | 105.0 | 105.1 | 105.3 | 105.1 | 105.7 | 106.2 | 107.2 | 108.2 | 108.9 | 110.2 | 112.3 | 112.8 |
| 秦皇岛 | Qinhuangdao | 107.9 | 108.6 | 109.7 | 110.4 | 110.8 | 111.7 | 112.7 | 115.2 | 117.4 | 118.4 | 119.4 | 119.7 |
| 包 头 | Baotou | 102.4 | 103.5 | 103.9 | 104.3 | 104.8 | 105.4 | 106.2 | 108.0 | 108.5 | 108.7 | 109.5 | 109.8 |
| 丹 东 | Dandong | 102.7 | 103.1 | 103.5 | 104.8 | 106.6 | 107.1 | 108.1 | 108.4 | 109.1 | 109.3 | 109.7 | 110.4 |
| 锦 州 | Jinzhou | 93.1 | 93.3 | 93.4 | 93.7 | 94.1 | 94.7 | 94.8 | 94.9 | 95.7 | 96.7 | 97.4 | 98.6 |
| 吉 林 | Jilin | 105.9 | 106.1 | 106.8 | 107.2 | 108.0 | 108.8 | 110.1 | 111.7 | 112.6 | 113.0 | 114.5 | 114.9 |
| 牡丹江 | Mudanjiang | 101.8 | 102.1 | 102.1 | 102.3 | 102.7 | 103.3 | 104.2 | 104.8 | 105.5 | 106.4 | 106.7 | 107.8 |
| 无 锡 | Wuxi | 128.3 | 129.0 | 129.1 | 129.5 | 129.8 | 130.1 | 131.3 | 133.7 | 136.1 | 136.2 | 135.4 | 134.9 |
| 扬 州 | Yangzhou | 111.8 | 112.4 | 112.8 | 113.4 | 114.0 | 114.4 | 116.4 | 118.3 | 119.4 | 121.0 | 121.4 | 121.1 |
| 徐 州 | Xuzhou | 110.1 | 110.5 | 110.9 | 111.9 | 112.5 | 112.9 | 114.2 | 116.2 | 117.0 | 118.1 | 118.8 | 119.0 |
| 温 州 | Wenzhou | 112.0 | 111.9 | 112.0 | 112.3 | 112.5 | 113.0 | 113.3 | 113.7 | 113.5 | 113.2 | 112.9 | 112.8 |
| 金 华 | Jinhua | 112.5 | 113.0 | 113.3 | 113.9 | 114.9 | 115.3 | 117.1 | 118.6 | 118.4 | 118.4 | 117.6 | 117.1 |
| 蚌 埠 | Bengbu | 112.2 | 111.6 | 111.6 | 111.6 | 112.1 | 112.3 | 114.1 | 116.3 | 117.2 | 117.8 | 118.4 | 118.9 |
| 安 庆 | Anqing | 113.8 | 114.5 | 114.4 | 114.1 | 114.4 | 115.1 | 116.1 | 118.8 | 120.6 | 122.9 | 123.1 | 123.0 |
| 泉 州 | Quanzhou | 112.8 | 113.0 | 113.2 | 113.2 | 113.3 | 114.0 | 114.8 | 115.6 | 115.5 | 115.3 | 115.1 | 114.8 |
| 九 江 | Jiujiang | 112.8 | 112.9 | 113.1 | 113.3 | 113.8 | 114.4 | 115.4 | 117.1 | 117.8 | 118.2 | 119.5 | 119.7 |
| 赣 州 | Ganzhou | 114.8 | 115.4 | 115.8 | 116.4 | 117.2 | 118.3 | 119.2 | 121.4 | 122.9 | 123.5 | 123.8 | 124.0 |
| 烟 台 | Yantai | 107.9 | 108.4 | 108.7 | 109.2 | 109.9 | 110.8 | 112.8 | 115.1 | 116.5 | 117.9 | 118.8 | 119.5 |
| 济 宁 | Jining | 110.1 | 109.5 | 110.6 | 112.2 | 114.1 | 114.9 | 117.9 | 120.8 | 122.6 | 124.4 | 125.8 | 127.7 |
| 洛 阳 | Luoyang | 106.4 | 106.4 | 106.6 | 107.3 | 107.5 | 108.0 | 109.3 | 111.5 | 113.2 | 113.8 | 115.9 | 116.9 |
| 平顶山 | Pingdingshan | 107.8 | 108.4 | 108.8 | 109.7 | 110.2 | 109.9 | 111.0 | 111.9 | 113.2 | 113.7 | 114.3 | 114.4 |
| 宜 昌 | Yichang | 111.3 | 111.8 | 112.5 | 113.1 | 113.8 | 114.3 | 116.7 | 119.6 | 121.7 | 122.5 | 122.8 | 123.1 |
| 襄 阳 | Xiangyang | 107.6 | 107.4 | 107.7 | 108.6 | 109.0 | 109.3 | 111.4 | 113.9 | 115.3 | 115.7 | 116.9 | 117.9 |
| 岳 阳 | Yueyang | 106.5 | 106.8 | 106.9 | 107.2 | 107.8 | 108.7 | 109.4 | 111.5 | 112.9 | 113.2 | 113.1 | 112.9 |
| 常 德 | Changde | 106.3 | 106.4 | 106.7 | 107.3 | 107.6 | 108.0 | 108.2 | 111.7 | 113.2 | 113.7 | 114.3 | 114.9 |
| 惠 州 | Huizhou | 122.9 | 123.5 | 123.9 | 124.6 | 124.4 | 125.2 | 126.2 | 127.6 | 128.3 | 128.6 | 129.6 | 130.1 |
| 湛 江 | Zhanjiang | 109.5 | 109.5 | 109.7 | 109.6 | 110.0 | 110.5 | 111.8 | 113.0 | 113.5 | 113.8 | 113.9 | 113.8 |
| 韶 关 | Shaoguan | 107.9 | 108.2 | 108.1 | 108.6 | 109.5 | 110.3 | 111.6 | 113.0 | 114.4 | 115.0 | 116.0 | 117.0 |
| 桂 林 | Guilin | 99.5 | 99.5 | 99.5 | 99.7 | 99.7 | 100.7 | 101.2 | 101.6 | 102.7 | 103.4 | 105.1 | 105.4 |
| 北 海 | Beihai | 112.1 | 112.1 | 112.3 | 112.9 | 113.3 | 114.2 | 114.4 | 117.0 | 119.7 | 120.3 | 121.2 | 121.3 |
| 三 亚 | Sanya | 105.8 | 106.1 | 107.3 | 108.9 | 110.5 | 112.7 | 116.1 | 118.3 | 119.4 | 119.1 | 119.1 | 121.9 |
| 泸 州 | Luzhou | 109.8 | 110.2 | 110.8 | 110.9 | 113.2 | 113.8 | 115.0 | 116.7 | 119.0 | 120.0 | 120.6 | 121.1 |
| 南 充 | Nanchong | 109.8 | 110.8 | 111.6 | 112.4 | 113.3 | 114.1 | 115.2 | 117.7 | 119.6 | 119.7 | 119.7 | 119.6 |
| 遵 义 | Zunyi | 106.4 | 107.6 | 108.2 | 108.6 | 109.1 | 109.8 | 111.3 | 113.1 | 114.0 | 114.8 | 116.4 | 117.2 |
| 大 理 | Dali | 103.4 | 104.7 | 105.1 | 105.5 | 106.0 | 106.8 | 108.0 | 109.9 | 111.0 | 112.5 | 115.2 | 117.3 |

# 4-1-8　2018年70个大中城市144㎡以上二手住宅销售价格指数

# Housing Price Indices of Above 144㎡ Second-Hand Residential Buildings in 70 Large and Medium-Sized Cities 2018

(以2015年价格为100)　　(2015=100)

| 城　市 | City | 1月 | 2月 | 3月 | 4月 | 5月 | 6月 | 7月 | 8月 | 9月 | 10月 | 11月 | 12月 |
|---|---|---|---|---|---|---|---|---|---|---|---|---|---|
| 北　京 | Beijing | 148.8 | 148.0 | 147.6 | 147.6 | 147.7 | 147.7 | 148.1 | 148.0 | 147.7 | 147.4 | 146.3 | 146.2 |
| 天　津 | Tianjin | 115.1 | 120.2 | 120.2 | 122.9 | 124.5 | 123.0 | 123.9 | 125.1 | 125.3 | 126.2 | 125.7 | 126.6 |
| 石家庄 | Shijiazhuang | 113.4 | 114.5 | 115.0 | 114.8 | 115.9 | 117.0 | 119.6 | 121.3 | 122.7 | 123.0 | 123.8 | 123.7 |
| 太　原 | Taiyuan | 111.8 | 111.2 | 113.4 | 114.0 | 114.8 | 114.9 | 116.1 | 117.2 | 118.5 | 118.7 | 120.6 | 121.0 |
| 呼和浩特 | Hohhot | 101.2 | 101.8 | 102.2 | 102.6 | 103.3 | 104.1 | 106.5 | 109.9 | 112.6 | 114.9 | 118.5 | 120.8 |
| 沈　阳 | Shenyang | 107.4 | 108.3 | 108.1 | 108.4 | 108.8 | 110.5 | 112.2 | 113.2 | 114.3 | 114.3 | 115.6 | 116.8 |
| 大　连 | Dalian | 106.9 | 107.2 | 107.7 | 107.8 | 108.4 | 109.7 | 110.6 | 112.2 | 113.7 | 114.4 | 116.6 | 117.7 |
| 长　春 | Changchun | 105.5 | 106.2 | 106.5 | 107.0 | 107.8 | 109.9 | 110.0 | 111.1 | 111.5 | 112.6 | 113.8 | 114.2 |
| 哈尔滨 | Harbin | 108.0 | 109.4 | 111.1 | 112.4 | 113.7 | 114.4 | 116.9 | 118.7 | 120.7 | 121.7 | 122.7 | 123.9 |
| 上　海 | Shanghai | 141.4 | 139.9 | 140.1 | 139.8 | 139.7 | 138.9 | 138.1 | 137.8 | 137.9 | 138.3 | 138.7 | 138.3 |
| 南　京 | Nanjing | 139.3 | 141.2 | 142.5 | 144.2 | 144.8 | 146.4 | 146.3 | 147.5 | 149.1 | 149.8 | 151.9 | 151.1 |
| 杭　州 | Hangzhou | 130.8 | 131.3 | 132.1 | 133.1 | 134.0 | 135.1 | 136.1 | 137.3 | 137.6 | 137.1 | 137.3 | 137.0 |
| 宁　波 | Ningbo | 116.8 | 117.4 | 118.0 | 118.4 | 119.4 | 120.0 | 121.3 | 123.1 | 123.3 | 122.9 | 122.3 | 121.9 |
| 合　肥 | Hefei | 153.4 | 153.3 | 153.6 | 153.9 | 154.1 | 155.0 | 155.3 | 156.8 | 157.8 | 158.1 | 157.8 | 158.4 |
| 福　州 | Fuzhou | 127.3 | 126.7 | 126.6 | 126.6 | 125.8 | 125.8 | 127.2 | 127.5 | 128.2 | 129.7 | 129.3 | 128.7 |
| 厦　门 | Xiamen | 137.7 | 137.1 | 136.7 | 136.1 | 136.3 | 136.3 | 135.9 | 135.7 | 135.3 | 134.4 | 133.7 | 133.2 |
| 南　昌 | Nanchang | 113.3 | 113.4 | 113.8 | 115.3 | 116.3 | 117.7 | 119.7 | 122.4 | 123.1 | 124.3 | 126.1 | 126.9 |
| 济　南 | Jinan | 117.3 | 117.3 | 117.7 | 117.8 | 118.4 | 119.1 | 121.8 | 125.8 | 127.6 | 128.1 | 128.8 | 129.8 |
| 青　岛 | Qingdao | 125.4 | 118.0 | 119.6 | 120.7 | 121.6 | 122.3 | 124.6 | 127.2 | 128.2 | 129.8 | 130.2 | 129.4 |
| 郑　州 | Zhengzhou | 128.4 | 128.2 | 128.3 | 128.1 | 128.2 | 128.7 | 130.1 | 131.0 | 131.3 | 131.4 | 130.8 | 130.3 |
| 武　汉 | Wuhan | 131.8 | 132.0 | 131.7 | 131.6 | 133.6 | 134.1 | 135.8 | 137.6 | 138.1 | 139.5 | 141.8 | 143.2 |
| 长　沙 | Changsha | 128.2 | 128.5 | 128.2 | 128.5 | 129.0 | 130.6 | 133.6 | 136.1 | 136.9 | 138.2 | 138.3 | 138.7 |
| 广　州 | Guangzhou | 142.7 | 143.1 | 145.9 | 146.7 | 148.7 | 148.3 | 148.6 | 150.1 | 149.8 | 150.3 | 150.2 | 149.8 |
| 深　圳 | Shenzhen | 143.6 | 147.7 | 147.7 | 147.7 | 149.2 | 149.9 | 150.0 | 151.4 | 151.9 | 151.0 | 150.8 | 151.3 |
| 南　宁 | Nanning | 123.2 | 124.0 | 125.5 | 124.7 | 124.4 | 124.9 | 124.9 | 127.5 | 127.6 | 128.2 | 129.8 | 132.6 |
| 海　口 | Haikou | 103.5 | 103.5 | 105.4 | 106.8 | 108.6 | 109.8 | 113.7 | 115.7 | 115.2 | 114.8 | 114.6 | 114.4 |
| 重　庆 | Chongqing | 110.1 | 110.9 | 111.4 | 112.1 | 113.4 | 114.4 | 116.0 | 118.0 | 118.8 | 118.8 | 118.9 | 119.6 |
| 成　都 | Chengdu | 109.8 | 109.9 | 108.9 | 108.7 | 109.6 | 110.1 | 112.6 | 114.6 | 115.0 | 115.4 | 116.0 | 117.8 |
| 贵　阳 | Guiyang | 109.7 | 110.8 | 111.1 | 112.2 | 112.8 | 113.9 | 116.4 | 118.2 | 121.5 | 124.2 | 125.8 | 126.4 |
| 昆　明 | Kunming | 110.5 | 111.5 | 112.6 | 113.1 | 115.2 | 115.7 | 118.8 | 120.9 | 123.4 | 124.9 | 126.5 | 128.6 |
| 西　安 | Xi'an | 101.5 | 100.8 | 102.3 | 104.1 | 105.2 | 107.3 | 108.3 | 110.9 | 114.0 | 116.5 | 117.3 | 117.3 |
| 兰　州 | Lanzhou | 103.3 | 104.1 | 104.2 | 104.3 | 105.0 | 105.4 | 106.1 | 107.7 | 110.0 | 112.0 | 113.7 | 113.9 |
| 西　宁 | Xining | 101.5 | 101.9 | 101.9 | 101.6 | 101.7 | 102.6 | 102.9 | 104.3 | 106.4 | 107.5 | 108.6 | 110.4 |
| 银　川 | Yinchuan | 99.8 | 99.6 | 99.7 | 99.7 | 99.6 | 100.5 | 101.3 | 102.9 | 104.4 | 104.6 | 105.2 | 105.7 |
| 乌鲁木齐 | Urumqi | 104.4 | 107.4 | 109.9 | 111.8 | 113.7 | 114.5 | 114.9 | 116.5 | 117.5 | 118.5 | 118.8 | 119.0 |

4-1-8 续表 Continued

(以2015年价格为100) (2015=100)

| 城　市 | City | 1月 | 2月 | 3月 | 4月 | 5月 | 6月 | 7月 | 8月 | 9月 | 10月 | 11月 | 12月 |
|---|---|---|---|---|---|---|---|---|---|---|---|---|---|
| 唐　山 | Tangshan | 103.3 | 104.3 | 104.4 | 103.9 | 104.4 | 104.4 | 105.5 | 106.8 | 107.7 | 109.6 | 110.7 | 111.7 |
| 秦皇岛 | Qinhuangdao | 104.5 | 104.8 | 106.0 | 106.4 | 107.4 | 108.2 | 108.9 | 111.4 | 112.8 | 113.6 | 115.0 | 114.8 |
| 包　头 | Baotou | 97.1 | 97.8 | 97.9 | 98.2 | 98.8 | 99.7 | 100.7 | 101.9 | 102.7 | 102.9 | 103.9 | 104.3 |
| 丹　东 | Dandong | 97.7 | 98.5 | 98.5 | 99.7 | 100.7 | 101.5 | 102.1 | 103.1 | 103.4 | 102.2 | 103.3 | 104.2 |
| 锦　州 | Jinzhou | 94.0 | 94.3 | 94.8 | 95.2 | 95.7 | 96.4 | 96.8 | 96.8 | 98.1 | 97.6 | 99.4 | 100.5 |
| 吉　林 | Jilin | 102.9 | 103.3 | 103.4 | 103.6 | 104.3 | 105.3 | 106.4 | 107.8 | 109.0 | 109.7 | 111.5 | 111.9 |
| 牡丹江 | Mudanjiang | 92.5 | 94.7 | 94.6 | 94.9 | 95.4 | 96.5 | 97.6 | 98.8 | 100.0 | 100.7 | 100.9 | 101.0 |
| 无　锡 | Wuxi | 129.1 | 129.3 | 129.3 | 129.5 | 129.7 | 130.8 | 132.0 | 135.5 | 137.3 | 138.2 | 137.0 | 137.6 |
| 扬　州 | Yangzhou | 111.0 | 111.8 | 112.3 | 113.3 | 113.1 | 113.5 | 115.4 | 117.6 | 119.9 | 121.5 | 121.9 | 121.8 |
| 徐　州 | Xuzhou | 112.0 | 113.3 | 113.6 | 114.2 | 115.2 | 116.1 | 118.3 | 121.0 | 122.7 | 124.2 | 124.6 | 124.9 |
| 温　州 | Wenzhou | 108.8 | 108.6 | 108.7 | 108.7 | 108.9 | 109.0 | 109.1 | 109.4 | 109.0 | 108.7 | 108.6 | 108.4 |
| 金　华 | Jinhua | 111.8 | 113.2 | 113.5 | 114.5 | 115.1 | 115.9 | 117.3 | 118.1 | 118.1 | 118.2 | 118.0 | 117.4 |
| 蚌　埠 | Bengbu | 111.7 | 111.8 | 111.9 | 111.9 | 111.9 | 112.0 | 113.8 | 117.3 | 118.3 | 119.5 | 121.0 | 121.5 |
| 安　庆 | Anqing | 111.9 | 112.7 | 112.8 | 112.6 | 112.8 | 113.6 | 114.5 | 117.0 | 118.7 | 120.9 | 121.6 | 121.5 |
| 泉　州 | Quanzhou | 112.3 | 112.4 | 112.5 | 112.5 | 113.3 | 113.8 | 114.6 | 115.4 | 115.3 | 115.4 | 115.0 | 114.2 |
| 九　江 | Jiujiang | 110.6 | 110.6 | 110.6 | 110.5 | 111.2 | 112.2 | 113.5 | 114.6 | 115.4 | 116.7 | 118.3 | 118.9 |
| 赣　州 | Ganzhou | 112.3 | 112.5 | 112.4 | 112.6 | 113.1 | 114.0 | 115.4 | 117.0 | 118.3 | 118.9 | 119.6 | 120.3 |
| 烟　台 | Yantai | 104.7 | 105.1 | 105.4 | 105.7 | 106.4 | 107.1 | 108.8 | 110.2 | 111.8 | 113.2 | 113.5 | 114.3 |
| 济　宁 | Jining | 101.7 | 107.4 | 109.1 | 110.3 | 111.8 | 113.7 | 117.3 | 120.3 | 122.4 | 124.3 | 126.6 | 128.2 |
| 洛　阳 | Luoyang | 105.4 | 105.7 | 105.9 | 105.9 | 106.0 | 106.8 | 109.0 | 110.3 | 111.7 | 112.4 | 114.3 | 115.5 |
| 平顶山 | Pingdingshan | 109.7 | 110.1 | 110.5 | 111.7 | 112.6 | 112.3 | 113.5 | 114.5 | 115.8 | 116.4 | 117.3 | 118.3 |
| 宜　昌 | Yichang | 108.6 | 108.9 | 109.3 | 109.7 | 110.2 | 110.9 | 112.8 | 115.1 | 117.7 | 117.8 | 118.4 | 118.5 |
| 襄　阳 | Xiangyang | 102.3 | 101.3 | 100.9 | 101.8 | 102.0 | 102.2 | 103.6 | 106.4 | 107.7 | 108.2 | 109.2 | 110.1 |
| 岳　阳 | Yueyang | 107.7 | 108.1 | 108.3 | 108.7 | 109.4 | 109.9 | 110.4 | 113.8 | 115.9 | 116.4 | 116.5 | 116.7 |
| 常　德 | Changde | 106.5 | 107.1 | 107.3 | 107.3 | 107.8 | 108.4 | 109.2 | 112.9 | 114.5 | 115.0 | 115.1 | 115.0 |
| 惠　州 | Huizhou | 121.6 | 122.3 | 122.6 | 123.3 | 123.5 | 123.7 | 125.1 | 126.5 | 128.3 | 129.4 | 130.0 | 130.0 |
| 湛　江 | Zhanjiang | 110.1 | 110.3 | 110.5 | 110.7 | 111.0 | 111.6 | 112.9 | 114.6 | 115.3 | 115.2 | 115.6 | 115.5 |
| 韶　关 | Shaoguan | 105.7 | 105.9 | 106.2 | 106.9 | 107.5 | 108.6 | 109.3 | 110.3 | 111.4 | 111.4 | 112.0 | 113.1 |
| 桂　林 | Guilin | 101.3 | 101.1 | 100.7 | 100.8 | 101.0 | 101.7 | 102.5 | 103.3 | 104.9 | 105.3 | 106.3 | 106.8 |
| 北　海 | Beihai | 110.7 | 110.8 | 111.0 | 111.0 | 112.0 | 113.1 | 113.8 | 116.0 | 118.4 | 119.0 | 120.5 | 121.4 |
| 三　亚 | Sanya | 104.8 | 104.9 | 105.6 | 107.2 | 108.5 | 109.6 | 112.1 | 114.5 | 115.0 | 115.0 | 115.1 | 115.8 |
| 泸　州 | Luzhou | 107.5 | 108.3 | 108.5 | 108.7 | 108.8 | 109.4 | 110.9 | 112.9 | 115.5 | 116.1 | 116.5 | 116.5 |
| 南　充 | Nanchong | 108.5 | 110.1 | 111.1 | 112.1 | 113.1 | 114.1 | 115.7 | 118.8 | 121.3 | 122.2 | 122.2 | 122.3 |
| 遵　义 | Zunyi | 104.6 | 105.9 | 106.3 | 106.5 | 106.8 | 107.4 | 109.3 | 111.5 | 112.3 | 112.7 | 115.1 | 115.7 |
| 大　理 | Dali | 99.8 | 101.0 | 101.3 | 102.3 | 102.8 | 103.5 | 104.7 | 106.8 | 108.1 | 109.7 | 112.1 | 113.2 |

# 4-2-1 2018年70个大中城市新建商品住宅销售价格指数
## Housing Price Indices of Newly Constructed Commercial Residential Buildings in 70 Large and Medium-Sized Cities 2018

(以上年同月价格为100) (Same Month of Preceding Year=100)

| 城市 | City | 1月 | 2月 | 3月 | 4月 | 5月 | 6月 | 7月 | 8月 | 9月 | 10月 | 11月 | 12月 |
|---|---|---|---|---|---|---|---|---|---|---|---|---|---|
| 北京 | Beijing | 98.8 | 99.7 | 99.4 | 99.3 | 99.5 | 99.9 | 100.2 | 100.2 | 100.4 | 100.8 | 101.4 | 102.3 |
| 天津 | Tianjin | 99.9 | 100.6 | 100.4 | 100.6 | 100.9 | 101.2 | 101.3 | 101.6 | 101.9 | 101.9 | 101.9 | 101.7 |
| 石家庄 | Shijiazhuang | 102.6 | 102.7 | 102.5 | 102.7 | 104.0 | 103.9 | 105.7 | 106.5 | 107.5 | 110.7 | 112.0 | 114.9 |
| 太原 | Taiyuan | 107.8 | 107.5 | 107.6 | 107.7 | 107.5 | 106.9 | 107.7 | 109.5 | 110.0 | 109.8 | 110.8 | 111.2 |
| 呼和浩特 | Hohhot | 106.8 | 107.4 | 107.6 | 108.1 | 109.3 | 110.1 | 111.8 | 113.9 | 116.7 | 117.6 | 119.6 | 121.0 |
| 沈阳 | Shenyang | 111.4 | 112.1 | 111.4 | 110.3 | 110.0 | 109.8 | 110.3 | 111.0 | 111.7 | 112.7 | 112.6 | 112.7 |
| 大连 | Dalian | 110.4 | 110.7 | 110.8 | 110.9 | 111.6 | 113.0 | 113.2 | 113.8 | 113.8 | 113.8 | 114.3 | 114.4 |
| 长春 | Changchun | 109.5 | 109.0 | 109.3 | 109.3 | 109.5 | 110.2 | 110.3 | 110.8 | 110.2 | 110.6 | 111.9 | 111.8 |
| 哈尔滨 | Harbin | 111.5 | 110.8 | 111.1 | 112.0 | 111.1 | 110.9 | 112.6 | 113.3 | 113.8 | 114.3 | 114.9 | 114.4 |
| 上海 | Shanghai | 99.8 | 99.4 | 99.7 | 99.8 | 99.6 | 99.8 | 99.8 | 99.8 | 99.8 | 99.6 | 100.1 | 100.4 |
| 南京 | Nanjing | 98.0 | 98.5 | 98.3 | 98.4 | 98.4 | 98.2 | 98.1 | 98.4 | 98.7 | 99.0 | 100.8 | 100.7 |
| 杭州 | Hangzhou | 99.0 | 99.5 | 99.6 | 99.7 | 99.9 | 100.3 | 101.1 | 101.9 | 102.4 | 103.7 | 104.4 | 105.6 |
| 宁波 | Ningbo | 106.2 | 106.0 | 105.5 | 105.6 | 104.8 | 104.2 | 104.8 | 106.6 | 107.1 | 106.9 | 106.7 | 106.1 |
| 合肥 | Hefei | 99.7 | 99.7 | 99.6 | 99.4 | 99.7 | 99.8 | 100.1 | 101.8 | 102.9 | 103.5 | 103.8 | 104.2 |
| 福州 | Fuzhou | 97.7 | 98.5 | 98.2 | 98.3 | 97.2 | 99.5 | 101.0 | 103.5 | 105.1 | 106.1 | 108.0 | 108.5 |
| 厦门 | Xiamen | 102.3 | 102.2 | 100.1 | 100.4 | 101.2 | 100.7 | 100.5 | 100.3 | 100.5 | 100.6 | 99.9 | 99.6 |
| 南昌 | Nanchang | 106.0 | 105.3 | 104.6 | 104.2 | 103.9 | 105.3 | 106.8 | 107.4 | 107.9 | 108.0 | 108.8 | 109.3 |
| 济南 | Jinan | 100.9 | 101.4 | 100.9 | 100.6 | 100.5 | 103.9 | 106.9 | 110.2 | 112.3 | 113.3 | 115.4 | 115.9 |
| 青岛 | Qingdao | 103.6 | 103.9 | 103.3 | 103.1 | 104.8 | 107.0 | 108.8 | 110.1 | 110.4 | 110.7 | 112.2 | 113.3 |
| 郑州 | Zhengzhou | 99.0 | 99.6 | 99.2 | 99.6 | 101.4 | 103.2 | 104.7 | 106.7 | 107.3 | 108.4 | 109.4 | 109.4 |
| 武汉 | Wuhan | 100.7 | 101.3 | 101.2 | 100.5 | 101.5 | 102.3 | 103.2 | 104.8 | 105.2 | 107.9 | 109.7 | 110.8 |
| 长沙 | Changsha | 105.4 | 105.2 | 104.4 | 103.8 | 104.5 | 106.3 | 108.5 | 110.3 | 110.9 | 110.6 | 110.9 | 111.1 |
| 广州 | Guangzhou | 103.7 | 103.1 | 100.8 | 99.2 | 100.1 | 101.5 | 101.6 | 103.3 | 104.3 | 104.7 | 104.9 | 108.3 |
| 深圳 | Shenzhen | 96.6 | 97.5 | 97.7 | 97.8 | 98.3 | 98.7 | 99.3 | 100.3 | 100.0 | 99.6 | 99.6 | 100.1 |
| 南宁 | Nanning | 108.4 | 108.4 | 107.6 | 106.6 | 105.7 | 106.7 | 106.2 | 107.4 | 107.6 | 107.6 | 107.6 | 108.9 |
| 海口 | Haikou | 108.0 | 109.0 | 108.6 | 111.1 | 114.1 | 117.2 | 119.0 | 121.4 | 121.7 | 122.4 | 123.0 | 122.1 |
| 重庆 | Chongqing | 108.3 | 108.2 | 107.7 | 107.4 | 107.5 | 107.7 | 108.2 | 109.0 | 110.0 | 110.6 | 111.1 | 111.6 |
| 成都 | Chengdu | 102.3 | 101.5 | 101.8 | 101.1 | 103.5 | 105.3 | 106.5 | 108.2 | 108.9 | 110.0 | 111.8 | 112.7 |
| 贵阳 | Guiyang | 111.2 | 110.9 | 110.3 | 110.1 | 109.7 | 110.3 | 111.3 | 112.5 | 114.0 | 118.3 | 119.6 | 118.8 |
| 昆明 | Kunming | 110.6 | 111.4 | 111.5 | 110.4 | 110.8 | 112.1 | 114.7 | 115.9 | 118.0 | 119.2 | 118.6 | 116.6 |
| 西安 | Xi'an | 111.1 | 111.3 | 111.2 | 111.2 | 111.0 | 110.4 | 110.6 | 113.5 | 120.0 | 120.7 | 121.8 | 122.4 |
| 兰州 | Lanzhou | 105.3 | 105.8 | 105.6 | 105.7 | 105.7 | 106.2 | 106.6 | 107.8 | 108.9 | 110.4 | 110.7 | 110.8 |
| 西宁 | Xining | 105.7 | 106.2 | 106.0 | 105.5 | 105.1 | 107.5 | 107.8 | 109.0 | 110.5 | 111.6 | 111.6 | 112.0 |
| 银川 | Yinchuan | 104.1 | 105.2 | 105.9 | 106.2 | 106.2 | 107.1 | 107.7 | 109.0 | 109.6 | 109.7 | 108.9 | 109.2 |
| 乌鲁木齐 | Urumqi | 107.5 | 108.7 | 109.3 | 110.1 | 110.8 | 111.3 | 111.2 | 112.1 | 111.9 | 111.6 | 110.5 | 109.8 |

4-2-1 续表 Continued

(以上年同月价格为100) (Same Month of Preceding Year=100)

| 城 市 | City | 1月 | 2月 | 3月 | 4月 | 5月 | 6月 | 7月 | 8月 | 9月 | 10月 | 11月 | 12月 |
|---|---|---|---|---|---|---|---|---|---|---|---|---|---|
| 唐 山 | Tangshan | 106.9 | 106.7 | 106.6 | 104.9 | 104.8 | 105.1 | 106.7 | 109.6 | 111.4 | 112.9 | 113.8 | 113.1 |
| 秦皇岛 | Qinhuangdao | 105.8 | 107.0 | 107.7 | 107.3 | 107.0 | 108.0 | 108.2 | 110.7 | 113.2 | 115.0 | 115.7 | 117.4 |
| 包 头 | Baotou | 103.8 | 106.8 | 107.2 | 107.1 | 107.4 | 108.2 | 109.7 | 111.8 | 112.0 | 113.1 | 112.5 | 111.4 |
| 丹 东 | Dandong | 104.2 | 103.6 | 104.1 | 106.1 | 111.7 | 115.0 | 114.9 | 114.9 | 115.8 | 116.2 | 116.3 | 117.1 |
| 锦 州 | Jinzhou | 100.9 | 103.4 | 103.9 | 104.4 | 104.6 | 104.7 | 105.1 | 105.8 | 107.4 | 108.7 | 110.2 | 112.6 |
| 吉 林 | Jilin | 108.1 | 107.5 | 106.9 | 106.7 | 106.1 | 106.9 | 107.6 | 109.3 | 109.9 | 111.0 | 112.1 | 112.6 |
| 牡丹江 | Mudanjiang | 106.9 | 106.6 | 106.5 | 106.4 | 105.8 | 107.8 | 108.8 | 109.2 | 110.9 | 112.2 | 111.9 | 111.7 |
| 无 锡 | Wuxi | 97.3 | 98.8 | 98.4 | 98.0 | 97.7 | 97.8 | 99.2 | 102.9 | 103.6 | 104.4 | 105.6 | 105.2 |
| 扬 州 | Yangzhou | 109.1 | 108.7 | 107.7 | 106.8 | 105.9 | 105.5 | 108.0 | 109.0 | 110.3 | 111.2 | 113.3 | 113.4 |
| 徐 州 | Xuzhou | 108.3 | 109.8 | 110.0 | 109.5 | 109.1 | 107.8 | 109.8 | 113.0 | 113.9 | 115.5 | 116.6 | 117.6 |
| 温 州 | Wenzhou | 107.2 | 107.1 | 106.5 | 105.0 | 103.6 | 103.1 | 102.3 | 103.2 | 103.4 | 103.0 | 102.2 | 101.9 |
| 金 华 | Jinhua | 109.3 | 109.2 | 108.2 | 107.8 | 107.0 | 106.3 | 106.1 | 106.9 | 106.5 | 106.0 | 105.3 | 104.5 |
| 蚌 埠 | Bengbu | 108.4 | 107.6 | 107.0 | 104.7 | 101.5 | 99.2 | 100.1 | 102.3 | 104.3 | 105.5 | 106.8 | 107.7 |
| 安 庆 | Anqing | 105.7 | 105.3 | 103.9 | 102.5 | 102.2 | 103.0 | 103.9 | 105.8 | 106.5 | 108.5 | 109.1 | 109.0 |
| 泉 州 | Quanzhou | 100.1 | 100.0 | 99.6 | 100.0 | 100.1 | 99.8 | 100.0 | 101.0 | 101.8 | 101.5 | 102.2 | 101.5 |
| 九 江 | Jiujiang | 108.3 | 107.4 | 106.5 | 105.5 | 104.6 | 104.4 | 104.9 | 106.1 | 107.0 | 107.3 | 108.9 | 109.8 |
| 赣 州 | Ganzhou | 101.1 | 101.8 | 101.8 | 101.5 | 101.8 | 101.9 | 102.2 | 103.8 | 104.7 | 105.6 | 106.3 | 107.5 |
| 烟 台 | Yantai | 109.5 | 108.7 | 108.4 | 109.1 | 108.6 | 108.4 | 110.6 | 111.4 | 111.6 | 112.3 | 112.3 | 113.5 |
| 济 宁 | Jining | 109.8 | 109.1 | 108.5 | 108.1 | 107.1 | 107.1 | 107.7 | 108.8 | 108.6 | 110.1 | 111.8 | 112.6 |
| 洛 阳 | Luoyang | 108.9 | 109.2 | 108.2 | 108.0 | 107.0 | 104.7 | 105.1 | 105.2 | 106.9 | 108.0 | 110.1 | 111.0 |
| 平顶山 | Pingdingshan | 107.0 | 107.7 | 107.2 | 107.1 | 107.4 | 106.1 | 106.4 | 106.8 | 107.6 | 107.5 | 107.8 | 108.0 |
| 宜 昌 | Yichang | 108.2 | 108.6 | 108.5 | 106.6 | 105.7 | 105.7 | 108.7 | 110.1 | 111.5 | 112.1 | 112.1 | 112.9 |
| 襄 阳 | Xiangyang | 106.7 | 106.7 | 106.5 | 106.2 | 105.4 | 104.2 | 105.9 | 108.6 | 108.7 | 111.6 | 112.5 | 114.1 |
| 岳 阳 | Yueyang | 107.9 | 108.7 | 108.6 | 108.1 | 108.0 | 107.4 | 107.4 | 109.0 | 109.7 | 109.6 | 109.5 | 108.5 |
| 常 德 | Changde | 110.2 | 108.5 | 107.2 | 107.3 | 106.5 | 105.4 | 104.4 | 106.4 | 107.5 | 109.2 | 110.2 | 110.7 |
| 惠 州 | Huizhou | 103.7 | 104.3 | 103.1 | 102.7 | 102.2 | 102.1 | 102.6 | 103.2 | 103.5 | 103.9 | 103.8 | 103.9 |
| 湛 江 | Zhanjiang | 108.3 | 108.1 | 108.2 | 107.4 | 104.8 | 104.6 | 104.7 | 106.2 | 107.1 | 108.5 | 107.3 | 107.7 |
| 韶 关 | Shaoguan | 104.3 | 107.3 | 106.0 | 104.8 | 104.1 | 104.4 | 103.4 | 104.9 | 105.1 | 105.4 | 106.0 | 105.4 |
| 桂 林 | Guilin | 107.2 | 108.7 | 108.5 | 107.8 | 107.5 | 107.2 | 106.4 | 106.0 | 106.8 | 107.0 | 108.1 | 108.2 |
| 北 海 | Beihai | 110.5 | 112.2 | 112.3 | 111.1 | 108.9 | 108.0 | 106.8 | 109.1 | 109.5 | 110.0 | 110.9 | 111.8 |
| 三 亚 | Sanya | 119.1 | 118.8 | 116.8 | 119.2 | 119.7 | 122.0 | 123.8 | 121.2 | 119.6 | 118.1 | 116.4 | 115.7 |
| 泸 州 | Luzhou | 106.6 | 106.8 | 106.7 | 106.7 | 107.2 | 107.7 | 107.9 | 110.2 | 113.0 | 114.1 | 113.7 | 111.8 |
| 南 充 | Nanchong | 109.9 | 110.8 | 110.1 | 110.1 | 110.8 | 110.5 | 111.0 | 113.1 | 114.3 | 115.1 | 114.6 | 114.0 |
| 遵 义 | Zunyi | 107.9 | 108.7 | 109.3 | 109.4 | 110.0 | 110.2 | 110.1 | 110.9 | 111.4 | 112.7 | 114.1 | 113.8 |
| 大 理 | Dali | 106.4 | 106.9 | 108.1 | 108.7 | 109.3 | 109.9 | 111.4 | 112.9 | 113.9 | 116.0 | 118.5 | 118.8 |

# 4-2-2 2018年70个大中城市90㎡及以下新建商品住宅销售价格指数

# Housing Price Indices of 90㎡ and below Newly Constructed Commercial Residential Buildings in 70 Large and Medium-Sized Cities 2018

(以上年同月价格为100) (Same Month of Preceding Year=100)

| 城　市 | City | 1月 | 2月 | 3月 | 4月 | 5月 | 6月 | 7月 | 8月 | 9月 | 10月 | 11月 | 12月 |
|---|---|---|---|---|---|---|---|---|---|---|---|---|---|
| 北　京 | Beijing | 99.9 | 100.6 | 100.4 | 100.3 | 100.3 | 100.9 | 101.2 | 100.8 | 100.8 | 100.9 | 101.5 | 102.0 |
| 天　津 | Tianjin | 100.1 | 100.9 | 101.2 | 101.4 | 101.5 | 101.2 | 102.0 | 101.6 | 101.4 | 102.2 | 102.2 | 102.2 |
| 石家庄 | Shijiazhuang | 102.7 | 102.9 | 102.9 | 102.7 | 103.7 | 103.6 | 106.1 | 106.7 | 108.4 | 111.1 | 111.8 | 115.0 |
| 太　原 | Taiyuan | 107.9 | 107.5 | 107.4 | 107.2 | 107.2 | 106.9 | 107.5 | 108.6 | 109.4 | 109.7 | 110.1 | 111.4 |
| 呼和浩特 | Hohhot | 106.4 | 106.5 | 107.4 | 108.2 | 108.5 | 110.0 | 111.3 | 113.9 | 116.0 | 116.8 | 118.8 | 119.5 |
| 沈　阳 | Shenyang | 112.3 | 112.3 | 111.3 | 110.2 | 110.2 | 109.8 | 110.7 | 110.9 | 111.3 | 112.1 | 112.1 | 112.3 |
| 大　连 | Dalian | 110.1 | 111.2 | 111.0 | 111.3 | 112.2 | 114.0 | 114.2 | 114.7 | 114.1 | 113.5 | 113.8 | 114.2 |
| 长　春 | Changchun | 111.9 | 111.6 | 111.7 | 111.8 | 112.1 | 113.4 | 113.1 | 113.4 | 113.0 | 112.8 | 113.3 | 112.4 |
| 哈尔滨 | Harbin | 112.9 | 110.8 | 111.4 | 111.9 | 111.4 | 110.8 | 112.8 | 113.0 | 113.5 | 114.7 | 115.1 | 113.9 |
| 上　海 | Shanghai | 100.0 | 100.6 | 100.3 | 100.1 | 99.7 | 100.6 | 101.0 | 100.6 | 100.4 | 99.9 | 100.6 | 100.5 |
| 南　京 | Nanjing | 99.3 | 100.0 | 100.3 | 100.0 | 99.5 | 98.9 | 99.6 | 99.2 | 99.2 | 99.1 | 100.6 | 100.9 |
| 杭　州 | Hangzhou | 99.2 | 99.5 | 99.8 | 99.8 | 100.2 | 100.7 | 101.9 | 102.6 | 103.0 | 104.3 | 104.8 | 106.4 |
| 宁　波 | Ningbo | 107.7 | 107.5 | 106.9 | 107.3 | 106.5 | 105.4 | 106.1 | 108.2 | 109.1 | 109.1 | 108.7 | 108.3 |
| 合　肥 | Hefei | 98.5 | 98.7 | 98.8 | 99.4 | 100.4 | 100.2 | 100.3 | 101.9 | 103.0 | 103.4 | 103.6 | 104.4 |
| 福　州 | Fuzhou | 95.0 | 96.9 | 96.4 | 96.2 | 94.9 | 96.6 | 98.8 | 101.2 | 102.1 | 103.7 | 105.3 | 105.7 |
| 厦　门 | Xiamen | 102.1 | 102.7 | 100.4 | 100.5 | 101.6 | 101.2 | 100.9 | 100.9 | 101.0 | 100.6 | 99.8 | 99.0 |
| 南　昌 | Nanchang | 108.3 | 106.9 | 105.9 | 104.5 | 104.6 | 106.0 | 106.7 | 106.1 | 107.9 | 108.3 | 110.3 | 109.5 |
| 济　南 | Jinan | 99.4 | 100.4 | 99.7 | 99.7 | 99.2 | 102.7 | 106.5 | 110.1 | 111.3 | 113.4 | 115.7 | 116.8 |
| 青　岛 | Qingdao | 103.0 | 103.4 | 103.1 | 103.1 | 104.8 | 107.0 | 109.2 | 110.7 | 111.0 | 111.5 | 112.9 | 113.7 |
| 郑　州 | Zhengzhou | 99.7 | 100.0 | 99.2 | 99.6 | 100.8 | 103.0 | 104.2 | 106.1 | 107.3 | 108.3 | 109.2 | 109.3 |
| 武　汉 | Wuhan | 100.4 | 101.0 | 100.8 | 99.9 | 101.6 | 102.4 | 103.3 | 104.8 | 105.4 | 108.4 | 110.1 | 111.6 |
| 长　沙 | Changsha | 105.3 | 106.4 | 105.6 | 105.1 | 104.9 | 106.7 | 108.8 | 111.0 | 111.5 | 111.9 | 112.3 | 112.4 |
| 广　州 | Guangzhou | 105.0 | 104.4 | 102.0 | 100.1 | 101.8 | 103.6 | 103.4 | 104.4 | 105.2 | 105.5 | 105.6 | 108.2 |
| 深　圳 | Shenzhen | 96.9 | 97.2 | 97.3 | 97.4 | 98.1 | 98.6 | 99.0 | 99.6 | 99.6 | 99.3 | 99.1 | 99.8 |
| 南　宁 | Nanning | 109.5 | 108.8 | 108.0 | 107.3 | 106.1 | 107.5 | 106.6 | 108.0 | 108.0 | 108.7 | 109.0 | 109.6 |
| 海　口 | Haikou | 104.3 | 104.7 | 104.4 | 107.1 | 110.2 | 113.4 | 114.4 | 117.0 | 117.5 | 118.5 | 122.4 | 120.6 |
| 重　庆 | Chongqing | 110.4 | 109.5 | 108.8 | 108.6 | 108.5 | 108.3 | 108.8 | 109.6 | 110.6 | 111.6 | 112.6 | 113.8 |
| 成　都 | Chengdu | 103.6 | 103.3 | 104.0 | 102.3 | 104.1 | 105.6 | 106.6 | 109.0 | 109.8 | 110.9 | 113.0 | 113.9 |
| 贵　阳 | Guiyang | 112.7 | 111.2 | 110.1 | 110.1 | 110.4 | 111.5 | 112.0 | 113.4 | 115.4 | 120.5 | 121.5 | 120.6 |
| 昆　明 | Kunming | 109.8 | 110.8 | 111.6 | 109.7 | 109.7 | 110.5 | 114.4 | 115.8 | 118.3 | 119.4 | 118.4 | 116.0 |
| 西　安 | Xi'an | 110.2 | 110.4 | 110.5 | 110.2 | 109.6 | 109.5 | 109.9 | 113.5 | 119.8 | 120.6 | 122.2 | 122.8 |
| 兰　州 | Lanzhou | 105.6 | 106.4 | 106.6 | 107.1 | 106.5 | 107.6 | 107.8 | 108.8 | 109.9 | 112.1 | 112.8 | 113.5 |
| 西　宁 | Xining | 107.0 | 106.9 | 107.0 | 107.0 | 107.0 | 110.2 | 110.7 | 111.6 | 112.4 | 113.5 | 112.6 | 112.1 |
| 银　川 | Yinchuan | 104.4 | 105.0 | 105.4 | 106.6 | 106.3 | 106.9 | 107.7 | 109.3 | 109.9 | 109.4 | 108.0 | 108.7 |
| 乌鲁木齐 | Urumqi | 107.7 | 108.9 | 110.0 | 111.2 | 111.1 | 110.3 | 110.4 | 111.7 | 111.4 | 110.9 | 109.8 | 109.2 |

4-2-2 续表 Continued

(以上年同月价格为100) (Same Month of Preceding Year=100)

| 城 市 | City | 1月 | 2月 | 3月 | 4月 | 5月 | 6月 | 7月 | 8月 | 9月 | 10月 | 11月 | 12月 |
|---|---|---|---|---|---|---|---|---|---|---|---|---|---|
| 唐 山 | Tangshan | 105.9 | 106.5 | 105.6 | 104.2 | 103.6 | 103.2 | 104.5 | 107.2 | 108.9 | 111.4 | 113.1 | 111.7 |
| 秦皇岛 | Qinhuangdao | 107.0 | 108.9 | 109.7 | 108.9 | 108.3 | 109.8 | 109.3 | 111.6 | 114.0 | 115.7 | 115.4 | 116.7 |
| 包 头 | Baotou | 109.2 | 109.0 | 109.5 | 108.7 | 109.4 | 109.9 | 111.4 | 113.7 | 113.8 | 115.0 | 114.3 | 113.8 |
| 丹 东 | Dandong | 104.7 | 105.2 | 105.6 | 107.9 | 112.5 | 116.4 | 116.2 | 115.7 | 117.0 | 115.9 | 116.6 | 115.9 |
| 锦 州 | Jinzhou | 101.9 | 103.2 | 104.2 | 104.6 | 104.6 | 105.2 | 106.4 | 108.1 | 109.7 | 110.1 | 111.4 | 113.6 |
| 吉 林 | Jilin | 107.6 | 108.0 | 106.8 | 107.0 | 106.6 | 107.6 | 108.3 | 110.1 | 111.0 | 112.4 | 113.4 | 113.6 |
| 牡丹江 | Mudanjiang | 107.2 | 107.3 | 107.0 | 106.8 | 105.6 | 107.9 | 108.4 | 107.7 | 108.7 | 109.9 | 109.5 | 109.6 |
| 无 锡 | Wuxi | 98.5 | 99.5 | 99.2 | 98.4 | 97.8 | 98.2 | 99.9 | 103.9 | 105.6 | 106.2 | 107.7 | 107.6 |
| 扬 州 | Yangzhou | 108.8 | 107.4 | 106.0 | 104.8 | 104.8 | 104.4 | 107.0 | 108.0 | 109.8 | 110.8 | 113.3 | 112.8 |
| 徐 州 | Xuzhou | 109.1 | 109.4 | 109.9 | 109.3 | 109.2 | 107.1 | 109.0 | 112.4 | 113.9 | 114.4 | 115.9 | 118.1 |
| 温 州 | Wenzhou | 105.6 | 106.0 | 104.6 | 102.5 | 101.9 | 101.9 | 101.5 | 102.8 | 103.6 | 103.6 | 103.3 | 103.5 |
| 金 华 | Jinhua | 109.9 | 109.5 | 108.5 | 108.7 | 107.1 | 106.1 | 105.8 | 107.1 | 106.4 | 106.5 | 106.4 | 105.9 |
| 蚌 埠 | Bengbu | 109.0 | 106.9 | 107.1 | 105.1 | 102.2 | 100.2 | 101.8 | 104.0 | 105.4 | 105.8 | 107.8 | 109.8 |
| 安 庆 | Anqing | 105.8 | 105.5 | 104.5 | 102.8 | 102.2 | 102.7 | 103.6 | 105.1 | 106.3 | 108.4 | 108.9 | 108.6 |
| 泉 州 | Quanzhou | 101.2 | 101.2 | 100.7 | 100.6 | 100.1 | 100.0 | 100.4 | 101.9 | 102.8 | 101.6 | 102.6 | 102.1 |
| 九 江 | Jiujiang | 110.4 | 108.9 | 107.2 | 106.0 | 104.2 | 104.0 | 103.8 | 104.7 | 106.6 | 106.9 | 109.4 | 110.1 |
| 赣 州 | Ganzhou | 102.3 | 102.8 | 102.5 | 101.8 | 101.5 | 101.0 | 101.2 | 103.0 | 103.7 | 104.0 | 104.2 | 105.4 |
| 烟 台 | Yantai | 108.4 | 107.9 | 107.7 | 108.6 | 108.3 | 108.0 | 110.3 | 111.3 | 111.7 | 112.4 | 111.9 | 113.2 |
| 济 宁 | Jining | 111.2 | 109.6 | 110.1 | 110.4 | 108.8 | 108.5 | 109.0 | 109.3 | 109.5 | 111.1 | 112.8 | 112.9 |
| 洛 阳 | Luoyang | 112.1 | 111.0 | 109.7 | 111.3 | 110.7 | 107.9 | 107.9 | 108.3 | 108.8 | 108.7 | 111.4 | 111.9 |
| 平顶山 | Pingdingshan | 105.9 | 104.4 | 103.9 | 103.8 | 104.8 | 104.3 | 104.2 | 105.9 | 106.6 | 106.8 | 107.9 | 108.5 |
| 宜 昌 | Yichang | 107.1 | 109.0 | 109.7 | 107.6 | 106.5 | 105.9 | 109.4 | 111.0 | 112.8 | 114.5 | 115.1 | 116.7 |
| 襄 阳 | Xiangyang | 110.8 | 109.8 | 109.3 | 108.4 | 107.7 | 106.2 | 107.8 | 111.5 | 112.3 | 115.0 | 115.6 | 115.9 |
| 岳 阳 | Yueyang | 106.2 | 107.7 | 108.1 | 107.4 | 106.5 | 107.0 | 106.8 | 108.8 | 110.7 | 110.5 | 111.4 | 110.9 |
| 常 德 | Changde | 112.3 | 111.6 | 109.8 | 109.9 | 108.6 | 107.3 | 106.5 | 109.0 | 109.5 | 111.0 | 112.7 | 112.8 |
| 惠 州 | Huizhou | 106.2 | 105.8 | 105.0 | 104.9 | 104.6 | 103.7 | 104.7 | 104.7 | 104.8 | 105.2 | 105.0 | 104.4 |
| 湛 江 | Zhanjiang | 107.5 | 106.8 | 106.6 | 105.9 | 104.3 | 103.6 | 103.4 | 105.4 | 106.0 | 107.1 | 106.3 | 106.8 |
| 韶 关 | Shaoguan | 101.5 | 105.8 | 105.2 | 104.1 | 104.1 | 103.9 | 102.5 | 104.4 | 104.6 | 105.1 | 106.6 | 107.4 |
| 桂 林 | Guilin | 108.2 | 108.8 | 108.0 | 108.0 | 107.9 | 107.3 | 107.3 | 107.5 | 107.6 | 109.0 | 109.4 | 109.7 |
| 北 海 | Beihai | 109.7 | 112.4 | 112.8 | 111.3 | 109.5 | 108.7 | 107.3 | 109.5 | 109.5 | 109.4 | 110.2 | 111.2 |
| 三 亚 | Sanya | 118.0 | 118.2 | 115.0 | 118.5 | 119.5 | 121.4 | 125.1 | 123.0 | 121.7 | 119.8 | 117.3 | 116.3 |
| 泸 州 | Luzhou | 104.8 | 105.3 | 106.0 | 106.2 | 107.0 | 106.7 | 107.2 | 109.7 | 112.8 | 114.1 | 114.2 | 113.1 |
| 南 充 | Nanchong | 110.2 | 110.3 | 110.1 | 109.9 | 112.0 | 110.9 | 111.0 | 113.2 | 114.1 | 114.8 | 114.0 | 113.5 |
| 遵 义 | Zunyi | 107.4 | 108.3 | 108.0 | 109.2 | 109.5 | 110.3 | 109.4 | 110.4 | 111.4 | 112.2 | 113.7 | 114.1 |
| 大 理 | Dali | 110.5 | 109.9 | 110.8 | 111.8 | 111.2 | 111.8 | 112.8 | 113.8 | 114.9 | 116.3 | 118.5 | 117.9 |

# 4-2-3 2018年70个大中城市90㎡-144㎡新建商品住宅销售价格指数

# Housing Price Indices of 90㎡-144㎡ Newly Constructed Commercial Residential Buildings in 70 Large and Medium-Sized Cities 2018

(以上年同月价格为100) (Same Month of Preceding Year=100)

| 城 市 | City | 1月 | 2月 | 3月 | 4月 | 5月 | 6月 | 7月 | 8月 | 9月 | 10月 | 11月 | 12月 |
|---|---|---|---|---|---|---|---|---|---|---|---|---|---|
| 北 京 | Beijing | 99.0 | 100.1 | 99.8 | 99.8 | 100.0 | 100.1 | 100.4 | 100.5 | 100.9 | 101.4 | 101.2 | 101.7 |
| 天 津 | Tianjin | 98.9 | 100.1 | 99.9 | 100.3 | 100.3 | 101.0 | 101.2 | 101.3 | 101.6 | 101.6 | 101.6 | 101.4 |
| 石家庄 | Shijiazhuang | 102.9 | 102.9 | 102.7 | 103.3 | 104.6 | 104.5 | 106.2 | 107.5 | 108.2 | 111.7 | 112.6 | 115.6 |
| 太 原 | Taiyuan | 108.7 | 108.8 | 109.1 | 109.5 | 108.9 | 108.1 | 108.7 | 110.6 | 110.9 | 109.9 | 111.0 | 110.9 |
| 呼和浩特 | Hohhot | 105.9 | 107.1 | 107.1 | 107.4 | 109.1 | 109.6 | 111.9 | 114.2 | 117.3 | 117.6 | 120.0 | 121.1 |
| 沈 阳 | Shenyang | 112.0 | 112.1 | 111.4 | 110.3 | 109.7 | 109.4 | 110.0 | 111.0 | 112.0 | 113.4 | 113.3 | 113.1 |
| 大 连 | Dalian | 111.8 | 111.0 | 111.8 | 111.3 | 112.0 | 113.4 | 113.2 | 113.7 | 114.3 | 114.7 | 114.8 | 114.9 |
| 长 春 | Changchun | 109.4 | 108.7 | 109.4 | 108.9 | 108.9 | 109.1 | 109.6 | 109.8 | 108.7 | 109.1 | 110.3 | 110.5 |
| 哈尔滨 | Harbin | 112.0 | 110.7 | 110.6 | 111.7 | 109.9 | 109.9 | 111.3 | 112.2 | 112.6 | 112.9 | 113.8 | 113.4 |
| 上 海 | Shanghai | 99.7 | 99.1 | 98.8 | 99.2 | 99.0 | 99.1 | 99.0 | 99.3 | 98.9 | 98.4 | 98.6 | 99.0 |
| 南 京 | Nanjing | 97.9 | 98.4 | 97.9 | 97.9 | 98.0 | 98.0 | 97.8 | 98.2 | 98.6 | 99.0 | 100.9 | 100.9 |
| 杭 州 | Hangzhou | 98.4 | 99.1 | 99.1 | 99.1 | 99.7 | 99.8 | 100.4 | 101.1 | 101.5 | 103.0 | 104.0 | 104.9 |
| 宁 波 | Ningbo | 105.4 | 105.6 | 105.1 | 105.7 | 104.9 | 104.3 | 104.7 | 106.6 | 106.9 | 106.6 | 106.2 | 106.0 |
| 合 肥 | Hefei | 100.0 | 99.7 | 99.6 | 99.0 | 99.1 | 99.3 | 99.8 | 101.4 | 102.4 | 103.2 | 103.4 | 103.9 |
| 福 州 | Fuzhou | 96.7 | 98.3 | 97.7 | 98.1 | 96.3 | 98.4 | 99.8 | 101.8 | 103.3 | 104.3 | 106.1 | 106.8 |
| 厦 门 | Xiamen | 102.4 | 102.6 | 100.4 | 100.8 | 101.4 | 100.9 | 100.8 | 100.5 | 100.9 | 100.7 | 99.7 | 99.7 |
| 南 昌 | Nanchang | 106.2 | 105.4 | 104.8 | 104.4 | 104.3 | 105.8 | 107.2 | 107.9 | 108.1 | 108.2 | 108.6 | 109.3 |
| 济 南 | Jinan | 101.0 | 100.9 | 100.6 | 100.2 | 100.1 | 103.4 | 105.9 | 109.2 | 111.8 | 112.6 | 114.6 | 115.4 |
| 青 岛 | Qingdao | 103.6 | 103.8 | 102.8 | 102.7 | 104.0 | 106.3 | 107.8 | 109.4 | 109.6 | 109.7 | 111.5 | 112.9 |
| 郑 州 | Zhengzhou | 98.8 | 99.5 | 99.3 | 99.2 | 100.9 | 102.5 | 104.1 | 106.0 | 106.2 | 107.7 | 109.0 | 109.0 |
| 武 汉 | Wuhan | 101.0 | 101.6 | 101.5 | 101.1 | 101.7 | 102.3 | 103.2 | 104.7 | 104.9 | 107.5 | 109.2 | 110.2 |
| 长 沙 | Changsha | 105.3 | 104.9 | 104.3 | 103.5 | 105.1 | 106.5 | 108.2 | 109.9 | 110.4 | 110.1 | 110.5 | 110.8 |
| 广 州 | Guangzhou | 103.4 | 102.5 | 100.3 | 98.6 | 99.3 | 100.4 | 100.5 | 102.5 | 103.5 | 104.4 | 104.7 | 108.1 |
| 深 圳 | Shenzhen | 96.3 | 98.7 | 98.6 | 98.4 | 98.2 | 98.1 | 98.6 | 100.0 | 99.8 | 99.6 | 99.8 | 100.2 |
| 南 宁 | Nanning | 106.6 | 107.3 | 106.8 | 105.6 | 104.8 | 105.5 | 105.4 | 106.4 | 106.7 | 106.2 | 106.2 | 108.1 |
| 海 口 | Haikou | 109.0 | 109.9 | 109.2 | 112.5 | 115.6 | 118.5 | 121.0 | 123.0 | 123.5 | 124.4 | 122.7 | 122.1 |
| 重 庆 | Chongqing | 106.6 | 107.2 | 106.7 | 106.2 | 106.7 | 107.0 | 107.8 | 108.3 | 109.4 | 109.8 | 110.2 | 110.1 |
| 成 都 | Chengdu | 100.4 | 99.7 | 100.4 | 100.2 | 102.8 | 104.9 | 106.4 | 107.0 | 107.3 | 108.9 | 110.3 | 111.5 |
| 贵 阳 | Guiyang | 111.0 | 111.4 | 110.8 | 110.6 | 109.9 | 110.1 | 111.2 | 112.3 | 113.6 | 117.5 | 119.0 | 118.3 |
| 昆 明 | Kunming | 110.4 | 112.2 | 112.3 | 111.7 | 112.2 | 113.7 | 115.3 | 116.4 | 118.0 | 119.1 | 118.5 | 116.1 |
| 西 安 | Xi'an | 112.1 | 111.7 | 111.3 | 111.2 | 111.3 | 110.5 | 110.6 | 113.3 | 120.0 | 121.3 | 122.1 | 122.0 |
| 兰 州 | Lanzhou | 105.7 | 106.0 | 105.8 | 105.6 | 105.9 | 105.9 | 106.0 | 107.6 | 108.4 | 109.6 | 109.5 | 109.6 |
| 西 宁 | Xining | 106.0 | 106.3 | 106.2 | 105.6 | 105.0 | 107.4 | 107.4 | 108.7 | 110.5 | 111.6 | 111.8 | 112.0 |
| 银 川 | Yinchuan | 104.0 | 104.7 | 105.5 | 105.7 | 105.9 | 107.2 | 107.7 | 109.0 | 109.3 | 109.4 | 108.7 | 108.9 |
| 乌鲁木齐 | Urumqi | 108.1 | 109.6 | 110.0 | 110.7 | 111.9 | 112.9 | 112.6 | 113.6 | 113.3 | 113.0 | 111.6 | 110.4 |

4-2-3 续表 Continued

(以上年同月价格为100)

(Same Month of Preceding Year=100)

| 城市 | City | 1月 | 2月 | 3月 | 4月 | 5月 | 6月 | 7月 | 8月 | 9月 | 10月 | 11月 | 12月 |
|---|---|---|---|---|---|---|---|---|---|---|---|---|---|
| 唐山 | Tangshan | 107.0 | 106.5 | 107.0 | 105.2 | 105.3 | 106.3 | 108.0 | 111.0 | 112.7 | 113.5 | 114.2 | 114.0 |
| 秦皇岛 | Qinhuangdao | 105.9 | 106.6 | 107.5 | 107.2 | 107.2 | 108.0 | 108.1 | 110.4 | 112.8 | 114.6 | 115.9 | 118.0 |
| 包头 | Baotou | 103.0 | 105.2 | 105.9 | 106.1 | 106.6 | 107.5 | 109.0 | 110.9 | 111.2 | 112.2 | 111.9 | 110.9 |
| 丹东 | Dandong | 104.2 | 102.7 | 103.3 | 105.3 | 111.4 | 114.3 | 114.4 | 114.6 | 115.1 | 116.4 | 115.9 | 117.6 |
| 锦州 | Jinzhou | 100.5 | 103.3 | 103.5 | 104.0 | 104.4 | 104.3 | 104.3 | 104.6 | 106.3 | 108.0 | 109.7 | 112.2 |
| 吉林 | Jilin | 108.1 | 107.0 | 106.9 | 106.3 | 105.4 | 105.6 | 106.5 | 108.2 | 108.5 | 109.5 | 110.6 | 111.0 |
| 牡丹江 | Mudanjiang | 107.4 | 106.5 | 106.4 | 106.5 | 105.9 | 107.7 | 109.0 | 110.1 | 112.1 | 113.5 | 113.3 | 112.8 |
| 无锡 | Wuxi | 98.0 | 98.9 | 98.5 | 98.3 | 97.7 | 97.4 | 99.0 | 102.5 | 102.6 | 103.1 | 104.3 | 103.7 |
| 扬州 | Yangzhou | 108.6 | 108.5 | 107.6 | 107.1 | 106.1 | 105.6 | 108.0 | 109.1 | 110.5 | 111.1 | 113.5 | 113.5 |
| 徐州 | Xuzhou | 108.3 | 109.7 | 110.0 | 109.7 | 109.4 | 108.2 | 110.1 | 113.3 | 114.2 | 116.0 | 116.9 | 117.5 |
| 温州 | Wenzhou | 106.8 | 107.0 | 106.6 | 105.3 | 103.9 | 103.4 | 102.8 | 103.2 | 103.0 | 102.7 | 102.0 | 101.6 |
| 金华 | Jinhua | 109.5 | 109.7 | 108.3 | 107.8 | 107.1 | 106.4 | 106.2 | 107.0 | 106.6 | 105.7 | 105.0 | 104.6 |
| 蚌埠 | Bengbu | 108.5 | 108.1 | 107.1 | 104.7 | 101.2 | 98.7 | 99.3 | 101.6 | 103.8 | 105.4 | 106.4 | 106.9 |
| 安庆 | Anqing | 105.7 | 105.4 | 103.9 | 102.5 | 102.5 | 103.3 | 104.4 | 106.3 | 106.7 | 108.8 | 109.2 | 109.4 |
| 泉州 | Quanzhou | 100.2 | 99.5 | 98.7 | 98.9 | 98.9 | 98.4 | 98.6 | 99.5 | 100.3 | 100.5 | 100.7 | 100.3 |
| 九江 | Jiujiang | 108.1 | 107.0 | 106.2 | 105.1 | 104.3 | 104.1 | 104.5 | 105.9 | 106.7 | 107.1 | 108.6 | 109.5 |
| 赣州 | Ganzhou | 100.5 | 101.0 | 101.0 | 101.0 | 101.3 | 101.7 | 102.0 | 103.7 | 104.4 | 105.4 | 106.5 | 107.7 |
| 烟台 | Yantai | 111.0 | 109.6 | 109.2 | 109.7 | 109.1 | 108.9 | 111.0 | 111.8 | 111.7 | 112.3 | 112.7 | 113.9 |
| 济宁 | Jining | 110.5 | 109.3 | 108.8 | 108.4 | 107.6 | 107.7 | 108.7 | 109.5 | 109.2 | 110.7 | 112.4 | 112.9 |
| 洛阳 | Luoyang | 108.3 | 109.0 | 108.0 | 107.6 | 106.5 | 103.9 | 104.7 | 104.5 | 106.6 | 107.9 | 109.8 | 110.8 |
| 平顶山 | Pingdingshan | 108.1 | 109.2 | 108.8 | 108.6 | 108.2 | 106.5 | 107.3 | 107.0 | 107.7 | 107.2 | 107.6 | 107.4 |
| 宜昌 | Yichang | 108.8 | 108.6 | 108.3 | 106.2 | 105.4 | 105.7 | 108.6 | 109.8 | 111.2 | 111.5 | 111.4 | 111.9 |
| 襄阳 | Xiangyang | 105.8 | 106.1 | 105.9 | 105.9 | 105.0 | 103.9 | 105.5 | 107.9 | 107.8 | 110.7 | 111.9 | 113.6 |
| 岳阳 | Yueyang | 111.0 | 109.2 | 108.8 | 108.4 | 108.3 | 107.2 | 107.1 | 108.6 | 108.7 | 108.4 | 108.1 | 106.9 |
| 常德 | Changde | 109.2 | 107.3 | 106.6 | 106.8 | 106.1 | 105.0 | 103.8 | 105.6 | 107.2 | 108.6 | 109.3 | 110.3 |
| 惠州 | Huizhou | 103.9 | 104.7 | 103.4 | 102.6 | 102.1 | 102.0 | 102.1 | 102.9 | 102.8 | 103.1 | 102.7 | 102.4 |
| 湛江 | Zhanjiang | 108.5 | 108.4 | 108.7 | 107.6 | 104.6 | 104.6 | 104.8 | 106.0 | 107.2 | 108.7 | 107.5 | 107.8 |
| 韶关 | Shaoguan | 104.8 | 108.6 | 106.9 | 105.1 | 104.1 | 103.7 | 102.4 | 103.6 | 103.6 | 103.7 | 104.6 | 104.4 |
| 桂林 | Guilin | 106.7 | 108.9 | 108.9 | 108.1 | 107.3 | 107.1 | 105.9 | 105.0 | 105.4 | 105.4 | 106.9 | 107.4 |
| 北海 | Beihai | 112.0 | 112.1 | 111.9 | 111.1 | 108.3 | 107.2 | 106.1 | 108.6 | 109.4 | 111.0 | 111.9 | 112.7 |
| 三亚 | Sanya | 118.6 | 118.7 | 118.1 | 120.1 | 120.9 | 123.6 | 124.2 | 121.5 | 119.9 | 118.4 | 117.0 | 116.5 |
| 泸州 | Luzhou | 107.1 | 107.5 | 107.1 | 106.9 | 107.3 | 108.0 | 108.1 | 110.4 | 113.2 | 114.1 | 113.5 | 111.1 |
| 南充 | Nanchong | 109.6 | 110.9 | 110.0 | 110.1 | 110.2 | 110.4 | 111.0 | 113.1 | 114.4 | 115.4 | 115.1 | 114.4 |
| 遵义 | Zunyi | 108.6 | 108.5 | 109.3 | 109.0 | 109.7 | 109.7 | 110.1 | 110.8 | 111.2 | 112.7 | 114.2 | 113.6 |
| 大理 | Dali | 104.2 | 106.1 | 107.6 | 108.3 | 108.4 | 109.6 | 112.2 | 113.7 | 114.9 | 116.9 | 119.9 | 120.0 |

# 4-2-4 2018年70个大中城市144㎡以上新建商品住宅销售价格指数

# Housing Price Indices of Above 144㎡ Newly Constructed Commercial Residential Buildings in 70 Large and Medium-Sized Cities 2018

(以上年同月价格为100) (Same Month of Preceding Year=100)

| 城市 | City | 1月 | 2月 | 3月 | 4月 | 5月 | 6月 | 7月 | 8月 | 9月 | 10月 | 11月 | 12月 |
|---|---|---|---|---|---|---|---|---|---|---|---|---|---|
| 北京 | Beijing | 98.0 | 98.7 | 98.3 | 98.3 | 98.6 | 99.2 | 99.5 | 99.6 | 99.7 | 100.2 | 101.5 | 103.1 |
| 天津 | Tianjin | 101.5 | 101.1 | 100.6 | 100.4 | 101.5 | 101.6 | 101.1 | 102.2 | 102.9 | 102.2 | 102.1 | 101.9 |
| 石家庄 | Shijiazhuang | 101.8 | 102.4 | 101.8 | 101.2 | 102.7 | 102.4 | 104.0 | 104.1 | 104.9 | 108.2 | 110.9 | 113.1 |
| 太原 | Taiyuan | 106.4 | 105.7 | 105.7 | 105.4 | 105.6 | 105.3 | 106.3 | 108.2 | 108.9 | 109.7 | 110.8 | 111.6 |
| 呼和浩特 | Hohhot | 108.9 | 108.5 | 108.7 | 109.3 | 110.1 | 111.3 | 111.9 | 113.4 | 116.0 | 118.1 | 119.4 | 121.5 |
| 沈阳 | Shenyang | 109.1 | 111.6 | 111.3 | 110.2 | 109.9 | 110.2 | 110.1 | 111.3 | 112.0 | 112.8 | 112.7 | 113.0 |
| 大连 | Dalian | 108.0 | 109.3 | 108.7 | 109.2 | 109.8 | 110.6 | 111.6 | 112.4 | 112.2 | 112.9 | 114.0 | 113.7 |
| 长春 | Changchun | 106.6 | 106.4 | 106.2 | 106.7 | 107.2 | 108.0 | 108.1 | 109.1 | 109.0 | 110.2 | 112.5 | 113.0 |
| 哈尔滨 | Harbin | 109.2 | 110.8 | 111.5 | 112.5 | 113.2 | 112.7 | 115.0 | 115.9 | 116.6 | 116.5 | 116.8 | 116.9 |
| 上海 | Shanghai | 99.8 | 99.4 | 100.4 | 100.3 | 100.1 | 100.2 | 100.1 | 100.0 | 100.4 | 100.5 | 101.3 | 101.6 |
| 南京 | Nanjing | 97.1 | 97.2 | 97.4 | 97.9 | 98.2 | 97.8 | 97.6 | 97.9 | 98.5 | 99.1 | 100.8 | 100.0 |
| 杭州 | Hangzhou | 99.4 | 99.8 | 99.9 | 100.0 | 99.7 | 100.2 | 100.8 | 101.8 | 102.4 | 103.6 | 104.4 | 105.3 |
| 宁波 | Ningbo | 106.8 | 106.1 | 105.3 | 104.8 | 104.0 | 103.7 | 104.5 | 106.0 | 106.6 | 106.5 | 106.5 | 105.4 |
| 合肥 | Hefei | 100.4 | 101.6 | 100.7 | 101.3 | 101.1 | 100.9 | 101.0 | 103.6 | 105.1 | 105.3 | 105.7 | 104.9 |
| 福州 | Fuzhou | 100.7 | 99.5 | 99.9 | 99.7 | 99.8 | 102.7 | 103.8 | 107.3 | 109.2 | 109.9 | 112.1 | 112.4 |
| 厦门 | Xiamen | 102.3 | 101.1 | 99.4 | 99.6 | 100.5 | 100.0 | 99.5 | 99.5 | 99.5 | 100.5 | 100.3 | 100.0 |
| 南昌 | Nanchang | 103.8 | 104.2 | 103.2 | 103.4 | 101.9 | 103.3 | 105.3 | 106.2 | 107.2 | 107.4 | 108.5 | 109.5 |
| 济南 | Jinan | 101.3 | 103.7 | 102.9 | 102.3 | 102.6 | 106.7 | 110.4 | 113.6 | 114.7 | 116.0 | 117.7 | 116.9 |
| 青岛 | Qingdao | 104.8 | 104.9 | 104.8 | 104.3 | 106.5 | 108.4 | 110.1 | 110.7 | 111.2 | 111.3 | 112.2 | 113.4 |
| 郑州 | Zhengzhou | 97.7 | 98.5 | 99.1 | 100.9 | 104.4 | 106.3 | 107.9 | 110.2 | 110.3 | 110.8 | 111.0 | 110.7 |
| 武汉 | Wuhan | 99.9 | 100.5 | 100.5 | 99.0 | 100.3 | 102.3 | 103.1 | 104.9 | 105.9 | 108.8 | 110.6 | 111.7 |
| 长沙 | Changsha | 105.4 | 105.0 | 104.0 | 103.2 | 103.3 | 105.8 | 108.7 | 110.5 | 111.3 | 110.5 | 110.6 | 110.5 |
| 广州 | Guangzhou | 103.6 | 103.2 | 100.8 | 99.6 | 100.4 | 102.1 | 102.3 | 103.9 | 104.9 | 104.9 | 104.9 | 108.7 |
| 深圳 | Shenzhen | 96.2 | 97.3 | 97.7 | 98.2 | 98.8 | 99.4 | 100.6 | 101.7 | 101.1 | 100.4 | 100.5 | 100.6 |
| 南宁 | Nanning | 110.5 | 110.3 | 108.9 | 108.1 | 107.1 | 108.1 | 107.4 | 108.6 | 108.9 | 108.8 | 108.1 | 109.6 |
| 海口 | Haikou | 109.1 | 110.9 | 111.0 | 111.4 | 113.9 | 117.5 | 118.2 | 121.2 | 120.9 | 121.0 | 124.6 | 123.1 |
| 重庆 | Chongqing | 108.0 | 107.8 | 107.8 | 107.4 | 107.2 | 108.1 | 108.0 | 109.1 | 109.8 | 110.4 | 110.2 | 110.4 |
| 成都 | Chengdu | 102.7 | 101.0 | 100.0 | 100.3 | 103.2 | 105.5 | 106.6 | 108.5 | 109.6 | 110.0 | 111.7 | 112.4 |
| 贵阳 | Guiyang | 109.5 | 109.0 | 109.2 | 108.3 | 108.1 | 109.2 | 110.5 | 111.7 | 113.5 | 117.7 | 118.6 | 117.8 |
| 昆明 | Kunming | 111.6 | 110.2 | 109.8 | 108.8 | 109.2 | 110.7 | 113.7 | 114.9 | 117.6 | 119.2 | 118.9 | 118.2 |
| 西安 | Xi'an | 110.3 | 111.4 | 112.0 | 112.5 | 111.8 | 111.0 | 111.2 | 114.0 | 120.1 | 119.6 | 120.8 | 122.6 |
| 兰州 | Lanzhou | 104.0 | 104.2 | 103.9 | 104.1 | 104.2 | 104.6 | 105.9 | 106.8 | 108.5 | 109.6 | 110.0 | 109.4 |
| 西宁 | Xining | 104.4 | 105.5 | 105.0 | 104.3 | 104.9 | 106.8 | 107.4 | 108.6 | 109.9 | 110.9 | 110.6 | 111.9 |
| 银川 | Yinchuan | 104.5 | 106.7 | 107.0 | 107.3 | 106.7 | 107.0 | 108.0 | 108.9 | 110.0 | 110.6 | 110.0 | 110.2 |
| 乌鲁木齐 | Urumqi | 105.6 | 106.1 | 106.8 | 107.4 | 107.3 | 107.6 | 108.1 | 108.0 | 107.9 | 108.1 | 107.8 | 108.5 |

4-2-4 续表 Continued

(以上年同月价格为100) (Same Month of Preceding Year=100)

| 城　市 | City | 1月 | 2月 | 3月 | 4月 | 5月 | 6月 | 7月 | 8月 | 9月 | 10月 | 11月 | 12月 |
|---|---|---|---|---|---|---|---|---|---|---|---|---|---|
| 唐　山 | Tangshan | 107.8 | 107.3 | 106.6 | 105.3 | 104.9 | 104.5 | 106.1 | 108.7 | 111.3 | 113.4 | 113.4 | 112.3 |
| 秦皇岛 | Qinhuangdao | 104.1 | 105.8 | 105.5 | 105.5 | 104.4 | 105.5 | 107.1 | 110.7 | 113.8 | 115.8 | 115.5 | 116.5 |
| 包　头 | Baotou | 102.7 | 109.5 | 109.1 | 108.8 | 108.2 | 108.9 | 110.6 | 112.7 | 112.8 | 114.4 | 113.0 | 111.0 |
| 丹　东 | Dandong | 103.4 | 104.1 | 103.9 | 105.5 | 111.3 | 114.6 | 114.2 | 114.4 | 116.0 | 115.9 | 117.0 | 117.6 |
| 锦　州 | Jinzhou | 99.9 | 105.7 | 106.7 | 107.4 | 107.2 | 107.1 | 107.8 | 107.2 | 108.2 | 110.3 | 110.3 | 111.7 |
| 吉　林 | Jilin | 109.4 | 107.4 | 107.0 | 107.3 | 107.5 | 109.8 | 109.3 | 111.1 | 111.4 | 112.2 | 114.1 | 115.2 |
| 牡丹江 | Mudanjiang | 102.5 | 104.9 | 104.7 | 104.9 | 105.3 | 108.0 | 109.1 | 109.9 | 111.7 | 112.7 | 112.8 | 112.2 |
| 无　锡 | Wuxi | 94.9 | 98.1 | 97.5 | 97.2 | 97.4 | 98.4 | 99.2 | 103.2 | 104.3 | 105.7 | 106.6 | 106.6 |
| 扬　州 | Yangzhou | 111.2 | 110.3 | 109.4 | 107.2 | 106.1 | 105.7 | 108.6 | 109.1 | 110.1 | 111.4 | 112.9 | 113.2 |
| 徐　州 | Xuzhou | 107.3 | 110.4 | 110.1 | 108.6 | 107.7 | 106.9 | 109.2 | 112.5 | 113.0 | 114.1 | 115.8 | 117.8 |
| 温　州 | Wenzhou | 108.9 | 108.0 | 107.8 | 106.3 | 104.4 | 103.7 | 102.1 | 103.5 | 103.7 | 102.9 | 101.6 | 101.1 |
| 金　华 | Jinhua | 108.4 | 108.2 | 107.6 | 106.8 | 106.7 | 106.3 | 106.4 | 106.6 | 106.3 | 105.9 | 104.4 | 103.0 |
| 蚌　埠 | Bengbu | 104.0 | 104.3 | 104.5 | 102.5 | 100.5 | 100.0 | 100.0 | 102.7 | 104.5 | 106.2 | 106.2 | 107.3 |
| 安　庆 | Anqing | 105.0 | 104.7 | 102.9 | 101.8 | 100.8 | 101.8 | 102.0 | 104.1 | 105.6 | 107.4 | 108.4 | 107.7 |
| 泉　州 | Quanzhou | 99.3 | 100.0 | 100.4 | 101.4 | 102.0 | 101.8 | 101.7 | 102.9 | 103.6 | 103.1 | 104.3 | 103.0 |
| 九　江 | Jiujiang | 107.5 | 108.3 | 107.6 | 107.1 | 106.4 | 106.0 | 107.4 | 107.7 | 108.1 | 108.8 | 110.1 | 111.0 |
| 赣　州 | Ganzhou | 102.2 | 103.8 | 104.1 | 103.6 | 104.0 | 104.1 | 104.3 | 105.3 | 106.7 | 107.9 | 107.6 | 109.1 |
| 烟　台 | Yantai | 106.2 | 107.4 | 107.1 | 107.4 | 107.2 | 107.1 | 109.1 | 109.8 | 110.7 | 111.4 | 112.1 | 112.9 |
| 济　宁 | Jining | 107.8 | 108.3 | 107.4 | 106.9 | 105.7 | 105.3 | 105.0 | 106.8 | 106.9 | 108.6 | 110.3 | 111.9 |
| 洛　阳 | Luoyang | 108.2 | 108.3 | 107.5 | 106.7 | 105.7 | 104.7 | 104.2 | 104.7 | 106.0 | 107.7 | 109.9 | 111.0 |
| 平顶山 | Pingdingshan | 104.8 | 107.0 | 106.0 | 106.2 | 108.1 | 107.3 | 106.5 | 107.0 | 108.7 | 109.4 | 108.7 | 109.6 |
| 宜　昌 | Yichang | 106.0 | 107.9 | 107.8 | 107.6 | 106.5 | 105.3 | 108.1 | 110.3 | 111.2 | 112.3 | 112.0 | 113.4 |
| 襄　阳 | Xiangyang | 106.1 | 105.7 | 105.7 | 105.0 | 104.4 | 103.0 | 105.2 | 107.9 | 108.6 | 111.2 | 111.8 | 113.9 |
| 岳　阳 | Yueyang | 102.5 | 108.2 | 108.3 | 108.0 | 108.7 | 108.2 | 108.3 | 110.0 | 111.1 | 111.4 | 111.2 | 110.3 |
| 常　德 | Changde | 109.0 | 106.0 | 104.0 | 103.9 | 104.0 | 103.2 | 101.8 | 103.7 | 104.4 | 107.4 | 108.2 | 108.0 |
| 惠　州 | Huizhou | 101.6 | 102.4 | 101.2 | 101.3 | 100.5 | 101.3 | 101.9 | 102.6 | 103.8 | 104.6 | 105.3 | 106.4 |
| 湛　江 | Zhanjiang | 109.1 | 109.2 | 109.5 | 109.2 | 106.5 | 106.6 | 106.9 | 108.6 | 108.8 | 110.2 | 108.6 | 109.1 |
| 韶　关 | Shaoguan | 104.4 | 105.8 | 104.9 | 104.5 | 104.1 | 105.7 | 105.3 | 107.2 | 107.5 | 108.2 | 108.1 | 106.4 |
| 桂　林 | Guilin | 107.6 | 108.0 | 107.7 | 106.5 | 107.7 | 107.5 | 107.1 | 107.5 | 110.0 | 110.2 | 110.5 | 109.3 |
| 北　海 | Beihai | 109.5 | 111.1 | 109.7 | 107.7 | 105.7 | 104.5 | 105.3 | 108.5 | 110.0 | 111.2 | 112.1 | 113.1 |
| 三　亚 | Sanya | 121.6 | 120.0 | 118.0 | 118.9 | 118.2 | 120.8 | 121.2 | 117.9 | 115.8 | 115.0 | 114.1 | 113.8 |
| 泸　州 | Luzhou | 109.1 | 106.9 | 105.7 | 106.2 | 107.6 | 108.6 | 109.0 | 111.0 | 112.3 | 113.9 | 113.8 | 112.9 |
| 南　充 | Nanchong | 112.2 | 112.2 | 111.5 | 110.1 | 111.2 | 110.2 | 109.4 | 111.9 | 113.4 | 113.1 | 112.1 | 112.3 |
| 遵　义 | Zunyi | 104.7 | 110.3 | 111.4 | 111.9 | 112.3 | 112.8 | 111.4 | 112.2 | 113.0 | 113.5 | 114.4 | 114.4 |
| 大　理 | Dali | 106.7 | 106.4 | 107.3 | 107.7 | 109.2 | 109.4 | 110.0 | 111.7 | 112.6 | 114.9 | 117.2 | 118.1 |

# 4-2-5 2018年70个大中城市二手住宅销售价格指数
# Housing Price Indices of Second-Hand Residential Buildings in 70 Large and Medium-Sized Cities 2018

(以上年同月价格为100) (Same Month of Preceding Year=100)

| 城市 | City | 1月 | 2月 | 3月 | 4月 | 5月 | 6月 | 7月 | 8月 | 9月 | 10月 | 11月 | 12月 |
|---|---|---|---|---|---|---|---|---|---|---|---|---|---|
| 北京 | Beijing | 96.9 | 95.4 | 93.2 | 93.1 | 94.3 | 95.4 | 96.5 | 97.4 | 97.8 | 98.0 | 97.9 | 98.1 |
| 天津 | Tianjin | 98.2 | 100.2 | 98.8 | 99.4 | 101.3 | 103.6 | 104.1 | 105.8 | 106.1 | 106.4 | 106.2 | 106.0 |
| 石家庄 | Shijiazhuang | 99.8 | 100.0 | 99.6 | 99.6 | 100.9 | 101.8 | 103.9 | 105.0 | 105.2 | 104.6 | 104.4 | 104.6 |
| 太原 | Taiyuan | 108.3 | 107.2 | 108.3 | 108.7 | 109.0 | 108.8 | 109.5 | 110.1 | 111.0 | 110.5 | 110.9 | 109.9 |
| 呼和浩特 | Hohhot | 102.8 | 103.6 | 104.0 | 104.5 | 105.2 | 106.0 | 108.1 | 110.6 | 112.6 | 114.0 | 116.9 | 117.9 |
| 沈阳 | Shenyang | 107.3 | 107.3 | 106.7 | 105.9 | 105.4 | 105.7 | 106.0 | 106.3 | 107.1 | 107.3 | 107.7 | 107.7 |
| 大连 | Dalian | 105.9 | 106.5 | 106.5 | 106.3 | 106.3 | 106.7 | 107.4 | 108.2 | 108.9 | 108.4 | 108.9 | 108.7 |
| 长春 | Changchun | 105.5 | 105.8 | 105.7 | 105.7 | 106.3 | 107.7 | 107.8 | 108.8 | 108.9 | 109.7 | 110.0 | 110.1 |
| 哈尔滨 | Harbin | 106.6 | 107.6 | 108.5 | 109.1 | 109.0 | 108.5 | 110.2 | 110.6 | 111.3 | 110.8 | 111.1 | 110.9 |
| 上海 | Shanghai | 100.8 | 100.2 | 98.9 | 98.0 | 97.7 | 97.5 | 97.8 | 97.9 | 97.9 | 97.4 | 97.5 | 97.3 |
| 南京 | Nanjing | 97.6 | 98.3 | 99.0 | 99.9 | 99.7 | 99.2 | 99.3 | 99.6 | 100.2 | 100.4 | 101.0 | 101.1 |
| 杭州 | Hangzhou | 106.9 | 106.7 | 106.5 | 106.6 | 106.7 | 106.7 | 106.8 | 106.8 | 106.2 | 105.4 | 104.6 | 104.6 |
| 宁波 | Ningbo | 107.2 | 107.2 | 107.4 | 107.1 | 106.7 | 105.8 | 106.2 | 106.7 | 106.9 | 106.2 | 105.5 | 104.8 |
| 合肥 | Hefei | 99.3 | 100.0 | 100.1 | 100.5 | 100.6 | 101.6 | 101.3 | 101.9 | 102.7 | 103.2 | 103.1 | 103.1 |
| 福州 | Fuzhou | 104.9 | 103.8 | 102.0 | 101.1 | 99.8 | 99.0 | 99.7 | 100.1 | 99.9 | 100.4 | 100.0 | 99.7 |
| 厦门 | Xiamen | 102.2 | 99.6 | 94.5 | 94.8 | 94.9 | 95.2 | 95.0 | 95.1 | 95.1 | 94.7 | 94.3 | 94.4 |
| 南昌 | Nanchang | 103.1 | 102.4 | 102.5 | 102.6 | 103.0 | 103.4 | 105.0 | 106.4 | 107.2 | 108.2 | 109.6 | 110.5 |
| 济南 | Jinan | 102.3 | 101.8 | 100.8 | 99.9 | 99.8 | 100.0 | 102.7 | 106.3 | 107.8 | 108.6 | 109.4 | 110.1 |
| 青岛 | Qingdao | 110.6 | 108.0 | 107.7 | 107.7 | 107.5 | 107.2 | 108.8 | 110.4 | 110.9 | 111.4 | 111.9 | 111.2 |
| 郑州 | Zhengzhou | 99.7 | 99.1 | 98.5 | 97.7 | 97.6 | 97.8 | 98.7 | 100.1 | 100.6 | 101.0 | 101.0 | 101.0 |
| 武汉 | Wuhan | 108.8 | 108.2 | 107.0 | 105.7 | 106.7 | 105.6 | 105.8 | 106.3 | 106.3 | 106.7 | 107.5 | 107.9 |
| 长沙 | Changsha | 110.6 | 110.3 | 108.4 | 104.6 | 104.0 | 104.6 | 107.0 | 108.0 | 107.9 | 108.0 | 108.0 | 108.0 |
| 广州 | Guangzhou | 107.6 | 105.5 | 102.4 | 101.8 | 102.3 | 101.7 | 101.9 | 102.5 | 102.5 | 102.7 | 102.3 | 102.3 |
| 深圳 | Shenzhen | 102.6 | 104.7 | 105.0 | 104.4 | 105.0 | 105.6 | 105.6 | 106.9 | 107.0 | 105.9 | 105.5 | 104.8 |
| 南宁 | Nanning | 107.0 | 107.2 | 107.1 | 106.2 | 105.4 | 104.3 | 103.0 | 104.2 | 104.4 | 104.4 | 104.7 | 106.7 |
| 海口 | Haikou | 100.6 | 100.7 | 101.3 | 102.3 | 103.5 | 104.8 | 108.2 | 110.7 | 111.1 | 111.4 | 111.8 | 111.5 |
| 重庆 | Chongqing | 108.0 | 107.7 | 107.2 | 107.1 | 107.2 | 107.1 | 107.2 | 108.2 | 108.5 | 108.7 | 108.9 | 109.2 |
| 成都 | Chengdu | 103.5 | 103.2 | 102.0 | 101.1 | 101.6 | 101.9 | 103.2 | 104.5 | 104.7 | 104.6 | 105.1 | 105.8 |
| 贵阳 | Guiyang | 104.9 | 105.4 | 105.4 | 105.0 | 104.9 | 105.5 | 107.1 | 108.5 | 110.9 | 112.6 | 112.8 | 112.6 |
| 昆明 | Kunming | 106.4 | 107.8 | 107.3 | 106.9 | 107.8 | 108.1 | 110.3 | 112.0 | 114.4 | 115.5 | 115.3 | 115.4 |
| 西安 | Xi'an | 108.9 | 108.3 | 108.4 | 109.4 | 109.5 | 109.5 | 109.7 | 111.3 | 114.1 | 115.7 | 115.9 | 115.0 |
| 兰州 | Lanzhou | 103.5 | 104.8 | 104.8 | 104.6 | 104.4 | 104.6 | 104.8 | 106.3 | 108.1 | 110.0 | 111.0 | 110.4 |
| 西宁 | Xining | 102.5 | 103.1 | 103.1 | 102.8 | 102.8 | 103.3 | 103.5 | 104.7 | 106.1 | 106.8 | 106.8 | 107.2 |
| 银川 | Yinchuan | 101.2 | 101.6 | 101.7 | 101.8 | 101.6 | 102.3 | 103.2 | 104.0 | 105.4 | 105.7 | 105.5 | 105.4 |
| 乌鲁木齐 | Urumqi | 109.5 | 111.4 | 113.8 | 115.0 | 116.2 | 115.8 | 114.5 | 115.3 | 115.7 | 115.5 | 114.1 | 113.7 |

4-2-5 续表 Continued

(以上年同月价格为100) (Same Month of Preceding Year=100)

| 城 市 | City | 1月 | 2月 | 3月 | 4月 | 5月 | 6月 | 7月 | 8月 | 9月 | 10月 | 11月 | 12月 |
|---|---|---|---|---|---|---|---|---|---|---|---|---|---|
| 唐 山 | Tangshan | 103.3 | 103.5 | 103.3 | 102.0 | 102.3 | 102.5 | 103.5 | 104.6 | 105.5 | 106.1 | 107.4 | 108.1 |
| 秦皇岛 | Qinhuangdao | 105.4 | 105.0 | 104.2 | 103.6 | 104.4 | 105.2 | 105.8 | 107.2 | 107.7 | 108.7 | 110.0 | 110.3 |
| 包 头 | Baotou | 102.6 | 103.8 | 102.9 | 102.9 | 103.0 | 103.3 | 104.1 | 105.4 | 105.6 | 106.0 | 106.1 | 105.9 |
| 丹 东 | Dandong | 102.7 | 102.9 | 103.0 | 104.2 | 105.3 | 105.9 | 106.0 | 106.5 | 106.7 | 106.4 | 106.7 | 106.6 |
| 锦 州 | Jinzhou | 100.2 | 100.4 | 100.8 | 101.4 | 101.9 | 102.1 | 102.5 | 102.5 | 104.1 | 104.5 | 105.7 | 107.5 |
| 吉 林 | Jilin | 103.8 | 103.8 | 103.7 | 103.7 | 103.9 | 104.4 | 105.4 | 106.3 | 106.9 | 107.2 | 108.5 | 108.5 |
| 牡丹江 | Mudanjiang | 102.9 | 103.5 | 103.4 | 103.1 | 103.4 | 103.5 | 103.8 | 104.6 | 104.9 | 105.3 | 105.3 | 104.8 |
| 无 锡 | Wuxi | 108.5 | 108.1 | 106.3 | 104.4 | 103.3 | 102.2 | 102.7 | 103.6 | 105.3 | 105.8 | 105.2 | 104.9 |
| 扬 州 | Yangzhou | 105.5 | 105.3 | 104.5 | 104.0 | 103.4 | 103.3 | 104.5 | 106.0 | 107.6 | 108.8 | 109.8 | 109.4 |
| 徐 州 | Xuzhou | 105.3 | 105.6 | 105.6 | 105.7 | 105.2 | 104.4 | 105.4 | 107.5 | 108.2 | 109.0 | 109.2 | 109.3 |
| 温 州 | Wenzhou | 106.4 | 105.9 | 105.5 | 104.6 | 103.9 | 102.6 | 102.2 | 102.1 | 101.6 | 101.2 | 100.7 | 100.8 |
| 金 华 | Jinhua | 107.5 | 108.3 | 108.0 | 107.3 | 107.2 | 107.0 | 107.8 | 108.4 | 107.4 | 106.7 | 105.9 | 104.9 |
| 蚌 埠 | Bengbu | 107.1 | 106.5 | 106.0 | 104.9 | 103.4 | 101.6 | 102.6 | 104.6 | 105.3 | 105.9 | 106.5 | 107.2 |
| 安 庆 | Anqing | 105.9 | 105.9 | 105.0 | 103.3 | 102.4 | 102.7 | 102.5 | 104.3 | 105.5 | 107.6 | 108.2 | 107.8 |
| 泉 州 | Quanzhou | 105.9 | 105.0 | 104.1 | 102.9 | 102.4 | 102.2 | 103.0 | 103.6 | 103.1 | 102.9 | 102.5 | 101.8 |
| 九 江 | Jiujiang | 104.4 | 104.2 | 103.7 | 103.5 | 103.2 | 102.9 | 103.3 | 104.5 | 105.0 | 105.8 | 106.7 | 106.9 |
| 赣 州 | Ganzhou | 102.7 | 102.4 | 102.3 | 102.5 | 102.8 | 103.3 | 103.8 | 105.3 | 106.6 | 107.4 | 107.9 | 108.4 |
| 烟 台 | Yantai | 106.5 | 106.7 | 106.5 | 106.2 | 105.9 | 105.9 | 107.3 | 108.8 | 110.0 | 110.7 | 111.0 | 111.2 |
| 济 宁 | Jining | 106.6 | 107.7 | 108.1 | 108.4 | 108.8 | 108.6 | 110.4 | 112.3 | 113.8 | 115.1 | 115.8 | 116.7 |
| 洛 阳 | Luoyang | 104.2 | 104.3 | 104.2 | 104.3 | 103.8 | 103.4 | 104.6 | 106.2 | 107.6 | 108.0 | 109.5 | 110.4 |
| 平顶山 | Pingdingshan | 105.6 | 106.3 | 106.3 | 106.4 | 106.3 | 105.9 | 106.1 | 106.1 | 107.1 | 107.4 | 107.7 | 108.4 |
| 宜 昌 | Yichang | 106.6 | 106.8 | 106.6 | 105.9 | 105.1 | 104.4 | 106.5 | 109.1 | 111.1 | 111.9 | 111.6 | 111.2 |
| 襄 阳 | Xiangyang | 105.7 | 104.9 | 104.5 | 104.5 | 104.4 | 103.9 | 105.2 | 107.5 | 108.5 | 109.0 | 109.5 | 110.1 |
| 岳 阳 | Yueyang | 104.6 | 104.8 | 104.5 | 104.4 | 104.4 | 104.4 | 104.6 | 106.8 | 108.0 | 107.9 | 107.4 | 106.9 |
| 常 德 | Changde | 104.2 | 104.3 | 103.9 | 103.9 | 103.6 | 103.3 | 103.1 | 106.4 | 107.3 | 107.8 | 107.9 | 107.9 |
| 惠 州 | Huizhou | 106.0 | 106.1 | 105.0 | 104.1 | 103.1 | 102.9 | 103.8 | 104.8 | 105.6 | 106.0 | 106.8 | 106.9 |
| 湛 江 | Zhanjiang | 107.4 | 107.0 | 106.8 | 105.7 | 104.5 | 104.2 | 104.6 | 105.1 | 105.1 | 104.9 | 104.7 | 104.3 |
| 韶 关 | Shaoguan | 105.1 | 104.8 | 103.2 | 102.6 | 102.8 | 102.8 | 103.0 | 104.6 | 105.5 | 106.0 | 106.9 | 107.3 |
| 桂 林 | Guilin | 103.1 | 103.3 | 103.6 | 103.4 | 103.3 | 103.4 | 103.4 | 103.3 | 104.6 | 105.2 | 106.0 | 106.5 |
| 北 海 | Beihai | 108.0 | 107.6 | 107.3 | 106.2 | 104.3 | 103.5 | 103.2 | 104.8 | 106.6 | 106.7 | 107.4 | 107.9 |
| 三 亚 | Sanya | 101.7 | 101.4 | 101.0 | 102.3 | 104.4 | 106.9 | 110.4 | 112.4 | 113.0 | 112.6 | 112.0 | 113.0 |
| 泸 州 | Luzhou | 104.4 | 104.6 | 104.7 | 104.8 | 106.2 | 106.2 | 107.4 | 108.8 | 110.6 | 111.1 | 110.7 | 110.3 |
| 南 充 | Nanchong | 107.0 | 107.5 | 107.6 | 108.0 | 108.1 | 108.1 | 108.8 | 110.7 | 111.8 | 111.4 | 110.6 | 109.9 |
| 遵 义 | Zunyi | 105.3 | 106.4 | 106.4 | 106.3 | 106.3 | 106.9 | 108.1 | 109.2 | 109.6 | 109.9 | 110.8 | 110.5 |
| 大 理 | Dali | 102.9 | 104.3 | 104.6 | 104.9 | 105.4 | 105.7 | 107.3 | 109.2 | 110.1 | 111.7 | 113.9 | 114.5 |

# 4-2-6 2018年70个大中城市90㎡及以下二手住宅销售价格指数

# Housing Price Indices of 90㎡ and below Second-Hand Residential Buildings in 70 Large and Medium-Sized Cities 2018

(以上年同月价格为100)　　(Same Month of Preceding Year=100)

| 城市 | City | 1月 | 2月 | 3月 | 4月 | 5月 | 6月 | 7月 | 8月 | 9月 | 10月 | 11月 | 12月 |
|---|---|---|---|---|---|---|---|---|---|---|---|---|---|
| 北京 | Beijing | 96.4 | 94.8 | 92.9 | 92.7 | 94.1 | 95.3 | 96.6 | 97.6 | 98.1 | 98.4 | 98.5 | 98.8 |
| 天津 | Tianjin | 98.4 | 99.7 | 98.3 | 98.6 | 100.5 | 104.4 | 104.8 | 106.4 | 107.7 | 107.8 | 107.0 | 106.5 |
| 石家庄 | Shijiazhuang | 100.3 | 100.5 | 100.0 | 100.0 | 101.1 | 101.5 | 103.3 | 104.4 | 104.6 | 103.3 | 102.7 | 103.2 |
| 太原 | Taiyuan | 107.7 | 106.6 | 107.7 | 107.7 | 108.0 | 107.5 | 108.6 | 109.0 | 110.4 | 110.5 | 111.2 | 110.3 |
| 呼和浩特 | Hohhot | 102.9 | 103.6 | 104.2 | 104.6 | 105.3 | 106.0 | 108.0 | 110.5 | 112.4 | 113.7 | 116.5 | 117.7 |
| 沈阳 | Shenyang | 107.2 | 107.1 | 106.5 | 106.0 | 105.5 | 105.6 | 105.8 | 106.4 | 107.3 | 107.6 | 107.8 | 107.8 |
| 大连 | Dalian | 105.7 | 105.9 | 105.8 | 105.7 | 105.8 | 106.3 | 106.8 | 107.3 | 108.0 | 108.1 | 108.3 | 108.0 |
| 长春 | Changchun | 105.3 | 105.7 | 105.8 | 106.0 | 107.0 | 108.5 | 108.7 | 109.8 | 109.8 | 110.3 | 110.8 | 110.8 |
| 哈尔滨 | Harbin | 106.7 | 107.8 | 108.5 | 109.4 | 109.3 | 108.7 | 110.2 | 110.4 | 110.8 | 110.5 | 110.6 | 110.3 |
| 上海 | Shanghai | 99.7 | 99.6 | 98.0 | 97.1 | 96.6 | 96.4 | 96.7 | 97.4 | 97.1 | 96.7 | 96.7 | 97.1 |
| 南京 | Nanjing | 96.4 | 96.9 | 97.5 | 97.9 | 98.0 | 96.7 | 96.5 | 97.0 | 97.3 | 97.5 | 97.9 | 97.8 |
| 杭州 | Hangzhou | 107.2 | 106.9 | 106.3 | 106.4 | 106.4 | 106.6 | 106.8 | 106.6 | 105.9 | 105.1 | 104.1 | 104.2 |
| 宁波 | Ningbo | 107.8 | 107.5 | 108.1 | 107.6 | 107.0 | 106.1 | 106.3 | 106.6 | 107.0 | 106.5 | 105.9 | 105.1 |
| 合肥 | Hefei | 99.3 | 100.1 | 100.1 | 100.6 | 100.6 | 101.3 | 100.3 | 100.9 | 101.8 | 102.5 | 102.4 | 102.4 |
| 福州 | Fuzhou | 105.2 | 104.0 | 102.0 | 101.2 | 100.2 | 99.2 | 100.0 | 100.3 | 99.7 | 99.7 | 99.1 | 98.9 |
| 厦门 | Xiamen | 103.0 | 99.8 | 94.1 | 94.4 | 94.4 | 94.6 | 94.5 | 94.5 | 94.6 | 94.0 | 93.6 | 93.8 |
| 南昌 | Nanchang | 104.7 | 104.0 | 104.0 | 104.0 | 104.1 | 104.7 | 106.3 | 107.5 | 108.4 | 109.7 | 111.1 | 111.6 |
| 济南 | Jinan | 102.8 | 101.8 | 100.7 | 99.7 | 99.3 | 99.6 | 102.1 | 105.0 | 106.2 | 107.0 | 108.4 | 109.3 |
| 青岛 | Qingdao | 110.0 | 108.2 | 107.8 | 107.7 | 107.7 | 107.5 | 109.2 | 110.3 | 110.6 | 111.1 | 111.7 | 111.1 |
| 郑州 | Zhengzhou | 99.8 | 99.3 | 98.7 | 98.0 | 97.7 | 98.2 | 99.1 | 100.3 | 100.8 | 101.5 | 101.5 | 101.6 |
| 武汉 | Wuhan | 109.4 | 108.5 | 107.6 | 106.2 | 107.7 | 106.8 | 106.8 | 107.0 | 106.8 | 107.5 | 108.1 | 108.2 |
| 长沙 | Changsha | 110.8 | 110.3 | 108.9 | 104.6 | 104.1 | 104.7 | 106.5 | 107.5 | 107.3 | 107.4 | 107.3 | 107.3 |
| 广州 | Guangzhou | 109.2 | 106.1 | 102.5 | 102.1 | 102.6 | 101.4 | 101.6 | 102.3 | 102.4 | 102.4 | 101.8 | 101.1 |
| 深圳 | Shenzhen | 103.7 | 104.4 | 105.4 | 104.7 | 104.9 | 105.1 | 105.1 | 106.7 | 106.3 | 104.5 | 103.5 | 103.3 |
| 南宁 | Nanning | 105.2 | 105.0 | 105.3 | 104.8 | 104.5 | 103.6 | 102.2 | 103.3 | 103.9 | 103.8 | 103.6 | 106.0 |
| 海口 | Haikou | 100.3 | 100.4 | 101.0 | 101.8 | 103.1 | 103.9 | 107.1 | 110.0 | 110.4 | 111.1 | 111.4 | 111.2 |
| 重庆 | Chongqing | 107.9 | 107.6 | 107.4 | 107.1 | 107.1 | 106.7 | 106.7 | 107.6 | 108.0 | 108.8 | 109.0 | 109.4 |
| 成都 | Chengdu | 103.7 | 103.4 | 102.0 | 101.3 | 101.9 | 102.6 | 104.0 | 104.9 | 104.7 | 104.3 | 105.2 | 105.4 |
| 贵阳 | Guiyang | 105.0 | 105.5 | 105.4 | 104.9 | 104.8 | 105.4 | 106.8 | 108.1 | 110.5 | 112.0 | 112.4 | 112.2 |
| 昆明 | Kunming | 105.2 | 107.4 | 106.9 | 106.1 | 107.3 | 107.9 | 110.0 | 112.3 | 114.7 | 115.1 | 115.1 | 114.8 |
| 西安 | Xi'an | 110.5 | 110.3 | 110.8 | 112.3 | 112.5 | 111.8 | 111.9 | 113.4 | 116.2 | 117.1 | 117.4 | 115.9 |
| 兰州 | Lanzhou | 103.8 | 104.9 | 105.1 | 105.1 | 104.4 | 104.5 | 104.8 | 106.3 | 108.0 | 110.0 | 111.1 | 110.9 |
| 西宁 | Xining | 102.0 | 102.6 | 102.5 | 102.4 | 102.4 | 103.1 | 103.2 | 104.3 | 106.3 | 106.8 | 106.5 | 106.8 |
| 银川 | Yinchuan | 101.2 | 101.6 | 101.7 | 101.6 | 101.3 | 102.1 | 103.1 | 103.7 | 104.9 | 105.4 | 105.6 | 105.6 |
| 乌鲁木齐 | Urumqi | 111.5 | 112.3 | 115.0 | 116.0 | 117.2 | 116.6 | 115.5 | 116.1 | 116.4 | 116.0 | 113.9 | 113.7 |

4-2-6 续表 Continued

(以上年同月价格为100) (Same Month of Preceding Year=100)

| 城市 | City | 1月 | 2月 | 3月 | 4月 | 5月 | 6月 | 7月 | 8月 | 9月 | 10月 | 11月 | 12月 |
|---|---|---|---|---|---|---|---|---|---|---|---|---|---|
| 唐山 | Tangshan | 103.5 | 103.9 | 103.5 | 102.8 | 103.0 | 103.5 | 104.8 | 105.7 | 106.9 | 107.1 | 107.7 | 108.6 |
| 秦皇岛 | Qinhuangdao | 106.4 | 106.3 | 104.9 | 104.2 | 105.2 | 106.0 | 106.3 | 107.6 | 107.7 | 108.0 | 109.6 | 110.0 |
| 包头 | Baotou | 101.2 | 102.1 | 101.1 | 101.1 | 101.2 | 101.7 | 102.4 | 103.6 | 103.8 | 104.6 | 105.2 | 105.1 |
| 丹东 | Dandong | 102.9 | 103.1 | 103.5 | 105.0 | 105.5 | 106.1 | 105.9 | 106.3 | 106.0 | 105.9 | 106.2 | 106.0 |
| 锦州 | Jinzhou | 100.2 | 100.4 | 101.1 | 101.8 | 102.4 | 102.3 | 102.8 | 102.8 | 104.8 | 105.0 | 106.6 | 108.8 |
| 吉林 | Jilin | 103.8 | 104.0 | 103.6 | 103.5 | 103.7 | 104.1 | 105.1 | 105.8 | 106.8 | 107.1 | 108.5 | 108.5 |
| 牡丹江 | Mudanjiang | 102.5 | 103.1 | 103.0 | 102.6 | 103.1 | 103.4 | 103.4 | 104.4 | 104.5 | 105.1 | 105.0 | 104.5 |
| 无锡 | Wuxi | 108.5 | 108.1 | 106.0 | 103.7 | 103.0 | 102.2 | 102.6 | 102.8 | 104.6 | 105.6 | 105.1 | 104.7 |
| 扬州 | Yangzhou | 106.0 | 105.8 | 104.7 | 104.3 | 103.7 | 103.4 | 104.5 | 106.1 | 107.9 | 109.3 | 110.7 | 110.7 |
| 徐州 | Xuzhou | 105.5 | 105.8 | 106.0 | 106.2 | 105.5 | 104.7 | 105.6 | 108.0 | 108.7 | 109.4 | 109.5 | 109.7 |
| 温州 | Wenzhou | 107.1 | 106.3 | 105.9 | 104.8 | 105.5 | 103.6 | 103.4 | 103.3 | 103.4 | 103.0 | 102.3 | 102.4 |
| 金华 | Jinhua | 108.2 | 109.0 | 108.8 | 108.1 | 108.4 | 108.0 | 107.9 | 108.5 | 107.5 | 107.0 | 106.4 | 105.4 |
| 蚌埠 | Bengbu | 107.1 | 106.8 | 106.3 | 105.1 | 103.4 | 101.7 | 102.8 | 104.9 | 105.7 | 106.3 | 106.9 | 107.6 |
| 安庆 | Anqing | 105.6 | 105.8 | 104.9 | 103.4 | 102.4 | 102.7 | 102.4 | 104.2 | 105.3 | 107.3 | 108.0 | 107.5 |
| 泉州 | Quanzhou | 105.9 | 104.9 | 104.0 | 103.0 | 102.7 | 102.5 | 103.4 | 103.7 | 103.2 | 103.0 | 102.7 | 102.1 |
| 九江 | Jiujiang | 104.1 | 103.7 | 103.2 | 103.0 | 102.6 | 102.3 | 102.9 | 104.2 | 104.9 | 106.0 | 106.9 | 107.2 |
| 赣州 | Ganzhou | 102.7 | 102.9 | 103.0 | 102.5 | 102.9 | 103.7 | 104.4 | 105.6 | 106.1 | 107.4 | 108.2 | 108.7 |
| 烟台 | Yantai | 107.7 | 107.9 | 107.7 | 107.3 | 106.7 | 106.7 | 108.1 | 109.7 | 110.9 | 111.5 | 111.8 | 111.9 |
| 济宁 | Jining | 105.8 | 108.1 | 108.7 | 108.9 | 109.0 | 108.3 | 109.7 | 111.5 | 113.0 | 114.2 | 114.5 | 115.4 |
| 洛阳 | Luoyang | 104.3 | 104.3 | 104.4 | 104.7 | 104.8 | 104.1 | 105.1 | 106.7 | 108.4 | 108.9 | 110.3 | 111.6 |
| 平顶山 | Pingdingshan | 103.7 | 104.2 | 104.4 | 104.5 | 104.5 | 104.6 | 105.6 | 106.8 | 107.8 | 108.2 | 108.5 | 109.9 |
| 宜昌 | Yichang | 106.6 | 107.0 | 106.8 | 106.1 | 105.1 | 104.4 | 106.3 | 108.3 | 110.1 | 110.7 | 110.9 | 110.7 |
| 襄阳 | Xiangyang | 104.9 | 104.1 | 103.7 | 103.5 | 103.5 | 103.4 | 104.2 | 106.5 | 107.7 | 108.3 | 108.9 | 109.8 |
| 岳阳 | Yueyang | 105.0 | 105.3 | 105.1 | 104.8 | 104.7 | 104.5 | 104.9 | 107.4 | 108.4 | 108.5 | 107.8 | 107.4 |
| 常德 | Changde | 104.3 | 104.3 | 103.7 | 103.5 | 103.3 | 103.3 | 103.2 | 106.4 | 107.2 | 107.9 | 108.0 | 107.9 |
| 惠州 | Huizhou | 106.7 | 106.9 | 106.1 | 104.9 | 103.9 | 103.3 | 104.9 | 105.8 | 106.3 | 106.7 | 108.0 | 108.0 |
| 湛江 | Zhanjiang | 107.7 | 107.4 | 107.2 | 106.3 | 104.9 | 104.6 | 104.9 | 105.3 | 105.3 | 105.0 | 104.8 | 104.2 |
| 韶关 | Shaoguan | 104.9 | 104.4 | 102.6 | 102.1 | 102.7 | 102.7 | 101.9 | 103.9 | 104.7 | 105.6 | 107.0 | 106.9 |
| 桂林 | Guilin | 103.5 | 103.6 | 104.4 | 104.0 | 104.1 | 103.8 | 103.9 | 104.0 | 105.8 | 106.5 | 106.8 | 107.6 |
| 北海 | Beihai | 108.5 | 107.8 | 107.5 | 106.1 | 104.2 | 103.4 | 103.1 | 104.9 | 106.4 | 106.4 | 107.0 | 107.6 |
| 三亚 | Sanya | 101.5 | 101.2 | 100.3 | 101.4 | 103.4 | 106.2 | 110.4 | 112.6 | 112.9 | 112.5 | 112.6 | 112.6 |
| 泸州 | Luzhou | 103.3 | 103.9 | 103.6 | 104.2 | 104.7 | 105.1 | 107.3 | 109.2 | 111.5 | 111.8 | 111.3 | 110.8 |
| 南充 | Nanchong | 107.8 | 107.9 | 107.8 | 108.0 | 107.8 | 107.6 | 108.3 | 110.4 | 111.6 | 111.4 | 110.8 | 110.2 |
| 遵义 | Zunyi | 105.1 | 106.1 | 106.0 | 105.9 | 105.9 | 106.9 | 108.3 | 109.3 | 110.2 | 110.5 | 111.1 | 110.9 |
| 大理 | Dali | 103.1 | 104.8 | 105.1 | 105.0 | 105.6 | 105.9 | 107.9 | 109.7 | 110.8 | 113.0 | 115.6 | 115.9 |

# 4-2-7　2018年70个大中城市90㎡-144㎡二手住宅销售价格指数

# Housing Price Indices of 90㎡-144㎡ Second-Hand Residential Buildings in 70 Large and Medium-Sized Cities 2018

(以上年同月价格为100)　　(Same Month of Preceding Year=100)

| 城市 | City | 1月 | 2月 | 3月 | 4月 | 5月 | 6月 | 7月 | 8月 | 9月 | 10月 | 11月 | 12月 |
|---|---|---|---|---|---|---|---|---|---|---|---|---|---|
| 北京 | Beijing | 97.1 | 95.8 | 93.5 | 93.7 | 94.7 | 95.9 | 96.8 | 97.5 | 97.8 | 97.9 | 97.5 | 97.5 |
| 天津 | Tianjin | 98.7 | 101.0 | 99.4 | 99.9 | 101.7 | 103.5 | 103.8 | 105.6 | 104.8 | 105.0 | 105.4 | 105.2 |
| 石家庄 | Shijiazhuang | 99.4 | 99.5 | 98.9 | 99.2 | 100.9 | 101.9 | 103.9 | 105.0 | 105.0 | 104.9 | 104.8 | 104.7 |
| 太原 | Taiyuan | 109.8 | 108.3 | 109.3 | 110.2 | 110.8 | 111.0 | 111.6 | 112.2 | 112.2 | 110.9 | 110.7 | 109.5 |
| 呼和浩特 | Hohhot | 102.6 | 103.5 | 103.9 | 104.4 | 105.3 | 106.2 | 108.3 | 110.7 | 112.7 | 114.2 | 117.3 | 117.6 |
| 沈阳 | Shenyang | 107.4 | 107.5 | 107.1 | 105.7 | 105.2 | 105.9 | 106.6 | 106.2 | 106.6 | 106.7 | 107.2 | 107.4 |
| 大连 | Dalian | 105.9 | 107.3 | 107.3 | 107.1 | 106.8 | 107.2 | 108.5 | 109.7 | 110.3 | 108.8 | 109.6 | 109.1 |
| 长春 | Changchun | 105.5 | 106.0 | 105.6 | 105.5 | 105.6 | 106.9 | 106.8 | 107.7 | 108.3 | 109.3 | 109.3 | 109.6 |
| 哈尔滨 | Harbin | 106.7 | 107.4 | 108.2 | 108.3 | 108.0 | 107.7 | 109.2 | 110.1 | 110.7 | 110.0 | 110.2 | 110.1 |
| 上海 | Shanghai | 101.6 | 100.6 | 99.3 | 98.1 | 97.5 | 97.5 | 98.7 | 98.6 | 98.7 | 98.0 | 98.0 | 97.3 |
| 南京 | Nanjing | 98.9 | 99.6 | 100.3 | 101.5 | 100.6 | 100.3 | 100.6 | 100.9 | 101.3 | 101.1 | 101.3 | 101.6 |
| 杭州 | Hangzhou | 107.7 | 107.6 | 107.8 | 107.7 | 107.7 | 107.6 | 107.6 | 107.6 | 106.8 | 106.0 | 105.0 | 104.9 |
| 宁波 | Ningbo | 107.0 | 107.1 | 107.2 | 107.2 | 106.6 | 106.0 | 106.3 | 106.6 | 106.8 | 105.9 | 105.3 | 104.5 |
| 合肥 | Hefei | 99.3 | 99.9 | 100.0 | 100.2 | 100.5 | 101.6 | 102.1 | 102.5 | 103.3 | 103.8 | 103.8 | 103.7 |
| 福州 | Fuzhou | 104.7 | 103.8 | 102.0 | 100.9 | 99.6 | 98.6 | 99.4 | 100.0 | 99.6 | 100.2 | 99.8 | 99.6 |
| 厦门 | Xiamen | 102.1 | 99.6 | 94.4 | 94.6 | 94.6 | 95.0 | 94.7 | 94.8 | 94.7 | 94.3 | 93.8 | 93.8 |
| 南昌 | Nanchang | 102.3 | 101.7 | 101.7 | 101.7 | 102.4 | 102.4 | 103.8 | 105.0 | 105.8 | 106.4 | 107.6 | 108.8 |
| 济南 | Jinan | 101.7 | 101.6 | 100.5 | 99.8 | 100.1 | 100.2 | 103.3 | 107.6 | 109.3 | 110.0 | 110.3 | 110.8 |
| 青岛 | Qingdao | 109.6 | 108.2 | 107.8 | 108.2 | 107.5 | 107.3 | 108.8 | 110.7 | 111.4 | 112.0 | 112.4 | 111.7 |
| 郑州 | Zhengzhou | 99.2 | 98.4 | 97.8 | 97.1 | 96.9 | 97.0 | 98.0 | 99.6 | 100.0 | 100.3 | 100.3 | 100.3 |
| 武汉 | Wuhan | 108.6 | 108.1 | 106.5 | 105.4 | 105.9 | 104.7 | 105.0 | 105.6 | 105.9 | 105.9 | 106.7 | 107.1 |
| 长沙 | Changsha | 110.6 | 110.9 | 108.6 | 105.2 | 104.5 | 104.8 | 107.5 | 108.4 | 108.5 | 108.0 | 108.1 | 108.1 |
| 广州 | Guangzhou | 106.3 | 105.5 | 102.6 | 101.5 | 101.7 | 102.0 | 102.0 | 102.4 | 102.4 | 102.7 | 102.5 | 103.3 |
| 深圳 | Shenzhen | 100.9 | 103.2 | 103.4 | 103.0 | 103.5 | 104.5 | 105.0 | 106.2 | 106.8 | 106.7 | 106.8 | 105.7 |
| 南宁 | Nanning | 107.1 | 108.0 | 107.1 | 106.2 | 105.3 | 104.3 | 103.6 | 104.6 | 105.6 | 105.4 | 105.2 | 106.8 |
| 海口 | Haikou | 101.0 | 101.3 | 102.0 | 102.9 | 104.0 | 106.0 | 109.4 | 111.6 | 112.0 | 111.8 | 112.2 | 111.9 |
| 重庆 | Chongqing | 108.9 | 108.3 | 107.6 | 107.9 | 107.9 | 108.1 | 108.0 | 108.9 | 109.2 | 108.9 | 109.0 | 109.3 |
| 成都 | Chengdu | 102.9 | 102.9 | 102.1 | 101.1 | 101.3 | 101.2 | 101.9 | 103.3 | 104.1 | 104.5 | 104.5 | 105.5 |
| 贵阳 | Guiyang | 104.5 | 104.9 | 105.1 | 104.8 | 104.5 | 105.2 | 106.8 | 108.2 | 110.5 | 112.1 | 111.9 | 111.8 |
| 昆明 | Kunming | 106.3 | 107.0 | 106.6 | 106.3 | 107.2 | 107.2 | 109.5 | 111.0 | 114.0 | 115.3 | 115.1 | 115.6 |
| 西安 | Xi'an | 108.7 | 107.6 | 107.5 | 108.3 | 108.6 | 108.4 | 108.5 | 110.0 | 112.7 | 114.4 | 114.5 | 113.9 |
| 兰州 | Lanzhou | 103.3 | 105.0 | 104.9 | 104.4 | 104.4 | 105.0 | 105.1 | 106.9 | 108.5 | 110.1 | 110.8 | 110.0 |
| 西宁 | Xining | 102.7 | 103.6 | 103.6 | 103.2 | 103.2 | 103.6 | 103.8 | 104.9 | 106.0 | 106.5 | 106.7 | 106.9 |
| 银川 | Yinchuan | 101.0 | 101.6 | 101.7 | 102.0 | 101.8 | 102.5 | 103.4 | 104.3 | 105.9 | 105.9 | 105.3 | 105.0 |
| 乌鲁木齐 | Urumqi | 108.8 | 111.5 | 113.9 | 115.1 | 116.3 | 116.0 | 114.4 | 115.2 | 115.6 | 115.6 | 114.6 | 114.0 |

4-2-7 续表 Continued

(以上年同月价格为100) (Same Month of Preceding Year=100)

| 城 市 | City | 1月 | 2月 | 3月 | 4月 | 5月 | 6月 | 7月 | 8月 | 9月 | 10月 | 11月 | 12月 |
|---|---|---|---|---|---|---|---|---|---|---|---|---|---|
| 唐 山 | Tangshan | 103.4 | 103.1 | 103.2 | 101.4 | 101.8 | 101.6 | 102.4 | 103.7 | 104.2 | 105.0 | 107.2 | 107.6 |
| 秦皇岛 | Qinhuangdao | 105.4 | 104.8 | 104.3 | 103.6 | 104.2 | 105.0 | 105.8 | 107.0 | 107.8 | 109.1 | 110.3 | 110.6 |
| 包 头 | Baotou | 104.5 | 105.7 | 104.7 | 104.5 | 104.6 | 104.6 | 105.2 | 106.7 | 107.0 | 107.0 | 106.7 | 106.4 |
| 丹 东 | Dandong | 102.5 | 102.7 | 102.5 | 103.5 | 105.4 | 105.8 | 106.4 | 106.8 | 107.8 | 107.3 | 107.6 | 107.6 |
| 锦 州 | Jinzhou | 100.0 | 100.3 | 100.1 | 100.6 | 100.9 | 101.6 | 101.8 | 101.9 | 102.8 | 103.9 | 104.6 | 105.9 |
| 吉 林 | Jilin | 103.9 | 103.7 | 104.0 | 104.2 | 104.4 | 104.9 | 106.0 | 106.8 | 107.2 | 107.3 | 108.3 | 108.6 |
| 牡丹江 | Mudanjiang | 105.1 | 105.3 | 105.1 | 104.9 | 104.6 | 104.3 | 104.8 | 105.3 | 106.1 | 106.0 | 106.0 | 105.8 |
| 无 锡 | Wuxi | 108.2 | 107.9 | 106.5 | 104.9 | 103.2 | 101.9 | 102.4 | 103.7 | 105.4 | 105.5 | 105.0 | 104.4 |
| 扬 州 | Yangzhou | 105.0 | 105.0 | 104.3 | 103.7 | 103.2 | 103.2 | 104.6 | 105.9 | 107.2 | 108.2 | 108.8 | 108.1 |
| 徐 州 | Xuzhou | 104.9 | 105.0 | 105.1 | 105.2 | 104.9 | 103.9 | 104.8 | 106.6 | 107.1 | 107.9 | 108.1 | 108.2 |
| 温 州 | Wenzhou | 106.6 | 106.2 | 105.8 | 105.0 | 103.6 | 102.4 | 102.0 | 102.0 | 101.4 | 101.1 | 100.6 | 100.6 |
| 金 华 | Jinhua | 107.5 | 107.9 | 107.6 | 106.7 | 106.6 | 106.3 | 107.8 | 108.5 | 107.3 | 106.2 | 105.2 | 104.2 |
| 蚌 埠 | Bengbu | 107.0 | 106.0 | 105.5 | 104.7 | 103.2 | 101.2 | 102.3 | 104.0 | 104.7 | 105.2 | 105.6 | 106.5 |
| 安 庆 | Anqing | 106.4 | 106.2 | 105.2 | 103.2 | 102.5 | 102.8 | 102.6 | 104.4 | 105.8 | 108.0 | 108.3 | 107.9 |
| 泉 州 | Quanzhou | 106.8 | 105.4 | 104.3 | 103.0 | 101.9 | 101.6 | 102.3 | 103.1 | 102.6 | 102.6 | 102.2 | 101.6 |
| 九 江 | Jiujiang | 104.6 | 104.6 | 104.3 | 103.9 | 103.7 | 103.4 | 103.6 | 104.8 | 105.1 | 105.4 | 106.4 | 106.5 |
| 赣 州 | Ganzhou | 102.7 | 102.4 | 102.3 | 102.8 | 103.0 | 103.5 | 103.8 | 105.6 | 107.2 | 108.1 | 108.3 | 108.6 |
| 烟 台 | Yantai | 105.6 | 105.6 | 105.5 | 105.4 | 105.2 | 105.4 | 106.6 | 108.3 | 109.5 | 110.1 | 110.6 | 110.8 |
| 济 宁 | Jining | 108.1 | 107.2 | 107.5 | 107.8 | 108.4 | 108.5 | 110.6 | 112.5 | 113.8 | 115.3 | 116.2 | 117.0 |
| 洛 阳 | Luoyang | 104.1 | 104.1 | 104.0 | 104.3 | 103.3 | 103.1 | 104.1 | 106.0 | 107.2 | 107.7 | 109.3 | 110.1 |
| 平顶山 | Pingdingshan | 108.2 | 109.1 | 108.9 | 108.6 | 108.1 | 107.1 | 106.7 | 106.0 | 107.4 | 107.5 | 107.9 | 107.1 |
| 宜 昌 | Yichang | 106.7 | 106.8 | 106.7 | 106.1 | 105.4 | 104.7 | 107.0 | 109.8 | 112.0 | 112.8 | 112.1 | 111.7 |
| 襄 阳 | Xiangyang | 106.5 | 105.9 | 105.7 | 105.7 | 105.7 | 105.0 | 106.5 | 108.7 | 109.4 | 109.7 | 110.3 | 110.8 |
| 岳 阳 | Yueyang | 104.3 | 104.4 | 104.1 | 104.0 | 103.9 | 104.1 | 104.3 | 106.1 | 107.3 | 107.1 | 106.7 | 106.1 |
| 常 德 | Changde | 104.2 | 104.1 | 103.7 | 104.0 | 103.6 | 103.0 | 102.7 | 106.0 | 107.0 | 107.2 | 107.6 | 108.0 |
| 惠 州 | Huizhou | 106.1 | 106.1 | 105.2 | 104.3 | 103.1 | 103.3 | 103.9 | 104.9 | 105.4 | 105.5 | 105.9 | 106.3 |
| 湛 江 | Zhanjiang | 107.5 | 107.0 | 106.7 | 105.4 | 104.4 | 104.0 | 104.4 | 104.7 | 104.7 | 104.7 | 104.5 | 104.2 |
| 韶 关 | Shaoguan | 105.8 | 105.4 | 103.6 | 103.0 | 102.7 | 102.7 | 103.3 | 104.9 | 106.2 | 106.6 | 107.5 | 108.2 |
| 桂 林 | Guilin | 102.1 | 102.7 | 102.9 | 102.9 | 102.5 | 103.0 | 103.0 | 102.6 | 103.5 | 104.2 | 105.6 | 105.7 |
| 北 海 | Beihai | 107.4 | 107.3 | 107.2 | 106.3 | 104.4 | 103.6 | 103.2 | 104.7 | 106.8 | 107.2 | 108.0 | 108.0 |
| 三 亚 | Sanya | 102.0 | 101.7 | 101.8 | 103.2 | 105.0 | 107.7 | 110.9 | 112.8 | 113.8 | 113.6 | 112.7 | 115.1 |
| 泸 州 | Luzhou | 104.9 | 105.0 | 105.3 | 105.2 | 107.2 | 107.1 | 107.7 | 108.7 | 110.3 | 110.9 | 110.6 | 110.4 |
| 南 充 | Nanchong | 106.6 | 107.3 | 107.5 | 107.9 | 108.3 | 108.4 | 109.0 | 110.8 | 111.7 | 111.1 | 110.1 | 109.3 |
| 遵 义 | Zunyi | 105.7 | 106.7 | 106.8 | 106.9 | 106.7 | 107.1 | 108.1 | 109.2 | 109.4 | 109.8 | 110.7 | 110.3 |
| 大 理 | Dali | 103.2 | 104.2 | 104.4 | 104.8 | 105.2 | 105.7 | 106.9 | 108.6 | 109.4 | 110.5 | 112.7 | 113.7 |

# 4-2-8 2018年70个大中城市144㎡以上二手住宅销售价格指数

# Housing Price Indices of Above 144㎡ Second-Hand Residential Buildings in 70 Large and Medium-Sized Cities 2018

(以上年同月价格为100) (Same Month of Preceding Year=100)

| 城 市 | City | 1月 | 2月 | 3月 | 4月 | 5月 | 6月 | 7月 | 8月 | 9月 | 10月 | 11月 | 12月 |
|---|---|---|---|---|---|---|---|---|---|---|---|---|---|
| 北 京 | Beijing | 98.0 | 96.0 | 93.5 | 93.4 | 94.1 | 95.0 | 96.0 | 96.6 | 96.9 | 97.2 | 97.1 | 97.5 |
| 天 津 | Tianjin | 96.1 | 99.7 | 98.8 | 100.7 | 102.4 | 101.7 | 102.8 | 104.3 | 104.9 | 105.6 | 105.9 | 106.6 |
| 石家庄 | Shijiazhuang | 99.4 | 99.7 | 99.9 | 99.8 | 100.8 | 102.5 | 105.6 | 107.1 | 107.6 | 107.5 | 108.3 | 108.3 |
| 太 原 | Taiyuan | 107.1 | 106.4 | 108.0 | 108.2 | 108.1 | 107.8 | 107.9 | 108.9 | 110.3 | 110.1 | 110.6 | 109.6 |
| 呼和浩特 | Hohhot | 102.9 | 103.6 | 103.6 | 104.1 | 104.9 | 105.5 | 107.4 | 110.6 | 113.0 | 114.9 | 117.6 | 119.4 |
| 沈 阳 | Shenyang | 108.0 | 108.8 | 108.1 | 106.0 | 105.6 | 106.3 | 105.9 | 106.4 | 106.8 | 107.4 | 108.0 | 108.7 |
| 大 连 | Dalian | 107.6 | 107.2 | 107.4 | 106.9 | 106.8 | 106.9 | 106.3 | 107.4 | 108.5 | 108.7 | 110.3 | 110.6 |
| 长 春 | Changchun | 106.5 | 105.8 | 105.6 | 105.0 | 105.2 | 106.5 | 106.3 | 107.2 | 107.1 | 108.1 | 108.5 | 108.2 |
| 哈尔滨 | Harbin | 106.0 | 107.4 | 109.0 | 109.9 | 110.6 | 110.2 | 112.3 | 112.5 | 113.8 | 113.5 | 114.3 | 114.2 |
| 上 海 | Shanghai | 102.1 | 100.7 | 100.6 | 100.0 | 100.8 | 100.1 | 98.7 | 97.9 | 98.4 | 97.7 | 98.5 | 97.6 |
| 南 京 | Nanjing | 97.2 | 97.9 | 98.7 | 99.9 | 101.0 | 101.2 | 101.2 | 101.7 | 103.2 | 104.1 | 106.5 | 106.2 |
| 杭 州 | Hangzhou | 105.2 | 104.9 | 104.7 | 105.0 | 105.6 | 105.7 | 105.6 | 106.0 | 105.9 | 104.9 | 104.8 | 104.8 |
| 宁 波 | Ningbo | 106.8 | 107.0 | 106.6 | 105.8 | 106.2 | 105.2 | 105.6 | 107.1 | 107.2 | 106.4 | 105.5 | 104.9 |
| 合 肥 | Hefei | 99.7 | 100.5 | 100.8 | 101.0 | 101.0 | 102.2 | 101.6 | 102.3 | 103.0 | 103.4 | 103.2 | 103.4 |
| 福 州 | Fuzhou | 104.9 | 103.5 | 101.9 | 101.1 | 99.8 | 99.3 | 99.9 | 100.0 | 100.5 | 101.7 | 101.2 | 100.9 |
| 厦 门 | Xiamen | 101.5 | 99.2 | 95.2 | 95.6 | 96.0 | 96.2 | 96.3 | 96.5 | 96.6 | 96.2 | 96.0 | 96.1 |
| 南 昌 | Nanchang | 99.5 | 99.3 | 99.6 | 100.7 | 101.2 | 102.3 | 104.4 | 106.6 | 107.8 | 109.3 | 111.2 | 112.3 |
| 济 南 | Jinan | 102.6 | 102.5 | 102.0 | 101.0 | 100.3 | 100.4 | 102.9 | 106.6 | 108.4 | 109.1 | 109.8 | 110.7 |
| 青 岛 | Qingdao | 114.6 | 107.2 | 107.4 | 106.8 | 106.8 | 106.5 | 108.0 | 109.9 | 110.6 | 110.8 | 111.0 | 110.1 |
| 郑 州 | Zhengzhou | 100.7 | 100.0 | 99.4 | 98.7 | 98.6 | 98.7 | 99.6 | 100.8 | 101.4 | 101.6 | 101.3 | 101.1 |
| 武 汉 | Wuhan | 108.2 | 107.7 | 106.9 | 105.7 | 106.5 | 105.8 | 106.1 | 106.6 | 106.3 | 106.9 | 108.4 | 109.3 |
| 长 沙 | Changsha | 110.5 | 109.5 | 107.6 | 103.7 | 103.3 | 104.3 | 106.7 | 108.0 | 107.9 | 108.6 | 108.4 | 108.7 |
| 广 州 | Guangzhou | 105.4 | 103.1 | 101.5 | 101.7 | 103.1 | 102.2 | 102.9 | 103.7 | 103.3 | 103.8 | 103.6 | 103.9 |
| 深 圳 | Shenzhen | 103.0 | 107.3 | 106.5 | 105.8 | 107.3 | 108.3 | 107.5 | 108.4 | 109.1 | 107.6 | 108.1 | 106.7 |
| 南 宁 | Nanning | 110.7 | 110.3 | 110.7 | 109.0 | 107.2 | 105.5 | 103.7 | 105.0 | 103.3 | 103.7 | 105.8 | 108.0 |
| 海 口 | Haikou | 100.8 | 100.0 | 100.6 | 102.2 | 103.9 | 104.8 | 109.0 | 111.2 | 111.1 | 111.6 | 112.1 | 111.7 |
| 重 庆 | Chongqing | 105.8 | 106.2 | 105.5 | 104.6 | 105.4 | 105.9 | 106.7 | 107.8 | 108.1 | 108.1 | 108.2 | 108.3 |
| 成 都 | Chengdu | 104.4 | 103.6 | 101.7 | 100.7 | 101.3 | 101.9 | 103.8 | 106.2 | 106.1 | 105.5 | 106.2 | 107.7 |
| 贵 阳 | Guiyang | 105.7 | 106.4 | 106.1 | 105.8 | 105.8 | 106.6 | 108.4 | 109.9 | 112.3 | 114.7 | 115.9 | 115.2 |
| 昆 明 | Kunming | 108.6 | 110.0 | 109.2 | 108.9 | 109.5 | 109.8 | 112.0 | 113.3 | 114.7 | 116.3 | 115.8 | 115.8 |
| 西 安 | Xi'an | 106.9 | 106.3 | 106.7 | 107.2 | 106.9 | 108.3 | 109.0 | 110.8 | 113.9 | 116.2 | 116.6 | 115.7 |
| 兰 州 | Lanzhou | 103.3 | 104.2 | 104.2 | 104.0 | 104.2 | 104.3 | 104.2 | 105.6 | 107.8 | 109.7 | 111.2 | 110.4 |
| 西 宁 | Xining | 102.2 | 102.5 | 102.5 | 102.2 | 102.4 | 103.0 | 103.2 | 104.7 | 106.2 | 107.3 | 107.4 | 108.8 |
| 银 川 | Yinchuan | 101.6 | 101.7 | 101.6 | 101.6 | 101.2 | 101.9 | 102.6 | 104.0 | 105.5 | 105.7 | 105.9 | 106.3 |
| 乌鲁木齐 | Urumqi | 104.0 | 106.8 | 108.5 | 110.1 | 111.4 | 112.0 | 111.0 | 112.1 | 112.5 | 113.5 | 113.3 | 112.8 |

4-2-8 续表 Continued

(以上年同月价格为100) (Same Month of Preceding Year=100)

| 城市 | City | 1月 | 2月 | 3月 | 4月 | 5月 | 6月 | 7月 | 8月 | 9月 | 10月 | 11月 | 12月 |
|---|---|---|---|---|---|---|---|---|---|---|---|---|---|
| 唐山 | Tangshan | 101.6 | 102.6 | 102.4 | 100.4 | 100.8 | 100.3 | 100.9 | 102.3 | 102.8 | 104.7 | 106.6 | 107.1 |
| 秦皇岛 | Qinhuangdao | 101.6 | 101.5 | 101.7 | 101.4 | 102.4 | 103.2 | 104.2 | 106.6 | 107.6 | 108.9 | 110.3 | 110.1 |
| 包头 | Baotou | 100.4 | 102.2 | 102.3 | 102.6 | 103.4 | 104.1 | 105.9 | 106.2 | 106.3 | 106.8 | 107.0 | 106.6 |
| 丹东 | Dandong | 102.7 | 103.1 | 102.0 | 102.9 | 104.0 | 105.1 | 105.6 | 106.4 | 106.8 | 106.1 | 106.3 | 106.6 |
| 锦州 | Jinzhou | 101.0 | 101.3 | 101.8 | 102.2 | 102.9 | 103.1 | 103.6 | 103.4 | 104.8 | 104.2 | 105.8 | 106.9 |
| 吉林 | Jilin | 103.5 | 103.8 | 103.5 | 103.1 | 103.0 | 103.9 | 104.9 | 106.2 | 106.9 | 107.6 | 108.6 | 108.5 |
| 牡丹江 | Mudanjiang | 98.4 | 101.6 | 101.4 | 101.8 | 101.6 | 102.7 | 104.1 | 103.7 | 105.4 | 107.1 | 107.7 | 106.3 |
| 无锡 | Wuxi | 109.3 | 108.7 | 106.5 | 104.4 | 104.1 | 103.2 | 104.1 | 105.1 | 106.4 | 107.4 | 106.0 | 106.8 |
| 扬州 | Yangzhou | 105.5 | 105.1 | 104.7 | 104.5 | 103.3 | 103.2 | 104.0 | 105.6 | 108.3 | 109.0 | 110.0 | 109.3 |
| 徐州 | Xuzhou | 106.0 | 106.9 | 106.6 | 106.4 | 105.9 | 105.2 | 106.9 | 109.4 | 110.7 | 111.7 | 111.8 | 111.6 |
| 温州 | Wenzhou | 105.5 | 105.0 | 104.7 | 104.1 | 102.9 | 101.7 | 101.2 | 101.1 | 100.3 | 99.6 | 99.4 | 99.5 |
| 金华 | Jinhua | 106.6 | 107.8 | 107.3 | 106.7 | 106.3 | 106.4 | 107.6 | 107.9 | 107.3 | 106.9 | 106.2 | 105.0 |
| 蚌埠 | Bengbu | 107.4 | 107.3 | 106.6 | 105.2 | 103.8 | 102.1 | 103.1 | 105.8 | 106.1 | 107.0 | 108.4 | 108.9 |
| 安庆 | Anqing | 105.3 | 105.4 | 104.7 | 103.0 | 102.4 | 102.7 | 102.7 | 104.6 | 105.9 | 108.1 | 109.0 | 108.7 |
| 泉州 | Quanzhou | 104.7 | 104.7 | 104.0 | 102.7 | 102.6 | 102.9 | 103.6 | 104.1 | 103.6 | 103.4 | 102.9 | 101.7 |
| 九江 | Jiujiang | 104.4 | 104.4 | 103.9 | 103.5 | 103.6 | 103.4 | 104.0 | 104.7 | 105.5 | 106.5 | 107.0 | 107.6 |
| 赣州 | Ganzhou | 102.6 | 102.2 | 101.8 | 101.7 | 102.1 | 102.5 | 103.3 | 104.5 | 105.7 | 106.2 | 106.8 | 107.6 |
| 烟台 | Yantai | 104.3 | 104.4 | 104.4 | 104.1 | 104.2 | 104.4 | 105.6 | 106.6 | 107.9 | 108.8 | 108.9 | 109.1 |
| 济宁 | Jining | 103.1 | 108.0 | 108.2 | 108.7 | 109.7 | 110.1 | 112.3 | 114.6 | 116.3 | 117.4 | 118.6 | 120.1 |
| 洛阳 | Luoyang | 104.2 | 104.9 | 104.4 | 103.7 | 103.3 | 103.0 | 104.9 | 105.9 | 107.2 | 107.7 | 108.8 | 109.6 |
| 平顶山 | Pingdingshan | 104.8 | 105.2 | 105.2 | 105.6 | 106.2 | 105.9 | 105.7 | 105.3 | 105.7 | 106.2 | 106.3 | 108.0 |
| 宜昌 | Yichang | 106.0 | 106.4 | 105.8 | 104.1 | 103.4 | 103.0 | 104.9 | 107.2 | 109.9 | 110.3 | 110.4 | 110.1 |
| 襄阳 | Xiangyang | 104.5 | 102.9 | 102.0 | 102.3 | 101.8 | 101.2 | 102.4 | 105.5 | 106.8 | 107.8 | 107.9 | 108.5 |
| 岳阳 | Yueyang | 104.4 | 104.8 | 104.5 | 104.8 | 105.2 | 105.4 | 105.0 | 107.9 | 109.6 | 109.4 | 108.8 | 108.7 |
| 常德 | Changde | 104.4 | 105.2 | 104.8 | 104.6 | 104.2 | 104.1 | 104.3 | 107.7 | 108.7 | 109.1 | 108.5 | 107.6 |
| 惠州 | Huizhou | 104.8 | 105.2 | 103.2 | 102.7 | 102.0 | 101.6 | 102.2 | 103.3 | 105.1 | 106.5 | 107.3 | 106.8 |
| 湛江 | Zhanjiang | 105.8 | 105.6 | 105.8 | 104.9 | 104.0 | 103.9 | 104.7 | 105.5 | 105.6 | 105.2 | 105.1 | 105.0 |
| 韶关 | Shaoguan | 104.2 | 104.2 | 103.0 | 102.4 | 103.0 | 103.2 | 103.8 | 104.7 | 105.2 | 105.4 | 106.0 | 106.4 |
| 桂林 | Guilin | 104.5 | 104.1 | 103.4 | 103.2 | 103.5 | 103.4 | 103.1 | 103.3 | 104.5 | 104.5 | 105.0 | 105.7 |
| 北海 | Beihai | 107.2 | 107.2 | 107.3 | 106.2 | 104.9 | 104.3 | 103.5 | 104.9 | 106.5 | 106.8 | 108.3 | 109.1 |
| 三亚 | Sanya | 101.8 | 101.2 | 100.9 | 102.4 | 105.0 | 107.1 | 109.6 | 111.3 | 111.8 | 111.2 | 109.9 | 110.6 |
| 泸州 | Luzhou | 104.6 | 104.7 | 104.1 | 104.1 | 103.8 | 103.6 | 105.6 | 107.3 | 109.4 | 109.6 | 108.7 | 107.9 |
| 南充 | Nanchong | 105.1 | 106.5 | 107.4 | 108.3 | 109.4 | 109.6 | 109.8 | 112.0 | 113.9 | 114.3 | 113.1 | 112.2 |
| 遵义 | Zunyi | 104.4 | 105.7 | 105.7 | 105.6 | 105.6 | 106.2 | 107.7 | 108.9 | 109.1 | 109.0 | 110.8 | 110.3 |
| 大理 | Dali | 102.1 | 103.6 | 104.0 | 104.8 | 105.1 | 105.5 | 107.0 | 109.1 | 109.8 | 111.1 | 112.9 | 113.2 |

# 4-3-1 2018年70个大中城市新建商品住宅销售价格指数
# Housing Price Indices of Newly Constructed Commercial Residential Buildings in 70 Large and Medium-Sized Cities 2018

(以上月价格为100) (Last Month=100)

| 城市 | City | 1月 | 2月 | 3月 | 4月 | 5月 | 6月 | 7月 | 8月 | 9月 | 10月 | 11月 | 12月 |
|---|---|---|---|---|---|---|---|---|---|---|---|---|---|
| 北　京 | Beijing | 100.2 | 99.7 | 100.1 | 100.2 | 100.2 | 100.0 | 100.2 | 100.0 | 100.0 | 100.2 | 100.6 | 101.0 |
| 天　津 | Tianjin | 100.5 | 100.1 | 100.0 | 100.1 | 100.5 | 100.3 | 100.0 | 100.2 | 100.3 | 100.1 | 99.7 | 100.1 |
| 石家庄 | Shijiazhuang | 100.1 | 100.1 | 100.7 | 100.3 | 101.2 | 100.3 | 102.0 | 100.9 | 101.1 | 103.3 | 101.4 | 102.5 |
| 太　原 | Taiyuan | 100.5 | 100.0 | 100.6 | 101.4 | 100.7 | 100.6 | 101.2 | 101.9 | 101.0 | 100.5 | 101.3 | 100.9 |
| 呼和浩特 | Hohhot | 100.1 | 100.5 | 100.5 | 101.0 | 101.6 | 101.1 | 102.4 | 102.9 | 102.8 | 101.6 | 102.9 | 101.9 |
| 沈　阳 | Shenyang | 100.9 | 100.3 | 100.5 | 100.8 | 101.7 | 101.4 | 101.4 | 101.1 | 101.3 | 101.5 | 100.7 | 100.5 |
| 大　连 | Dalian | 101.6 | 101.0 | 100.7 | 101.1 | 101.7 | 101.8 | 101.0 | 101.0 | 100.6 | 100.7 | 101.4 | 100.9 |
| 长　春 | Changchun | 100.7 | 100.0 | 101.0 | 100.9 | 101.3 | 101.6 | 100.9 | 100.8 | 100.2 | 100.9 | 101.9 | 101.1 |
| 哈尔滨 | Harbin | 100.1 | 100.7 | 100.9 | 101.3 | 101.2 | 101.4 | 102.2 | 100.9 | 101.3 | 102.0 | 100.9 | 100.5 |
| 上　海 | Shanghai | 99.6 | 99.8 | 100.2 | 99.9 | 99.8 | 100.0 | 99.9 | 100.1 | 99.9 | 100.1 | 100.5 | 100.6 |
| 南　京 | Nanjing | 99.7 | 99.9 | 99.7 | 99.8 | 99.8 | 99.8 | 99.9 | 100.0 | 100.4 | 100.2 | 101.5 | 99.9 |
| 杭　州 | Hangzhou | 100.0 | 99.9 | 100.3 | 100.1 | 100.0 | 100.6 | 100.8 | 100.6 | 100.2 | 101.2 | 100.7 | 101.1 |
| 宁　波 | Ningbo | 100.7 | 100.2 | 100.3 | 101.1 | 100.5 | 100.3 | 100.9 | 102.0 | 100.3 | 100.0 | 100.0 | 99.8 |
| 合　肥 | Hefei | 99.9 | 99.7 | 100.0 | 99.8 | 100.2 | 100.1 | 100.6 | 101.6 | 100.9 | 100.6 | 100.4 | 100.4 |
| 福　州 | Fuzhou | 100.0 | 99.9 | 99.6 | 99.9 | 98.9 | 102.2 | 101.3 | 102.2 | 101.1 | 101.0 | 102.0 | 100.3 |
| 厦　门 | Xiamen | 99.7 | 99.9 | 99.8 | 100.3 | 101.1 | 100.0 | 100.0 | 99.9 | 100.0 | 99.9 | 99.5 | 99.6 |
| 南　昌 | Nanchang | 99.9 | 99.8 | 100.6 | 100.3 | 100.7 | 101.6 | 101.8 | 101.4 | 100.8 | 100.4 | 101.3 | 100.5 |
| 济　南 | Jinan | 100.5 | 99.9 | 100.2 | 100.1 | 100.4 | 103.6 | 103.0 | 102.8 | 101.3 | 100.7 | 101.7 | 100.7 |
| 青　岛 | Qingdao | 100.1 | 100.0 | 100.4 | 100.1 | 102.0 | 102.4 | 102.0 | 101.6 | 100.4 | 100.6 | 101.8 | 101.2 |
| 郑　州 | Zhengzhou | 99.7 | 100.0 | 99.9 | 100.5 | 101.6 | 101.8 | 101.3 | 101.5 | 100.4 | 101.0 | 100.8 | 100.3 |
| 武　汉 | Wuhan | 100.4 | 99.9 | 99.8 | 99.8 | 101.1 | 101.2 | 101.1 | 101.4 | 100.3 | 102.5 | 101.6 | 101.3 |
| 长　沙 | Changsha | 100.4 | 100.2 | 100.3 | 100.2 | 101.6 | 102.0 | 102.7 | 102.0 | 100.6 | 100.1 | 100.3 | 100.4 |
| 广　州 | Guangzhou | 99.6 | 99.6 | 100.2 | 99.9 | 101.8 | 101.9 | 100.6 | 100.9 | 100.4 | 100.2 | 100.0 | 103.0 |
| 深　圳 | Shenzhen | 100.0 | 99.4 | 99.9 | 100.1 | 99.9 | 100.3 | 100.5 | 100.5 | 99.8 | 99.5 | 99.8 | 100.4 |
| 南　宁 | Nanning | 100.1 | 100.3 | 100.5 | 100.2 | 100.3 | 102.0 | 100.8 | 101.7 | 100.4 | 100.3 | 100.5 | 101.6 |
| 海　口 | Haikou | 102.4 | 101.8 | 102.1 | 101.9 | 102.1 | 103.9 | 102.3 | 100.9 | 100.3 | 100.6 | 100.3 | 101.4 |
| 重　庆 | Chongqing | 100.3 | 100.3 | 100.7 | 101.1 | 100.9 | 101.8 | 101.3 | 101.0 | 101.1 | 100.8 | 101.1 | 100.8 |
| 成　都 | Chengdu | 100.2 | 100.0 | 100.2 | 100.3 | 102.2 | 101.6 | 101.0 | 101.1 | 100.7 | 101.7 | 101.8 | 101.3 |
| 贵　阳 | Guiyang | 101.0 | 100.4 | 100.7 | 101.3 | 100.6 | 101.2 | 101.8 | 101.8 | 102.1 | 104.2 | 101.9 | 100.6 |
| 昆　明 | Kunming | 101.4 | 100.3 | 100.8 | 100.7 | 100.9 | 101.9 | 102.9 | 101.5 | 102.0 | 101.4 | 100.7 | 100.9 |
| 西　安 | Xi'an | 100.6 | 100.5 | 100.9 | 101.6 | 101.6 | 101.1 | 101.2 | 103.0 | 106.2 | 101.3 | 101.4 | 101.1 |
| 兰　州 | Lanzhou | 100.4 | 100.5 | 100.4 | 100.5 | 100.7 | 101.3 | 100.7 | 101.2 | 101.2 | 101.7 | 100.9 | 100.9 |
| 西　宁 | Xining | 100.2 | 100.7 | 100.0 | 99.8 | 100.1 | 102.7 | 100.4 | 101.5 | 102.1 | 101.0 | 101.3 | 101.4 |
| 银　川 | Yinchuan | 100.4 | 100.5 | 100.8 | 100.6 | 100.4 | 101.4 | 101.0 | 101.7 | 100.9 | 100.2 | 100.3 | 100.8 |
| 乌鲁木齐 | Urumqi | 100.4 | 101.3 | 100.8 | 101.1 | 101.2 | 100.9 | 100.2 | 101.4 | 100.4 | 100.3 | 100.9 | 100.4 |

4-3-1 续表 Continued

(以上月价格为100) (Last Month=100)

| 城 市 | City | 1月 | 2月 | 3月 | 4月 | 5月 | 6月 | 7月 | 8月 | 9月 | 10月 | 11月 | 12月 |
|---|---|---|---|---|---|---|---|---|---|---|---|---|---|
| 唐 山 | Tangshan | 100.7 | 100.2 | 100.8 | 100.7 | 100.3 | 101.2 | 101.7 | 102.9 | 101.4 | 101.2 | 101.3 | 100.0 |
| 秦皇岛 | Qinhuangdao | 100.8 | 100.6 | 101.4 | 100.7 | 100.6 | 101.1 | 100.9 | 102.8 | 101.9 | 102.1 | 101.5 | 101.6 |
| 包 头 | Baotou | 100.8 | 100.4 | 100.6 | 100.6 | 100.8 | 101.0 | 101.8 | 102.5 | 100.5 | 101.4 | 100.4 | 100.0 |
| 丹 东 | Dandong | 100.1 | 99.8 | 100.4 | 102.0 | 105.3 | 103.3 | 100.5 | 100.4 | 101.0 | 100.4 | 101.0 | 101.9 |
| 锦 州 | Jinzhou | 100.4 | 100.8 | 100.9 | 100.7 | 100.3 | 100.5 | 100.5 | 100.6 | 101.9 | 101.4 | 101.7 | 102.3 |
| 吉 林 | Jilin | 100.5 | 100.3 | 100.3 | 100.6 | 100.4 | 101.3 | 101.6 | 102.3 | 101.1 | 101.5 | 101.4 | 100.7 |
| 牡丹江 | Mudanjiang | 100.3 | 100.2 | 100.5 | 100.8 | 100.0 | 102.1 | 101.4 | 101.3 | 101.5 | 101.7 | 100.4 | 100.9 |
| 无 锡 | Wuxi | 99.7 | 99.6 | 99.9 | 99.8 | 99.9 | 99.9 | 101.5 | 103.4 | 100.5 | 100.4 | 100.9 | 99.8 |
| 扬 州 | Yangzhou | 100.9 | 100.5 | 100.6 | 100.9 | 100.6 | 100.5 | 102.8 | 101.2 | 101.4 | 101.2 | 101.7 | 100.4 |
| 徐 州 | Xuzhou | 100.6 | 101.0 | 100.7 | 100.8 | 101.3 | 100.6 | 102.3 | 103.3 | 101.2 | 101.9 | 101.6 | 101.0 |
| 温 州 | Wenzhou | 100.4 | 100.0 | 99.9 | 99.9 | 100.1 | 100.4 | 100.2 | 100.7 | 100.2 | 99.9 | 99.7 | 100.3 |
| 金 华 | Jinhua | 100.2 | 100.0 | 100.3 | 101.3 | 100.6 | 100.3 | 101.2 | 101.1 | 99.9 | 100.1 | 99.7 | 99.8 |
| 蚌 埠 | Bengbu | 99.9 | 100.0 | 99.7 | 100.0 | 100.2 | 99.7 | 102.1 | 101.8 | 101.8 | 100.6 | 101.2 | 100.6 |
| 安 庆 | Anqing | 100.5 | 100.3 | 100.0 | 99.7 | 99.9 | 101.1 | 100.5 | 101.9 | 101.6 | 102.2 | 100.5 | 100.5 |
| 泉 州 | Quanzhou | 99.7 | 100.1 | 100.1 | 100.0 | 99.9 | 100.4 | 99.9 | 100.9 | 100.0 | 100.2 | 100.3 | 99.9 |
| 九 江 | Jiujiang | 100.5 | 100.4 | 100.5 | 100.2 | 100.8 | 100.6 | 101.1 | 101.5 | 100.7 | 100.6 | 101.5 | 100.9 |
| 赣 州 | Ganzhou | 100.2 | 100.0 | 100.2 | 100.2 | 100.4 | 100.6 | 100.5 | 102.0 | 101.1 | 100.6 | 100.6 | 100.9 |
| 烟 台 | Yantai | 101.0 | 100.3 | 100.4 | 101.2 | 100.8 | 100.9 | 102.9 | 101.2 | 100.7 | 101.2 | 100.8 | 101.5 |
| 济 宁 | Jining | 100.2 | 100.4 | 100.4 | 100.6 | 100.8 | 101.3 | 101.4 | 101.7 | 100.6 | 101.9 | 101.7 | 101.1 |
| 洛 阳 | Luoyang | 100.5 | 100.0 | 100.4 | 100.7 | 100.4 | 100.2 | 101.1 | 100.7 | 101.8 | 101.4 | 102.3 | 101.0 |
| 平顶山 | Pingdingshan | 100.6 | 100.5 | 100.1 | 101.2 | 100.8 | 99.7 | 100.8 | 100.7 | 101.4 | 100.3 | 100.9 | 100.7 |
| 宜 昌 | Yichang | 100.9 | 100.6 | 100.9 | 100.3 | 100.8 | 101.4 | 102.9 | 101.2 | 101.3 | 100.3 | 100.6 | 101.1 |
| 襄 阳 | Xiangyang | 101.2 | 99.8 | 100.2 | 100.6 | 100.1 | 100.7 | 102.3 | 102.9 | 100.6 | 102.5 | 101.1 | 101.4 |
| 岳 阳 | Yueyang | 100.0 | 100.4 | 100.7 | 100.2 | 101.0 | 100.7 | 100.8 | 102.3 | 101.2 | 100.7 | 100.3 | 99.8 |
| 常 德 | Changde | 100.3 | 99.8 | 100.0 | 100.5 | 100.7 | 100.5 | 100.1 | 102.7 | 101.4 | 102.1 | 101.1 | 101.0 |
| 惠 州 | Huizhou | 100.0 | 100.4 | 99.9 | 100.1 | 100.3 | 100.5 | 100.4 | 100.7 | 100.4 | 100.6 | 100.3 | 100.2 |
| 湛 江 | Zhanjiang | 100.1 | 100.1 | 100.3 | 100.2 | 100.1 | 100.4 | 101.0 | 101.9 | 100.8 | 101.5 | 100.4 | 100.7 |
| 韶 关 | Shaoguan | 99.5 | 100.3 | 100.6 | 100.4 | 100.5 | 100.7 | 100.4 | 101.4 | 100.6 | 100.4 | 100.6 | 99.8 |
| 桂 林 | Guilin | 99.8 | 100.1 | 100.6 | 100.7 | 100.6 | 100.7 | 100.5 | 100.6 | 101.0 | 100.7 | 102.3 | 100.4 |
| 北 海 | Beihai | 99.7 | 100.4 | 100.8 | 100.8 | 101.1 | 101.3 | 100.4 | 103.1 | 100.8 | 101.2 | 101.1 | 100.6 |
| 三 亚 | Sanya | 100.9 | 101.0 | 100.7 | 101.9 | 102.4 | 103.2 | 103.7 | 100.1 | 100.2 | 99.9 | 100.4 | 100.2 |
| 泸 州 | Luzhou | 100.8 | 100.4 | 100.3 | 100.4 | 100.7 | 101.3 | 100.5 | 101.8 | 102.6 | 101.6 | 100.5 | 100.2 |
| 南 充 | Nanchong | 100.3 | 101.7 | 100.6 | 101.0 | 101.4 | 101.2 | 100.8 | 102.6 | 101.8 | 101.6 | 100.3 | 100.0 |
| 遵 义 | Zunyi | 101.1 | 100.6 | 100.9 | 100.8 | 100.7 | 100.9 | 101.0 | 101.5 | 101.1 | 101.9 | 101.7 | 100.7 |
| 大 理 | Dali | 100.7 | 100.9 | 100.9 | 101.2 | 100.8 | 101.2 | 101.6 | 101.9 | 101.5 | 102.1 | 102.8 | 101.8 |

# 4-3-2 2018年70个大中城市90㎡及以下新建商品住宅销售价格指数

# Housing Price Indices of 90㎡ and below Newly Constructed Commercial Residential Buildings in 70 Large and Medium-Sized Cities 2018

(以上月价格为100) (Last Month=100)

| 城市 | City | 1月 | 2月 | 3月 | 4月 | 5月 | 6月 | 7月 | 8月 | 9月 | 10月 | 11月 | 12月 |
|---|---|---|---|---|---|---|---|---|---|---|---|---|---|
| 北京 | Beijing | 100.2 | 99.9 | 100.0 | 100.2 | 100.1 | 100.0 | 100.3 | 99.9 | 100.0 | 100.3 | 100.4 | 100.7 |
| 天津 | Tianjin | 100.5 | 100.3 | 100.4 | 100.2 | 100.4 | 100.2 | 100.4 | 99.8 | 100.0 | 100.5 | 99.5 | 99.9 |
| 石家庄 | Shijiazhuang | 100.7 | 100.7 | 100.2 | 99.9 | 101.4 | 100.4 | 102.2 | 100.6 | 101.0 | 102.8 | 101.2 | 103.1 |
| 太原 | Taiyuan | 100.0 | 99.8 | 100.2 | 101.2 | 100.8 | 101.0 | 101.2 | 101.8 | 101.7 | 100.9 | 101.1 | 101.2 |
| 呼和浩特 | Hohhot | 100.3 | 101.0 | 100.8 | 101.3 | 101.0 | 101.7 | 101.6 | 102.5 | 102.3 | 101.2 | 102.8 | 101.5 |
| 沈阳 | Shenyang | 101.3 | 100.5 | 100.6 | 100.7 | 101.5 | 101.2 | 101.5 | 100.8 | 101.1 | 101.4 | 100.7 | 100.6 |
| 大连 | Dalian | 101.3 | 101.2 | 100.5 | 101.4 | 101.8 | 102.0 | 101.2 | 101.0 | 100.6 | 100.3 | 101.2 | 100.8 |
| 长春 | Changchun | 101.2 | 100.1 | 101.1 | 101.3 | 101.5 | 101.9 | 100.9 | 100.9 | 100.5 | 100.7 | 101.1 | 100.6 |
| 哈尔滨 | Harbin | 99.9 | 101.0 | 101.0 | 101.0 | 101.4 | 101.2 | 102.3 | 100.6 | 101.2 | 102.6 | 100.8 | 100.3 |
| 上海 | Shanghai | 99.9 | 100.2 | 100.0 | 99.8 | 99.7 | 100.6 | 99.9 | 99.8 | 99.8 | 100.0 | 100.6 | 100.3 |
| 南京 | Nanjing | 99.8 | 100.2 | 99.6 | 99.7 | 100.0 | 99.3 | 100.2 | 100.1 | 100.4 | 100.0 | 101.4 | 100.3 |
| 杭州 | Hangzhou | 100.0 | 100.0 | 100.5 | 100.1 | 99.9 | 100.5 | 101.1 | 100.6 | 100.1 | 101.3 | 100.5 | 101.5 |
| 宁波 | Ningbo | 101.1 | 100.6 | 100.4 | 100.9 | 100.7 | 100.0 | 101.2 | 102.2 | 101.0 | 100.0 | 100.0 | 100.0 |
| 合肥 | Hefei | 99.8 | 99.9 | 100.2 | 100.1 | 100.6 | 99.9 | 100.2 | 101.6 | 100.9 | 100.5 | 99.9 | 100.9 |
| 福州 | Fuzhou | 99.4 | 99.8 | 99.7 | 99.5 | 97.9 | 102.0 | 101.3 | 102.0 | 100.9 | 101.5 | 101.6 | 100.2 |
| 厦门 | Xiamen | 99.9 | 99.7 | 99.8 | 100.0 | 101.5 | 99.9 | 100.1 | 100.0 | 100.2 | 99.4 | 99.4 | 99.1 |
| 南昌 | Nanchang | 100.4 | 100.0 | 100.4 | 100.1 | 101.1 | 101.3 | 101.6 | 101.1 | 101.6 | 100.3 | 101.3 | 100.0 |
| 济南 | Jinan | 100.3 | 100.1 | 100.1 | 100.2 | 100.3 | 104.1 | 103.4 | 103.1 | 100.8 | 100.9 | 101.7 | 101.0 |
| 青岛 | Qingdao | 100.1 | 100.0 | 100.4 | 99.9 | 102.3 | 102.3 | 102.6 | 101.6 | 100.4 | 100.7 | 101.8 | 100.9 |
| 郑州 | Zhengzhou | 99.9 | 100.0 | 100.0 | 100.6 | 101.1 | 101.9 | 101.3 | 101.7 | 100.6 | 100.8 | 100.8 | 100.4 |
| 武汉 | Wuhan | 100.3 | 99.7 | 99.8 | 99.6 | 101.8 | 101.0 | 101.0 | 101.2 | 100.3 | 103.1 | 101.5 | 101.8 |
| 长沙 | Changsha | 100.9 | 100.9 | 100.3 | 100.1 | 100.8 | 102.0 | 102.7 | 102.3 | 100.4 | 100.5 | 100.4 | 100.6 |
| 广州 | Guangzhou | 99.7 | 99.7 | 100.0 | 100.0 | 102.0 | 102.0 | 100.2 | 100.8 | 100.7 | 100.3 | 100.0 | 102.5 |
| 深圳 | Shenzhen | 99.7 | 99.5 | 100.1 | 100.1 | 100.0 | 100.2 | 100.5 | 100.6 | 99.9 | 99.6 | 99.5 | 100.3 |
| 南宁 | Nanning | 100.2 | 100.1 | 100.8 | 99.9 | 100.5 | 102.1 | 100.6 | 101.9 | 100.4 | 100.9 | 100.4 | 101.5 |
| 海口 | Haikou | 102.2 | 101.3 | 102.1 | 101.6 | 101.9 | 104.0 | 102.0 | 101.1 | 100.3 | 100.7 | 100.5 | 101.3 |
| 重庆 | Chongqing | 100.1 | 100.4 | 100.8 | 101.5 | 101.2 | 101.6 | 101.3 | 101.0 | 101.3 | 101.1 | 101.4 | 101.3 |
| 成都 | Chengdu | 99.8 | 100.1 | 100.4 | 100.1 | 102.2 | 101.7 | 101.1 | 101.3 | 101.1 | 101.8 | 102.1 | 101.4 |
| 贵阳 | Guiyang | 100.6 | 100.2 | 100.5 | 101.5 | 101.1 | 101.7 | 101.8 | 102.5 | 102.2 | 104.7 | 101.6 | 100.4 |
| 昆明 | Kunming | 101.3 | 100.0 | 101.3 | 100.4 | 100.5 | 101.7 | 103.6 | 102.0 | 101.9 | 101.3 | 100.4 | 100.7 |
| 西安 | Xi'an | 99.7 | 100.2 | 100.8 | 101.2 | 101.5 | 101.6 | 101.7 | 103.2 | 106.7 | 101.2 | 101.9 | 101.1 |
| 兰州 | Lanzhou | 100.9 | 100.5 | 100.6 | 100.7 | 100.3 | 101.8 | 100.5 | 101.0 | 101.5 | 102.3 | 101.4 | 101.3 |
| 西宁 | Xining | 100.2 | 100.9 | 100.2 | 100.0 | 100.4 | 103.7 | 100.8 | 101.4 | 101.3 | 100.7 | 100.6 | 101.3 |
| 银川 | Yinchuan | 100.4 | 100.6 | 100.2 | 100.7 | 100.1 | 101.0 | 101.3 | 101.7 | 101.0 | 99.8 | 100.2 | 101.5 |
| 乌鲁木齐 | Urumqi | 100.1 | 101.6 | 100.9 | 101.7 | 100.5 | 100.1 | 100.0 | 101.8 | 100.7 | 100.2 | 101.0 | 100.2 |

4-3-2 续表 Continued

(以上月价格为100) (Last Month=100)

| 城 市 | City | 1月 | 2月 | 3月 | 4月 | 5月 | 6月 | 7月 | 8月 | 9月 | 10月 | 11月 | 12月 |
|---|---|---|---|---|---|---|---|---|---|---|---|---|---|
| 唐 山 | Tangshan | 100.2 | 100.5 | 100.1 | 100.9 | 100.2 | 100.3 | 102.2 | 102.8 | 100.9 | 101.6 | 101.8 | 99.5 |
| 秦皇岛 | Qinhuangdao | 100.6 | 100.9 | 101.8 | 100.5 | 100.4 | 101.8 | 100.5 | 102.6 | 101.6 | 102.0 | 101.4 | 101.5 |
| 包 头 | Baotou | 100.9 | 100.2 | 101.1 | 100.6 | 101.1 | 100.5 | 101.5 | 102.9 | 100.5 | 101.8 | 100.9 | 100.9 |
| 丹 东 | Dandong | 100.0 | 100.4 | 100.3 | 101.6 | 105.1 | 103.6 | 100.3 | 100.1 | 101.1 | 99.4 | 101.7 | 101.3 |
| 锦 州 | Jinzhou | 100.4 | 101.2 | 101.0 | 100.8 | 100.3 | 100.7 | 100.9 | 101.3 | 101.5 | 101.3 | 101.2 | 102.1 |
| 吉 林 | Jilin | 100.7 | 100.4 | 100.1 | 100.9 | 100.6 | 101.4 | 101.4 | 102.3 | 101.4 | 101.7 | 101.3 | 100.6 |
| 牡丹江 | Mudanjiang | 100.4 | 100.1 | 100.5 | 100.4 | 99.7 | 102.2 | 100.7 | 100.8 | 101.2 | 102.0 | 100.5 | 100.7 |
| 无 锡 | Wuxi | 99.6 | 100.4 | 99.9 | 99.6 | 99.9 | 100.3 | 102.0 | 103.6 | 101.1 | 100.3 | 100.9 | 99.9 |
| 扬 州 | Yangzhou | 101.1 | 100.4 | 100.4 | 100.5 | 101.0 | 100.7 | 103.0 | 101.2 | 101.1 | 101.4 | 101.9 | 99.6 |
| 徐 州 | Xuzhou | 100.2 | 101.0 | 101.1 | 100.7 | 101.3 | 100.1 | 102.4 | 103.2 | 101.5 | 101.5 | 102.0 | 101.8 |
| 温 州 | Wenzhou | 100.7 | 100.0 | 99.8 | 99.2 | 100.3 | 100.8 | 100.3 | 100.9 | 100.6 | 100.0 | 100.0 | 100.6 |
| 金 华 | Jinhua | 100.3 | 100.2 | 100.3 | 101.5 | 100.4 | 100.6 | 101.2 | 101.5 | 99.9 | 100.1 | 100.0 | 99.8 |
| 蚌 埠 | Bengbu | 100.9 | 99.9 | 99.9 | 100.1 | 100.0 | 99.6 | 102.8 | 101.9 | 101.5 | 100.3 | 101.7 | 100.7 |
| 安 庆 | Anqing | 100.2 | 100.4 | 100.4 | 99.2 | 100.0 | 100.8 | 100.8 | 102.1 | 101.4 | 102.7 | 100.1 | 100.2 |
| 泉 州 | Quanzhou | 99.4 | 100.6 | 100.0 | 100.3 | 99.8 | 100.2 | 100.2 | 101.4 | 99.6 | 100.3 | 100.5 | 99.8 |
| 九 江 | Jiujiang | 100.7 | 99.7 | 100.3 | 100.4 | 100.6 | 100.6 | 101.2 | 101.5 | 101.2 | 100.5 | 102.3 | 100.5 |
| 赣 州 | Ganzhou | 100.4 | 100.2 | 99.8 | 99.7 | 99.7 | 100.3 | 100.3 | 101.9 | 101.2 | 100.2 | 100.9 | 100.8 |
| 烟 台 | Yantai | 100.8 | 100.1 | 100.4 | 101.2 | 100.7 | 100.8 | 102.9 | 101.3 | 100.6 | 101.1 | 100.8 | 101.6 |
| 济 宁 | Jining | 100.4 | 100.4 | 100.9 | 101.0 | 100.7 | 100.8 | 101.5 | 102.0 | 100.6 | 101.4 | 102.0 | 100.5 |
| 洛 阳 | Luoyang | 101.2 | 99.9 | 100.3 | 101.7 | 100.6 | 100.4 | 100.5 | 101.2 | 101.0 | 100.9 | 102.6 | 100.9 |
| 平顶山 | Pingdingshan | 100.0 | 100.5 | 100.0 | 101.2 | 100.3 | 100.4 | 100.6 | 101.1 | 101.3 | 100.3 | 101.2 | 101.2 |
| 宜 昌 | Yichang | 101.4 | 101.5 | 101.5 | 100.5 | 100.6 | 100.6 | 103.2 | 101.5 | 101.1 | 100.7 | 101.1 | 101.8 |
| 襄 阳 | Xiangyang | 101.7 | 99.5 | 100.1 | 100.3 | 100.1 | 100.7 | 102.9 | 103.3 | 100.8 | 102.8 | 101.4 | 101.3 |
| 岳 阳 | Yueyang | 100.2 | 100.5 | 100.8 | 100.1 | 100.7 | 101.1 | 100.5 | 103.0 | 101.8 | 100.4 | 100.9 | 100.3 |
| 常 德 | Changde | 100.5 | 99.9 | 100.1 | 100.4 | 100.7 | 101.0 | 99.9 | 103.3 | 100.9 | 102.2 | 101.6 | 101.5 |
| 惠 州 | Huizhou | 99.8 | 100.5 | 100.2 | 100.2 | 100.3 | 100.3 | 101.2 | 100.5 | 100.2 | 100.6 | 100.3 | 100.2 |
| 湛 江 | Zhanjiang | 100.0 | 99.4 | 100.1 | 100.1 | 100.0 | 100.2 | 101.1 | 102.1 | 100.9 | 101.6 | 100.4 | 100.8 |
| 韶 关 | Shaoguan | 99.6 | 100.8 | 100.8 | 100.3 | 101.1 | 100.5 | 100.0 | 101.8 | 100.5 | 100.6 | 101.2 | 100.0 |
| 桂 林 | Guilin | 100.5 | 100.2 | 100.1 | 100.7 | 100.6 | 100.8 | 100.9 | 100.8 | 100.6 | 101.5 | 102.3 | 100.4 |
| 北 海 | Beihai | 99.8 | 100.4 | 100.7 | 100.5 | 101.2 | 101.3 | 100.3 | 103.1 | 100.7 | 101.1 | 101.0 | 100.7 |
| 三 亚 | Sanya | 100.9 | 101.3 | 100.1 | 102.0 | 102.5 | 102.4 | 104.9 | 100.4 | 100.9 | 99.9 | 100.0 | 100.0 |
| 泸 州 | Luzhou | 101.0 | 100.3 | 100.8 | 100.4 | 100.7 | 100.9 | 100.5 | 102.6 | 102.8 | 101.5 | 100.7 | 100.0 |
| 南 充 | Nanchong | 100.3 | 101.6 | 100.8 | 100.7 | 102.2 | 100.2 | 100.9 | 102.5 | 101.7 | 101.7 | 100.2 | 99.9 |
| 遵 义 | Zunyi | 101.2 | 100.6 | 100.1 | 101.2 | 100.6 | 101.0 | 100.4 | 101.4 | 101.6 | 101.9 | 101.8 | 101.4 |
| 大 理 | Dali | 101.2 | 101.5 | 100.9 | 101.3 | 100.5 | 100.7 | 101.5 | 101.9 | 101.6 | 101.2 | 102.6 | 101.6 |

# 4-3-3 2018年70个大中城市90㎡-144㎡新建商品住宅销售价格指数

# Housing Price Indices of 90㎡-144㎡ Newly Constructed Commercial Residential Buildings in 70 Large and Medium-Sized Cities 2018

(以上月价格为100) (Last Month=100)

| 城市 | City | 1月 | 2月 | 3月 | 4月 | 5月 | 6月 | 7月 | 8月 | 9月 | 10月 | 11月 | 12月 |
|---|---|---|---|---|---|---|---|---|---|---|---|---|---|
| 北京 | Beijing | 99.9 | 99.7 | 100.1 | 100.4 | 100.3 | 99.8 | 100.2 | 100.0 | 100.1 | 100.2 | 100.2 | 100.7 |
| 天津 | Tianjin | 100.5 | 100.0 | 99.9 | 100.1 | 100.5 | 100.6 | 99.9 | 100.0 | 100.2 | 100.0 | 99.8 | 100.0 |
| 石家庄 | Shijiazhuang | 100.3 | 100.0 | 101.0 | 100.4 | 101.3 | 100.2 | 101.9 | 101.1 | 101.2 | 103.5 | 101.3 | 102.5 |
| 太原 | Taiyuan | 100.7 | 100.4 | 100.9 | 101.8 | 100.4 | 100.5 | 101.2 | 101.7 | 100.5 | 100.0 | 101.3 | 100.9 |
| 呼和浩特 | Hohhot | 99.9 | 100.4 | 100.3 | 100.9 | 101.9 | 100.8 | 102.6 | 103.1 | 102.8 | 101.6 | 103.0 | 102.0 |
| 沈阳 | Shenyang | 100.8 | 100.2 | 100.8 | 100.9 | 101.6 | 101.3 | 101.4 | 101.3 | 101.5 | 101.6 | 100.6 | 100.2 |
| 大连 | Dalian | 102.0 | 100.8 | 101.0 | 101.0 | 101.6 | 101.8 | 100.7 | 100.8 | 100.8 | 101.0 | 101.4 | 101.2 |
| 长春 | Changchun | 100.3 | 99.8 | 101.3 | 100.3 | 101.1 | 101.5 | 101.0 | 100.7 | 99.9 | 100.7 | 102.4 | 101.1 |
| 哈尔滨 | Harbin | 99.9 | 100.7 | 100.7 | 101.2 | 100.8 | 101.7 | 102.0 | 101.1 | 101.3 | 101.8 | 101.1 | 100.4 |
| 上海 | Shanghai | 99.1 | 99.7 | 99.8 | 100.2 | 99.5 | 100.1 | 99.8 | 100.4 | 99.7 | 100.1 | 100.1 | 100.5 |
| 南京 | Nanjing | 99.7 | 100.0 | 99.5 | 99.8 | 99.9 | 99.9 | 99.9 | 100.0 | 100.3 | 100.2 | 101.5 | 100.1 |
| 杭州 | Hangzhou | 99.8 | 100.1 | 100.2 | 99.8 | 100.1 | 100.4 | 100.5 | 100.5 | 100.2 | 101.4 | 100.9 | 101.0 |
| 宁波 | Ningbo | 100.4 | 100.2 | 100.3 | 101.4 | 100.5 | 100.3 | 100.7 | 102.0 | 100.2 | 99.9 | 100.0 | 100.1 |
| 合肥 | Hefei | 99.9 | 99.6 | 99.9 | 99.6 | 100.0 | 100.2 | 100.8 | 101.4 | 100.9 | 100.6 | 100.6 | 100.3 |
| 福州 | Fuzhou | 99.9 | 99.9 | 99.3 | 100.0 | 98.5 | 102.2 | 101.0 | 102.1 | 100.9 | 100.8 | 101.8 | 100.3 |
| 厦门 | Xiamen | 99.6 | 100.0 | 100.0 | 100.6 | 100.8 | 99.8 | 100.1 | 99.8 | 100.1 | 99.8 | 99.1 | 99.9 |
| 南昌 | Nanchang | 99.9 | 99.8 | 100.7 | 100.1 | 100.8 | 101.6 | 101.8 | 101.3 | 100.6 | 100.3 | 101.4 | 100.6 |
| 济南 | Jinan | 100.2 | 99.9 | 100.2 | 100.1 | 100.4 | 103.4 | 102.9 | 102.9 | 101.6 | 100.6 | 101.6 | 100.8 |
| 青岛 | Qingdao | 100.0 | 100.1 | 100.3 | 100.3 | 101.6 | 102.4 | 101.7 | 101.9 | 100.3 | 100.4 | 101.9 | 101.4 |
| 郑州 | Zhengzhou | 99.4 | 100.1 | 99.8 | 100.3 | 101.7 | 101.8 | 101.4 | 101.4 | 100.2 | 101.2 | 101.0 | 100.2 |
| 武汉 | Wuhan | 100.3 | 100.0 | 99.9 | 99.9 | 100.8 | 101.0 | 101.2 | 101.4 | 100.2 | 102.3 | 101.6 | 101.1 |
| 长沙 | Changsha | 100.1 | 100.0 | 100.3 | 100.2 | 102.3 | 101.7 | 102.7 | 101.8 | 100.7 | 100.1 | 100.2 | 100.3 |
| 广州 | Guangzhou | 99.6 | 99.7 | 100.1 | 99.8 | 102.0 | 101.7 | 100.3 | 101.0 | 100.4 | 100.2 | 100.1 | 102.9 |
| 深圳 | Shenzhen | 99.6 | 99.5 | 99.9 | 99.9 | 99.8 | 100.1 | 100.4 | 100.9 | 100.0 | 99.8 | 100.2 | 100.2 |
| 南宁 | Nanning | 99.8 | 100.4 | 100.4 | 100.5 | 100.0 | 101.7 | 100.9 | 101.6 | 100.4 | 100.0 | 100.6 | 101.5 |
| 海口 | Haikou | 101.7 | 101.6 | 102.1 | 102.4 | 102.3 | 103.9 | 102.7 | 100.7 | 100.4 | 100.5 | 100.3 | 101.4 |
| 重庆 | Chongqing | 100.3 | 100.3 | 100.6 | 100.9 | 100.7 | 101.7 | 101.4 | 101.0 | 101.0 | 100.7 | 100.8 | 100.3 |
| 成都 | Chengdu | 100.5 | 99.8 | 100.0 | 100.5 | 102.0 | 101.5 | 101.0 | 100.8 | 100.3 | 101.9 | 101.4 | 101.3 |
| 贵阳 | Guiyang | 101.3 | 100.6 | 100.8 | 101.3 | 100.3 | 100.9 | 101.5 | 101.5 | 102.0 | 103.8 | 102.1 | 100.7 |
| 昆明 | Kunming | 101.5 | 100.3 | 100.9 | 100.8 | 101.3 | 101.9 | 102.5 | 101.2 | 101.8 | 101.4 | 100.8 | 100.6 |
| 西安 | Xi'an | 100.8 | 100.4 | 100.9 | 101.6 | 101.7 | 101.0 | 101.0 | 103.2 | 106.0 | 101.7 | 101.2 | 100.7 |
| 兰州 | Lanzhou | 100.1 | 100.5 | 100.3 | 100.4 | 101.1 | 100.9 | 100.6 | 101.5 | 101.0 | 101.6 | 100.5 | 101.0 |
| 西宁 | Xining | 100.2 | 100.7 | 100.1 | 99.9 | 100.0 | 102.5 | 100.3 | 101.6 | 102.3 | 101.1 | 101.4 | 101.2 |
| 银川 | Yinchuan | 100.1 | 100.5 | 101.0 | 100.7 | 100.5 | 101.6 | 100.8 | 101.8 | 100.4 | 100.2 | 100.2 | 100.6 |
| 乌鲁木齐 | Urumqi | 100.6 | 101.5 | 100.7 | 101.1 | 101.7 | 101.2 | 100.2 | 101.4 | 100.4 | 100.3 | 100.7 | 100.2 |

4-3-3 续表 Continued

(以上月价格为100) (Last Month=100)

| 城市 | City | 1月 | 2月 | 3月 | 4月 | 5月 | 6月 | 7月 | 8月 | 9月 | 10月 | 11月 | 12月 |
|---|---|---|---|---|---|---|---|---|---|---|---|---|---|
| 唐山 | Tangshan | 101.0 | 100.0 | 101.3 | 100.4 | 100.4 | 101.8 | 101.5 | 103.1 | 101.3 | 100.8 | 101.1 | 100.3 |
| 秦皇岛 | Qinhuangdao | 101.0 | 100.5 | 101.3 | 100.7 | 100.8 | 100.8 | 101.0 | 102.8 | 101.9 | 102.3 | 101.7 | 101.7 |
| 包头 | Baotou | 101.0 | 100.3 | 100.7 | 100.5 | 100.8 | 101.1 | 101.7 | 102.3 | 100.6 | 101.4 | 100.3 | 99.8 |
| 丹东 | Dandong | 100.1 | 99.4 | 100.4 | 102.3 | 105.4 | 103.0 | 100.6 | 100.4 | 101.0 | 100.9 | 100.6 | 102.3 |
| 锦州 | Jinzhou | 100.5 | 100.7 | 100.8 | 100.6 | 100.3 | 100.4 | 100.3 | 100.2 | 102.1 | 101.4 | 101.9 | 102.4 |
| 吉林 | Jilin | 100.2 | 100.1 | 100.4 | 100.3 | 100.0 | 100.9 | 102.0 | 102.4 | 100.8 | 101.5 | 101.2 | 100.5 |
| 牡丹江 | Mudanjiang | 100.2 | 100.3 | 100.5 | 101.1 | 100.1 | 101.9 | 101.8 | 101.7 | 101.8 | 101.5 | 100.3 | 101.1 |
| 无锡 | Wuxi | 99.7 | 99.2 | 100.1 | 99.9 | 99.7 | 99.6 | 101.5 | 103.4 | 100.0 | 100.2 | 100.9 | 99.6 |
| 扬州 | Yangzhou | 100.8 | 100.5 | 100.6 | 100.9 | 100.4 | 100.6 | 102.6 | 101.2 | 101.5 | 101.1 | 101.9 | 100.6 |
| 徐州 | Xuzhou | 100.6 | 101.1 | 100.8 | 100.9 | 101.5 | 100.7 | 102.2 | 103.4 | 101.1 | 101.8 | 101.5 | 100.7 |
| 温州 | Wenzhou | 100.5 | 100.1 | 100.0 | 100.2 | 100.0 | 100.4 | 100.3 | 100.2 | 100.1 | 99.8 | 99.8 | 100.1 |
| 金华 | Jinhua | 100.5 | 100.0 | 100.3 | 101.3 | 100.6 | 100.2 | 101.4 | 101.2 | 99.8 | 100.0 | 99.6 | 99.8 |
| 蚌埠 | Bengbu | 99.5 | 99.9 | 99.7 | 100.0 | 100.2 | 99.7 | 101.8 | 101.7 | 101.9 | 100.7 | 101.1 | 100.6 |
| 安庆 | Anqing | 100.6 | 100.3 | 100.0 | 99.9 | 99.9 | 101.2 | 100.5 | 101.9 | 101.5 | 102.2 | 100.6 | 100.6 |
| 泉州 | Quanzhou | 99.7 | 99.9 | 99.9 | 99.8 | 100.1 | 100.4 | 100.0 | 100.5 | 99.7 | 100.1 | 100.1 | 100.1 |
| 九江 | Jiujiang | 100.6 | 100.5 | 100.5 | 100.1 | 100.8 | 100.6 | 100.9 | 101.6 | 100.6 | 100.5 | 101.4 | 101.0 |
| 赣州 | Ganzhou | 100.1 | 99.7 | 100.3 | 100.2 | 100.5 | 100.8 | 100.6 | 102.0 | 101.2 | 100.6 | 100.5 | 100.9 |
| 烟台 | Yantai | 101.1 | 100.4 | 100.4 | 101.3 | 100.8 | 101.0 | 103.0 | 101.2 | 100.6 | 101.2 | 100.7 | 101.5 |
| 济宁 | Jining | 100.3 | 100.2 | 100.3 | 100.5 | 101.1 | 101.6 | 101.7 | 101.5 | 100.5 | 101.8 | 101.7 | 100.9 |
| 洛阳 | Luoyang | 100.3 | 99.9 | 100.4 | 100.5 | 100.4 | 100.0 | 101.4 | 100.6 | 101.9 | 101.6 | 102.1 | 101.0 |
| 平顶山 | Pingdingshan | 100.8 | 100.3 | 100.2 | 101.1 | 101.1 | 99.5 | 100.9 | 100.5 | 101.2 | 100.2 | 100.9 | 100.5 |
| 宜昌 | Yichang | 100.8 | 100.4 | 100.9 | 100.2 | 100.8 | 101.7 | 102.8 | 101.1 | 101.3 | 100.2 | 100.5 | 100.8 |
| 襄阳 | Xiangyang | 101.1 | 99.8 | 100.1 | 100.7 | 100.1 | 100.8 | 102.0 | 102.7 | 100.5 | 102.4 | 101.2 | 101.3 |
| 岳阳 | Yueyang | 100.1 | 100.3 | 100.6 | 100.1 | 101.2 | 100.5 | 100.8 | 102.0 | 101.0 | 100.5 | 100.0 | 99.7 |
| 常德 | Changde | 100.2 | 99.8 | 100.1 | 100.7 | 100.8 | 100.3 | 100.1 | 102.3 | 101.8 | 101.9 | 100.8 | 101.0 |
| 惠州 | Huizhou | 99.8 | 100.4 | 99.8 | 100.0 | 100.3 | 100.4 | 100.2 | 100.7 | 100.3 | 100.5 | 100.1 | 100.1 |
| 湛江 | Zhanjiang | 100.0 | 100.3 | 100.4 | 100.1 | 100.1 | 100.4 | 100.9 | 101.6 | 100.9 | 101.5 | 100.6 | 100.7 |
| 韶关 | Shaoguan | 99.7 | 100.4 | 100.6 | 100.3 | 100.4 | 100.4 | 100.5 | 101.0 | 100.3 | 100.2 | 100.7 | 99.7 |
| 桂林 | Guilin | 99.7 | 99.8 | 100.8 | 100.8 | 100.4 | 100.8 | 100.3 | 100.5 | 100.9 | 100.5 | 102.3 | 100.5 |
| 北海 | Beihai | 99.7 | 100.2 | 101.0 | 101.3 | 101.1 | 101.2 | 100.4 | 103.1 | 101.0 | 101.5 | 101.2 | 100.4 |
| 三亚 | Sanya | 99.9 | 101.3 | 101.8 | 102.1 | 102.2 | 103.8 | 103.4 | 100.2 | 99.8 | 99.9 | 100.7 | 100.5 |
| 泸州 | Luzhou | 100.7 | 100.3 | 100.2 | 100.4 | 100.7 | 101.6 | 100.4 | 101.5 | 102.5 | 101.6 | 100.4 | 100.2 |
| 南充 | Nanchong | 100.3 | 101.8 | 100.5 | 101.1 | 101.0 | 101.6 | 100.8 | 102.6 | 101.8 | 101.7 | 100.3 | 100.0 |
| 遵义 | Zunyi | 101.1 | 100.6 | 101.1 | 100.6 | 100.7 | 100.8 | 101.2 | 101.5 | 101.0 | 102.0 | 101.8 | 100.3 |
| 大理 | Dali | 100.2 | 100.5 | 101.1 | 101.3 | 100.5 | 101.7 | 102.3 | 102.2 | 101.8 | 102.3 | 102.9 | 101.5 |

# 4-3-4 2018年70个大中城市144㎡以上新建商品住宅销售价格指数

# Housing Price Indices of Above 144㎡ Newly Constructed Commercial Residential Buildings in 70 Large and Medium-Sized Cities 2018

(以上月价格为100) (Last Month=100)

| 城市 | City | 1月 | 2月 | 3月 | 4月 | 5月 | 6月 | 7月 | 8月 | 9月 | 10月 | 11月 | 12月 |
|---|---|---|---|---|---|---|---|---|---|---|---|---|---|
| 北京 | Beijing | 100.4 | 99.4 | 100.2 | 100.0 | 100.1 | 100.1 | 100.2 | 100.0 | 100.0 | 100.1 | 101.1 | 101.3 |
| 天津 | Tianjin | 100.4 | 100.1 | 99.8 | 99.9 | 100.5 | 100.0 | 99.8 | 100.7 | 100.6 | 99.8 | 99.8 | 100.4 |
| 石家庄 | Shijiazhuang | 99.3 | 100.1 | 100.2 | 100.3 | 100.9 | 100.6 | 102.4 | 100.6 | 101.0 | 103.2 | 101.7 | 102.2 |
| 太原 | Taiyuan | 100.5 | 99.5 | 100.4 | 100.9 | 101.0 | 100.6 | 101.1 | 102.2 | 101.4 | 101.0 | 101.5 | 100.9 |
| 呼和浩特 | Hohhot | 100.3 | 100.6 | 100.5 | 100.9 | 101.1 | 101.4 | 102.4 | 102.8 | 102.9 | 101.9 | 102.7 | 102.1 |
| 沈阳 | Shenyang | 100.1 | 100.2 | 100.1 | 100.8 | 102.2 | 101.8 | 101.1 | 101.5 | 101.4 | 101.5 | 101.0 | 100.5 |
| 大连 | Dalian | 101.5 | 101.2 | 100.6 | 100.9 | 101.6 | 101.5 | 101.4 | 101.3 | 100.0 | 101.0 | 101.7 | 100.4 |
| 长春 | Changchun | 100.5 | 99.9 | 100.5 | 101.3 | 101.2 | 101.5 | 100.8 | 100.9 | 100.4 | 101.6 | 102.1 | 101.5 |
| 哈尔滨 | Harbin | 100.6 | 100.7 | 101.4 | 102.0 | 101.8 | 100.9 | 102.4 | 100.9 | 101.3 | 102.1 | 100.8 | 101.0 |
| 上海 | Shanghai | 99.9 | 99.7 | 100.7 | 99.8 | 100.0 | 99.8 | 100.1 | 99.9 | 100.2 | 100.0 | 100.8 | 100.7 |
| 南京 | Nanjing | 99.7 | 99.3 | 100.1 | 99.8 | 99.5 | 100.0 | 99.7 | 100.0 | 100.7 | 100.5 | 101.6 | 99.2 |
| 杭州 | Hangzhou | 100.0 | 99.8 | 100.3 | 100.2 | 99.9 | 100.8 | 100.6 | 100.8 | 100.3 | 101.0 | 100.7 | 100.7 |
| 宁波 | Ningbo | 100.9 | 99.9 | 100.3 | 100.7 | 100.3 | 100.5 | 101.0 | 101.7 | 100.4 | 100.2 | 100.1 | 99.4 |
| 合肥 | Hefei | 100.2 | 100.1 | 100.0 | 100.0 | 100.1 | 100.0 | 100.5 | 102.3 | 101.2 | 100.4 | 100.1 | 99.9 |
| 福州 | Fuzhou | 100.3 | 99.9 | 99.9 | 100.0 | 99.9 | 102.3 | 101.7 | 102.6 | 101.4 | 101.0 | 102.4 | 100.5 |
| 厦门 | Xiamen | 99.8 | 99.7 | 99.6 | 100.0 | 101.1 | 100.2 | 99.7 | 99.9 | 99.7 | 100.5 | 100.3 | 99.5 |
| 南昌 | Nanchang | 99.7 | 99.3 | 100.5 | 100.9 | 100.1 | 101.5 | 101.8 | 102.1 | 101.0 | 100.7 | 101.2 | 100.4 |
| 济南 | Jinan | 101.4 | 100.1 | 100.2 | 100.1 | 100.2 | 104.1 | 103.0 | 102.4 | 100.9 | 101.0 | 101.8 | 100.6 |
| 青岛 | Qingdao | 100.1 | 100.0 | 100.6 | 100.2 | 102.4 | 102.5 | 101.8 | 100.9 | 100.6 | 100.8 | 101.6 | 101.2 |
| 郑州 | Zhengzhou | 100.0 | 100.2 | 100.0 | 100.8 | 103.0 | 101.5 | 101.3 | 101.5 | 100.3 | 100.7 | 100.7 | 100.2 |
| 武汉 | Wuhan | 100.5 | 99.9 | 99.7 | 99.3 | 101.5 | 102.2 | 100.9 | 101.6 | 100.4 | 102.3 | 101.7 | 101.2 |
| 长沙 | Changsha | 100.4 | 100.1 | 100.4 | 100.1 | 101.0 | 102.4 | 102.8 | 102.0 | 100.5 | 99.7 | 100.3 | 100.4 |
| 广州 | Guangzhou | 99.6 | 99.4 | 100.5 | 99.8 | 101.4 | 102.1 | 101.0 | 100.9 | 100.3 | 100.2 | 99.9 | 103.3 |
| 深圳 | Shenzhen | 101.0 | 99.3 | 99.6 | 100.2 | 99.8 | 100.8 | 100.5 | 100.1 | 99.6 | 99.1 | 99.9 | 100.5 |
| 南宁 | Nanning | 100.3 | 100.5 | 100.2 | 100.1 | 100.3 | 102.2 | 101.2 | 101.4 | 100.7 | 99.8 | 100.4 | 102.2 |
| 海口 | Haikou | 104.4 | 102.6 | 102.2 | 101.1 | 101.9 | 103.8 | 101.7 | 101.3 | 100.0 | 100.8 | 100.0 | 101.4 |
| 重庆 | Chongqing | 100.5 | 100.0 | 100.4 | 100.8 | 100.6 | 102.3 | 101.2 | 101.1 | 100.8 | 100.3 | 101.0 | 100.9 |
| 成都 | Chengdu | 100.5 | 100.0 | 100.1 | 100.2 | 102.2 | 101.7 | 100.9 | 101.5 | 100.5 | 101.3 | 101.6 | 101.2 |
| 贵阳 | Guiyang | 100.6 | 99.9 | 100.8 | 100.9 | 100.6 | 101.1 | 102.4 | 101.7 | 102.0 | 104.4 | 101.9 | 100.3 |
| 昆明 | Kunming | 101.5 | 100.5 | 100.3 | 100.7 | 100.7 | 102.2 | 103.2 | 101.6 | 102.4 | 101.5 | 100.8 | 101.6 |
| 西安 | Xi'an | 100.9 | 101.0 | 100.8 | 102.0 | 101.4 | 100.8 | 101.2 | 102.5 | 106.1 | 100.7 | 101.2 | 101.9 |
| 兰州 | Lanzhou | 100.2 | 100.6 | 100.0 | 100.6 | 100.5 | 101.3 | 101.3 | 100.9 | 100.9 | 101.3 | 101.0 | 100.4 |
| 西宁 | Xining | 100.0 | 100.9 | 99.7 | 99.7 | 100.4 | 102.5 | 100.7 | 101.5 | 101.7 | 100.8 | 101.4 | 102.1 |
| 银川 | Yinchuan | 101.1 | 100.6 | 100.5 | 100.1 | 100.2 | 100.9 | 101.2 | 101.4 | 101.8 | 100.5 | 100.5 | 101.0 |
| 乌鲁木齐 | Urumqi | 100.0 | 100.6 | 101.1 | 100.9 | 100.4 | 100.7 | 100.5 | 101.1 | 100.4 | 100.3 | 101.3 | 101.0 |

4-3-4 续表 Continued

(以上月价格为100) (Last Month=100)

| 城　市 | City | 1月 | 2月 | 3月 | 4月 | 5月 | 6月 | 7月 | 8月 | 9月 | 10月 | 11月 | 12月 |
|---|---|---|---|---|---|---|---|---|---|---|---|---|---|
| 唐　山 | Tangshan | 100.5 | 100.2 | 100.3 | 101.2 | 100.1 | 100.7 | 101.5 | 102.4 | 102.2 | 101.8 | 101.1 | 99.6 |
| 秦皇岛 | Qinhuangdao | 100.3 | 100.6 | 101.0 | 100.9 | 100.3 | 101.5 | 101.3 | 103.1 | 102.2 | 101.7 | 100.7 | 101.6 |
| 包　头 | Baotou | 100.5 | 101.0 | 100.2 | 100.6 | 100.7 | 101.1 | 102.2 | 102.5 | 100.4 | 101.1 | 100.3 | 100.1 |
| 丹　东 | Dandong | 100.0 | 100.2 | 100.3 | 101.8 | 105.4 | 103.5 | 100.4 | 100.9 | 100.8 | 100.3 | 101.5 | 101.4 |
| 锦　州 | Jinzhou | 100.0 | 100.7 | 101.1 | 101.8 | 100.1 | 100.1 | 101.3 | 100.7 | 101.3 | 101.6 | 101.0 | 101.5 |
| 吉　林 | Jilin | 100.7 | 100.6 | 100.1 | 100.7 | 101.0 | 102.2 | 100.9 | 101.9 | 101.3 | 101.1 | 102.2 | 101.6 |
| 牡丹江 | Mudanjiang | 100.3 | 99.9 | 100.1 | 100.2 | 100.9 | 102.7 | 101.9 | 101.0 | 101.3 | 101.6 | 101.3 | 100.6 |
| 无　锡 | Wuxi | 99.6 | 100.0 | 99.5 | 99.6 | 100.2 | 100.2 | 101.0 | 103.3 | 100.9 | 101.2 | 100.8 | 100.2 |
| 扬　州 | Yangzhou | 101.0 | 100.6 | 100.5 | 100.9 | 100.8 | 100.3 | 103.1 | 101.3 | 101.2 | 101.5 | 101.0 | 100.2 |
| 徐　州 | Xuzhou | 100.7 | 100.9 | 100.2 | 100.6 | 100.4 | 100.7 | 102.9 | 103.2 | 100.9 | 102.4 | 101.8 | 101.8 |
| 温　州 | Wenzhou | 100.0 | 99.9 | 100.0 | 100.0 | 100.1 | 100.2 | 100.0 | 101.1 | 100.2 | 100.1 | 99.3 | 100.2 |
| 金　华 | Jinhua | 99.9 | 99.9 | 100.2 | 101.2 | 100.8 | 100.2 | 100.8 | 100.5 | 100.0 | 100.0 | 99.6 | 99.7 |
| 蚌　埠 | Bengbu | 99.7 | 100.3 | 99.2 | 99.1 | 101.0 | 100.4 | 101.9 | 102.3 | 101.7 | 101.0 | 100.0 | 100.5 |
| 安　庆 | Anqing | 100.2 | 100.4 | 99.8 | 99.5 | 99.8 | 101.0 | 100.4 | 101.9 | 102.2 | 101.5 | 100.7 | 100.1 |
| 泉　州 | Quanzhou | 99.9 | 100.3 | 100.4 | 100.3 | 99.8 | 100.5 | 99.7 | 101.2 | 100.6 | 100.1 | 100.5 | 99.7 |
| 九　江 | Jiujiang | 100.1 | 100.6 | 100.6 | 100.6 | 101.0 | 100.7 | 101.7 | 101.4 | 100.8 | 101.0 | 101.4 | 100.6 |
| 赣　州 | Ganzhou | 100.7 | 100.8 | 100.3 | 100.5 | 100.6 | 100.4 | 100.5 | 101.6 | 100.6 | 101.2 | 100.7 | 100.9 |
| 烟　台 | Yantai | 100.7 | 100.2 | 100.1 | 100.9 | 100.8 | 100.7 | 102.5 | 101.3 | 101.0 | 101.5 | 101.0 | 101.5 |
| 济　宁 | Jining | 99.8 | 100.9 | 100.4 | 100.8 | 100.1 | 100.7 | 100.6 | 102.1 | 100.7 | 102.2 | 101.7 | 101.5 |
| 洛　阳 | Luoyang | 100.8 | 100.1 | 100.6 | 100.5 | 100.3 | 100.4 | 100.5 | 100.7 | 101.9 | 101.3 | 102.4 | 100.9 |
| 平顶山 | Pingdingshan | 100.6 | 101.0 | 100.0 | 101.7 | 100.8 | 99.7 | 100.6 | 100.6 | 102.0 | 100.8 | 100.6 | 100.9 |
| 宜　昌 | Yichang | 101.1 | 100.4 | 100.6 | 100.6 | 100.9 | 100.7 | 102.9 | 101.7 | 101.2 | 100.8 | 100.4 | 101.4 |
| 襄　阳 | Xiangyang | 101.0 | 99.8 | 100.3 | 100.7 | 100.2 | 100.4 | 102.7 | 102.8 | 100.4 | 102.2 | 100.7 | 102.0 |
| 岳　阳 | Yueyang | 99.9 | 100.4 | 100.8 | 100.6 | 100.8 | 100.8 | 101.2 | 102.3 | 101.3 | 101.3 | 100.6 | 99.8 |
| 常　德 | Changde | 100.3 | 99.7 | 99.4 | 99.9 | 100.6 | 100.3 | 100.1 | 102.6 | 100.9 | 102.4 | 101.1 | 100.5 |
| 惠　州 | Huizhou | 100.6 | 100.1 | 99.9 | 100.5 | 100.4 | 100.8 | 100.3 | 100.9 | 100.6 | 100.9 | 100.7 | 100.4 |
| 湛　江 | Zhanjiang | 100.4 | 100.3 | 100.7 | 100.8 | 100.5 | 100.3 | 101.2 | 102.4 | 100.4 | 101.7 | 99.5 | 100.5 |
| 韶　关 | Shaoguan | 99.2 | 100.2 | 100.5 | 100.6 | 100.4 | 101.2 | 100.4 | 101.9 | 101.1 | 100.5 | 100.3 | 100.0 |
| 桂　林 | Guilin | 99.7 | 100.7 | 100.3 | 100.5 | 101.1 | 100.2 | 100.9 | 100.7 | 101.7 | 100.4 | 102.2 | 100.4 |
| 北　海 | Beihai | 99.9 | 101.3 | 100.1 | 100.8 | 100.6 | 101.6 | 101.5 | 103.4 | 101.1 | 100.7 | 100.8 | 100.7 |
| 三　亚 | Sanya | 102.6 | 100.3 | 100.0 | 101.6 | 102.5 | 103.6 | 102.5 | 99.6 | 99.8 | 100.0 | 100.4 | 100.0 |
| 泸　州 | Luzhou | 101.0 | 100.7 | 99.6 | 99.9 | 101.3 | 100.9 | 100.6 | 102.0 | 102.6 | 102.2 | 100.3 | 101.2 |
| 南　充 | Nanchong | 101.2 | 101.9 | 100.2 | 100.4 | 101.2 | 100.3 | 100.2 | 103.0 | 102.0 | 100.9 | 100.0 | 100.5 |
| 遵　义 | Zunyi | 101.2 | 100.9 | 101.1 | 100.9 | 101.1 | 101.3 | 100.7 | 101.6 | 101.3 | 101.0 | 101.1 | 101.2 |
| 大　理 | Dali | 101.0 | 101.0 | 100.7 | 101.1 | 101.2 | 101.0 | 100.9 | 101.6 | 101.2 | 102.3 | 102.8 | 102.1 |

# 4-3-5 2018年70个大中城市二手住宅销售价格指数

# Housing Price Indices of Second-Hand Residential Buildings in 70 Large and Medium-Sized Cities 2018

(以上月价格为100) (Last Month=100)

| 城市 | City | 1月 | 2月 | 3月 | 4月 | 5月 | 6月 | 7月 | 8月 | 9月 | 10月 | 11月 | 12月 |
|---|---|---|---|---|---|---|---|---|---|---|---|---|---|
| 北京 | Beijing | 99.4 | 99.5 | 99.8 | 99.9 | 100.3 | 100.1 | 100.4 | 100.0 | 99.8 | 99.8 | 99.4 | 99.8 |
| 天津 | Tianjin | 100.6 | 100.7 | 100.2 | 101.7 | 101.4 | 101.4 | 99.8 | 100.8 | 99.9 | 99.9 | 99.7 | 99.8 |
| 石家庄 | Shijiazhuang | 99.6 | 100.2 | 100.1 | 100.4 | 101.2 | 100.7 | 101.5 | 101.1 | 100.3 | 99.8 | 99.8 | 99.9 |
| 太原 | Taiyuan | 100.9 | 99.9 | 101.5 | 101.3 | 100.9 | 100.6 | 101.1 | 101.0 | 101.0 | 100.2 | 101.1 | 100.1 |
| 呼和浩特 | Hohhot | 100.3 | 100.4 | 100.5 | 100.5 | 100.8 | 101.0 | 102.3 | 102.5 | 102.1 | 101.6 | 103.3 | 101.4 |
| 沈阳 | Shenyang | 100.1 | 100.2 | 100.1 | 100.3 | 100.6 | 101.4 | 101.3 | 100.9 | 101.1 | 100.3 | 100.8 | 100.5 |
| 大连 | Dalian | 100.7 | 100.6 | 100.4 | 100.5 | 100.8 | 101.0 | 100.9 | 101.2 | 100.9 | 100.1 | 101.0 | 100.2 |
| 长春 | Changchun | 100.5 | 100.2 | 100.5 | 100.6 | 101.0 | 102.0 | 100.4 | 101.1 | 100.7 | 101.0 | 101.0 | 100.6 |
| 哈尔滨 | Harbin | 100.2 | 100.4 | 101.0 | 100.9 | 100.8 | 101.0 | 101.9 | 101.5 | 101.2 | 100.5 | 100.5 | 100.6 |
| 上海 | Shanghai | 100.1 | 99.6 | 99.4 | 99.8 | 99.7 | 99.7 | 99.9 | 99.9 | 99.8 | 99.8 | 99.9 | 99.7 |
| 南京 | Nanjing | 99.6 | 99.9 | 100.4 | 100.7 | 99.8 | 100.0 | 99.9 | 100.3 | 100.2 | 100.1 | 100.2 | 99.9 |
| 杭州 | Hangzhou | 100.2 | 100.4 | 100.7 | 100.8 | 100.9 | 100.8 | 100.9 | 100.7 | 100.0 | 99.6 | 99.5 | 100.0 |
| 宁波 | Ningbo | 100.4 | 100.3 | 100.9 | 100.5 | 100.7 | 100.4 | 101.0 | 101.1 | 100.5 | 99.7 | 99.6 | 99.6 |
| 合肥 | Hefei | 100.0 | 99.9 | 100.1 | 100.2 | 100.0 | 100.6 | 100.2 | 100.9 | 100.8 | 100.3 | 99.9 | 100.2 |
| 福州 | Fuzhou | 99.9 | 99.7 | 99.8 | 99.9 | 99.5 | 99.9 | 101.0 | 100.5 | 100.0 | 100.5 | 99.6 | 99.5 |
| 厦门 | Xiamen | 99.2 | 99.4 | 99.5 | 99.6 | 99.8 | 99.9 | 99.6 | 99.7 | 99.7 | 99.1 | 99.3 | 99.4 |
| 南昌 | Nanchang | 99.9 | 99.8 | 100.4 | 100.9 | 101.0 | 101.1 | 101.8 | 101.8 | 100.6 | 100.7 | 101.4 | 100.6 |
| 济南 | Jinan | 99.6 | 100.0 | 100.3 | 100.2 | 100.5 | 101.0 | 102.5 | 102.8 | 101.2 | 100.6 | 100.5 | 100.5 |
| 青岛 | Qingdao | 100.1 | 100.3 | 101.4 | 101.3 | 100.8 | 100.7 | 102.2 | 101.9 | 100.8 | 100.9 | 100.7 | 99.5 |
| 郑州 | Zhengzhou | 99.5 | 99.8 | 99.9 | 99.8 | 100.0 | 100.5 | 101.0 | 100.9 | 100.2 | 100.0 | 99.6 | 99.8 |
| 武汉 | Wuhan | 100.3 | 100.1 | 99.9 | 100.0 | 101.8 | 100.3 | 101.3 | 101.2 | 100.4 | 100.8 | 100.9 | 100.6 |
| 长沙 | Changsha | 100.2 | 100.9 | 100.0 | 100.6 | 100.3 | 101.0 | 102.2 | 101.5 | 100.3 | 100.4 | 100.2 | 100.1 |
| 广州 | Guangzhou | 99.9 | 100.2 | 100.2 | 100.5 | 101.0 | 100.3 | 100.3 | 100.6 | 100.2 | 99.8 | 99.7 | 99.6 |
| 深圳 | Shenzhen | 100.9 | 101.3 | 100.7 | 100.2 | 100.8 | 100.3 | 100.6 | 101.1 | 100.0 | 99.4 | 99.8 | 99.7 |
| 南宁 | Nanning | 100.2 | 99.8 | 100.4 | 100.0 | 100.1 | 100.7 | 100.2 | 101.6 | 100.3 | 100.5 | 100.7 | 102.0 |
| 海口 | Haikou | 100.5 | 100.7 | 101.7 | 101.0 | 101.3 | 101.7 | 103.0 | 102.0 | 99.8 | 99.8 | 99.9 | 99.9 |
| 重庆 | Chongqing | 100.1 | 100.1 | 100.3 | 100.9 | 101.0 | 101.3 | 101.2 | 101.6 | 100.8 | 100.5 | 100.3 | 100.6 |
| 成都 | Chengdu | 99.7 | 100.2 | 99.6 | 99.7 | 100.6 | 100.4 | 101.6 | 101.4 | 100.6 | 100.5 | 100.5 | 100.9 |
| 贵阳 | Guiyang | 100.5 | 100.3 | 100.4 | 100.6 | 100.4 | 101.0 | 101.7 | 101.6 | 102.7 | 101.7 | 100.8 | 100.5 |
| 昆明 | Kunming | 100.7 | 100.5 | 100.4 | 100.3 | 101.6 | 100.8 | 102.3 | 102.0 | 102.6 | 101.2 | 100.6 | 101.4 |
| 西安 | Xi'an | 100.0 | 99.8 | 101.3 | 102.3 | 101.5 | 101.6 | 101.0 | 102.4 | 102.5 | 101.5 | 100.7 | 99.7 |
| 兰州 | Lanzhou | 100.7 | 100.3 | 100.2 | 100.3 | 100.4 | 100.6 | 100.6 | 101.8 | 101.8 | 101.7 | 101.4 | 100.3 |
| 西宁 | Xining | 100.3 | 100.1 | 100.0 | 99.9 | 100.0 | 100.8 | 100.3 | 101.2 | 101.8 | 100.7 | 100.8 | 101.1 |
| 银川 | Yinchuan | 100.2 | 99.9 | 100.1 | 100.2 | 100.0 | 100.8 | 100.9 | 100.9 | 101.4 | 100.2 | 100.5 | 100.2 |
| 乌鲁木齐 | Urumqi | 101.1 | 101.2 | 102.1 | 101.4 | 101.8 | 100.3 | 100.2 | 101.6 | 101.2 | 101.0 | 100.5 | 100.4 |

4-3-5 续表 Continued

(以上月价格为100) (Last Month=100)

| 城 市 | City | 1月 | 2月 | 3月 | 4月 | 5月 | 6月 | 7月 | 8月 | 9月 | 10月 | 11月 | 12月 |
|---|---|---|---|---|---|---|---|---|---|---|---|---|---|
| 唐 山 | Tangshan | 100.0 | 100.1 | 100.3 | 99.9 | 100.4 | 100.8 | 101.2 | 101.1 | 100.9 | 101.1 | 101.4 | 100.6 |
| 秦皇岛 | Qinhuangdao | 100.0 | 100.5 | 100.8 | 100.6 | 100.5 | 100.7 | 100.9 | 102.2 | 101.4 | 100.7 | 101.1 | 100.4 |
| 包 头 | Baotou | 99.9 | 100.0 | 100.2 | 100.5 | 100.4 | 100.6 | 100.9 | 101.6 | 100.5 | 100.2 | 100.7 | 100.4 |
| 丹 东 | Dandong | 100.3 | 100.1 | 100.3 | 101.4 | 101.3 | 100.6 | 100.4 | 100.6 | 100.4 | 99.9 | 100.6 | 100.4 |
| 锦 州 | Jinzhou | 100.0 | 100.1 | 100.4 | 100.5 | 100.6 | 100.5 | 100.4 | 100.0 | 101.4 | 100.4 | 101.3 | 101.7 |
| 吉 林 | Jilin | 100.2 | 100.1 | 100.4 | 100.4 | 100.7 | 100.8 | 101.2 | 101.2 | 101.0 | 100.5 | 101.5 | 100.4 |
| 牡丹江 | Mudanjiang | 99.8 | 100.0 | 100.1 | 100.2 | 100.6 | 100.7 | 100.7 | 100.9 | 100.7 | 100.7 | 100.2 | 100.3 |
| 无 锡 | Wuxi | 99.9 | 100.0 | 100.1 | 100.2 | 100.3 | 100.4 | 101.0 | 102.1 | 101.5 | 100.1 | 99.4 | 99.7 |
| 扬 州 | Yangzhou | 100.2 | 100.3 | 100.4 | 100.7 | 100.4 | 100.4 | 101.8 | 101.7 | 101.3 | 101.3 | 100.5 | 100.1 |
| 徐 州 | Xuzhou | 100.3 | 100.5 | 100.3 | 100.9 | 100.6 | 100.5 | 101.2 | 102.1 | 100.9 | 101.0 | 100.5 | 100.3 |
| 温 州 | Wenzhou | 99.9 | 99.8 | 100.1 | 100.2 | 100.6 | 100.3 | 100.3 | 100.4 | 100.0 | 99.8 | 99.7 | 99.9 |
| 金 华 | Jinhua | 100.3 | 100.6 | 100.4 | 100.7 | 100.8 | 100.5 | 101.2 | 101.1 | 99.9 | 100.0 | 99.7 | 99.6 |
| 蚌 埠 | Bengbu | 100.0 | 100.2 | 100.1 | 100.2 | 100.3 | 100.1 | 101.6 | 102.2 | 100.8 | 100.6 | 100.5 | 100.5 |
| 安 庆 | Anqing | 99.9 | 100.5 | 100.0 | 99.8 | 100.1 | 100.7 | 100.7 | 102.3 | 101.4 | 101.9 | 100.4 | 99.8 |
| 泉 州 | Quanzhou | 100.0 | 100.2 | 100.2 | 100.1 | 100.3 | 100.5 | 100.7 | 100.6 | 99.9 | 99.9 | 99.8 | 99.6 |
| 九 江 | Jiujiang | 100.3 | 100.2 | 100.1 | 100.1 | 100.4 | 100.6 | 101.0 | 101.5 | 100.7 | 100.7 | 101.0 | 100.3 |
| 赣 州 | Ganzhou | 100.4 | 100.5 | 100.2 | 100.2 | 100.6 | 100.9 | 101.0 | 101.6 | 101.1 | 100.6 | 100.5 | 100.4 |
| 烟 台 | Yantai | 100.3 | 100.2 | 100.3 | 100.6 | 100.7 | 100.9 | 102.0 | 102.0 | 101.4 | 101.1 | 100.6 | 100.7 |
| 济 宁 | Jining | 100.2 | 100.3 | 101.2 | 101.0 | 101.2 | 100.9 | 102.6 | 102.5 | 101.7 | 101.4 | 101.2 | 101.5 |
| 洛 阳 | Luoyang | 100.2 | 100.1 | 100.2 | 100.6 | 100.2 | 100.5 | 101.5 | 101.7 | 101.6 | 100.5 | 101.8 | 101.0 |
| 平顶山 | Pingdingshan | 100.6 | 100.5 | 100.2 | 100.8 | 100.5 | 100.1 | 101.1 | 101.0 | 101.4 | 100.6 | 100.7 | 100.5 |
| 宜 昌 | Yichang | 101.0 | 100.5 | 100.6 | 100.5 | 100.6 | 100.5 | 102.0 | 102.2 | 101.8 | 100.5 | 100.4 | 100.2 |
| 襄 阳 | Xiangyang | 100.7 | 100.0 | 100.1 | 100.7 | 100.4 | 100.3 | 101.6 | 102.3 | 101.2 | 100.5 | 101.0 | 100.9 |
| 岳 阳 | Yueyang | 100.2 | 100.3 | 100.2 | 100.4 | 100.5 | 100.7 | 100.7 | 102.3 | 101.3 | 100.3 | 100.0 | 99.9 |
| 常 德 | Changde | 100.0 | 100.1 | 100.2 | 100.3 | 100.4 | 100.6 | 100.5 | 103.2 | 101.3 | 100.6 | 100.4 | 100.2 |
| 惠 州 | Huizhou | 100.3 | 100.4 | 100.5 | 100.4 | 100.0 | 100.4 | 101.2 | 101.1 | 100.8 | 100.5 | 100.8 | 100.2 |
| 湛 江 | Zhanjiang | 100.3 | 100.0 | 100.2 | 100.1 | 100.3 | 100.5 | 101.1 | 101.3 | 100.5 | 100.2 | 100.1 | 99.8 |
| 韶 关 | Shaoguan | 99.7 | 100.2 | 100.0 | 100.5 | 100.7 | 100.7 | 100.9 | 101.3 | 101.2 | 100.4 | 100.9 | 100.6 |
| 桂 林 | Guilin | 100.1 | 99.9 | 100.3 | 100.1 | 100.2 | 100.8 | 100.5 | 100.7 | 101.4 | 100.7 | 101.3 | 100.4 |
| 北 海 | Beihai | 99.9 | 99.8 | 100.2 | 100.4 | 100.5 | 100.9 | 100.5 | 102.2 | 101.9 | 100.4 | 100.7 | 100.3 |
| 三 亚 | Sanya | 100.1 | 100.1 | 100.9 | 101.2 | 101.5 | 101.7 | 103.1 | 102.1 | 100.6 | 99.8 | 100.1 | 101.2 |
| 泸 州 | Luzhou | 100.3 | 100.1 | 100.4 | 100.3 | 101.6 | 100.5 | 101.4 | 101.5 | 102.1 | 100.8 | 100.6 | 100.3 |
| 南 充 | Nanchong | 100.5 | 100.6 | 100.7 | 100.7 | 100.8 | 100.8 | 101.1 | 102.3 | 101.7 | 100.3 | 100.0 | 99.9 |
| 遵 义 | Zunyi | 100.7 | 100.4 | 100.5 | 100.3 | 100.4 | 100.9 | 101.6 | 101.7 | 100.8 | 100.6 | 101.5 | 100.6 |
| 大 理 | Dali | 100.7 | 100.4 | 100.3 | 100.5 | 100.6 | 100.8 | 101.5 | 101.9 | 101.2 | 101.8 | 102.6 | 101.5 |

# 4-3-6 2018年70个大中城市90㎡及以下二手住宅销售价格指数

# Housing Price Indices of 90㎡ and below Second-Hand Residential Buildings in 70 Large and Medium-Sized Cities 2018

(以上月价格为100) (Last Month=100)

| 城市 | City | 1月 | 2月 | 3月 | 4月 | 5月 | 6月 | 7月 | 8月 | 9月 | 10月 | 11月 | 12月 |
|---|---|---|---|---|---|---|---|---|---|---|---|---|---|
| 北京 | Beijing | 99.4 | 99.5 | 99.9 | 99.9 | 100.5 | 100.2 | 100.5 | 100.0 | 99.8 | 99.8 | 99.5 | 99.8 |
| 天津 | Tianjin | 100.6 | 101.0 | 100.2 | 101.0 | 101.8 | 102.6 | 99.7 | 100.3 | 100.6 | 99.7 | 99.6 | 99.4 |
| 石家庄 | Shijiazhuang | 99.8 | 100.2 | 100.0 | 100.2 | 100.9 | 100.7 | 101.5 | 100.8 | 100.2 | 99.4 | 99.6 | 100.0 |
| 太原 | Taiyuan | 100.7 | 100.2 | 101.6 | 101.3 | 100.9 | 100.6 | 101.1 | 100.9 | 101.1 | 100.4 | 100.9 | 100.1 |
| 呼和浩特 | Hohhot | 100.4 | 100.5 | 100.6 | 100.5 | 100.8 | 101.0 | 102.3 | 102.5 | 102.0 | 101.5 | 103.1 | 101.5 |
| 沈阳 | Shenyang | 100.1 | 100.1 | 100.1 | 100.4 | 100.6 | 101.4 | 101.2 | 101.0 | 101.1 | 100.4 | 100.8 | 100.4 |
| 大连 | Dalian | 100.8 | 100.3 | 100.3 | 100.5 | 100.9 | 100.9 | 100.7 | 101.0 | 100.9 | 100.6 | 100.7 | 100.1 |
| 长春 | Changchun | 100.6 | 100.1 | 100.7 | 100.7 | 101.3 | 102.0 | 100.5 | 101.2 | 100.6 | 100.9 | 101.1 | 100.6 |
| 哈尔滨 | Harbin | 100.2 | 100.5 | 100.9 | 101.1 | 100.8 | 101.0 | 102.1 | 101.0 | 100.8 | 100.6 | 100.4 | 100.6 |
| 上海 | Shanghai | 100.3 | 100.0 | 99.3 | 99.9 | 99.7 | 99.7 | 99.5 | 100.0 | 99.6 | 99.4 | 99.7 | 100.1 |
| 南京 | Nanjing | 99.5 | 99.9 | 100.2 | 100.3 | 99.6 | 99.1 | 99.5 | 100.0 | 100.0 | 100.1 | 99.8 | 99.8 |
| 杭州 | Hangzhou | 100.2 | 100.3 | 100.5 | 100.9 | 100.9 | 100.9 | 101.1 | 100.5 | 100.0 | 99.7 | 99.1 | 100.2 |
| 宁波 | Ningbo | 100.3 | 100.4 | 101.1 | 100.5 | 100.6 | 100.4 | 101.1 | 100.8 | 100.8 | 99.7 | 99.6 | 99.7 |
| 合肥 | Hefei | 99.9 | 100.0 | 99.9 | 100.3 | 100.0 | 100.4 | 99.5 | 101.0 | 100.9 | 100.4 | 100.0 | 100.1 |
| 福州 | Fuzhou | 99.9 | 99.7 | 99.7 | 100.0 | 99.7 | 99.8 | 101.0 | 100.4 | 99.7 | 100.0 | 99.4 | 99.5 |
| 厦门 | Xiamen | 99.1 | 99.2 | 99.4 | 99.7 | 99.7 | 99.9 | 99.5 | 99.6 | 99.8 | 99.0 | 99.3 | 99.4 |
| 南昌 | Nanchang | 100.2 | 99.8 | 100.5 | 100.9 | 100.9 | 101.4 | 101.9 | 101.8 | 100.9 | 100.7 | 101.2 | 100.8 |
| 济南 | Jinan | 99.6 | 99.8 | 100.2 | 100.4 | 100.2 | 101.1 | 102.3 | 102.3 | 100.8 | 100.7 | 100.9 | 100.6 |
| 青岛 | Qingdao | 100.1 | 100.3 | 101.5 | 101.4 | 100.9 | 100.6 | 102.4 | 101.4 | 100.6 | 100.7 | 100.9 | 99.7 |
| 郑州 | Zhengzhou | 99.6 | 99.8 | 99.8 | 99.8 | 100.0 | 100.7 | 101.0 | 101.0 | 100.3 | 100.1 | 99.7 | 99.8 |
| 武汉 | Wuhan | 100.3 | 100.0 | 100.0 | 100.0 | 102.3 | 100.5 | 101.2 | 101.1 | 100.3 | 100.9 | 100.8 | 100.5 |
| 长沙 | Changsha | 99.9 | 100.6 | 100.4 | 100.4 | 100.1 | 101.3 | 102.1 | 101.3 | 100.4 | 100.3 | 100.2 | 100.0 |
| 广州 | Guangzhou | 99.9 | 99.9 | 99.9 | 100.7 | 100.7 | 99.8 | 100.2 | 100.8 | 100.5 | 99.7 | 99.7 | 99.3 |
| 深圳 | Shenzhen | 101.0 | 100.2 | 101.1 | 100.2 | 100.8 | 100.4 | 100.4 | 101.6 | 99.8 | 99.2 | 99.6 | 99.1 |
| 南宁 | Nanning | 100.1 | 99.2 | 100.3 | 100.0 | 100.4 | 101.0 | 100.1 | 101.6 | 100.2 | 100.6 | 100.6 | 101.8 |
| 海口 | Haikou | 100.3 | 100.8 | 101.8 | 100.8 | 101.2 | 101.3 | 102.8 | 102.2 | 99.8 | 99.8 | 99.9 | 99.9 |
| 重庆 | Chongqing | 100.1 | 100.0 | 100.5 | 100.7 | 100.9 | 101.0 | 101.1 | 101.6 | 101.1 | 100.9 | 100.5 | 100.7 |
| 成都 | Chengdu | 99.6 | 100.4 | 99.8 | 99.6 | 100.6 | 100.6 | 101.6 | 101.2 | 100.3 | 100.3 | 100.7 | 100.5 |
| 贵阳 | Guiyang | 100.2 | 100.2 | 100.2 | 100.3 | 100.4 | 101.1 | 101.5 | 101.7 | 102.9 | 101.5 | 100.9 | 100.6 |
| 昆明 | Kunming | 100.8 | 100.5 | 100.1 | 100.6 | 101.5 | 100.8 | 102.2 | 102.2 | 102.7 | 101.0 | 100.5 | 101.1 |
| 西安 | Xi'an | 100.0 | 100.3 | 101.5 | 102.9 | 101.8 | 101.2 | 101.0 | 102.4 | 102.5 | 101.4 | 100.7 | 99.5 |
| 兰州 | Lanzhou | 100.6 | 100.4 | 100.3 | 100.5 | 100.3 | 100.6 | 100.6 | 101.9 | 101.7 | 101.8 | 101.4 | 100.3 |
| 西宁 | Xining | 100.2 | 100.0 | 100.1 | 100.0 | 100.1 | 100.9 | 100.2 | 101.1 | 102.1 | 100.6 | 100.4 | 101.0 |
| 银川 | Yinchuan | 100.2 | 99.9 | 100.1 | 100.1 | 100.0 | 100.8 | 100.9 | 100.8 | 101.3 | 100.4 | 100.6 | 100.4 |
| 乌鲁木齐 | Urumqi | 101.1 | 100.8 | 102.2 | 101.4 | 101.9 | 100.4 | 100.3 | 102.0 | 101.4 | 100.8 | 100.1 | 100.5 |

4-3-6 续表 Continued

(以上月价格为100) (Last Month=100)

| 城市 | City | 1月 | 2月 | 3月 | 4月 | 5月 | 6月 | 7月 | 8月 | 9月 | 10月 | 11月 | 12月 |
|---|---|---|---|---|---|---|---|---|---|---|---|---|---|
| 唐山 | Tangshan | 100.1 | 100.1 | 100.4 | 100.1 | 100.2 | 101.2 | 101.4 | 101.1 | 101.2 | 100.8 | 101.1 | 100.6 |
| 秦皇岛 | Qinhuangdao | 100.1 | 100.5 | 100.3 | 100.8 | 100.6 | 100.5 | 101.0 | 102.1 | 100.9 | 100.5 | 101.6 | 100.7 |
| 包头 | Baotou | 99.8 | 99.8 | 100.0 | 100.6 | 100.2 | 100.6 | 101.0 | 101.6 | 100.4 | 100.1 | 100.6 | 100.4 |
| 丹东 | Dandong | 100.3 | 100.0 | 100.3 | 101.5 | 101.1 | 100.7 | 100.1 | 100.7 | 100.3 | 100.0 | 100.6 | 100.2 |
| 锦州 | Jinzhou | 100.1 | 100.0 | 100.7 | 100.6 | 100.7 | 100.3 | 100.5 | 100.0 | 101.9 | 100.0 | 101.5 | 102.2 |
| 吉林 | Jilin | 100.2 | 100.1 | 100.2 | 100.4 | 100.6 | 100.8 | 101.1 | 101.1 | 101.1 | 100.5 | 101.7 | 100.4 |
| 牡丹江 | Mudanjiang | 99.7 | 100.0 | 100.2 | 100.1 | 100.6 | 100.7 | 100.6 | 101.0 | 100.6 | 100.7 | 100.1 | 100.0 |
| 无锡 | Wuxi | 100.0 | 99.9 | 100.1 | 100.2 | 100.5 | 100.6 | 101.1 | 102.1 | 101.3 | 99.9 | 99.4 | 99.6 |
| 扬州 | Yangzhou | 100.2 | 100.3 | 100.3 | 100.8 | 100.3 | 100.3 | 101.9 | 101.8 | 101.6 | 101.4 | 100.8 | 100.5 |
| 徐州 | Xuzhou | 100.5 | 100.6 | 100.2 | 100.9 | 100.7 | 100.5 | 101.0 | 102.4 | 100.9 | 100.9 | 100.5 | 100.4 |
| 温州 | Wenzhou | 99.8 | 99.7 | 100.2 | 100.3 | 101.6 | 100.4 | 100.3 | 100.5 | 100.4 | 99.8 | 99.5 | 100.0 |
| 金华 | Jinhua | 100.2 | 100.6 | 100.6 | 100.7 | 101.0 | 100.4 | 100.9 | 101.2 | 99.9 | 100.0 | 99.9 | 99.8 |
| 蚌埠 | Bengbu | 100.0 | 100.3 | 100.1 | 100.3 | 100.2 | 100.1 | 101.7 | 102.2 | 100.8 | 100.6 | 100.5 | 100.5 |
| 安庆 | Anqing | 99.9 | 100.4 | 100.0 | 99.8 | 100.1 | 100.7 | 100.6 | 102.2 | 101.3 | 101.8 | 100.6 | 99.8 |
| 泉州 | Quanzhou | 100.3 | 100.3 | 100.3 | 100.1 | 100.2 | 100.3 | 100.8 | 100.5 | 99.9 | 99.9 | 99.8 | 99.7 |
| 九江 | Jiujiang | 100.3 | 100.2 | 100.1 | 100.1 | 100.2 | 100.5 | 101.1 | 101.5 | 100.8 | 100.9 | 100.9 | 100.3 |
| 赣州 | Ganzhou | 100.2 | 100.7 | 100.4 | 99.5 | 100.5 | 101.2 | 101.0 | 101.3 | 100.8 | 101.0 | 100.9 | 100.9 |
| 烟台 | Yantai | 100.4 | 100.3 | 100.2 | 100.7 | 100.8 | 100.9 | 102.3 | 102.1 | 101.4 | 100.9 | 100.6 | 100.7 |
| 济宁 | Jining | 100.2 | 100.4 | 101.3 | 100.5 | 100.5 | 100.8 | 102.5 | 102.4 | 102.0 | 101.4 | 101.1 | 101.5 |
| 洛阳 | Luoyang | 100.2 | 100.3 | 100.3 | 100.9 | 100.5 | 100.5 | 101.3 | 101.7 | 101.8 | 100.6 | 101.8 | 101.2 |
| 平顶山 | Pingdingshan | 100.7 | 100.5 | 100.0 | 100.7 | 100.5 | 100.7 | 101.2 | 101.2 | 101.7 | 100.9 | 100.7 | 100.7 |
| 宜昌 | Yichang | 100.8 | 100.6 | 100.7 | 100.5 | 100.6 | 100.5 | 101.9 | 101.7 | 101.6 | 100.4 | 100.6 | 100.3 |
| 襄阳 | Xiangyang | 100.6 | 100.0 | 100.1 | 100.4 | 100.6 | 100.4 | 101.3 | 102.2 | 101.1 | 100.6 | 101.0 | 101.0 |
| 岳阳 | Yueyang | 100.2 | 100.4 | 100.2 | 100.5 | 100.5 | 100.6 | 100.8 | 102.6 | 101.2 | 100.3 | 100.0 | 99.9 |
| 常德 | Changde | 99.9 | 100.1 | 100.1 | 100.2 | 100.4 | 100.8 | 100.6 | 103.2 | 101.2 | 100.7 | 100.4 | 100.0 |
| 惠州 | Huizhou | 100.1 | 100.4 | 101.0 | 100.0 | 100.1 | 100.3 | 101.8 | 101.2 | 100.7 | 100.5 | 101.3 | 100.2 |
| 湛江 | Zhanjiang | 100.3 | 100.0 | 100.2 | 100.3 | 100.2 | 100.5 | 100.9 | 101.4 | 100.5 | 100.1 | 100.1 | 99.7 |
| 韶关 | Shaoguan | 99.9 | 100.0 | 99.9 | 100.4 | 100.6 | 100.5 | 100.7 | 101.7 | 101.4 | 100.5 | 101.0 | 100.0 |
| 桂林 | Guilin | 100.0 | 100.2 | 100.8 | 100.1 | 100.4 | 100.6 | 100.4 | 101.0 | 101.6 | 100.9 | 101.0 | 100.5 |
| 北海 | Beihai | 99.9 | 99.8 | 100.1 | 100.4 | 100.5 | 100.9 | 100.7 | 102.2 | 101.6 | 100.4 | 100.6 | 100.4 |
| 三亚 | Sanya | 100.1 | 100.1 | 100.9 | 100.8 | 101.7 | 101.9 | 103.6 | 102.2 | 100.3 | 99.7 | 100.2 | 100.5 |
| 泸州 | Luzhou | 99.9 | 100.3 | 100.2 | 100.8 | 100.9 | 100.6 | 102.0 | 101.6 | 102.3 | 100.7 | 100.7 | 100.2 |
| 南充 | Nanchong | 100.4 | 100.6 | 100.7 | 100.7 | 100.7 | 100.8 | 101.1 | 102.4 | 101.9 | 100.5 | 100.1 | 99.9 |
| 遵义 | Zunyi | 100.5 | 100.4 | 100.5 | 100.3 | 100.3 | 101.3 | 101.8 | 101.7 | 101.0 | 100.7 | 101.3 | 100.6 |
| 大理 | Dali | 100.5 | 100.4 | 100.3 | 100.3 | 100.6 | 100.9 | 101.9 | 102.0 | 101.4 | 102.3 | 102.9 | 101.4 |

# 4-3-7　2018年70个大中城市90㎡-144㎡二手住宅销售价格指数

## Housing Price Indices of 90㎡-144㎡ Second-Hand Residential Buildings in 70 Large and Medium-Sized Cities 2018

(以上月价格为100)　　(Last Month=100)

| 城　市 | City | 1月 | 2月 | 3月 | 4月 | 5月 | 6月 | 7月 | 8月 | 9月 | 10月 | 11月 | 12月 |
|---|---|---|---|---|---|---|---|---|---|---|---|---|---|
| 北　京 | Beijing | 99.4 | 99.4 | 99.8 | 100.0 | 100.3 | 100.0 | 100.2 | 100.0 | 99.7 | 99.7 | 99.3 | 99.7 |
| 天　津 | Tianjin | 100.4 | 100.4 | 100.2 | 102.3 | 101.0 | 101.1 | 99.6 | 101.4 | 99.2 | 99.9 | 99.8 | 100.0 |
| 石家庄 | Shijiazhuang | 99.5 | 100.2 | 100.0 | 100.7 | 101.5 | 100.7 | 101.3 | 101.2 | 100.0 | 100.1 | 99.6 | 99.8 |
| 太　原 | Taiyuan | 101.0 | 99.6 | 101.1 | 101.7 | 101.0 | 100.8 | 101.2 | 101.0 | 100.9 | 99.9 | 100.9 | 100.1 |
| 呼和浩特 | Hohhot | 100.3 | 100.3 | 100.3 | 100.4 | 100.9 | 100.9 | 102.4 | 102.3 | 102.0 | 101.7 | 103.6 | 101.1 |
| 沈　阳 | Shenyang | 100.0 | 100.3 | 100.1 | 100.1 | 100.4 | 101.4 | 101.6 | 100.6 | 101.0 | 100.3 | 100.6 | 100.8 |
| 大　连 | Dalian | 100.7 | 101.1 | 100.4 | 100.7 | 100.8 | 100.9 | 101.3 | 101.5 | 100.7 | 99.3 | 101.3 | 100.1 |
| 长　春 | Changchun | 100.3 | 100.3 | 100.4 | 100.6 | 100.7 | 101.8 | 100.4 | 101.1 | 101.0 | 101.3 | 100.7 | 100.7 |
| 哈尔滨 | Harbin | 100.2 | 100.3 | 101.0 | 100.5 | 100.6 | 101.1 | 101.7 | 101.9 | 101.3 | 100.2 | 100.5 | 100.4 |
| 上　海 | Shanghai | 100.0 | 99.4 | 99.3 | 99.8 | 99.5 | 99.8 | 100.6 | 99.8 | 100.1 | 99.9 | 99.8 | 99.3 |
| 南　京 | Nanjing | 99.7 | 100.0 | 100.4 | 100.9 | 99.7 | 100.2 | 100.3 | 100.2 | 100.1 | 99.9 | 100.0 | 100.1 |
| 杭　州 | Hangzhou | 100.1 | 100.6 | 100.9 | 100.8 | 101.0 | 100.7 | 100.9 | 100.8 | 99.9 | 99.5 | 99.5 | 100.0 |
| 宁　波 | Ningbo | 100.4 | 100.3 | 100.9 | 100.6 | 100.6 | 100.4 | 100.7 | 101.1 | 100.5 | 99.8 | 99.6 | 99.6 |
| 合　肥 | Hefei | 100.1 | 99.9 | 100.2 | 100.1 | 100.0 | 100.7 | 100.8 | 100.8 | 100.7 | 100.2 | 99.8 | 100.2 |
| 福　州 | Fuzhou | 99.8 | 100.0 | 99.8 | 99.9 | 99.3 | 99.8 | 100.9 | 100.7 | 99.9 | 100.3 | 99.6 | 99.5 |
| 厦　门 | Xiamen | 99.2 | 99.4 | 99.5 | 99.6 | 99.7 | 99.9 | 99.5 | 99.7 | 99.7 | 99.1 | 99.2 | 99.3 |
| 南　昌 | Nanchang | 99.5 | 99.6 | 100.3 | 100.7 | 101.2 | 100.8 | 101.8 | 101.7 | 100.3 | 100.5 | 101.6 | 100.4 |
| 济　南 | Jinan | 99.6 | 100.3 | 100.4 | 100.0 | 100.7 | 101.0 | 102.8 | 103.2 | 101.5 | 100.6 | 100.1 | 100.4 |
| 青　岛 | Qingdao | 100.2 | 100.4 | 101.3 | 101.3 | 100.7 | 100.7 | 102.3 | 102.4 | 100.9 | 100.9 | 100.6 | 99.5 |
| 郑　州 | Zhengzhou | 99.5 | 99.7 | 99.8 | 99.8 | 99.9 | 100.4 | 101.0 | 100.9 | 100.2 | 99.8 | 99.6 | 99.8 |
| 武　汉 | Wuhan | 100.3 | 100.1 | 99.9 | 100.0 | 101.6 | 100.1 | 101.4 | 101.2 | 100.5 | 100.6 | 100.7 | 100.5 |
| 长　沙 | Changsha | 100.2 | 101.5 | 99.9 | 101.1 | 100.3 | 100.6 | 102.3 | 101.4 | 100.2 | 100.1 | 100.3 | 100.1 |
| 广　州 | Guangzhou | 100.1 | 100.9 | 100.0 | 100.2 | 101.1 | 101.0 | 100.3 | 100.2 | 100.0 | 99.8 | 99.6 | 99.9 |
| 深　圳 | Shenzhen | 100.6 | 101.7 | 100.5 | 100.1 | 100.8 | 100.2 | 101.3 | 100.5 | 100.2 | 99.5 | 100.0 | 100.2 |
| 南　宁 | Nanning | 100.1 | 100.1 | 100.2 | 100.2 | 99.9 | 100.5 | 100.5 | 101.5 | 100.6 | 100.5 | 100.5 | 102.1 |
| 海　口 | Haikou | 100.5 | 100.7 | 101.5 | 101.0 | 101.2 | 102.3 | 103.1 | 101.7 | 99.8 | 99.8 | 99.9 | 99.9 |
| 重　庆 | Chongqing | 100.1 | 100.2 | 100.1 | 101.2 | 101.1 | 101.7 | 101.2 | 101.6 | 100.6 | 100.3 | 100.3 | 100.6 |
| 成　都 | Chengdu | 99.5 | 99.9 | 99.7 | 99.6 | 100.4 | 100.2 | 101.5 | 101.4 | 101.1 | 100.8 | 100.2 | 101.1 |
| 贵　阳 | Guiyang | 100.4 | 100.3 | 100.5 | 100.6 | 100.3 | 100.9 | 101.8 | 101.5 | 102.5 | 101.6 | 100.5 | 100.4 |
| 昆　明 | Kunming | 100.7 | 100.7 | 100.4 | 100.0 | 101.5 | 100.9 | 102.3 | 102.0 | 103.0 | 101.5 | 100.3 | 101.6 |
| 西　安 | Xi'an | 100.0 | 99.7 | 101.1 | 102.0 | 101.5 | 101.7 | 101.0 | 102.3 | 102.3 | 101.4 | 100.6 | 99.7 |
| 兰　州 | Lanzhou | 100.7 | 100.2 | 100.2 | 100.1 | 100.3 | 100.7 | 100.7 | 101.9 | 101.7 | 101.5 | 101.3 | 100.3 |
| 西　宁 | Xining | 100.3 | 100.1 | 100.0 | 99.9 | 100.0 | 100.7 | 100.3 | 101.1 | 101.6 | 100.6 | 100.9 | 101.0 |
| 银　川 | Yinchuan | 100.2 | 100.0 | 100.0 | 100.4 | 100.0 | 100.7 | 100.9 | 100.9 | 101.5 | 100.0 | 100.3 | 100.0 |
| 乌鲁木齐 | Urumqi | 101.2 | 101.8 | 102.0 | 101.3 | 101.8 | 100.1 | 100.0 | 101.3 | 101.0 | 101.1 | 101.0 | 100.5 |

4-3-7 续表 Continued

(以上月价格为100) (Last Month=100)

| 城 市 | City | 1月 | 2月 | 3月 | 4月 | 5月 | 6月 | 7月 | 8月 | 9月 | 10月 | 11月 | 12月 |
|---|---|---|---|---|---|---|---|---|---|---|---|---|---|
| 唐 山 | Tangshan | 100.1 | 100.2 | 100.2 | 99.8 | 100.6 | 100.5 | 100.9 | 100.9 | 100.6 | 101.2 | 102.0 | 100.4 |
| 秦皇岛 | Qinhuangdao | 99.8 | 100.6 | 101.0 | 100.6 | 100.4 | 100.8 | 100.9 | 102.2 | 101.9 | 100.9 | 100.8 | 100.2 |
| 包 头 | Baotou | 100.0 | 100.2 | 100.4 | 100.4 | 100.5 | 100.6 | 100.7 | 101.7 | 100.5 | 100.2 | 100.7 | 100.3 |
| 丹 东 | Dandong | 100.3 | 100.2 | 100.4 | 101.3 | 101.6 | 100.5 | 100.9 | 100.3 | 100.6 | 100.1 | 100.4 | 100.7 |
| 锦 州 | Jinzhou | 100.0 | 100.2 | 100.1 | 100.3 | 100.4 | 100.6 | 100.2 | 100.1 | 100.9 | 101.0 | 100.8 | 101.2 |
| 吉 林 | Jilin | 100.1 | 100.1 | 100.7 | 100.4 | 100.8 | 100.7 | 101.2 | 101.4 | 100.8 | 100.4 | 101.3 | 100.4 |
| 牡丹江 | Mudanjiang | 100.3 | 99.9 | 100.0 | 100.2 | 100.4 | 100.6 | 100.9 | 100.6 | 100.6 | 100.8 | 100.3 | 101.0 |
| 无 锡 | Wuxi | 99.7 | 100.1 | 100.1 | 100.3 | 100.3 | 100.2 | 100.9 | 101.9 | 101.7 | 100.1 | 99.5 | 99.6 |
| 扬 州 | Yangzhou | 100.2 | 100.2 | 100.4 | 100.5 | 100.5 | 100.4 | 101.8 | 101.6 | 101.0 | 101.3 | 100.3 | 99.8 |
| 徐 州 | Xuzhou | 100.1 | 100.3 | 100.4 | 100.9 | 100.5 | 100.3 | 101.2 | 101.7 | 100.7 | 101.0 | 100.6 | 100.2 |
| 温 州 | Wenzhou | 99.9 | 100.0 | 100.1 | 100.2 | 100.2 | 100.4 | 100.3 | 100.3 | 99.8 | 99.8 | 99.7 | 99.9 |
| 金 华 | Jinhua | 100.3 | 100.4 | 100.3 | 100.5 | 100.9 | 100.3 | 101.6 | 101.3 | 99.9 | 100.0 | 99.4 | 99.5 |
| 蚌 埠 | Bengbu | 100.0 | 100.0 | 100.0 | 100.0 | 100.4 | 100.2 | 101.5 | 102.0 | 100.8 | 100.6 | 100.5 | 100.4 |
| 安 庆 | Anqing | 99.9 | 100.6 | 99.9 | 99.7 | 100.2 | 100.7 | 100.9 | 102.3 | 101.5 | 101.9 | 100.2 | 99.8 |
| 泉 州 | Quanzhou | 99.9 | 100.2 | 100.2 | 100.0 | 100.0 | 100.7 | 100.7 | 100.7 | 99.8 | 99.9 | 99.8 | 99.7 |
| 九 江 | Jiujiang | 100.3 | 100.2 | 100.2 | 100.2 | 100.4 | 100.5 | 100.9 | 101.5 | 100.6 | 100.4 | 101.1 | 100.2 |
| 赣 州 | Ganzhou | 100.5 | 100.6 | 100.3 | 100.5 | 100.7 | 100.9 | 100.8 | 101.8 | 101.2 | 100.5 | 100.2 | 100.2 |
| 烟 台 | Yantai | 100.3 | 100.2 | 100.3 | 100.5 | 100.6 | 100.8 | 101.8 | 102.1 | 101.2 | 101.2 | 100.7 | 100.6 |
| 济 宁 | Jining | 100.3 | 100.1 | 101.0 | 101.4 | 101.7 | 100.7 | 102.6 | 102.5 | 101.5 | 101.5 | 101.2 | 101.5 |
| 洛 阳 | Luoyang | 100.2 | 100.0 | 100.1 | 100.7 | 100.2 | 100.4 | 101.2 | 102.0 | 101.5 | 100.5 | 101.8 | 100.8 |
| 平顶山 | Pingdingshan | 100.9 | 100.6 | 100.4 | 100.8 | 100.4 | 99.8 | 101.0 | 100.8 | 101.2 | 100.4 | 100.5 | 100.1 |
| 宜 昌 | Yichang | 101.0 | 100.5 | 100.6 | 100.6 | 100.6 | 100.4 | 102.1 | 102.5 | 101.8 | 100.6 | 100.3 | 100.2 |
| 襄 阳 | Xiangyang | 100.9 | 100.0 | 100.3 | 100.8 | 100.3 | 100.3 | 101.9 | 102.3 | 101.2 | 100.4 | 101.0 | 100.9 |
| 岳 阳 | Yueyang | 100.2 | 100.1 | 100.1 | 100.3 | 100.5 | 100.9 | 100.6 | 102.0 | 101.3 | 100.2 | 99.9 | 99.8 |
| 常 德 | Changde | 100.0 | 100.0 | 100.3 | 100.5 | 100.3 | 100.4 | 100.2 | 103.2 | 101.4 | 100.4 | 100.5 | 100.5 |
| 惠 州 | Huizhou | 100.4 | 100.5 | 100.3 | 100.6 | 99.9 | 100.6 | 100.9 | 101.1 | 100.6 | 100.3 | 100.8 | 100.4 |
| 湛 江 | Zhanjiang | 100.3 | 100.1 | 100.1 | 99.9 | 100.4 | 100.4 | 101.2 | 101.1 | 100.4 | 100.3 | 100.0 | 99.9 |
| 韶 关 | Shaoguan | 99.8 | 100.3 | 99.9 | 100.5 | 100.9 | 100.7 | 101.2 | 101.2 | 101.3 | 100.5 | 100.9 | 100.8 |
| 桂 林 | Guilin | 100.0 | 99.8 | 100.1 | 100.2 | 100.0 | 100.9 | 100.5 | 100.5 | 101.0 | 100.7 | 101.7 | 100.3 |
| 北 海 | Beihai | 100.0 | 99.9 | 100.2 | 100.6 | 100.3 | 100.8 | 100.2 | 102.2 | 102.3 | 100.5 | 100.7 | 100.1 |
| 三 亚 | Sanya | 100.0 | 100.1 | 101.1 | 101.5 | 101.5 | 102.0 | 103.0 | 101.9 | 100.9 | 99.8 | 100.0 | 102.4 |
| 泸 州 | Luzhou | 100.4 | 100.0 | 100.5 | 100.1 | 102.1 | 100.5 | 101.0 | 101.5 | 102.0 | 100.9 | 100.5 | 100.4 |
| 南 充 | Nanchong | 100.5 | 100.7 | 100.7 | 100.7 | 100.8 | 100.8 | 101.0 | 102.2 | 101.6 | 100.1 | 100.0 | 99.9 |
| 遵 义 | Zunyi | 100.8 | 100.5 | 100.6 | 100.4 | 100.4 | 100.6 | 101.4 | 101.7 | 100.8 | 100.7 | 101.4 | 100.7 |
| 大 理 | Dali | 101.1 | 100.5 | 100.4 | 100.4 | 100.5 | 100.7 | 101.1 | 101.8 | 101.0 | 101.4 | 102.3 | 101.8 |

# 4-3-8 2018年70个大中城市144㎡以上二手住宅销售价格指数

# Housing Price Indices of Above 144㎡ Second-Hand Residential Buildings in 70 Large and Medium-Sized Cities 2018

(以上月价格为100) (Last Month=100)

| 城 市 | City | 1月 | 2月 | 3月 | 4月 | 5月 | 6月 | 7月 | 8月 | 9月 | 10月 | 11月 | 12月 |
|---|---|---|---|---|---|---|---|---|---|---|---|---|---|
| 北 京 | Beijing | 99.3 | 99.4 | 99.7 | 100.0 | 100.1 | 100.0 | 100.3 | 99.9 | 99.8 | 99.8 | 99.3 | 99.9 |
| 天 津 | Tianjin | 101.0 | 100.3 | 100.0 | 102.3 | 101.3 | 98.7 | 100.8 | 101.0 | 100.2 | 100.7 | 99.5 | 100.7 |
| 石家庄 | Shijiazhuang | 99.8 | 100.4 | 100.4 | 99.8 | 101.0 | 100.9 | 102.3 | 101.4 | 101.1 | 100.2 | 100.6 | 100.0 |
| 太 原 | Taiyuan | 101.1 | 99.7 | 102.0 | 100.6 | 100.6 | 100.2 | 101.0 | 100.9 | 101.2 | 100.2 | 101.6 | 100.3 |
| 呼和浩特 | Hohhot | 100.3 | 100.4 | 100.3 | 100.4 | 100.7 | 100.8 | 102.3 | 103.2 | 102.5 | 102.0 | 103.1 | 101.9 |
| 沈 阳 | Shenyang | 100.0 | 100.8 | 99.8 | 100.3 | 100.4 | 101.5 | 101.5 | 100.9 | 101.0 | 100.1 | 101.1 | 101.0 |
| 大 连 | Dalian | 100.5 | 100.3 | 100.5 | 100.1 | 100.6 | 101.2 | 100.8 | 101.4 | 101.4 | 100.6 | 101.9 | 100.9 |
| 长 春 | Changchun | 100.4 | 100.3 | 100.3 | 100.5 | 100.7 | 102.0 | 100.1 | 100.9 | 100.4 | 101.0 | 101.0 | 100.4 |
| 哈尔滨 | Harbin | 100.3 | 100.6 | 101.5 | 101.2 | 101.1 | 100.6 | 102.1 | 101.6 | 101.7 | 100.8 | 100.8 | 101.0 |
| 上 海 | Shanghai | 99.7 | 98.9 | 100.1 | 99.8 | 99.9 | 99.4 | 99.4 | 99.8 | 100.1 | 100.3 | 100.3 | 99.7 |
| 南 京 | Nanjing | 99.6 | 99.7 | 100.9 | 101.2 | 100.4 | 101.1 | 99.9 | 100.9 | 101.1 | 100.5 | 101.4 | 99.5 |
| 杭 州 | Hangzhou | 100.0 | 100.4 | 100.7 | 100.8 | 100.6 | 100.9 | 100.7 | 100.9 | 100.2 | 99.6 | 100.1 | 99.8 |
| 宁 波 | Ningbo | 100.6 | 100.5 | 100.5 | 100.3 | 100.9 | 100.5 | 101.1 | 101.5 | 100.2 | 99.7 | 99.5 | 99.6 |
| 合 肥 | Hefei | 100.1 | 99.9 | 100.2 | 100.2 | 100.1 | 100.6 | 100.2 | 101.0 | 100.7 | 100.2 | 99.8 | 100.4 |
| 福 州 | Fuzhou | 100.0 | 99.4 | 100.0 | 100.0 | 99.3 | 100.0 | 101.1 | 100.2 | 100.5 | 101.2 | 99.7 | 99.6 |
| 厦 门 | Xiamen | 99.4 | 99.6 | 99.7 | 99.6 | 100.1 | 100.0 | 99.7 | 99.8 | 99.7 | 99.4 | 99.5 | 99.6 |
| 南 昌 | Nanchang | 100.3 | 100.1 | 100.3 | 101.4 | 100.8 | 101.2 | 101.7 | 102.2 | 100.6 | 101.0 | 101.4 | 100.6 |
| 济 南 | Jinan | 100.0 | 100.0 | 100.3 | 100.1 | 100.5 | 100.6 | 102.2 | 103.3 | 101.4 | 100.4 | 100.5 | 100.8 |
| 青 岛 | Qingdao | 100.1 | 100.3 | 101.4 | 100.9 | 100.8 | 100.6 | 101.8 | 102.1 | 100.8 | 101.2 | 100.4 | 99.3 |
| 郑 州 | Zhengzhou | 99.6 | 99.9 | 100.0 | 99.9 | 100.0 | 100.4 | 101.1 | 100.7 | 100.3 | 100.1 | 99.5 | 99.7 |
| 武 汉 | Wuhan | 100.6 | 100.1 | 99.8 | 99.9 | 101.5 | 100.4 | 101.3 | 101.3 | 100.4 | 101.0 | 101.6 | 101.0 |
| 长 沙 | Changsha | 100.4 | 100.2 | 99.8 | 100.2 | 100.4 | 101.3 | 102.2 | 101.9 | 100.6 | 101.0 | 100.0 | 100.3 |
| 广 州 | Guangzhou | 99.7 | 99.5 | 102.0 | 100.5 | 101.4 | 99.7 | 100.2 | 101.0 | 99.8 | 100.4 | 99.9 | 99.8 |
| 深 圳 | Shenzhen | 101.2 | 102.9 | 100.0 | 100.0 | 101.0 | 100.4 | 100.1 | 101.0 | 100.3 | 99.5 | 99.9 | 100.3 |
| 南 宁 | Nanning | 100.6 | 100.4 | 101.2 | 99.4 | 99.8 | 100.4 | 100.0 | 102.1 | 100.1 | 100.5 | 101.2 | 102.2 |
| 海 口 | Haikou | 101.1 | 100.0 | 101.8 | 101.3 | 101.7 | 101.1 | 103.4 | 101.8 | 99.5 | 99.7 | 99.8 | 99.9 |
| 重 庆 | Chongqing | 100.2 | 100.2 | 100.4 | 100.6 | 101.2 | 100.9 | 101.4 | 101.7 | 100.7 | 100.0 | 100.1 | 100.6 |
| 成 都 | Chengdu | 100.5 | 100.1 | 99.1 | 99.8 | 100.8 | 100.4 | 102.2 | 101.8 | 100.3 | 100.3 | 100.5 | 101.6 |
| 贵 阳 | Guiyang | 101.1 | 100.2 | 100.3 | 100.9 | 100.6 | 101.0 | 101.9 | 101.6 | 102.8 | 102.2 | 101.3 | 100.5 |
| 昆 明 | Kunming | 100.4 | 100.0 | 101.0 | 100.5 | 101.9 | 100.4 | 102.6 | 101.8 | 102.0 | 101.2 | 101.3 | 101.7 |
| 西 安 | Xi'an | 100.1 | 99.3 | 101.5 | 101.8 | 101.0 | 102.0 | 100.9 | 102.5 | 102.8 | 102.2 | 100.8 | 100.0 |
| 兰 州 | Lanzhou | 100.8 | 100.0 | 100.1 | 100.1 | 100.6 | 100.5 | 100.6 | 101.5 | 102.1 | 101.8 | 101.5 | 100.2 |
| 西 宁 | Xining | 100.4 | 100.0 | 100.1 | 99.7 | 100.1 | 100.9 | 100.2 | 101.4 | 101.9 | 101.1 | 101.0 | 101.7 |
| 银 川 | Yinchuan | 100.4 | 99.8 | 100.0 | 100.1 | 99.8 | 100.9 | 100.8 | 101.6 | 101.5 | 100.1 | 100.6 | 100.5 |
| 乌鲁木齐 | Urumqi | 101.0 | 100.8 | 102.2 | 101.8 | 101.7 | 100.7 | 100.3 | 101.4 | 100.9 | 100.8 | 100.3 | 100.2 |

4-3-8 续表 Continued

(以上月价格为100) (Last Month=100)

| 城 市 | City | 1月 | 2月 | 3月 | 4月 | 5月 | 6月 | 7月 | 8月 | 9月 | 10月 | 11月 | 12月 |
|---|---|---|---|---|---|---|---|---|---|---|---|---|---|
| 唐 山 | Tangshan | 99.7 | 100.2 | 100.1 | 99.6 | 100.4 | 100.0 | 101.0 | 101.3 | 100.8 | 101.7 | 101.1 | 100.9 |
| 秦皇岛 | Qinhuangdao | 100.1 | 100.3 | 101.2 | 100.4 | 101.0 | 100.7 | 100.6 | 102.3 | 101.2 | 100.7 | 101.2 | 99.8 |
| 包 头 | Baotou | 100.0 | 100.0 | 100.1 | 100.4 | 100.5 | 100.9 | 101.0 | 101.2 | 100.8 | 100.2 | 101.0 | 100.4 |
| 丹 东 | Dandong | 100.2 | 100.5 | 100.0 | 101.2 | 101.0 | 100.8 | 100.6 | 101.0 | 100.3 | 98.8 | 101.1 | 100.9 |
| 锦 州 | Jinzhou | 100.0 | 100.3 | 100.5 | 100.5 | 100.5 | 100.8 | 100.4 | 100.0 | 101.4 | 99.5 | 101.8 | 101.1 |
| 吉 林 | Jilin | 100.2 | 100.0 | 100.1 | 100.2 | 100.6 | 101.0 | 101.1 | 101.3 | 101.1 | 100.7 | 101.7 | 100.3 |
| 牡丹江 | Mudanjiang | 99.7 | 100.0 | 99.9 | 100.4 | 100.5 | 101.1 | 101.2 | 101.2 | 101.2 | 100.7 | 100.2 | 100.1 |
| 无 锡 | Wuxi | 100.5 | 99.9 | 100.0 | 100.1 | 100.2 | 100.8 | 100.9 | 102.6 | 101.4 | 100.7 | 99.1 | 100.4 |
| 扬 州 | Yangzhou | 100.0 | 100.3 | 100.5 | 100.8 | 99.9 | 100.3 | 101.7 | 101.9 | 102.0 | 101.3 | 100.3 | 99.9 |
| 徐 州 | Xuzhou | 100.5 | 100.8 | 100.2 | 100.6 | 100.8 | 100.8 | 101.8 | 102.3 | 101.4 | 101.2 | 100.3 | 100.3 |
| 温 州 | Wenzhou | 99.9 | 99.8 | 100.0 | 100.1 | 100.1 | 100.1 | 100.2 | 100.2 | 99.7 | 99.7 | 99.9 | 99.8 |
| 金 华 | Jinhua | 100.4 | 100.8 | 100.3 | 100.9 | 100.5 | 100.7 | 101.2 | 100.7 | 100.0 | 100.1 | 99.8 | 99.5 |
| 蚌 埠 | Bengbu | 100.1 | 100.1 | 100.1 | 100.0 | 100.0 | 100.0 | 101.6 | 103.0 | 100.9 | 101.0 | 101.3 | 100.4 |
| 安 庆 | Anqing | 100.1 | 100.7 | 100.1 | 99.8 | 100.1 | 100.8 | 100.8 | 102.2 | 101.4 | 101.9 | 100.6 | 99.9 |
| 泉 州 | Quanzhou | 100.0 | 100.1 | 100.1 | 100.1 | 100.6 | 100.4 | 100.8 | 100.6 | 100.0 | 100.1 | 99.7 | 99.3 |
| 九 江 | Jiujiang | 100.0 | 100.1 | 100.0 | 99.9 | 100.7 | 100.8 | 101.2 | 101.0 | 100.7 | 101.1 | 101.4 | 100.5 |
| 赣 州 | Ganzhou | 100.5 | 100.2 | 99.9 | 100.2 | 100.4 | 100.9 | 101.2 | 101.4 | 101.1 | 100.5 | 100.6 | 100.6 |
| 烟 台 | Yantai | 100.2 | 100.2 | 100.3 | 100.3 | 100.7 | 100.6 | 101.6 | 101.3 | 101.4 | 101.3 | 100.3 | 100.7 |
| 济 宁 | Jining | 100.0 | 100.6 | 101.6 | 101.0 | 101.4 | 101.7 | 103.1 | 102.6 | 101.7 | 101.5 | 101.9 | 101.3 |
| 洛 阳 | Luoyang | 100.1 | 100.2 | 100.2 | 100.0 | 100.1 | 100.7 | 102.1 | 101.2 | 101.3 | 100.6 | 101.7 | 101.0 |
| 平顶山 | Pingdingshan | 100.1 | 100.3 | 100.3 | 101.1 | 100.8 | 99.8 | 101.0 | 100.9 | 101.1 | 100.5 | 100.8 | 100.9 |
| 宜 昌 | Yichang | 100.9 | 100.3 | 100.4 | 100.4 | 100.5 | 100.6 | 101.7 | 102.1 | 102.2 | 100.1 | 100.5 | 100.1 |
| 襄 阳 | Xiangyang | 100.2 | 99.6 | 99.7 | 100.8 | 100.3 | 100.2 | 101.3 | 102.7 | 101.2 | 100.5 | 100.9 | 100.8 |
| 岳 阳 | Yueyang | 100.4 | 100.4 | 100.1 | 100.4 | 100.6 | 100.5 | 100.5 | 103.1 | 101.8 | 100.4 | 100.1 | 100.2 |
| 常 德 | Changde | 100.3 | 100.1 | 100.1 | 100.1 | 100.4 | 100.5 | 100.8 | 103.4 | 101.4 | 100.4 | 100.1 | 99.9 |
| 惠 州 | Huizhou | 100.2 | 100.3 | 100.3 | 100.5 | 100.2 | 100.2 | 101.1 | 101.1 | 101.5 | 100.9 | 100.5 | 100.0 |
| 湛 江 | Zhanjiang | 100.1 | 100.2 | 100.2 | 100.2 | 100.3 | 100.6 | 101.2 | 101.5 | 100.6 | 99.9 | 100.4 | 99.9 |
| 韶 关 | Shaoguan | 99.4 | 100.3 | 100.2 | 100.7 | 100.6 | 101.0 | 100.7 | 100.9 | 101.0 | 100.0 | 100.6 | 101.0 |
| 桂 林 | Guilin | 100.5 | 99.6 | 99.6 | 100.1 | 100.3 | 100.7 | 100.8 | 100.7 | 101.6 | 100.3 | 101.0 | 100.4 |
| 北 海 | Beihai | 99.6 | 100.0 | 100.2 | 100.0 | 100.9 | 100.9 | 100.6 | 102.0 | 102.1 | 100.5 | 101.2 | 100.8 |
| 三 亚 | Sanya | 100.1 | 100.1 | 100.6 | 101.5 | 101.2 | 101.0 | 102.3 | 102.1 | 100.4 | 100.0 | 100.1 | 100.7 |
| 泸 州 | Luzhou | 100.1 | 100.1 | 100.2 | 100.2 | 100.1 | 100.6 | 101.4 | 101.8 | 102.3 | 100.5 | 100.3 | 100.0 |
| 南 充 | Nanchong | 100.4 | 100.7 | 100.9 | 100.9 | 100.9 | 100.9 | 101.4 | 102.6 | 102.1 | 100.7 | 100.0 | 100.0 |
| 遵 义 | Zunyi | 100.5 | 100.5 | 100.4 | 100.1 | 100.3 | 100.6 | 101.8 | 102.0 | 100.7 | 100.4 | 102.1 | 100.5 |
| 大 理 | Dali | 100.5 | 100.5 | 100.3 | 100.9 | 100.6 | 100.6 | 101.2 | 102.0 | 101.3 | 101.4 | 102.2 | 101.0 |

# 4-4-1 2018年北京市商品住宅销售价格指数
## Beijing Commercial Housing Price Indices of Residential Buildings 2018

| | 项 目 Item | 1月 | 2月 | 3月 | 4月 | 5月 | 6月 | 7月 | 8月 | 9月 | 10月 | 11月 | 12月 |
|---|---|---|---|---|---|---|---|---|---|---|---|---|---|
| 定基价格指数 (Fixed base price index) | **新建商品住宅（Newly constructed commercial residential buildings)** | **133.6** | **134.7** | **134.9** | **135.1** | **135.3** | **135.3** | **135.6** | **135.6** | **135.7** | **135.9** | **136.7** | **138.1** |
| | 一、90㎡及以下 (90㎡ and below) | 121.4 | 122.7 | 122.6 | 122.8 | 123.0 | 123.0 | 123.3 | 123.2 | 123.2 | 123.6 | 124.0 | 124.9 |
| | 二、90㎡-144㎡ (90㎡-144㎡) | 137.3 | 138.9 | 139.0 | 139.5 | 140.0 | 139.7 | 140.0 | 140.0 | 140.2 | 140.5 | 140.7 | 141.7 |
| | 三、144㎡以上 (Above 144㎡) | 139.9 | 140.4 | 140.7 | 140.7 | 140.8 | 141.0 | 141.4 | 141.3 | 141.4 | 141.5 | 143.0 | 145.0 |
| | **二手住宅 (Second-hand residential buildings)** | **146.8** | **146.4** | **146.1** | **146.1** | **146.6** | **146.7** | **147.2** | **147.2** | **146.9** | **146.5** | **145.6** | **145.3** |
| | 一、90㎡及以下 (90㎡ and below) | 146.8 | 146.4 | 146.2 | 146.1 | 146.8 | 147.1 | 147.9 | 147.9 | 147.6 | 147.3 | 146.5 | 146.2 |
| | 二、90㎡-144㎡ (90㎡-144㎡) | 145.9 | 145.5 | 145.2 | 145.2 | 145.5 | 145.6 | 145.9 | 145.8 | 145.4 | 144.9 | 143.9 | 143.4 |
| | 三、144㎡以上 (Above 144㎡) | 148.8 | 148.0 | 147.6 | 147.6 | 147.7 | 147.7 | 148.1 | 148.0 | 147.7 | 147.4 | 146.3 | 146.2 |
| 同比价格指数 (Year-on-year price index) | **新建商品住宅（Newly constructed commercial residential buildings)** | **98.8** | **99.7** | **99.4** | **99.3** | **99.5** | **99.9** | **100.2** | **100.2** | **100.4** | **100.8** | **101.4** | **102.3** |
| | 一、90㎡及以下 (90㎡ and below) | 99.9 | 100.6 | 100.4 | 100.3 | 100.3 | 100.9 | 101.2 | 100.8 | 100.8 | 100.9 | 101.5 | 102.0 |
| | 二、90㎡-144㎡ (90㎡-144㎡) | 99.0 | 100.1 | 99.8 | 99.8 | 100.0 | 100.1 | 100.4 | 100.5 | 100.9 | 101.4 | 101.2 | 101.7 |
| | 三、144㎡以上 (Above 144㎡) | 98.0 | 98.7 | 98.3 | 98.3 | 98.6 | 99.2 | 99.5 | 99.6 | 99.7 | 100.2 | 101.5 | 103.1 |
| | **二手住宅 (Second-hand residential buildings)** | **96.9** | **95.4** | **93.2** | **93.1** | **94.3** | **95.4** | **96.5** | **97.4** | **97.8** | **98.0** | **97.9** | **98.1** |
| | 一、90㎡及以下 (90㎡ and below) | 96.4 | 94.8 | 92.9 | 92.7 | 94.1 | 95.3 | 96.6 | 97.6 | 98.1 | 98.4 | 98.5 | 98.8 |
| | 二、90㎡-144㎡ (90㎡-144㎡) | 97.1 | 95.8 | 93.5 | 93.7 | 94.7 | 95.9 | 96.8 | 97.5 | 97.8 | 97.9 | 97.5 | 97.5 |
| | 三、144㎡以上 (Above 144㎡) | 98.0 | 96.0 | 93.5 | 93.4 | 94.1 | 95.0 | 96.0 | 96.6 | 96.9 | 97.2 | 97.1 | 97.5 |
| 环比价格指数 (Month-on-month price index) | **新建商品住宅（Newly constructed commercial residential buildings)** | **100.2** | **99.7** | **100.1** | **100.2** | **100.2** | **100.0** | **100.2** | **100.0** | **100.0** | **100.2** | **100.6** | **101.0** |
| | 一、90㎡及以下 (90㎡ and below) | 100.2 | 99.9 | 100.0 | 100.2 | 100.1 | 100.0 | 100.3 | 99.9 | 100.0 | 100.3 | 100.4 | 100.7 |
| | 二、90㎡-144㎡ (90㎡-144㎡) | 99.9 | 99.7 | 100.1 | 100.4 | 100.3 | 99.8 | 100.2 | 100.0 | 100.1 | 100.2 | 100.2 | 100.7 |
| | 三、144㎡以上 (Above 144㎡) | 100.4 | 99.4 | 100.2 | 100.0 | 100.1 | 100.1 | 100.2 | 100.0 | 100.0 | 100.1 | 101.1 | 101.3 |
| | **二手住宅 (Second-hand residential buildings)** | **99.4** | **99.5** | **99.8** | **99.9** | **100.3** | **100.1** | **100.4** | **100.0** | **99.8** | **99.8** | **99.4** | **99.8** |
| | 一、90㎡及以下 (90㎡ and below) | 99.4 | 99.5 | 99.9 | 99.9 | 100.5 | 100.2 | 100.5 | 100.0 | 99.8 | 99.8 | 99.5 | 99.8 |
| | 二、90㎡-144㎡ (90㎡-144㎡) | 99.4 | 99.4 | 99.8 | 100.0 | 100.3 | 100.0 | 100.2 | 100.0 | 99.7 | 99.7 | 99.3 | 99.7 |
| | 三、144㎡以上 (Above 144㎡) | 99.3 | 99.4 | 99.7 | 100.0 | 100.1 | 100.0 | 100.3 | 99.9 | 99.8 | 99.8 | 99.3 | 99.9 |

# 4-4-2 2018年天津市商品住宅销售价格指数
## Tianjin Commercial Housing Price Indices of Residential Buildings 2018

| 项 目 Item | | 1月 | 2月 | 3月 | 4月 | 5月 | 6月 | 7月 | 8月 | 9月 | 10月 | 11月 | 12月 |
|---|---|---|---|---|---|---|---|---|---|---|---|---|---|
| 定基价格指数 (Fixed base price index) | **新建商品住宅（Newly constructed commercial residential buildings)** | **128.0** | **129.3** | **129.3** | **129.4** | **130.0** | **130.4** | **130.4** | **130.6** | **131.0** | **131.1** | **130.7** | **130.8** |
| | 一、90㎡及以下 (90㎡ and below) | 133.7 | 135.7 | 136.3 | 136.6 | 137.2 | 137.4 | 138.0 | 137.7 | 137.7 | 138.4 | 137.7 | 137.6 |
| | 二、90㎡-144㎡ (90㎡-144㎡) | 126.8 | 128.8 | 128.7 | 128.8 | 129.4 | 130.2 | 130.0 | 130.1 | 130.4 | 130.4 | 130.1 | 130.0 |
| | 三、144㎡以上 (Above 144㎡) | 126.1 | 125.8 | 125.5 | 125.5 | 126.1 | 126.1 | 125.9 | 126.8 | 127.5 | 127.3 | 127.1 | 127.6 |
| | **二手住宅 (Second-hand residential buildings)** | **125.1** | **128.3** | **128.5** | **130.7** | **132.5** | **134.4** | **134.1** | **135.2** | **135.1** | **135.0** | **134.5** | **134.3** |
| | 一、90㎡及以下 (90㎡ and below) | 128.3 | 130.9 | 131.1 | 132.5 | 134.9 | 138.4 | 137.9 | 138.3 | 139.1 | 138.6 | 138.1 | 137.2 |
| | 二、90㎡-144㎡ (90㎡-144㎡) | 125.2 | 128.4 | 128.7 | 131.6 | 132.9 | 134.3 | 133.8 | 135.6 | 134.5 | 134.3 | 134.0 | 133.9 |
| | 三、144㎡以上 (Above 144㎡) | 115.1 | 120.2 | 120.2 | 122.9 | 124.5 | 123.0 | 123.9 | 125.1 | 125.3 | 126.2 | 125.7 | 126.6 |
| 同比价格指数 (Year-on-year price index) | **新建商品住宅（Newly constructed commercial residential buildings)** | **99.9** | **100.6** | **100.4** | **100.6** | **100.9** | **101.2** | **101.3** | **101.6** | **101.9** | **101.9** | **101.9** | **101.7** |
| | 一、90㎡及以下 (90㎡ and below) | 100.1 | 100.9 | 101.2 | 101.4 | 101.5 | 101.2 | 102.0 | 101.6 | 101.4 | 102.2 | 102.2 | 102.2 |
| | 二、90㎡-144㎡ (90㎡-144㎡) | 98.9 | 100.1 | 99.9 | 100.3 | 100.3 | 101.0 | 101.2 | 101.3 | 101.6 | 101.6 | 101.6 | 101.4 |
| | 三、144㎡以上 (Above 144㎡) | 101.5 | 101.1 | 100.6 | 100.4 | 101.5 | 101.6 | 101.1 | 102.2 | 102.9 | 102.2 | 102.1 | 101.9 |
| | **二手住宅 (Second-hand residential buildings)** | **98.2** | **100.2** | **98.8** | **99.4** | **101.3** | **103.6** | **104.1** | **105.8** | **106.1** | **106.4** | **106.2** | **106.0** |
| | 一、90㎡及以下 (90㎡ and below) | 98.4 | 99.7 | 98.3 | 98.6 | 100.5 | 104.4 | 104.8 | 106.4 | 107.7 | 107.8 | 107.0 | 106.5 |
| | 二、90㎡-144㎡ (90㎡-144㎡) | 98.7 | 101.0 | 99.4 | 99.9 | 101.7 | 103.5 | 103.8 | 105.6 | 104.8 | 105.0 | 105.4 | 105.2 |
| | 三、144㎡以上 (Above 144㎡) | 96.1 | 99.7 | 98.8 | 100.7 | 102.4 | 101.7 | 102.8 | 104.3 | 104.9 | 105.6 | 105.9 | 106.6 |
| 环比价格指数 (Month-on-month price index) | **新建商品住宅（Newly constructed commercial residential buildings)** | **100.5** | **100.1** | **100.0** | **100.1** | **100.5** | **100.3** | **100.0** | **100.2** | **100.3** | **100.1** | **99.7** | **100.1** |
| | 一、90㎡及以下 (90㎡ and below) | 100.5 | 100.3 | 100.4 | 100.2 | 100.4 | 100.2 | 100.4 | 99.8 | 100.0 | 100.5 | 99.5 | 99.9 |
| | 二、90㎡-144㎡ (90㎡-144㎡) | 100.5 | 100.0 | 99.9 | 100.1 | 100.5 | 100.6 | 99.9 | 100.0 | 100.2 | 100.0 | 99.8 | 100.0 |
| | 三、144㎡以上 (Above 144㎡) | 100.4 | 100.1 | 99.8 | 99.9 | 100.5 | 100.0 | 99.8 | 100.7 | 100.6 | 99.8 | 99.8 | 100.4 |
| | **二手住宅 (Second-hand residential buildings)** | **100.6** | **100.7** | **100.2** | **101.7** | **101.4** | **101.4** | **99.8** | **100.8** | **99.9** | **99.9** | **99.7** | **99.8** |
| | 一、90㎡及以下 (90㎡ and below) | 100.6 | 101.0 | 100.2 | 101.0 | 101.8 | 102.6 | 99.7 | 100.3 | 100.6 | 99.7 | 99.6 | 99.4 |
| | 二、90㎡-144㎡ (90㎡-144㎡) | 100.4 | 100.4 | 100.2 | 102.3 | 101.0 | 101.1 | 99.6 | 101.4 | 99.2 | 99.9 | 99.8 | 100.0 |
| | 三、144㎡以上 (Above 144㎡) | 101.0 | 100.3 | 100.0 | 102.3 | 101.3 | 98.7 | 100.8 | 101.0 | 100.2 | 100.7 | 99.5 | 100.7 |

# 4-4-3 2018年石家庄市商品住宅销售价格指数

## Shijiazhuang Commercial Housing Price Indices of Residential Buildings 2018

| 项 目 Item | | 1月 | 2月 | 3月 | 4月 | 5月 | 6月 | 7月 | 8月 | 9月 | 10月 | 11月 | 12月 |
|---|---|---|---|---|---|---|---|---|---|---|---|---|---|
| 定基价格指数 (Fixed base price index) | **新建商品住宅（Newly constructed commercial residential buildings)** | **123.6** | **124.0** | **124.9** | **125.2** | **126.7** | **127.1** | **129.7** | **130.9** | **132.4** | **136.8** | **138.7** | **142.2** |
| | 一、90m$^2$及以下 (90m$^2$ and below) | 122.2 | 121.7 | 122.0 | 121.8 | 123.5 | 123.9 | 126.7 | 127.5 | 128.8 | 132.3 | 133.9 | 138.1 |
| | 二、90m$^2$-144m$^2$ (90m$^2$-144m$^2$) | 124.6 | 125.0 | 126.2 | 126.7 | 128.3 | 128.6 | 131.0 | 132.5 | 134.1 | 138.8 | 140.6 | 144.1 |
| | 三、144m$^2$以上 (Above 144m$^2$) | 121.7 | 123.0 | 123.3 | 123.6 | 124.8 | 125.5 | 128.5 | 129.3 | 130.5 | 134.7 | 137.0 | 140.0 |
| | **二手住宅 (Second-hand residential buildings)** | **118.3** | **119.0** | **119.1** | **119.5** | **120.9** | **121.8** | **123.6** | **124.9** | **125.3** | **125.0** | **124.8** | **124.7** |
| | 一、90m$^2$及以下 (90m$^2$ and below) | 121.0 | 121.4 | 121.4 | 121.7 | 122.8 | 123.6 | 125.4 | 126.5 | 126.7 | 125.9 | 125.4 | 125.5 |
| | 二、90m$^2$-144m$^2$ (90m$^2$-144m$^2$) | 117.3 | 118.2 | 118.2 | 119.1 | 120.9 | 121.7 | 123.2 | 124.7 | 124.8 | 124.9 | 124.4 | 124.2 |
| | 三、144m$^2$以上 (Above 144m$^2$) | 113.4 | 114.5 | 115.0 | 114.8 | 115.9 | 117.0 | 119.6 | 121.3 | 122.7 | 123.0 | 123.8 | 123.7 |
| 同比价格指数 (Year-on-year price index) | **新建商品住宅（Newly constructed commercial residential buildings)** | **102.6** | **102.7** | **102.5** | **102.7** | **104.0** | **103.9** | **105.7** | **106.5** | **107.5** | **110.7** | **112.0** | **114.9** |
| | 一、90m$^2$及以下 (90m$^2$ and below) | 102.7 | 102.9 | 102.9 | 102.7 | 103.7 | 103.6 | 106.1 | 106.7 | 108.4 | 111.1 | 111.8 | 115.0 |
| | 二、90m$^2$-144m$^2$ (90m$^2$-144m$^2$) | 102.9 | 102.9 | 102.7 | 103.3 | 104.6 | 104.5 | 106.2 | 107.5 | 108.2 | 111.7 | 112.6 | 115.6 |
| | 三、144m$^2$以上 (Above 144m$^2$) | 101.8 | 102.4 | 101.8 | 101.2 | 102.7 | 102.4 | 104.0 | 104.1 | 104.9 | 108.2 | 110.9 | 113.1 |
| | **二手住宅 (Second-hand residential buildings)** | **99.8** | **100.0** | **99.6** | **99.6** | **100.9** | **101.8** | **103.9** | **105.0** | **105.2** | **104.6** | **104.4** | **104.6** |
| | 一、90m$^2$及以下 (90m$^2$ and below) | 100.3 | 100.5 | 100.0 | 100.0 | 101.1 | 101.5 | 103.3 | 104.4 | 104.6 | 103.3 | 102.7 | 103.2 |
| | 二、90m$^2$-144m$^2$ (90m$^2$-144m$^2$) | 99.4 | 99.5 | 98.9 | 99.2 | 100.9 | 101.9 | 103.9 | 105.0 | 105.0 | 104.9 | 104.8 | 104.7 |
| | 三、144m$^2$以上 (Above 144m$^2$) | 99.4 | 99.7 | 99.9 | 99.8 | 100.8 | 102.5 | 105.6 | 107.1 | 107.6 | 107.5 | 108.3 | 108.3 |
| 环比价格指数 (Month-on-month price index) | **新建商品住宅（Newly constructed commercial residential buildings)** | **100.1** | **100.1** | **100.7** | **100.3** | **101.2** | **100.3** | **102.0** | **100.9** | **101.1** | **103.3** | **101.4** | **102.5** |
| | 一、90m$^2$及以下 (90m$^2$ and below) | 100.7 | 100.7 | 100.2 | 99.9 | 101.4 | 100.4 | 102.2 | 100.6 | 101.0 | 102.8 | 101.2 | 103.1 |
| | 二、90m$^2$-144m$^2$ (90m$^2$-144m$^2$) | 100.3 | 100.0 | 101.0 | 100.4 | 101.3 | 100.2 | 101.9 | 101.1 | 101.2 | 103.5 | 101.3 | 102.5 |
| | 三、144m$^2$以上 (Above 144m$^2$) | 99.3 | 100.1 | 100.2 | 100.3 | 100.9 | 100.6 | 102.4 | 100.6 | 101.0 | 103.2 | 101.7 | 102.2 |
| | **二手住宅 (Second-hand residential buildings)** | **99.6** | **100.2** | **100.1** | **100.4** | **101.2** | **100.7** | **101.5** | **101.1** | **100.3** | **99.8** | **99.8** | **99.9** |
| | 一、90m$^2$及以下 (90m$^2$ and below) | 99.8 | 100.2 | 100.0 | 100.2 | 100.9 | 100.7 | 101.5 | 100.8 | 100.2 | 99.4 | 99.6 | 100.0 |
| | 二、90m$^2$-144m$^2$ (90m$^2$-144m$^2$) | 99.5 | 100.2 | 100.0 | 100.7 | 101.5 | 100.7 | 101.3 | 101.2 | 100.0 | 100.1 | 99.6 | 99.8 |
| | 三、144m$^2$以上 (Above 144m$^2$) | 99.8 | 100.4 | 100.4 | 99.8 | 101.0 | 100.9 | 102.3 | 101.4 | 101.1 | 100.2 | 100.6 | 100.0 |

# 4-4-4 2018年太原市商品住宅销售价格指数
## Taiyuan Commercial Housing Price Indices of Residential Buildings 2018

| 项 目 Item | | 1月 | 2月 | 3月 | 4月 | 5月 | 6月 | 7月 | 8月 | 9月 | 10月 | 11月 | 12月 |
|---|---|---|---|---|---|---|---|---|---|---|---|---|---|
| 定基价格指数 (Fixed base price index) | **新建商品住宅（Newly constructed commercial residential buildings)** | **112.3** | **112.5** | **113.2** | **114.8** | **115.6** | **116.3** | **117.6** | **119.9** | **121.1** | **121.7** | **123.3** | **124.4** |
| | 一、$90m^2$及以下 ($90m^2$ and below) | 114.6 | 114.4 | 114.6 | 115.9 | 116.9 | 118.0 | 119.4 | 121.5 | 123.6 | 124.7 | 126.1 | 127.6 |
| | 二、$90m^2$-$144m^2$ ($90m^2$-$144m^2$) | 113.8 | 114.3 | 115.3 | 117.4 | 117.9 | 118.6 | 120.0 | 122.0 | 122.7 | 122.7 | 124.3 | 125.4 |
| | 三、$144m^2$以上 (Above $144m^2$) | 109.5 | 109.3 | 109.7 | 110.7 | 111.9 | 112.6 | 113.8 | 116.3 | 117.9 | 119.2 | 120.9 | 122.0 |
| | **二手住宅 (Second-hand residential buildings)** | **114.9** | **114.2** | **115.9** | **117.4** | **118.4** | **119.1** | **120.4** | **121.6** | **122.9** | **123.1** | **124.4** | **124.5** |
| | 一、$90m^2$及以下 ($90m^2$ and below) | 115.0 | 114.5 | 116.4 | 117.8 | 118.9 | 119.6 | 121.0 | 122.1 | 123.4 | 123.9 | 125.0 | 125.1 |
| | 二、$90m^2$-$144m^2$ ($90m^2$-$144m^2$) | 116.6 | 115.6 | 116.9 | 118.8 | 120.0 | 120.9 | 122.4 | 123.7 | 124.7 | 124.6 | 125.8 | 125.9 |
| | 三、$144m^2$以上 (Above $144m^2$) | 111.8 | 111.2 | 113.4 | 114.0 | 114.8 | 114.9 | 116.1 | 117.2 | 118.5 | 118.7 | 120.6 | 121.0 |
| 同比价格指数 (Year-on-year price index) | **新建商品住宅（Newly constructed commercial residential buildings)** | **107.8** | **107.5** | **107.6** | **107.7** | **107.5** | **106.9** | **107.7** | **109.5** | **110.0** | **109.8** | **110.8** | **111.2** |
| | 一、$90m^2$及以下 ($90m^2$ and below) | 107.9 | 107.5 | 107.4 | 107.2 | 107.2 | 106.9 | 107.5 | 108.6 | 109.4 | 109.7 | 110.1 | 111.4 |
| | 二、$90m^2$-$144m^2$ ($90m^2$-$144m^2$) | 108.7 | 108.8 | 109.1 | 109.5 | 108.9 | 108.1 | 108.7 | 110.6 | 110.9 | 109.9 | 111.0 | 110.9 |
| | 三、$144m^2$以上 (Above $144m^2$) | 106.4 | 105.7 | 105.7 | 105.4 | 105.6 | 105.3 | 106.3 | 108.2 | 108.9 | 109.7 | 110.8 | 111.6 |
| | **二手住宅 (Second-hand residential buildings)** | **108.3** | **107.2** | **108.3** | **108.7** | **109.0** | **108.8** | **109.5** | **110.1** | **111.0** | **110.5** | **110.9** | **109.9** |
| | 一、$90m^2$及以下 ($90m^2$ and below) | 107.7 | 106.6 | 107.7 | 107.7 | 108.0 | 107.5 | 108.6 | 109.0 | 110.4 | 110.5 | 111.2 | 110.3 |
| | 二、$90m^2$-$144m^2$ ($90m^2$-$144m^2$) | 109.8 | 108.3 | 109.3 | 110.2 | 110.8 | 111.0 | 111.6 | 112.2 | 112.2 | 110.9 | 110.7 | 109.5 |
| | 三、$144m^2$以上 (Above $144m^2$) | 107.1 | 106.4 | 108.0 | 108.2 | 108.1 | 107.8 | 107.9 | 108.9 | 110.3 | 110.1 | 110.6 | 109.6 |
| 环比价格指数 (Month-on-month price index) | **新建商品住宅（Newly constructed commercial residential buildings)** | **100.5** | **100.0** | **100.6** | **101.4** | **100.7** | **100.6** | **101.2** | **101.9** | **101.0** | **100.5** | **101.3** | **100.9** |
| | 一、$90m^2$及以下 ($90m^2$ and below) | 100.0 | 99.8 | 100.2 | 101.2 | 100.8 | 101.0 | 101.2 | 101.8 | 101.7 | 100.9 | 101.1 | 101.2 |
| | 二、$90m^2$-$144m^2$ ($90m^2$-$144m^2$) | 100.7 | 100.4 | 100.9 | 101.8 | 100.4 | 100.5 | 101.2 | 101.7 | 100.5 | 100.0 | 101.3 | 100.9 |
| | 三、$144m^2$以上 (Above $144m^2$) | 100.5 | 99.5 | 100.4 | 100.9 | 101.0 | 100.6 | 101.1 | 102.2 | 101.4 | 101.0 | 101.5 | 100.9 |
| | **二手住宅 (Second-hand residential buildings)** | **100.9** | **99.9** | **101.5** | **101.3** | **100.9** | **100.6** | **101.1** | **101.0** | **101.0** | **100.2** | **101.1** | **100.1** |
| | 一、$90m^2$及以下 ($90m^2$ and below) | 100.7 | 100.2 | 101.6 | 101.3 | 100.9 | 100.6 | 101.1 | 100.9 | 101.1 | 100.4 | 100.9 | 100.1 |
| | 二、$90m^2$-$144m^2$ ($90m^2$-$144m^2$) | 101.0 | 99.6 | 101.1 | 101.7 | 101.0 | 100.8 | 101.2 | 101.0 | 100.9 | 99.9 | 100.9 | 100.1 |
| | 三、$144m^2$以上 (Above $144m^2$) | 101.1 | 99.7 | 102.0 | 100.6 | 100.6 | 100.2 | 101.0 | 100.9 | 101.2 | 100.2 | 101.6 | 100.3 |

# 4-4-5　2018年呼和浩特市商品住宅销售价格指数
## Hohhot Commercial Housing Price Indices of Residential Buildings 2018

| 项　目　Item | | 1月 | 2月 | 3月 | 4月 | 5月 | 6月 | 7月 | 8月 | 9月 | 10月 | 11月 | 12月 |
|---|---|---|---|---|---|---|---|---|---|---|---|---|---|
| 定基价格指数 (Fixed base price index) | **新建商品住宅（Newly constructed commercial residential buildings)** | **107.2** | **108.0** | **108.5** | **109.6** | **111.3** | **112.5** | **115.2** | **118.5** | **121.8** | **123.8** | **127.4** | **129.9** |
| | 一、90㎡及以下 (90㎡ and below) | 103.7 | 104.7 | 105.6 | 106.9 | 108.0 | 109.9 | 111.6 | 114.3 | 117.0 | 118.5 | 121.8 | 123.6 |
| | 二、90㎡-144㎡ (90㎡-144㎡) | 107.4 | 108.9 | 109.3 | 110.2 | 112.4 | 113.3 | 116.2 | 119.8 | 123.2 | 125.1 | 128.9 | 131.5 |
| | 三、144㎡以上 (Above 144㎡) | 108.6 | 108.2 | 108.8 | 109.8 | 111.0 | 112.5 | 115.3 | 118.5 | 122.0 | 124.3 | 127.7 | 130.3 |
| | **二手住宅 (Second-hand residential buildings)** | **101.8** | **102.6** | **103.0** | **103.5** | **104.3** | **105.3** | **107.8** | **110.5** | **112.7** | **114.6** | **118.3** | **120.0** |
| | 一、90㎡及以下 (90㎡ and below) | 101.8 | 102.5 | 103.1 | 103.6 | 104.4 | 105.5 | 107.8 | 110.5 | 112.7 | 114.4 | 117.9 | 119.7 |
| | 二、90㎡-144㎡ (90㎡-144㎡) | 101.9 | 102.9 | 103.2 | 103.7 | 104.6 | 105.6 | 108.1 | 110.6 | 112.8 | 114.8 | 118.9 | 120.2 |
| | 三、144㎡以上 (Above 144㎡) | 101.2 | 101.8 | 102.2 | 102.6 | 103.3 | 104.1 | 106.5 | 109.9 | 112.6 | 114.9 | 118.5 | 120.8 |
| 同比价格指数 (Year-on-year price index) | **新建商品住宅（Newly constructed commercial residential buildings)** | **106.8** | **107.4** | **107.6** | **108.1** | **109.3** | **110.1** | **111.8** | **113.9** | **116.7** | **117.6** | **119.6** | **121.0** |
| | 一、90㎡及以下 (90㎡ and below) | 106.4 | 106.5 | 107.4 | 108.2 | 108.5 | 110.0 | 111.3 | 113.9 | 116.0 | 116.8 | 118.8 | 119.5 |
| | 二、90㎡-144㎡ (90㎡-144㎡) | 105.9 | 107.1 | 107.1 | 107.4 | 109.1 | 109.6 | 111.9 | 114.2 | 117.3 | 117.6 | 120.0 | 121.1 |
| | 三、144㎡以上 (Above 144㎡) | 108.9 | 108.5 | 108.7 | 109.3 | 110.1 | 111.3 | 111.9 | 113.4 | 116.0 | 118.1 | 119.4 | 121.5 |
| | **二手住宅 (Second-hand residential buildings)** | **102.8** | **103.6** | **104.0** | **104.5** | **105.2** | **106.0** | **108.1** | **110.6** | **112.6** | **114.0** | **116.9** | **117.9** |
| | 一、90㎡及以下 (90㎡ and below) | 102.9 | 103.6 | 104.2 | 104.6 | 105.3 | 106.0 | 108.0 | 110.5 | 112.4 | 113.7 | 116.5 | 117.7 |
| | 二、90㎡-144㎡ (90㎡-144㎡) | 102.6 | 103.5 | 103.9 | 104.4 | 105.3 | 106.2 | 108.3 | 110.7 | 112.7 | 114.2 | 117.3 | 117.6 |
| | 三、144㎡以上 (Above 144㎡) | 102.9 | 103.6 | 103.6 | 104.1 | 104.9 | 105.5 | 107.4 | 110.6 | 113.0 | 114.9 | 117.6 | 119.4 |
| 环比价格指数 (Month-on-month price index) | **新建商品住宅（Newly constructed commercial residential buildings)** | **100.1** | **100.5** | **100.5** | **101.0** | **101.6** | **101.1** | **102.4** | **102.9** | **102.8** | **101.6** | **102.9** | **101.9** |
| | 一、90㎡及以下 (90㎡ and below) | 100.3 | 101.0 | 100.8 | 101.3 | 101.0 | 101.7 | 101.6 | 102.5 | 102.3 | 101.2 | 102.8 | 101.5 |
| | 二、90㎡-144㎡ (90㎡-144㎡) | 99.9 | 100.4 | 100.3 | 100.9 | 101.9 | 100.8 | 102.6 | 103.1 | 102.8 | 101.6 | 103.0 | 102.0 |
| | 三、144㎡以上 (Above 144㎡) | 100.3 | 100.6 | 100.5 | 100.9 | 101.1 | 101.4 | 102.4 | 102.8 | 102.9 | 101.9 | 102.7 | 102.1 |
| | **二手住宅 (Second-hand residential buildings)** | **100.3** | **100.4** | **100.5** | **100.5** | **100.8** | **101.0** | **102.3** | **102.5** | **102.1** | **101.6** | **103.3** | **101.4** |
| | 一、90㎡及以下 (90㎡ and below) | 100.4 | 100.5 | 100.6 | 100.5 | 100.8 | 101.0 | 102.3 | 102.5 | 102.0 | 101.5 | 103.1 | 101.5 |
| | 二、90㎡-144㎡ (90㎡-144㎡) | 100.3 | 100.3 | 100.3 | 100.4 | 100.9 | 100.9 | 102.4 | 102.3 | 102.0 | 101.7 | 103.6 | 101.1 |
| | 三、144㎡以上 (Above 144㎡) | 100.3 | 100.4 | 100.3 | 100.4 | 100.7 | 100.8 | 102.3 | 103.2 | 102.5 | 102.0 | 103.1 | 101.9 |

# 4-4-6　2018年沈阳市商品住宅销售价格指数
## Shenyang Commercial Housing Price Indices of Residential Buildings 2018

| 项　目 Item | | 1月 | 2月 | 3月 | 4月 | 5月 | 6月 | 7月 | 8月 | 9月 | 10月 | 11月 | 12月 |
|---|---|---|---|---|---|---|---|---|---|---|---|---|---|
| 定基价格指数 (Fixed base price index) | **新建商品住宅（Newly constructed commercial residential buildings)** | **114.9** | **116.3** | **116.9** | **117.8** | **119.8** | **121.5** | **123.1** | **124.5** | **126.1** | **128.0** | **128.9** | **129.5** |
| | 一、90㎡及以下 (90㎡ and below) | 118.1 | 118.9 | 119.6 | 120.4 | 122.2 | 123.6 | 125.4 | 126.4 | 127.7 | 129.6 | 130.4 | 131.2 |
| | 二、90㎡-144㎡ (90㎡-144㎡) | 114.8 | 115.5 | 116.5 | 117.6 | 119.5 | 121.1 | 122.8 | 124.5 | 126.3 | 128.3 | 129.1 | 129.4 |
| | 三、144㎡以上 (Above 144㎡) | 109.4 | 112.4 | 112.6 | 113.5 | 116.0 | 118.1 | 119.4 | 121.2 | 122.9 | 124.7 | 126.0 | 126.6 |
| | **二手住宅 (Second-hand residential buildings)** | **109.0** | **109.4** | **109.4** | **109.8** | **110.4** | **112.0** | **113.4** | **114.5** | **115.7** | **116.1** | **117.0** | **117.6** |
| | 一、90㎡及以下 (90㎡ and below) | 108.8 | 109.1 | 109.2 | 109.6 | 110.3 | 111.8 | 113.2 | 114.3 | 115.6 | 116.0 | 116.9 | 117.4 |
| | 二、90㎡-144㎡ (90㎡-144㎡) | 110.1 | 110.4 | 110.5 | 110.7 | 111.1 | 112.7 | 114.5 | 115.2 | 116.4 | 116.7 | 117.4 | 118.3 |
| | 三、144㎡以上 (Above 144㎡) | 107.4 | 108.3 | 108.1 | 108.4 | 108.8 | 110.5 | 112.2 | 113.2 | 114.3 | 114.3 | 115.6 | 116.8 |
| 同比价格指数 (Year-on-year price index) | **新建商品住宅（Newly constructed commercial residential buildings)** | **111.4** | **112.1** | **111.4** | **110.3** | **110.0** | **109.8** | **110.3** | **111.0** | **111.7** | **112.7** | **112.6** | **112.7** |
| | 一、90㎡及以下 (90㎡ and below) | 112.3 | 112.3 | 111.3 | 110.2 | 110.2 | 109.8 | 110.7 | 110.9 | 111.3 | 112.1 | 112.1 | 112.3 |
| | 二、90㎡-144㎡ (90㎡-144㎡) | 112.0 | 112.1 | 111.4 | 110.3 | 109.7 | 109.4 | 110.0 | 111.0 | 112.0 | 113.4 | 113.3 | 113.1 |
| | 三、144㎡以上 (Above 144㎡) | 109.1 | 111.6 | 111.3 | 110.2 | 109.9 | 110.2 | 110.1 | 111.3 | 112.0 | 112.8 | 112.7 | 113.0 |
| | **二手住宅 (Second-hand residential buildings)** | **107.3** | **107.3** | **106.7** | **105.9** | **105.4** | **105.7** | **106.0** | **106.3** | **107.1** | **107.3** | **107.7** | **107.7** |
| | 一、90㎡及以下 (90㎡ and below) | 107.2 | 107.1 | 106.5 | 106.0 | 105.5 | 105.6 | 105.8 | 106.4 | 107.3 | 107.6 | 107.8 | 107.8 |
| | 二、90㎡-144㎡ (90㎡-144㎡) | 107.4 | 107.5 | 107.1 | 105.7 | 105.2 | 105.9 | 106.6 | 106.2 | 106.6 | 106.7 | 107.2 | 107.4 |
| | 三、144㎡以上 (Above 144㎡) | 108.0 | 108.8 | 108.1 | 106.0 | 105.6 | 106.3 | 105.9 | 106.4 | 106.8 | 107.4 | 108.0 | 108.7 |
| 环比价格指数 (Month-on-month price index) | **新建商品住宅（Newly constructed commercial residential buildings)** | **100.9** | **100.3** | **100.5** | **100.8** | **101.7** | **101.4** | **101.4** | **101.1** | **101.3** | **101.5** | **100.7** | **100.5** |
| | 一、90㎡及以下 (90㎡ and below) | 101.3 | 100.5 | 100.6 | 100.7 | 101.5 | 101.2 | 101.5 | 100.8 | 101.1 | 101.4 | 100.7 | 100.6 |
| | 二、90㎡-144㎡ (90㎡-144㎡) | 100.8 | 100.2 | 100.8 | 100.9 | 101.6 | 101.3 | 101.4 | 101.3 | 101.5 | 101.6 | 100.6 | 100.2 |
| | 三、144㎡以上 (Above 144㎡) | 100.1 | 100.2 | 100.1 | 100.8 | 102.2 | 101.8 | 101.1 | 101.5 | 101.4 | 101.5 | 101.0 | 100.5 |
| | **二手住宅 (Second-hand residential buildings)** | **100.1** | **100.2** | **100.1** | **100.3** | **100.6** | **101.4** | **101.3** | **100.9** | **101.1** | **100.3** | **100.8** | **100.5** |
| | 一、90㎡及以下 (90㎡ and below) | 100.1 | 100.1 | 100.1 | 100.4 | 100.6 | 101.4 | 101.2 | 101.0 | 101.1 | 100.4 | 100.8 | 100.4 |
| | 二、90㎡-144㎡ (90㎡-144㎡) | 100.0 | 100.3 | 100.1 | 100.1 | 100.4 | 101.4 | 101.6 | 100.6 | 101.0 | 100.3 | 100.6 | 100.8 |
| | 三、144㎡以上 (Above 144㎡) | 100.0 | 100.8 | 99.8 | 100.3 | 100.4 | 101.5 | 101.5 | 100.9 | 101.0 | 100.1 | 101.1 | 101.0 |

# 4-4-7 2018年大连市商品住宅销售价格指数
## Dalian Commercial Housing Price Indices of Residential Buildings 2018

| 项 目 Item | | 1月 | 2月 | 3月 | 4月 | 5月 | 6月 | 7月 | 8月 | 9月 | 10月 | 11月 | 12月 |
|---|---|---|---|---|---|---|---|---|---|---|---|---|---|
| 定基价格指数 (Fixed base price index) | **新建商品住宅（Newly constructed commercial residential buildings)** | **112.4** | **113.3** | **114.1** | **115.4** | **117.3** | **119.5** | **120.7** | **121.9** | **122.6** | **123.4** | **125.2** | **126.3** |
| | 一、$90m^2$及以下 ($90m^2$ and below) | 111.7 | 113.3 | 113.8 | 115.4 | 117.5 | 119.8 | 121.2 | 122.5 | 123.2 | 123.6 | 125.1 | 126.1 |
| | 二、$90m^2$-$144m^2$ ($90m^2$-$144m^2$) | 116.4 | 116.1 | 117.3 | 118.4 | 120.3 | 122.4 | 123.3 | 124.3 | 125.3 | 126.6 | 128.3 | 129.8 |
| | 三、$144m^2$以上 (Above $144m^2$) | 106.4 | 108.3 | 108.9 | 109.9 | 111.6 | 113.3 | 114.8 | 116.3 | 116.3 | 117.4 | 119.4 | 119.9 |
| | **二手住宅 (Second-hand residential buildings)** | **107.2** | **108.0** | **108.4** | **109.0** | **109.9** | **111.0** | **112.0** | **113.3** | **114.3** | **114.5** | **115.6** | **115.9** |
| | 一、$90m^2$及以下 ($90m^2$ and below) | 107.1 | 107.5 | 107.8 | 108.3 | 109.3 | 110.3 | 111.1 | 112.2 | 113.2 | 113.9 | 114.7 | 114.9 |
| | 二、$90m^2$-$144m^2$ ($90m^2$-$144m^2$) | 107.6 | 109.2 | 109.5 | 110.3 | 111.2 | 112.2 | 113.7 | 115.4 | 116.2 | 115.3 | 116.8 | 117.0 |
| | 三、$144m^2$以上 (Above $144m^2$) | 106.9 | 107.2 | 107.7 | 107.8 | 108.4 | 109.7 | 110.6 | 112.2 | 113.7 | 114.4 | 116.6 | 117.7 |
| 同比价格指数 (Year-on-year price index) | **新建商品住宅（Newly constructed commercial residential buildings)** | **110.4** | **110.7** | **110.8** | **110.9** | **111.6** | **113.0** | **113.2** | **113.8** | **113.8** | **113.8** | **114.3** | **114.4** |
| | 一、$90m^2$及以下 ($90m^2$ and below) | 110.1 | 111.2 | 111.0 | 111.3 | 112.2 | 114.0 | 114.2 | 114.7 | 114.1 | 113.5 | 113.8 | 114.2 |
| | 二、$90m^2$-$144m^2$ ($90m^2$-$144m^2$) | 111.8 | 111.0 | 111.8 | 111.3 | 112.0 | 113.4 | 113.2 | 113.7 | 114.3 | 114.7 | 114.8 | 114.9 |
| | 三、$144m^2$以上 (Above $144m^2$) | 108.0 | 109.3 | 108.7 | 109.2 | 109.8 | 110.6 | 111.6 | 112.4 | 112.2 | 112.9 | 114.0 | 113.7 |
| | **二手住宅 (Second-hand residential buildings)** | **105.9** | **106.5** | **106.5** | **106.3** | **106.3** | **106.7** | **107.4** | **108.2** | **108.9** | **108.4** | **108.9** | **108.7** |
| | 一、$90m^2$及以下 ($90m^2$ and below) | 105.7 | 105.9 | 105.8 | 105.7 | 105.8 | 106.3 | 106.8 | 107.3 | 108.0 | 108.1 | 108.3 | 108.0 |
| | 二、$90m^2$-$144m^2$ ($90m^2$-$144m^2$) | 105.9 | 107.3 | 107.3 | 107.1 | 106.8 | 107.2 | 108.5 | 109.7 | 110.3 | 108.8 | 109.6 | 109.1 |
| | 三、$144m^2$以上 (Above $144m^2$) | 107.6 | 107.2 | 107.4 | 106.9 | 106.8 | 106.9 | 106.3 | 107.4 | 108.5 | 108.7 | 110.3 | 110.6 |
| 环比价格指数 (Month-on-month price index) | **新建商品住宅（Newly constructed commercial residential buildings)** | **101.6** | **101.0** | **100.7** | **101.1** | **101.7** | **101.8** | **101.0** | **101.0** | **100.6** | **100.7** | **101.4** | **100.9** |
| | 一、$90m^2$及以下 ($90m^2$ and below) | 101.3 | 101.2 | 100.5 | 101.4 | 101.8 | 102.0 | 101.2 | 101.0 | 100.6 | 100.3 | 101.2 | 100.8 |
| | 二、$90m^2$-$144m^2$ ($90m^2$-$144m^2$) | 102.0 | 100.8 | 101.0 | 101.0 | 101.6 | 101.8 | 100.7 | 100.8 | 100.8 | 101.0 | 101.4 | 101.2 |
| | 三、$144m^2$以上 (Above $144m^2$) | 101.5 | 101.2 | 100.6 | 100.9 | 101.6 | 101.5 | 101.4 | 101.3 | 100.0 | 101.0 | 101.7 | 100.4 |
| | **二手住宅 (Second-hand residential buildings)** | **100.7** | **100.6** | **100.4** | **100.5** | **100.8** | **101.0** | **100.9** | **101.2** | **100.9** | **100.1** | **101.0** | **100.2** |
| | 一、$90m^2$及以下 ($90m^2$ and below) | 100.8 | 100.3 | 100.3 | 100.5 | 100.9 | 100.9 | 100.7 | 101.0 | 100.9 | 100.6 | 100.7 | 100.1 |
| | 二、$90m^2$-$144m^2$ ($90m^2$-$144m^2$) | 100.7 | 101.1 | 100.4 | 100.7 | 100.8 | 100.9 | 101.3 | 101.5 | 100.7 | 99.3 | 101.3 | 100.1 |
| | 三、$144m^2$以上 (Above $144m^2$) | 100.5 | 100.3 | 100.5 | 100.1 | 100.6 | 101.2 | 100.8 | 101.4 | 101.4 | 100.6 | 101.9 | 100.9 |

# 4-4-8　2018年长春市商品住宅销售价格指数
## Changchun Commercial Housing Price Indices of Residential Buildings 2018

| 项　目　Item | | 1月 | 2月 | 3月 | 4月 | 5月 | 6月 | 7月 | 8月 | 9月 | 10月 | 11月 | 12月 |
|---|---|---|---|---|---|---|---|---|---|---|---|---|---|
| 定基价格指数 (Fixed base price index) | **新建商品住宅（Newly constructed commercial residential buildings)** | **113.4** | **113.3** | **114.5** | **115.5** | **117.0** | **118.9** | **120.0** | **120.9** | **121.2** | **122.3** | **124.6** | **125.9** |
| | 一、90㎡及以下 (90㎡ and below) | 118.0 | 118.3 | 119.6 | 121.1 | 122.9 | 125.3 | 126.3 | 127.4 | 128.0 | 128.9 | 130.4 | 131.2 |
| | 二、90㎡-144㎡ (90㎡-144㎡) | 111.8 | 111.5 | 113.0 | 113.4 | 114.7 | 116.4 | 117.5 | 118.3 | 118.1 | 118.9 | 121.7 | 123.0 |
| | 三、144㎡以上 (Above 144㎡) | 110.3 | 110.2 | 110.8 | 112.2 | 113.6 | 115.3 | 116.2 | 117.3 | 117.8 | 119.7 | 122.1 | 124.0 |
| | **二手住宅 (Second-hand residential buildings)** | **106.5** | **107.1** | **107.7** | **108.4** | **109.5** | **111.6** | **112.1** | **113.3** | **114.1** | **115.3** | **116.5** | **117.1** |
| | 一、90㎡及以下 (90㎡ and below) | 107.4 | 108.0 | 108.7 | 109.4 | 110.9 | 113.2 | 113.7 | 115.1 | 115.8 | 116.8 | 118.1 | 118.8 |
| | 二、90㎡-144㎡ (90㎡-144㎡) | 105.5 | 106.1 | 106.6 | 107.2 | 108.0 | 109.9 | 110.3 | 111.5 | 112.6 | 114.0 | 114.9 | 115.7 |
| | 三、144㎡以上 (Above 144㎡) | 105.5 | 106.2 | 106.5 | 107.0 | 107.8 | 109.9 | 110.0 | 111.1 | 111.5 | 112.6 | 113.8 | 114.2 |
| 同比价格指数 (Year-on-year price index) | **新建商品住宅（Newly constructed commercial residential buildings)** | **109.5** | **109.0** | **109.3** | **109.3** | **109.5** | **110.2** | **110.3** | **110.8** | **110.2** | **110.6** | **111.9** | **111.8** |
| | 一、90㎡及以下 (90㎡ and below) | 111.9 | 111.6 | 111.7 | 111.8 | 112.1 | 113.4 | 113.1 | 113.4 | 113.0 | 112.8 | 113.3 | 112.4 |
| | 二、90㎡-144㎡ (90㎡-144㎡) | 109.4 | 108.7 | 109.4 | 108.9 | 108.9 | 109.1 | 109.6 | 109.8 | 108.7 | 109.1 | 110.3 | 110.5 |
| | 三、144㎡以上 (Above 144㎡) | 106.6 | 106.4 | 106.2 | 106.7 | 107.2 | 108.0 | 108.1 | 109.1 | 109.0 | 110.2 | 112.5 | 113.0 |
| | **二手住宅 (Second-hand residential buildings)** | **105.5** | **105.8** | **105.7** | **105.7** | **106.3** | **107.7** | **107.8** | **108.8** | **108.9** | **109.7** | **110.0** | **110.1** |
| | 一、90㎡及以下 (90㎡ and below) | 105.3 | 105.7 | 105.8 | 106.0 | 107.0 | 108.5 | 108.7 | 109.8 | 109.8 | 110.3 | 110.8 | 110.8 |
| | 二、90㎡-144㎡ (90㎡-144㎡) | 105.5 | 106.0 | 105.6 | 105.5 | 105.6 | 106.9 | 106.8 | 107.7 | 108.3 | 109.3 | 109.3 | 109.6 |
| | 三、144㎡以上 (Above 144㎡) | 106.5 | 105.8 | 105.6 | 105.0 | 105.2 | 106.5 | 106.3 | 107.2 | 107.1 | 108.1 | 108.5 | 108.2 |
| 环比价格指数 (Month-on-month price index) | **新建商品住宅（Newly constructed commercial residential buildings)** | **100.7** | **100.0** | **101.0** | **100.9** | **101.3** | **101.6** | **100.9** | **100.8** | **100.2** | **100.9** | **101.9** | **101.1** |
| | 一、90㎡及以下 (90㎡ and below) | 101.2 | 100.1 | 101.1 | 101.3 | 101.5 | 101.9 | 100.9 | 100.9 | 100.5 | 100.7 | 101.1 | 100.6 |
| | 二、90㎡-144㎡ (90㎡-144㎡) | 100.3 | 99.8 | 101.3 | 100.3 | 101.1 | 101.5 | 101.0 | 100.7 | 99.9 | 100.7 | 102.4 | 101.1 |
| | 三、144㎡以上 (Above 144㎡) | 100.5 | 99.9 | 100.5 | 101.3 | 101.2 | 101.5 | 100.8 | 100.9 | 100.4 | 101.6 | 102.1 | 101.5 |
| | **二手住宅 (Second-hand residential buildings)** | **100.5** | **100.2** | **100.5** | **100.6** | **101.0** | **102.0** | **100.4** | **101.1** | **100.7** | **101.0** | **101.0** | **100.6** |
| | 一、90㎡及以下 (90㎡ and below) | 100.6 | 100.1 | 100.7 | 100.7 | 101.3 | 102.0 | 100.5 | 101.2 | 100.6 | 100.9 | 101.1 | 100.6 |
| | 二、90㎡-144㎡ (90㎡-144㎡) | 100.3 | 100.3 | 100.4 | 100.6 | 100.7 | 101.8 | 100.4 | 101.1 | 101.0 | 101.3 | 100.7 | 100.7 |
| | 三、144㎡以上 (Above 144㎡) | 100.4 | 100.3 | 100.3 | 100.5 | 100.7 | 102.0 | 100.1 | 100.9 | 100.4 | 101.0 | 101.0 | 100.4 |

# 4-4-9 2018年哈尔滨市商品住宅销售价格指数
# Harbin Commercial Housing Price Indices of Residential Buildings 2018

| 项 目 Item | | 1月 | 2月 | 3月 | 4月 | 5月 | 6月 | 7月 | 8月 | 9月 | 10月 | 11月 | 12月 |
|---|---|---|---|---|---|---|---|---|---|---|---|---|---|
| 定基价格指数 (Fixed base price index) | **新建商品住宅（Newly constructed commercial residential buildings)** | **114.3** | **114.5** | **115.6** | **117.2** | **118.6** | **120.2** | **122.8** | **124.0** | **125.5** | **128.1** | **129.3** | **130.0** |
| | 一、90$m^2$及以下 (90$m^2$ and below) | 114.8 | 114.1 | 115.2 | 116.3 | 117.9 | 119.3 | 122.1 | 122.7 | 124.2 | 127.4 | 128.4 | 128.8 |
| | 二、90$m^2$-144$m^2$ (90$m^2$-144$m^2$) | 115.5 | 115.1 | 115.9 | 117.3 | 118.3 | 120.3 | 122.7 | 124.1 | 125.6 | 127.9 | 129.2 | 129.8 |
| | 三、144$m^2$以上 (Above 144$m^2$) | 111.5 | 113.9 | 115.4 | 117.7 | 119.8 | 120.9 | 123.8 | 124.9 | 126.5 | 129.1 | 130.2 | 131.4 |
| | **二手住宅 (Second-hand residential buildings)** | **108.6** | **109.6** | **110.8** | **111.7** | **112.6** | **113.7** | **115.9** | **117.6** | **119.0** | **119.5** | **120.1** | **120.8** |
| | 一、90$m^2$及以下 (90$m^2$ and below) | 108.9 | 110.2 | 111.1 | 112.4 | 113.2 | 114.4 | 116.8 | 118.0 | 118.9 | 119.6 | 120.1 | 120.7 |
| | 二、90$m^2$-144$m^2$ (90$m^2$-144$m^2$) | 108.5 | 109.2 | 110.3 | 110.8 | 111.4 | 112.7 | 114.6 | 116.8 | 118.3 | 118.5 | 119.1 | 119.6 |
| | 三、144$m^2$以上 (Above 144$m^2$) | 108.0 | 109.4 | 111.1 | 112.4 | 113.7 | 114.4 | 116.9 | 118.7 | 120.7 | 121.7 | 122.7 | 123.9 |
| 同比价格指数 (Year-on-year price index) | **新建商品住宅（Newly constructed commercial residential buildings)** | **111.5** | **110.8** | **111.1** | **112.0** | **111.1** | **110.9** | **112.6** | **113.3** | **113.8** | **114.3** | **114.9** | **114.4** |
| | 一、90$m^2$及以下 (90$m^2$ and below) | 112.9 | 110.8 | 111.4 | 111.9 | 111.4 | 110.8 | 112.8 | 113.0 | 113.5 | 114.7 | 115.1 | 113.9 |
| | 二、90$m^2$-144$m^2$ (90$m^2$-144$m^2$) | 112.0 | 110.7 | 110.6 | 111.7 | 109.9 | 109.9 | 111.3 | 112.2 | 112.6 | 112.9 | 113.8 | 113.4 |
| | 三、144$m^2$以上 (Above 144$m^2$) | 109.2 | 110.8 | 111.5 | 112.5 | 113.2 | 112.7 | 115.0 | 115.9 | 116.6 | 116.5 | 116.8 | 116.9 |
| | **二手住宅 (Second-hand residential buildings)** | **106.6** | **107.6** | **108.5** | **109.1** | **109.0** | **108.5** | **110.2** | **110.6** | **111.3** | **110.8** | **111.1** | **110.9** |
| | 一、90$m^2$及以下 (90$m^2$ and below) | 106.7 | 107.8 | 108.5 | 109.4 | 109.3 | 108.7 | 110.2 | 110.4 | 110.8 | 110.5 | 110.6 | 110.3 |
| | 二、90$m^2$-144$m^2$ (90$m^2$-144$m^2$) | 106.7 | 107.4 | 108.2 | 108.3 | 108.0 | 107.7 | 109.2 | 110.1 | 110.7 | 110.0 | 110.2 | 110.1 |
| | 三、144$m^2$以上 (Above 144$m^2$) | 106.0 | 107.4 | 109.0 | 109.9 | 110.6 | 110.2 | 112.3 | 112.5 | 113.8 | 113.5 | 114.3 | 114.2 |
| 环比价格指数 (Month-on-month price index) | **新建商品住宅（Newly constructed commercial residential buildings)** | **100.1** | **100.7** | **100.9** | **101.3** | **101.2** | **101.4** | **102.2** | **100.9** | **101.3** | **102.0** | **100.9** | **100.5** |
| | 一、90$m^2$及以下 (90$m^2$ and below) | 99.9 | 101.0 | 101.0 | 101.0 | 101.4 | 101.2 | 102.3 | 100.6 | 101.2 | 102.6 | 100.8 | 100.3 |
| | 二、90$m^2$-144$m^2$ (90$m^2$-144$m^2$) | 99.9 | 100.7 | 100.7 | 101.2 | 100.8 | 101.7 | 102.0 | 101.1 | 101.3 | 101.8 | 101.1 | 100.4 |
| | 三、144$m^2$以上 (Above 144$m^2$) | 100.6 | 100.7 | 101.4 | 102.0 | 101.8 | 100.9 | 102.4 | 100.9 | 101.3 | 102.1 | 100.8 | 101.0 |
| | **二手住宅 (Second-hand residential buildings)** | **100.2** | **100.4** | **101.0** | **100.9** | **100.8** | **101.0** | **101.9** | **101.5** | **101.2** | **100.5** | **100.5** | **100.6** |
| | 一、90$m^2$及以下 (90$m^2$ and below) | 100.2 | 100.5 | 100.9 | 101.1 | 100.8 | 101.0 | 102.1 | 101.0 | 100.8 | 100.6 | 100.4 | 100.6 |
| | 二、90$m^2$-144$m^2$ (90$m^2$-144$m^2$) | 100.2 | 100.3 | 101.0 | 100.5 | 100.6 | 101.1 | 101.7 | 101.9 | 101.3 | 100.2 | 100.5 | 100.4 |
| | 三、144$m^2$以上 (Above 144$m^2$) | 100.3 | 100.6 | 101.5 | 101.2 | 101.1 | 100.6 | 102.1 | 101.6 | 101.7 | 100.8 | 100.8 | 101.0 |

# 4-4-10 2018年上海市商品住宅销售价格指数
# Shanghai Commercial Housing Price Indices of Residential Buildings 2018

| 项目 Item | | 1月 | 2月 | 3月 | 4月 | 5月 | 6月 | 7月 | 8月 | 9月 | 10月 | 11月 | 12月 |
|---|---|---|---|---|---|---|---|---|---|---|---|---|---|
| 定基价格指数 (Fixed base price index) | **新建商品住宅（Newly constructed commercial residential buildings)** | **145.1** | **144.9** | **145.2** | **145.1** | **144.8** | **144.8** | **144.7** | **144.9** | **144.7** | **144.8** | **145.6** | **146.4** |
| | 一、90㎡及以下 (90㎡ and below) | 147.4 | 148.4 | 148.5 | 148.2 | 147.8 | 148.6 | 148.4 | 148.0 | 147.8 | 147.8 | 148.7 | 149.1 |
| | 二、90㎡-144㎡ (90㎡-144㎡) | 146.0 | 145.6 | 145.2 | 145.5 | 144.8 | 144.9 | 144.6 | 145.2 | 144.7 | 144.9 | 145.1 | 145.9 |
| | 三、144㎡以上 (Above 144㎡) | 143.4 | 143.1 | 144.0 | 143.7 | 143.8 | 143.4 | 143.6 | 143.5 | 143.7 | 143.7 | 144.9 | 145.9 |
| | **二手住宅 (Second-hand residential buildings)** | **141.5** | **140.9** | **140.1** | **139.9** | **139.4** | **139.0** | **138.8** | **138.6** | **138.4** | **138.1** | **137.9** | **137.5** |
| | 一、90㎡及以下 (90㎡ and below) | 142.1 | 142.1 | 141.1 | 140.9 | 140.4 | 140.0 | 139.3 | 139.3 | 138.7 | 138.0 | 137.5 | 137.7 |
| | 二、90㎡-144㎡ (90㎡-144㎡) | 140.8 | 139.9 | 138.9 | 138.6 | 137.9 | 137.7 | 138.5 | 138.2 | 138.3 | 138.2 | 137.9 | 136.9 |
| | 三、144㎡以上 (Above 144㎡) | 141.4 | 139.9 | 140.1 | 139.8 | 139.7 | 138.9 | 138.1 | 137.8 | 137.9 | 138.3 | 138.7 | 138.3 |
| 同比价格指数 (Year-on-year price index) | **新建商品住宅（Newly constructed commercial residential buildings)** | **99.8** | **99.4** | **99.7** | **99.8** | **99.6** | **99.8** | **99.8** | **99.8** | **99.8** | **99.6** | **100.1** | **100.4** |
| | 一、90㎡及以下 (90㎡ and below) | 100.0 | 100.6 | 100.3 | 100.1 | 99.7 | 100.6 | 101.0 | 100.6 | 100.4 | 99.9 | 100.6 | 100.5 |
| | 二、90㎡-144㎡ (90㎡-144㎡) | 99.7 | 99.1 | 98.8 | 99.2 | 99.0 | 99.1 | 99.0 | 99.3 | 98.9 | 98.4 | 98.6 | 99.0 |
| | 三、144㎡以上 (Above 144㎡) | 99.8 | 99.4 | 100.4 | 100.3 | 100.1 | 100.2 | 100.1 | 100.0 | 100.4 | 100.5 | 101.3 | 101.6 |
| | **二手住宅 (Second-hand residential buildings)** | **100.8** | **100.2** | **98.9** | **98.0** | **97.7** | **97.5** | **97.8** | **97.9** | **97.9** | **97.4** | **97.5** | **97.3** |
| | 一、90㎡及以下 (90㎡ and below) | 99.7 | 99.6 | 98.0 | 97.1 | 96.6 | 96.4 | 96.7 | 97.4 | 97.1 | 96.7 | 96.7 | 97.1 |
| | 二、90㎡-144㎡ (90㎡-144㎡) | 101.6 | 100.6 | 99.3 | 98.1 | 97.5 | 97.5 | 98.7 | 98.6 | 98.7 | 98.0 | 98.0 | 97.3 |
| | 三、144㎡以上 (Above 144㎡) | 102.1 | 100.7 | 100.6 | 100.0 | 100.8 | 100.1 | 98.7 | 97.9 | 98.4 | 97.7 | 98.5 | 97.6 |
| 环比价格指数 (Month-on-month price index) | **新建商品住宅（Newly constructed commercial residential buildings)** | **99.6** | **99.8** | **100.2** | **99.9** | **99.8** | **100.0** | **99.9** | **100.1** | **99.9** | **100.1** | **100.5** | **100.6** |
| | 一、90㎡及以下 (90㎡ and below) | 99.9 | 100.2 | 100.0 | 99.8 | 99.7 | 100.6 | 99.9 | 99.8 | 99.8 | 100.0 | 100.6 | 100.3 |
| | 二、90㎡-144㎡ (90㎡-144㎡) | 99.1 | 99.7 | 99.8 | 100.2 | 99.5 | 100.1 | 99.8 | 100.4 | 99.7 | 100.1 | 100.1 | 100.5 |
| | 三、144㎡以上 (Above 144㎡) | 99.9 | 99.7 | 100.7 | 99.8 | 100.0 | 99.8 | 100.1 | 99.9 | 100.2 | 100.0 | 100.8 | 100.7 |
| | **二手住宅 (Second-hand residential buildings)** | **100.1** | **99.6** | **99.4** | **99.8** | **99.7** | **99.7** | **99.9** | **99.9** | **99.8** | **99.8** | **99.9** | **99.7** |
| | 一、90㎡及以下 (90㎡ and below) | 100.3 | 100.0 | 99.3 | 99.9 | 99.7 | 99.7 | 99.5 | 100.0 | 99.6 | 99.4 | 99.7 | 100.1 |
| | 二、90㎡-144㎡ (90㎡-144㎡) | 100.0 | 99.4 | 99.3 | 99.8 | 99.5 | 99.8 | 100.6 | 99.8 | 100.1 | 99.9 | 99.8 | 99.3 |
| | 三、144㎡以上 (Above 144㎡) | 99.7 | 98.9 | 100.1 | 99.8 | 99.9 | 99.4 | 99.4 | 99.8 | 100.1 | 100.3 | 100.3 | 99.7 |

# 4-4-11　2018年南京市商品住宅销售价格指数
## Nanjing Commercial Housing Price Indices of Residential Buildings 2018

| 项　目　Item | | 1月 | 2月 | 3月 | 4月 | 5月 | 6月 | 7月 | 8月 | 9月 | 10月 | 11月 | 12月 |
|---|---|---|---|---|---|---|---|---|---|---|---|---|---|
| 定基价格指数 (Fixed base price index) | **新建商品住宅（Newly constructed commercial residential buildings)** | **145.3** | **145.9** | **145.4** | **145.1** | **144.9** | **144.5** | **144.4** | **144.4** | **145.0** | **145.3** | **147.5** | **147.4** |
| | 一、90㎡及以下 (90㎡ and below) | 150.7 | 151.5 | 150.9 | 150.4 | 150.3 | 149.3 | 149.6 | 149.8 | 150.3 | 150.3 | 152.4 | 152.9 |
| | 二、90㎡-144㎡ (90㎡-144㎡) | 144.9 | 145.6 | 144.9 | 144.7 | 144.6 | 144.4 | 144.2 | 144.2 | 144.6 | 144.9 | 147.1 | 147.3 |
| | 三、144㎡以上 (Above 144㎡) | 141.6 | 141.6 | 141.8 | 141.5 | 140.8 | 140.7 | 140.3 | 140.2 | 141.2 | 141.9 | 144.2 | 143.1 |
| | **二手住宅 (Second-hand residential buildings)** | **135.2** | **136.2** | **136.8** | **137.8** | **137.6** | **137.5** | **137.5** | **137.9** | **138.2** | **138.3** | **138.5** | **138.3** |
| | 一、90㎡及以下 (90㎡ and below) | 130.4 | 130.7 | 131.0 | 131.3 | 130.8 | 129.7 | 129.0 | 129.0 | 129.0 | 129.1 | 128.9 | 128.6 |
| | 二、90㎡-144㎡ (90㎡-144㎡) | 137.8 | 139.0 | 139.5 | 140.8 | 140.4 | 140.7 | 141.2 | 141.5 | 141.6 | 141.4 | 141.4 | 141.5 |
| | 三、144㎡以上 (Above 144㎡) | 139.3 | 141.2 | 142.5 | 144.2 | 144.8 | 146.4 | 146.3 | 147.5 | 149.1 | 149.8 | 151.9 | 151.1 |
| 同比价格指数 (Year-on-year price index) | **新建商品住宅（Newly constructed commercial residential buildings)** | **98.0** | **98.5** | **98.3** | **98.4** | **98.4** | **98.2** | **98.1** | **98.4** | **98.7** | **99.0** | **100.8** | **100.7** |
| | 一、90㎡及以下 (90㎡ and below) | 99.3 | 100.0 | 100.3 | 100.0 | 99.5 | 98.9 | 99.6 | 99.2 | 99.2 | 99.1 | 100.6 | 100.9 |
| | 二、90㎡-144㎡ (90㎡-144㎡) | 97.9 | 98.4 | 97.9 | 97.9 | 98.0 | 98.0 | 97.8 | 98.2 | 98.6 | 99.0 | 100.9 | 100.9 |
| | 三、144㎡以上 (Above 144㎡) | 97.1 | 97.2 | 97.4 | 97.9 | 98.2 | 97.8 | 97.6 | 97.9 | 98.5 | 99.1 | 100.8 | 100.0 |
| | **二手住宅 (Second-hand residential buildings)** | **97.6** | **98.3** | **99.0** | **99.9** | **99.7** | **99.2** | **99.3** | **99.6** | **100.2** | **100.4** | **101.0** | **101.1** |
| | 一、90㎡及以下 (90㎡ and below) | 96.4 | 96.9 | 97.5 | 97.9 | 98.0 | 96.7 | 96.5 | 97.0 | 97.3 | 97.5 | 97.9 | 97.8 |
| | 二、90㎡-144㎡ (90㎡-144㎡) | 98.9 | 99.6 | 100.3 | 101.5 | 100.6 | 100.3 | 100.6 | 100.9 | 101.3 | 101.1 | 101.3 | 101.6 |
| | 三、144㎡以上 (Above 144㎡) | 97.2 | 97.9 | 98.7 | 99.9 | 101.0 | 101.2 | 101.2 | 101.7 | 103.2 | 104.1 | 106.5 | 106.2 |
| 环比价格指数 (Month-on-month price index) | **新建商品住宅（Newly constructed commercial residential buildings)** | **99.7** | **99.9** | **99.7** | **99.8** | **99.8** | **99.8** | **99.9** | **100.0** | **100.4** | **100.2** | **101.5** | **99.9** |
| | 一、90㎡及以下 (90㎡ and below) | 99.8 | 100.2 | 99.6 | 99.7 | 100.0 | 99.3 | 100.2 | 100.1 | 100.4 | 100.0 | 101.4 | 100.3 |
| | 二、90㎡-144㎡ (90㎡-144㎡) | 99.7 | 100.0 | 99.5 | 99.8 | 99.9 | 99.9 | 99.9 | 100.0 | 100.3 | 100.2 | 101.5 | 100.1 |
| | 三、144㎡以上 (Above 144㎡) | 99.7 | 99.3 | 100.1 | 99.8 | 99.5 | 100.0 | 99.7 | 100.0 | 100.7 | 100.5 | 101.6 | 99.2 |
| | **二手住宅 (Second-hand residential buildings)** | **99.6** | **99.9** | **100.4** | **100.7** | **99.8** | **100.0** | **99.9** | **100.3** | **100.2** | **100.1** | **100.2** | **99.9** |
| | 一、90㎡及以下 (90㎡ and below) | 99.5 | 99.9 | 100.2 | 100.3 | 99.6 | 99.1 | 99.5 | 100.0 | 100.0 | 100.1 | 99.8 | 99.8 |
| | 二、90㎡-144㎡ (90㎡-144㎡) | 99.7 | 100.0 | 100.4 | 100.9 | 99.7 | 100.2 | 100.3 | 100.2 | 100.1 | 99.9 | 100.0 | 100.1 |
| | 三、144㎡以上 (Above 144㎡) | 99.6 | 99.7 | 100.9 | 101.2 | 100.4 | 101.1 | 99.9 | 100.9 | 101.1 | 100.5 | 101.4 | 99.5 |

# 4-4-12 2018年杭州市商品住宅销售价格指数
# Hangzhou Commercial Housing Price Indices of Residential Buildings 2018

| 项 目 Item | | 1月 | 2月 | 3月 | 4月 | 5月 | 6月 | 7月 | 8月 | 9月 | 10月 | 11月 | 12月 |
|---|---|---|---|---|---|---|---|---|---|---|---|---|---|
| 定基价格指数 (Fixed base price index) | **新建商品住宅（Newly constructed commercial residential buildings)** | **132.6** | **132.9** | **133.3** | **133.4** | **133.4** | **134.1** | **135.2** | **136.0** | **136.3** | **138.0** | **138.9** | **140.5** |
| | 一、90m²及以下 (90m² and below) | 137.3 | 137.5 | 138.2 | 138.4 | 138.3 | 139.0 | 140.6 | 141.5 | 141.6 | 143.4 | 144.1 | 146.3 |
| | 二、90m²-144m² (90m²-144m²) | 131.5 | 132.0 | 132.2 | 132.0 | 132.1 | 132.6 | 133.3 | 133.9 | 134.2 | 136.1 | 137.3 | 138.6 |
| | 三、144m²以上 (Above 144m²) | 128.2 | 128.4 | 128.7 | 129.0 | 128.9 | 129.9 | 130.7 | 131.7 | 132.1 | 133.5 | 134.5 | 135.5 |
| | **二手住宅 (Second-hand residential buildings)** | **134.3** | **134.9** | **135.8** | **136.9** | **138.1** | **139.3** | **140.6** | **141.6** | **141.6** | **141.0** | **140.2** | **140.3** |
| | 一、90m²及以下 (90m² and below) | 135.5 | 135.9 | 136.6 | 137.8 | 139.0 | 140.3 | 141.8 | 142.4 | 142.4 | 141.9 | 140.7 | 140.9 |
| | 二、90m²-144m² (90m²-144m²) | 135.1 | 135.9 | 137.2 | 138.2 | 139.7 | 140.6 | 141.9 | 143.1 | 143.0 | 142.3 | 141.5 | 141.5 |
| | 三、144m²以上 (Above 144m²) | 130.8 | 131.3 | 132.1 | 133.1 | 134.0 | 135.1 | 136.1 | 137.3 | 137.6 | 137.1 | 137.3 | 137.0 |
| 同比价格指数 (Year-on-year price index) | **新建商品住宅（Newly constructed commercial residential buildings)** | **99.0** | **99.5** | **99.6** | **99.7** | **99.9** | **100.3** | **101.1** | **101.9** | **102.4** | **103.7** | **104.4** | **105.6** |
| | 一、90m²及以下 (90m² and below) | 99.2 | 99.5 | 99.8 | 99.8 | 100.2 | 100.7 | 101.9 | 102.6 | 103.0 | 104.3 | 104.8 | 106.4 |
| | 二、90m²-144m² (90m²-144m²) | 98.4 | 99.1 | 99.1 | 99.1 | 99.7 | 99.8 | 100.4 | 101.1 | 101.5 | 103.0 | 104.0 | 104.9 |
| | 三、144m²以上 (Above 144m²) | 99.4 | 99.8 | 99.9 | 100.0 | 99.7 | 100.2 | 100.8 | 101.8 | 102.4 | 103.6 | 104.4 | 105.3 |
| | **二手住宅 (Second-hand residential buildings)** | **106.9** | **106.7** | **106.5** | **106.6** | **106.7** | **106.7** | **106.8** | **106.8** | **106.2** | **105.4** | **104.6** | **104.6** |
| | 一、90m²及以下 (90m² and below) | 107.2 | 106.9 | 106.3 | 106.4 | 106.4 | 106.6 | 106.8 | 106.6 | 105.9 | 105.1 | 104.1 | 104.2 |
| | 二、90m²-144m² (90m²-144m²) | 107.7 | 107.6 | 107.8 | 107.7 | 107.7 | 107.6 | 107.6 | 107.6 | 106.8 | 106.0 | 105.0 | 104.9 |
| | 三、144m²以上 (Above 144m²) | 105.2 | 104.9 | 104.7 | 105.0 | 105.6 | 105.7 | 105.6 | 106.0 | 105.9 | 104.9 | 104.8 | 104.8 |
| 环比价格指数 (Month-on-month price index) | **新建商品住宅（Newly constructed commercial residential buildings)** | **100.0** | **99.9** | **100.3** | **100.1** | **100.0** | **100.6** | **100.8** | **100.6** | **100.2** | **101.2** | **100.7** | **101.1** |
| | 一、90m²及以下 (90m² and below) | 100.0 | 100.0 | 100.5 | 100.1 | 99.9 | 100.5 | 101.1 | 100.6 | 100.1 | 101.3 | 100.5 | 101.5 |
| | 二、90m²-144m² (90m²-144m²) | 99.8 | 100.1 | 100.2 | 99.8 | 100.1 | 100.4 | 100.5 | 100.5 | 100.2 | 101.4 | 100.9 | 101.0 |
| | 三、144m²以上 (Above 144m²) | 100.0 | 99.8 | 100.3 | 100.2 | 99.9 | 100.8 | 100.6 | 100.8 | 100.3 | 101.0 | 100.7 | 100.7 |
| | **二手住宅 (Second-hand residential buildings)** | **100.2** | **100.4** | **100.7** | **100.8** | **100.9** | **100.8** | **100.9** | **100.7** | **100.0** | **99.6** | **99.5** | **100.0** |
| | 一、90m²及以下 (90m² and below) | 100.2 | 100.3 | 100.5 | 100.9 | 100.9 | 100.9 | 101.1 | 100.5 | 100.0 | 99.7 | 99.1 | 100.2 |
| | 二、90m²-144m² (90m²-144m²) | 100.1 | 100.6 | 100.9 | 100.8 | 101.0 | 100.7 | 100.9 | 100.8 | 99.9 | 99.5 | 99.5 | 100.0 |
| | 三、144m²以上 (Above 144m²) | 100.0 | 100.4 | 100.7 | 100.8 | 100.6 | 100.9 | 100.7 | 100.9 | 100.2 | 99.6 | 100.1 | 99.8 |

# 4-4-13 2018年宁波市商品住宅销售价格指数
## Ningbo Commercial Housing Price Indices of Residential Buildings 2018

| 项 目 Item | | 1月 | 2月 | 3月 | 4月 | 5月 | 6月 | 7月 | 8月 | 9月 | 10月 | 11月 | 12月 |
|---|---|---|---|---|---|---|---|---|---|---|---|---|---|
| 定基价格指数 (Fixed base price index) | **新建商品住宅（Newly constructed commercial residential buildings)** | **121.7** | **121.7** | **122.1** | **123.4** | **124.0** | **124.3** | **125.5** | **127.9** | **128.3** | **128.3** | **128.4** | **128.1** |
| | 一、90m²及以下 (90m² and below) | 126.3 | 126.4 | 126.8 | 128.0 | 128.9 | 128.9 | 130.5 | 133.4 | 134.7 | 134.7 | 134.7 | 134.6 |
| | 二、90m²-144m² (90m²-144m²) | 121.2 | 121.7 | 122.0 | 123.7 | 124.3 | 124.7 | 125.6 | 128.1 | 128.3 | 128.1 | 128.1 | 128.2 |
| | 三、144m²以上 (Above 144m²) | 120.5 | 120.0 | 120.3 | 121.1 | 121.5 | 122.0 | 123.3 | 125.4 | 125.9 | 126.1 | 126.2 | 125.4 |
| | **二手住宅 (Second-hand residential buildings)** | **118.3** | **118.8** | **119.9** | **120.5** | **121.3** | **121.9** | **123.0** | **124.3** | **125.0** | **124.7** | **124.1** | **123.7** |
| | 一、90m²及以下 (90m² and below) | 118.3 | 118.7 | 120.0 | 120.7 | 121.4 | 121.9 | 123.3 | 124.3 | 125.3 | 124.9 | 124.4 | 123.9 |
| | 二、90m²-144m² (90m²-144m²) | 119.0 | 119.6 | 120.6 | 121.4 | 122.1 | 122.6 | 123.6 | 124.9 | 125.5 | 125.2 | 124.7 | 124.2 |
| | 三、144m²以上 (Above 144m²) | 116.8 | 117.4 | 118.0 | 118.4 | 119.4 | 120.0 | 121.3 | 123.1 | 123.3 | 122.9 | 122.3 | 121.9 |
| 同比价格指数 (Year-on-year price Index) | **新建商品住宅（Newly constructed commercial residential buildings)** | **106.2** | **106.0** | **105.5** | **105.6** | **104.8** | **104.2** | **104.8** | **106.6** | **107.1** | **106.9** | **106.7** | **106.1** |
| | 一、90m²及以下 (90m² and below) | 107.7 | 107.5 | 106.9 | 107.3 | 106.5 | 105.4 | 106.1 | 108.2 | 109.1 | 109.1 | 108.7 | 108.3 |
| | 二、90m²-144m² (90m²-144m²) | 105.4 | 105.6 | 105.1 | 105.7 | 104.9 | 104.3 | 104.7 | 106.6 | 106.9 | 106.6 | 106.2 | 106.0 |
| | 三、144m²以上 (Above 144m²) | 106.8 | 106.1 | 105.3 | 104.8 | 104.0 | 103.7 | 104.5 | 106.0 | 106.6 | 106.5 | 106.5 | 105.4 |
| | **二手住宅 (Second-hand residential buildings)** | **107.2** | **107.2** | **107.4** | **107.1** | **106.7** | **105.8** | **106.2** | **106.7** | **106.9** | **106.2** | **105.5** | **104.8** |
| | 一、90m²及以下 (90m² and below) | 107.8 | 107.5 | 108.1 | 107.6 | 107.0 | 106.1 | 106.3 | 106.6 | 107.0 | 106.5 | 105.9 | 105.1 |
| | 二、90m²-144m² (90m²-144m²) | 107.0 | 107.1 | 107.2 | 107.2 | 106.6 | 106.0 | 106.3 | 106.6 | 106.8 | 105.9 | 105.3 | 104.5 |
| | 三、144m²以上 (Above 144m²) | 106.8 | 107.0 | 106.6 | 105.8 | 106.2 | 105.2 | 105.6 | 107.1 | 107.2 | 106.4 | 105.5 | 104.9 |
| 环比价格指数 (Month-on-month price index) | **新建商品住宅（Newly constructed commercial residential buildings)** | **100.7** | **100.2** | **100.3** | **101.1** | **100.5** | **100.3** | **100.9** | **102.0** | **100.3** | **100.0** | **100.0** | **99.8** |
| | 一、90m²及以下 (90m² and below) | 101.1 | 100.6 | 100.4 | 100.9 | 100.7 | 100.0 | 101.2 | 102.2 | 101.0 | 100.0 | 100.0 | 100.0 |
| | 二、90m²-144m² (90m²-144m²) | 100.4 | 100.2 | 100.3 | 101.4 | 100.5 | 100.3 | 100.7 | 102.0 | 100.2 | 99.9 | 100.0 | 100.1 |
| | 三、144m²以上 (Above 144m²) | 100.9 | 99.9 | 100.3 | 100.7 | 100.3 | 100.5 | 101.0 | 101.7 | 100.4 | 100.2 | 100.1 | 99.4 |
| | **二手住宅 (Second-hand residential buildings)** | **100.4** | **100.3** | **100.9** | **100.5** | **100.7** | **100.4** | **101.0** | **101.1** | **100.5** | **99.7** | **99.6** | **99.6** |
| | 一、90m²及以下 (90m² and below) | 100.3 | 100.4 | 101.1 | 100.5 | 100.6 | 100.4 | 101.1 | 100.8 | 100.8 | 99.7 | 99.6 | 99.7 |
| | 二、90m²-144m² (90m²-144m²) | 100.4 | 100.3 | 100.9 | 100.6 | 100.6 | 100.4 | 100.7 | 101.1 | 100.5 | 99.8 | 99.6 | 99.6 |
| | 三、144m²以上 (Above 144m²) | 100.6 | 100.5 | 100.5 | 100.3 | 100.9 | 100.5 | 101.1 | 101.5 | 100.2 | 99.7 | 99.5 | 99.6 |

# 4-4-14　2018年合肥市商品住宅销售价格指数
## Hefei Commercial Housing Price Indices of Residential Buildings 2018

| 项　目　Item | | 1月 | 2月 | 3月 | 4月 | 5月 | 6月 | 7月 | 8月 | 9月 | 10月 | 11月 | 12月 |
|---|---|---|---|---|---|---|---|---|---|---|---|---|---|
| 定基价格指数 (Fixed base price index) | **新建商品住宅（Newly constructed commercial residential buildings)** | **148.3** | **148.1** | **148.0** | **147.7** | **147.9** | **148.1** | **149.0** | **151.3** | **152.8** | **153.6** | **154.2** | **154.8** |
| | 一、90m²及以下 (90m² and below) | 146.5 | 146.5 | 146.8 | 146.9 | 147.8 | 147.6 | 147.9 | 150.2 | 151.6 | 152.4 | 152.2 | 153.6 |
| | 二、90m²-144m² (90m²-144m²) | 148.8 | 148.5 | 148.3 | 147.7 | 147.7 | 148.0 | 149.2 | 151.3 | 152.6 | 153.5 | 154.5 | 155.0 |
| | 三、144m²以上 (Above 144m²) | 148.8 | 149.0 | 149.0 | 149.0 | 149.2 | 149.1 | 149.9 | 153.4 | 155.3 | 155.9 | 156.1 | 156.0 |
| | **二手住宅 (Second-hand residential buildings)** | **151.4** | **151.3** | **151.4** | **151.7** | **151.7** | **152.6** | **152.9** | **154.3** | **155.5** | **156.0** | **155.8** | **156.1** |
| | 一、90m²及以下 (90m² and below) | 152.6 | 152.6 | 152.5 | 153.0 | 152.9 | 153.5 | 152.8 | 154.4 | 155.7 | 156.4 | 156.3 | 156.5 |
| | 二、90m²-144m² (90m²-144m²) | 149.9 | 149.7 | 150.0 | 150.1 | 150.2 | 151.2 | 152.4 | 153.7 | 154.8 | 155.1 | 154.8 | 155.2 |
| | 三、144m²以上 (Above 144m²) | 153.4 | 153.3 | 153.6 | 153.9 | 154.1 | 155.0 | 155.3 | 156.8 | 157.8 | 158.1 | 157.8 | 158.4 |
| 同比价格指数 (Year-on-year price index) | **新建商品住宅（Newly constructed commercial residential buildings)** | **99.7** | **99.7** | **99.6** | **99.4** | **99.7** | **99.8** | **100.1** | **101.8** | **102.9** | **103.5** | **103.8** | **104.2** |
| | 一、90m²及以下 (90m² and below) | 98.5 | 98.7 | 98.8 | 99.4 | 100.4 | 100.2 | 100.3 | 101.9 | 103.0 | 103.4 | 103.6 | 104.4 |
| | 二、90m²-144m² (90m²-144m²) | 100.0 | 99.7 | 99.6 | 99.0 | 99.1 | 99.3 | 99.8 | 101.4 | 102.4 | 103.2 | 103.4 | 103.9 |
| | 三、144m²以上 (Above 144m²) | 100.4 | 101.6 | 100.7 | 101.3 | 101.1 | 100.9 | 101.0 | 103.6 | 105.1 | 105.3 | 105.7 | 104.9 |
| | **二手住宅 (Second-hand residential buildings)** | **99.3** | **100.0** | **100.1** | **100.5** | **100.6** | **101.6** | **101.3** | **101.9** | **102.7** | **103.2** | **103.1** | **103.1** |
| | 一、90m²及以下 (90m² and below) | 99.3 | 100.1 | 100.1 | 100.6 | 100.6 | 101.3 | 100.3 | 100.9 | 101.8 | 102.5 | 102.4 | 102.4 |
| | 二、90m²-144m² (90m²-144m²) | 99.3 | 99.9 | 100.0 | 100.2 | 100.5 | 101.6 | 102.1 | 102.5 | 103.3 | 103.8 | 103.8 | 103.7 |
| | 三、144m²以上 (Above 144m²) | 99.7 | 100.5 | 100.8 | 101.0 | 101.0 | 102.2 | 101.6 | 102.3 | 103.0 | 103.4 | 103.2 | 103.4 |
| 环比价格指数 (Month-on-month price index) | **新建商品住宅（Newly constructed commercial residential buildings)** | **99.9** | **99.7** | **100.0** | **99.8** | **100.2** | **100.1** | **100.6** | **101.6** | **100.9** | **100.6** | **100.4** | **100.4** |
| | 一、90m²及以下 (90m² and below) | 99.8 | 99.9 | 100.2 | 100.1 | 100.6 | 99.9 | 100.2 | 101.6 | 100.9 | 100.5 | 99.9 | 100.9 |
| | 二、90m²-144m² (90m²-144m²) | 99.9 | 99.6 | 99.9 | 99.6 | 100.0 | 100.2 | 100.8 | 101.4 | 100.9 | 100.6 | 100.6 | 100.3 |
| | 三、144m²以上 (Above 144m²) | 100.2 | 100.1 | 100.0 | 100.0 | 100.1 | 100.0 | 100.5 | 102.3 | 101.2 | 100.4 | 100.1 | 99.9 |
| | **二手住宅 (Second-hand residential buildings)** | **100.0** | **99.9** | **100.1** | **100.2** | **100.0** | **100.6** | **100.2** | **100.9** | **100.8** | **100.3** | **99.9** | **100.2** |
| | 一、90m²及以下 (90m² and below) | 99.9 | 100.0 | 99.9 | 100.3 | 100.0 | 100.4 | 99.5 | 101.0 | 100.9 | 100.4 | 100.0 | 100.1 |
| | 二、90m²-144m² (90m²-144m²) | 100.1 | 99.9 | 100.2 | 100.1 | 100.0 | 100.7 | 100.8 | 100.8 | 100.7 | 100.2 | 99.8 | 100.2 |
| | 三、144m²以上 (Above 144m²) | 100.1 | 99.9 | 100.2 | 100.2 | 100.1 | 100.6 | 100.2 | 101.0 | 100.7 | 100.2 | 99.8 | 100.4 |

# 4-4-15 2018年福州市商品住宅销售价格指数
## Fuzhou Commercial Housing Price Indices of Residential Buildings 2018

| 项 目 Item | | 1月 | 2月 | 3月 | 4月 | 5月 | 6月 | 7月 | 8月 | 9月 | 10月 | 11月 | 12月 |
|---|---|---|---|---|---|---|---|---|---|---|---|---|---|
| 定基价格指数 (Fixed base price index) | **新建商品住宅（Newly constructed commercial residential buildings)** | **127.0** | **128.0** | **127.5** | **127.4** | **125.9** | **128.7** | **130.4** | **133.3** | **134.7** | **136.0** | **138.7** | **139.2** |
| | 一、90$m^2$及以下 (90$m^2$ and below) | 124.6 | 127.0 | 126.7 | 126.1 | 123.4 | 125.8 | 127.5 | 130.0 | 131.1 | 133.1 | 135.2 | 135.4 |
| | 二、90$m^2$-144$m^2$ (90$m^2$-144$m^2$) | 126.1 | 128.4 | 127.5 | 127.5 | 125.5 | 128.3 | 129.6 | 132.3 | 133.5 | 134.6 | 137.0 | 137.4 |
| | 三、144$m^2$以上 (Above 144$m^2$) | 129.4 | 127.9 | 127.8 | 127.8 | 127.7 | 130.6 | 132.8 | 136.2 | 138.2 | 139.5 | 142.8 | 143.5 |
| | **二手住宅 (Second-hand residential buildings)** | **125.6** | **125.3** | **125.1** | **125.0** | **124.3** | **124.2** | **125.4** | **126.0** | **126.0** | **126.6** | **126.1** | **125.5** |
| | 一、90$m^2$及以下 (90$m^2$ and below) | 125.3 | 125.0 | 124.6 | 124.5 | 124.2 | 124.0 | 125.2 | 125.8 | 125.4 | 125.5 | 124.7 | 124.1 |
| | 二、90$m^2$-144$m^2$ (90$m^2$-144$m^2$) | 124.7 | 124.7 | 124.4 | 124.3 | 123.5 | 123.3 | 124.4 | 125.3 | 125.2 | 125.6 | 125.1 | 124.5 |
| | 三、144$m^2$以上 (Above 144$m^2$) | 127.3 | 126.7 | 126.6 | 126.6 | 125.8 | 125.8 | 127.2 | 127.5 | 128.2 | 129.7 | 129.3 | 128.7 |
| 同比价格指数 (Year-on-year price index) | **新建商品住宅（Newly constructed commercial residential buildings)** | **97.7** | **98.5** | **98.2** | **98.3** | **97.2** | **99.5** | **101.0** | **103.5** | **105.1** | **106.1** | **108.0** | **108.5** |
| | 一、90$m^2$及以下 (90$m^2$ and below) | 95.0 | 96.9 | 96.4 | 96.2 | 94.9 | 96.6 | 98.8 | 101.2 | 102.1 | 103.7 | 105.3 | 105.7 |
| | 二、90$m^2$-144$m^2$ (90$m^2$-144$m^2$) | 96.7 | 98.3 | 97.7 | 98.1 | 96.3 | 98.4 | 99.8 | 101.8 | 103.3 | 104.3 | 106.1 | 106.8 |
| | 三、144$m^2$以上 (Above 144$m^2$) | 100.7 | 99.5 | 99.9 | 99.7 | 99.8 | 102.7 | 103.8 | 107.3 | 109.2 | 109.9 | 112.1 | 112.4 |
| | **二手住宅 (Second-hand residential buildings)** | **104.9** | **103.8** | **102.0** | **101.1** | **99.8** | **99.0** | **99.7** | **100.1** | **99.9** | **100.4** | **100.0** | **99.7** |
| | 一、90$m^2$及以下 (90$m^2$ and below) | 105.2 | 104.0 | 102.0 | 101.2 | 100.2 | 99.2 | 100.0 | 100.3 | 99.7 | 99.7 | 99.1 | 98.9 |
| | 二、90$m^2$-144$m^2$ (90$m^2$-144$m^2$) | 104.7 | 103.8 | 102.0 | 100.9 | 99.6 | 98.6 | 99.4 | 100.0 | 99.6 | 100.2 | 99.8 | 99.6 |
| | 三、144$m^2$以上 (Above 144$m^2$) | 104.9 | 103.5 | 101.9 | 101.1 | 99.8 | 99.3 | 99.9 | 100.0 | 100.5 | 101.7 | 101.2 | 100.9 |
| 环比价格指数 (Month-on-month price index) | **新建商品住宅（Newly constructed commercial residential buildings)** | **100.0** | **99.9** | **99.6** | **99.9** | **98.9** | **102.2** | **101.3** | **102.2** | **101.1** | **101.0** | **102.0** | **100.3** |
| | 一、90$m^2$及以下 (90$m^2$ and below) | 99.4 | 99.8 | 99.7 | 99.5 | 97.9 | 102.0 | 101.3 | 102.0 | 100.9 | 101.5 | 101.6 | 100.2 |
| | 二、90$m^2$-144$m^2$ (90$m^2$-144$m^2$) | 99.9 | 99.9 | 99.3 | 100.0 | 98.5 | 102.2 | 101.0 | 102.1 | 100.9 | 100.8 | 101.8 | 100.3 |
| | 三、144$m^2$以上 (Above 144$m^2$) | 100.3 | 99.9 | 99.9 | 100.0 | 99.9 | 102.3 | 101.7 | 102.6 | 101.4 | 101.0 | 102.4 | 100.5 |
| | **二手住宅 (Second-hand residential buildings)** | **99.9** | **99.7** | **99.8** | **99.9** | **99.5** | **99.9** | **101.0** | **100.5** | **100.0** | **100.5** | **99.6** | **99.5** |
| | 一、90$m^2$及以下 (90$m^2$ and below) | 99.9 | 99.7 | 99.7 | 100.0 | 99.7 | 99.8 | 101.0 | 100.4 | 99.7 | 100.0 | 99.4 | 99.5 |
| | 二、90$m^2$-144$m^2$ (90$m^2$-144$m^2$) | 99.8 | 100.0 | 99.8 | 99.9 | 99.3 | 99.8 | 100.9 | 100.7 | 99.9 | 100.3 | 99.6 | 99.5 |
| | 三、144$m^2$以上 (Above 144$m^2$) | 100.0 | 99.4 | 100.0 | 100.0 | 99.3 | 100.0 | 101.1 | 100.2 | 100.5 | 101.2 | 99.7 | 99.6 |

# 4-4-16 2018年厦门市商品住宅销售价格指数
# Xiamen Commercial Housing Price Indices of Residential Buildings 2018

| 项 目 Item | | 1月 | 2月 | 3月 | 4月 | 5月 | 6月 | 7月 | 8月 | 9月 | 10月 | 11月 | 12月 |
|---|---|---|---|---|---|---|---|---|---|---|---|---|---|
| 定基价格指数 (Fixed base price index) | **新建商品住宅（Newly constructed commercial residential buildings)** | **151.6** | **151.1** | **150.9** | **151.3** | **152.9** | **152.9** | **152.9** | **152.7** | **152.7** | **152.6** | **151.9** | **151.2** |
| | 一、90m²及以下 (90m² and below) | 151.4 | 151.9 | 151.7 | 151.6 | 154.0 | 153.8 | 154.0 | 154.0 | 154.3 | 153.4 | 152.5 | 151.0 |
| | 二、90m²-144m² (90m²-144m²) | 152.2 | 152.5 | 152.5 | 153.4 | 154.7 | 154.4 | 154.7 | 154.4 | 154.6 | 154.2 | 152.9 | 152.7 |
| | 三、144m²以上 (Above 144m²) | 150.7 | 148.2 | 147.7 | 147.6 | 149.2 | 149.6 | 149.2 | 149.0 | 148.6 | 149.4 | 149.7 | 148.9 |
| | **二手住宅 (Second-hand residential buildings)** | **140.7** | **139.8** | **139.2** | **138.6** | **138.4** | **138.2** | **137.6** | **137.2** | **136.8** | **135.5** | **134.6** | **133.8** |
| | 一、90m²及以下 (90m² and below) | 144.5 | 143.4 | 142.6 | 142.1 | 141.8 | 141.6 | 140.9 | 140.2 | 139.9 | 138.5 | 137.5 | 136.6 |
| | 二、90m²-144m² (90m²-144m²) | 139.7 | 138.8 | 138.2 | 137.6 | 137.1 | 136.9 | 136.3 | 135.8 | 135.4 | 134.1 | 133.0 | 132.1 |
| | 三、144m²以上 (Above 144m²) | 137.7 | 137.1 | 136.7 | 136.1 | 136.3 | 136.3 | 135.9 | 135.7 | 135.3 | 134.4 | 133.7 | 133.2 |
| 同比价格指数 (Year-on-year price index) | **新建商品住宅（Newly constructed commercial residential buildings)** | **102.3** | **102.2** | **100.1** | **100.4** | **101.2** | **100.7** | **100.5** | **100.3** | **100.5** | **100.6** | **99.9** | **99.6** |
| | 一、90m²及以下 (90m² and below) | 102.1 | 102.7 | 100.4 | 100.5 | 101.6 | 101.2 | 100.9 | 100.9 | 101.0 | 100.6 | 99.8 | 99.0 |
| | 二、90m²-144m² (90m²-144m²) | 102.4 | 102.6 | 100.4 | 100.8 | 101.4 | 100.9 | 100.8 | 100.5 | 100.9 | 100.7 | 99.7 | 99.7 |
| | 三、144m²以上 (Above 144m²) | 102.3 | 101.1 | 99.4 | 99.6 | 100.5 | 100.0 | 99.5 | 99.5 | 99.5 | 100.5 | 100.3 | 100.0 |
| | **二手住宅 (Second-hand residential buildings)** | **102.2** | **99.6** | **94.5** | **94.8** | **94.9** | **95.2** | **95.0** | **95.1** | **95.1** | **94.7** | **94.3** | **94.4** |
| | 一、90m²及以下 (90m² and below) | 103.0 | 99.8 | 94.1 | 94.4 | 94.4 | 94.6 | 94.5 | 94.5 | 94.6 | 94.0 | 93.6 | 93.8 |
| | 二、90m²-144m² (90m²-144m²) | 102.1 | 99.6 | 94.4 | 94.6 | 94.6 | 95.0 | 94.7 | 94.8 | 94.7 | 94.3 | 93.8 | 93.8 |
| | 三、144m²以上 (Above 144m²) | 101.5 | 99.2 | 95.2 | 95.6 | 96.0 | 96.2 | 96.3 | 96.5 | 96.6 | 96.2 | 96.0 | 96.1 |
| 环比价格指数 (Month-on-month price index) | **新建商品住宅（Newly constructed commercial residential buildings)** | **99.7** | **99.9** | **99.8** | **100.3** | **101.1** | **100.0** | **100.0** | **99.9** | **100.0** | **99.9** | **99.5** | **99.6** |
| | 一、90m²及以下 (90m² and below) | 99.9 | 99.7 | 99.8 | 100.0 | 101.5 | 99.9 | 100.1 | 100.0 | 100.2 | 99.4 | 99.4 | 99.1 |
| | 二、90m²-144m² (90m²-144m²) | 99.6 | 100.0 | 100.0 | 100.6 | 100.8 | 99.8 | 100.1 | 99.8 | 100.1 | 99.8 | 99.1 | 99.9 |
| | 三、144m²以上 (Above 144m²) | 99.8 | 99.7 | 99.6 | 100.0 | 101.1 | 100.2 | 99.7 | 99.9 | 99.7 | 100.5 | 100.3 | 99.5 |
| | **二手住宅 (Second-hand residential buildings)** | **99.2** | **99.4** | **99.5** | **99.6** | **99.8** | **99.9** | **99.6** | **99.7** | **99.7** | **99.1** | **99.3** | **99.4** |
| | 一、90m²及以下 (90m² and below) | 99.1 | 99.2 | 99.4 | 99.7 | 99.7 | 99.9 | 99.5 | 99.6 | 99.8 | 99.0 | 99.3 | 99.4 |
| | 二、90m²-144m² (90m²-144m²) | 99.2 | 99.4 | 99.5 | 99.6 | 99.7 | 99.9 | 99.5 | 99.7 | 99.7 | 99.1 | 99.2 | 99.3 |
| | 三、144m²以上 (Above 144m²) | 99.4 | 99.6 | 99.7 | 99.6 | 100.1 | 100.0 | 99.7 | 99.8 | 99.7 | 99.4 | 99.5 | 99.6 |

# 4-4-17 2018年南昌市商品住宅销售价格指数
# Nanchang Commercial Housing Price Indices of Residential Buildings 2018

| 项 目 Item | | 1月 | 2月 | 3月 | 4月 | 5月 | 6月 | 7月 | 8月 | 9月 | 10月 | 11月 | 12月 |
|---|---|---|---|---|---|---|---|---|---|---|---|---|---|
| 定基价格指数 (Fixed base price index) | **新建商品住宅（Newly constructed commercial residential buildings)** | **123.6** | **123.6** | **124.4** | **124.7** | **125.5** | **127.5** | **129.7** | **131.6** | **132.7** | **133.2** | **134.9** | **135.6** |
| | 一、90m²及以下 (90m² and below) | 127.7 | 127.7 | 128.3 | 128.4 | 129.8 | 131.5 | 133.6 | 135.0 | 137.2 | 137.5 | 139.3 | 139.2 |
| | 二、90m²-144m² (90m²-144m²) | 123.8 | 123.6 | 124.4 | 124.6 | 125.5 | 127.5 | 129.9 | 131.6 | 132.5 | 132.8 | 134.6 | 135.4 |
| | 三、144m²以上 (Above 144m²) | 120.4 | 121.2 | 121.8 | 122.9 | 123.0 | 124.8 | 127.1 | 129.7 | 131.0 | 131.9 | 133.5 | 134.1 |
| | **二手住宅 (Second-hand residential buildings)** | **118.2** | **117.9** | **118.4** | **119.4** | **120.7** | **122.0** | **124.2** | **126.5** | **127.3** | **128.1** | **129.9** | **130.8** |
| | 一、90m²及以下 (90m² and below) | 121.1 | 120.9 | 121.5 | 122.6 | 123.7 | 125.4 | 127.8 | 130.2 | 131.4 | 132.3 | 133.8 | 134.9 |
| | 二、90m²-144m² (90m²-144m²) | 116.5 | 116.0 | 116.3 | 117.2 | 118.6 | 119.5 | 121.6 | 123.7 | 124.1 | 124.8 | 126.8 | 127.4 |
| | 三、144m²以上 (Above 144m²) | 113.3 | 113.4 | 113.8 | 115.3 | 116.3 | 117.7 | 119.7 | 122.4 | 123.1 | 124.3 | 126.1 | 126.9 |
| 同比价格指数 (Year-on-year price index) | **新建商品住宅（Newly constructed commercial residential buildings)** | **106.0** | **105.3** | **104.6** | **104.2** | **103.9** | **105.3** | **106.8** | **107.4** | **107.9** | **108.0** | **108.8** | **109.3** |
| | 一、90m²及以下 (90m² and below) | 108.3 | 106.9 | 105.9 | 104.5 | 104.6 | 106.0 | 106.7 | 106.1 | 107.9 | 108.3 | 110.3 | 109.5 |
| | 二、90m²-144m² (90m²-144m²) | 106.2 | 105.4 | 104.8 | 104.4 | 104.3 | 105.8 | 107.2 | 107.9 | 108.1 | 108.2 | 108.6 | 109.3 |
| | 三、144m²以上 (Above 144m²) | 103.8 | 104.2 | 103.2 | 103.4 | 101.9 | 103.3 | 105.3 | 106.2 | 107.2 | 107.4 | 108.5 | 109.5 |
| | **二手住宅 (Second-hand residential buildings)** | **103.1** | **102.4** | **102.5** | **102.6** | **103.0** | **103.4** | **105.0** | **106.4** | **107.2** | **108.2** | **109.6** | **110.5** |
| | 一、90m²及以下 (90m² and below) | 104.7 | 104.0 | 104.0 | 104.0 | 104.1 | 104.7 | 106.3 | 107.5 | 108.4 | 109.7 | 111.1 | 111.6 |
| | 二、90m²-144m² (90m²-144m²) | 102.3 | 101.7 | 101.7 | 101.7 | 102.4 | 102.4 | 103.8 | 105.0 | 105.8 | 106.4 | 107.6 | 108.8 |
| | 三、144m²以上 (Above 144m²) | 99.5 | 99.3 | 99.6 | 100.7 | 101.2 | 102.3 | 104.4 | 106.6 | 107.8 | 109.3 | 111.2 | 112.3 |
| 环比价格指数 (Month-on-month price index) | **新建商品住宅（Newly constructed commercial residential buildings)** | **99.9** | **99.8** | **100.6** | **100.3** | **100.7** | **101.6** | **101.8** | **101.4** | **100.8** | **100.4** | **101.3** | **100.5** |
| | 一、90m²及以下 (90m² and below) | 100.4 | 100.0 | 100.4 | 100.1 | 101.1 | 101.3 | 101.6 | 101.1 | 101.6 | 100.3 | 101.3 | 100.0 |
| | 二、90m²-144m² (90m²-144m²) | 99.9 | 99.8 | 100.7 | 100.1 | 100.8 | 101.6 | 101.8 | 101.3 | 100.6 | 100.3 | 101.4 | 100.6 |
| | 三、144m²以上 (Above 144m²) | 99.7 | 99.3 | 100.5 | 100.9 | 100.1 | 101.5 | 101.8 | 102.1 | 101.0 | 100.7 | 101.2 | 100.4 |
| | **二手住宅 (Second-hand residential buildings)** | **99.9** | **99.8** | **100.4** | **100.9** | **101.0** | **101.1** | **101.8** | **101.8** | **100.6** | **100.7** | **101.4** | **100.6** |
| | 一、90m²及以下 (90m² and below) | 100.2 | 99.8 | 100.5 | 100.9 | 100.9 | 101.4 | 101.9 | 101.8 | 100.9 | 100.7 | 101.2 | 100.8 |
| | 二、90m²-144m² (90m²-144m²) | 99.5 | 99.6 | 100.3 | 100.7 | 101.2 | 100.8 | 101.8 | 101.7 | 100.3 | 100.5 | 101.6 | 100.4 |
| | 三、144m²以上 (Above 144m²) | 100.3 | 100.1 | 100.3 | 101.4 | 100.8 | 101.2 | 101.7 | 102.2 | 100.6 | 101.0 | 101.4 | 100.6 |

# 4-4-18 2018年济南市商品住宅销售价格指数
## Jinan Commercial Housing Price Indices of Residential Buildings 2018

| 项 目 Item | | 1月 | 2月 | 3月 | 4月 | 5月 | 6月 | 7月 | 8月 | 9月 | 10月 | 11月 | 12月 |
|---|---|---|---|---|---|---|---|---|---|---|---|---|---|
| 定基价格指数 (Fixed base price index) | **新建商品住宅（Newly constructed commercial residential buildings)** | **121.5** | **122.1** | **122.3** | **122.4** | **122.9** | **127.3** | **131.1** | **134.8** | **136.6** | **137.6** | **139.9** | **140.9** |
| | 一、90㎡及以下 (90㎡ and below) | 119.0 | 119.8 | 119.9 | 120.1 | 120.5 | 125.4 | 129.7 | 133.6 | 134.7 | 135.9 | 138.2 | 139.5 |
| | 二、90㎡-144㎡ (90㎡-144㎡) | 122.5 | 122.4 | 122.6 | 122.7 | 123.2 | 127.4 | 131.0 | 134.9 | 137.0 | 137.8 | 140.0 | 141.1 |
| | 三、144㎡以上 (Above 144㎡) | 119.7 | 122.5 | 122.7 | 122.9 | 123.1 | 128.2 | 132.0 | 135.2 | 136.4 | 137.8 | 140.3 | 141.1 |
| | **二手住宅 (Second-hand residential buildings)** | **119.4** | **119.4** | **119.7** | **119.9** | **120.5** | **121.6** | **124.7** | **128.2** | **129.7** | **130.5** | **131.2** | **131.9** |
| | 一、90㎡及以下 (90㎡ and below) | 120.6 | 120.4 | 120.6 | 121.0 | 121.3 | 122.7 | 125.5 | 128.4 | 129.5 | 130.3 | 131.5 | 132.3 |
| | 二、90㎡-144㎡ (90㎡-144㎡) | 118.8 | 119.1 | 119.5 | 119.5 | 120.3 | 121.4 | 124.8 | 128.7 | 130.7 | 131.5 | 131.7 | 132.2 |
| | 三、144㎡以上 (Above 144㎡) | 117.3 | 117.3 | 117.7 | 117.8 | 118.4 | 119.1 | 121.8 | 125.8 | 127.6 | 128.1 | 128.8 | 129.8 |
| 同比价格指数 (Year-on-year price index) | **新建商品住宅（Newly constructed commercial residential buildings)** | **100.9** | **101.4** | **100.9** | **100.6** | **100.5** | **103.9** | **106.9** | **110.2** | **112.3** | **113.3** | **115.4** | **115.9** |
| | 一、90㎡及以下 (90㎡ and below) | 99.4 | 100.4 | 99.7 | 99.7 | 99.2 | 102.7 | 106.5 | 110.1 | 111.3 | 113.4 | 115.7 | 116.8 |
| | 二、90㎡-144㎡ (90㎡-144㎡) | 101.0 | 100.9 | 100.6 | 100.2 | 100.1 | 103.4 | 105.9 | 109.2 | 111.8 | 112.6 | 114.6 | 115.4 |
| | 三、144㎡以上 (Above 144㎡) | 101.3 | 103.7 | 102.9 | 102.3 | 102.6 | 106.7 | 110.4 | 113.6 | 114.7 | 116.0 | 117.7 | 116.9 |
| | **二手住宅 (Second-hand residential buildings)** | **102.3** | **101.8** | **100.8** | **99.9** | **99.8** | **100.0** | **102.7** | **106.3** | **107.8** | **108.6** | **109.4** | **110.1** |
| | 一、90㎡及以下 (90㎡ and below) | 102.8 | 101.8 | 100.7 | 99.7 | 99.3 | 99.6 | 102.1 | 105.0 | 106.2 | 107.0 | 108.4 | 109.3 |
| | 二、90㎡-144㎡ (90㎡-144㎡) | 101.7 | 101.6 | 100.5 | 99.8 | 100.1 | 100.2 | 103.3 | 107.6 | 109.3 | 110.0 | 110.3 | 110.8 |
| | 三、144㎡以上 (Above 144㎡) | 102.6 | 102.5 | 102.0 | 101.0 | 100.3 | 100.4 | 102.9 | 106.6 | 108.4 | 109.1 | 109.8 | 110.7 |
| 环比价格指数 (Month-on-month price index) | **新建商品住宅（Newly constructed commercial residential buildings)** | **100.5** | **99.9** | **100.2** | **100.1** | **100.4** | **103.6** | **103.0** | **102.8** | **101.3** | **100.7** | **101.7** | **100.7** |
| | 一、90㎡及以下 (90㎡ and below) | 100.3 | 100.1 | 100.1 | 100.2 | 100.3 | 104.1 | 103.4 | 103.1 | 100.8 | 100.9 | 101.7 | 101.0 |
| | 二、90㎡-144㎡ (90㎡-144㎡) | 100.2 | 99.9 | 100.2 | 100.1 | 100.4 | 103.4 | 102.9 | 102.9 | 101.6 | 100.6 | 101.6 | 100.8 |
| | 三、144㎡以上 (Above 144㎡) | 101.4 | 100.1 | 100.2 | 100.1 | 100.2 | 104.1 | 103.0 | 102.4 | 100.9 | 101.0 | 101.8 | 100.6 |
| | **二手住宅 (Second-hand residential buildings)** | **99.6** | **100.0** | **100.3** | **100.2** | **100.5** | **101.0** | **102.5** | **102.8** | **101.2** | **100.6** | **100.5** | **100.5** |
| | 一、90㎡及以下 (90㎡ and below) | 99.6 | 99.8 | 100.2 | 100.4 | 100.2 | 101.1 | 102.3 | 102.3 | 100.8 | 100.7 | 100.9 | 100.6 |
| | 二、90㎡-144㎡ (90㎡-144㎡) | 99.6 | 100.3 | 100.4 | 100.0 | 100.7 | 101.0 | 102.8 | 103.2 | 101.5 | 100.6 | 100.1 | 100.4 |
| | 三、144㎡以上 (Above 144㎡) | 100.0 | 100.0 | 100.3 | 100.1 | 100.5 | 100.6 | 102.2 | 103.3 | 101.4 | 100.4 | 100.5 | 100.8 |

# 4-4-19 2018年青岛市商品住宅销售价格指数
## Qingdao Commercial Housing Price Indices of Residential Buildings 2018

| 项 目 Item | | 1月 | 2月 | 3月 | 4月 | 5月 | 6月 | 7月 | 8月 | 9月 | 10月 | 11月 | 12月 |
|---|---|---|---|---|---|---|---|---|---|---|---|---|---|
| 定基价格指数 (Fixed base price index) | **新建商品住宅（Newly constructed commercial residential buildings)** | **117.3** | **117.9** | **118.3** | **118.5** | **120.9** | **123.7** | **126.3** | **128.3** | **128.8** | **129.5** | **131.9** | **133.4** |
| | 一、90㎡及以下 (90㎡ and below) | 116.9 | 117.6 | 118.1 | 118.0 | 120.6 | 123.4 | 126.6 | 128.7 | 129.2 | 130.1 | 132.4 | 133.6 |
| | 二、90㎡-144㎡ (90㎡-144㎡) | 118.6 | 119.1 | 119.4 | 119.8 | 121.7 | 124.6 | 126.7 | 129.1 | 129.5 | 130.0 | 132.4 | 134.3 |
| | 三、144㎡以上 (Above 144㎡) | 115.4 | 115.7 | 116.4 | 116.7 | 119.5 | 122.5 | 124.6 | 125.8 | 126.6 | 127.6 | 129.6 | 131.1 |
| | **二手住宅 (Second-hand residential buildings)** | **122.7** | **120.7** | **122.4** | **124.0** | **124.9** | **125.7** | **128.5** | **131.0** | **132.0** | **133.2** | **134.1** | **133.5** |
| | 一、90㎡及以下 (90㎡ and below) | 122.0 | 120.9 | 122.8 | 124.5 | 125.6 | 126.4 | 129.4 | 131.3 | 132.1 | 133.0 | 134.2 | 133.7 |
| | 二、90㎡-144㎡ (90㎡-144㎡) | 122.1 | 121.5 | 123.1 | 124.8 | 125.6 | 126.5 | 129.4 | 132.4 | 133.7 | 134.9 | 135.7 | 135.0 |
| | 三、144㎡以上 (Above 144㎡) | 125.4 | 118.0 | 119.6 | 120.7 | 121.6 | 122.3 | 124.6 | 127.2 | 128.2 | 129.8 | 130.2 | 129.4 |
| 同比价格指数 (Year-on-year price index) | **新建商品住宅（Newly constructed commercial residential buildings)** | **103.6** | **103.9** | **103.3** | **103.1** | **104.8** | **107.0** | **108.8** | **110.1** | **110.4** | **110.7** | **112.2** | **113.3** |
| | 一、90㎡及以下 (90㎡ and below) | 103.0 | 103.4 | 103.1 | 103.1 | 104.8 | 107.0 | 109.2 | 110.7 | 111.0 | 111.5 | 112.9 | 113.7 |
| | 二、90㎡-144㎡ (90㎡-144㎡) | 103.6 | 103.8 | 102.8 | 102.7 | 104.0 | 106.3 | 107.8 | 109.4 | 109.6 | 109.7 | 111.5 | 112.9 |
| | 三、144㎡以上 (Above 144㎡) | 104.8 | 104.9 | 104.8 | 104.3 | 106.5 | 108.4 | 110.1 | 110.7 | 111.2 | 111.3 | 112.2 | 113.4 |
| | **二手住宅 (Second-hand residential buildings)** | **110.6** | **108.0** | **107.7** | **107.7** | **107.5** | **107.2** | **108.8** | **110.4** | **110.9** | **111.4** | **111.9** | **111.2** |
| | 一、90㎡及以下 (90㎡ and below) | 110.0 | 108.2 | 107.8 | 107.7 | 107.7 | 107.5 | 109.2 | 110.3 | 110.6 | 111.1 | 111.7 | 111.1 |
| | 二、90㎡-144㎡ (90㎡-144㎡) | 109.6 | 108.2 | 107.8 | 108.2 | 107.5 | 107.3 | 108.8 | 110.7 | 111.4 | 112.0 | 112.4 | 111.7 |
| | 三、144㎡以上 (Above 144㎡) | 114.6 | 107.2 | 107.4 | 106.8 | 106.8 | 106.5 | 108.0 | 109.9 | 110.6 | 110.8 | 111.0 | 110.1 |
| 环比价格指数 (Month-on-month price index) | **新建商品住宅（Newly constructed commercial residential buildings)** | **100.1** | **100.0** | **100.4** | **100.1** | **102.0** | **102.4** | **102.0** | **101.6** | **100.4** | **100.6** | **101.8** | **101.2** |
| | 一、90㎡及以下 (90㎡ and below) | 100.1 | 100.0 | 100.4 | 99.9 | 102.3 | 102.3 | 102.6 | 101.6 | 100.4 | 100.7 | 101.8 | 100.9 |
| | 二、90㎡-144㎡ (90㎡-144㎡) | 100.0 | 100.1 | 100.3 | 100.3 | 101.6 | 102.4 | 101.7 | 101.9 | 100.3 | 100.4 | 101.9 | 101.4 |
| | 三、144㎡以上 (Above 144㎡) | 100.1 | 100.0 | 100.6 | 100.2 | 102.4 | 102.5 | 101.8 | 100.9 | 100.6 | 100.8 | 101.6 | 101.2 |
| | **二手住宅 (Second-hand residential buildings)** | **100.1** | **100.3** | **101.4** | **101.3** | **100.8** | **100.7** | **102.2** | **101.9** | **100.8** | **100.9** | **100.7** | **99.5** |
| | 一、90㎡及以下 (90㎡ and below) | 100.1 | 100.3 | 101.5 | 101.4 | 100.9 | 100.6 | 102.4 | 101.4 | 100.6 | 100.7 | 100.9 | 99.7 |
| | 二、90㎡-144㎡ (90㎡-144㎡) | 100.2 | 100.4 | 101.3 | 101.3 | 100.7 | 100.7 | 102.3 | 102.4 | 100.9 | 100.9 | 100.6 | 99.5 |
| | 三、144㎡以上 (Above 144㎡) | 100.1 | 100.3 | 101.4 | 100.9 | 100.8 | 100.6 | 101.8 | 102.1 | 100.8 | 101.2 | 100.4 | 99.3 |

# 4-4-20 2018年郑州市商品住宅销售价格指数
## Zhengzhou Commercial Housing Price Indices of Residential Buildings 2018

| 项 目 Item | | 1月 | 2月 | 3月 | 4月 | 5月 | 6月 | 7月 | 8月 | 9月 | 10月 | 11月 | 12月 |
|---|---|---|---|---|---|---|---|---|---|---|---|---|---|
| 定基价格指数 (Fixed base price index) | **新建商品住宅（Newly constructed commercial residential buildings)** | **129.4** | **129.8** | **129.7** | **130.3** | **132.5** | **134.9** | **136.7** | **138.8** | **139.4** | **140.7** | **141.9** | **142.3** |
| | 一、90m²及以下 (90m² and below) | 131.9 | 131.8 | 131.8 | 132.6 | 134.0 | 136.6 | 138.3 | 140.6 | 141.5 | 142.7 | 143.8 | 144.3 |
| | 二、90m²-144m² (90m²-144m²) | 128.6 | 129.4 | 129.2 | 129.6 | 131.8 | 134.3 | 136.2 | 138.1 | 138.5 | 140.1 | 141.5 | 141.8 |
| | 三、144m²以上 (Above 144m²) | 124.4 | 124.9 | 125.0 | 126.0 | 129.8 | 131.8 | 133.4 | 135.4 | 135.7 | 136.7 | 137.7 | 137.9 |
| | **二手住宅 (Second-hand residential buildings)** | **130.3** | **130.3** | **130.1** | **129.8** | **129.8** | **130.5** | **131.8** | **133.0** | **133.3** | **133.2** | **132.7** | **132.4** |
| | 一、90m²及以下 (90m² and below) | 130.8 | 131.0 | 130.7 | 130.4 | 130.5 | 131.4 | 132.8 | 134.0 | 134.4 | 134.5 | 134.0 | 133.8 |
| | 二、90m²-144m² (90m²-144m²) | 130.8 | 130.5 | 130.2 | 129.9 | 129.9 | 130.4 | 131.7 | 132.9 | 133.1 | 132.8 | 132.3 | 132.0 |
| | 三、144m²以上 (Above 144m²) | 128.4 | 128.2 | 128.3 | 128.1 | 128.2 | 128.7 | 130.1 | 131.0 | 131.3 | 131.4 | 130.8 | 130.3 |
| 同比价格指数 (Year-on-year price index) | **新建商品住宅（Newly constructed commercial residential buildings)** | **99.0** | **99.6** | **99.2** | **99.6** | **101.4** | **103.2** | **104.7** | **106.7** | **107.3** | **108.4** | **109.4** | **109.4** |
| | 一、90m²及以下 (90m² and below) | 99.7 | 100.0 | 99.2 | 99.6 | 100.8 | 103.0 | 104.2 | 106.1 | 107.3 | 108.3 | 109.2 | 109.3 |
| | 二、90m²-144m² (90m²-144m²) | 98.8 | 99.5 | 99.3 | 99.2 | 100.9 | 102.5 | 104.1 | 106.0 | 106.2 | 107.7 | 109.0 | 109.0 |
| | 三、144m²以上 (Above 144m²) | 97.7 | 98.5 | 99.1 | 100.9 | 104.4 | 106.3 | 107.9 | 110.2 | 110.3 | 110.8 | 111.0 | 110.7 |
| | **二手住宅 (Second-hand residential buildings)** | **99.7** | **99.1** | **98.5** | **97.7** | **97.6** | **97.8** | **98.7** | **100.1** | **100.6** | **101.0** | **101.0** | **101.0** |
| | 一、90m²及以下 (90m² and below) | 99.8 | 99.3 | 98.7 | 98.0 | 97.7 | 98.2 | 99.1 | 100.3 | 100.8 | 101.5 | 101.5 | 101.6 |
| | 二、90m²-144m² (90m²-144m²) | 99.2 | 98.4 | 97.8 | 97.1 | 96.9 | 97.0 | 98.0 | 99.6 | 100.0 | 100.3 | 100.3 | 100.3 |
| | 三、144m²以上 (Above 144m²) | 100.7 | 100.0 | 99.4 | 98.7 | 98.6 | 98.7 | 99.6 | 100.8 | 101.4 | 101.6 | 101.3 | 101.1 |
| 环比价格指数 (Month-on-month price index) | **新建商品住宅（Newly constructed commercial residential buildings)** | **99.7** | **100.0** | **99.9** | **100.5** | **101.6** | **101.8** | **101.3** | **101.5** | **100.4** | **101.0** | **100.8** | **100.3** |
| | 一、90m²及以下 (90m² and below) | 99.9 | 100.0 | 100.0 | 100.6 | 101.1 | 101.9 | 101.3 | 101.7 | 100.6 | 100.8 | 100.8 | 100.4 |
| | 二、90m²-144m² (90m²-144m²) | 99.4 | 100.1 | 99.8 | 100.3 | 101.7 | 101.8 | 101.4 | 101.4 | 100.2 | 101.2 | 101.0 | 100.2 |
| | 三、144m²以上 (Above 144m²) | 100.0 | 100.2 | 100.0 | 100.8 | 103.0 | 101.5 | 101.3 | 101.5 | 100.3 | 100.7 | 100.7 | 100.2 |
| | **二手住宅 (Second-hand residential buildings)** | **99.5** | **99.8** | **99.9** | **99.8** | **100.0** | **100.5** | **101.0** | **100.9** | **100.2** | **100.0** | **99.6** | **99.8** |
| | 一、90m²及以下 (90m² and below) | 99.6 | 99.8 | 99.8 | 99.8 | 100.0 | 100.7 | 101.0 | 101.0 | 100.3 | 100.1 | 99.7 | 99.8 |
| | 二、90m²-144m² (90m²-144m²) | 99.5 | 99.7 | 99.8 | 99.8 | 99.9 | 100.4 | 101.0 | 100.9 | 100.2 | 99.8 | 99.6 | 99.8 |
| | 三、144m²以上 (Above 144m²) | 99.6 | 99.9 | 100.0 | 99.9 | 100.0 | 100.4 | 101.1 | 100.7 | 100.3 | 100.1 | 99.5 | 99.7 |

# 4-4-21 2018年武汉市商品住宅销售价格指数
## Wuhan Commercial Housing Price Indices of Residential Buildings 2018

| 项 目 Item | | 1月 | 2月 | 3月 | 4月 | 5月 | 6月 | 7月 | 8月 | 9月 | 10月 | 11月 | 12月 |
|---|---|---|---|---|---|---|---|---|---|---|---|---|---|
| 定基价格指数 (Fixed base price index) | **新建商品住宅（Newly constructed commercial residential buildings)** | **129.9** | **130.3** | **130.1** | **129.8** | **131.2** | **132.8** | **134.2** | **136.1** | **136.4** | **139.9** | **142.1** | **143.9** |
| | 一、90㎡及以下 (90㎡ and below) | 129.8 | 130.4 | 130.1 | 129.6 | 131.9 | 133.2 | 134.5 | 136.1 | 136.5 | 140.7 | 142.8 | 145.5 |
| | 二、90㎡-144㎡ (90㎡-144㎡) | 131.0 | 131.5 | 131.4 | 131.3 | 132.3 | 133.6 | 135.2 | 137.1 | 137.4 | 140.6 | 142.9 | 144.4 |
| | 三、144㎡以上 (Above 144㎡) | 126.0 | 125.8 | 125.4 | 124.5 | 126.4 | 129.2 | 130.4 | 132.4 | 133.0 | 136.1 | 138.3 | 139.9 |
| | **二手住宅 (Second-hand residential buildings)** | **136.8** | **136.9** | **136.8** | **136.8** | **139.3** | **139.7** | **141.5** | **143.2** | **143.8** | **144.9** | **146.3** | **147.1** |
| | 一、90㎡及以下 (90㎡ and below) | 139.0 | 139.1 | 139.1 | 139.0 | 142.2 | 142.9 | 144.6 | 146.2 | 146.7 | 148.0 | 149.3 | 150.0 |
| | 二、90㎡-144㎡ (90㎡-144㎡) | 137.1 | 137.3 | 137.1 | 137.1 | 139.3 | 139.4 | 141.4 | 143.1 | 143.9 | 144.7 | 145.7 | 146.4 |
| | 三、144㎡以上 (Above 144㎡) | 131.8 | 132.0 | 131.7 | 131.6 | 133.6 | 134.1 | 135.8 | 137.6 | 138.1 | 139.5 | 141.8 | 143.2 |
| 同比价格指数 (Year-on-year price index) | **新建商品住宅（Newly constructed commercial residential buildings)** | **100.7** | **101.3** | **101.2** | **100.5** | **101.5** | **102.3** | **103.2** | **104.8** | **105.2** | **107.9** | **109.7** | **110.8** |
| | 一、90㎡及以下 (90㎡ and below) | 100.4 | 101.0 | 100.8 | 99.9 | 101.6 | 102.4 | 103.3 | 104.8 | 105.4 | 108.4 | 110.1 | 111.6 |
| | 二、90㎡-144㎡ (90㎡-144㎡) | 101.0 | 101.6 | 101.5 | 101.1 | 101.7 | 102.3 | 103.2 | 104.7 | 104.9 | 107.5 | 109.2 | 110.2 |
| | 三、144㎡以上 (Above 144㎡) | 99.9 | 100.5 | 100.5 | 99.0 | 100.3 | 102.3 | 103.1 | 104.9 | 105.9 | 108.8 | 110.6 | 111.7 |
| | **二手住宅 (Second-hand residential buildings)** | **108.8** | **108.2** | **107.0** | **105.7** | **106.7** | **105.6** | **105.8** | **106.3** | **106.3** | **106.7** | **107.5** | **107.9** |
| | 一、90㎡及以下 (90㎡ and below) | 109.4 | 108.5 | 107.6 | 106.2 | 107.7 | 106.8 | 106.8 | 107.0 | 106.8 | 107.5 | 108.1 | 108.2 |
| | 二、90㎡-144㎡ (90㎡-144㎡) | 108.6 | 108.1 | 106.5 | 105.4 | 105.9 | 104.7 | 105.0 | 105.6 | 105.9 | 105.9 | 106.7 | 107.1 |
| | 三、144㎡以上 (Above 144㎡) | 108.2 | 107.7 | 106.9 | 105.7 | 106.5 | 105.8 | 106.1 | 106.6 | 106.3 | 106.9 | 108.4 | 109.3 |
| 环比价格指数 (Month-on-month price index) | **新建商品住宅（Newly constructed commercial residential buildings)** | **100.4** | **99.9** | **99.8** | **99.8** | **101.1** | **101.2** | **101.1** | **101.4** | **100.3** | **102.5** | **101.6** | **101.3** |
| | 一、90㎡及以下 (90㎡ and below) | 100.3 | 99.7 | 99.8 | 99.6 | 101.8 | 101.0 | 101.0 | 101.2 | 100.3 | 103.1 | 101.5 | 101.8 |
| | 二、90㎡-144㎡ (90㎡-144㎡) | 100.3 | 100.0 | 99.9 | 99.9 | 100.8 | 101.0 | 101.2 | 101.4 | 100.2 | 102.3 | 101.6 | 101.1 |
| | 三、144㎡以上 (Above 144㎡) | 100.5 | 99.9 | 99.7 | 99.3 | 101.5 | 102.2 | 100.9 | 101.6 | 100.4 | 102.3 | 101.7 | 101.2 |
| | **二手住宅 (Second-hand residential buildings)** | **100.3** | **100.1** | **99.9** | **100.0** | **101.8** | **100.3** | **101.3** | **101.2** | **100.4** | **100.8** | **100.9** | **100.6** |
| | 一、90㎡及以下 (90㎡ and below) | 100.3 | 100.0 | 100.0 | 100.0 | 102.3 | 100.5 | 101.2 | 101.1 | 100.3 | 100.9 | 100.8 | 100.5 |
| | 二、90㎡-144㎡ (90㎡-144㎡) | 100.3 | 100.1 | 99.9 | 100.0 | 101.6 | 100.1 | 101.4 | 101.2 | 100.5 | 100.6 | 100.7 | 100.5 |
| | 三、144㎡以上 (Above 144㎡) | 100.6 | 100.1 | 99.8 | 99.9 | 101.5 | 100.4 | 101.3 | 101.3 | 100.4 | 101.0 | 101.6 | 101.0 |

# 4-4-22　2018年长沙市商品住宅销售价格指数
## Changsha Commercial Housing Price Indices of Residential Buildings 2018

| 项　目　Item | | 1月 | 2月 | 3月 | 4月 | 5月 | 6月 | 7月 | 8月 | 9月 | 10月 | 11月 | 12月 |
|---|---|---|---|---|---|---|---|---|---|---|---|---|---|
| 定基价格指数 (Fixed base price index) | **新建商品住宅（Newly constructed commercial residential buildings)** | **125.9** | **126.7** | **127.1** | **127.3** | **129.4** | **131.9** | **135.5** | **138.2** | **139.0** | **139.1** | **139.4** | **140.0** |
| | 一、90㎡及以下 (90㎡ and below) | 123.4 | 125.2 | 125.5 | 125.7 | 126.7 | 129.3 | 132.8 | 135.8 | 136.4 | 137.1 | 137.6 | 138.4 |
| | 二、90㎡-144㎡ (90㎡-144㎡) | 126.2 | 126.6 | 127.0 | 127.3 | 130.2 | 132.4 | 136.0 | 138.4 | 139.4 | 139.5 | 139.7 | 140.2 |
| | 三、144㎡以上 (Above 144㎡) | 127.1 | 127.9 | 128.4 | 128.5 | 129.8 | 133.0 | 136.7 | 139.4 | 140.0 | 139.7 | 140.2 | 140.8 |
| | **二手住宅 (Second-hand residential buildings)** | **126.2** | **127.3** | **127.3** | **128.1** | **128.5** | **129.7** | **132.6** | **134.6** | **135.1** | **135.7** | **135.9** | **136.1** |
| | 一、90㎡及以下 (90㎡ and below) | 125.6 | 126.4 | 126.9 | 127.4 | 127.6 | 129.3 | 132.0 | 133.7 | 134.2 | 134.6 | 134.9 | 134.9 |
| | 二、90㎡-144㎡ (90㎡-144㎡) | 125.2 | 127.1 | 127.0 | 128.3 | 128.6 | 129.4 | 132.4 | 134.3 | 134.5 | 134.6 | 135.0 | 135.1 |
| | 三、144㎡以上 (Above 144㎡) | 128.2 | 128.5 | 128.2 | 128.5 | 129.0 | 130.6 | 133.6 | 136.1 | 136.9 | 138.2 | 138.3 | 138.7 |
| 同比价格指数 (Year-on-year price index) | **新建商品住宅（Newly constructed commercial residential buildings)** | **105.4** | **105.2** | **104.4** | **103.8** | **104.5** | **106.3** | **108.5** | **110.3** | **110.9** | **110.6** | **110.9** | **111.1** |
| | 一、90㎡及以下 (90㎡ and below) | 105.3 | 106.4 | 105.6 | 105.1 | 104.9 | 106.7 | 108.8 | 111.0 | 111.5 | 111.9 | 112.3 | 112.4 |
| | 二、90㎡-144㎡ (90㎡-144㎡) | 105.3 | 104.9 | 104.3 | 103.5 | 105.1 | 106.5 | 108.2 | 109.9 | 110.4 | 110.1 | 110.5 | 110.8 |
| | 三、144㎡以上 (Above 144㎡) | 105.4 | 105.0 | 104.0 | 103.2 | 103.3 | 105.8 | 108.7 | 110.5 | 111.3 | 110.5 | 110.6 | 110.5 |
| | **二手住宅 (Second-hand residential buildings)** | **110.6** | **110.3** | **108.4** | **104.6** | **104.0** | **104.6** | **107.0** | **108.0** | **107.9** | **108.0** | **108.0** | **108.0** |
| | 一、90㎡及以下 (90㎡ and below) | 110.8 | 110.3 | 108.9 | 104.6 | 104.1 | 104.7 | 106.5 | 107.5 | 107.3 | 107.4 | 107.3 | 107.3 |
| | 二、90㎡-144㎡ (90㎡-144㎡) | 110.6 | 110.9 | 108.6 | 105.2 | 104.5 | 104.8 | 107.5 | 108.4 | 108.5 | 108.0 | 108.1 | 108.1 |
| | 三、144㎡以上 (Above 144㎡) | 110.5 | 109.5 | 107.6 | 103.7 | 103.3 | 104.3 | 106.7 | 108.0 | 107.9 | 108.6 | 108.4 | 108.7 |
| 环比价格指数 (Month-on-month price index) | **新建商品住宅（Newly constructed commercial residential buildings)** | **100.4** | **100.2** | **100.3** | **100.2** | **101.6** | **102.0** | **102.7** | **102.0** | **100.6** | **100.1** | **100.3** | **100.4** |
| | 一、90㎡及以下 (90㎡ and below) | 100.9 | 100.9 | 100.3 | 100.1 | 100.8 | 102.0 | 102.7 | 102.3 | 100.4 | 100.5 | 100.4 | 100.6 |
| | 二、90㎡-144㎡ (90㎡-144㎡) | 100.1 | 100.0 | 100.3 | 100.2 | 102.3 | 101.7 | 102.7 | 101.8 | 100.7 | 100.1 | 100.2 | 100.3 |
| | 三、144㎡以上 (Above 144㎡) | 100.4 | 100.1 | 100.4 | 100.1 | 101.0 | 102.4 | 102.8 | 102.0 | 100.5 | 99.7 | 100.3 | 100.4 |
| | **二手住宅 (Second-hand residential buildings)** | **100.2** | **100.9** | **100.0** | **100.6** | **100.3** | **101.0** | **102.2** | **101.5** | **100.3** | **100.4** | **100.2** | **100.1** |
| | 一、90㎡及以下 (90㎡ and below) | 99.9 | 100.6 | 100.4 | 100.4 | 100.1 | 101.3 | 102.1 | 101.3 | 100.4 | 100.3 | 100.2 | 100.0 |
| | 二、90㎡-144㎡ (90㎡-144㎡) | 100.2 | 101.5 | 99.9 | 101.1 | 100.3 | 100.6 | 102.3 | 101.4 | 100.2 | 100.1 | 100.3 | 100.1 |
| | 三、144㎡以上 (Above 144㎡) | 100.4 | 100.2 | 99.8 | 100.2 | 100.4 | 101.3 | 102.2 | 101.9 | 100.6 | 101.0 | 100.0 | 100.3 |

# 4-4-23 2018年广州市商品住宅销售价格指数
# Guangzhou Commercial Housing Price Indices of Residential Buildings 2018

| 项 目 Item | | 1月 | 2月 | 3月 | 4月 | 5月 | 6月 | 7月 | 8月 | 9月 | 10月 | 11月 | 12月 |
|---|---|---|---|---|---|---|---|---|---|---|---|---|---|
| 定基价格指数 (Fixed base price index) | **新建商品住宅（Newly constructed commercial residential buildings)** | **136.4** | **136.7** | **137.0** | **136.8** | **139.3** | **141.9** | **142.7** | **144.0** | **144.7** | **145.0** | **145.0** | **149.3** |
| | 一、90m$^2$及以下 (90m$^2$ and below) | 138.7 | 139.4 | 139.4 | 139.3 | 142.1 | 145.0 | 145.2 | 146.4 | 147.4 | 147.9 | 147.9 | 151.7 |
| | 二、90m$^2$-144m$^2$ (90m$^2$-144m$^2$) | 136.3 | 136.2 | 136.4 | 136.1 | 138.9 | 141.2 | 141.7 | 143.1 | 143.7 | 144.0 | 144.2 | 148.3 |
| | 三、144m$^2$以上 (Above 144m$^2$) | 135.4 | 136.2 | 136.9 | 136.6 | 138.5 | 141.4 | 142.9 | 144.2 | 144.6 | 144.9 | 144.8 | 149.6 |
| | **二手住宅 (Second-hand residential buildings)** | **145.9** | **146.8** | **147.2** | **147.9** | **149.3** | **149.7** | **150.1** | **151.0** | **151.3** | **151.1** | **150.6** | **150.0** |
| | 一、90m$^2$及以下 (90m$^2$ and below) | 148.3 | 148.5 | 148.4 | 149.4 | 150.5 | 150.2 | 150.5 | 151.7 | 152.5 | 152.0 | 151.5 | 150.5 |
| | 二、90m$^2$-144m$^2$ (90m$^2$-144m$^2$) | 143.9 | 146.0 | 146.1 | 146.4 | 148.0 | 149.6 | 150.1 | 150.4 | 150.4 | 150.1 | 149.5 | 149.4 |
| | 三、144m$^2$以上 (Above 144m$^2$) | 142.7 | 143.1 | 145.9 | 146.7 | 148.7 | 148.3 | 148.6 | 150.1 | 149.8 | 150.3 | 150.2 | 149.8 |
| 同比价格指数 (Year-on-year price index) | **新建商品住宅（Newly constructed commercial residential buildings)** | **103.7** | **103.1** | **100.8** | **99.2** | **100.1** | **101.5** | **101.6** | **103.3** | **104.3** | **104.7** | **104.9** | **108.3** |
| | 一、90m$^2$及以下 (90m$^2$ and below) | 105.0 | 104.4 | 102.0 | 100.1 | 101.8 | 103.6 | 103.4 | 104.4 | 105.2 | 105.5 | 105.6 | 108.2 |
| | 二、90m$^2$-144m$^2$ (90m$^2$-144m$^2$) | 103.4 | 102.5 | 100.3 | 98.6 | 99.3 | 100.4 | 100.5 | 102.5 | 103.5 | 104.4 | 104.7 | 108.1 |
| | 三、144m$^2$以上 (Above 144m$^2$) | 103.6 | 103.2 | 100.8 | 99.6 | 100.4 | 102.1 | 102.3 | 103.9 | 104.9 | 104.9 | 104.9 | 108.7 |
| | **二手住宅 (Second-hand residential buildings)** | **107.6** | **105.5** | **102.4** | **101.8** | **102.3** | **101.7** | **101.9** | **102.5** | **102.5** | **102.7** | **102.3** | **102.3** |
| | 一、90m$^2$及以下 (90m$^2$ and below) | 109.2 | 106.1 | 102.5 | 102.1 | 102.6 | 101.4 | 101.6 | 102.3 | 102.4 | 102.4 | 101.8 | 101.1 |
| | 二、90m$^2$-144m$^2$ (90m$^2$-144m$^2$) | 106.3 | 105.5 | 102.6 | 101.5 | 101.7 | 102.0 | 102.0 | 102.4 | 102.4 | 102.7 | 102.5 | 103.3 |
| | 三、144m$^2$以上 (Above 144m$^2$) | 105.4 | 103.1 | 101.5 | 101.7 | 103.1 | 102.2 | 102.9 | 103.7 | 103.3 | 103.8 | 103.6 | 103.9 |
| 环比价格指数 (Month-on-month price index) | **新建商品住宅（Newly constructed commercial residential buildings)** | **99.6** | **99.6** | **100.2** | **99.9** | **101.8** | **101.9** | **100.6** | **100.9** | **100.4** | **100.2** | **100.0** | **103.0** |
| | 一、90m$^2$及以下 (90m$^2$ and below) | 99.7 | 99.7 | 100.0 | 100.0 | 102.0 | 102.0 | 100.2 | 100.8 | 100.7 | 100.3 | 100.0 | 102.5 |
| | 二、90m$^2$-144m$^2$ (90m$^2$-144m$^2$) | 99.6 | 99.7 | 100.1 | 99.8 | 102.0 | 101.7 | 100.3 | 101.0 | 100.4 | 100.2 | 100.1 | 102.9 |
| | 三、144m$^2$以上 (Above 144m$^2$) | 99.6 | 99.4 | 100.5 | 99.8 | 101.4 | 102.1 | 101.0 | 100.9 | 100.3 | 100.2 | 99.9 | 103.3 |
| | **二手住宅 (Second-hand residential buildings)** | **99.9** | **100.2** | **100.2** | **100.5** | **101.0** | **100.3** | **100.3** | **100.6** | **100.2** | **99.8** | **99.7** | **99.6** |
| | 一、90m$^2$及以下 (90m$^2$ and below) | 99.9 | 99.9 | 99.9 | 100.7 | 100.7 | 99.8 | 100.2 | 100.8 | 100.5 | 99.7 | 99.7 | 99.3 |
| | 二、90m$^2$-144m$^2$ (90m$^2$-144m$^2$) | 100.1 | 100.9 | 100.0 | 100.2 | 101.1 | 101.0 | 100.3 | 100.2 | 100.0 | 99.8 | 99.6 | 99.9 |
| | 三、144m$^2$以上 (Above 144m$^2$) | 99.7 | 99.5 | 102.0 | 100.5 | 101.4 | 99.7 | 100.2 | 101.0 | 99.8 | 100.4 | 99.9 | 99.8 |

# 4-4-24 2018年深圳市商品住宅销售价格指数
# Shenzhen Commercial Housing Price Indices of Residential Buildings 2018

| 项 目 Item | | 1月 | 2月 | 3月 | 4月 | 5月 | 6月 | 7月 | 8月 | 9月 | 10月 | 11月 | 12月 |
|---|---|---|---|---|---|---|---|---|---|---|---|---|---|
| 定基价格指数 (Fixed base price index) | **新建商品住宅（Newly constructed commercial residential buildings)** | **144.3** | **144.9** | **144.7** | **144.8** | **144.7** | **145.2** | **145.9** | **146.6** | **146.4** | **145.7** | **145.3** | **145.9** |
| | 一、90㎡及以下 (90㎡ and below) | 143.7 | 143.6 | 143.7 | 143.9 | 143.8 | 144.1 | 144.8 | 145.7 | 145.5 | 144.9 | 144.2 | 144.6 |
| | 二、90㎡-144㎡ (90㎡-144㎡) | 143.6 | 144.9 | 144.7 | 144.5 | 144.2 | 144.4 | 144.9 | 146.2 | 146.1 | 145.9 | 146.2 | 146.5 |
| | 三、144㎡以上 (Above 144㎡) | 146.1 | 147.2 | 146.6 | 146.9 | 146.6 | 147.8 | 148.6 | 148.8 | 148.3 | 147.0 | 146.9 | 147.6 |
| | **二手住宅 (Second-hand residential buildings)** | **145.3** | **147.1** | **148.1** | **148.3** | **149.6** | **150.1** | **151.0** | **152.6** | **152.7** | **151.7** | **151.4** | **150.9** |
| | 一、90㎡及以下 (90㎡ and below) | 149.4 | 149.7 | 151.3 | 151.7 | 152.9 | 153.5 | 154.1 | 156.5 | 156.1 | 154.9 | 154.3 | 152.8 |
| | 二、90㎡-144㎡ (90㎡-144㎡) | 140.7 | 143.1 | 143.8 | 144.0 | 145.1 | 145.4 | 147.3 | 148.0 | 148.3 | 147.6 | 147.6 | 147.8 |
| | 三、144㎡以上 (Above 144㎡) | 143.6 | 147.7 | 147.7 | 147.7 | 149.2 | 149.9 | 150.0 | 151.4 | 151.9 | 151.0 | 150.8 | 151.3 |
| 同比价格指数 (Year-on-year price index) | **新建商品住宅（Newly constructed commercial residential buildings)** | **96.6** | **97.5** | **97.7** | **97.8** | **98.3** | **98.7** | **99.3** | **100.3** | **100.0** | **99.6** | **99.6** | **100.1** |
| | 一、90㎡及以下 (90㎡ and below) | 96.9 | 97.2 | 97.3 | 97.4 | 98.1 | 98.6 | 99.0 | 99.6 | 99.6 | 99.3 | 99.1 | 99.8 |
| | 二、90㎡-144㎡ (90㎡-144㎡) | 96.3 | 98.7 | 98.6 | 98.4 | 98.2 | 98.1 | 98.6 | 100.0 | 99.8 | 99.6 | 99.8 | 100.2 |
| | 三、144㎡以上 (Above 144㎡) | 96.2 | 97.3 | 97.7 | 98.2 | 98.8 | 99.4 | 100.6 | 101.7 | 101.1 | 100.4 | 100.5 | 100.6 |
| | **二手住宅 (Second-hand residential buildings)** | **102.6** | **104.7** | **105.0** | **104.4** | **105.0** | **105.6** | **105.6** | **106.9** | **107.0** | **105.9** | **105.5** | **104.8** |
| | 一、90㎡及以下 (90㎡ and below) | 103.7 | 104.4 | 105.4 | 104.7 | 104.9 | 105.1 | 105.1 | 106.7 | 106.3 | 104.5 | 103.5 | 103.3 |
| | 二、90㎡-144㎡ (90㎡-144㎡) | 100.9 | 103.2 | 103.4 | 103.0 | 103.5 | 104.5 | 105.0 | 106.2 | 106.8 | 106.7 | 106.8 | 105.7 |
| | 三、144㎡以上 (Above 144㎡) | 103.0 | 107.3 | 106.5 | 105.8 | 107.3 | 108.3 | 107.5 | 108.4 | 109.1 | 107.6 | 108.1 | 106.7 |
| 环比价格指数 (Month-on-month price index) | **新建商品住宅（Newly constructed commercial residential buildings)** | **100.0** | **99.4** | **99.9** | **100.1** | **99.9** | **100.3** | **100.5** | **100.5** | **99.8** | **99.5** | **99.8** | **100.4** |
| | 一、90㎡及以下 (90㎡ and below) | 99.7 | 99.5 | 100.1 | 100.1 | 100.0 | 100.2 | 100.5 | 100.6 | 99.9 | 99.6 | 99.5 | 100.3 |
| | 二、90㎡-144㎡ (90㎡-144㎡) | 99.6 | 99.5 | 99.9 | 99.9 | 99.8 | 100.1 | 100.4 | 100.9 | 100.0 | 99.8 | 100.2 | 100.2 |
| | 三、144㎡以上 (Above 144㎡) | 101.0 | 99.3 | 99.6 | 100.2 | 99.8 | 100.8 | 100.5 | 100.1 | 99.6 | 99.1 | 99.9 | 100.5 |
| | **二手住宅 (Second-hand residential buildings)** | **100.9** | **101.3** | **100.7** | **100.2** | **100.8** | **100.3** | **100.6** | **101.1** | **100.0** | **99.4** | **99.8** | **99.7** |
| | 一、90㎡及以下 (90㎡ and below) | 101.0 | 100.2 | 101.1 | 100.2 | 100.8 | 100.4 | 100.4 | 101.6 | 99.8 | 99.2 | 99.6 | 99.1 |
| | 二、90㎡-144㎡ (90㎡-144㎡) | 100.6 | 101.7 | 100.5 | 100.1 | 100.8 | 100.2 | 101.3 | 100.5 | 100.2 | 99.5 | 100.0 | 100.2 |
| | 三、144㎡以上 (Above 144㎡) | 101.2 | 102.9 | 100.0 | 100.0 | 101.0 | 100.4 | 100.1 | 101.0 | 100.3 | 99.5 | 99.9 | 100.3 |

# 4-4-25 2018年南宁市商品住宅销售价格指数
# Nanning Commercial Housing Price Indices of Residential Buildings 2018

| | 项目 Item | 1月 | 2月 | 3月 | 4月 | 5月 | 6月 | 7月 | 8月 | 9月 | 10月 | 11月 | 12月 |
|---|---|---|---|---|---|---|---|---|---|---|---|---|---|
| 定基价格指数 (Fixed base price index) | **新建商品住宅（Newly constructed commercial residential buildings)** | **123.1** | **123.6** | **124.2** | **124.4** | **124.8** | **127.2** | **128.3** | **130.4** | **131.0** | **131.4** | **132.0** | **134.2** |
| | 一、90m²及以下 (90m² and below) | 125.1 | 125.0 | 125.9 | 125.8 | 126.5 | 129.1 | 129.9 | 132.3 | 132.8 | 134.0 | 134.6 | 136.6 |
| | 二、90m²-144m² (90m²-144m²) | 121.7 | 122.6 | 123.1 | 123.7 | 123.7 | 125.9 | 127.1 | 129.1 | 129.5 | 129.5 | 130.2 | 132.2 |
| | 三、144m²以上 (Above 144m²) | 122.4 | 122.9 | 123.2 | 123.2 | 123.6 | 126.3 | 127.8 | 129.6 | 130.5 | 130.2 | 130.7 | 133.6 |
| | **二手住宅 (Second-hand residential buildings)** | **115.7** | **116.5** | **117.0** | **116.9** | **117.0** | **117.8** | **118.0** | **119.9** | **120.4** | **121.0** | **121.8** | **124.3** |
| | 一、90m²及以下 (90m² and below) | 113.2 | 113.5 | 113.8 | 113.8 | 114.3 | 115.4 | 115.5 | 117.3 | 117.5 | 118.2 | 118.9 | 121.1 |
| | 二、90m²-144m² (90m²-144m²) | 114.5 | 115.8 | 116.0 | 116.3 | 116.2 | 116.7 | 117.3 | 119.0 | 119.7 | 120.3 | 120.9 | 123.5 |
| | 三、144m²以上 (Above 144m²) | 123.2 | 124.0 | 125.5 | 124.7 | 124.4 | 124.9 | 124.9 | 127.5 | 127.6 | 128.2 | 129.8 | 132.6 |
| 同比价格指数 (Year-on-year price index) | **新建商品住宅（Newly constructed commercial residential buildings)** | **108.4** | **108.4** | **107.6** | **106.6** | **105.7** | **106.7** | **106.2** | **107.4** | **107.6** | **107.6** | **107.6** | **108.9** |
| | 一、90m²及以下 (90m² and below) | 109.5 | 108.8 | 108.0 | 107.3 | 106.1 | 107.5 | 106.6 | 108.0 | 108.0 | 108.7 | 109.0 | 109.6 |
| | 二、90m²-144m² (90m²-144m²) | 106.6 | 107.3 | 106.8 | 105.6 | 104.8 | 105.5 | 105.4 | 106.4 | 106.7 | 106.2 | 106.2 | 108.1 |
| | 三、144m²以上 (Above 144m²) | 110.5 | 110.3 | 108.9 | 108.1 | 107.1 | 108.1 | 107.4 | 108.6 | 108.9 | 108.8 | 108.1 | 109.6 |
| | **二手住宅 (Second-hand residential buildings)** | **107.0** | **107.2** | **107.1** | **106.2** | **105.4** | **104.3** | **103.0** | **104.2** | **104.4** | **104.4** | **104.7** | **106.7** |
| | 一、90m²及以下 (90m² and below) | 105.2 | 105.0 | 105.3 | 104.8 | 104.5 | 103.6 | 102.2 | 103.3 | 103.9 | 103.8 | 103.6 | 106.0 |
| | 二、90m²-144m² (90m²-144m²) | 107.1 | 108.0 | 107.1 | 106.2 | 105.3 | 104.3 | 103.6 | 104.6 | 105.6 | 105.4 | 105.2 | 106.8 |
| | 三、144m²以上 (Above 144m²) | 110.7 | 110.3 | 110.7 | 109.0 | 107.2 | 105.5 | 103.7 | 105.0 | 103.3 | 103.7 | 105.8 | 108.0 |
| 环比价格指数 (Month-on-month price index) | **新建商品住宅（Newly constructed commercial residential buildings)** | **100.1** | **100.3** | **100.5** | **100.2** | **100.3** | **102.0** | **100.8** | **101.7** | **100.4** | **100.3** | **100.5** | **101.6** |
| | 一、90m²及以下 (90m² and below) | 100.2 | 100.1 | 100.8 | 99.9 | 100.5 | 102.1 | 100.6 | 101.9 | 100.4 | 100.9 | 100.4 | 101.5 |
| | 二、90m²-144m² (90m²-144m²) | 99.8 | 100.4 | 100.4 | 100.5 | 100.0 | 101.7 | 100.9 | 101.6 | 100.4 | 100.0 | 100.6 | 101.5 |
| | 三、144m²以上 (Above 144m²) | 100.3 | 100.5 | 100.2 | 100.1 | 100.3 | 102.2 | 101.2 | 101.4 | 100.7 | 99.8 | 100.4 | 102.2 |
| | **二手住宅 (Second-hand residential buildings)** | **100.2** | **99.8** | **100.4** | **100.0** | **100.1** | **100.7** | **100.2** | **101.6** | **100.3** | **100.5** | **100.7** | **102.0** |
| | 一、90m²及以下 (90m² and below) | 100.1 | 99.2 | 100.3 | 100.0 | 100.4 | 101.0 | 100.1 | 101.6 | 100.2 | 100.6 | 100.6 | 101.8 |
| | 二、90m²-144m² (90m²-144m²) | 100.1 | 100.1 | 100.2 | 100.2 | 99.9 | 100.5 | 100.5 | 101.5 | 100.6 | 100.5 | 100.5 | 102.1 |
| | 三、144m²以上 (Above 144m²) | 100.6 | 100.4 | 101.2 | 99.4 | 99.8 | 100.4 | 100.0 | 102.1 | 100.1 | 100.5 | 101.2 | 102.2 |

# 4-4-26 2018年海口市商品住宅销售价格指数
## Haikou Commercial Housing Price Indices of Residential Buildings 2018

| 项 目 Item | | 1月 | 2月 | 3月 | 4月 | 5月 | 6月 | 7月 | 8月 | 9月 | 10月 | 11月 | 12月 |
|---|---|---|---|---|---|---|---|---|---|---|---|---|---|
| 定基价格指数 (Fixed base price index) | **新建商品住宅（Newly constructed commercial residential buildings)** | **115.4** | **117.5** | **120.0** | **122.3** | **124.9** | **129.8** | **132.8** | **134.0** | **134.5** | **135.3** | **135.7** | **137.5** |
| | 一、90㎡及以下 (90㎡ and below) | 113.7 | 115.2 | 117.7 | 119.6 | 121.8 | 126.7 | 129.3 | 130.7 | 131.1 | 132.0 | 132.6 | 134.3 |
| | 二、90㎡-144㎡ (90㎡-144㎡) | 116.8 | 118.7 | 121.3 | 124.2 | 127.0 | 132.0 | 135.5 | 136.6 | 137.2 | 137.9 | 138.4 | 140.3 |
| | 三、144㎡以上 (Above 144㎡) | 113.5 | 116.4 | 119.0 | 120.3 | 122.5 | 127.2 | 129.3 | 130.9 | 130.9 | 132.0 | 132.0 | 133.8 |
| | **二手住宅 (Second-hand residential buildings)** | **103.6** | **104.4** | **106.1** | **107.1** | **108.5** | **110.3** | **113.5** | **115.8** | **115.6** | **115.3** | **115.2** | **115.1** |
| | 一、90㎡及以下 (90㎡ and below) | 103.1 | 103.9 | 105.8 | 106.7 | 108.0 | 109.4 | 112.4 | 114.9 | 114.7 | 114.5 | 114.4 | 114.3 |
| | 二、90㎡-144㎡ (90㎡-144㎡) | 104.4 | 105.1 | 106.7 | 107.8 | 109.0 | 111.6 | 115.0 | 117.0 | 116.8 | 116.5 | 116.4 | 116.3 |
| | 三、144㎡以上 (Above 144㎡) | 103.5 | 103.5 | 105.4 | 106.8 | 108.6 | 109.8 | 113.7 | 115.7 | 115.2 | 114.8 | 114.6 | 114.4 |
| 同比价格指数 (Year-on-year price index) | **新建商品住宅（Newly constructed commercial residential buildings)** | **108.0** | **109.0** | **108.6** | **111.1** | **114.1** | **117.2** | **119.0** | **121.4** | **121.7** | **122.4** | **123.0** | **122.1** |
| | 一、90㎡及以下 (90㎡ and below) | 104.3 | 104.7 | 104.4 | 107.1 | 110.2 | 113.4 | 114.4 | 117.0 | 117.5 | 118.5 | 122.4 | 120.6 |
| | 二、90㎡-144㎡ (90㎡-144㎡) | 109.0 | 109.9 | 109.2 | 112.5 | 115.6 | 118.5 | 121.0 | 123.0 | 123.5 | 124.4 | 122.7 | 122.1 |
| | 三、144㎡以上 (Above 144㎡) | 109.1 | 110.9 | 111.0 | 111.4 | 113.9 | 117.5 | 118.2 | 121.2 | 120.9 | 121.0 | 124.6 | 123.1 |
| | **二手住宅 (Second-hand residential buildings)** | **100.6** | **100.7** | **101.3** | **102.3** | **103.5** | **104.8** | **108.2** | **110.7** | **111.1** | **111.4** | **111.8** | **111.5** |
| | 一、90㎡及以下 (90㎡ and below) | 100.3 | 100.4 | 101.0 | 101.8 | 103.1 | 103.9 | 107.1 | 110.0 | 110.4 | 111.1 | 111.4 | 111.2 |
| | 二、90㎡-144㎡ (90㎡-144㎡) | 101.0 | 101.3 | 102.0 | 102.9 | 104.0 | 106.0 | 109.4 | 111.6 | 112.0 | 111.8 | 112.2 | 111.9 |
| | 三、144㎡以上 (Above 144㎡) | 100.8 | 100.0 | 100.6 | 102.2 | 103.9 | 104.8 | 109.0 | 111.2 | 111.1 | 111.6 | 112.1 | 111.7 |
| 环比价格指数 (Month-on-month price index) | **新建商品住宅（Newly constructed commercial residential buildings)** | **102.4** | **101.8** | **102.1** | **101.9** | **102.1** | **103.9** | **102.3** | **100.9** | **100.3** | **100.6** | **100.3** | **101.4** |
| | 一、90㎡及以下 (90㎡ and below) | 102.2 | 101.3 | 102.1 | 101.6 | 101.9 | 104.0 | 102.0 | 101.1 | 100.3 | 100.7 | 100.5 | 101.3 |
| | 二、90㎡-144㎡ (90㎡-144㎡) | 101.7 | 101.6 | 102.1 | 102.4 | 102.3 | 103.9 | 102.7 | 100.7 | 100.4 | 100.5 | 100.3 | 101.4 |
| | 三、144㎡以上 (Above 144㎡) | 104.4 | 102.6 | 102.2 | 101.1 | 101.9 | 103.8 | 101.7 | 101.3 | 100.0 | 100.8 | 100.0 | 101.4 |
| | **二手住宅 (Second-hand residential buildings)** | **100.5** | **100.7** | **101.7** | **101.0** | **101.3** | **101.7** | **103.0** | **102.0** | **99.8** | **99.8** | **99.9** | **99.9** |
| | 一、90㎡及以下 (90㎡ and below) | 100.3 | 100.8 | 101.8 | 100.8 | 101.2 | 101.3 | 102.8 | 102.2 | 99.8 | 99.8 | 99.9 | 99.9 |
| | 二、90㎡-144㎡ (90㎡-144㎡) | 100.5 | 100.7 | 101.5 | 101.0 | 101.2 | 102.3 | 103.1 | 101.7 | 99.8 | 99.8 | 99.9 | 99.9 |
| | 三、144㎡以上 (Above 144㎡) | 101.1 | 100.0 | 101.8 | 101.3 | 101.7 | 101.1 | 103.4 | 101.8 | 99.5 | 99.7 | 99.8 | 99.9 |

# 4-4-27 2018年重庆市商品住宅销售价格指数
## Chongqing Commercial Housing Price Indices of Residential Buildings 2018

| | 项 目 Item | 1月 | 2月 | 3月 | 4月 | 5月 | 6月 | 7月 | 8月 | 9月 | 10月 | 11月 | 12月 |
|---|---|---|---|---|---|---|---|---|---|---|---|---|---|
| 定基价格指数 (Fixed base price index) | **新建商品住宅（Newly constructed commercial residential buildings)** | **118.0** | **119.1** | **119.8** | **121.1** | **122.2** | **124.4** | **126.0** | **127.3** | **128.7** | **129.6** | **131.0** | **132.1** |
| | 一、90㎡及以下 (90㎡ and below) | 120.2 | 121.1 | 122.1 | 123.9 | 125.4 | 127.4 | 129.0 | 130.2 | 132.0 | 133.5 | 135.3 | 137.1 |
| | 二、90㎡-144㎡ (90㎡-144㎡) | 116.6 | 118.2 | 119.0 | 120.0 | 120.9 | 122.9 | 124.7 | 126.0 | 127.3 | 128.2 | 129.1 | 129.5 |
| | 三、144㎡以上 (Above 144㎡) | 117.0 | 117.2 | 117.6 | 118.6 | 119.3 | 122.1 | 123.5 | 124.8 | 125.7 | 126.1 | 127.4 | 128.6 |
| | **二手住宅 (Second-hand residential buildings)** | **115.6** | **115.9** | **116.3** | **117.3** | **118.5** | **120.0** | **121.4** | **123.4** | **124.4** | **125.0** | **125.5** | **126.2** |
| | 一、90㎡及以下 (90㎡ and below) | 115.6 | 115.7 | 116.3 | 117.1 | 118.1 | 119.3 | 120.5 | 122.5 | 123.8 | 124.9 | 125.5 | 126.4 |
| | 二、90㎡-144㎡ (90㎡-144㎡) | 117.8 | 118.1 | 118.1 | 119.6 | 120.9 | 123.0 | 124.5 | 126.5 | 127.3 | 127.6 | 127.9 | 128.6 |
| | 三、144㎡以上 (Above 144㎡) | 110.1 | 110.9 | 111.4 | 112.1 | 113.4 | 114.4 | 116.0 | 118.0 | 118.8 | 118.8 | 118.9 | 119.6 |
| 同比价格指数 (Year-on-year price index) | **新建商品住宅（Newly constructed commercial residential buildings)** | **108.3** | **108.2** | **107.7** | **107.4** | **107.5** | **107.7** | **108.2** | **109.0** | **110.0** | **110.6** | **111.1** | **111.6** |
| | 一、90㎡及以下 (90㎡ and below) | 110.4 | 109.5 | 108.8 | 108.6 | 108.5 | 108.3 | 108.8 | 109.6 | 110.6 | 111.6 | 112.6 | 113.8 |
| | 二、90㎡-144㎡ (90㎡-144㎡) | 106.6 | 107.2 | 106.7 | 106.2 | 106.7 | 107.0 | 107.8 | 108.3 | 109.4 | 109.8 | 110.2 | 110.1 |
| | 三、144㎡以上 (Above 144㎡) | 108.0 | 107.8 | 107.8 | 107.4 | 107.2 | 108.1 | 108.0 | 109.1 | 109.8 | 110.4 | 110.2 | 110.4 |
| | **二手住宅 (Second-hand residential buildings)** | **108.0** | **107.7** | **107.2** | **107.1** | **107.2** | **107.1** | **107.2** | **108.2** | **108.5** | **108.7** | **108.9** | **109.2** |
| | 一、90㎡及以下 (90㎡ and below) | 107.9 | 107.6 | 107.4 | 107.1 | 107.1 | 106.7 | 106.7 | 107.6 | 108.0 | 108.8 | 109.0 | 109.4 |
| | 二、90㎡-144㎡ (90㎡-144㎡) | 108.9 | 108.3 | 107.6 | 107.9 | 107.9 | 108.1 | 108.0 | 108.9 | 109.2 | 108.9 | 109.0 | 109.3 |
| | 三、144㎡以上 (Above 144㎡) | 105.8 | 106.2 | 105.5 | 104.6 | 105.4 | 105.9 | 106.7 | 107.8 | 108.1 | 108.1 | 108.2 | 108.3 |
| 环比价格指数 (Month-on-month price index) | **新建商品住宅（Newly constructed commercial residential buildings)** | **100.3** | **100.3** | **100.7** | **101.1** | **100.9** | **101.8** | **101.3** | **101.0** | **101.1** | **100.8** | **101.1** | **100.8** |
| | 一、90㎡及以下 (90㎡ and below) | 100.1 | 100.4 | 100.8 | 101.5 | 101.2 | 101.6 | 101.3 | 101.0 | 101.3 | 101.1 | 101.4 | 101.3 |
| | 二、90㎡-144㎡ (90㎡-144㎡) | 100.3 | 100.3 | 100.6 | 100.9 | 100.7 | 101.7 | 101.4 | 101.0 | 101.0 | 100.7 | 100.8 | 100.3 |
| | 三、144㎡以上 (Above 144㎡) | 100.5 | 100.0 | 100.4 | 100.8 | 100.6 | 102.3 | 101.2 | 101.1 | 100.8 | 100.3 | 101.0 | 100.9 |
| | **二手住宅 (Second-hand residential buildings)** | **100.1** | **100.1** | **100.3** | **100.9** | **101.0** | **101.3** | **101.2** | **101.6** | **100.8** | **100.5** | **100.3** | **100.6** |
| | 一、90㎡及以下 (90㎡ and below) | 100.1 | 100.0 | 100.5 | 100.7 | 100.9 | 101.0 | 101.1 | 101.6 | 101.1 | 100.9 | 100.5 | 100.7 |
| | 二、90㎡-144㎡ (90㎡-144㎡) | 100.1 | 100.2 | 100.1 | 101.2 | 101.1 | 101.7 | 101.2 | 101.6 | 100.6 | 100.3 | 100.3 | 100.6 |
| | 三、144㎡以上 (Above 144㎡) | 100.2 | 100.2 | 100.4 | 100.6 | 101.2 | 100.9 | 101.4 | 101.7 | 100.7 | 100.0 | 100.1 | 100.6 |

# 4-4-28 2018年成都市商品住宅销售价格指数
## Chengdu Commercial Housing Price Indices of Residential Buildings 2018

| 项 目 Item | | 1月 | 2月 | 3月 | 4月 | 5月 | 6月 | 7月 | 8月 | 9月 | 10月 | 11月 | 12月 |
|---|---|---|---|---|---|---|---|---|---|---|---|---|---|
| 定基价格指数 (Fixed base price index) | **新建商品住宅（Newly constructed commercial residential buildings)** | **123.5** | **123.5** | **123.7** | **124.1** | **126.7** | **128.8** | **130.1** | **131.6** | **132.5** | **134.7** | **137.1** | **139.0** |
| | 一、90m²及以下 (90m² and below) | 122.6 | 122.8 | 123.2 | 123.4 | 126.1 | 128.2 | 129.7 | 131.4 | 132.8 | 135.1 | 138.0 | 140.0 |
| | 二、90m²-144m² (90m²-144m²) | 124.4 | 124.2 | 124.2 | 124.7 | 127.3 | 129.1 | 130.4 | 131.4 | 131.8 | 134.3 | 136.2 | 138.0 |
| | 三、144m²以上 (Above 144m²) | 123.9 | 123.9 | 124.1 | 124.4 | 127.1 | 129.3 | 130.5 | 132.4 | 133.0 | 134.7 | 136.9 | 138.5 |
| | **二手住宅 (Second-hand residential buildings)** | **110.2** | **110.6** | **110.3** | **109.9** | **110.5** | **111.0** | **112.8** | **114.4** | **115.1** | **115.6** | **116.2** | **117.2** |
| | 一、90m²及以下 (90m² and below) | 111.8 | 112.3 | 112.1 | 111.6 | 112.3 | 113.0 | 114.7 | 116.1 | 116.5 | 116.8 | 117.7 | 118.3 |
| | 二、90m²-144m² (90m²-144m²) | 108.6 | 109.0 | 108.7 | 108.3 | 108.8 | 109.0 | 110.6 | 112.2 | 113.5 | 114.3 | 114.5 | 115.7 |
| | 三、144m²以上 (Above 144m²) | 109.8 | 109.9 | 108.9 | 108.7 | 109.6 | 110.1 | 112.6 | 114.6 | 115.0 | 115.4 | 116.0 | 117.8 |
| 同比价格指数 (Year-on-year price index) | **新建商品住宅（Newly constructed commercial residential buildings)** | **102.3** | **101.5** | **101.8** | **101.1** | **103.5** | **105.3** | **106.5** | **108.2** | **108.9** | **110.0** | **111.8** | **112.7** |
| | 一、90m²及以下 (90m² and below) | 103.6 | 103.3 | 104.0 | 102.3 | 104.1 | 105.6 | 106.6 | 109.0 | 109.8 | 110.9 | 113.0 | 113.9 |
| | 二、90m²-144m² (90m²-144m²) | 100.4 | 99.7 | 100.4 | 100.2 | 102.8 | 104.9 | 106.4 | 107.0 | 107.3 | 108.9 | 110.3 | 111.5 |
| | 三、144m²以上 (Above 144m²) | 102.7 | 101.0 | 100.0 | 100.3 | 103.2 | 105.5 | 106.6 | 108.5 | 109.6 | 110.0 | 111.7 | 112.4 |
| | **二手住宅 (Second-hand residential buildings)** | **103.5** | **103.2** | **102.0** | **101.1** | **101.6** | **101.9** | **103.2** | **104.5** | **104.7** | **104.6** | **105.1** | **105.8** |
| | 一、90m²及以下 (90m² and below) | 103.7 | 103.4 | 102.0 | 101.3 | 101.9 | 102.6 | 104.0 | 104.9 | 104.7 | 104.3 | 105.2 | 105.4 |
| | 二、90m²-144m² (90m²-144m²) | 102.9 | 102.9 | 102.1 | 101.1 | 101.3 | 101.2 | 101.9 | 103.3 | 104.1 | 104.5 | 104.5 | 105.5 |
| | 三、144m²以上 (Above 144m²) | 104.4 | 103.6 | 101.7 | 100.7 | 101.3 | 101.9 | 103.8 | 106.2 | 106.1 | 105.5 | 106.2 | 107.7 |
| 环比价格指数 (Month-on-month price index) | **新建商品住宅（Newly constructed commercial residential buildings)** | **100.2** | **100.0** | **100.2** | **100.3** | **102.2** | **101.6** | **101.0** | **101.1** | **100.7** | **101.7** | **101.8** | **101.3** |
| | 一、90m²及以下 (90m² and below) | 99.8 | 100.1 | 100.4 | 100.1 | 102.2 | 101.7 | 101.1 | 101.3 | 101.1 | 101.8 | 102.1 | 101.4 |
| | 二、90m²-144m² (90m²-144m²) | 100.5 | 99.8 | 100.0 | 100.5 | 102.0 | 101.5 | 101.0 | 100.8 | 100.3 | 101.9 | 101.4 | 101.3 |
| | 三、144m²以上 (Above 144m²) | 100.5 | 100.0 | 100.1 | 100.2 | 102.2 | 101.7 | 100.9 | 101.5 | 100.5 | 101.3 | 101.6 | 101.2 |
| | **二手住宅 (Second-hand residential buildings)** | **99.7** | **100.2** | **99.6** | **99.7** | **100.6** | **100.4** | **101.6** | **101.4** | **100.6** | **100.5** | **100.5** | **100.9** |
| | 一、90m²及以下 (90m² and below) | 99.6 | 100.4 | 99.8 | 99.6 | 100.6 | 100.6 | 101.6 | 101.2 | 100.3 | 100.3 | 100.7 | 100.5 |
| | 二、90m²-144m² (90m²-144m²) | 99.5 | 99.9 | 99.7 | 99.6 | 100.4 | 100.2 | 101.5 | 101.4 | 101.1 | 100.8 | 100.2 | 101.1 |
| | 三、144m²以上 (Above 144m²) | 100.5 | 100.1 | 99.1 | 99.8 | 100.8 | 100.4 | 102.2 | 101.8 | 100.3 | 100.3 | 100.5 | 101.6 |

# 4-4-29 2018年贵阳市商品住宅销售价格指数
## Guiyang Commercial Housing Price Indices of Residential Buildings 2018

| 项 目 Item | | 1月 | 2月 | 3月 | 4月 | 5月 | 6月 | 7月 | 8月 | 9月 | 10月 | 11月 | 12月 |
|---|---|---|---|---|---|---|---|---|---|---|---|---|---|
| 定基价格指数 (Fixed base price index) | **新建商品住宅（Newly constructed commercial residential buildings)** | **117.1** | **117.3** | **118.2** | **119.7** | **120.4** | **121.8** | **123.9** | **126.2** | **128.8** | **134.2** | **136.8** | **137.5** |
| | 一、90㎡及以下 (90㎡ and below) | 118.6 | 117.8 | 118.4 | 120.2 | 121.5 | 123.6 | 125.8 | 128.9 | 131.8 | 138.0 | 140.3 | 140.8 |
| | 二、90㎡-144㎡ (90㎡-144㎡) | 117.6 | 118.3 | 119.2 | 120.8 | 121.2 | 122.3 | 124.2 | 126.1 | 128.6 | 133.6 | 136.4 | 137.3 |
| | 三、144㎡以上 (Above 144㎡) | 113.3 | 113.8 | 114.7 | 115.7 | 116.4 | 117.7 | 120.4 | 122.5 | 125.0 | 130.4 | 132.9 | 133.3 |
| | **二手住宅 (Second-hand residential buildings)** | **107.9** | **108.7** | **109.1** | **109.8** | **110.2** | **111.3** | **113.4** | **115.2** | **118.2** | **120.3** | **121.2** | **121.8** |
| | 一、90㎡及以下 (90㎡ and below) | 107.6 | 108.5 | 108.8 | 109.2 | 109.6 | 110.7 | 112.7 | 114.7 | 118.0 | 119.8 | 120.9 | 121.6 |
| | 二、90㎡-144㎡ (90㎡-144㎡) | 107.3 | 108.0 | 108.6 | 109.2 | 109.5 | 110.5 | 112.6 | 114.2 | 117.1 | 119.0 | 119.6 | 120.1 |
| | 三、144㎡以上 (Above 144㎡) | 109.7 | 110.8 | 111.1 | 112.2 | 112.8 | 113.9 | 116.4 | 118.2 | 121.5 | 124.2 | 125.8 | 126.4 |
| 同比价格指数 (Year-on-year price index) | **新建商品住宅（Newly constructed commercial residential buildings)** | **111.2** | **110.9** | **110.3** | **110.1** | **109.7** | **110.3** | **111.3** | **112.5** | **114.0** | **118.3** | **119.6** | **118.8** |
| | 一、90㎡及以下 (90㎡ and below) | 112.7 | 111.2 | 110.1 | 110.1 | 110.4 | 111.5 | 112.0 | 113.4 | 115.4 | 120.5 | 121.5 | 120.6 |
| | 二、90㎡-144㎡ (90㎡-144㎡) | 111.0 | 111.4 | 110.8 | 110.6 | 109.9 | 110.1 | 111.2 | 112.3 | 113.6 | 117.5 | 119.0 | 118.3 |
| | 三、144㎡以上 (Above 144㎡) | 109.5 | 109.0 | 109.2 | 108.3 | 108.1 | 109.2 | 110.5 | 111.7 | 113.5 | 117.7 | 118.6 | 117.8 |
| | **二手住宅 (Second-hand residential buildings)** | **104.9** | **105.4** | **105.4** | **105.0** | **104.9** | **105.5** | **107.1** | **108.5** | **110.9** | **112.6** | **112.8** | **112.6** |
| | 一、90㎡及以下 (90㎡ and below) | 105.0 | 105.5 | 105.4 | 104.9 | 104.8 | 105.4 | 106.8 | 108.1 | 110.5 | 112.0 | 112.4 | 112.2 |
| | 二、90㎡-144㎡ (90㎡-144㎡) | 104.5 | 104.9 | 105.1 | 104.8 | 104.5 | 105.2 | 106.8 | 108.2 | 110.5 | 112.1 | 111.9 | 111.8 |
| | 三、144㎡以上 (Above 144㎡) | 105.7 | 106.4 | 106.1 | 105.8 | 105.8 | 106.6 | 108.4 | 109.9 | 112.3 | 114.7 | 115.9 | 115.2 |
| 环比价格指数 (Month-on-month price index) | **新建商品住宅（Newly constructed commercial residential buildings)** | **101.0** | **100.4** | **100.7** | **101.3** | **100.6** | **101.2** | **101.8** | **101.8** | **102.1** | **104.2** | **101.9** | **100.6** |
| | 一、90㎡及以下 (90㎡ and below) | 100.6 | 100.2 | 100.5 | 101.5 | 101.1 | 101.7 | 101.8 | 102.5 | 102.2 | 104.7 | 101.6 | 100.4 |
| | 二、90㎡-144㎡ (90㎡-144㎡) | 101.3 | 100.6 | 100.8 | 101.3 | 100.3 | 100.9 | 101.5 | 101.5 | 102.0 | 103.8 | 102.1 | 100.7 |
| | 三、144㎡以上 (Above 144㎡) | 100.6 | 99.9 | 100.8 | 100.9 | 100.6 | 101.1 | 102.4 | 101.7 | 102.0 | 104.4 | 101.9 | 100.3 |
| | **二手住宅 (Second-hand residential buildings)** | **100.5** | **100.3** | **100.4** | **100.6** | **100.4** | **101.0** | **101.7** | **101.6** | **102.7** | **101.7** | **100.8** | **100.5** |
| | 一、90㎡及以下 (90㎡ and below) | 100.2 | 100.2 | 100.2 | 100.3 | 100.4 | 101.1 | 101.5 | 101.7 | 102.9 | 101.5 | 100.9 | 100.6 |
| | 二、90㎡-144㎡ (90㎡-144㎡) | 100.4 | 100.3 | 100.5 | 100.6 | 100.3 | 100.9 | 101.8 | 101.5 | 102.5 | 101.6 | 100.5 | 100.4 |
| | 三、144㎡以上 (Above 144㎡) | 101.1 | 100.2 | 100.3 | 100.9 | 100.6 | 101.0 | 101.9 | 101.6 | 102.8 | 102.2 | 101.3 | 100.5 |

# 4-4-30 2018年昆明市商品住宅销售价格指数
## Kunming Commercial Housing Price Indices of Residential Buildings 2018

| 项 目 Item | | 1月 | 2月 | 3月 | 4月 | 5月 | 6月 | 7月 | 8月 | 9月 | 10月 | 11月 | 12月 |
|---|---|---|---|---|---|---|---|---|---|---|---|---|---|
| 定基价格指数 (Fixed base price index) | **新建商品住宅（Newly constructed commercial residential buildings)** | **114.5** | **115.6** | **116.6** | **117.4** | **118.5** | **120.8** | **124.3** | **126.2** | **128.7** | **130.5** | **131.4** | **132.6** |
| | 一、90㎡及以下 (90㎡ and below) | 114.8 | 116.1 | 117.5 | 118.0 | 118.6 | 120.6 | 124.9 | 127.4 | 129.8 | 131.4 | 132.0 | 132.9 |
| | 二、90㎡-144㎡ (90㎡-144㎡) | 114.5 | 116.6 | 117.6 | 118.6 | 120.1 | 122.4 | 125.5 | 127.1 | 129.4 | 131.2 | 132.2 | 133.0 |
| | 三、144㎡以上 (Above 144㎡) | 114.0 | 113.4 | 113.8 | 114.5 | 115.3 | 117.8 | 121.6 | 123.5 | 126.5 | 128.4 | 129.4 | 131.5 |
| | **二手住宅 (Second-hand residential buildings)** | **108.9** | **110.1** | **110.6** | **110.9** | **112.7** | **113.5** | **116.2** | **118.5** | **121.6** | **123.1** | **123.9** | **125.6** |
| | 一、90㎡及以下 (90㎡ and below) | 108.2 | 109.8 | 109.9 | 110.5 | 112.2 | 113.1 | 115.5 | 118.1 | 121.2 | 122.4 | 123.0 | 124.4 |
| | 二、90㎡-144㎡ (90㎡-144㎡) | 108.5 | 109.6 | 110.0 | 110.0 | 111.6 | 112.6 | 115.2 | 117.5 | 121.0 | 122.7 | 123.1 | 125.0 |
| | 三、144㎡以上 (Above 144㎡) | 110.5 | 111.5 | 112.6 | 113.1 | 115.2 | 115.7 | 118.8 | 120.9 | 123.4 | 124.9 | 126.5 | 128.6 |
| 同比价格指数 (Year-on-year price index) | **新建商品住宅（Newly constructed commercial residential buildings)** | **110.6** | **111.4** | **111.5** | **110.4** | **110.8** | **112.1** | **114.7** | **115.9** | **118.0** | **119.2** | **118.6** | **116.6** |
| | 一、90㎡及以下 (90㎡ and below) | 109.8 | 110.8 | 111.6 | 109.7 | 109.7 | 110.5 | 114.4 | 115.8 | 118.3 | 119.4 | 118.4 | 116.0 |
| | 二、90㎡-144㎡ (90㎡-144㎡) | 110.4 | 112.2 | 112.3 | 111.7 | 112.2 | 113.7 | 115.3 | 116.4 | 118.0 | 119.1 | 118.5 | 116.1 |
| | 三、144㎡以上 (Above 144㎡) | 111.6 | 110.2 | 109.8 | 108.8 | 109.2 | 110.7 | 113.7 | 114.9 | 117.6 | 119.2 | 118.9 | 118.2 |
| | **二手住宅 (Second-hand residential buildings)** | **106.4** | **107.8** | **107.3** | **106.9** | **107.8** | **108.1** | **110.3** | **112.0** | **114.4** | **115.5** | **115.3** | **115.4** |
| | 一、90㎡及以下 (90㎡ and below) | 105.2 | 107.4 | 106.9 | 106.1 | 107.3 | 107.9 | 110.0 | 112.3 | 114.7 | 115.1 | 115.1 | 114.8 |
| | 二、90㎡-144㎡ (90㎡-144㎡) | 106.3 | 107.0 | 106.6 | 106.3 | 107.2 | 107.2 | 109.5 | 111.0 | 114.0 | 115.3 | 115.1 | 115.6 |
| | 三、144㎡以上 (Above 144㎡) | 108.6 | 110.0 | 109.2 | 108.9 | 109.5 | 109.8 | 112.0 | 113.3 | 114.7 | 116.3 | 115.8 | 115.8 |
| 环比价格指数 (Month-on-month price index) | **新建商品住宅（Newly constructed commercial residential buildings)** | **101.4** | **100.3** | **100.8** | **100.7** | **100.9** | **101.9** | **102.9** | **101.5** | **102.0** | **101.4** | **100.7** | **100.9** |
| | 一、90㎡及以下 (90㎡ and below) | 101.3 | 100.0 | 101.3 | 100.4 | 100.5 | 101.7 | 103.6 | 102.0 | 101.9 | 101.3 | 100.4 | 100.7 |
| | 二、90㎡-144㎡ (90㎡-144㎡) | 101.5 | 100.3 | 100.9 | 100.8 | 101.3 | 101.9 | 102.5 | 101.2 | 101.8 | 101.4 | 100.8 | 100.6 |
| | 三、144㎡以上 (Above 144㎡) | 101.5 | 100.5 | 100.3 | 100.7 | 100.7 | 102.2 | 103.2 | 101.6 | 102.4 | 101.5 | 100.8 | 101.6 |
| | **二手住宅 (Second-hand residential buildings)** | **100.7** | **100.5** | **100.4** | **100.3** | **101.6** | **100.8** | **102.3** | **102.0** | **102.6** | **101.2** | **100.6** | **101.4** |
| | 一、90㎡及以下 (90㎡ and below) | 100.8 | 100.5 | 100.1 | 100.6 | 101.5 | 100.8 | 102.2 | 102.2 | 102.7 | 101.0 | 100.5 | 101.1 |
| | 二、90㎡-144㎡ (90㎡-144㎡) | 100.7 | 100.7 | 100.4 | 100.0 | 101.5 | 100.9 | 102.3 | 102.0 | 103.0 | 101.5 | 100.3 | 101.6 |
| | 三、144㎡以上 (Above 144㎡) | 100.4 | 100.0 | 101.0 | 100.5 | 101.9 | 100.4 | 102.6 | 101.8 | 102.0 | 101.2 | 101.3 | 101.7 |

# 4-4-31 2018年西安市商品住宅销售价格指数
# Xi'an Commercial Housing Price Indices of Residential Buildings 2018

| 项 目 Item | | 1月 | 2月 | 3月 | 4月 | 5月 | 6月 | 7月 | 8月 | 9月 | 10月 | 11月 | 12月 |
|---|---|---|---|---|---|---|---|---|---|---|---|---|---|
| 定基价格指数 (Fixed base price index) | **新建商品住宅（Newly constructed commercial residential buildings)** | **121.1** | **122.6** | **123.7** | **125.7** | **127.7** | **129.1** | **130.7** | **134.6** | **143.0** | **144.8** | **146.9** | **148.5** |
| | 一、90㎡及以下 (90㎡ and below) | 121.2 | 122.9 | 123.9 | 125.4 | 127.3 | 129.3 | 131.6 | 135.8 | 144.9 | 146.6 | 149.4 | 151.1 |
| | 二、90㎡-144㎡ (90㎡-144㎡) | 121.5 | 122.7 | 123.9 | 125.9 | 128.0 | 129.2 | 130.5 | 134.7 | 142.8 | 145.2 | 146.9 | 147.9 |
| | 三、144㎡以上 (Above 144㎡) | 120.2 | 122.3 | 123.2 | 125.7 | 127.5 | 128.5 | 130.1 | 133.4 | 141.5 | 142.5 | 144.2 | 147.0 |
| | **二手住宅 (Second-hand residential buildings)** | **105.1** | **104.9** | **106.3** | **108.6** | **110.3** | **112.0** | **113.1** | **115.7** | **118.6** | **120.4** | **121.2** | **120.8** |
| | 一、90㎡及以下 (90㎡ and below) | 106.7 | 107.0 | 108.6 | 111.7 | 113.7 | 115.0 | 116.1 | 118.9 | 121.8 | 123.5 | 124.3 | 123.7 |
| | 二、90㎡-144㎡ (90㎡-144㎡) | 105.6 | 105.2 | 106.3 | 108.5 | 110.0 | 111.9 | 113.0 | 115.6 | 118.3 | 120.0 | 120.7 | 120.3 |
| | 三、144㎡以上 (Above 144㎡) | 101.5 | 100.8 | 102.3 | 104.1 | 105.2 | 107.3 | 108.3 | 110.9 | 114.0 | 116.5 | 117.3 | 117.3 |
| 同比价格指数 (Year-on-year price index) | **新建商品住宅（Newly constructed commercial residential buildings)** | **111.1** | **111.3** | **111.2** | **111.2** | **111.0** | **110.4** | **110.6** | **113.5** | **120.0** | **120.7** | **121.8** | **122.4** |
| | 一、90㎡及以下 (90㎡ and below) | 110.2 | 110.4 | 110.5 | 110.2 | 109.6 | 109.5 | 109.9 | 113.5 | 119.8 | 120.6 | 122.2 | 122.8 |
| | 二、90㎡-144㎡ (90㎡-144㎡) | 112.1 | 111.7 | 111.3 | 111.2 | 111.3 | 110.5 | 110.6 | 113.3 | 120.0 | 121.3 | 122.1 | 122.0 |
| | 三、144㎡以上 (Above 144㎡) | 110.3 | 111.4 | 112.0 | 112.5 | 111.8 | 111.0 | 111.2 | 114.0 | 120.1 | 119.6 | 120.8 | 122.6 |
| | **二手住宅 (Second-hand residential buildings)** | **108.9** | **108.3** | **108.4** | **109.4** | **109.5** | **109.5** | **109.7** | **111.3** | **114.1** | **115.7** | **115.9** | **115.0** |
| | 一、90㎡及以下 (90㎡ and below) | 110.5 | 110.3 | 110.8 | 112.3 | 112.5 | 111.8 | 111.9 | 113.4 | 116.2 | 117.1 | 117.4 | 115.9 |
| | 二、90㎡-144㎡ (90㎡-144㎡) | 108.7 | 107.6 | 107.5 | 108.3 | 108.6 | 108.4 | 108.5 | 110.0 | 112.7 | 114.4 | 114.5 | 113.9 |
| | 三、144㎡以上 (Above 144㎡) | 106.9 | 106.3 | 106.7 | 107.2 | 106.9 | 108.3 | 109.0 | 110.8 | 113.9 | 116.2 | 116.6 | 115.7 |
| 环比价格指数 (Month-on-month price index) | **新建商品住宅（Newly constructed commercial residential buildings)** | **100.6** | **100.5** | **100.9** | **101.6** | **101.6** | **101.1** | **101.2** | **103.0** | **106.2** | **101.3** | **101.4** | **101.1** |
| | 一、90㎡及以下 (90㎡ and below) | 99.7 | 100.2 | 100.8 | 101.2 | 101.5 | 101.6 | 101.7 | 103.2 | 106.7 | 101.2 | 101.9 | 101.1 |
| | 二、90㎡-144㎡ (90㎡-144㎡) | 100.8 | 100.4 | 100.9 | 101.6 | 101.7 | 101.0 | 101.0 | 103.2 | 106.0 | 101.7 | 101.2 | 100.7 |
| | 三、144㎡以上 (Above 144㎡) | 100.9 | 101.0 | 100.8 | 102.0 | 101.4 | 100.8 | 101.2 | 102.5 | 106.1 | 100.7 | 101.2 | 101.9 |
| | **二手住宅 (Second-hand residential buildings)** | **100.0** | **99.8** | **101.3** | **102.3** | **101.5** | **101.6** | **101.0** | **102.4** | **102.5** | **101.5** | **100.7** | **99.7** |
| | 一、90㎡及以下 (90㎡ and below) | 100.0 | 100.3 | 101.5 | 102.9 | 101.8 | 101.2 | 101.0 | 102.4 | 102.5 | 101.4 | 100.7 | 99.5 |
| | 二、90㎡-144㎡ (90㎡-144㎡) | 100.0 | 99.7 | 101.1 | 102.0 | 101.5 | 101.7 | 101.0 | 102.3 | 102.3 | 101.4 | 100.6 | 99.7 |
| | 三、144㎡以上 (Above 144㎡) | 100.1 | 99.3 | 101.5 | 101.8 | 101.0 | 102.0 | 100.9 | 102.5 | 102.8 | 102.2 | 100.8 | 100.0 |

# 4-4-32 2018年兰州市商品住宅销售价格指数
## Lanzhou Commercial Housing Price Indices of Residential Buildings 2018

| | 项 目 Item | 1月 | 2月 | 3月 | 4月 | 5月 | 6月 | 7月 | 8月 | 9月 | 10月 | 11月 | 12月 |
|---|---|---|---|---|---|---|---|---|---|---|---|---|---|
| 定基价格指数 (Fixed base price index) | **新建商品住宅（Newly constructed commercial residential buildings)** | **109.2** | **110.0** | **110.4** | **111.0** | **111.8** | **113.2** | **114.0** | **115.3** | **116.6** | **118.7** | **119.7** | **120.9** |
| | 一、90$m^2$及以下 (90$m^2$ and below) | 109.7 | 111.2 | 111.9 | 112.7 | 113.0 | 115.0 | 115.6 | 116.7 | 118.5 | 121.2 | 122.9 | 124.5 |
| | 二、90$m^2$-144$m^2$ (90$m^2$-144$m^2$) | 109.2 | 109.8 | 110.2 | 110.6 | 111.8 | 112.8 | 113.4 | 115.1 | 116.3 | 118.1 | 118.7 | 119.8 |
| | 三、144$m^2$以上 (Above 144$m^2$) | 108.1 | 108.7 | 108.7 | 109.3 | 109.8 | 111.3 | 112.7 | 113.7 | 114.7 | 116.2 | 117.4 | 117.9 |
| | **二手住宅 (Second-hand residential buildings)** | **104.7** | **105.7** | **106.0** | **106.2** | **106.7** | **107.3** | **108.0** | **109.9** | **111.9** | **113.8** | **115.4** | **115.7** |
| | 一、90$m^2$及以下 (90$m^2$ and below) | 106.1 | 107.0 | 107.4 | 107.9 | 108.3 | 108.9 | 109.5 | 111.6 | 113.5 | 115.5 | 117.1 | 117.5 |
| | 二、90$m^2$-144$m^2$ (90$m^2$-144$m^2$) | 104.1 | 105.4 | 105.6 | 105.7 | 106.0 | 106.8 | 107.6 | 109.6 | 111.5 | 113.1 | 114.5 | 114.9 |
| | 三、144$m^2$以上 (Above 144$m^2$) | 103.3 | 104.1 | 104.2 | 104.3 | 105.0 | 105.4 | 106.1 | 107.7 | 110.0 | 112.0 | 113.7 | 113.9 |
| 同比价格指数 (Year-on-year price index) | **新建商品住宅（Newly constructed commercial residential buildings)** | **105.3** | **105.8** | **105.6** | **105.7** | **105.7** | **106.2** | **106.6** | **107.8** | **108.9** | **110.4** | **110.7** | **110.8** |
| | 一、90$m^2$及以下 (90$m^2$ and below) | 105.6 | 106.4 | 106.6 | 107.1 | 106.5 | 107.6 | 107.8 | 108.8 | 109.9 | 112.1 | 112.8 | 113.5 |
| | 二、90$m^2$-144$m^2$ (90$m^2$-144$m^2$) | 105.7 | 106.0 | 105.8 | 105.6 | 105.9 | 105.9 | 106.0 | 107.6 | 108.4 | 109.6 | 109.5 | 109.6 |
| | 三、144$m^2$以上 (Above 144$m^2$) | 104.0 | 104.2 | 103.9 | 104.1 | 104.2 | 104.6 | 105.9 | 106.8 | 108.5 | 109.6 | 110.0 | 109.4 |
| | **二手住宅 (Second-hand residential buildings)** | **103.5** | **104.8** | **104.8** | **104.6** | **104.4** | **104.6** | **104.8** | **106.3** | **108.1** | **110.0** | **111.0** | **110.4** |
| | 一、90$m^2$及以下 (90$m^2$ and below) | 103.8 | 104.9 | 105.1 | 105.1 | 104.4 | 104.5 | 104.8 | 106.3 | 108.0 | 110.0 | 111.1 | 110.9 |
| | 二、90$m^2$-144$m^2$ (90$m^2$-144$m^2$) | 103.3 | 105.0 | 104.9 | 104.4 | 104.4 | 105.0 | 105.1 | 106.9 | 108.5 | 110.1 | 110.8 | 110.0 |
| | 三、144$m^2$以上 (Above 144$m^2$) | 103.3 | 104.2 | 104.2 | 104.0 | 104.2 | 104.3 | 104.2 | 105.6 | 107.8 | 109.7 | 111.2 | 110.4 |
| 环比价格指数 (Month-on-month price index) | **新建商品住宅（Newly constructed commercial residential buildings)** | **100.4** | **100.5** | **100.4** | **100.5** | **100.7** | **101.3** | **100.7** | **101.2** | **101.2** | **101.7** | **100.9** | **100.9** |
| | 一、90$m^2$及以下 (90$m^2$ and below) | 100.9 | 100.5 | 100.6 | 100.7 | 100.3 | 101.8 | 100.5 | 101.0 | 101.5 | 102.3 | 101.4 | 101.3 |
| | 二、90$m^2$-144$m^2$ (90$m^2$-144$m^2$) | 100.1 | 100.5 | 100.3 | 100.4 | 101.1 | 100.9 | 100.6 | 101.5 | 101.0 | 101.6 | 100.5 | 101.0 |
| | 三、144$m^2$以上 (Above 144$m^2$) | 100.2 | 100.6 | 100.0 | 100.6 | 100.5 | 101.3 | 101.3 | 100.9 | 100.9 | 101.3 | 101.0 | 100.4 |
| | **二手住宅 (Second-hand residential buildings)** | **100.7** | **100.3** | **100.2** | **100.3** | **100.4** | **100.6** | **100.6** | **101.8** | **101.8** | **101.7** | **101.4** | **100.3** |
| | 一、90$m^2$及以下 (90$m^2$ and below) | 100.6 | 100.4 | 100.3 | 100.5 | 100.3 | 100.6 | 100.6 | 101.9 | 101.7 | 101.8 | 101.4 | 100.3 |
| | 二、90$m^2$-144$m^2$ (90$m^2$-144$m^2$) | 100.7 | 100.2 | 100.2 | 100.1 | 100.3 | 100.7 | 100.7 | 101.9 | 101.7 | 101.5 | 101.3 | 100.3 |
| | 三、144$m^2$以上 (Above 144$m^2$) | 100.8 | 100.0 | 100.1 | 100.1 | 100.6 | 100.5 | 100.6 | 101.5 | 102.1 | 101.8 | 101.5 | 100.2 |

# 4-4-33　2018年西宁市商品住宅销售价格指数
## Xining Commercial Housing Price Indices of Residential Buildings 2018

| 项　目　Item | | 1月 | 2月 | 3月 | 4月 | 5月 | 6月 | 7月 | 8月 | 9月 | 10月 | 11月 | 12月 |
|---|---|---|---|---|---|---|---|---|---|---|---|---|---|
| 定基价格指数 (Fixed base price index) | **新建商品住宅（Newly constructed commercial residential buildings)** | **107.0** | **107.8** | **107.8** | **107.7** | **107.8** | **110.7** | **111.2** | **112.9** | **115.2** | **116.4** | **117.9** | **119.6** |
| | 一、90㎡及以下 (90㎡ and below) | 109.0 | 109.6 | 109.8 | 109.8 | 110.3 | 114.3 | 115.2 | 116.8 | 118.3 | 119.2 | 119.9 | 121.5 |
| | 二、90㎡-144㎡ (90㎡-144㎡) | 107.0 | 107.9 | 107.9 | 107.8 | 107.8 | 110.6 | 110.9 | 112.6 | 115.2 | 116.5 | 118.2 | 119.7 |
| | 三、144㎡以上 (Above 144㎡) | 105.9 | 106.9 | 106.5 | 106.1 | 106.6 | 109.3 | 110.1 | 111.7 | 113.6 | 114.5 | 116.1 | 118.5 |
| | **二手住宅 (Second-hand residential buildings)** | **101.7** | **102.5** | **102.5** | **102.4** | **102.5** | **103.3** | **103.6** | **104.8** | **106.7** | **107.4** | **108.3** | **109.5** |
| | 一、90㎡及以下 (90㎡ and below) | 101.4 | 102.0 | 102.1 | 102.1 | 102.2 | 103.1 | 103.3 | 104.5 | 106.7 | 107.3 | 107.7 | 108.7 |
| | 二、90㎡-144㎡ (90㎡-144㎡) | 101.9 | 102.9 | 102.9 | 102.8 | 102.8 | 103.5 | 103.9 | 105.1 | 106.8 | 107.4 | 108.4 | 109.5 |
| | 三、144㎡以上 (Above 144㎡) | 101.5 | 101.9 | 101.9 | 101.6 | 101.7 | 102.6 | 102.9 | 104.3 | 106.4 | 107.5 | 108.6 | 110.4 |
| 同比价格指数 (Year-on-year price index) | **新建商品住宅（Newly constructed commercial residential buildings)** | **105.7** | **106.2** | **106.0** | **105.5** | **105.1** | **107.5** | **107.8** | **109.0** | **110.5** | **111.6** | **111.6** | **112.0** |
| | 一、90㎡及以下 (90㎡ and below) | 107.0 | 106.9 | 107.0 | 107.0 | 107.0 | 110.2 | 110.7 | 111.6 | 112.4 | 113.5 | 112.6 | 112.1 |
| | 二、90㎡-144㎡ (90㎡-144㎡) | 106.0 | 106.3 | 106.2 | 105.6 | 105.0 | 107.4 | 107.4 | 108.7 | 110.5 | 111.6 | 111.8 | 112.0 |
| | 三、144㎡以上 (Above 144㎡) | 104.4 | 105.5 | 105.0 | 104.3 | 104.9 | 106.8 | 107.4 | 108.6 | 109.9 | 110.9 | 110.6 | 111.9 |
| | **二手住宅 (Second-hand residential buildings)** | **102.5** | **103.1** | **103.1** | **102.8** | **102.8** | **103.3** | **103.5** | **104.7** | **106.1** | **106.8** | **106.8** | **107.2** |
| | 一、90㎡及以下 (90㎡ and below) | 102.0 | 102.6 | 102.5 | 102.4 | 102.4 | 103.1 | 103.2 | 104.3 | 106.3 | 106.8 | 106.5 | 106.8 |
| | 二、90㎡-144㎡ (90㎡-144㎡) | 102.7 | 103.6 | 103.6 | 103.2 | 103.2 | 103.6 | 103.8 | 104.9 | 106.0 | 106.5 | 106.7 | 106.9 |
| | 三、144㎡以上 (Above 144㎡) | 102.2 | 102.5 | 102.5 | 102.2 | 102.4 | 103.0 | 103.2 | 104.7 | 106.2 | 107.3 | 107.4 | 108.8 |
| 环比价格指数 (Month-on-month price index) | **新建商品住宅（Newly constructed commercial residential buildings)** | **100.2** | **100.7** | **100.0** | **99.8** | **100.1** | **102.7** | **100.4** | **101.5** | **102.1** | **101.0** | **101.3** | **101.4** |
| | 一、90㎡及以下 (90㎡ and below) | 100.2 | 100.9 | 100.2 | 100.0 | 100.4 | 103.7 | 100.8 | 101.4 | 101.3 | 100.7 | 100.6 | 101.3 |
| | 二、90㎡-144㎡ (90㎡-144㎡) | 100.2 | 100.7 | 100.1 | 99.9 | 100.0 | 102.5 | 100.3 | 101.6 | 102.3 | 101.1 | 101.4 | 101.2 |
| | 三、144㎡以上 (Above 144㎡) | 100.0 | 100.9 | 99.7 | 99.7 | 100.4 | 102.5 | 100.7 | 101.5 | 101.7 | 100.8 | 101.4 | 102.1 |
| | **二手住宅 (Second-hand residential buildings)** | **100.3** | **100.1** | **100.0** | **99.9** | **100.0** | **100.8** | **100.3** | **101.2** | **101.8** | **100.7** | **100.8** | **101.1** |
| | 一、90㎡及以下 (90㎡ and below) | 100.2 | 100.0 | 100.1 | 100.0 | 100.1 | 100.9 | 100.2 | 101.1 | 102.1 | 100.6 | 100.4 | 101.0 |
| | 二、90㎡-144㎡ (90㎡-144㎡) | 100.3 | 100.1 | 100.0 | 99.9 | 100.0 | 100.7 | 100.3 | 101.1 | 101.6 | 100.6 | 100.9 | 101.0 |
| | 三、144㎡以上 (Above 144㎡) | 100.4 | 100.0 | 100.1 | 99.7 | 100.1 | 100.9 | 100.2 | 101.4 | 101.9 | 101.1 | 101.0 | 101.7 |

# 4-4-34 2018年银川市商品住宅销售价格指数
## Yinchuan Commercial Housing Price Indices of Residential Buildings 2018

| | 项 目 Item | 1月 | 2月 | 3月 | 4月 | 5月 | 6月 | 7月 | 8月 | 9月 | 10月 | 11月 | 12月 |
|---|---|---|---|---|---|---|---|---|---|---|---|---|---|
| **定基价格指数 (Fixed base price index)** | **新建商品住宅（Newly constructed commercial residential buildings)** | **105.0** | **105.9** | **106.7** | **107.3** | **107.8** | **109.2** | **110.3** | **112.1** | **113.1** | **113.3** | **113.7** | **114.6** |
| | 一、90㎡及以下 (90㎡ and below) | 105.8 | 106.3 | 106.4 | 107.1 | 107.3 | 108.4 | 109.8 | 111.7 | 112.8 | 112.6 | 112.8 | 114.4 |
| | 二、90㎡-144㎡ (90㎡-144㎡) | 104.8 | 105.3 | 106.4 | 107.1 | 107.7 | 109.5 | 110.3 | 112.3 | 112.8 | 113.1 | 113.3 | 114.0 |
| | 三、144㎡以上 (Above 144㎡) | 105.1 | 107.2 | 107.7 | 107.8 | 108.1 | 109.0 | 110.4 | 111.9 | 114.0 | 114.6 | 115.1 | 116.2 |
| | **二手住宅 (Second-hand residential buildings)** | **100.5** | **100.7** | **100.8** | **101.0** | **101.0** | **101.7** | **102.6** | **103.6** | **105.0** | **105.2** | **105.7** | **106.0** |
| | 一、90㎡及以下 (90㎡ and below) | 100.8 | 101.0 | 101.1 | 101.2 | 101.2 | 102.1 | 103.0 | 103.8 | 105.2 | 105.6 | 106.2 | 106.6 |
| | 二、90㎡-144㎡ (90㎡-144㎡) | 100.3 | 100.6 | 100.6 | 101.0 | 101.0 | 101.7 | 102.6 | 103.5 | 105.0 | 105.1 | 105.4 | 105.4 |
| | 三、144㎡以上 (Above 144㎡) | 99.8 | 99.6 | 99.7 | 99.7 | 99.6 | 100.5 | 101.3 | 102.9 | 104.4 | 104.6 | 105.2 | 105.7 |
| **同比价格指数 (Year-on-year price index)** | **新建商品住宅（Newly constructed commercial residential buildings)** | **104.1** | **105.2** | **105.9** | **106.2** | **106.2** | **107.1** | **107.7** | **109.0** | **109.6** | **109.7** | **108.9** | **109.2** |
| | 一、90㎡及以下 (90㎡ and below) | 104.4 | 105.0 | 105.4 | 106.6 | 106.3 | 106.9 | 107.7 | 109.3 | 109.9 | 109.4 | 108.0 | 108.7 |
| | 二、90㎡-144㎡ (90㎡-144㎡) | 104.0 | 104.7 | 105.5 | 105.7 | 105.9 | 107.2 | 107.7 | 109.0 | 109.3 | 109.4 | 108.7 | 108.9 |
| | 三、144㎡以上 (Above 144㎡) | 104.5 | 106.7 | 107.0 | 107.3 | 106.7 | 107.0 | 108.0 | 108.9 | 110.0 | 110.6 | 110.0 | 110.2 |
| | **二手住宅 (Second-hand residential buildings)** | **101.2** | **101.6** | **101.7** | **101.8** | **101.6** | **102.3** | **103.2** | **104.0** | **105.4** | **105.7** | **105.5** | **105.4** |
| | 一、90㎡及以下 (90㎡ and below) | 101.2 | 101.6 | 101.7 | 101.6 | 101.3 | 102.1 | 103.1 | 103.7 | 104.9 | 105.4 | 105.6 | 105.6 |
| | 二、90㎡-144㎡ (90㎡-144㎡) | 101.0 | 101.6 | 101.7 | 102.0 | 101.8 | 102.5 | 103.4 | 104.3 | 105.9 | 105.9 | 105.3 | 105.0 |
| | 三、144㎡以上 (Above 144㎡) | 101.6 | 101.7 | 101.6 | 101.6 | 101.2 | 101.9 | 102.6 | 104.0 | 105.5 | 105.7 | 105.9 | 106.3 |
| **环比价格指数 (Month-on-month price index)** | **新建商品住宅（Newly constructed commercial residential buildings)** | **100.4** | **100.5** | **100.8** | **100.6** | **100.4** | **101.4** | **101.0** | **101.7** | **100.9** | **100.2** | **100.3** | **100.8** |
| | 一、90㎡及以下 (90㎡ and below) | 100.4 | 100.6 | 100.2 | 100.7 | 100.1 | 101.0 | 101.3 | 101.7 | 101.0 | 99.8 | 100.2 | 101.5 |
| | 二、90㎡-144㎡ (90㎡-144㎡) | 100.1 | 100.5 | 101.0 | 100.7 | 100.5 | 101.6 | 100.8 | 101.8 | 100.4 | 100.2 | 100.2 | 100.6 |
| | 三、144㎡以上 (Above 144㎡) | 101.1 | 100.6 | 100.5 | 100.1 | 100.2 | 100.9 | 101.2 | 101.4 | 101.8 | 100.5 | 100.5 | 101.0 |
| | **二手住宅 (Second-hand residential buildings)** | **100.2** | **99.9** | **100.1** | **100.2** | **100.0** | **100.8** | **100.9** | **100.9** | **101.4** | **100.2** | **100.5** | **100.2** |
| | 一、90㎡及以下 (90㎡ and below) | 100.2 | 99.9 | 100.1 | 100.1 | 100.0 | 100.8 | 100.9 | 100.8 | 101.3 | 100.4 | 100.6 | 100.4 |
| | 二、90㎡-144㎡ (90㎡-144㎡) | 100.2 | 100.0 | 100.0 | 100.4 | 100.0 | 100.7 | 100.9 | 100.9 | 101.5 | 100.0 | 100.3 | 100.0 |
| | 三、144㎡以上 (Above 144㎡) | 100.4 | 99.8 | 100.0 | 100.1 | 99.8 | 100.9 | 100.8 | 101.6 | 101.5 | 100.1 | 100.6 | 100.5 |

# 4-4-35 2018年乌鲁木齐市商品住宅销售价格指数
## Urumqi Commercial Housing Price Indices of Residential Buildings 2018

| 项 目 Item | | 1月 | 2月 | 3月 | 4月 | 5月 | 6月 | 7月 | 8月 | 9月 | 10月 | 11月 | 12月 |
|---|---|---|---|---|---|---|---|---|---|---|---|---|---|
| 定基价格指数 (Fixed base price index) | **新建商品住宅（Newly constructed commercial residential buildings)** | **105.2** | **106.5** | **107.4** | **108.6** | **110.0** | **110.9** | **111.2** | **112.8** | **113.3** | **113.6** | **114.6** | **115.0** |
| | 一、90㎡及以下 (90㎡ and below) | 104.7 | 106.4 | 107.4 | 109.2 | 109.8 | 109.8 | 109.9 | 111.9 | 112.7 | 112.9 | 113.9 | 114.2 |
| | 二、90㎡-144㎡ (90㎡-144㎡) | 107.1 | 108.7 | 109.5 | 110.6 | 112.6 | 113.9 | 114.1 | 115.7 | 116.1 | 116.5 | 117.3 | 117.5 |
| | 三、144㎡以上 (Above 144㎡) | 100.2 | 100.6 | 101.7 | 102.6 | 103.0 | 103.7 | 104.3 | 105.4 | 105.8 | 106.2 | 107.5 | 108.6 |
| | **二手住宅 (Second-hand residential buildings)** | **107.8** | **109.9** | **112.2** | **113.8** | **115.9** | **116.2** | **116.4** | **118.3** | **119.7** | **120.9** | **121.5** | **122.0** |
| | 一、90㎡及以下 (90㎡ and below) | 108.2 | 109.0 | 111.4 | 113.0 | 115.2 | 115.6 | 116.0 | 118.3 | 120.0 | 121.0 | 121.0 | 121.6 |
| | 二、90㎡-144㎡ (90㎡-144㎡) | 108.2 | 111.3 | 113.5 | 115.0 | 117.0 | 117.2 | 117.3 | 118.8 | 120.0 | 121.4 | 122.6 | 123.2 |
| | 三、144㎡以上 (Above 144㎡) | 104.4 | 107.4 | 109.9 | 111.8 | 113.7 | 114.5 | 114.9 | 116.5 | 117.5 | 118.5 | 118.8 | 119.0 |
| 同比价格指数 (Year-on-year price index) | **新建商品住宅（Newly constructed commercial residential buildings)** | **107.5** | **108.7** | **109.3** | **110.1** | **110.8** | **111.3** | **111.2** | **112.1** | **111.9** | **111.6** | **110.5** | **109.8** |
| | 一、90㎡及以下 (90㎡ and below) | 107.7 | 108.9 | 110.0 | 111.2 | 111.1 | 110.3 | 110.4 | 111.7 | 111.4 | 110.9 | 109.8 | 109.2 |
| | 二、90㎡-144㎡ (90㎡-144㎡) | 108.1 | 109.6 | 110.0 | 110.7 | 111.9 | 112.9 | 112.6 | 113.6 | 113.3 | 113.0 | 111.6 | 110.4 |
| | 三、144㎡以上 (Above 144㎡) | 105.6 | 106.1 | 106.8 | 107.4 | 107.3 | 107.6 | 108.1 | 108.0 | 107.9 | 108.1 | 107.8 | 108.5 |
| | **二手住宅 (Second-hand residential buildings)** | **109.5** | **111.4** | **113.8** | **115.0** | **116.2** | **115.8** | **114.5** | **115.3** | **115.7** | **115.5** | **114.1** | **113.7** |
| | 一、90㎡及以下 (90㎡ and below) | 111.5 | 112.3 | 115.0 | 116.0 | 117.2 | 116.6 | 115.5 | 116.1 | 116.4 | 116.0 | 113.9 | 113.7 |
| | 二、90㎡-144㎡ (90㎡-144㎡) | 108.8 | 111.5 | 113.9 | 115.1 | 116.3 | 116.0 | 114.4 | 115.2 | 115.6 | 115.6 | 114.6 | 114.0 |
| | 三、144㎡以上 (Above 144㎡) | 104.0 | 106.8 | 108.5 | 110.1 | 111.4 | 112.0 | 111.0 | 112.1 | 112.5 | 113.5 | 113.3 | 112.8 |
| 环比价格指数 (Month-on-month price index) | **新建商品住宅（Newly constructed commercial residential buildings)** | **100.4** | **101.3** | **100.8** | **101.1** | **101.2** | **100.9** | **100.2** | **101.4** | **100.4** | **100.3** | **100.9** | **100.4** |
| | 一、90㎡及以下 (90㎡ and below) | 100.1 | 101.6 | 100.9 | 101.7 | 100.5 | 100.1 | 100.0 | 101.8 | 100.7 | 100.2 | 101.0 | 100.2 |
| | 二、90㎡-144㎡ (90㎡-144㎡) | 100.6 | 101.5 | 100.7 | 101.1 | 101.7 | 101.2 | 100.2 | 101.4 | 100.4 | 100.3 | 100.7 | 100.2 |
| | 三、144㎡以上 (Above 144㎡) | 100.0 | 100.6 | 101.1 | 100.9 | 100.4 | 100.7 | 100.5 | 101.1 | 100.4 | 100.3 | 101.3 | 101.0 |
| | **二手住宅 (Second-hand residential buildings)** | **101.1** | **101.2** | **102.1** | **101.4** | **101.8** | **100.3** | **100.2** | **101.6** | **101.2** | **101.0** | **100.5** | **100.4** |
| | 一、90㎡及以下 (90㎡ and below) | 101.1 | 100.8 | 102.2 | 101.4 | 101.9 | 100.4 | 100.3 | 102.0 | 101.4 | 100.8 | 100.1 | 100.5 |
| | 二、90㎡-144㎡ (90㎡-144㎡) | 101.2 | 101.8 | 102.0 | 101.3 | 101.8 | 100.1 | 100.0 | 101.3 | 101.0 | 101.1 | 101.0 | 100.5 |
| | 三、144㎡以上 (Above 144㎡) | 101.0 | 100.8 | 102.2 | 101.8 | 101.7 | 100.7 | 100.3 | 101.4 | 100.9 | 100.8 | 100.3 | 100.2 |

# 4-4-36 2018年唐山市商品住宅销售价格指数
## Tangshan Commercial Housing Price Indices of Residential Buildings 2018

| | 项 目 Item | 1月 | 2月 | 3月 | 4月 | 5月 | 6月 | 7月 | 8月 | 9月 | 10月 | 11月 | 12月 |
|---|---|---|---|---|---|---|---|---|---|---|---|---|---|
| 定基价格指数 (Fixed base price index) | **新建商品住宅（Newly constructed commercial residential buildings)** | **109.4** | **109.5** | **110.4** | **111.1** | **111.4** | **112.8** | **114.7** | **118.0** | **119.6** | **121.1** | **122.7** | **122.6** |
| | 一、90㎡及以下 (90㎡ and below) | 108.8 | 109.4 | 109.5 | 110.5 | 110.7 | 111.1 | 113.5 | 116.7 | 117.8 | 119.7 | 121.8 | 121.2 |
| | 二、90㎡-144㎡ (90㎡-144㎡) | 109.9 | 109.5 | 110.9 | 111.4 | 111.8 | 113.9 | 115.6 | 119.2 | 120.8 | 121.8 | 123.2 | 123.5 |
| | 三、144㎡以上 (Above 144㎡) | 109.1 | 109.5 | 109.8 | 111.2 | 111.3 | 112.0 | 113.7 | 116.4 | 119.0 | 121.1 | 122.4 | 122.0 |
| | **二手住宅 (Second-hand residential buildings)** | **105.3** | **105.9** | **106.2** | **106.1** | **106.5** | **107.4** | **108.7** | **109.9** | **110.9** | **112.0** | **113.6** | **114.3** |
| | 一、90㎡及以下 (90㎡ and below) | 105.9 | 106.8 | 107.2 | 107.3 | 107.5 | 108.8 | 110.3 | 111.6 | 112.9 | 113.8 | 115.1 | 115.8 |
| | 二、90㎡-144㎡ (90㎡-144㎡) | 105.0 | 105.1 | 105.3 | 105.1 | 105.7 | 106.2 | 107.2 | 108.2 | 108.9 | 110.2 | 112.3 | 112.8 |
| | 三、144㎡以上 (Above 144㎡) | 103.3 | 104.3 | 104.4 | 103.9 | 104.4 | 104.4 | 105.5 | 106.8 | 107.7 | 109.6 | 110.7 | 111.7 |
| 同比价格指数 (Year-on-year price index) | **新建商品住宅（Newly constructed commercial residential buildings)** | **106.9** | **106.7** | **106.6** | **104.9** | **104.8** | **105.1** | **106.7** | **109.6** | **111.4** | **112.9** | **113.8** | **113.1** |
| | 一、90㎡及以下 (90㎡ and below) | 105.9 | 106.5 | 105.6 | 104.2 | 103.6 | 103.2 | 104.5 | 107.2 | 108.9 | 111.4 | 113.1 | 111.7 |
| | 二、90㎡-144㎡ (90㎡-144㎡) | 107.0 | 106.5 | 107.0 | 105.2 | 105.3 | 106.3 | 108.0 | 111.0 | 112.7 | 113.5 | 114.2 | 114.0 |
| | 三、144㎡以上 (Above 144㎡) | 107.8 | 107.3 | 106.6 | 105.3 | 104.9 | 104.5 | 106.1 | 108.7 | 111.3 | 113.4 | 113.4 | 112.3 |
| | **二手住宅 (Second-hand residential buildings)** | **103.3** | **103.5** | **103.3** | **102.0** | **102.3** | **102.5** | **103.5** | **104.6** | **105.5** | **106.1** | **107.4** | **108.1** |
| | 一、90㎡及以下 (90㎡ and below) | 103.5 | 103.9 | 103.5 | 102.8 | 103.0 | 103.5 | 104.8 | 105.7 | 106.9 | 107.1 | 107.7 | 108.6 |
| | 二、90㎡-144㎡ (90㎡-144㎡) | 103.4 | 103.1 | 103.2 | 101.4 | 101.8 | 101.6 | 102.4 | 103.7 | 104.2 | 105.0 | 107.2 | 107.6 |
| | 三、144㎡以上 (Above 144㎡) | 101.6 | 102.6 | 102.4 | 100.4 | 100.8 | 100.3 | 100.9 | 102.3 | 102.8 | 104.7 | 106.6 | 107.1 |
| 环比价格指数 (Month-on-month price index) | **新建商品住宅（Newly constructed commercial residential buildings)** | **100.7** | **100.2** | **100.8** | **100.7** | **100.3** | **101.2** | **101.7** | **102.9** | **101.4** | **101.2** | **101.3** | **100.0** |
| | 一、90㎡及以下 (90㎡ and below) | 100.2 | 100.5 | 100.1 | 100.9 | 100.2 | 100.3 | 102.2 | 102.8 | 100.9 | 101.6 | 101.8 | 99.5 |
| | 二、90㎡-144㎡ (90㎡-144㎡) | 101.0 | 100.0 | 101.3 | 100.4 | 100.4 | 101.8 | 101.5 | 103.1 | 101.3 | 100.8 | 101.1 | 100.3 |
| | 三、144㎡以上 (Above 144㎡) | 100.5 | 100.2 | 100.3 | 101.2 | 100.1 | 100.7 | 101.5 | 102.4 | 102.2 | 101.8 | 101.1 | 99.6 |
| | **二手住宅 (Second-hand residential buildings)** | **100.0** | **100.1** | **100.3** | **99.9** | **100.4** | **100.8** | **101.2** | **101.1** | **100.9** | **101.1** | **101.4** | **100.6** |
| | 一、90㎡及以下 (90㎡ and below) | 100.1 | 100.1 | 100.4 | 100.1 | 100.2 | 101.2 | 101.4 | 101.1 | 101.2 | 100.8 | 101.1 | 100.6 |
| | 二、90㎡-144㎡ (90㎡-144㎡) | 100.1 | 100.2 | 100.2 | 99.8 | 100.6 | 100.5 | 100.9 | 100.9 | 100.6 | 101.2 | 102.0 | 100.4 |
| | 三、144㎡以上 (Above 144㎡) | 99.7 | 100.2 | 100.1 | 99.6 | 100.4 | 100.0 | 101.0 | 101.3 | 100.8 | 101.7 | 101.1 | 100.9 |

# 4-4-37 2018年秦皇岛市商品住宅销售价格指数
## Qinhuangdao Commercial Housing Price Indices of Residential Buildings 2018

| 项 目 Item | | 1月 | 2月 | 3月 | 4月 | 5月 | 6月 | 7月 | 8月 | 9月 | 10月 | 11月 | 12月 |
|---|---|---|---|---|---|---|---|---|---|---|---|---|---|
| 定基价格指数 (Fixed base price index) | **新建商品住宅（Newly constructed commercial residential buildings)** | **112.4** | **114.0** | **115.6** | **116.4** | **117.1** | **118.4** | **119.6** | **122.9** | **125.3** | **127.9** | **129.8** | **131.9** |
| | 一、90㎡及以下 (90㎡ and below) | 113.1 | 115.1 | 117.2 | 117.8 | 118.3 | 120.5 | 121.0 | 124.2 | 126.2 | 128.7 | 130.5 | 132.4 |
| | 二、90㎡-144㎡ (90㎡-144㎡) | 113.5 | 114.7 | 116.2 | 117.1 | 118.0 | 118.9 | 120.1 | 123.6 | 125.9 | 128.8 | 131.0 | 133.2 |
| | 三、144㎡以上 (Above 144㎡) | 107.5 | 109.8 | 110.9 | 112.0 | 112.3 | 114.0 | 115.5 | 119.1 | 121.8 | 123.9 | 124.8 | 126.8 |
| | **二手住宅 (Second-hand residential buildings)** | **108.4** | **109.2** | **110.0** | **110.7** | **111.3** | **112.0** | **113.1** | **115.5** | **117.2** | **118.1** | **119.4** | **119.8** |
| | 一、90㎡及以下 (90㎡ and below) | 110.3 | 111.1 | 111.5 | 112.3 | 113.1 | 113.6 | 114.7 | 117.1 | 118.2 | 118.8 | 120.7 | 121.5 |
| | 二、90㎡-144㎡ (90㎡-144㎡) | 107.9 | 108.6 | 109.7 | 110.4 | 110.8 | 111.7 | 112.7 | 115.2 | 117.4 | 118.4 | 119.4 | 119.7 |
| | 三、144㎡以上 (Above 144㎡) | 104.5 | 104.8 | 106.0 | 106.4 | 107.4 | 108.2 | 108.9 | 111.4 | 112.8 | 113.6 | 115.0 | 114.8 |
| 同比价格指数 (Year-on-year price index) | **新建商品住宅（Newly constructed commercial residential buildings)** | **105.8** | **107.0** | **107.7** | **107.3** | **107.0** | **108.0** | **108.2** | **110.7** | **113.2** | **115.0** | **115.7** | **117.4** |
| | 一、90㎡及以下 (90㎡ and below) | 107.0 | 108.9 | 109.7 | 108.9 | 108.3 | 109.8 | 109.3 | 111.6 | 114.0 | 115.7 | 115.4 | 116.7 |
| | 二、90㎡-144㎡ (90㎡-144㎡) | 105.9 | 106.6 | 107.5 | 107.2 | 107.2 | 108.0 | 108.1 | 110.4 | 112.8 | 114.6 | 115.9 | 118.0 |
| | 三、144㎡以上 (Above 144㎡) | 104.1 | 105.8 | 105.5 | 105.5 | 104.4 | 105.5 | 107.1 | 110.7 | 113.8 | 115.8 | 115.5 | 116.5 |
| | **二手住宅 (Second-hand residential buildings)** | **105.4** | **105.0** | **104.2** | **103.6** | **104.4** | **105.2** | **105.8** | **107.2** | **107.7** | **108.7** | **110.0** | **110.3** |
| | 一、90㎡及以下 (90㎡ and below) | 106.4 | 106.3 | 104.9 | 104.2 | 105.2 | 106.0 | 106.3 | 107.6 | 107.7 | 108.0 | 109.6 | 110.0 |
| | 二、90㎡-144㎡ (90㎡-144㎡) | 105.4 | 104.8 | 104.3 | 103.6 | 104.2 | 105.0 | 105.8 | 107.0 | 107.8 | 109.1 | 110.3 | 110.6 |
| | 三、144㎡以上 (Above 144㎡) | 101.6 | 101.5 | 101.7 | 101.4 | 102.4 | 103.2 | 104.2 | 106.6 | 107.6 | 108.9 | 110.3 | 110.1 |
| 环比价格指数 (Month-on-month price index) | **新建商品住宅（Newly constructed commercial residential buildings)** | **100.8** | **100.6** | **101.4** | **100.7** | **100.6** | **101.1** | **100.9** | **102.8** | **101.9** | **102.1** | **101.5** | **101.6** |
| | 一、90㎡及以下 (90㎡ and below) | 100.6 | 100.9 | 101.8 | 100.5 | 100.4 | 101.8 | 100.5 | 102.6 | 101.6 | 102.0 | 101.4 | 101.5 |
| | 二、90㎡-144㎡ (90㎡-144㎡) | 101.0 | 100.5 | 101.3 | 100.7 | 100.8 | 100.8 | 101.0 | 102.8 | 101.9 | 102.3 | 101.7 | 101.7 |
| | 三、144㎡以上 (Above 144㎡) | 100.3 | 100.6 | 101.0 | 100.9 | 100.3 | 101.5 | 101.3 | 103.1 | 102.2 | 101.7 | 100.7 | 101.6 |
| | **二手住宅 (Second-hand residential buildings)** | **100.0** | **100.5** | **100.8** | **100.6** | **100.5** | **100.7** | **100.9** | **102.2** | **101.4** | **100.7** | **101.1** | **100.4** |
| | 一、90㎡及以下 (90㎡ and below) | 100.1 | 100.5 | 100.3 | 100.8 | 100.6 | 100.5 | 101.0 | 102.1 | 100.9 | 100.5 | 101.6 | 100.7 |
| | 二、90㎡-144㎡ (90㎡-144㎡) | 99.8 | 100.6 | 101.0 | 100.6 | 100.4 | 100.8 | 100.9 | 102.2 | 101.9 | 100.9 | 100.8 | 100.2 |
| | 三、144㎡以上 (Above 144㎡) | 100.1 | 100.3 | 101.2 | 100.4 | 101.0 | 100.7 | 100.6 | 102.3 | 101.2 | 100.7 | 101.2 | 99.8 |

# 4-4-38 2018年包头市商品住宅销售价格指数

# Baotou Commercial Housing Price Indices of Residential Buildings 2018

| 项 目 Item | | 1月 | 2月 | 3月 | 4月 | 5月 | 6月 | 7月 | 8月 | 9月 | 10月 | 11月 | 12月 |
|---|---|---|---|---|---|---|---|---|---|---|---|---|---|
| 定基价格指数 (Fixed base price index) | **新建商品住宅（Newly constructed commercial residential buildings)** | **102.7** | **105.7** | **106.4** | **107.0** | **107.9** | **108.9** | **110.9** | **113.6** | **114.2** | **115.8** | **116.3** | **116.3** |
| | 一、90㎡及以下 (90㎡ and below) | 107.5 | 108.1 | 109.3 | 110.0 | 111.2 | 111.7 | 113.4 | 116.8 | 117.4 | 119.4 | 120.5 | 121.6 |
| | 二、90㎡-144㎡ (90㎡-144㎡) | 102.7 | 105.2 | 106.0 | 106.5 | 107.4 | 108.5 | 110.4 | 113.0 | 113.7 | 115.2 | 115.6 | 115.3 |
| | 三、144㎡以上 (Above 144㎡) | 99.8 | 105.5 | 105.7 | 106.4 | 107.1 | 108.2 | 110.6 | 113.4 | 113.8 | 115.1 | 115.4 | 115.5 |
| | **二手住宅 (Second-hand residential buildings)** | **100.3** | **101.1** | **101.3** | **101.8** | **102.1** | **102.8** | **103.7** | **105.4** | **105.8** | **106.0** | **106.8** | **107.1** |
| | 一、90㎡及以下 (90㎡ and below) | 98.9 | 99.5 | 99.5 | 100.0 | 100.3 | 100.9 | 102.0 | 103.6 | 103.9 | 104.0 | 104.6 | 105.1 |
| | 二、90㎡-144㎡ (90㎡-144㎡) | 102.4 | 103.5 | 103.9 | 104.3 | 104.8 | 105.4 | 106.2 | 108.0 | 108.5 | 108.7 | 109.5 | 109.8 |
| | 三、144㎡以上 (Above 144㎡) | 97.1 | 97.8 | 97.9 | 98.2 | 98.8 | 99.7 | 100.7 | 101.9 | 102.7 | 102.9 | 103.9 | 104.3 |
| 同比价格指数 (Year-on-year price index) | **新建商品住宅（Newly constructed commercial residential buildings)** | **103.8** | **106.8** | **107.2** | **107.1** | **107.4** | **108.2** | **109.7** | **111.8** | **112.0** | **113.1** | **112.5** | **111.4** |
| | 一、90㎡及以下 (90㎡ and below) | 109.2 | 109.0 | 109.5 | 108.7 | 109.4 | 109.9 | 111.4 | 113.7 | 113.8 | 115.0 | 114.3 | 113.8 |
| | 二、90㎡-144㎡ (90㎡-144㎡) | 103.0 | 105.2 | 105.9 | 106.1 | 106.6 | 107.5 | 109.0 | 110.9 | 111.2 | 112.2 | 111.9 | 110.9 |
| | 三、144㎡以上 (Above 144㎡) | 102.7 | 109.5 | 109.1 | 108.8 | 108.2 | 108.9 | 110.6 | 112.7 | 112.8 | 114.4 | 113.0 | 111.0 |
| | **二手住宅 (Second-hand residential buildings)** | **102.6** | **103.8** | **102.9** | **102.9** | **103.0** | **103.3** | **104.1** | **105.4** | **105.6** | **106.0** | **106.1** | **105.9** |
| | 一、90㎡及以下 (90㎡ and below) | 101.2 | 102.1 | 101.1 | 101.1 | 101.2 | 101.7 | 102.4 | 103.6 | 103.8 | 104.6 | 105.2 | 105.1 |
| | 二、90㎡-144㎡ (90㎡-144㎡) | 104.5 | 105.7 | 104.7 | 104.5 | 104.6 | 104.6 | 105.2 | 106.7 | 107.0 | 107.0 | 106.7 | 106.4 |
| | 三、144㎡以上 (Above 144㎡) | 100.4 | 102.2 | 102.3 | 102.6 | 103.4 | 104.1 | 105.9 | 106.2 | 106.3 | 106.8 | 107.0 | 106.6 |
| 环比价格指数 (Month-on-month price index) | **新建商品住宅（Newly constructed commercial residential buildings)** | **100.8** | **100.4** | **100.6** | **100.6** | **100.8** | **101.0** | **101.8** | **102.5** | **100.5** | **101.4** | **100.4** | **100.0** |
| | 一、90㎡及以下 (90㎡ and below) | 100.9 | 100.2 | 101.1 | 100.6 | 101.1 | 100.5 | 101.5 | 102.9 | 100.5 | 101.8 | 100.9 | 100.9 |
| | 二、90㎡-144㎡ (90㎡-144㎡) | 101.0 | 100.3 | 100.7 | 100.5 | 100.8 | 101.1 | 101.7 | 102.3 | 100.6 | 101.4 | 100.3 | 99.8 |
| | 三、144㎡以上 (Above 144㎡) | 100.5 | 101.0 | 100.2 | 100.6 | 100.7 | 101.1 | 102.2 | 102.5 | 100.4 | 101.1 | 100.3 | 100.1 |
| | **二手住宅 (Second-hand residential buildings)** | **99.9** | **100.0** | **100.2** | **100.5** | **100.4** | **100.6** | **100.9** | **101.6** | **100.5** | **100.2** | **100.7** | **100.4** |
| | 一、90㎡及以下 (90㎡ and below) | 99.8 | 99.8 | 100.0 | 100.6 | 100.2 | 100.6 | 101.0 | 101.6 | 100.4 | 100.1 | 100.6 | 100.4 |
| | 二、90㎡-144㎡ (90㎡-144㎡) | 100.0 | 100.2 | 100.4 | 100.4 | 100.5 | 100.6 | 100.7 | 101.7 | 100.5 | 100.2 | 100.7 | 100.3 |
| | 三、144㎡以上 (Above 144㎡) | 100.0 | 100.0 | 100.1 | 100.4 | 100.5 | 100.9 | 101.0 | 101.2 | 100.8 | 100.2 | 101.0 | 100.4 |

# 4-4-39 2018年丹东市商品住宅销售价格指数
## Dandong Commercial Housing Price Indices of Residential Buildings 2018

| 项目 Item | | 1月 | 2月 | 3月 | 4月 | 5月 | 6月 | 7月 | 8月 | 9月 | 10月 | 11月 | 12月 |
|---|---|---|---|---|---|---|---|---|---|---|---|---|---|
| 定基价格指数 (Fixed base price index) | **新建商品住宅（Newly constructed commercial residential buildings)** | **102.0** | **101.6** | **102.0** | **104.0** | **109.6** | **113.1** | **113.7** | **114.1** | **115.3** | **115.7** | **116.9** | **119.1** |
| | 一、90m$^2$及以下 (90m$^2$ and below) | 103.5 | 103.9 | 104.3 | 106.0 | 111.4 | 115.4 | 115.8 | 115.9 | 117.2 | 116.5 | 118.4 | 120.0 |
| | 二、90m$^2$-144m$^2$ (90m$^2$-144m$^2$) | 102.3 | 101.0 | 101.4 | 103.8 | 109.4 | 112.7 | 113.4 | 113.8 | 115.0 | 116.0 | 116.7 | 119.4 |
| | 三、144m$^2$以上 (Above 144m$^2$) | 97.9 | 99.4 | 99.7 | 101.4 | 106.9 | 110.7 | 111.1 | 112.1 | 113.0 | 113.3 | 115.0 | 116.6 |
| | **二手住宅 (Second-hand residential buildings)** | **100.7** | **101.0** | **101.3** | **102.7** | **104.0** | **104.7** | **105.2** | **105.8** | **106.2** | **106.2** | **106.8** | **107.2** |
| | 一、90m$^2$及以下 (90m$^2$ and below) | 100.0 | 100.1 | 100.4 | 102.0 | 103.1 | 103.8 | 103.9 | 104.6 | 104.9 | 105.0 | 105.6 | 105.8 |
| | 二、90m$^2$-144m$^2$ (90m$^2$-144m$^2$) | 102.7 | 103.1 | 103.5 | 104.8 | 106.6 | 107.1 | 108.1 | 108.4 | 109.1 | 109.3 | 109.7 | 110.4 |
| | 三、144m$^2$以上 (Above 144m$^2$) | 97.7 | 98.5 | 98.5 | 99.7 | 100.7 | 101.5 | 102.1 | 103.1 | 103.4 | 102.2 | 103.3 | 104.2 |
| 同比价格指数 (Year-on-year price index) | **新建商品住宅（Newly constructed commercial residential buildings)** | **104.2** | **103.6** | **104.1** | **106.1** | **111.7** | **115.0** | **114.9** | **114.9** | **115.8** | **116.2** | **116.3** | **117.1** |
| | 一、90m$^2$及以下 (90m$^2$ and below) | 104.7 | 105.2 | 105.6 | 107.9 | 112.5 | 116.4 | 116.2 | 115.7 | 117.0 | 115.9 | 116.6 | 115.9 |
| | 二、90m$^2$-144m$^2$ (90m$^2$-144m$^2$) | 104.2 | 102.7 | 103.3 | 105.3 | 111.4 | 114.3 | 114.4 | 114.6 | 115.1 | 116.4 | 115.9 | 117.6 |
| | 三、144m$^2$以上 (Above 144m$^2$) | 103.4 | 104.1 | 103.9 | 105.5 | 111.3 | 114.6 | 114.2 | 114.4 | 116.0 | 115.9 | 117.0 | 117.6 |
| | **二手住宅 (Second-hand residential buildings)** | **102.7** | **102.9** | **103.0** | **104.2** | **105.3** | **105.9** | **106.0** | **106.5** | **106.7** | **106.4** | **106.7** | **106.6** |
| | 一、90m$^2$及以下 (90m$^2$ and below) | 102.9 | 103.1 | 103.5 | 105.0 | 105.5 | 106.1 | 105.9 | 106.3 | 106.0 | 105.9 | 106.2 | 106.0 |
| | 二、90m$^2$-144m$^2$ (90m$^2$-144m$^2$) | 102.5 | 102.7 | 102.5 | 103.5 | 105.4 | 105.8 | 106.4 | 106.8 | 107.8 | 107.3 | 107.6 | 107.6 |
| | 三、144m$^2$以上 (Above 144m$^2$) | 102.7 | 103.1 | 102.0 | 102.9 | 104.0 | 105.1 | 105.6 | 106.4 | 106.8 | 106.1 | 106.3 | 106.6 |
| 环比价格指数 (Month-on-month price index) | **新建商品住宅（Newly constructed commercial residential buildings)** | **100.1** | **99.8** | **100.4** | **102.0** | **105.3** | **103.3** | **100.5** | **100.4** | **101.0** | **100.4** | **101.0** | **101.9** |
| | 一、90m$^2$及以下 (90m$^2$ and below) | 100.0 | 100.4 | 100.3 | 101.6 | 105.1 | 103.6 | 100.3 | 100.1 | 101.1 | 99.4 | 101.7 | 101.3 |
| | 二、90m$^2$-144m$^2$ (90m$^2$-144m$^2$) | 100.1 | 99.4 | 100.4 | 102.3 | 105.4 | 103.0 | 100.6 | 100.4 | 101.0 | 100.9 | 100.6 | 102.3 |
| | 三、144m$^2$以上 (Above 144m$^2$) | 100.0 | 100.2 | 100.3 | 101.8 | 105.4 | 103.5 | 100.4 | 100.9 | 100.8 | 100.3 | 101.5 | 101.4 |
| | **二手住宅 (Second-hand residential buildings)** | **100.3** | **100.1** | **100.3** | **101.4** | **101.3** | **100.6** | **100.4** | **100.6** | **100.4** | **99.9** | **100.6** | **100.4** |
| | 一、90m$^2$及以下 (90m$^2$ and below) | 100.3 | 100.0 | 100.3 | 101.5 | 101.1 | 100.7 | 100.1 | 100.7 | 100.3 | 100.0 | 100.6 | 100.2 |
| | 二、90m$^2$-144m$^2$ (90m$^2$-144m$^2$) | 100.3 | 100.2 | 100.4 | 101.3 | 101.6 | 100.5 | 100.9 | 100.3 | 100.6 | 100.1 | 100.4 | 100.7 |
| | 三、144m$^2$以上 (Above 144m$^2$) | 100.2 | 100.5 | 100.0 | 101.2 | 101.0 | 100.8 | 100.6 | 101.0 | 100.3 | 98.8 | 101.1 | 100.9 |

# 4-4-40 2018年锦州市商品住宅销售价格指数
## Jinzhou Commercial Housing Price Indices of Residential Buildings 2018

| 项 目 Item | | 1月 | 2月 | 3月 | 4月 | 5月 | 6月 | 7月 | 8月 | 9月 | 10月 | 11月 | 12月 |
|---|---|---|---|---|---|---|---|---|---|---|---|---|---|
| 定基价格指数 (Fixed base price index) | **新建商品住宅（Newly constructed commercial residential buildings)** | **96.9** | **98.8** | **99.7** | **100.4** | **100.7** | **101.2** | **101.7** | **102.3** | **104.2** | **105.7** | **107.4** | **109.8** |
| | 一、90㎡及以下 (90㎡ and below) | 94.8 | 96.5 | 97.5 | 98.3 | 98.6 | 99.3 | 100.2 | 101.5 | 103.0 | 104.3 | 105.6 | 107.9 |
| | 二、90㎡-144㎡ (90㎡-144㎡) | 97.9 | 99.7 | 100.4 | 101.1 | 101.4 | 101.8 | 102.1 | 102.3 | 104.4 | 106.0 | 108.0 | 110.5 |
| | 三、144㎡以上 (Above 144㎡) | 96.1 | 101.1 | 102.2 | 104.1 | 104.2 | 104.2 | 105.6 | 106.4 | 107.7 | 109.5 | 110.6 | 112.2 |
| | **二手住宅 (Second-hand residential buildings)** | **93.6** | **93.7** | **94.1** | **94.6** | **95.1** | **95.6** | **95.9** | **95.9** | **97.3** | **97.7** | **98.9** | **100.6** |
| | 一、90㎡及以下 (90㎡ and below) | 93.9 | 93.9 | 94.6 | 95.2 | 95.8 | 96.1 | 96.5 | 96.6 | 98.4 | 98.4 | 99.9 | 102.0 |
| | 二、90㎡-144㎡ (90㎡-144㎡) | 93.1 | 93.3 | 93.4 | 93.7 | 94.1 | 94.7 | 94.8 | 94.9 | 95.7 | 96.7 | 97.4 | 98.6 |
| | 三、144㎡以上 (Above 144㎡) | 94.0 | 94.3 | 94.8 | 95.2 | 95.7 | 96.4 | 96.8 | 96.8 | 98.1 | 97.6 | 99.4 | 100.5 |
| 同比价格指数 (Year-on-year price index) | **新建商品住宅（Newly constructed commercial residential buildings)** | **100.9** | **103.4** | **103.9** | **104.4** | **104.6** | **104.7** | **105.1** | **105.8** | **107.4** | **108.7** | **110.2** | **112.6** |
| | 一、90㎡及以下 (90㎡ and below) | 101.9 | 103.2 | 104.2 | 104.6 | 104.6 | 105.2 | 106.4 | 108.1 | 109.7 | 110.1 | 111.4 | 113.6 |
| | 二、90㎡-144㎡ (90㎡-144㎡) | 100.5 | 103.3 | 103.5 | 104.0 | 104.4 | 104.3 | 104.3 | 104.6 | 106.3 | 108.0 | 109.7 | 112.2 |
| | 三、144㎡以上 (Above 144㎡) | 99.9 | 105.7 | 106.7 | 107.4 | 107.2 | 107.1 | 107.8 | 107.2 | 108.2 | 110.3 | 110.3 | 111.7 |
| | **二手住宅 (Second-hand residential buildings)** | **100.2** | **100.4** | **100.8** | **101.4** | **101.9** | **102.1** | **102.5** | **102.5** | **104.1** | **104.5** | **105.7** | **107.5** |
| | 一、90㎡及以下 (90㎡ and below) | 100.2 | 100.4 | 101.1 | 101.8 | 102.4 | 102.3 | 102.8 | 102.8 | 104.8 | 105.0 | 106.6 | 108.8 |
| | 二、90㎡-144㎡ (90㎡-144㎡) | 100.0 | 100.3 | 100.1 | 100.6 | 100.9 | 101.6 | 101.8 | 101.9 | 102.8 | 103.9 | 104.6 | 105.9 |
| | 三、144㎡以上 (Above 144㎡) | 101.0 | 101.3 | 101.8 | 102.2 | 102.9 | 103.1 | 103.6 | 103.4 | 104.8 | 104.2 | 105.8 | 106.9 |
| 环比价格指数 (Month-on-month price index) | **新建商品住宅（Newly constructed commercial residential buildings)** | **100.4** | **100.8** | **100.9** | **100.7** | **100.3** | **100.5** | **100.5** | **100.6** | **101.9** | **101.4** | **101.7** | **102.3** |
| | 一、90㎡及以下 (90㎡ and below) | 100.4 | 101.2 | 101.0 | 100.8 | 100.3 | 100.7 | 100.9 | 101.3 | 101.5 | 101.3 | 101.2 | 102.1 |
| | 二、90㎡-144㎡ (90㎡-144㎡) | 100.5 | 100.7 | 100.8 | 100.6 | 100.3 | 100.4 | 100.3 | 100.2 | 102.1 | 101.4 | 101.9 | 102.4 |
| | 三、144㎡以上 (Above 144㎡) | 100.0 | 100.7 | 101.1 | 101.8 | 100.1 | 100.1 | 101.3 | 100.7 | 101.3 | 101.6 | 101.0 | 101.5 |
| | **二手住宅 (Second-hand residential buildings)** | **100.0** | **100.1** | **100.4** | **100.5** | **100.6** | **100.5** | **100.4** | **100.0** | **101.4** | **100.4** | **101.3** | **101.7** |
| | 一、90㎡及以下 (90㎡ and below) | 100.1 | 100.0 | 100.7 | 100.6 | 100.7 | 100.3 | 100.5 | 100.0 | 101.9 | 100.0 | 101.5 | 102.2 |
| | 二、90㎡-144㎡ (90㎡-144㎡) | 100.0 | 100.2 | 100.1 | 100.3 | 100.4 | 100.6 | 100.2 | 100.1 | 100.9 | 101.0 | 100.8 | 101.2 |
| | 三、144㎡以上 (Above 144㎡) | 100.0 | 100.3 | 100.5 | 100.5 | 100.5 | 100.8 | 100.4 | 100.0 | 101.4 | 99.5 | 101.8 | 101.1 |

# 4-4-41 2018年吉林市商品住宅销售价格指数
## Jilin Commercial Housing Price Indices of Residential Buildings 2018

| 项 目 Item | | 1月 | 2月 | 3月 | 4月 | 5月 | 6月 | 7月 | 8月 | 9月 | 10月 | 11月 | 12月 |
|---|---|---|---|---|---|---|---|---|---|---|---|---|---|
| 定基价格指数 (Fixed base price index) | **新建商品住宅（Newly constructed commercial residential buildings)** | **109.6** | **109.3** | **109.6** | **110.3** | **110.7** | **112.1** | **113.9** | **116.6** | **117.8** | **119.6** | **121.3** | **122.1** |
| | 一、90㎡及以下 (90㎡ and below) | 108.9 | 109.7 | 109.8 | 110.8 | 111.5 | 113.1 | 114.7 | 117.3 | 118.9 | 120.9 | 122.5 | 123.2 |
| | 二、90㎡-144㎡ (90㎡-144㎡) | 109.8 | 109.1 | 109.6 | 109.9 | 110.0 | 111.0 | 113.1 | 115.9 | 116.8 | 118.6 | 120.1 | 120.7 |
| | 三、144㎡以上 (Above 144㎡) | 110.5 | 109.1 | 109.2 | 109.9 | 111.0 | 113.4 | 114.4 | 116.6 | 118.1 | 119.4 | 122.1 | 124.0 |
| | **二手住宅 (Second-hand residential buildings)** | **105.5** | **105.7** | **106.1** | **106.5** | **107.2** | **108.1** | **109.3** | **110.7** | **111.8** | **112.3** | **114.0** | **114.4** |
| | 一、90㎡及以下 (90㎡ and below) | 105.7 | 106.0 | 106.3 | 106.7 | 107.3 | 108.2 | 109.4 | 110.6 | 111.8 | 112.4 | 114.3 | 114.7 |
| | 二、90㎡-144㎡ (90㎡-144㎡) | 105.9 | 106.1 | 106.8 | 107.2 | 108.0 | 108.8 | 110.1 | 111.7 | 112.6 | 113.0 | 114.5 | 114.9 |
| | 三、144㎡以上 (Above 144㎡) | 102.9 | 103.3 | 103.4 | 103.6 | 104.3 | 105.3 | 106.4 | 107.8 | 109.0 | 109.7 | 111.5 | 111.9 |
| 同比价格指数 (Year-on-year price index) | **新建商品住宅（Newly constructed commercial residential buildings)** | **108.1** | **107.5** | **106.9** | **106.7** | **106.1** | **106.9** | **107.6** | **109.3** | **109.9** | **111.0** | **112.1** | **112.6** |
| | 一、90㎡及以下 (90㎡ and below) | 107.6 | 108.0 | 106.8 | 107.0 | 106.6 | 107.6 | 108.3 | 110.1 | 111.0 | 112.4 | 113.4 | 113.6 |
| | 二、90㎡-144㎡ (90㎡-144㎡) | 108.1 | 107.0 | 106.9 | 106.3 | 105.4 | 105.6 | 106.5 | 108.2 | 108.5 | 109.5 | 110.6 | 111.0 |
| | 三、144㎡以上 (Above 144㎡) | 109.4 | 107.4 | 107.0 | 107.3 | 107.5 | 109.8 | 109.3 | 111.1 | 111.4 | 112.2 | 114.1 | 115.2 |
| | **二手住宅 (Second-hand residential buildings)** | **103.8** | **103.8** | **103.7** | **103.7** | **103.9** | **104.4** | **105.4** | **106.3** | **106.9** | **107.2** | **108.5** | **108.5** |
| | 一、90㎡及以下 (90㎡ and below) | 103.8 | 104.0 | 103.6 | 103.5 | 103.7 | 104.1 | 105.1 | 105.8 | 106.8 | 107.1 | 108.5 | 108.5 |
| | 二、90㎡-144㎡ (90㎡-144㎡) | 103.9 | 103.7 | 104.0 | 104.2 | 104.4 | 104.9 | 106.0 | 106.8 | 107.2 | 107.3 | 108.3 | 108.6 |
| | 三、144㎡以上 (Above 144㎡) | 103.5 | 103.8 | 103.5 | 103.1 | 103.0 | 103.9 | 104.9 | 106.2 | 106.9 | 107.6 | 108.6 | 108.5 |
| 环比价格指数 (Month-on-month price index) | **新建商品住宅（Newly constructed commercial residential buildings)** | **100.5** | **100.3** | **100.3** | **100.6** | **100.4** | **101.3** | **101.6** | **102.3** | **101.1** | **101.5** | **101.4** | **100.7** |
| | 一、90㎡及以下 (90㎡ and below) | 100.7 | 100.4 | 100.1 | 100.9 | 100.6 | 101.4 | 101.4 | 102.3 | 101.4 | 101.7 | 101.3 | 100.6 |
| | 二、90㎡-144㎡ (90㎡-144㎡) | 100.2 | 100.1 | 100.4 | 100.3 | 100.0 | 100.9 | 102.0 | 102.4 | 100.8 | 101.5 | 101.2 | 100.5 |
| | 三、144㎡以上 (Above 144㎡) | 100.7 | 100.6 | 100.1 | 100.7 | 101.0 | 102.2 | 100.9 | 101.9 | 101.3 | 101.1 | 102.2 | 101.6 |
| | **二手住宅 (Second-hand residential buildings)** | **100.2** | **100.1** | **100.4** | **100.4** | **100.7** | **100.8** | **101.2** | **101.2** | **101.0** | **100.5** | **101.5** | **100.4** |
| | 一、90㎡及以下 (90㎡ and below) | 100.2 | 100.1 | 100.2 | 100.4 | 100.6 | 100.8 | 101.1 | 101.1 | 101.1 | 100.5 | 101.7 | 100.4 |
| | 二、90㎡-144㎡ (90㎡-144㎡) | 100.1 | 100.1 | 100.7 | 100.4 | 100.8 | 100.7 | 101.2 | 101.4 | 100.8 | 100.4 | 101.3 | 100.4 |
| | 三、144㎡以上 (Above 144㎡) | 100.2 | 100.0 | 100.1 | 100.2 | 100.6 | 101.0 | 101.1 | 101.3 | 101.1 | 100.7 | 101.7 | 100.3 |

# 4-4-42 2018年牡丹江市商品住宅销售价格指数
# Mudanjiang Commercial Housing Price Indices of Residential Buildings 2018

| 项 目 Item | | 1月 | 2月 | 3月 | 4月 | 5月 | 6月 | 7月 | 8月 | 9月 | 10月 | 11月 | 12月 |
|---|---|---|---|---|---|---|---|---|---|---|---|---|---|
| **定基价格指数 (Fixed base price index)** | **新建商品住宅（Newly constructed commercial residential buildings)** | **105.0** | **104.8** | **105.3** | **106.2** | **106.2** | **108.4** | **109.9** | **111.4** | **113.1** | **115.0** | **115.5** | **116.5** |
| | 一、90㎡及以下 (90㎡ and below) | 103.8 | 104.4 | 104.9 | 105.4 | 105.1 | 107.4 | 108.2 | 109.0 | 110.3 | 112.5 | 113.1 | 113.9 |
| | 二、90㎡-144㎡ (90㎡-144㎡) | 106.5 | 105.5 | 106.0 | 107.2 | 107.2 | 109.2 | 111.2 | 113.1 | 115.1 | 116.8 | 117.1 | 118.5 |
| | 三、144㎡以上 (Above 144㎡) | 99.9 | 102.3 | 102.4 | 102.5 | 103.5 | 106.3 | 108.3 | 109.3 | 110.7 | 112.5 | 113.9 | 114.5 |
| | **二手住宅 (Second-hand residential buildings)** | **103.5** | **103.9** | **104.1** | **104.2** | **104.8** | **105.5** | **106.2** | **107.2** | **107.9** | **108.7** | **108.9** | **109.2** |
| | 一、90㎡及以下 (90㎡ and below) | 104.6 | 105.0 | 105.2 | 105.4 | 106.0 | 106.8 | 107.4 | 108.5 | 109.1 | 109.9 | 110.0 | 110.1 |
| | 二、90㎡-144㎡ (90㎡-144㎡) | 101.8 | 102.1 | 102.1 | 102.3 | 102.7 | 103.3 | 104.2 | 104.8 | 105.5 | 106.4 | 106.7 | 107.8 |
| | 三、144㎡以上 (Above 144㎡) | 92.5 | 94.7 | 94.6 | 94.9 | 95.4 | 96.5 | 97.6 | 98.8 | 100.0 | 100.7 | 100.9 | 101.0 |
| **同比价格指数 (Year-on-year price index)** | **新建商品住宅（Newly constructed commercial residential buildings)** | **106.9** | **106.6** | **106.5** | **106.4** | **105.8** | **107.8** | **108.8** | **109.2** | **110.9** | **112.2** | **111.9** | **111.7** |
| | 一、90㎡及以下 (90㎡ and below) | 107.2 | 107.3 | 107.0 | 106.8 | 105.6 | 107.9 | 108.4 | 107.7 | 108.7 | 109.9 | 109.5 | 109.6 |
| | 二、90㎡-144㎡ (90㎡-144㎡) | 107.4 | 106.5 | 106.4 | 106.5 | 105.9 | 107.7 | 109.0 | 110.1 | 112.1 | 113.5 | 113.3 | 112.8 |
| | 三、144㎡以上 (Above 144㎡) | 102.5 | 104.9 | 104.7 | 104.9 | 105.3 | 108.0 | 109.1 | 109.9 | 111.7 | 112.7 | 112.8 | 112.2 |
| | **二手住宅 (Second-hand residential buildings)** | **102.9** | **103.5** | **103.4** | **103.1** | **103.4** | **103.5** | **103.8** | **104.6** | **104.9** | **105.3** | **105.3** | **104.8** |
| | 一、90㎡及以下 (90㎡ and below) | 102.5 | 103.1 | 103.0 | 102.6 | 103.1 | 103.4 | 103.4 | 104.4 | 104.5 | 105.1 | 105.0 | 104.5 |
| | 二、90㎡-144㎡ (90㎡-144㎡) | 105.1 | 105.3 | 105.1 | 104.9 | 104.6 | 104.3 | 104.8 | 105.3 | 106.1 | 106.0 | 106.0 | 105.8 |
| | 三、144㎡以上 (Above 144㎡) | 98.4 | 101.6 | 101.4 | 101.8 | 101.6 | 102.7 | 104.1 | 103.7 | 105.4 | 107.1 | 107.7 | 106.3 |
| **环比价格指数 (Month-on-month price index)** | **新建商品住宅（Newly constructed commercial residential buildings)** | **100.3** | **100.2** | **100.5** | **100.8** | **100.0** | **102.1** | **101.4** | **101.3** | **101.5** | **101.7** | **100.4** | **100.9** |
| | 一、90㎡及以下 (90㎡ and below) | 100.4 | 100.1 | 100.5 | 100.4 | 99.7 | 102.2 | 100.7 | 100.8 | 101.2 | 102.0 | 100.5 | 100.7 |
| | 二、90㎡-144㎡ (90㎡-144㎡) | 100.2 | 100.3 | 100.5 | 101.1 | 100.1 | 101.9 | 101.8 | 101.7 | 101.8 | 101.5 | 100.3 | 101.1 |
| | 三、144㎡以上 (Above 144㎡) | 100.3 | 99.9 | 100.1 | 100.2 | 100.9 | 102.7 | 101.9 | 101.0 | 101.3 | 101.6 | 101.3 | 100.6 |
| | **二手住宅 (Second-hand residential buildings)** | **99.8** | **100.0** | **100.1** | **100.2** | **100.6** | **100.7** | **100.7** | **100.9** | **100.7** | **100.7** | **100.2** | **100.3** |
| | 一、90㎡及以下 (90㎡ and below) | 99.7 | 100.0 | 100.2 | 100.1 | 100.6 | 100.7 | 100.6 | 101.0 | 100.6 | 100.7 | 100.1 | 100.0 |
| | 二、90㎡-144㎡ (90㎡-144㎡) | 100.3 | 99.9 | 100.0 | 100.2 | 100.4 | 100.6 | 100.9 | 100.6 | 100.6 | 100.8 | 100.3 | 101.0 |
| | 三、144㎡以上 (Above 144㎡) | 99.7 | 100.0 | 99.9 | 100.4 | 100.5 | 101.1 | 101.2 | 101.2 | 101.2 | 100.7 | 100.2 | 100.1 |

# 4-4-43 2018年无锡市商品住宅销售价格指数
## Wuxi Commercial Housing Price Indices of Residential Buildings 2018

| 项 目 Item | | 1月 | 2月 | 3月 | 4月 | 5月 | 6月 | 7月 | 8月 | 9月 | 10月 | 11月 | 12月 |
|---|---|---|---|---|---|---|---|---|---|---|---|---|---|
| 定基价格指数 (Fixed base price index) | **新建商品住宅（Newly constructed commercial residential buildings)** | **131.0** | **132.9** | **132.7** | **132.4** | **132.2** | **132.0** | **134.0** | **138.5** | **139.2** | **139.8** | **141.0** | **140.8** |
| | 一、90m²及以下 (90m² and below) | 135.5 | 137.2 | 137.0 | 136.4 | 136.3 | 136.7 | 139.5 | 144.5 | 146.1 | 146.5 | 147.9 | 147.6 |
| | 二、90m²-144m² (90m²-144m²) | 134.1 | 135.2 | 135.4 | 135.3 | 134.8 | 134.2 | 136.2 | 140.8 | 140.8 | 141.1 | 142.3 | 141.8 |
| | 三、144m²以上 (Above 144m²) | 121.8 | 125.1 | 124.4 | 123.9 | 124.2 | 124.4 | 125.6 | 129.7 | 131.0 | 132.5 | 133.6 | 133.9 |
| | **二手住宅 (Second-hand residential buildings)** | **129.1** | **129.6** | **129.8** | **130.1** | **130.5** | **131.1** | **132.3** | **135.1** | **137.1** | **137.3** | **136.4** | **136.1** |
| | 一、90m²及以下 (90m² and below) | 130.0 | 130.7 | 130.8 | 131.0 | 131.7 | 132.4 | 133.9 | 136.6 | 138.4 | 138.4 | 137.5 | 136.9 |
| | 二、90m²-144m² (90m²-144m²) | 128.3 | 129.0 | 129.1 | 129.5 | 129.8 | 130.1 | 131.3 | 133.7 | 136.1 | 136.2 | 135.4 | 134.9 |
| | 三、144m²以上 (Above 144m²) | 129.1 | 129.3 | 129.3 | 129.5 | 129.7 | 130.8 | 132.0 | 135.5 | 137.3 | 138.2 | 137.0 | 137.6 |
| 同比价格指数 (Year-on-year price index) | **新建商品住宅（Newly constructed commercial residential buildings)** | **97.3** | **98.8** | **98.4** | **98.0** | **97.7** | **97.8** | **99.2** | **102.9** | **103.6** | **104.4** | **105.6** | **105.2** |
| | 一、90m²及以下 (90m² and below) | 98.5 | 99.5 | 99.2 | 98.4 | 97.8 | 98.2 | 99.9 | 103.9 | 105.6 | 106.2 | 107.7 | 107.6 |
| | 二、90m²-144m² (90m²-144m²) | 98.0 | 98.9 | 98.5 | 98.3 | 97.7 | 97.4 | 99.0 | 102.5 | 102.6 | 103.1 | 104.3 | 103.7 |
| | 三、144m²以上 (Above 144m²) | 94.9 | 98.1 | 97.5 | 97.2 | 97.4 | 98.4 | 99.2 | 103.2 | 104.3 | 105.7 | 106.6 | 106.6 |
| | **二手住宅 (Second-hand residential buildings)** | **108.5** | **108.1** | **106.3** | **104.4** | **103.3** | **102.2** | **102.7** | **103.6** | **105.3** | **105.8** | **105.2** | **104.9** |
| | 一、90m²及以下 (90m² and below) | 108.5 | 108.1 | 106.0 | 103.7 | 103.0 | 102.2 | 102.6 | 102.8 | 104.6 | 105.6 | 105.1 | 104.7 |
| | 二、90m²-144m² (90m²-144m²) | 108.2 | 107.9 | 106.5 | 104.9 | 103.2 | 101.9 | 102.4 | 103.7 | 105.4 | 105.5 | 105.0 | 104.4 |
| | 三、144m²以上 (Above 144m²) | 109.3 | 108.7 | 106.5 | 104.4 | 104.1 | 103.2 | 104.1 | 105.1 | 106.4 | 107.4 | 106.0 | 106.8 |
| 环比价格指数 (Month-on-month price index) | **新建商品住宅（Newly constructed commercial residential buildings)** | **99.7** | **99.6** | **99.9** | **99.8** | **99.9** | **99.9** | **101.5** | **103.4** | **100.5** | **100.4** | **100.9** | **99.8** |
| | 一、90m²及以下 (90m² and below) | 99.6 | 100.4 | 99.9 | 99.6 | 99.9 | 100.3 | 102.0 | 103.6 | 101.1 | 100.3 | 100.9 | 99.9 |
| | 二、90m²-144m² (90m²-144m²) | 99.7 | 99.2 | 100.1 | 99.9 | 99.7 | 99.6 | 101.5 | 103.4 | 100.0 | 100.2 | 100.9 | 99.6 |
| | 三、144m²以上 (Above 144m²) | 99.6 | 100.0 | 99.5 | 99.6 | 100.2 | 100.2 | 101.0 | 103.3 | 100.9 | 101.2 | 100.8 | 100.2 |
| | **二手住宅 (Second-hand residential buildings)** | **99.9** | **100.0** | **100.1** | **100.2** | **100.3** | **100.4** | **101.0** | **102.1** | **101.5** | **100.1** | **99.4** | **99.7** |
| | 一、90m²及以下 (90m² and below) | 100.0 | 99.9 | 100.1 | 100.2 | 100.5 | 100.6 | 101.1 | 102.1 | 101.3 | 99.9 | 99.4 | 99.6 |
| | 二、90m²-144m² (90m²-144m²) | 99.7 | 100.1 | 100.1 | 100.3 | 100.3 | 100.2 | 100.9 | 101.9 | 101.7 | 100.1 | 99.5 | 99.6 |
| | 三、144m²以上 (Above 144m²) | 100.5 | 99.9 | 100.0 | 100.1 | 100.2 | 100.8 | 100.9 | 102.6 | 101.4 | 100.7 | 99.1 | 100.4 |

# 4-4-44 2018年扬州市商品住宅销售价格指数
# Yangzhou Commercial Housing Price Indices of Residential Buildings 2018

| 项 目 Item | | 1月 | 2月 | 3月 | 4月 | 5月 | 6月 | 7月 | 8月 | 9月 | 10月 | 11月 | 12月 |
|---|---|---|---|---|---|---|---|---|---|---|---|---|---|
| **定基价格指数 (Fixed base price index)** | **新建商品住宅（Newly constructed commercial residential buildings)** | **121.0** | **121.7** | **122.4** | **123.4** | **124.1** | **124.8** | **128.2** | **129.8** | **131.6** | **133.2** | **135.5** | **136.0** |
| | 一、90$m^2$及以下 (90$m^2$ and below) | 121.5 | 121.9 | 122.3 | 122.9 | 124.2 | 125.0 | 128.8 | 130.4 | 131.8 | 133.6 | 136.0 | 135.5 |
| | 二、90$m^2$-144$m^2$ (90$m^2$-144$m^2$) | 121.1 | 121.8 | 122.5 | 123.6 | 124.1 | 124.8 | 128.0 | 129.6 | 131.6 | 133.0 | 135.5 | 136.4 |
| | 三、144$m^2$以上 (Above 144$m^2$) | 120.4 | 121.3 | 121.9 | 123.0 | 124.0 | 124.4 | 128.3 | 130.0 | 131.6 | 133.5 | 134.8 | 135.1 |
| | **二手住宅 (Second-hand residential buildings)** | **112.3** | **112.9** | **113.3** | **114.1** | **114.5** | **114.9** | **117.0** | **119.0** | **120.6** | **122.3** | **122.9** | **123.1** |
| | 一、90$m^2$及以下 (90$m^2$ and below) | 112.9 | 113.6 | 114.0 | 114.9 | 115.3 | 115.7 | 117.9 | 120.0 | 121.9 | 123.6 | 124.6 | 125.2 |
| | 二、90$m^2$-144$m^2$ (90$m^2$-144$m^2$) | 111.8 | 112.4 | 112.8 | 113.4 | 114.0 | 114.4 | 116.4 | 118.3 | 119.4 | 121.0 | 121.4 | 121.1 |
| | 三、144$m^2$以上 (Above 144$m^2$) | 111.0 | 111.8 | 112.3 | 113.3 | 113.1 | 113.5 | 115.4 | 117.6 | 119.9 | 121.5 | 121.9 | 121.8 |
| **同比价格指数 (Year-on-year price index)** | **新建商品住宅（Newly constructed commercial residential buildings)** | **109.1** | **108.7** | **107.7** | **106.8** | **105.9** | **105.5** | **108.0** | **109.0** | **110.3** | **111.2** | **113.3** | **113.4** |
| | 一、90$m^2$及以下 (90$m^2$ and below) | 108.8 | 107.4 | 106.0 | 104.8 | 104.8 | 104.4 | 107.0 | 108.0 | 109.8 | 110.8 | 113.3 | 112.8 |
| | 二、90$m^2$-144$m^2$ (90$m^2$-144$m^2$) | 108.6 | 108.5 | 107.6 | 107.1 | 106.1 | 105.6 | 108.0 | 109.1 | 110.5 | 111.1 | 113.5 | 113.5 |
| | 三、144$m^2$以上 (Above 144$m^2$) | 111.2 | 110.3 | 109.4 | 107.2 | 106.1 | 105.7 | 108.6 | 109.1 | 110.1 | 111.4 | 112.9 | 113.2 |
| | **二手住宅 (Second-hand residential buildings)** | **105.5** | **105.3** | **104.5** | **104.0** | **103.4** | **103.3** | **104.5** | **106.0** | **107.6** | **108.8** | **109.8** | **109.4** |
| | 一、90$m^2$及以下 (90$m^2$ and below) | 106.0 | 105.8 | 104.7 | 104.3 | 103.7 | 103.4 | 104.5 | 106.1 | 107.9 | 109.3 | 110.7 | 110.7 |
| | 二、90$m^2$-144$m^2$ (90$m^2$-144$m^2$) | 105.0 | 105.0 | 104.3 | 103.7 | 103.2 | 103.2 | 104.6 | 105.9 | 107.2 | 108.2 | 108.8 | 108.1 |
| | 三、144$m^2$以上 (Above 144$m^2$) | 105.5 | 105.1 | 104.7 | 104.5 | 103.3 | 103.2 | 104.0 | 105.6 | 108.3 | 109.0 | 110.0 | 109.3 |
| **环比价格指数 (Month-on-month price index)** | **新建商品住宅（Newly constructed commercial residential buildings)** | **100.9** | **100.5** | **100.6** | **100.9** | **100.6** | **100.5** | **102.8** | **101.2** | **101.4** | **101.2** | **101.7** | **100.4** |
| | 一、90$m^2$及以下 (90$m^2$ and below) | 101.1 | 100.4 | 100.4 | 100.5 | 101.0 | 100.7 | 103.0 | 101.2 | 101.1 | 101.4 | 101.9 | 99.6 |
| | 二、90$m^2$-144$m^2$ (90$m^2$-144$m^2$) | 100.8 | 100.5 | 100.6 | 100.9 | 100.4 | 100.6 | 102.6 | 101.2 | 101.5 | 101.1 | 101.9 | 100.6 |
| | 三、144$m^2$以上 (Above 144$m^2$) | 101.0 | 100.6 | 100.5 | 100.9 | 100.8 | 100.3 | 103.1 | 101.3 | 101.2 | 101.5 | 101.0 | 100.2 |
| | **二手住宅 (Second-hand residential buildings)** | **100.2** | **100.3** | **100.4** | **100.7** | **100.4** | **100.4** | **101.8** | **101.7** | **101.3** | **101.3** | **100.5** | **100.1** |
| | 一、90$m^2$及以下 (90$m^2$ and below) | 100.2 | 100.3 | 100.3 | 100.8 | 100.3 | 100.3 | 101.9 | 101.8 | 101.6 | 101.4 | 100.8 | 100.5 |
| | 二、90$m^2$-144$m^2$ (90$m^2$-144$m^2$) | 100.2 | 100.2 | 100.4 | 100.5 | 100.5 | 100.4 | 101.8 | 101.6 | 101.0 | 101.3 | 100.3 | 99.8 |
| | 三、144$m^2$以上 (Above 144$m^2$) | 100.0 | 100.3 | 100.5 | 100.8 | 99.9 | 100.3 | 101.7 | 101.9 | 102.0 | 101.3 | 100.3 | 99.9 |

# 4-4-45 2018年徐州市商品住宅销售价格指数
# Xuzhou Commercial Housing Price Indices of Residential Buildings 2018

| 项 目 Item | | 1月 | 2月 | 3月 | 4月 | 5月 | 6月 | 7月 | 8月 | 9月 | 10月 | 11月 | 12月 |
|---|---|---|---|---|---|---|---|---|---|---|---|---|---|
| 定基价格指数 (Fixed base price index) | **新建商品住宅 (Newly constructed commercial residential buildings)** | **119.3** | **121.9** | **122.8** | **123.8** | **125.4** | **126.2** | **129.1** | **133.4** | **134.9** | **137.4** | **139.6** | **141.1** |
| | 一、90m²及以下 (90m² and below) | 120.3 | 121.9 | 123.3 | 124.1 | 125.8 | 125.9 | 128.9 | 133.0 | 134.9 | 137.0 | 139.7 | 142.2 |
| | 二、90m²-144m² (90m²-144m²) | 119.4 | 121.8 | 122.7 | 123.9 | 125.7 | 126.6 | 129.3 | 133.7 | 135.3 | 137.7 | 139.8 | 140.8 |
| | 三、144m²以上 (Above 144m²) | 118.1 | 122.1 | 122.3 | 123.1 | 123.6 | 124.4 | 128.0 | 132.1 | 133.2 | 136.5 | 138.9 | 141.4 |
| | **二手住宅 (Second-hand residential buildings)** | **110.9** | **111.6** | **111.9** | **112.9** | **113.6** | **114.1** | **115.5** | **117.9** | **118.9** | **120.1** | **120.7** | **121.0** |
| | 一、90m²及以下 (90m² and below) | 111.6 | 112.4 | 112.6 | 113.7 | 114.4 | 115.0 | 116.1 | 118.9 | 119.9 | 121.0 | 121.5 | 122.0 |
| | 二、90m²-144m² (90m²-144m²) | 110.1 | 110.5 | 110.9 | 111.9 | 112.5 | 112.9 | 114.2 | 116.2 | 117.0 | 118.1 | 118.8 | 119.0 |
| | 三、144m²以上 (Above 144m²) | 112.0 | 113.3 | 113.6 | 114.2 | 115.2 | 116.1 | 118.3 | 121.0 | 122.7 | 124.2 | 124.6 | 124.9 |
| 同比价格指数 (Year-on-year price index) | **新建商品住宅 (Newly constructed commercial residential buildings)** | **108.3** | **109.8** | **110.0** | **109.5** | **109.1** | **107.8** | **109.8** | **113.0** | **113.9** | **115.5** | **116.6** | **117.6** |
| | 一、90m²及以下 (90m² and below) | 109.1 | 109.4 | 109.9 | 109.3 | 109.2 | 107.1 | 109.0 | 112.4 | 113.9 | 114.4 | 115.9 | 118.1 |
| | 二、90m²-144m² (90m²-144m²) | 108.3 | 109.7 | 110.0 | 109.7 | 109.4 | 108.2 | 110.1 | 113.3 | 114.2 | 116.0 | 116.9 | 117.5 |
| | 三、144m²以上 (Above 144m²) | 107.3 | 110.4 | 110.1 | 108.6 | 107.7 | 106.9 | 109.2 | 112.5 | 113.0 | 114.1 | 115.8 | 117.8 |
| | **二手住宅 (Second-hand residential buildings)** | **105.3** | **105.6** | **105.6** | **105.7** | **105.2** | **104.4** | **105.4** | **107.5** | **108.2** | **109.0** | **109.2** | **109.3** |
| | 一、90m²及以下 (90m² and below) | 105.5 | 105.8 | 106.0 | 106.2 | 105.5 | 104.7 | 105.6 | 108.0 | 108.7 | 109.4 | 109.5 | 109.7 |
| | 二、90m²-144m² (90m²-144m²) | 104.9 | 105.0 | 105.1 | 105.2 | 104.9 | 103.9 | 104.8 | 106.6 | 107.1 | 107.9 | 108.1 | 108.2 |
| | 三、144m²以上 (Above 144m²) | 106.0 | 106.9 | 106.6 | 106.4 | 105.9 | 105.2 | 106.9 | 109.4 | 110.7 | 111.7 | 111.8 | 111.6 |
| 环比价格指数 (Month-on-month price index) | **新建商品住宅 (Newly constructed commercial residential buildings)** | **100.6** | **101.0** | **100.7** | **100.8** | **101.3** | **100.6** | **102.3** | **103.3** | **101.2** | **101.9** | **101.6** | **101.0** |
| | 一、90m²及以下 (90m² and below) | 100.2 | 101.0 | 101.1 | 100.7 | 101.3 | 100.1 | 102.4 | 103.2 | 101.5 | 101.5 | 102.0 | 101.8 |
| | 二、90m²-144m² (90m²-144m²) | 100.6 | 101.1 | 100.8 | 100.9 | 101.5 | 100.7 | 102.2 | 103.4 | 101.1 | 101.8 | 101.5 | 100.7 |
| | 三、144m²以上 (Above 144m²) | 100.7 | 100.9 | 100.2 | 100.6 | 100.4 | 100.7 | 102.9 | 103.2 | 100.9 | 102.4 | 101.8 | 101.8 |
| | **二手住宅 (Second-hand residential buildings)** | **100.3** | **100.5** | **100.3** | **100.9** | **100.6** | **100.5** | **101.2** | **102.1** | **100.9** | **101.0** | **100.5** | **100.3** |
| | 一、90m²及以下 (90m² and below) | 100.5 | 100.6 | 100.2 | 100.9 | 100.7 | 100.5 | 101.0 | 102.4 | 100.9 | 100.9 | 100.5 | 100.4 |
| | 二、90m²-144m² (90m²-144m²) | 100.1 | 100.3 | 100.4 | 100.9 | 100.5 | 100.3 | 101.2 | 101.7 | 100.7 | 101.0 | 100.6 | 100.2 |
| | 三、144m²以上 (Above 144m²) | 100.5 | 100.8 | 100.2 | 100.6 | 100.8 | 100.8 | 101.8 | 102.3 | 101.4 | 101.2 | 100.3 | 100.3 |

# 4-4-46 2018年温州市商品住宅销售价格指数
## Wenzhou Commercial Housing Price Indices of Residential Buildings 2018

| 项 目 Item | | 1月 | 2月 | 3月 | 4月 | 5月 | 6月 | 7月 | 8月 | 9月 | 10月 | 11月 | 12月 |
|---|---|---|---|---|---|---|---|---|---|---|---|---|---|
| 定基价格指数 (Fixed base price index) | **新建商品住宅（Newly constructed commercial residential buildings)** | **114.0** | **114.2** | **114.1** | **114.0** | **114.2** | **114.7** | **114.9** | **115.7** | **116.0** | **115.9** | **115.5** | **115.8** |
| | 一、90㎡及以下 (90㎡ and below) | 111.1 | 112.0 | 111.8 | 110.9 | 111.3 | 112.2 | 112.6 | 113.7 | 114.4 | 114.4 | 114.4 | 115.1 |
| | 二、90㎡-144㎡ (90㎡-144㎡) | 115.3 | 115.7 | 115.7 | 115.9 | 116.0 | 116.5 | 116.8 | 117.0 | 117.1 | 116.9 | 116.6 | 116.8 |
| | 三、144㎡以上 (Above 144㎡) | 114.4 | 113.8 | 113.7 | 113.8 | 113.9 | 114.1 | 114.1 | 115.4 | 115.6 | 115.7 | 114.9 | 115.1 |
| | **二手住宅 (Second-hand residential buildings)** | **111.5** | **111.3** | **111.4** | **111.6** | **112.2** | **112.6** | **112.9** | **113.3** | **113.2** | **112.9** | **112.6** | **112.5** |
| | 一、90㎡及以下 (90㎡ and below) | 113.7 | 113.4 | 113.6 | 113.9 | 115.6 | 116.0 | 116.4 | 117.0 | 117.5 | 117.3 | 116.7 | 116.6 |
| | 二、90㎡-144㎡ (90㎡-144㎡) | 112.0 | 111.9 | 112.0 | 112.3 | 112.5 | 113.0 | 113.3 | 113.7 | 113.5 | 113.2 | 112.9 | 112.8 |
| | 三、144㎡以上 (Above 144㎡) | 108.8 | 108.6 | 108.7 | 108.7 | 108.9 | 109.0 | 109.1 | 109.4 | 109.0 | 108.7 | 108.6 | 108.4 |
| 同比价格指数 (Year-on-year price index) | **新建商品住宅（Newly constructed commercial residential buildings)** | **107.2** | **107.1** | **106.5** | **105.0** | **103.6** | **103.1** | **102.3** | **103.2** | **103.4** | **103.0** | **102.2** | **101.9** |
| | 一、90㎡及以下 (90㎡ and below) | 105.6 | 106.0 | 104.6 | 102.5 | 101.9 | 101.9 | 101.5 | 102.8 | 103.6 | 103.6 | 103.3 | 103.5 |
| | 二、90㎡-144㎡ (90㎡-144㎡) | 106.8 | 107.0 | 106.6 | 105.3 | 103.9 | 103.4 | 102.8 | 103.2 | 103.0 | 102.7 | 102.0 | 101.6 |
| | 三、144㎡以上 (Above 144㎡) | 108.9 | 108.0 | 107.8 | 106.3 | 104.4 | 103.7 | 102.1 | 103.5 | 103.7 | 102.9 | 101.6 | 101.1 |
| | **二手住宅 (Second-hand residential buildings)** | **106.4** | **105.9** | **105.5** | **104.6** | **103.9** | **102.6** | **102.2** | **102.1** | **101.6** | **101.2** | **100.7** | **100.8** |
| | 一、90㎡及以下 (90㎡ and below) | 107.1 | 106.3 | 105.9 | 104.8 | 105.5 | 103.6 | 103.4 | 103.3 | 103.4 | 103.0 | 102.3 | 102.4 |
| | 二、90㎡-144㎡ (90㎡-144㎡) | 106.6 | 106.2 | 105.8 | 105.0 | 103.6 | 102.4 | 102.0 | 102.0 | 101.4 | 101.1 | 100.6 | 100.6 |
| | 三、144㎡以上 (Above 144㎡) | 105.5 | 105.0 | 104.7 | 104.1 | 102.9 | 101.7 | 101.2 | 101.1 | 100.3 | 99.6 | 99.4 | 99.5 |
| 环比价格指数 (Month-on-month price index) | **新建商品住宅（Newly constructed commercial residential buildings)** | **100.4** | **100.0** | **99.9** | **99.9** | **100.1** | **100.4** | **100.2** | **100.7** | **100.2** | **99.9** | **99.7** | **100.3** |
| | 一、90㎡及以下 (90㎡ and below) | 100.7 | 100.0 | 99.8 | 99.2 | 100.3 | 100.8 | 100.3 | 100.9 | 100.6 | 100.0 | 100.0 | 100.6 |
| | 二、90㎡-144㎡ (90㎡-144㎡) | 100.5 | 100.1 | 100.0 | 100.2 | 100.0 | 100.4 | 100.3 | 100.2 | 100.1 | 99.8 | 99.8 | 100.1 |
| | 三、144㎡以上 (Above 144㎡) | 100.0 | 99.9 | 100.0 | 100.0 | 100.1 | 100.2 | 100.0 | 101.1 | 100.2 | 100.1 | 99.3 | 100.2 |
| | **二手住宅 (Second-hand residential buildings)** | **99.9** | **99.8** | **100.1** | **100.2** | **100.6** | **100.3** | **100.3** | **100.4** | **100.0** | **99.8** | **99.7** | **99.9** |
| | 一、90㎡及以下 (90㎡ and below) | 99.8 | 99.7 | 100.2 | 100.3 | 101.6 | 100.4 | 100.3 | 100.5 | 100.4 | 99.8 | 99.5 | 100.0 |
| | 二、90㎡-144㎡ (90㎡-144㎡) | 99.9 | 100.0 | 100.1 | 100.2 | 100.2 | 100.4 | 100.3 | 100.3 | 99.8 | 99.8 | 99.7 | 99.9 |
| | 三、144㎡以上 (Above 144㎡) | 99.9 | 99.8 | 100.0 | 100.1 | 100.1 | 100.1 | 100.2 | 100.2 | 99.7 | 99.7 | 99.9 | 99.8 |

# 4-4-47 2018年金华市商品住宅销售价格指数
# Jinhua Commercial Housing Price Indices of Residential Buildings 2018

| 项 目 Item | | 1月 | 2月 | 3月 | 4月 | 5月 | 6月 | 7月 | 8月 | 9月 | 10月 | 11月 | 12月 |
|---|---|---|---|---|---|---|---|---|---|---|---|---|---|
| 定基价格指数 (Fixed base price index) | **新建商品住宅（Newly constructed commercial residential buildings)** | **118.7** | **118.9** | **119.2** | **120.8** | **121.5** | **121.9** | **123.3** | **124.7** | **124.5** | **124.6** | **124.3** | **124.0** |
| | 一、90m²及以下 (90m² and below) | 120.8 | 120.6 | 120.9 | 122.8 | 123.3 | 124.0 | 125.5 | 127.4 | 127.3 | 127.4 | 127.5 | 127.2 |
| | 二、90m²-144m² (90m²-144m²) | 120.0 | 120.5 | 120.8 | 122.3 | 123.0 | 123.2 | 124.9 | 126.4 | 126.2 | 126.3 | 125.7 | 125.5 |
| | 三、144m²以上 (Above 144m²) | 114.8 | 115.0 | 115.3 | 116.7 | 117.6 | 117.9 | 118.9 | 119.5 | 119.5 | 119.5 | 119.1 | 118.7 |
| | **二手住宅 (Second-hand residential buildings)** | **113.5** | **114.4** | **114.9** | **115.7** | **116.6** | **117.2** | **118.6** | **119.9** | **119.8** | **119.8** | **119.5** | **119.0** |
| | 一、90m²及以下 (90m² and below) | 115.5 | 116.5 | 117.2 | 118.1 | 119.2 | 119.7 | 120.8 | 122.3 | 122.1 | 122.2 | 122.1 | 121.8 |
| | 二、90m²-144m² (90m²-144m²) | 112.5 | 113.0 | 113.3 | 113.9 | 114.9 | 115.3 | 117.1 | 118.6 | 118.4 | 118.4 | 117.6 | 117.1 |
| | 三、144m²以上 (Above 144m²) | 111.8 | 113.2 | 113.5 | 114.5 | 115.1 | 115.9 | 117.3 | 118.1 | 118.1 | 118.2 | 118.0 | 117.4 |
| 同比价格指数 (Year-on-year price index) | **新建商品住宅（Newly constructed commercial residential buildings)** | **109.3** | **109.2** | **108.2** | **107.8** | **107.0** | **106.3** | **106.1** | **106.9** | **106.5** | **106.0** | **105.3** | **104.5** |
| | 一、90m²及以下 (90m² and below) | 109.9 | 109.5 | 108.5 | 108.7 | 107.1 | 106.1 | 105.8 | 107.1 | 106.4 | 106.5 | 106.4 | 105.9 |
| | 二、90m²-144m² (90m²-144m²) | 109.5 | 109.7 | 108.3 | 107.8 | 107.1 | 106.4 | 106.2 | 107.0 | 106.6 | 105.7 | 105.0 | 104.6 |
| | 三、144m²以上 (Above 144m²) | 108.4 | 108.2 | 107.6 | 106.8 | 106.7 | 106.3 | 106.4 | 106.6 | 106.3 | 105.9 | 104.4 | 103.0 |
| | **二手住宅 (Second-hand residential buildings)** | **107.5** | **108.3** | **108.0** | **107.3** | **107.2** | **107.0** | **107.8** | **108.4** | **107.4** | **106.7** | **105.9** | **104.9** |
| | 一、90m²及以下 (90m² and below) | 108.2 | 109.0 | 108.8 | 108.1 | 108.4 | 108.0 | 107.9 | 108.5 | 107.5 | 107.0 | 106.4 | 105.4 |
| | 二、90m²-144m² (90m²-144m²) | 107.5 | 107.9 | 107.6 | 106.7 | 106.6 | 106.3 | 107.8 | 108.5 | 107.3 | 106.2 | 105.2 | 104.2 |
| | 三、144m²以上 (Above 144m²) | 106.6 | 107.8 | 107.3 | 106.7 | 106.3 | 106.4 | 107.6 | 107.9 | 107.3 | 106.9 | 106.2 | 105.0 |
| 环比价格指数 (Month-on-month price index) | **新建商品住宅（Newly constructed commercial residential buildings)** | **100.2** | **100.0** | **100.3** | **101.3** | **100.6** | **100.3** | **101.2** | **101.1** | **99.9** | **100.1** | **99.7** | **99.8** |
| | 一、90m²及以下 (90m² and below) | 100.3 | 100.2 | 100.3 | 101.5 | 100.4 | 100.6 | 101.2 | 101.5 | 99.9 | 100.1 | 100.0 | 99.8 |
| | 二、90m²-144m² (90m²-144m²) | 100.5 | 100.0 | 100.3 | 101.3 | 100.6 | 100.2 | 101.4 | 101.2 | 99.8 | 100.0 | 99.6 | 99.8 |
| | 三、144m²以上 (Above 144m²) | 99.9 | 99.9 | 100.2 | 101.2 | 100.8 | 100.2 | 100.8 | 100.5 | 100.0 | 100.0 | 99.6 | 99.7 |
| | **二手住宅 (Second-hand residential buildings)** | **100.3** | **100.6** | **100.4** | **100.7** | **100.8** | **100.5** | **101.2** | **101.1** | **99.9** | **100.0** | **99.7** | **99.6** |
| | 一、90m²及以下 (90m² and below) | 100.2 | 100.6 | 100.6 | 100.7 | 101.0 | 100.4 | 100.9 | 101.2 | 99.9 | 100.0 | 99.9 | 99.8 |
| | 二、90m²-144m² (90m²-144m²) | 100.3 | 100.4 | 100.3 | 100.5 | 100.9 | 100.3 | 101.6 | 101.3 | 99.9 | 100.0 | 99.4 | 99.5 |
| | 三、144m²以上 (Above 144m²) | 100.4 | 100.8 | 100.3 | 100.9 | 100.5 | 100.7 | 101.2 | 100.7 | 100.0 | 100.1 | 99.8 | 99.5 |

# 4-4-48　2018年蚌埠市商品住宅销售价格指数
## Bengbu Commercial Housing Price Indices of Residential Buildings 2018

| 项　目　Item | | 1月 | 2月 | 3月 | 4月 | 5月 | 6月 | 7月 | 8月 | 9月 | 10月 | 11月 | 12月 |
|---|---|---|---|---|---|---|---|---|---|---|---|---|---|
| 定基价格指数 (Fixed base price index) | **新建商品住宅（Newly constructed commercial residential buildings)** | **117.2** | **117.1** | **116.7** | **116.7** | **116.9** | **116.6** | **119.1** | **121.2** | **123.3** | **124.1** | **125.6** | **126.3** |
| | 一、90㎡及以下 (90㎡ and below) | 117.8 | 116.4 | 116.4 | 116.5 | 116.5 | 116.0 | 119.2 | 121.5 | 123.3 | 123.7 | 125.9 | 126.7 |
| | 二、90㎡-144㎡ (90㎡-144㎡) | 117.3 | 117.7 | 117.3 | 117.3 | 117.5 | 117.2 | 119.4 | 121.4 | 123.7 | 124.6 | 125.9 | 126.6 |
| | 三、144㎡以上 (Above 144㎡) | 111.6 | 111.9 | 111.0 | 110.0 | 111.1 | 111.6 | 113.7 | 116.3 | 118.3 | 119.5 | 119.5 | 120.1 |
| | **二手住宅 (Second-hand residential buildings)** | **112.3** | **112.3** | **112.4** | **112.6** | **112.9** | **113.0** | **114.9** | **117.4** | **118.3** | **119.1** | **119.7** | **120.3** |
| | 一、90㎡及以下 (90㎡ and below) | 112.6 | 112.9 | 113.0 | 113.3 | 113.5 | 113.7 | 115.6 | 118.2 | 119.2 | 119.9 | 120.5 | 121.2 |
| | 二、90㎡-144㎡ (90㎡-144㎡) | 112.2 | 111.6 | 111.6 | 111.6 | 112.1 | 112.3 | 114.1 | 116.3 | 117.2 | 117.8 | 118.4 | 118.9 |
| | 三、144㎡以上 (Above 144㎡) | 111.7 | 111.8 | 111.9 | 111.9 | 111.9 | 112.0 | 113.8 | 117.3 | 118.3 | 119.5 | 121.0 | 121.5 |
| 同比价格指数 (Year-on-year price index) | **新建商品住宅（Newly constructed commercial residential buildings)** | **108.4** | **107.6** | **107.0** | **104.7** | **101.5** | **99.2** | **100.1** | **102.3** | **104.3** | **105.5** | **106.8** | **107.7** |
| | 一、90㎡及以下 (90㎡ and below) | 109.0 | 106.9 | 107.1 | 105.1 | 102.2 | 100.2 | 101.8 | 104.0 | 105.4 | 105.8 | 107.8 | 109.8 |
| | 二、90㎡-144㎡ (90㎡-144㎡) | 108.5 | 108.1 | 107.1 | 104.7 | 101.2 | 98.7 | 99.3 | 101.6 | 103.8 | 105.4 | 106.4 | 106.9 |
| | 三、144㎡以上 (Above 144㎡) | 104.0 | 104.3 | 104.5 | 102.5 | 100.5 | 100.0 | 100.0 | 102.7 | 104.5 | 106.2 | 106.2 | 107.3 |
| | **二手住宅 (Second-hand residential buildings)** | **107.1** | **106.5** | **106.0** | **104.9** | **103.4** | **101.6** | **102.6** | **104.6** | **105.3** | **105.9** | **106.5** | **107.2** |
| | 一、90㎡及以下 (90㎡ and below) | 107.1 | 106.8 | 106.3 | 105.1 | 103.4 | 101.7 | 102.8 | 104.9 | 105.7 | 106.3 | 106.9 | 107.6 |
| | 二、90㎡-144㎡ (90㎡-144㎡) | 107.0 | 106.0 | 105.5 | 104.7 | 103.2 | 101.2 | 102.3 | 104.0 | 104.7 | 105.2 | 105.6 | 106.5 |
| | 三、144㎡以上 (Above 144㎡) | 107.4 | 107.3 | 106.6 | 105.2 | 103.8 | 102.1 | 103.1 | 105.8 | 106.1 | 107.0 | 108.4 | 108.9 |
| 环比价格指数 (Month-on-month price index) | **新建商品住宅（Newly constructed commercial residential buildings)** | **99.9** | **100.0** | **99.7** | **100.0** | **100.2** | **99.7** | **102.1** | **101.8** | **101.8** | **100.6** | **101.2** | **100.6** |
| | 一、90㎡及以下 (90㎡ and below) | 100.9 | 99.9 | 99.9 | 100.1 | 100.0 | 99.6 | 102.8 | 101.9 | 101.5 | 100.3 | 101.7 | 100.7 |
| | 二、90㎡-144㎡ (90㎡-144㎡) | 99.5 | 99.9 | 99.7 | 100.0 | 100.2 | 99.7 | 101.8 | 101.7 | 101.9 | 100.7 | 101.1 | 100.6 |
| | 三、144㎡以上 (Above 144㎡) | 99.7 | 100.3 | 99.2 | 99.1 | 101.0 | 100.4 | 101.9 | 102.3 | 101.7 | 101.0 | 100.0 | 100.5 |
| | **二手住宅 (Second-hand residential buildings)** | **100.0** | **100.2** | **100.1** | **100.2** | **100.3** | **100.1** | **101.6** | **102.2** | **100.8** | **100.6** | **100.5** | **100.5** |
| | 一、90㎡及以下 (90㎡ and below) | 100.0 | 100.3 | 100.1 | 100.3 | 100.2 | 100.1 | 101.7 | 102.2 | 100.8 | 100.6 | 100.5 | 100.5 |
| | 二、90㎡-144㎡ (90㎡-144㎡) | 100.0 | 100.0 | 100.0 | 100.0 | 100.4 | 100.2 | 101.5 | 102.0 | 100.8 | 100.6 | 100.5 | 100.4 |
| | 三、144㎡以上 (Above 144㎡) | 100.1 | 100.1 | 100.1 | 100.0 | 100.0 | 100.0 | 101.6 | 103.0 | 100.9 | 101.0 | 101.3 | 100.4 |

# 4-4-49 2018年安庆市商品住宅销售价格指数
## Anqing Commercial Housing Price Indices of Residential Buildings 2018

| | 项 目 Item | 1月 | 2月 | 3月 | 4月 | 5月 | 6月 | 7月 | 8月 | 9月 | 10月 | 11月 | 12月 |
|---|---|---|---|---|---|---|---|---|---|---|---|---|---|
| 定基价格指数 (Fixed base price index) | **新建商品住宅（Newly constructed commercial residential buildings）** | **113.5** | **113.6** | **113.6** | **113.3** | **113.2** | **114.4** | **115.1** | **117.3** | **119.1** | **121.7** | **122.3** | **122.9** |
| | 一、90m²及以下 (90m² and below) | 114.4 | 114.9 | 115.4 | 114.4 | 114.5 | 115.4 | 116.3 | 118.8 | 120.5 | 123.7 | 123.8 | 124.0 |
| | 二、90m²-144m² (90m²-144m²) | 113.5 | 113.5 | 113.4 | 113.3 | 113.2 | 114.6 | 115.1 | 117.3 | 119.0 | 121.6 | 122.3 | 123.1 |
| | 三、144m²以上 (Above 144m²) | 112.0 | 112.1 | 111.8 | 111.3 | 111.1 | 112.2 | 112.6 | 114.8 | 117.3 | 119.1 | 119.9 | 120.0 |
| | **二手住宅 (Second-hand residential buildings)** | **113.2** | **113.9** | **113.9** | **113.6** | **113.8** | **114.6** | **115.4** | **118.0** | **119.7** | **121.9** | **122.4** | **122.2** |
| | 一、90m²及以下 (90m² and below) | 113.0 | 113.7 | 113.7 | 113.5 | 113.6 | 114.4 | 115.0 | 117.6 | 119.1 | 121.3 | 122.0 | 121.8 |
| | 二、90m²-144m² (90m²-144m²) | 113.8 | 114.5 | 114.4 | 114.1 | 114.4 | 115.1 | 116.1 | 118.8 | 120.6 | 122.9 | 123.1 | 123.0 |
| | 三、144m²以上 (Above 144m²) | 111.9 | 112.7 | 112.8 | 112.6 | 112.8 | 113.6 | 114.5 | 117.0 | 118.7 | 120.9 | 121.6 | 121.5 |
| 同比价格指数 (Year-on-year price index) | **新建商品住宅（Newly constructed commercial residential buildings）** | **105.7** | **105.3** | **103.9** | **102.5** | **102.2** | **103.0** | **103.9** | **105.8** | **106.5** | **108.5** | **109.1** | **109.0** |
| | 一、90m²及以下 (90m² and below) | 105.8 | 105.5 | 104.5 | 102.8 | 102.2 | 102.7 | 103.6 | 105.1 | 106.3 | 108.4 | 108.9 | 108.6 |
| | 二、90m²-144m² (90m²-144m²) | 105.7 | 105.4 | 103.9 | 102.5 | 102.5 | 103.3 | 104.4 | 106.3 | 106.7 | 108.8 | 109.2 | 109.4 |
| | 三、144m²以上 (Above 144m²) | 105.0 | 104.7 | 102.9 | 101.8 | 100.8 | 101.8 | 102.0 | 104.1 | 105.6 | 107.4 | 108.4 | 107.7 |
| | **二手住宅 (Second-hand residential buildings)** | **105.9** | **105.9** | **105.0** | **103.3** | **102.4** | **102.7** | **102.5** | **104.3** | **105.5** | **107.6** | **108.2** | **107.8** |
| | 一、90m²及以下 (90m² and below) | 105.6 | 105.8 | 104.9 | 103.4 | 102.4 | 102.7 | 102.4 | 104.2 | 105.3 | 107.3 | 108.0 | 107.5 |
| | 二、90m²-144m² (90m²-144m²) | 106.4 | 106.2 | 105.2 | 103.2 | 102.5 | 102.8 | 102.6 | 104.4 | 105.8 | 108.0 | 108.3 | 107.9 |
| | 三、144m²以上 (Above 144m²) | 105.3 | 105.4 | 104.7 | 103.0 | 102.4 | 102.7 | 102.7 | 104.6 | 105.9 | 108.1 | 109.0 | 108.7 |
| 环比价格指数 (Month-on-month price index) | **新建商品住宅（Newly constructed commercial residential buildings）** | **100.5** | **100.3** | **100.0** | **99.7** | **99.9** | **101.1** | **100.5** | **101.9** | **101.6** | **102.2** | **100.5** | **100.5** |
| | 一、90m²及以下 (90m² and below) | 100.2 | 100.4 | 100.4 | 99.2 | 100.0 | 100.8 | 100.8 | 102.1 | 101.4 | 102.7 | 100.1 | 100.2 |
| | 二、90m²-144m² (90m²-144m²) | 100.6 | 100.3 | 100.0 | 99.9 | 99.9 | 101.2 | 100.5 | 101.9 | 101.5 | 102.2 | 100.6 | 100.6 |
| | 三、144m²以上 (Above 144m²) | 100.2 | 100.4 | 99.8 | 99.5 | 99.8 | 101.0 | 100.4 | 101.9 | 102.2 | 101.5 | 100.7 | 100.1 |
| | **二手住宅 (Second-hand residential buildings)** | **99.9** | **100.5** | **100.0** | **99.8** | **100.1** | **100.7** | **100.7** | **102.3** | **101.4** | **101.9** | **100.4** | **99.8** |
| | 一、90m²及以下 (90m² and below) | 99.9 | 100.4 | 100.0 | 99.8 | 100.1 | 100.7 | 100.6 | 102.2 | 101.3 | 101.8 | 100.6 | 99.8 |
| | 二、90m²-144m² (90m²-144m²) | 99.9 | 100.6 | 99.9 | 99.7 | 100.2 | 100.7 | 100.9 | 102.3 | 101.5 | 101.9 | 100.2 | 99.8 |
| | 三、144m²以上 (Above 144m²) | 100.1 | 100.7 | 100.1 | 99.8 | 100.1 | 100.8 | 100.8 | 102.2 | 101.4 | 101.9 | 100.6 | 99.9 |

# 4-4-50 2018年泉州市商品住宅销售价格指数
## Quanzhou Commercial Housing Price Indices of Residential Buildings 2018

| 项 目 Item | | 1月 | 2月 | 3月 | 4月 | 5月 | 6月 | 7月 | 8月 | 9月 | 10月 | 11月 | 12月 |
|---|---|---|---|---|---|---|---|---|---|---|---|---|---|
| 定基价格指数 (Fixed base price index) | **新建商品住宅（Newly constructed commercial residential buildings)** | **110.1** | **110.6** | **110.7** | **110.7** | **110.6** | **111.1** | **111.0** | **112.0** | **112.0** | **112.2** | **112.5** | **112.4** |
| | 一、90m²及以下 (90m² and below) | 110.8 | 111.5 | 111.6 | 111.8 | 111.6 | 111.9 | 112.1 | 113.6 | 113.1 | 113.5 | 114.1 | 113.9 |
| | 二、90m²-144m² (90m²-144m²) | 110.1 | 110.1 | 110.0 | 109.8 | 109.9 | 110.4 | 110.3 | 110.9 | 110.6 | 110.8 | 110.8 | 110.9 |
| | 三、144m²以上 (Above 144m²) | 109.6 | 110.7 | 111.2 | 111.5 | 111.2 | 111.7 | 111.4 | 112.8 | 113.4 | 113.5 | 114.1 | 113.8 |
| | **二手住宅 (Second-hand residential buildings)** | **112.4** | **112.6** | **112.8** | **112.9** | **113.2** | **113.7** | **114.6** | **115.3** | **115.2** | **115.1** | **114.9** | **114.4** |
| | 一、90m²及以下 (90m² and below) | 112.2 | 112.5 | 112.8 | 113.0 | 113.2 | 113.6 | 114.4 | 115.0 | 114.9 | 114.8 | 114.6 | 114.3 |
| | 二、90m²-144m² (90m²-144m²) | 112.8 | 113.0 | 113.2 | 113.2 | 113.3 | 114.0 | 114.8 | 115.6 | 115.5 | 115.3 | 115.1 | 114.8 |
| | 三、144m²以上 (Above 144m²) | 112.3 | 112.4 | 112.5 | 112.5 | 113.3 | 113.8 | 114.6 | 115.4 | 115.3 | 115.4 | 115.0 | 114.2 |
| 同比价格指数 (Year-on-year price index) | **新建商品住宅（Newly constructed commercial residential buildings)** | **100.1** | **100.0** | **99.6** | **100.0** | **100.1** | **99.8** | **100.0** | **101.0** | **101.8** | **101.5** | **102.2** | **101.5** |
| | 一、90m²及以下 (90m² and below) | 101.2 | 101.2 | 100.7 | 100.6 | 100.1 | 100.0 | 100.4 | 101.9 | 102.8 | 101.6 | 102.6 | 102.1 |
| | 二、90m²-144m² (90m²-144m²) | 100.2 | 99.5 | 98.7 | 98.9 | 98.9 | 98.4 | 98.6 | 99.5 | 100.3 | 100.5 | 100.7 | 100.3 |
| | 三、144m²以上 (Above 144m²) | 99.3 | 100.0 | 100.4 | 101.4 | 102.0 | 101.8 | 101.7 | 102.9 | 103.6 | 103.1 | 104.3 | 103.0 |
| | **二手住宅 (Second-hand residential buildings)** | **105.9** | **105.0** | **104.1** | **102.9** | **102.4** | **102.2** | **103.0** | **103.6** | **103.1** | **102.9** | **102.5** | **101.8** |
| | 一、90m²及以下 (90m² and below) | 105.9 | 104.9 | 104.0 | 103.0 | 102.7 | 102.5 | 103.4 | 103.7 | 103.2 | 103.0 | 102.7 | 102.1 |
| | 二、90m²-144m² (90m²-144m²) | 106.8 | 105.4 | 104.3 | 103.0 | 101.9 | 101.6 | 102.3 | 103.1 | 102.6 | 102.6 | 102.2 | 101.6 |
| | 三、144m²以上 (Above 144m²) | 104.7 | 104.7 | 104.0 | 102.7 | 102.6 | 102.9 | 103.6 | 104.1 | 103.6 | 103.4 | 102.9 | 101.7 |
| 环比价格指数 (Month-on-month price index) | **新建商品住宅（Newly constructed commercial residential buildings)** | **99.7** | **100.1** | **100.1** | **100.0** | **99.9** | **100.4** | **99.9** | **100.9** | **100.0** | **100.2** | **100.3** | **99.9** |
| | 一、90m²及以下 (90m² and below) | 99.4 | 100.6 | 100.0 | 100.3 | 99.8 | 100.2 | 100.2 | 101.4 | 99.6 | 100.3 | 100.5 | 99.8 |
| | 二、90m²-144m² (90m²-144m²) | 99.7 | 99.9 | 99.9 | 99.8 | 100.1 | 100.4 | 100.0 | 100.5 | 99.7 | 100.1 | 100.1 | 100.1 |
| | 三、144m²以上 (Above 144m²) | 99.9 | 100.3 | 100.4 | 100.3 | 99.8 | 100.5 | 99.7 | 101.2 | 100.6 | 100.1 | 100.5 | 99.7 |
| | **二手住宅 (Second-hand residential buildings)** | **100.0** | **100.2** | **100.2** | **100.1** | **100.3** | **100.5** | **100.7** | **100.6** | **99.9** | **99.9** | **99.8** | **99.6** |
| | 一、90m²及以下 (90m² and below) | 100.3 | 100.3 | 100.3 | 100.1 | 100.2 | 100.3 | 100.8 | 100.5 | 99.9 | 99.9 | 99.8 | 99.7 |
| | 二、90m²-144m² (90m²-144m²) | 99.9 | 100.2 | 100.2 | 100.0 | 100.0 | 100.7 | 100.7 | 100.7 | 99.8 | 99.9 | 99.8 | 99.7 |
| | 三、144m²以上 (Above 144m²) | 100.0 | 100.1 | 100.1 | 100.1 | 100.6 | 100.4 | 100.8 | 100.6 | 100.0 | 100.1 | 99.7 | 99.3 |

# 4-4-51 2018年九江市商品住宅销售价格指数
# Jiujiang Commercial Housing Price Indices of Residential Buildings 2018

| 项目 Item | | 1月 | 2月 | 3月 | 4月 | 5月 | 6月 | 7月 | 8月 | 9月 | 10月 | 11月 | 12月 |
|---|---|---|---|---|---|---|---|---|---|---|---|---|---|
| 定基价格指数 (Fixed base price index) | **新建商品住宅（Newly constructed commercial residential buildings)** | **121.2** | **121.2** | **121.9** | **122.1** | **123.1** | **123.8** | **125.2** | **127.1** | **128.0** | **128.7** | **130.6** | **131.8** |
| | 一、90㎡及以下 (90㎡ and below) | 123.6 | 123.5 | 123.9 | 124.4 | 125.2 | 126.0 | 127.6 | 129.4 | 131.0 | 131.7 | 134.7 | 135.5 |
| | 二、90㎡-144㎡ (90㎡-144㎡) | 121.1 | 120.6 | 121.3 | 121.3 | 122.3 | 123.0 | 124.2 | 126.1 | 126.9 | 127.5 | 129.2 | 130.6 |
| | 三、144㎡以上 (Above 144㎡) | 119.8 | 122.4 | 123.1 | 123.8 | 125.0 | 125.9 | 128.1 | 129.9 | 130.9 | 132.2 | 134.0 | 134.9 |
| | **二手住宅 (Second-hand residential buildings)** | **114.6** | **114.7** | **114.8** | **115.0** | **115.4** | **116.0** | **117.2** | **118.9** | **119.7** | **120.5** | **121.7** | **122.1** |
| | 一、90㎡及以下 (90㎡ and below) | 117.3 | 117.3 | 117.4 | 117.5 | 117.8 | 118.4 | 119.8 | 121.5 | 122.5 | 123.7 | 124.7 | 125.1 |
| | 二、90㎡-144㎡ (90㎡-144㎡) | 112.8 | 112.9 | 113.1 | 113.3 | 113.8 | 114.4 | 115.4 | 117.1 | 117.8 | 118.2 | 119.5 | 119.7 |
| | 三、144㎡以上 (Above 144㎡) | 110.6 | 110.6 | 110.6 | 110.5 | 111.2 | 112.2 | 113.5 | 114.6 | 115.4 | 116.7 | 118.3 | 118.9 |
| 同比价格指数 (Year-on-year price index) | **新建商品住宅（Newly constructed commercial residential buildings)** | **108.3** | **107.4** | **106.5** | **105.5** | **104.6** | **104.4** | **104.9** | **106.1** | **107.0** | **107.3** | **108.9** | **109.8** |
| | 一、90㎡及以下 (90㎡ and below) | 110.4 | 108.9 | 107.2 | 106.0 | 104.2 | 104.0 | 103.8 | 104.7 | 106.6 | 106.9 | 109.4 | 110.1 |
| | 二、90㎡-144㎡ (90㎡-144㎡) | 108.1 | 107.0 | 106.2 | 105.1 | 104.3 | 104.1 | 104.5 | 105.9 | 106.7 | 107.1 | 108.6 | 109.5 |
| | 三、144㎡以上 (Above 144㎡) | 107.5 | 108.3 | 107.6 | 107.1 | 106.4 | 106.0 | 107.4 | 107.7 | 108.1 | 108.8 | 110.1 | 111.0 |
| | **二手住宅 (Second-hand residential buildings)** | **104.4** | **104.2** | **103.7** | **103.5** | **103.2** | **102.9** | **103.3** | **104.5** | **105.0** | **105.8** | **106.7** | **106.9** |
| | 一、90㎡及以下 (90㎡ and below) | 104.1 | 103.7 | 103.2 | 103.0 | 102.6 | 102.3 | 102.9 | 104.2 | 104.9 | 106.0 | 106.9 | 107.2 |
| | 二、90㎡-144㎡ (90㎡-144㎡) | 104.6 | 104.6 | 104.3 | 103.9 | 103.7 | 103.4 | 103.6 | 104.8 | 105.1 | 105.4 | 106.4 | 106.5 |
| | 三、144㎡以上 (Above 144㎡) | 104.4 | 104.4 | 103.9 | 103.5 | 103.6 | 103.4 | 104.0 | 104.7 | 105.5 | 106.5 | 107.0 | 107.6 |
| 环比价格指数 (Month-on-month price index) | **新建商品住宅（Newly constructed commercial residential buildings)** | **100.5** | **100.4** | **100.5** | **100.2** | **100.8** | **100.6** | **101.1** | **101.5** | **100.7** | **100.6** | **101.5** | **100.9** |
| | 一、90㎡及以下 (90㎡ and below) | 100.7 | 99.7 | 100.3 | 100.4 | 100.6 | 100.6 | 101.2 | 101.5 | 101.2 | 100.5 | 102.3 | 100.5 |
| | 二、90㎡-144㎡ (90㎡-144㎡) | 100.6 | 100.5 | 100.5 | 100.1 | 100.8 | 100.6 | 100.9 | 101.6 | 100.6 | 100.5 | 101.4 | 101.0 |
| | 三、144㎡以上 (Above 144㎡) | 100.1 | 100.6 | 100.6 | 100.6 | 101.0 | 100.7 | 101.7 | 101.4 | 100.8 | 101.0 | 101.4 | 100.6 |
| | **二手住宅 (Second-hand residential buildings)** | **100.3** | **100.2** | **100.1** | **100.1** | **100.4** | **100.6** | **101.0** | **101.5** | **100.7** | **100.7** | **101.0** | **100.3** |
| | 一、90㎡及以下 (90㎡ and below) | 100.3 | 100.2 | 100.1 | 100.1 | 100.2 | 100.5 | 101.1 | 101.5 | 100.8 | 100.9 | 100.9 | 100.3 |
| | 二、90㎡-144㎡ (90㎡-144㎡) | 100.3 | 100.2 | 100.2 | 100.2 | 100.4 | 100.5 | 100.9 | 101.5 | 100.6 | 100.4 | 101.1 | 100.2 |
| | 三、144㎡以上 (Above 144㎡) | 100.0 | 100.1 | 100.0 | 99.9 | 100.7 | 100.8 | 101.2 | 101.0 | 100.7 | 101.1 | 101.4 | 100.5 |

# 4-4-52 2018年赣州市商品住宅销售价格指数
## Ganzhou Commercial Housing Price Indices of Residential Buildings 2018

| 项 目 Item | | 1月 | 2月 | 3月 | 4月 | 5月 | 6月 | 7月 | 8月 | 9月 | 10月 | 11月 | 12月 |
|---|---|---|---|---|---|---|---|---|---|---|---|---|---|
| 定基价格指数 (Fixed base price index) | **新建商品住宅（Newly constructed commercial residential buildings)** | **115.1** | **116.4** | **116.6** | **116.8** | **117.3** | **118.0** | **118.7** | **121.0** | **122.3** | **123.0** | **123.8** | **124.9** |
| | 一、90㎡及以下 (90㎡ and below) | 117.0 | 118.2 | 117.9 | 117.6 | 117.3 | 117.6 | 118.0 | 120.2 | 121.6 | 121.9 | 122.9 | 123.9 |
| | 二、90㎡-144㎡ (90㎡-144㎡) | 114.1 | 115.2 | 115.5 | 115.8 | 116.4 | 117.3 | 118.0 | 120.4 | 121.8 | 122.5 | 123.2 | 124.3 |
| | 三、144㎡以上 (Above 144㎡) | 117.5 | 119.7 | 120.0 | 120.6 | 121.3 | 121.8 | 122.4 | 124.4 | 125.2 | 126.7 | 127.5 | 128.6 |
| | **二手住宅 (Second-hand residential buildings)** | **113.7** | **114.3** | **114.6** | **114.8** | **115.4** | **116.5** | **117.7** | **119.5** | **120.8** | **121.6** | **122.2** | **122.7** |
| | 一、90㎡及以下 (90㎡ and below) | 113.1 | 113.9 | 114.4 | 113.8 | 114.4 | 115.7 | 116.8 | 118.3 | 119.3 | 120.5 | 121.6 | 122.7 |
| | 二、90㎡-144㎡ (90㎡-144㎡) | 114.8 | 115.4 | 115.8 | 116.4 | 117.2 | 118.3 | 119.2 | 121.4 | 122.9 | 123.5 | 123.8 | 124.0 |
| | 三、144㎡以上 (Above 144㎡) | 112.3 | 112.5 | 112.4 | 112.6 | 113.1 | 114.0 | 115.4 | 117.0 | 118.3 | 118.9 | 119.6 | 120.3 |
| 同比价格指数 (Year-on-year price index) | **新建商品住宅（Newly constructed commercial residential buildings)** | **101.1** | **101.8** | **101.8** | **101.5** | **101.8** | **101.9** | **102.2** | **103.8** | **104.7** | **105.6** | **106.3** | **107.5** |
| | 一、90㎡及以下 (90㎡ and below) | 102.3 | 102.8 | 102.5 | 101.8 | 101.5 | 101.0 | 101.2 | 103.0 | 103.7 | 104.0 | 104.2 | 105.4 |
| | 二、90㎡-144㎡ (90㎡-144㎡) | 100.5 | 101.0 | 101.0 | 101.0 | 101.3 | 101.7 | 102.0 | 103.7 | 104.4 | 105.4 | 106.5 | 107.7 |
| | 三、144㎡以上 (Above 144㎡) | 102.2 | 103.8 | 104.1 | 103.6 | 104.0 | 104.1 | 104.3 | 105.3 | 106.7 | 107.9 | 107.6 | 109.1 |
| | **二手住宅 (Second-hand residential buildings)** | **102.7** | **102.4** | **102.3** | **102.5** | **102.8** | **103.3** | **103.8** | **105.3** | **106.6** | **107.4** | **107.9** | **108.4** |
| | 一、90㎡及以下 (90㎡ and below) | 102.7 | 102.9 | 103.0 | 102.5 | 102.9 | 103.7 | 104.4 | 105.6 | 106.1 | 107.4 | 108.2 | 108.7 |
| | 二、90㎡-144㎡ (90㎡-144㎡) | 102.7 | 102.4 | 102.3 | 102.8 | 103.0 | 103.5 | 103.8 | 105.6 | 107.2 | 108.1 | 108.3 | 108.6 |
| | 三、144㎡以上 (Above 144㎡) | 102.6 | 102.2 | 101.8 | 101.7 | 102.1 | 102.5 | 103.3 | 104.5 | 105.7 | 106.2 | 106.8 | 107.6 |
| 环比价格指数 (Month-on-month price index) | **新建商品住宅（Newly constructed commercial residential buildings)** | **100.2** | **100.0** | **100.2** | **100.2** | **100.4** | **100.6** | **100.5** | **102.0** | **101.1** | **100.6** | **100.6** | **100.9** |
| | 一、90㎡及以下 (90㎡ and below) | 100.4 | 100.2 | 99.8 | 99.7 | 99.7 | 100.3 | 100.3 | 101.9 | 101.2 | 100.2 | 100.9 | 100.8 |
| | 二、90㎡-144㎡ (90㎡-144㎡) | 100.1 | 99.7 | 100.3 | 100.2 | 100.5 | 100.8 | 100.6 | 102.0 | 101.2 | 100.6 | 100.5 | 100.9 |
| | 三、144㎡以上 (Above 144㎡) | 100.7 | 100.8 | 100.3 | 100.5 | 100.6 | 100.4 | 100.5 | 101.6 | 100.6 | 101.2 | 100.7 | 100.9 |
| | **二手住宅 (Second-hand residential buildings)** | **100.4** | **100.5** | **100.2** | **100.2** | **100.6** | **100.9** | **101.0** | **101.6** | **101.1** | **100.6** | **100.5** | **100.4** |
| | 一、90㎡及以下 (90㎡ and below) | 100.2 | 100.7 | 100.4 | 99.5 | 100.5 | 101.2 | 101.0 | 101.3 | 100.8 | 101.0 | 100.9 | 100.9 |
| | 二、90㎡-144㎡ (90㎡-144㎡) | 100.5 | 100.6 | 100.3 | 100.5 | 100.7 | 100.9 | 100.8 | 101.8 | 101.2 | 100.5 | 100.2 | 100.2 |
| | 三、144㎡以上 (Above 144㎡) | 100.5 | 100.2 | 99.9 | 100.2 | 100.4 | 100.9 | 101.2 | 101.4 | 101.1 | 100.5 | 100.6 | 100.6 |

# 4-4-53 2018年烟台市商品住宅销售价格指数
## Yantai Commercial Housing Price Indices of Residential Buildings 2018

| 项 目 Item | | 1月 | 2月 | 3月 | 4月 | 5月 | 6月 | 7月 | 8月 | 9月 | 10月 | 11月 | 12月 |
|---|---|---|---|---|---|---|---|---|---|---|---|---|---|
| 定基价格指数 (Fixed base price index) | **新建商品住宅（Newly constructed commercial residential buildings)** | **115.5** | **115.2** | **115.6** | **117.1** | **118.0** | **119.0** | **122.4** | **124.0** | **124.8** | **126.3** | **127.3** | **129.2** |
| | 一、90m²及以下 (90m² and below) | 112.7 | 112.8 | 113.3 | 114.7 | 115.5 | 116.4 | 119.8 | 121.4 | 122.2 | 123.5 | 124.5 | 126.4 |
| | 二、90m²-144m² (90m²-144m²) | 118.9 | 117.9 | 118.4 | 120.0 | 120.9 | 122.0 | 125.6 | 127.1 | 127.9 | 129.4 | 130.4 | 132.3 |
| | 三、144m²以上 (Above 144m²) | 110.2 | 111.4 | 111.5 | 112.5 | 113.4 | 114.2 | 117.1 | 118.6 | 119.9 | 121.7 | 122.9 | 124.7 |
| | **二手住宅 (Second-hand residential buildings)** | **109.2** | **109.7** | **110.0** | **110.7** | **111.4** | **112.4** | **114.7** | **117.0** | **118.6** | **119.8** | **120.5** | **121.3** |
| | 一、90m²及以下 (90m² and below) | 111.1 | 111.7 | 112.0 | 112.8 | 113.7 | 114.8 | 117.4 | 119.9 | 121.6 | 122.8 | 123.4 | 124.3 |
| | 二、90m²-144m² (90m²-144m²) | 107.9 | 108.4 | 108.7 | 109.2 | 109.9 | 110.8 | 112.8 | 115.1 | 116.5 | 117.9 | 118.8 | 119.5 |
| | 三、144m²以上 (Above 144m²) | 104.7 | 105.1 | 105.4 | 105.7 | 106.4 | 107.1 | 108.8 | 110.2 | 111.8 | 113.2 | 113.5 | 114.3 |
| 同比价格指数 (Year-on-year price index) | **新建商品住宅（Newly constructed commercial residential buildings)** | **109.5** | **108.7** | **108.4** | **109.1** | **108.6** | **108.4** | **110.6** | **111.4** | **111.6** | **112.3** | **112.3** | **113.5** |
| | 一、90m²及以下 (90m² and below) | 108.4 | 107.9 | 107.7 | 108.6 | 108.3 | 108.0 | 110.3 | 111.3 | 111.7 | 112.4 | 111.9 | 113.2 |
| | 二、90m²-144m² (90m²-144m²) | 111.0 | 109.6 | 109.2 | 109.7 | 109.1 | 108.9 | 111.0 | 111.8 | 111.7 | 112.3 | 112.7 | 113.9 |
| | 三、144m²以上 (Above 144m²) | 106.2 | 107.4 | 107.1 | 107.4 | 107.2 | 107.1 | 109.1 | 109.8 | 110.7 | 111.4 | 112.1 | 112.9 |
| | **二手住宅 (Second-hand residential buildings)** | **106.5** | **106.7** | **106.5** | **106.2** | **105.9** | **105.9** | **107.3** | **108.8** | **110.0** | **110.7** | **111.0** | **111.2** |
| | 一、90m²及以下 (90m² and below) | 107.7 | 107.9 | 107.7 | 107.3 | 106.7 | 106.7 | 108.1 | 109.7 | 110.9 | 111.5 | 111.8 | 111.9 |
| | 二、90m²-144m² (90m²-144m²) | 105.6 | 105.6 | 105.5 | 105.4 | 105.2 | 105.4 | 106.6 | 108.3 | 109.5 | 110.1 | 110.6 | 110.8 |
| | 三、144m²以上 (Above 144m²) | 104.3 | 104.4 | 104.4 | 104.1 | 104.2 | 104.4 | 105.6 | 106.6 | 107.9 | 108.8 | 108.9 | 109.1 |
| 环比价格指数 (Month-on-month price index) | **新建商品住宅（Newly constructed commercial residential buildings)** | **101.0** | **100.3** | **100.4** | **101.2** | **100.8** | **100.9** | **102.9** | **101.2** | **100.7** | **101.2** | **100.8** | **101.5** |
| | 一、90m²及以下 (90m² and below) | 100.8 | 100.1 | 100.4 | 101.2 | 100.7 | 100.8 | 102.9 | 101.3 | 100.6 | 101.1 | 100.8 | 101.6 |
| | 二、90m²-144m² (90m²-144m²) | 101.1 | 100.4 | 100.4 | 101.3 | 100.8 | 101.0 | 103.0 | 101.2 | 100.6 | 101.2 | 100.7 | 101.5 |
| | 三、144m²以上 (Above 144m²) | 100.7 | 100.2 | 100.1 | 100.9 | 100.8 | 100.7 | 102.5 | 101.3 | 101.0 | 101.5 | 101.0 | 101.5 |
| | **二手住宅 (Second-hand residential buildings)** | **100.3** | **100.2** | **100.3** | **100.6** | **100.7** | **100.9** | **102.0** | **102.0** | **101.4** | **101.1** | **100.6** | **100.7** |
| | 一、90m²及以下 (90m² and below) | 100.4 | 100.3 | 100.2 | 100.7 | 100.8 | 100.9 | 102.3 | 102.1 | 101.4 | 100.9 | 100.6 | 100.7 |
| | 二、90m²-144m² (90m²-144m²) | 100.3 | 100.2 | 100.3 | 100.5 | 100.6 | 100.8 | 101.8 | 102.1 | 101.2 | 101.2 | 100.7 | 100.6 |
| | 三、144m²以上 (Above 144m²) | 100.2 | 100.2 | 100.3 | 100.3 | 100.7 | 100.6 | 101.6 | 101.3 | 101.4 | 101.3 | 100.3 | 100.7 |

# 4-4-54 2018年济宁市商品住宅销售价格指数
# Jining Commercial Housing Price Indices of Residential Buildings 2018

| 项 目 Item | | 1月 | 2月 | 3月 | 4月 | 5月 | 6月 | 7月 | 8月 | 9月 | 10月 | 11月 | 12月 |
|---|---|---|---|---|---|---|---|---|---|---|---|---|---|
| 定基价格指数 (Fixed base price index) | **新建商品住宅（Newly constructed commercial residential buildings)** | **110.3** | **109.9** | **110.3** | **111.0** | **111.8** | **113.3** | **114.9** | **116.8** | **117.5** | **119.7** | **121.7** | **123.0** |
| | 一、90㎡及以下 (90㎡ and below) | 111.9 | 111.1 | 112.2 | 113.3 | 114.1 | 114.9 | 116.7 | 119.0 | 119.6 | 121.3 | 123.8 | 124.4 |
| | 二、90㎡-144㎡ (90㎡-144㎡) | 111.3 | 110.3 | 110.6 | 111.2 | 112.4 | 114.2 | 116.1 | 117.9 | 118.6 | 120.7 | 122.7 | 123.8 |
| | 三、144㎡以上 (Above 144㎡) | 107.6 | 108.8 | 109.2 | 110.1 | 110.1 | 110.9 | 111.6 | 113.9 | 114.6 | 117.1 | 119.1 | 120.9 |
| | **二手住宅 (Second-hand residential buildings)** | **107.9** | **109.1** | **110.3** | **111.4** | **112.7** | **113.7** | **116.7** | **119.5** | **121.6** | **123.4** | **124.8** | **126.7** |
| | 一、90㎡及以下 (90㎡ and below) | 107.0 | 108.9 | 110.3 | 110.8 | 111.4 | 112.2 | 115.1 | 117.9 | 120.2 | 121.9 | 123.2 | 125.1 |
| | 二、90㎡-144㎡ (90㎡-144㎡) | 110.1 | 109.5 | 110.6 | 112.2 | 114.1 | 114.9 | 117.9 | 120.8 | 122.6 | 124.4 | 125.8 | 127.7 |
| | 三、144㎡以上 (Above 144㎡) | 101.7 | 107.4 | 109.1 | 110.3 | 111.8 | 113.7 | 117.3 | 120.3 | 122.4 | 124.3 | 126.6 | 128.2 |
| 同比价格指数 (Year-on-year price index) | **新建商品住宅（Newly constructed commercial residential buildings)** | **109.8** | **109.1** | **108.5** | **108.1** | **107.1** | **107.1** | **107.7** | **108.8** | **108.6** | **110.1** | **111.8** | **112.6** |
| | 一、90㎡及以下 (90㎡ and below) | 111.2 | 109.6 | 110.1 | 110.4 | 108.8 | 108.5 | 109.0 | 109.3 | 109.5 | 111.1 | 112.8 | 112.9 |
| | 二、90㎡-144㎡ (90㎡-144㎡) | 110.5 | 109.3 | 108.8 | 108.4 | 107.6 | 107.7 | 108.7 | 109.5 | 109.2 | 110.7 | 112.4 | 112.9 |
| | 三、144㎡以上 (Above 144㎡) | 107.8 | 108.3 | 107.4 | 106.9 | 105.7 | 105.3 | 105.0 | 106.8 | 106.9 | 108.6 | 110.3 | 111.9 |
| | **二手住宅 (Second-hand residential buildings)** | **106.6** | **107.7** | **108.1** | **108.4** | **108.8** | **108.6** | **110.4** | **112.3** | **113.8** | **115.1** | **115.8** | **116.7** |
| | 一、90㎡及以下 (90㎡ and below) | 105.8 | 108.1 | 108.7 | 108.9 | 109.0 | 108.3 | 109.7 | 111.5 | 113.0 | 114.2 | 114.5 | 115.4 |
| | 二、90㎡-144㎡ (90㎡-144㎡) | 108.1 | 107.2 | 107.5 | 107.8 | 108.4 | 108.5 | 110.6 | 112.5 | 113.8 | 115.3 | 116.2 | 117.0 |
| | 三、144㎡以上 (Above 144㎡) | 103.1 | 108.0 | 108.2 | 108.7 | 109.7 | 110.1 | 112.3 | 114.6 | 116.3 | 117.4 | 118.6 | 120.1 |
| 环比价格指数 (Month-on-month price index) | **新建商品住宅（Newly constructed commercial residential buildings)** | **100.2** | **100.4** | **100.4** | **100.6** | **100.8** | **101.3** | **101.4** | **101.7** | **100.6** | **101.9** | **101.7** | **101.1** |
| | 一、90㎡及以下 (90㎡ and below) | 100.4 | 100.4 | 100.9 | 101.0 | 100.7 | 100.8 | 101.5 | 102.0 | 100.6 | 101.4 | 102.0 | 100.5 |
| | 二、90㎡-144㎡ (90㎡-144㎡) | 100.3 | 100.2 | 100.3 | 100.5 | 101.1 | 101.6 | 101.7 | 101.5 | 100.5 | 101.8 | 101.7 | 100.9 |
| | 三、144㎡以上 (Above 144㎡) | 99.8 | 100.9 | 100.4 | 100.8 | 100.1 | 100.7 | 100.6 | 102.1 | 100.7 | 102.2 | 101.7 | 101.5 |
| | **二手住宅 (Second-hand residential buildings)** | **100.2** | **100.3** | **101.2** | **101.0** | **101.2** | **100.9** | **102.6** | **102.5** | **101.7** | **101.4** | **101.2** | **101.5** |
| | 一、90㎡及以下 (90㎡ and below) | 100.2 | 100.4 | 101.3 | 100.5 | 100.5 | 100.8 | 102.5 | 102.4 | 102.0 | 101.4 | 101.1 | 101.5 |
| | 二、90㎡-144㎡ (90㎡-144㎡) | 100.3 | 100.1 | 101.0 | 101.4 | 101.7 | 100.7 | 102.6 | 102.5 | 101.5 | 101.5 | 101.2 | 101.5 |
| | 三、144㎡以上 (Above 144㎡) | 100.0 | 100.6 | 101.6 | 101.0 | 101.4 | 101.7 | 103.1 | 102.6 | 101.7 | 101.5 | 101.9 | 101.3 |

# 4-4-55 2018年洛阳市商品住宅销售价格指数
## Luoyang Commercial Housing Price Indices of Residential Buildings 2018

| 项 目 Item | | 1月 | 2月 | 3月 | 4月 | 5月 | 6月 | 7月 | 8月 | 9月 | 10月 | 11月 | 12月 |
|---|---|---|---|---|---|---|---|---|---|---|---|---|---|
| 定基价格指数 (Fixed base price index) | **新建商品住宅（Newly constructed commercial residential buildings)** | **113.6** | **114.1** | **114.6** | **115.5** | **116.0** | **116.1** | **117.4** | **118.2** | **120.3** | **122.0** | **124.8** | **126.0** |
| | 一、90$m^2$及以下 (90$m^2$ and below) | 121.6 | 120.4 | 120.8 | 122.8 | 123.6 | 124.1 | 124.7 | 126.2 | 127.5 | 128.6 | 132.0 | 133.2 |
| | 二、90$m^2$-144$m^2$ (90$m^2$-144$m^2$) | 112.4 | 113.3 | 113.8 | 114.4 | 114.8 | 114.8 | 116.5 | 117.2 | 119.5 | 121.4 | 123.9 | 125.2 |
| | 三、144$m^2$以上 (Above 144$m^2$) | 111.0 | 111.8 | 112.5 | 113.1 | 113.5 | 113.9 | 114.5 | 115.3 | 117.5 | 119.1 | 122.0 | 123.0 |
| | **二手住宅 (Second-hand residential buildings)** | **106.6** | **106.7** | **107.0** | **107.6** | **107.8** | **108.4** | **110.0** | **111.9** | **113.6** | **114.3** | **116.3** | **117.5** |
| | 一、90$m^2$及以下 (90$m^2$ and below) | 107.8 | 108.1 | 108.5 | 109.5 | 110.0 | 110.6 | 112.0 | 113.9 | 116.0 | 116.6 | 118.7 | 120.2 |
| | 二、90$m^2$-144$m^2$ (90$m^2$-144$m^2$) | 106.4 | 106.4 | 106.6 | 107.3 | 107.5 | 108.0 | 109.3 | 111.5 | 113.2 | 113.8 | 115.9 | 116.9 |
| | 三、144$m^2$以上 (Above 144$m^2$) | 105.4 | 105.7 | 105.9 | 105.9 | 106.0 | 106.8 | 109.0 | 110.3 | 111.7 | 112.4 | 114.3 | 115.5 |
| 同比价格指数 (Year-on-year price index) | **新建商品住宅（Newly constructed commercial residential buildings)** | **108.9** | **109.2** | **108.2** | **108.0** | **107.0** | **104.7** | **105.1** | **105.2** | **106.9** | **108.0** | **110.1** | **111.0** |
| | 一、90$m^2$及以下 (90$m^2$ and below) | 112.1 | 111.0 | 109.7 | 111.3 | 110.7 | 107.9 | 107.9 | 108.3 | 108.8 | 108.7 | 111.4 | 111.9 |
| | 二、90$m^2$-144$m^2$ (90$m^2$-144$m^2$) | 108.3 | 109.0 | 108.0 | 107.6 | 106.5 | 103.9 | 104.7 | 104.5 | 106.6 | 107.9 | 109.8 | 110.8 |
| | 三、144$m^2$以上 (Above 144$m^2$) | 108.2 | 108.3 | 107.5 | 106.7 | 105.7 | 104.7 | 104.2 | 104.7 | 106.0 | 107.7 | 109.9 | 111.0 |
| | **二手住宅 (Second-hand residential buildings)** | **104.2** | **104.3** | **104.2** | **104.3** | **103.8** | **103.4** | **104.6** | **106.2** | **107.6** | **108.0** | **109.5** | **110.4** |
| | 一、90$m^2$及以下 (90$m^2$ and below) | 104.3 | 104.3 | 104.4 | 104.7 | 104.8 | 104.1 | 105.1 | 106.7 | 108.4 | 108.9 | 110.3 | 111.6 |
| | 二、90$m^2$-144$m^2$ (90$m^2$-144$m^2$) | 104.1 | 104.1 | 104.0 | 104.3 | 103.3 | 103.1 | 104.1 | 106.0 | 107.2 | 107.7 | 109.3 | 110.1 |
| | 三、144$m^2$以上 (Above 144$m^2$) | 104.2 | 104.9 | 104.4 | 103.7 | 103.3 | 103.0 | 104.9 | 105.9 | 107.2 | 107.7 | 108.8 | 109.6 |
| 环比价格指数 (Month-on-month price index) | **新建商品住宅（Newly constructed commercial residential buildings)** | **100.5** | **100.0** | **100.4** | **100.7** | **100.4** | **100.2** | **101.1** | **100.7** | **101.8** | **101.4** | **102.3** | **101.0** |
| | 一、90$m^2$及以下 (90$m^2$ and below) | 101.2 | 99.9 | 100.3 | 101.7 | 100.6 | 100.4 | 100.5 | 101.2 | 101.0 | 100.9 | 102.6 | 100.9 |
| | 二、90$m^2$-144$m^2$ (90$m^2$-144$m^2$) | 100.3 | 99.9 | 100.4 | 100.5 | 100.4 | 100.0 | 101.4 | 100.6 | 101.9 | 101.6 | 102.1 | 101.0 |
| | 三、144$m^2$以上 (Above 144$m^2$) | 100.8 | 100.1 | 100.6 | 100.5 | 100.3 | 100.4 | 100.5 | 100.7 | 101.9 | 101.3 | 102.4 | 100.9 |
| | **二手住宅 (Second-hand residential buildings)** | **100.2** | **100.1** | **100.2** | **100.6** | **100.2** | **100.5** | **101.5** | **101.7** | **101.6** | **100.5** | **101.8** | **101.0** |
| | 一、90$m^2$及以下 (90$m^2$ and below) | 100.2 | 100.3 | 100.3 | 100.9 | 100.5 | 100.5 | 101.3 | 101.7 | 101.8 | 100.6 | 101.8 | 101.2 |
| | 二、90$m^2$-144$m^2$ (90$m^2$-144$m^2$) | 100.2 | 100.0 | 100.1 | 100.7 | 100.2 | 100.4 | 101.2 | 102.0 | 101.5 | 100.5 | 101.8 | 100.8 |
| | 三、144$m^2$以上 (Above 144$m^2$) | 100.1 | 100.2 | 100.2 | 100.0 | 100.1 | 100.7 | 102.1 | 101.2 | 101.3 | 100.6 | 101.7 | 101.0 |

# 4-4-56 2018年平顶山市商品住宅销售价格指数
# Pingdingshan Commercial Housing Price Indices of Residential Buildings 2018

| 项目 Item | | 1月 | 2月 | 3月 | 4月 | 5月 | 6月 | 7月 | 8月 | 9月 | 10月 | 11月 | 12月 |
|---|---|---|---|---|---|---|---|---|---|---|---|---|---|
| 定基价格指数 (Fixed base price index) | **新建商品住宅（Newly constructed commercial residential buildings)** | **111.3** | **112.0** | **112.2** | **113.5** | **114.5** | **114.2** | **115.1** | **115.8** | **117.4** | **117.8** | **118.9** | **119.7** |
| | 一、90㎡及以下 (90㎡ and below) | 109.9 | 108.2 | 108.2 | 109.5 | 109.9 | 110.3 | 110.9 | 112.2 | 113.6 | 113.9 | 115.3 | 116.7 |
| | 二、90㎡-144㎡ (90㎡-144㎡) | 112.3 | 113.7 | 113.9 | 115.1 | 116.4 | 115.8 | 116.9 | 117.4 | 118.9 | 119.1 | 120.2 | 120.8 |
| | 三、144㎡以上 (Above 144㎡) | 109.4 | 111.6 | 111.5 | 113.5 | 114.3 | 114.0 | 114.6 | 115.3 | 117.5 | 118.5 | 119.2 | 120.3 |
| | **二手住宅 (Second-hand residential buildings)** | **106.0** | **106.5** | **106.7** | **107.6** | **108.2** | **108.4** | **109.5** | **110.6** | **112.1** | **112.8** | **113.6** | **114.2** |
| | 一、90㎡及以下 (90㎡ and below) | 102.0 | 102.4 | 102.4 | 103.1 | 103.7 | 104.3 | 105.6 | 106.8 | 108.7 | 109.7 | 110.5 | 111.3 |
| | 二、90㎡-144㎡ (90㎡-144㎡) | 107.8 | 108.4 | 108.8 | 109.7 | 110.2 | 109.9 | 111.0 | 111.9 | 113.2 | 113.7 | 114.3 | 114.4 |
| | 三、144㎡以上 (Above 144㎡) | 109.7 | 110.1 | 110.5 | 111.7 | 112.6 | 112.3 | 113.5 | 114.5 | 115.8 | 116.4 | 117.3 | 118.3 |
| 同比价格指数 (Year-on-year price index) | **新建商品住宅（Newly constructed commercial residential buildings)** | **107.0** | **107.7** | **107.2** | **107.1** | **107.4** | **106.1** | **106.4** | **106.8** | **107.6** | **107.5** | **107.8** | **108.0** |
| | 一、90㎡及以下 (90㎡ and below) | 105.9 | 104.4 | 103.9 | 103.8 | 104.8 | 104.3 | 104.2 | 105.9 | 106.6 | 106.8 | 107.9 | 108.5 |
| | 二、90㎡-144㎡ (90㎡-144㎡) | 108.1 | 109.2 | 108.8 | 108.6 | 108.2 | 106.5 | 107.3 | 107.0 | 107.7 | 107.2 | 107.6 | 107.4 |
| | 三、144㎡以上 (Above 144㎡) | 104.8 | 107.0 | 106.0 | 106.2 | 108.1 | 107.3 | 106.5 | 107.0 | 108.7 | 109.4 | 108.7 | 109.6 |
| | **二手住宅 (Second-hand residential buildings)** | **105.6** | **106.3** | **106.3** | **106.4** | **106.3** | **105.9** | **106.1** | **106.1** | **107.1** | **107.4** | **107.7** | **108.4** |
| | 一、90㎡及以下 (90㎡ and below) | 103.7 | 104.2 | 104.4 | 104.5 | 104.5 | 104.6 | 105.6 | 106.8 | 107.8 | 108.2 | 108.5 | 109.9 |
| | 二、90㎡-144㎡ (90㎡-144㎡) | 108.2 | 109.1 | 108.9 | 108.6 | 108.1 | 107.1 | 106.7 | 106.0 | 107.4 | 107.5 | 107.9 | 107.1 |
| | 三、144㎡以上 (Above 144㎡) | 104.8 | 105.2 | 105.2 | 105.6 | 106.2 | 105.9 | 105.7 | 105.3 | 105.7 | 106.2 | 106.3 | 108.0 |
| 环比价格指数 (Month-on-month price index) | **新建商品住宅（Newly constructed commercial residential buildings)** | **100.6** | **100.5** | **100.1** | **101.2** | **100.8** | **99.7** | **100.8** | **100.7** | **101.4** | **100.3** | **100.9** | **100.7** |
| | 一、90㎡及以下 (90㎡ and below) | 100.0 | 100.5 | 100.0 | 101.2 | 100.3 | 100.4 | 100.6 | 101.1 | 101.3 | 100.3 | 101.2 | 101.2 |
| | 二、90㎡-144㎡ (90㎡-144㎡) | 100.8 | 100.3 | 100.2 | 101.1 | 101.1 | 99.5 | 100.9 | 100.5 | 101.2 | 100.2 | 100.9 | 100.5 |
| | 三、144㎡以上 (Above 144㎡) | 100.6 | 101.0 | 100.0 | 101.7 | 100.8 | 99.7 | 100.6 | 100.6 | 102.0 | 100.8 | 100.6 | 100.9 |
| | **二手住宅 (Second-hand residential buildings)** | **100.6** | **100.5** | **100.2** | **100.8** | **100.5** | **100.1** | **101.1** | **101.0** | **101.4** | **100.6** | **100.7** | **100.5** |
| | 一、90㎡及以下 (90㎡ and below) | 100.7 | 100.5 | 100.0 | 100.7 | 100.5 | 100.7 | 101.2 | 101.2 | 101.7 | 100.9 | 100.7 | 100.7 |
| | 二、90㎡-144㎡ (90㎡-144㎡) | 100.9 | 100.6 | 100.4 | 100.8 | 100.4 | 99.8 | 101.0 | 100.8 | 101.2 | 100.4 | 100.5 | 100.1 |
| | 三、144㎡以上 (Above 144㎡) | 100.1 | 100.3 | 100.3 | 101.1 | 100.8 | 99.8 | 101.0 | 100.9 | 101.1 | 100.5 | 100.8 | 100.9 |

# 4-4-57 2018年宜昌市商品住宅销售价格指数
## Yichang Commercial Housing Price Indices of Residential Buildings 2018

| 项 目 Item | | 1月 | 2月 | 3月 | 4月 | 5月 | 6月 | 7月 | 8月 | 9月 | 10月 | 11月 | 12月 |
|---|---|---|---|---|---|---|---|---|---|---|---|---|---|
| 定基价格指数 (Fixed base price index) | **新建商品住宅（Newly constructed commercial residential buildings)** | **114.2** | **115.4** | **116.5** | **116.9** | **117.8** | **119.4** | **122.8** | **124.3** | **125.9** | **126.3** | **127.0** | **128.4** |
| | 一、90㎡及以下 (90㎡ and below) | 112.6 | 115.5 | 117.3 | 117.9 | 118.6 | 119.3 | 123.2 | 125.0 | 126.4 | 127.3 | 128.7 | 131.1 |
| | 二、90㎡-144㎡ (90㎡-144㎡) | 114.8 | 115.3 | 116.3 | 116.5 | 117.5 | 119.5 | 122.8 | 124.1 | 125.8 | 126.0 | 126.5 | 127.6 |
| | 三、144㎡以上 (Above 144㎡) | 112.8 | 115.9 | 116.5 | 117.2 | 118.2 | 119.0 | 122.4 | 124.5 | 126.0 | 127.1 | 127.5 | 129.4 |
| | **二手住宅 (Second-hand residential buildings)** | **111.4** | **111.9** | **112.5** | **113.1** | **113.8** | **114.3** | **116.6** | **119.2** | **121.3** | **121.9** | **122.4** | **122.7** |
| | 一、90㎡及以下 (90㎡ and below) | 112.6 | 113.2 | 114.0 | 114.6 | 115.2 | 115.8 | 118.0 | 120.0 | 122.0 | 122.5 | 123.2 | 123.5 |
| | 二、90㎡-144㎡ (90㎡-144㎡) | 111.3 | 111.8 | 112.5 | 113.1 | 113.8 | 114.3 | 116.7 | 119.6 | 121.7 | 122.5 | 122.8 | 123.1 |
| | 三、144㎡以上 (Above 144㎡) | 108.6 | 108.9 | 109.3 | 109.7 | 110.2 | 110.9 | 112.8 | 115.1 | 117.7 | 117.8 | 118.4 | 118.5 |
| 同比价格指数 (Year-on-year price index) | **新建商品住宅（Newly constructed commercial residential buildings)** | **108.2** | **108.6** | **108.5** | **106.6** | **105.7** | **105.7** | **108.7** | **110.1** | **111.5** | **112.1** | **112.1** | **112.9** |
| | 一、90㎡及以下 (90㎡ and below) | 107.1 | 109.0 | 109.7 | 107.6 | 106.5 | 105.9 | 109.4 | 111.0 | 112.8 | 114.5 | 115.1 | 116.7 |
| | 二、90㎡-144㎡ (90㎡-144㎡) | 108.8 | 108.6 | 108.3 | 106.2 | 105.4 | 105.7 | 108.6 | 109.8 | 111.2 | 111.5 | 111.4 | 111.9 |
| | 三、144㎡以上 (Above 144㎡) | 106.0 | 107.9 | 107.8 | 107.6 | 106.5 | 105.3 | 108.1 | 110.3 | 111.2 | 112.3 | 112.0 | 113.4 |
| | **二手住宅 (Second-hand residential buildings)** | **106.6** | **106.8** | **106.6** | **105.9** | **105.1** | **104.4** | **106.5** | **109.1** | **111.1** | **111.9** | **111.6** | **111.2** |
| | 一、90㎡及以下 (90㎡ and below) | 106.6 | 107.0 | 106.8 | 106.1 | 105.1 | 104.4 | 106.3 | 108.3 | 110.1 | 110.7 | 110.9 | 110.7 |
| | 二、90㎡-144㎡ (90㎡-144㎡) | 106.7 | 106.8 | 106.7 | 106.1 | 105.4 | 104.7 | 107.0 | 109.8 | 112.0 | 112.8 | 112.1 | 111.7 |
| | 三、144㎡以上 (Above 144㎡) | 106.0 | 106.4 | 105.8 | 104.1 | 103.4 | 103.0 | 104.9 | 107.2 | 109.9 | 110.3 | 110.4 | 110.1 |
| 环比价格指数 (Month-on-month price index) | **新建商品住宅（Newly constructed commercial residential buildings)** | **100.9** | **100.6** | **100.9** | **100.3** | **100.8** | **101.4** | **102.9** | **101.2** | **101.3** | **100.3** | **100.6** | **101.1** |
| | 一、90㎡及以下 (90㎡ and below) | 101.4 | 101.5 | 101.5 | 100.5 | 100.6 | 100.6 | 103.2 | 101.5 | 101.1 | 100.7 | 101.1 | 101.8 |
| | 二、90㎡-144㎡ (90㎡-144㎡) | 100.8 | 100.4 | 100.9 | 100.2 | 100.8 | 101.7 | 102.8 | 101.1 | 101.3 | 100.2 | 100.5 | 100.8 |
| | 三、144㎡以上 (Above 144㎡) | 101.1 | 100.4 | 100.6 | 100.6 | 100.9 | 100.7 | 102.9 | 101.7 | 101.2 | 100.8 | 100.4 | 101.4 |
| | **二手住宅 (Second-hand residential buildings)** | **101.0** | **100.5** | **100.6** | **100.5** | **100.6** | **100.5** | **102.0** | **102.2** | **101.8** | **100.5** | **100.4** | **100.2** |
| | 一、90㎡及以下 (90㎡ and below) | 100.8 | 100.6 | 100.7 | 100.5 | 100.6 | 100.5 | 101.9 | 101.7 | 101.6 | 100.4 | 100.6 | 100.3 |
| | 二、90㎡-144㎡ (90㎡-144㎡) | 101.0 | 100.5 | 100.6 | 100.6 | 100.6 | 100.4 | 102.1 | 102.5 | 101.8 | 100.6 | 100.3 | 100.2 |
| | 三、144㎡以上 (Above 144㎡) | 100.9 | 100.3 | 100.4 | 100.4 | 100.5 | 100.6 | 101.7 | 102.1 | 102.2 | 100.1 | 100.5 | 100.1 |

# 4-4-58 2018年襄阳市商品住宅销售价格指数
## Xiangyang Commercial Housing Price Indices of Residential Buildings 2018

| 项 目 Item | | 1月 | 2月 | 3月 | 4月 | 5月 | 6月 | 7月 | 8月 | 9月 | 10月 | 11月 | 12月 |
|---|---|---|---|---|---|---|---|---|---|---|---|---|---|
| 定基价格指数 (Fixed base price index) | **新建商品住宅（Newly constructed commercial residential buildings)** | **108.4** | **108.7** | **108.8** | **109.5** | **109.6** | **110.4** | **112.9** | **116.2** | **116.8** | **119.7** | **121.1** | **122.8** |
| | 一、90㎡及以下 (90㎡ and below) | 113.7 | 113.1 | 113.2 | 113.5 | 113.6 | 114.4 | 117.7 | 121.6 | 122.6 | 126.0 | 127.8 | 129.4 |
| | 二、90㎡-144㎡ (90㎡-144㎡) | 107.6 | 108.1 | 108.3 | 109.1 | 109.2 | 110.1 | 112.2 | 115.3 | 115.9 | 118.7 | 120.1 | 121.7 |
| | 三、144㎡以上 (Above 144㎡) | 105.5 | 105.7 | 106.0 | 106.7 | 106.9 | 107.3 | 110.2 | 113.3 | 113.8 | 116.3 | 117.1 | 119.4 |
| | **二手住宅 (Second-hand residential buildings)** | **106.4** | **106.1** | **106.3** | **107.0** | **107.4** | **107.8** | **109.5** | **112.1** | **113.4** | **113.9** | **115.1** | **116.1** |
| | 一、90㎡及以下 (90㎡ and below) | 106.5 | 106.2 | 106.3 | 106.8 | 107.4 | 107.9 | 109.2 | 111.6 | 112.8 | 113.6 | 114.7 | 115.8 |
| | 二、90㎡-144㎡ (90㎡-144㎡) | 107.6 | 107.4 | 107.7 | 108.6 | 109.0 | 109.3 | 111.4 | 113.9 | 115.3 | 115.7 | 116.9 | 117.9 |
| | 三、144㎡以上 (Above 144㎡) | 102.3 | 101.3 | 100.9 | 101.8 | 102.0 | 102.2 | 103.6 | 106.4 | 107.7 | 108.2 | 109.2 | 110.1 |
| 同比价格指数 (Year-on-year price index) | **新建商品住宅（Newly constructed commercial residential buildings)** | **106.7** | **106.7** | **106.5** | **106.2** | **105.4** | **104.2** | **105.9** | **108.6** | **108.7** | **111.6** | **112.5** | **114.1** |
| | 一、90㎡及以下 (90㎡ and below) | 110.8 | 109.8 | 109.3 | 108.4 | 107.7 | 106.2 | 107.8 | 111.5 | 112.3 | 115.0 | 115.6 | 115.9 |
| | 二、90㎡-144㎡ (90㎡-144㎡) | 105.8 | 106.1 | 105.9 | 105.9 | 105.0 | 103.9 | 105.5 | 107.9 | 107.8 | 110.7 | 111.9 | 113.6 |
| | 三、144㎡以上 (Above 144㎡) | 106.1 | 105.7 | 105.7 | 105.0 | 104.4 | 103.0 | 105.2 | 107.9 | 108.6 | 111.2 | 111.8 | 113.9 |
| | **二手住宅 (Second-hand residential buildings)** | **105.7** | **104.9** | **104.5** | **104.5** | **104.4** | **103.9** | **105.2** | **107.5** | **108.5** | **109.0** | **109.5** | **110.1** |
| | 一、90㎡及以下 (90㎡ and below) | 104.9 | 104.1 | 103.7 | 103.5 | 103.5 | 103.4 | 104.2 | 106.5 | 107.7 | 108.3 | 108.9 | 109.8 |
| | 二、90㎡-144㎡ (90㎡-144㎡) | 106.5 | 105.9 | 105.7 | 105.7 | 105.7 | 105.0 | 106.5 | 108.7 | 109.4 | 109.7 | 110.3 | 110.8 |
| | 三、144㎡以上 (Above 144㎡) | 104.5 | 102.9 | 102.0 | 102.3 | 101.8 | 101.2 | 102.4 | 105.5 | 106.8 | 107.8 | 107.9 | 108.5 |
| 环比价格指数 (Month-on-month price index) | **新建商品住宅（Newly constructed commercial residential buildings)** | **101.2** | **99.8** | **100.2** | **100.6** | **100.1** | **100.7** | **102.3** | **102.9** | **100.6** | **102.5** | **101.1** | **101.4** |
| | 一、90㎡及以下 (90㎡ and below) | 101.7 | 99.5 | 100.1 | 100.3 | 100.1 | 100.7 | 102.9 | 103.3 | 100.8 | 102.8 | 101.4 | 101.3 |
| | 二、90㎡-144㎡ (90㎡-144㎡) | 101.1 | 99.8 | 100.1 | 100.7 | 100.1 | 100.8 | 102.0 | 102.7 | 100.5 | 102.4 | 101.2 | 101.3 |
| | 三、144㎡以上 (Above 144㎡) | 101.0 | 99.8 | 100.3 | 100.7 | 100.2 | 100.4 | 102.7 | 102.8 | 100.4 | 102.2 | 100.7 | 102.0 |
| | **二手住宅 (Second-hand residential buildings)** | **100.7** | **100.0** | **100.1** | **100.7** | **100.4** | **100.3** | **101.6** | **102.3** | **101.2** | **100.5** | **101.0** | **100.9** |
| | 一、90㎡及以下 (90㎡ and below) | 100.6 | 100.0 | 100.1 | 100.4 | 100.6 | 100.4 | 101.3 | 102.2 | 101.1 | 100.6 | 101.0 | 101.0 |
| | 二、90㎡-144㎡ (90㎡-144㎡) | 100.9 | 100.0 | 100.3 | 100.8 | 100.3 | 100.3 | 101.9 | 102.3 | 101.2 | 100.4 | 101.0 | 100.9 |
| | 三、144㎡以上 (Above 144㎡) | 100.2 | 99.6 | 99.7 | 100.8 | 100.3 | 100.2 | 101.3 | 102.7 | 101.2 | 100.5 | 100.9 | 100.8 |

# 4-4-59　2018年岳阳市商品住宅销售价格指数
# Yueyang Commercial Housing Price Indices of Residential Buildings 2018

| 项　目　Item | | 1月 | 2月 | 3月 | 4月 | 5月 | 6月 | 7月 | 8月 | 9月 | 10月 | 11月 | 12月 |
|---|---|---|---|---|---|---|---|---|---|---|---|---|---|
| 定基价格指数 (Fixed base price index) | **新建商品住宅（Newly constructed commercial residential buildings)** | **112.8** | **114.2** | **115.0** | **115.2** | **116.4** | **117.2** | **118.2** | **120.9** | **122.3** | **123.2** | **123.6** | **123.3** |
| | 一、90㎡及以下 (90㎡ and below) | 111.3 | 113.6 | 114.5 | 114.6 | 115.5 | 116.8 | 117.3 | 120.9 | 123.1 | 123.6 | 124.7 | 125.0 |
| | 二、90㎡-144㎡ (90㎡-144㎡) | 114.6 | 113.3 | 114.0 | 114.1 | 115.5 | 116.0 | 117.0 | 119.3 | 120.5 | 121.0 | 121.0 | 120.6 |
| | 三、144㎡以上 (Above 144㎡) | 110.0 | 116.5 | 117.5 | 118.2 | 119.2 | 120.2 | 121.7 | 124.4 | 126.0 | 127.7 | 128.4 | 128.1 |
| | **二手住宅 (Second-hand residential buildings)** | **107.2** | **107.5** | **107.7** | **108.1** | **108.7** | **109.5** | **110.2** | **112.8** | **114.3** | **114.6** | **114.5** | **114.4** |
| | 一、90㎡及以下 (90㎡ and below) | 108.0 | 108.4 | 108.6 | 109.1 | 109.7 | 110.4 | 111.3 | 114.2 | 115.5 | 115.9 | 115.8 | 115.7 |
| | 二、90㎡-144㎡ (90㎡-144㎡) | 106.5 | 106.8 | 106.9 | 107.2 | 107.8 | 108.7 | 109.4 | 111.5 | 112.9 | 113.2 | 113.1 | 112.9 |
| | 三、144㎡以上 (Above 144㎡) | 107.7 | 108.1 | 108.3 | 108.7 | 109.4 | 109.9 | 110.4 | 113.8 | 115.9 | 116.4 | 116.5 | 116.7 |
| 同比价格指数 (Year-on-year price index) | **新建商品住宅（Newly constructed commercial residential buildings)** | **107.9** | **108.7** | **108.6** | **108.1** | **108.0** | **107.4** | **107.4** | **109.0** | **109.7** | **109.6** | **109.5** | **108.5** |
| | 一、90㎡及以下 (90㎡ and below) | 106.2 | 107.7 | 108.1 | 107.4 | 106.5 | 107.0 | 106.8 | 108.8 | 110.7 | 110.5 | 111.4 | 110.9 |
| | 二、90㎡-144㎡ (90㎡-144㎡) | 111.0 | 109.2 | 108.8 | 108.4 | 108.3 | 107.2 | 107.1 | 108.6 | 108.7 | 108.4 | 108.1 | 106.9 |
| | 三、144㎡以上 (Above 144㎡) | 102.5 | 108.2 | 108.3 | 108.0 | 108.7 | 108.2 | 108.3 | 110.0 | 111.1 | 111.4 | 111.2 | 110.3 |
| | **二手住宅 (Second-hand residential buildings)** | **104.6** | **104.8** | **104.5** | **104.4** | **104.4** | **104.4** | **104.6** | **106.8** | **108.0** | **107.9** | **107.4** | **106.9** |
| | 一、90㎡及以下 (90㎡ and below) | 105.0 | 105.3 | 105.1 | 104.8 | 104.7 | 104.5 | 104.9 | 107.4 | 108.4 | 108.5 | 107.8 | 107.4 |
| | 二、90㎡-144㎡ (90㎡-144㎡) | 104.3 | 104.4 | 104.1 | 104.0 | 103.9 | 104.1 | 104.3 | 106.1 | 107.3 | 107.1 | 106.7 | 106.1 |
| | 三、144㎡以上 (Above 144㎡) | 104.4 | 104.8 | 104.5 | 104.8 | 105.2 | 105.4 | 105.0 | 107.9 | 109.6 | 109.4 | 108.8 | 108.7 |
| 环比价格指数 (Month-on-month price index) | **新建商品住宅（Newly constructed commercial residential buildings)** | **100.0** | **100.4** | **100.7** | **100.2** | **101.0** | **100.7** | **100.8** | **102.3** | **101.2** | **100.7** | **100.3** | **99.8** |
| | 一、90㎡及以下 (90㎡ and below) | 100.2 | 100.5 | 100.8 | 100.1 | 100.7 | 101.1 | 100.5 | 103.0 | 101.8 | 100.4 | 100.9 | 100.3 |
| | 二、90㎡-144㎡ (90㎡-144㎡) | 100.1 | 100.3 | 100.6 | 100.1 | 101.2 | 100.5 | 100.8 | 102.0 | 101.0 | 100.5 | 100.0 | 99.7 |
| | 三、144㎡以上 (Above 144㎡) | 99.9 | 100.4 | 100.8 | 100.6 | 100.8 | 100.8 | 101.2 | 102.3 | 101.3 | 101.3 | 100.6 | 99.8 |
| | **二手住宅 (Second-hand residential buildings)** | **100.2** | **100.3** | **100.2** | **100.4** | **100.5** | **100.7** | **100.7** | **102.3** | **101.3** | **100.3** | **100.0** | **99.9** |
| | 一、90㎡及以下 (90㎡ and below) | 100.2 | 100.4 | 100.2 | 100.5 | 100.5 | 100.6 | 100.8 | 102.6 | 101.2 | 100.3 | 100.0 | 99.9 |
| | 二、90㎡-144㎡ (90㎡-144㎡) | 100.2 | 100.1 | 100.1 | 100.3 | 100.5 | 100.9 | 100.6 | 102.0 | 101.3 | 100.2 | 99.9 | 99.8 |
| | 三、144㎡以上 (Above 144㎡) | 100.4 | 100.4 | 100.1 | 100.4 | 100.6 | 100.5 | 100.5 | 103.1 | 101.8 | 100.4 | 100.1 | 100.2 |

# 4-4-60 2018年常德市商品住宅销售价格指数
## Changde Commercial Housing Price Indices of Residential Buildings 2018

| 项 目 Item | | 1月 | 2月 | 3月 | 4月 | 5月 | 6月 | 7月 | 8月 | 9月 | 10月 | 11月 | 12月 |
|---|---|---|---|---|---|---|---|---|---|---|---|---|---|
| 定基价格指数 (Fixed base price index) | **新建商品住宅（Newly constructed commercial residential buildings)** | **112.5** | **111.2** | **111.3** | **111.8** | **112.6** | **113.2** | **113.3** | **116.3** | **117.9** | **120.4** | **121.7** | **123.0** |
| | 一、90㎡及以下 (90㎡ and below) | 115.1 | 114.6 | 114.7 | 115.2 | 116.0 | 117.2 | 117.1 | 121.0 | 122.1 | 124.8 | 126.8 | 128.7 |
| | 二、90㎡-144㎡ (90㎡-144㎡) | 111.7 | 110.2 | 110.4 | 111.2 | 112.1 | 112.4 | 112.6 | 115.1 | 117.2 | 119.5 | 120.4 | 121.6 |
| | 三、144㎡以上 (Above 144㎡) | 110.2 | 108.0 | 107.4 | 107.3 | 108.0 | 108.3 | 108.4 | 111.2 | 112.2 | 114.9 | 116.2 | 116.8 |
| | **二手住宅 (Second-hand residential buildings)** | **106.7** | **106.9** | **107.1** | **107.4** | **107.8** | **108.5** | **109.0** | **112.5** | **113.9** | **114.6** | **115.0** | **115.2** |
| | 一、90㎡及以下 (90㎡ and below) | 107.2 | 107.3 | 107.4 | 107.7 | 108.1 | 109.0 | 109.7 | 113.2 | 114.5 | 115.4 | 115.8 | 115.8 |
| | 二、90㎡-144㎡ (90㎡-144㎡) | 106.3 | 106.4 | 106.7 | 107.3 | 107.6 | 108.0 | 108.2 | 111.7 | 113.2 | 113.7 | 114.3 | 114.9 |
| | 三、144㎡以上 (Above 144㎡) | 106.5 | 107.1 | 107.3 | 107.3 | 107.8 | 108.4 | 109.2 | 112.9 | 114.5 | 115.0 | 115.1 | 115.0 |
| 同比价格指数 (Year-on-year price index) | **新建商品住宅（Newly constructed commercial residential buildings)** | **110.2** | **108.5** | **107.2** | **107.3** | **106.5** | **105.4** | **104.4** | **106.4** | **107.5** | **109.2** | **110.2** | **110.7** |
| | 一、90㎡及以下 (90㎡ and below) | 112.3 | 111.6 | 109.8 | 109.9 | 108.6 | 107.3 | 106.5 | 109.0 | 109.5 | 111.0 | 112.7 | 112.8 |
| | 二、90㎡-144㎡ (90㎡-144㎡) | 109.2 | 107.3 | 106.6 | 106.8 | 106.1 | 105.0 | 103.8 | 105.6 | 107.2 | 108.6 | 109.3 | 110.3 |
| | 三、144㎡以上 (Above 144㎡) | 109.0 | 106.0 | 104.0 | 103.9 | 104.0 | 103.2 | 101.8 | 103.7 | 104.4 | 107.4 | 108.2 | 108.0 |
| | **二手住宅 (Second-hand residential buildings)** | **104.2** | **104.3** | **103.9** | **103.9** | **103.6** | **103.3** | **103.1** | **106.4** | **107.3** | **107.8** | **107.9** | **107.9** |
| | 一、90㎡及以下 (90㎡ and below) | 104.3 | 104.3 | 103.7 | 103.5 | 103.3 | 103.3 | 103.2 | 106.4 | 107.2 | 107.9 | 108.0 | 107.9 |
| | 二、90㎡-144㎡ (90㎡-144㎡) | 104.2 | 104.1 | 103.7 | 104.0 | 103.6 | 103.0 | 102.7 | 106.0 | 107.0 | 107.2 | 107.6 | 108.0 |
| | 三、144㎡以上 (Above 144㎡) | 104.4 | 105.2 | 104.8 | 104.6 | 104.2 | 104.1 | 104.3 | 107.7 | 108.7 | 109.1 | 108.5 | 107.6 |
| 环比价格指数 (Month-on-month price index) | **新建商品住宅（Newly constructed commercial residential buildings)** | **100.3** | **99.8** | **100.0** | **100.5** | **100.7** | **100.5** | **100.1** | **102.7** | **101.4** | **102.1** | **101.1** | **101.0** |
| | 一、90㎡及以下 (90㎡ and below) | 100.5 | 99.9 | 100.1 | 100.4 | 100.7 | 101.0 | 99.9 | 103.3 | 100.9 | 102.2 | 101.6 | 101.5 |
| | 二、90㎡-144㎡ (90㎡-144㎡) | 100.2 | 99.8 | 100.1 | 100.7 | 100.8 | 100.3 | 100.1 | 102.3 | 101.8 | 101.9 | 100.8 | 101.0 |
| | 三、144㎡以上 (Above 144㎡) | 100.3 | 99.7 | 99.4 | 99.9 | 100.6 | 100.3 | 100.1 | 102.6 | 100.9 | 102.4 | 101.1 | 100.5 |
| | **二手住宅 (Second-hand residential buildings)** | **100.0** | **100.1** | **100.2** | **100.3** | **100.4** | **100.6** | **100.5** | **103.2** | **101.3** | **100.6** | **100.4** | **100.2** |
| | 一、90㎡及以下 (90㎡ and below) | 99.9 | 100.1 | 100.1 | 100.2 | 100.4 | 100.8 | 100.6 | 103.2 | 101.2 | 100.7 | 100.4 | 100.0 |
| | 二、90㎡-144㎡ (90㎡-144㎡) | 100.0 | 100.0 | 100.3 | 100.5 | 100.3 | 100.4 | 100.2 | 103.2 | 101.4 | 100.4 | 100.5 | 100.5 |
| | 三、144㎡以上 (Above 144㎡) | 100.3 | 100.1 | 100.1 | 100.1 | 100.4 | 100.5 | 100.8 | 103.4 | 101.4 | 100.4 | 100.1 | 99.9 |

# 4-4-61 2018年惠州市商品住宅销售价格指数
# Huizhou Commercial Housing Price Indices of Residential Buildings 2018

| 项 目 Item | | 1月 | 2月 | 3月 | 4月 | 5月 | 6月 | 7月 | 8月 | 9月 | 10月 | 11月 | 12月 |
|---|---|---|---|---|---|---|---|---|---|---|---|---|---|
| 定基价格指数 (Fixed base price index) | **新建商品住宅（Newly constructed commercial residential buildings)** | **130.5** | **131.4** | **131.3** | **131.5** | **131.9** | **132.5** | **133.1** | **134.0** | **134.4** | **135.3** | **135.6** | **135.9** |
| | 一、90㎡及以下 (90㎡ and below) | 131.7 | 132.4 | 132.7 | 132.9 | 133.3 | 133.8 | 135.4 | 136.0 | 136.4 | 137.1 | 137.5 | 137.9 |
| | 二、90㎡-144㎡ (90㎡-144㎡) | 131.5 | 132.1 | 131.8 | 131.8 | 132.1 | 132.6 | 132.9 | 133.8 | 134.1 | 134.7 | 134.8 | 134.9 |
| | 三、144㎡以上 (Above 144㎡) | 127.8 | 129.2 | 129.1 | 129.7 | 130.2 | 131.2 | 131.6 | 132.8 | 133.6 | 134.9 | 135.8 | 136.4 |
| | **二手住宅 (Second-hand residential buildings)** | **122.8** | **123.4** | **124.0** | **124.5** | **124.5** | **125.1** | **126.5** | **127.9** | **129.0** | **129.6** | **130.7** | **131.0** |
| | 一、90㎡及以下 (90㎡ and below) | 123.6 | 124.2 | 125.4 | 125.4 | 125.6 | 125.9 | 128.2 | 129.7 | 130.7 | 131.3 | 133.0 | 133.3 |
| | 二、90㎡-144㎡ (90㎡-144㎡) | 122.9 | 123.5 | 123.9 | 124.6 | 124.4 | 125.2 | 126.2 | 127.6 | 128.3 | 128.6 | 129.6 | 130.1 |
| | 三、144㎡以上 (Above 144㎡) | 121.6 | 122.3 | 122.6 | 123.3 | 123.5 | 123.7 | 125.1 | 126.5 | 128.3 | 129.4 | 130.0 | 130.0 |
| 同比价格指数 (Year-on-year price index) | **新建商品住宅（Newly constructed commercial residential buildings)** | **103.7** | **104.3** | **103.1** | **102.7** | **102.2** | **102.1** | **102.6** | **103.2** | **103.5** | **103.9** | **103.8** | **103.9** |
| | 一、90㎡及以下 (90㎡ and below) | 106.2 | 105.8 | 105.0 | 104.9 | 104.6 | 103.7 | 104.7 | 104.7 | 104.8 | 105.2 | 105.0 | 104.4 |
| | 二、90㎡-144㎡ (90㎡-144㎡) | 103.9 | 104.7 | 103.4 | 102.6 | 102.1 | 102.0 | 102.1 | 102.9 | 102.8 | 103.1 | 102.7 | 102.4 |
| | 三、144㎡以上 (Above 144㎡) | 101.6 | 102.4 | 101.2 | 101.3 | 100.5 | 101.3 | 101.9 | 102.6 | 103.8 | 104.6 | 105.3 | 106.4 |
| | **二手住宅 (Second-hand residential buildings)** | **106.0** | **106.1** | **105.0** | **104.1** | **103.1** | **102.9** | **103.8** | **104.8** | **105.6** | **106.0** | **106.8** | **106.9** |
| | 一、90㎡及以下 (90㎡ and below) | 106.7 | 106.9 | 106.1 | 104.9 | 103.9 | 103.3 | 104.9 | 105.8 | 106.3 | 106.7 | 108.0 | 108.0 |
| | 二、90㎡-144㎡ (90㎡-144㎡) | 106.1 | 106.1 | 105.2 | 104.3 | 103.1 | 103.3 | 103.9 | 104.9 | 105.4 | 105.5 | 105.9 | 106.3 |
| | 三、144㎡以上 (Above 144㎡) | 104.8 | 105.2 | 103.2 | 102.7 | 102.0 | 101.6 | 102.2 | 103.3 | 105.1 | 106.5 | 107.3 | 106.8 |
| 环比价格指数 (Month-on-month price index) | **新建商品住宅（Newly constructed commercial residential buildings)** | **100.0** | **100.4** | **99.9** | **100.1** | **100.3** | **100.5** | **100.4** | **100.7** | **100.4** | **100.6** | **100.3** | **100.2** |
| | 一、90㎡及以下 (90㎡ and below) | 99.8 | 100.5 | 100.2 | 100.2 | 100.3 | 100.3 | 101.2 | 100.5 | 100.2 | 100.6 | 100.3 | 100.2 |
| | 二、90㎡-144㎡ (90㎡-144㎡) | 99.8 | 100.4 | 99.8 | 100.0 | 100.3 | 100.4 | 100.2 | 100.7 | 100.3 | 100.5 | 100.1 | 100.1 |
| | 三、144㎡以上 (Above 144㎡) | 100.6 | 100.1 | 99.9 | 100.5 | 100.4 | 100.8 | 100.3 | 100.9 | 100.6 | 100.9 | 100.7 | 100.4 |
| | **二手住宅 (Second-hand residential buildings)** | **100.3** | **100.4** | **100.5** | **100.4** | **100.0** | **100.4** | **101.2** | **101.1** | **100.8** | **100.5** | **100.8** | **100.2** |
| | 一、90㎡及以下 (90㎡ and below) | 100.1 | 100.4 | 101.0 | 100.0 | 100.1 | 100.3 | 101.8 | 101.2 | 100.7 | 100.5 | 101.3 | 100.2 |
| | 二、90㎡-144㎡ (90㎡-144㎡) | 100.4 | 100.5 | 100.3 | 100.6 | 99.9 | 100.6 | 100.9 | 101.1 | 100.6 | 100.3 | 100.8 | 100.4 |
| | 三、144㎡以上 (Above 144㎡) | 100.2 | 100.3 | 100.3 | 100.5 | 100.2 | 100.2 | 101.1 | 101.1 | 101.5 | 100.9 | 100.5 | 100.0 |

# 4-4-62 2018年湛江市商品住宅销售价格指数
# Zhanjiang Commercial Housing Price Indices of Residential Buildings 2018

| 项 目 Item | | 1月 | 2月 | 3月 | 4月 | 5月 | 6月 | 7月 | 8月 | 9月 | 10月 | 11月 | 12月 |
|---|---|---|---|---|---|---|---|---|---|---|---|---|---|
| 定基价格指数 (Fixed base price index) | **新建商品住宅（Newly constructed commercial residential buildings)** | **116.2** | **116.6** | **117.0** | **117.3** | **117.4** | **117.8** | **119.0** | **121.2** | **122.2** | **124.1** | **124.6** | **125.4** |
| | 一、90㎡及以下 (90㎡ and below) | 116.6 | 115.9 | 116.0 | 116.1 | 116.1 | 116.4 | 117.6 | 120.1 | 121.2 | 123.1 | 123.6 | 124.6 |
| | 二、90㎡-144㎡ (90㎡-144㎡) | 116.5 | 117.5 | 118.0 | 118.1 | 118.2 | 118.7 | 119.8 | 121.7 | 122.8 | 124.6 | 125.3 | 126.2 |
| | 三、144㎡以上 (Above 144㎡) | 114.0 | 114.8 | 115.6 | 116.5 | 117.1 | 117.5 | 118.9 | 121.8 | 122.3 | 124.4 | 123.8 | 124.4 |
| | **二手住宅 (Second-hand residential buildings)** | **109.4** | **109.4** | **109.6** | **109.7** | **110.1** | **110.6** | **111.8** | **113.2** | **113.7** | **113.9** | **114.0** | **113.8** |
| | 一、90㎡及以下 (90㎡ and below) | 109.0 | 109.1 | 109.3 | 109.6 | 109.8 | 110.3 | 111.4 | 112.9 | 113.4 | 113.6 | 113.7 | 113.3 |
| | 二、90㎡-144㎡ (90㎡-144㎡) | 109.5 | 109.5 | 109.7 | 109.6 | 110.0 | 110.5 | 111.8 | 113.0 | 113.5 | 113.8 | 113.9 | 113.8 |
| | 三、144㎡以上 (Above 144㎡) | 110.1 | 110.3 | 110.5 | 110.7 | 111.0 | 111.6 | 112.9 | 114.6 | 115.3 | 115.2 | 115.6 | 115.5 |
| 同比价格指数 (Year-on-year price index) | **新建商品住宅（Newly constructed commercial residential buildings)** | **108.3** | **108.1** | **108.2** | **107.4** | **104.8** | **104.6** | **104.7** | **106.2** | **107.1** | **108.5** | **107.3** | **107.7** |
| | 一、90㎡及以下 (90㎡ and below) | 107.5 | 106.8 | 106.6 | 105.9 | 104.3 | 103.6 | 103.4 | 105.4 | 106.0 | 107.1 | 106.3 | 106.8 |
| | 二、90㎡-144㎡ (90㎡-144㎡) | 108.5 | 108.4 | 108.7 | 107.6 | 104.6 | 104.6 | 104.8 | 106.0 | 107.2 | 108.7 | 107.5 | 107.8 |
| | 三、144㎡以上 (Above 144㎡) | 109.1 | 109.2 | 109.5 | 109.2 | 106.5 | 106.6 | 106.9 | 108.6 | 108.8 | 110.2 | 108.6 | 109.1 |
| | **二手住宅 (Second-hand residential buildings)** | **107.4** | **107.0** | **106.8** | **105.7** | **104.5** | **104.2** | **104.6** | **105.1** | **105.1** | **104.9** | **104.7** | **104.3** |
| | 一、90㎡及以下 (90㎡ and below) | 107.7 | 107.4 | 107.2 | 106.3 | 104.9 | 104.6 | 104.9 | 105.3 | 105.3 | 105.0 | 104.8 | 104.2 |
| | 二、90㎡-144㎡ (90㎡-144㎡) | 107.5 | 107.0 | 106.7 | 105.4 | 104.4 | 104.0 | 104.4 | 104.7 | 104.7 | 104.7 | 104.5 | 104.2 |
| | 三、144㎡以上 (Above 144㎡) | 105.8 | 105.6 | 105.8 | 104.9 | 104.0 | 103.9 | 104.7 | 105.5 | 105.6 | 105.2 | 105.1 | 105.0 |
| 环比价格指数 (Month-on-month price index) | **新建商品住宅（Newly constructed commercial residential buildings)** | **100.1** | **100.1** | **100.3** | **100.2** | **100.1** | **100.4** | **101.0** | **101.9** | **100.8** | **101.5** | **100.4** | **100.7** |
| | 一、90㎡及以下 (90㎡ and below) | 100.0 | 99.4 | 100.1 | 100.1 | 100.0 | 100.2 | 101.1 | 102.1 | 100.9 | 101.6 | 100.4 | 100.8 |
| | 二、90㎡-144㎡ (90㎡-144㎡) | 100.0 | 100.3 | 100.4 | 100.1 | 100.1 | 100.4 | 100.9 | 101.6 | 100.9 | 101.5 | 100.6 | 100.7 |
| | 三、144㎡以上 (Above 144㎡) | 100.4 | 100.3 | 100.7 | 100.8 | 100.5 | 100.3 | 101.2 | 102.4 | 100.4 | 101.7 | 99.5 | 100.5 |
| | **二手住宅 (Second-hand residential buildings)** | **100.3** | **100.0** | **100.2** | **100.1** | **100.3** | **100.5** | **101.1** | **101.3** | **100.5** | **100.2** | **100.1** | **99.8** |
| | 一、90㎡及以下 (90㎡ and below) | 100.3 | 100.0 | 100.2 | 100.3 | 100.2 | 100.5 | 100.9 | 101.4 | 100.5 | 100.1 | 100.1 | 99.7 |
| | 二、90㎡-144㎡ (90㎡-144㎡) | 100.3 | 100.1 | 100.1 | 99.9 | 100.4 | 100.4 | 101.2 | 101.1 | 100.4 | 100.3 | 100.0 | 99.9 |
| | 三、144㎡以上 (Above 144㎡) | 100.1 | 100.2 | 100.2 | 100.2 | 100.3 | 100.6 | 101.2 | 101.5 | 100.6 | 99.9 | 100.4 | 99.9 |

# 4-4-63 2018年韶关市商品住宅销售价格指数
## Shaoguan Commercial Housing Price Indices of Residential Buildings 2018

| 项 目 Item | | 1月 | 2月 | 3月 | 4月 | 5月 | 6月 | 7月 | 8月 | 9月 | 10月 | 11月 | 12月 |
|---|---|---|---|---|---|---|---|---|---|---|---|---|---|
| 定基价格指数 (Fixed base price index) | **新建商品住宅（Newly constructed commercial residential buildings)** | **112.1** | **116.3** | **117.0** | **117.5** | **118.1** | **118.9** | **119.3** | **121.0** | **121.7** | **122.1** | **122.9** | **122.7** |
| | 一、90m$^2$及以下 (90m$^2$ and below) | 110.1 | 115.3 | 116.3 | 116.6 | 117.9 | 118.4 | 118.5 | 120.6 | 121.2 | 121.9 | 123.3 | 123.4 |
| | 二、90m$^2$-144m$^2$ (90m$^2$-144m$^2$) | 112.0 | 117.2 | 117.9 | 118.3 | 118.8 | 119.3 | 119.8 | 121.0 | 121.4 | 121.6 | 122.5 | 122.1 |
| | 三、144m$^2$以上 (Above 144m$^2$) | 112.8 | 115.3 | 115.8 | 116.5 | 117.0 | 118.4 | 118.8 | 121.1 | 122.4 | 123.1 | 123.4 | 123.4 |
| | **二手住宅 (Second-hand residential buildings)** | **107.0** | **107.2** | **107.2** | **107.7** | **108.5** | **109.3** | **110.3** | **111.7** | **113.1** | **113.5** | **114.5** | **115.2** |
| | 一、90m$^2$及以下 (90m$^2$ and below) | 106.9 | 106.8 | 106.8 | 107.2 | 107.9 | 108.4 | 109.2 | 111.1 | 112.7 | 113.3 | 114.4 | 114.4 |
| | 二、90m$^2$-144m$^2$ (90m$^2$-144m$^2$) | 107.9 | 108.2 | 108.1 | 108.6 | 109.5 | 110.3 | 111.6 | 113.0 | 114.4 | 115.0 | 116.0 | 117.0 |
| | 三、144m$^2$以上 (Above 144m$^2$) | 105.7 | 105.9 | 106.2 | 106.9 | 107.5 | 108.6 | 109.3 | 110.3 | 111.4 | 111.4 | 112.0 | 113.1 |
| 同比价格指数 (Year-on-year price index) | **新建商品住宅（Newly constructed commercial residential buildings)** | **104.3** | **107.3** | **106.0** | **104.8** | **104.1** | **104.4** | **103.4** | **104.9** | **105.1** | **105.4** | **106.0** | **105.4** |
| | 一、90m$^2$及以下 (90m$^2$ and below) | 101.5 | 105.8 | 105.2 | 104.1 | 104.1 | 103.9 | 102.5 | 104.4 | 104.6 | 105.1 | 106.6 | 107.4 |
| | 二、90m$^2$-144m$^2$ (90m$^2$-144m$^2$) | 104.8 | 108.6 | 106.9 | 105.1 | 104.1 | 103.7 | 102.4 | 103.6 | 103.6 | 103.7 | 104.6 | 104.4 |
| | 三、144m$^2$以上 (Above 144m$^2$) | 104.4 | 105.8 | 104.9 | 104.5 | 104.1 | 105.7 | 105.3 | 107.2 | 107.5 | 108.2 | 108.1 | 106.4 |
| | **二手住宅 (Second-hand residential buildings)** | **105.1** | **104.8** | **103.2** | **102.6** | **102.8** | **102.8** | **103.0** | **104.6** | **105.5** | **106.0** | **106.9** | **107.3** |
| | 一、90m$^2$及以下 (90m$^2$ and below) | 104.9 | 104.4 | 102.6 | 102.1 | 102.7 | 102.7 | 101.9 | 103.9 | 104.7 | 105.6 | 107.0 | 106.9 |
| | 二、90m$^2$-144m$^2$ (90m$^2$-144m$^2$) | 105.8 | 105.4 | 103.6 | 103.0 | 102.7 | 102.7 | 103.3 | 104.9 | 106.2 | 106.6 | 107.5 | 108.2 |
| | 三、144m$^2$以上 (Above 144m$^2$) | 104.2 | 104.2 | 103.0 | 102.4 | 103.0 | 103.2 | 103.8 | 104.7 | 105.2 | 105.4 | 106.0 | 106.4 |
| 环比价格指数 (Month-on-month price index) | **新建商品住宅（Newly constructed commercial residential buildings)** | **99.5** | **100.3** | **100.6** | **100.4** | **100.5** | **100.7** | **100.4** | **101.4** | **100.6** | **100.4** | **100.6** | **99.8** |
| | 一、90m$^2$及以下 (90m$^2$ and below) | 99.6 | 100.8 | 100.8 | 100.3 | 101.1 | 100.5 | 100.0 | 101.8 | 100.5 | 100.6 | 101.2 | 100.0 |
| | 二、90m$^2$-144m$^2$ (90m$^2$-144m$^2$) | 99.7 | 100.4 | 100.6 | 100.3 | 100.4 | 100.4 | 100.5 | 101.0 | 100.3 | 100.2 | 100.7 | 99.7 |
| | 三、144m$^2$以上 (Above 144m$^2$) | 99.2 | 100.2 | 100.5 | 100.6 | 100.4 | 101.2 | 100.4 | 101.9 | 101.1 | 100.5 | 100.3 | 100.0 |
| | **二手住宅 (Second-hand residential buildings)** | **99.7** | **100.2** | **100.0** | **100.5** | **100.7** | **100.7** | **100.9** | **101.3** | **101.2** | **100.4** | **100.9** | **100.6** |
| | 一、90m$^2$及以下 (90m$^2$ and below) | 99.9 | 100.0 | 99.9 | 100.4 | 100.6 | 100.5 | 100.7 | 101.7 | 101.4 | 100.5 | 101.0 | 100.0 |
| | 二、90m$^2$-144m$^2$ (90m$^2$-144m$^2$) | 99.8 | 100.3 | 99.9 | 100.5 | 100.9 | 100.7 | 101.2 | 101.2 | 101.3 | 100.5 | 100.9 | 100.8 |
| | 三、144m$^2$以上 (Above 144m$^2$) | 99.4 | 100.3 | 100.2 | 100.7 | 100.6 | 101.0 | 100.7 | 100.9 | 101.0 | 100.0 | 100.6 | 101.0 |

# 4-4-64 2018年桂林市商品住宅销售价格指数
## Guilin Commercial Housing Price Indices of Residential Buildings 2018

| 项 目 Item | | 1月 | 2月 | 3月 | 4月 | 5月 | 6月 | 7月 | 8月 | 9月 | 10月 | 11月 | 12月 |
|---|---|---|---|---|---|---|---|---|---|---|---|---|---|
| 定基价格指数 (Fixed base price index) | **新建商品住宅（Newly constructed commercial residential buildings)** | **110.1** | **112.1** | **112.8** | **113.5** | **114.2** | **114.9** | **115.5** | **116.2** | **117.4** | **118.2** | **120.9** | **121.4** |
| | 一、90m²及以下 (90m² and below) | 109.6 | 111.0 | 111.2 | 111.9 | 112.5 | 113.4 | 114.4 | 115.4 | 116.1 | 117.8 | 120.5 | 121.0 |
| | 二、90m²-144m² (90m²-144m²) | 109.2 | 112.1 | 113.0 | 113.9 | 114.3 | 115.2 | 115.5 | 116.1 | 117.1 | 117.7 | 120.5 | 121.0 |
| | 三、144m²以上 (Above 144m²) | 113.1 | 113.2 | 113.6 | 114.1 | 115.4 | 115.7 | 116.7 | 117.6 | 119.6 | 120.1 | 122.7 | 123.2 |
| | **二手住宅 (Second-hand residential buildings)** | **100.2** | **100.3** | **100.6** | **100.7** | **100.9** | **101.7** | **102.2** | **103.0** | **104.4** | **105.1** | **106.5** | **106.9** |
| | 一、90m²及以下 (90m² and below) | 100.5 | 100.8 | 101.7 | 101.8 | 102.1 | 102.8 | 103.2 | 104.2 | 105.9 | 106.8 | 107.9 | 108.4 |
| | 二、90m²-144m² (90m²-144m²) | 99.5 | 99.5 | 99.5 | 99.7 | 99.7 | 100.7 | 101.2 | 101.6 | 102.7 | 103.4 | 105.1 | 105.4 |
| | 三、144m²以上 (Above 144m²) | 101.3 | 101.1 | 100.7 | 100.8 | 101.0 | 101.7 | 102.5 | 103.3 | 104.9 | 105.3 | 106.3 | 106.8 |
| 同比价格指数 (Year-on-year price index) | **新建商品住宅（Newly constructed commercial residential buildings)** | **107.2** | **108.7** | **108.5** | **107.8** | **107.5** | **107.2** | **106.4** | **106.0** | **106.8** | **107.0** | **108.1** | **108.2** |
| | 一、90m²及以下 (90m² and below) | 108.2 | 108.8 | 108.0 | 108.0 | 107.9 | 107.3 | 107.3 | 107.5 | 107.6 | 109.0 | 109.4 | 109.7 |
| | 二、90m²-144m² (90m²-144m²) | 106.7 | 108.9 | 108.9 | 108.1 | 107.3 | 107.1 | 105.9 | 105.0 | 105.4 | 105.4 | 106.9 | 107.4 |
| | 三、144m²以上 (Above 144m²) | 107.6 | 108.0 | 107.7 | 106.5 | 107.7 | 107.5 | 107.1 | 107.5 | 110.0 | 110.2 | 110.5 | 109.3 |
| | **二手住宅 (Second-hand residential buildings)** | **103.1** | **103.3** | **103.6** | **103.4** | **103.3** | **103.4** | **103.4** | **103.3** | **104.6** | **105.2** | **106.0** | **106.5** |
| | 一、90m²及以下 (90m² and below) | 103.5 | 103.6 | 104.4 | 104.0 | 104.1 | 103.8 | 103.9 | 104.0 | 105.8 | 106.5 | 106.8 | 107.6 |
| | 二、90m²-144m² (90m²-144m²) | 102.1 | 102.7 | 102.9 | 102.9 | 102.5 | 103.0 | 103.0 | 102.6 | 103.5 | 104.2 | 105.6 | 105.7 |
| | 三、144m²以上 (Above 144m²) | 104.5 | 104.1 | 103.4 | 103.2 | 103.5 | 103.4 | 103.1 | 103.3 | 104.5 | 104.5 | 105.0 | 105.7 |
| 环比价格指数 (Month-on-month price index) | **新建商品住宅（Newly constructed commercial residential buildings)** | **99.8** | **100.1** | **100.6** | **100.7** | **100.6** | **100.7** | **100.5** | **100.6** | **101.0** | **100.7** | **102.3** | **100.4** |
| | 一、90m²及以下 (90m² and below) | 100.5 | 100.2 | 100.1 | 100.7 | 100.6 | 100.8 | 100.9 | 100.8 | 100.6 | 101.5 | 102.3 | 100.4 |
| | 二、90m²-144m² (90m²-144m²) | 99.7 | 99.8 | 100.8 | 100.8 | 100.4 | 100.8 | 100.3 | 100.5 | 100.9 | 100.5 | 102.3 | 100.5 |
| | 三、144m²以上 (Above 144m²) | 99.7 | 100.7 | 100.3 | 100.5 | 101.1 | 100.2 | 100.9 | 100.7 | 101.7 | 100.4 | 102.2 | 100.4 |
| | **二手住宅 (Second-hand residential buildings)** | **100.1** | **99.9** | **100.3** | **100.1** | **100.2** | **100.8** | **100.5** | **100.7** | **101.4** | **100.7** | **101.3** | **100.4** |
| | 一、90m²及以下 (90m² and below) | 100.0 | 100.2 | 100.8 | 100.1 | 100.4 | 100.6 | 100.4 | 101.0 | 101.6 | 100.9 | 101.0 | 100.5 |
| | 二、90m²-144m² (90m²-144m²) | 100.0 | 99.8 | 100.1 | 100.2 | 100.0 | 100.9 | 100.5 | 100.5 | 101.0 | 100.7 | 101.7 | 100.3 |
| | 三、144m²以上 (Above 144m²) | 100.5 | 99.6 | 99.6 | 100.1 | 100.3 | 100.7 | 100.8 | 100.7 | 101.6 | 100.3 | 101.0 | 100.4 |

# 4-4-65 2018年北海市商品住宅销售价格指数
## Beihai Commercial Housing Price Indices of Residential Buildings 2018

| 项 目 Item | | 1月 | 2月 | 3月 | 4月 | 5月 | 6月 | 7月 | 8月 | 9月 | 10月 | 11月 | 12月 |
|---|---|---|---|---|---|---|---|---|---|---|---|---|---|
| 定基价格指数 (Fixed base price index) | **新建商品住宅（Newly constructed commercial residential buildings)** | **115.2** | **117.7** | **118.7** | **119.6** | **120.9** | **122.5** | **123.0** | **126.8** | **127.8** | **129.4** | **130.8** | **131.5** |
| | 一、90m²及以下 (90m² and below) | 114.9 | 118.4 | 119.2 | 119.8 | 121.3 | 122.8 | 123.2 | 127.0 | 127.9 | 129.3 | 130.6 | 131.5 |
| | 二、90m²-144m² (90m²-144m²) | 115.8 | 116.7 | 117.9 | 119.4 | 120.7 | 122.1 | 122.6 | 126.4 | 127.6 | 129.6 | 131.1 | 131.6 |
| | 三、144m²以上 (Above 144m²) | 114.8 | 116.9 | 117.0 | 117.9 | 118.7 | 120.6 | 122.3 | 126.5 | 127.9 | 128.7 | 129.7 | 130.6 |
| | **二手住宅 (Second-hand residential buildings)** | **112.1** | **111.9** | **112.1** | **112.6** | **113.1** | **114.1** | **114.6** | **117.1** | **119.4** | **119.9** | **120.7** | **121.1** |
| | 一、90m²及以下 (90m² and below) | 112.3 | 112.0 | 112.2 | 112.6 | 113.2 | 114.2 | 114.9 | 117.4 | 119.4 | 119.8 | 120.5 | 120.9 |
| | 二、90m²-144m² (90m²-144m²) | 112.1 | 112.1 | 112.3 | 112.9 | 113.3 | 114.2 | 114.4 | 117.0 | 119.7 | 120.3 | 121.2 | 121.3 |
| | 三、144m²以上 (Above 144m²) | 110.7 | 110.8 | 111.0 | 111.0 | 112.0 | 113.1 | 113.8 | 116.0 | 118.4 | 119.0 | 120.5 | 121.4 |
| 同比价格指数 (Year-on-year price index) | **新建商品住宅（Newly constructed commercial residential buildings)** | **110.5** | **112.2** | **112.3** | **111.1** | **108.9** | **108.0** | **106.8** | **109.1** | **109.5** | **110.0** | **110.9** | **111.8** |
| | 一、90m²及以下 (90m² and below) | 109.7 | 112.4 | 112.8 | 111.3 | 109.5 | 108.7 | 107.3 | 109.5 | 109.5 | 109.4 | 110.2 | 111.2 |
| | 二、90m²-144m² (90m²-144m²) | 112.0 | 112.1 | 111.9 | 111.1 | 108.3 | 107.2 | 106.1 | 108.6 | 109.4 | 111.0 | 111.9 | 112.7 |
| | 三、144m²以上 (Above 144m²) | 109.5 | 111.1 | 109.7 | 107.7 | 105.7 | 104.5 | 105.3 | 108.5 | 110.0 | 111.2 | 112.1 | 113.1 |
| | **二手住宅 (Second-hand residential buildings)** | **108.0** | **107.6** | **107.3** | **106.2** | **104.3** | **103.5** | **103.2** | **104.8** | **106.6** | **106.7** | **107.4** | **107.9** |
| | 一、90m²及以下 (90m² and below) | 108.5 | 107.8 | 107.5 | 106.1 | 104.2 | 103.4 | 103.1 | 104.9 | 106.4 | 106.4 | 107.0 | 107.6 |
| | 二、90m²-144m² (90m²-144m²) | 107.4 | 107.3 | 107.2 | 106.3 | 104.4 | 103.6 | 103.2 | 104.7 | 106.8 | 107.2 | 108.0 | 108.0 |
| | 三、144m²以上 (Above 144m²) | 107.2 | 107.2 | 107.3 | 106.2 | 104.9 | 104.3 | 103.5 | 104.9 | 106.5 | 106.8 | 108.3 | 109.1 |
| 环比价格指数 (Month-on-month price index) | **新建商品住宅（Newly constructed commercial residential buildings)** | **99.7** | **100.4** | **100.8** | **100.8** | **101.1** | **101.3** | **100.4** | **103.1** | **100.8** | **101.2** | **101.1** | **100.6** |
| | 一、90m²及以下 (90m² and below) | 99.8 | 100.4 | 100.7 | 100.5 | 101.2 | 101.3 | 100.3 | 103.1 | 100.7 | 101.1 | 101.0 | 100.7 |
| | 二、90m²-144m² (90m²-144m²) | 99.7 | 100.2 | 101.0 | 101.3 | 101.1 | 101.2 | 100.4 | 103.1 | 101.0 | 101.5 | 101.2 | 100.4 |
| | 三、144m²以上 (Above 144m²) | 99.9 | 101.3 | 100.1 | 100.8 | 100.6 | 101.6 | 101.5 | 103.4 | 101.1 | 100.7 | 100.8 | 100.7 |
| | **二手住宅 (Second-hand residential buildings)** | **99.9** | **99.8** | **100.2** | **100.4** | **100.5** | **100.9** | **100.5** | **102.2** | **101.9** | **100.4** | **100.7** | **100.3** |
| | 一、90m²及以下 (90m² and below) | 99.9 | 99.8 | 100.1 | 100.4 | 100.5 | 100.9 | 100.7 | 102.2 | 101.6 | 100.4 | 100.6 | 100.4 |
| | 二、90m²-144m² (90m²-144m²) | 100.0 | 99.9 | 100.2 | 100.6 | 100.3 | 100.8 | 100.2 | 102.2 | 102.3 | 100.5 | 100.7 | 100.1 |
| | 三、144m²以上 (Above 144m²) | 99.6 | 100.0 | 100.2 | 100.0 | 100.9 | 100.9 | 100.6 | 102.0 | 102.1 | 100.5 | 101.2 | 100.8 |

# 4-4-66 2018年三亚市商品住宅销售价格指数
## Sanya Commercial Housing Price Indices of Residential Buildings 2018

| 项 目 Item | | 1月 | 2月 | 3月 | 4月 | 5月 | 6月 | 7月 | 8月 | 9月 | 10月 | 11月 | 12月 |
|---|---|---|---|---|---|---|---|---|---|---|---|---|---|
| 定基价格指数 (Fixed base price index) | **新建商品住宅（Newly constructed commercial residential buildings)** | **126.7** | **128.1** | **128.9** | **131.4** | **134.6** | **138.9** | **144.1** | **144.3** | **144.6** | **144.5** | **145.1** | **145.3** |
| | 一、90㎡及以下 (90㎡ and below) | 126.4 | 128.1 | 128.1 | 130.7 | 134.0 | 137.3 | 144.0 | 144.5 | 145.8 | 145.7 | 145.7 | 145.7 |
| | 二、90㎡-144㎡ (90㎡-144㎡) | 126.1 | 127.8 | 130.1 | 132.8 | 135.7 | 140.8 | 145.5 | 145.9 | 145.6 | 145.4 | 146.4 | 147.1 |
| | 三、144㎡以上 (Above 144㎡) | 128.1 | 128.5 | 128.5 | 130.6 | 133.8 | 138.7 | 142.2 | 141.7 | 141.4 | 141.5 | 142.0 | 142.1 |
| | **二手住宅 (Second-hand residential buildings)** | **105.5** | **105.9** | **106.9** | **108.2** | **109.8** | **111.7** | **115.2** | **117.5** | **118.2** | **118.0** | **118.1** | **119.5** |
| | 一、90㎡及以下 (90㎡ and below) | 105.8 | 106.4 | 107.3 | 108.2 | 110.1 | 112.2 | 116.2 | 118.8 | 119.2 | 118.8 | 119.0 | 119.6 |
| | 二、90㎡-144㎡ (90㎡-144㎡) | 105.8 | 106.1 | 107.3 | 108.9 | 110.5 | 112.7 | 116.1 | 118.3 | 119.4 | 119.1 | 119.1 | 121.9 |
| | 三、144㎡以上 (Above 144㎡) | 104.8 | 104.9 | 105.6 | 107.2 | 108.5 | 109.6 | 112.1 | 114.5 | 115.0 | 115.0 | 115.1 | 115.8 |
| 同比价格指数 (Year-on-year price index) | **新建商品住宅（Newly constructed commercial residential buildings)** | **119.1** | **118.8** | **116.8** | **119.2** | **119.7** | **122.0** | **123.8** | **121.2** | **119.6** | **118.1** | **116.4** | **115.7** |
| | 一、90㎡及以下 (90㎡ and below) | 118.0 | 118.2 | 115.0 | 118.5 | 119.5 | 121.4 | 125.1 | 123.0 | 121.7 | 119.8 | 117.3 | 116.3 |
| | 二、90㎡-144㎡ (90㎡-144㎡) | 118.6 | 118.7 | 118.1 | 120.1 | 120.9 | 123.6 | 124.2 | 121.5 | 119.9 | 118.4 | 117.0 | 116.5 |
| | 三、144㎡以上 (Above 144㎡) | 121.6 | 120.0 | 118.0 | 118.9 | 118.2 | 120.8 | 121.2 | 117.9 | 115.8 | 115.0 | 114.1 | 113.8 |
| | **二手住宅 (Second-hand residential buildings)** | **101.7** | **101.4** | **101.0** | **102.3** | **104.4** | **106.9** | **110.4** | **112.4** | **113.0** | **112.6** | **112.0** | **113.0** |
| | 一、90㎡及以下 (90㎡ and below) | 101.5 | 101.2 | 100.3 | 101.4 | 103.4 | 106.2 | 110.4 | 112.6 | 112.9 | 112.5 | 112.6 | 112.6 |
| | 二、90㎡-144㎡ (90㎡-144㎡) | 102.0 | 101.7 | 101.8 | 103.2 | 105.0 | 107.7 | 110.9 | 112.8 | 113.8 | 113.6 | 112.7 | 115.1 |
| | 三、144㎡以上 (Above 144㎡) | 101.8 | 101.2 | 100.9 | 102.4 | 105.0 | 107.1 | 109.6 | 111.3 | 111.8 | 111.2 | 109.9 | 110.6 |
| 环比价格指数 (Month-on-month price index) | **新建商品住宅（Newly constructed commercial residential buildings)** | **100.9** | **101.0** | **100.7** | **101.9** | **102.4** | **103.2** | **103.7** | **100.1** | **100.2** | **99.9** | **100.4** | **100.2** |
| | 一、90㎡及以下 (90㎡ and below) | 100.9 | 101.3 | 100.1 | 102.0 | 102.5 | 102.4 | 104.9 | 100.4 | 100.9 | 99.9 | 100.0 | 100.0 |
| | 二、90㎡-144㎡ (90㎡-144㎡) | 99.9 | 101.3 | 101.8 | 102.1 | 102.2 | 103.8 | 103.4 | 100.2 | 99.8 | 99.9 | 100.7 | 100.5 |
| | 三、144㎡以上 (Above 144㎡) | 102.6 | 100.3 | 100.0 | 101.6 | 102.5 | 103.6 | 102.5 | 99.6 | 99.8 | 100.0 | 100.4 | 100.0 |
| | **二手住宅 (Second-hand residential buildings)** | **100.1** | **100.1** | **100.9** | **101.2** | **101.5** | **101.7** | **103.1** | **102.1** | **100.6** | **99.8** | **100.1** | **101.2** |
| | 一、90㎡及以下 (90㎡ and below) | 100.1 | 100.1 | 100.9 | 100.8 | 101.7 | 101.9 | 103.6 | 102.2 | 100.3 | 99.7 | 100.2 | 100.5 |
| | 二、90㎡-144㎡ (90㎡-144㎡) | 100.0 | 100.1 | 101.1 | 101.5 | 101.5 | 102.0 | 103.0 | 101.9 | 100.9 | 99.8 | 100.0 | 102.4 |
| | 三、144㎡以上 (Above 144㎡) | 100.1 | 100.1 | 100.6 | 101.5 | 101.2 | 101.0 | 102.3 | 102.1 | 100.4 | 100.0 | 100.1 | 100.7 |

# 4-4-67　2018年泸州市商品住宅销售价格指数
## Luzhou Commercial Housing Price Indices of Residential Buildings 2018

| 项　目　Item | | 1月 | 2月 | 3月 | 4月 | 5月 | 6月 | 7月 | 8月 | 9月 | 10月 | 11月 | 12月 |
|---|---|---|---|---|---|---|---|---|---|---|---|---|---|
| 定基价格指数 (Fixed base price index) | **新建商品住宅（Newly constructed commercial residential buildings)** | **110.3** | **110.7** | **111.1** | **111.5** | **112.3** | **113.8** | **114.4** | **116.5** | **119.5** | **121.4** | **122.0** | **122.3** |
| | 一、90$m^2$及以下 (90$m^2$ and below) | 109.8 | 110.7 | 111.7 | 112.1 | 112.9 | 113.9 | 114.5 | 117.5 | 120.8 | 122.6 | 123.5 | 123.5 |
| | 二、90$m^2$-144$m^2$ (90$m^2$-144$m^2$) | 110.4 | 110.8 | 111.0 | 111.5 | 112.2 | 114.0 | 114.5 | 116.2 | 119.1 | 121.0 | 121.6 | 121.8 |
| | 三、144$m^2$以上 (Above 144$m^2$) | 111.4 | 109.6 | 109.2 | 109.0 | 110.4 | 111.4 | 112.1 | 114.3 | 117.3 | 119.8 | 120.2 | 121.6 |
| | **二手住宅 (Second-hand residential buildings)** | **109.0** | **109.6** | **110.0** | **110.3** | **112.1** | **112.7** | **114.2** | **116.0** | **118.5** | **119.4** | **120.1** | **120.4** |
| | 一、90$m^2$及以下 (90$m^2$ and below) | 107.7 | 108.6 | 108.8 | 109.7 | 110.6 | 111.3 | 113.5 | 115.3 | 118.0 | 118.8 | 119.7 | 119.9 |
| | 二、90$m^2$-144$m^2$ (90$m^2$-144$m^2$) | 109.8 | 110.2 | 110.8 | 110.9 | 113.2 | 113.8 | 115.0 | 116.7 | 119.0 | 120.0 | 120.6 | 121.1 |
| | 三、144$m^2$以上 (Above 144$m^2$) | 107.5 | 108.3 | 108.5 | 108.7 | 108.8 | 109.4 | 110.9 | 112.9 | 115.5 | 116.1 | 116.5 | 116.5 |
| 同比价格指数 (Year-on-year price index) | **新建商品住宅（Newly constructed commercial residential buildings)** | **106.6** | **106.8** | **106.7** | **106.7** | **107.2** | **107.7** | **107.9** | **110.2** | **113.0** | **114.1** | **113.7** | **111.8** |
| | 一、90$m^2$及以下 (90$m^2$ and below) | 104.8 | 105.3 | 106.0 | 106.2 | 107.0 | 106.7 | 107.2 | 109.7 | 112.8 | 114.1 | 114.2 | 113.1 |
| | 二、90$m^2$-144$m^2$ (90$m^2$-144$m^2$) | 107.1 | 107.5 | 107.1 | 106.9 | 107.3 | 108.0 | 108.1 | 110.4 | 113.2 | 114.1 | 113.5 | 111.1 |
| | 三、144$m^2$以上 (Above 144$m^2$) | 109.1 | 106.9 | 105.7 | 106.2 | 107.6 | 108.6 | 109.0 | 111.0 | 112.3 | 113.9 | 113.8 | 112.9 |
| | **二手住宅 (Second-hand residential buildings)** | **104.4** | **104.6** | **104.7** | **104.8** | **106.2** | **106.2** | **107.4** | **108.8** | **110.6** | **111.1** | **110.7** | **110.3** |
| | 一、90$m^2$及以下 (90$m^2$ and below) | 103.3 | 103.9 | 103.6 | 104.2 | 104.7 | 105.1 | 107.3 | 109.2 | 111.5 | 111.8 | 111.3 | 110.8 |
| | 二、90$m^2$-144$m^2$ (90$m^2$-144$m^2$) | 104.9 | 105.0 | 105.3 | 105.2 | 107.2 | 107.1 | 107.7 | 108.7 | 110.3 | 110.9 | 110.6 | 110.4 |
| | 三、144$m^2$以上 (Above 144$m^2$) | 104.6 | 104.7 | 104.1 | 104.1 | 103.8 | 103.6 | 105.6 | 107.3 | 109.4 | 109.6 | 108.7 | 107.9 |
| 环比价格指数 (Month-on-month price index) | **新建商品住宅（Newly constructed commercial residential buildings)** | **100.8** | **100.4** | **100.3** | **100.4** | **100.7** | **101.3** | **100.5** | **101.8** | **102.6** | **101.6** | **100.5** | **100.2** |
| | 一、90$m^2$及以下 (90$m^2$ and below) | 101.0 | 100.3 | 100.8 | 100.4 | 100.7 | 100.9 | 100.5 | 102.6 | 102.8 | 101.5 | 100.7 | 100.0 |
| | 二、90$m^2$-144$m^2$ (90$m^2$-144$m^2$) | 100.7 | 100.3 | 100.2 | 100.4 | 100.7 | 101.6 | 100.4 | 101.5 | 102.5 | 101.6 | 100.4 | 100.2 |
| | 三、144$m^2$以上 (Above 144$m^2$) | 101.0 | 100.7 | 99.6 | 99.9 | 101.3 | 100.9 | 100.6 | 102.0 | 102.6 | 102.2 | 100.3 | 101.2 |
| | **二手住宅 (Second-hand residential buildings)** | **100.3** | **100.1** | **100.4** | **100.3** | **101.6** | **100.5** | **101.4** | **101.5** | **102.1** | **100.8** | **100.6** | **100.3** |
| | 一、90$m^2$及以下 (90$m^2$ and below) | 99.9 | 100.3 | 100.2 | 100.8 | 100.9 | 100.6 | 102.0 | 101.6 | 102.3 | 100.7 | 100.7 | 100.2 |
| | 二、90$m^2$-144$m^2$ (90$m^2$-144$m^2$) | 100.4 | 100.0 | 100.5 | 100.1 | 102.1 | 100.5 | 101.0 | 101.5 | 102.0 | 100.9 | 100.5 | 100.4 |
| | 三、144$m^2$以上 (Above 144$m^2$) | 100.1 | 100.1 | 100.2 | 100.2 | 100.1 | 100.6 | 101.4 | 101.8 | 102.3 | 100.5 | 100.3 | 100.0 |

# 4-4-68 2018年南充市商品住宅销售价格指数

## Nanchong Commercial Housing Price Indices of Residential Buildings 2018

| 项 目 Item | | 1月 | 2月 | 3月 | 4月 | 5月 | 6月 | 7月 | 8月 | 9月 | 10月 | 11月 | 12月 |
|---|---|---|---|---|---|---|---|---|---|---|---|---|---|
| 定基价格指数 (Fixed base price index) | **新建商品住宅（Newly constructed commercial residential buildings)** | **110.5** | **112.2** | **112.9** | **113.9** | **115.5** | **116.8** | **117.8** | **120.8** | **123.0** | **125.0** | **125.3** | **125.3** |
| | 一、$90m^2$及以下 ($90m^2$ and below) | 111.1 | 111.9 | 112.8 | 113.6 | 116.2 | 116.4 | 117.5 | 120.4 | 122.5 | 124.5 | 124.8 | 124.7 |
| | 二、$90m^2$-$144m^2$ ($90m^2$-$144m^2$) | 110.3 | 112.3 | 113.0 | 114.2 | 115.3 | 117.2 | 118.1 | 121.2 | 123.4 | 125.4 | 125.9 | 125.9 |
| | 三、$144m^2$以上 (Above $144m^2$) | 110.1 | 111.8 | 112.0 | 112.5 | 113.8 | 114.2 | 114.4 | 117.8 | 120.1 | 121.2 | 121.1 | 121.8 |
| | **二手住宅 (Second-hand residential buildings)** | **110.3** | **111.1** | **111.9** | **112.8** | **113.6** | **114.5** | **115.7** | **118.4** | **120.5** | **120.9** | **120.9** | **120.8** |
| | 一、$90m^2$及以下 ($90m^2$ and below) | 111.1 | 111.8 | 112.5 | 113.3 | 114.1 | 115.0 | 116.3 | 119.1 | 121.3 | 122.0 | 122.1 | 122.0 |
| | 二、$90m^2$-$144m^2$ ($90m^2$-$144m^2$) | 109.8 | 110.8 | 111.6 | 112.4 | 113.3 | 114.1 | 115.2 | 117.7 | 119.6 | 119.7 | 119.7 | 119.6 |
| | 三、$144m^2$以上 (Above $144m^2$) | 108.5 | 110.1 | 111.1 | 112.1 | 113.1 | 114.1 | 115.7 | 118.8 | 121.3 | 122.2 | 122.2 | 122.3 |
| 同比价格指数 (Year-on-year price index) | **新建商品住宅（Newly constructed commercial residential buildings)** | **109.9** | **110.8** | **110.1** | **110.1** | **110.8** | **110.5** | **111.0** | **113.1** | **114.3** | **115.1** | **114.6** | **114.0** |
| | 一、$90m^2$及以下 ($90m^2$ and below) | 110.2 | 110.3 | 110.1 | 109.9 | 112.0 | 110.9 | 111.0 | 113.2 | 114.1 | 114.8 | 114.0 | 113.5 |
| | 二、$90m^2$-$144m^2$ ($90m^2$-$144m^2$) | 109.6 | 110.9 | 110.0 | 110.1 | 110.2 | 110.4 | 111.0 | 113.1 | 114.4 | 115.4 | 115.1 | 114.4 |
| | 三、$144m^2$以上 (Above $144m^2$) | 112.2 | 112.2 | 111.5 | 110.1 | 111.2 | 110.2 | 109.4 | 111.9 | 113.4 | 113.1 | 112.1 | 112.3 |
| | **二手住宅 (Second-hand residential buildings)** | **107.0** | **107.5** | **107.6** | **108.0** | **108.1** | **108.1** | **108.8** | **110.7** | **111.8** | **111.4** | **110.6** | **109.9** |
| | 一、$90m^2$及以下 ($90m^2$ and below) | 107.8 | 107.9 | 107.8 | 108.0 | 107.8 | 107.6 | 108.3 | 110.4 | 111.6 | 111.4 | 110.8 | 110.2 |
| | 二、$90m^2$-$144m^2$ ($90m^2$-$144m^2$) | 106.6 | 107.3 | 107.5 | 107.9 | 108.3 | 108.4 | 109.0 | 110.8 | 111.7 | 111.1 | 110.1 | 109.3 |
| | 三、$144m^2$以上 (Above $144m^2$) | 105.1 | 106.5 | 107.4 | 108.3 | 109.4 | 109.6 | 109.8 | 112.0 | 113.9 | 114.3 | 113.1 | 112.2 |
| 环比价格指数 (Month-on-month price index) | **新建商品住宅（Newly constructed commercial residential buildings)** | **100.3** | **101.7** | **100.6** | **101.0** | **101.4** | **101.2** | **100.8** | **102.6** | **101.8** | **101.6** | **100.3** | **100.0** |
| | 一、$90m^2$及以下 ($90m^2$ and below) | 100.3 | 101.6 | 100.8 | 100.7 | 102.2 | 100.2 | 100.9 | 102.5 | 101.7 | 101.7 | 100.2 | 99.9 |
| | 二、$90m^2$-$144m^2$ ($90m^2$-$144m^2$) | 100.3 | 101.8 | 100.5 | 101.1 | 101.0 | 101.6 | 100.8 | 102.6 | 101.8 | 101.7 | 100.3 | 100.0 |
| | 三、$144m^2$以上 (Above $144m^2$) | 101.2 | 101.9 | 100.2 | 100.4 | 101.2 | 100.3 | 100.2 | 103.0 | 102.0 | 100.9 | 100.0 | 100.5 |
| | **二手住宅 (Second-hand residential buildings)** | **100.5** | **100.6** | **100.7** | **100.7** | **100.8** | **100.8** | **101.1** | **102.3** | **101.7** | **100.3** | **100.0** | **99.9** |
| | 一、$90m^2$及以下 ($90m^2$ and below) | 100.4 | 100.6 | 100.7 | 100.7 | 100.7 | 100.8 | 101.1 | 102.4 | 101.9 | 100.5 | 100.1 | 99.9 |
| | 二、$90m^2$-$144m^2$ ($90m^2$-$144m^2$) | 100.5 | 100.7 | 100.7 | 100.7 | 100.8 | 100.8 | 101.0 | 102.2 | 101.6 | 100.1 | 100.0 | 99.9 |
| | 三、$144m^2$以上 (Above $144m^2$) | 100.4 | 100.7 | 100.9 | 100.9 | 100.9 | 100.9 | 101.4 | 102.6 | 102.1 | 100.7 | 100.0 | 100.0 |

# 4-4-69 2018年遵义市商品住宅销售价格指数
## Zunyi Commercial Housing Price Indices of Residential Buildings 2018

| 项 目 Item | | 1月 | 2月 | 3月 | 4月 | 5月 | 6月 | 7月 | 8月 | 9月 | 10月 | 11月 | 12月 |
|---|---|---|---|---|---|---|---|---|---|---|---|---|---|
| 定基价格指数 (Fixed base price index) | **新建商品住宅（Newly constructed commercial residential buildings)** | **109.2** | **110.3** | **111.3** | **112.2** | **113.0** | **114.0** | **115.1** | **116.9** | **118.2** | **120.4** | **122.5** | **123.3** |
| | 一、90㎡及以下 (90㎡ and below) | 110.8 | 112.1 | 112.2 | 113.6 | 114.3 | 115.5 | 116.0 | 117.6 | 119.4 | 121.6 | 123.8 | 125.6 |
| | 二、90㎡-144㎡ (90㎡-144㎡) | 109.1 | 109.3 | 110.5 | 111.2 | 112.0 | 112.9 | 114.2 | 116.0 | 117.1 | 119.4 | 121.6 | 122.0 |
| | 三、144㎡以上 (Above 144㎡) | 107.5 | 113.2 | 114.4 | 115.5 | 116.8 | 118.3 | 119.1 | 121.0 | 122.6 | 123.8 | 125.2 | 126.7 |
| | **二手住宅 (Second-hand residential buildings)** | **106.5** | **107.6** | **108.1** | **108.5** | **108.9** | **109.8** | **111.6** | **113.5** | **114.5** | **115.2** | **116.9** | **117.6** |
| | 一、90㎡及以下 (90㎡ and below) | 107.3 | 108.3 | 108.9 | 109.2 | 109.5 | 111.0 | 112.9 | 114.9 | 116.1 | 116.9 | 118.3 | 119.1 |
| | 二、90㎡-144㎡ (90㎡-144㎡) | 106.4 | 107.6 | 108.2 | 108.6 | 109.1 | 109.8 | 111.3 | 113.1 | 114.0 | 114.8 | 116.4 | 117.2 |
| | 三、144㎡以上 (Above 144㎡) | 104.6 | 105.9 | 106.3 | 106.5 | 106.8 | 107.4 | 109.3 | 111.5 | 112.3 | 112.7 | 115.1 | 115.7 |
| 同比价格指数 (Year-on-year price index) | **新建商品住宅（Newly constructed commercial residential buildings)** | **107.9** | **108.7** | **109.3** | **109.4** | **110.0** | **110.2** | **110.1** | **110.9** | **111.4** | **112.7** | **114.1** | **113.8** |
| | 一、90㎡及以下 (90㎡ and below) | 107.4 | 108.3 | 108.0 | 109.2 | 109.5 | 110.3 | 109.4 | 110.4 | 111.4 | 112.2 | 113.7 | 114.1 |
| | 二、90㎡-144㎡ (90㎡-144㎡) | 108.6 | 108.5 | 109.3 | 109.0 | 109.7 | 109.7 | 110.1 | 110.8 | 111.2 | 112.7 | 114.2 | 113.6 |
| | 三、144㎡以上 (Above 144㎡) | 104.7 | 110.3 | 111.4 | 111.9 | 112.3 | 112.8 | 111.4 | 112.2 | 113.0 | 113.5 | 114.4 | 114.4 |
| | **二手住宅 (Second-hand residential buildings)** | **105.3** | **106.4** | **106.4** | **106.3** | **106.3** | **106.9** | **108.1** | **109.2** | **109.6** | **109.9** | **110.8** | **110.5** |
| | 一、90㎡及以下 (90㎡ and below) | 105.1 | 106.1 | 106.0 | 105.9 | 105.9 | 106.9 | 108.3 | 109.3 | 110.2 | 110.5 | 111.1 | 110.9 |
| | 二、90㎡-144㎡ (90㎡-144㎡) | 105.7 | 106.7 | 106.8 | 106.9 | 106.7 | 107.1 | 108.1 | 109.2 | 109.4 | 109.8 | 110.7 | 110.3 |
| | 三、144㎡以上 (Above 144㎡) | 104.4 | 105.7 | 105.7 | 105.6 | 105.6 | 106.2 | 107.7 | 108.9 | 109.1 | 109.0 | 110.8 | 110.3 |
| 环比价格指数 (Month-on-month price index) | **新建商品住宅（Newly constructed commercial residential buildings)** | **101.1** | **100.6** | **100.9** | **100.8** | **100.7** | **100.9** | **101.0** | **101.5** | **101.1** | **101.9** | **101.7** | **100.7** |
| | 一、90㎡及以下 (90㎡ and below) | 101.2 | 100.6 | 100.1 | 101.2 | 100.6 | 101.0 | 100.4 | 101.4 | 101.6 | 101.9 | 101.8 | 101.4 |
| | 二、90㎡-144㎡ (90㎡-144㎡) | 101.1 | 100.6 | 101.1 | 100.6 | 100.7 | 100.8 | 101.2 | 101.5 | 101.0 | 102.0 | 101.8 | 100.3 |
| | 三、144㎡以上 (Above 144㎡) | 101.2 | 100.9 | 101.1 | 100.9 | 101.1 | 101.3 | 100.7 | 101.6 | 101.3 | 101.0 | 101.1 | 101.2 |
| | **二手住宅 (Second-hand residential buildings)** | **100.7** | **100.4** | **100.5** | **100.3** | **100.4** | **100.9** | **101.6** | **101.7** | **100.8** | **100.6** | **101.5** | **100.6** |
| | 一、90㎡及以下 (90㎡ and below) | 100.5 | 100.4 | 100.5 | 100.3 | 100.3 | 101.3 | 101.8 | 101.7 | 101.0 | 100.7 | 101.3 | 100.6 |
| | 二、90㎡-144㎡ (90㎡-144㎡) | 100.8 | 100.5 | 100.6 | 100.4 | 100.4 | 100.6 | 101.4 | 101.7 | 100.8 | 100.7 | 101.4 | 100.7 |
| | 三、144㎡以上 (Above 144㎡) | 100.5 | 100.5 | 100.4 | 100.1 | 100.3 | 100.6 | 101.8 | 102.0 | 100.7 | 100.4 | 102.1 | 100.5 |

# 4-4-70　2018年大理市商品住宅销售价格指数
## Dali Commercial Housing Price Indices of Residential Buildings 2018

| 项　目　Item | | 1月 | 2月 | 3月 | 4月 | 5月 | 6月 | 7月 | 8月 | 9月 | 10月 | 11月 | 12月 |
|---|---|---|---|---|---|---|---|---|---|---|---|---|---|
| 定基价格指数 (Fixed base price index) | **新建商品住宅（Newly constructed commercial residential buildings)** | **108.9** | **109.7** | **110.8** | **112.1** | **113.1** | **114.4** | **116.2** | **118.4** | **120.2** | **122.7** | **126.1** | **128.3** |
| | 一、90㎡及以下 (90㎡ and below) | 113.0 | 112.9 | 113.9 | 115.4 | 116.0 | 116.9 | 118.6 | 120.9 | 122.8 | 124.2 | 127.5 | 129.6 |
| | 二、90㎡-144㎡ (90㎡-144㎡) | 107.3 | 109.8 | 111.0 | 112.5 | 113.1 | 115.0 | 117.7 | 120.2 | 122.4 | 125.2 | 128.8 | 130.7 |
| | 三、144㎡以上 (Above 144㎡) | 108.5 | 108.3 | 109.1 | 110.3 | 111.7 | 112.8 | 113.8 | 115.6 | 116.9 | 119.6 | 123.0 | 125.5 |
| | **二手住宅 (Second-hand residential buildings)** | **101.6** | **102.9** | **103.3** | **103.8** | **104.3** | **105.1** | **106.7** | **108.7** | **110.0** | **112.0** | **114.8** | **116.5** |
| | 一、90㎡及以下 (90㎡ and below) | 101.1 | 102.5 | 102.8 | 103.1 | 103.8 | 104.7 | 106.7 | 108.8 | 110.3 | 112.8 | 116.1 | 117.8 |
| | 二、90㎡-144㎡ (90㎡-144㎡) | 103.4 | 104.7 | 105.1 | 105.5 | 106.0 | 106.8 | 108.0 | 109.9 | 111.0 | 112.5 | 115.2 | 117.3 |
| | 三、144㎡以上 (Above 144㎡) | 99.8 | 101.0 | 101.3 | 102.3 | 102.8 | 103.5 | 104.7 | 106.8 | 108.1 | 109.7 | 112.1 | 113.2 |
| 同比价格指数 (Year-on-year price index) | **新建商品住宅（Newly constructed commercial residential buildings)** | **106.4** | **106.9** | **108.1** | **108.7** | **109.3** | **109.9** | **111.4** | **112.9** | **113.9** | **116.0** | **118.5** | **118.8** |
| | 一、90㎡及以下 (90㎡ and below) | 110.5 | 109.9 | 110.8 | 111.8 | 111.2 | 111.8 | 112.8 | 113.8 | 114.9 | 116.3 | 118.5 | 117.9 |
| | 二、90㎡-144㎡ (90㎡-144㎡) | 104.2 | 106.1 | 107.6 | 108.3 | 108.4 | 109.6 | 112.2 | 113.7 | 114.9 | 116.9 | 119.9 | 120.0 |
| | 三、144㎡以上 (Above 144㎡) | 106.7 | 106.4 | 107.3 | 107.7 | 109.2 | 109.4 | 110.0 | 111.7 | 112.6 | 114.9 | 117.2 | 118.1 |
| | **二手住宅 (Second-hand residential buildings)** | **102.9** | **104.3** | **104.6** | **104.9** | **105.4** | **105.7** | **107.3** | **109.2** | **110.1** | **111.7** | **113.9** | **114.5** |
| | 一、90㎡及以下 (90㎡ and below) | 103.1 | 104.8 | 105.1 | 105.0 | 105.6 | 105.9 | 107.9 | 109.7 | 110.8 | 113.0 | 115.6 | 115.9 |
| | 二、90㎡-144㎡ (90㎡-144㎡) | 103.2 | 104.2 | 104.4 | 104.8 | 105.2 | 105.7 | 106.9 | 108.6 | 109.4 | 110.5 | 112.7 | 113.7 |
| | 三、144㎡以上 (Above 144㎡) | 102.1 | 103.6 | 104.0 | 104.8 | 105.1 | 105.5 | 107.0 | 109.1 | 109.8 | 111.1 | 112.9 | 113.2 |
| 环比价格指数 (Month-on-month price index) | **新建商品住宅（Newly constructed commercial residential buildings)** | **100.7** | **100.9** | **100.9** | **101.2** | **100.8** | **101.2** | **101.6** | **101.9** | **101.5** | **102.1** | **102.8** | **101.8** |
| | 一、90㎡及以下 (90㎡ and below) | 101.2 | 101.5 | 100.9 | 101.3 | 100.5 | 100.7 | 101.5 | 101.9 | 101.6 | 101.2 | 102.6 | 101.6 |
| | 二、90㎡-144㎡ (90㎡-144㎡) | 100.2 | 100.5 | 101.1 | 101.3 | 100.5 | 101.7 | 102.3 | 102.2 | 101.8 | 102.3 | 102.9 | 101.5 |
| | 三、144㎡以上 (Above 144㎡) | 101.0 | 101.0 | 100.7 | 101.1 | 101.2 | 101.0 | 100.9 | 101.6 | 101.2 | 102.3 | 102.8 | 102.1 |
| | **二手住宅 (Second-hand residential buildings)** | **100.7** | **100.4** | **100.3** | **100.5** | **100.6** | **100.8** | **101.5** | **101.9** | **101.2** | **101.8** | **102.6** | **101.5** |
| | 一、90㎡及以下 (90㎡ and below) | 100.5 | 100.4 | 100.3 | 100.3 | 100.6 | 100.9 | 101.9 | 102.0 | 101.4 | 102.3 | 102.9 | 101.4 |
| | 二、90㎡-144㎡ (90㎡-144㎡) | 101.1 | 100.5 | 100.4 | 100.4 | 100.5 | 100.7 | 101.1 | 101.8 | 101.0 | 101.4 | 102.3 | 101.8 |
| | 三、144㎡以上 (Above 144㎡) | 100.5 | 100.5 | 100.3 | 100.9 | 100.6 | 100.6 | 101.2 | 102.0 | 101.3 | 101.4 | 102.2 | 101.0 |

# 附　　录

# Appendix

# 主要统计指标解释

## 一、生产者价格

### （一）调查内容

工业生产者出厂价格统计调查涵盖 41 个工业行业大类，207 个工业行业中类，666 个工业行业小类，1638 个基本分类的 20000 多种工业产品的价格；工业生产者购进价格统计调查涵盖981个基本分类的10000多种工业产品的价格。

### （二）调查方法

工业生产者价格调查采取重点调查与典型调查相结合的调查方法。年主营业务收入 2000 万元以上的企业采用重点调查方法；年主营业务收入 2000 万元以下的企业采用典型调查方法。工业生产者价格调查涉及全国 400 多个城市的 5 万余家工业企业。

### （三）指标解释

**工业生产者价格指数**　包括工业生产者出厂价格指数（Producer Price Index for Industrial Products，简称 PPI）和工业生产者购进价格指数。

**工业生产者出厂价格指数**　反映工业企业产品第一次出售时的出厂价格的变化趋势和变动幅度。

**工业生产者购进价格指数**　反映工业企业作为中间投入产品的购进价格的变化趋势和变动幅度。

## 二、固定资产投资价格

### （一）调查内容

固定资产投资价格调查的内容包括构成当年建筑工程实体的钢材、木材、水泥、地方建筑材料、电料、化工材料等主要建筑材料价格；作为活劳动投入的劳动力价格（单位工资）和各种施工机械使用价格；设备工器具购置和其他费用投资价格。

### （二）调查方法

固定资产投资价格调查是一种非全面性调查，采用重点调查与典型调查相结合的方法。

### （三）指标解释

**建筑安装工程**　包括房屋、建筑物的建造和设备、装置的安装，其中，建造部分必须兴工动料，通过施工活动才能实现，安装部分不包括被安装设备本身价值。

**设备、工器具购置**　指把工业企业生产的产品转为固定资产的购置活动，主要包括建设单位或企、事业单位购置或自制的达到固定资产标准的设备、工器具。

**其他费用**　指在固定资产建造和购置过程中发生的，除建筑安装工程和设备、工器具购置投资完成额以外的费用，不指经营中财务上的其他费用。

## 三、居民消费价格

### （一）调查内容

全国居民消费价格统计调查内容，涵盖全国城乡居民生活消费的食品烟酒、衣着、居住、生活用品及服务、交通和通信、教育文化和娱乐、医疗保健、其他用品和服务八大类，共 262 个基本分类的商品与服务价格。

### （二）调查方法

采用抽样调查方法抽选确定调查网点，通过手持数据采集器，采用定人、定点、定时的方法直接调查或者由选中的企业(经营法人单位)、调查对象等协助填报。在保证价格准确的前提下,经国家统计局审定，各地可通过相关政府部门发布的通知、公告等文件，以及部分企业、单位公开发布的收费信息资料和被调查单位的电子数据进行辅助采价，也可从互联网采集特定商品和服务价格。数据来源于全国 31 个省（区、市）500 个市县，约 8.8 万余家价格调查点，包括商场（店）、超市、农贸市场、服务网点和互联网电商等。

### （三）指标解释

居民消费价格指数（Consumer Price Index，简称 CPI）旨在反映一定时期内居民所购买并用于日常生活的商品及服务项目的价格水平变动趋势和变动程度。

**1.食品烟酒**　指居民为摄取身体所需要的营养和满足某种嗜好而购买消费的食品和烟酒、茶及饮料等。

**2.衣着**　指与居民穿着有关的支出，包括服装、服装材料、鞋类、其他衣类及配件、衣类加工服务、鞋类配件及加工服务的支出。

**3.居住**　指与居住有关的支出，包括租赁房房租、住房保养维修及管理、水电燃料和自有住房等。

**4.生活用品及服务**　指家庭及个人用于各类生活用品及家庭服务的支出。包括家具及室内装饰品、家用器具、家用纺织品、家庭日用杂品、个人护理用品和家庭服务。

**5.交通和通信**　指用于交通和通信工具及相关的各种服务费、维修费等支出。

**6.教育文化和娱乐**　指用于教育和文化娱乐方面的支出。

**7.医疗保健**　指用于医疗和保健的药品、用品和服务的总费用。包括医疗器具及药品，以及医疗服务。

**8.其他用品和服务**　指无法直接计入上述各类支出的其他用品与服务支出。

## 四、商品零售价格

商品的零售价格是商品在流通过程中最后一个环节的价格，是工业、商业、餐饮业和其他零售企业向城乡居民、机关团体出售生活消费品和办公用品的价格。

## 五、农业生产资料价格

农业生产资料价格是农业生产资料在流通领域最后一个环节的价格，是工业、商业及其他单位和个人向农民出售农业生产资料（包括主要生产性服务）的价格。

## 六、商品住宅销售价格

（一）现行《住宅销售价格统计调查方案》自 2011 年 1 月起开始实施。2018 年 1 月起取消了保障性住房销售价格统计指标。

（二）调查范围。住宅销售价格的调查范围为 70 个大中城市的市辖区，不包括县。

（三）调查方法。70 个大中城市的新建住宅销售价格、面积、金额等资料直接采用当地房地产管理部门的网签数据。二手住宅销售价格调查为非全面调查，采用重点调查和典型调查相结合的方法，按照房地产经纪机构上报、房地产管理部门提供与调查员实地采价相结合的方式收集基础数据。

（四）价格指数的计算方法详见中国统计信息网《住宅销售价格统计调查方案》。

（五）指标解释

**新建商品住宅**　指新建的专供居住用的商品住房，本方案主要包括：90 平方米及以下、90 平方米—144 平方米、144 平方米以上等。不包括新建的国家政策性住房；不包括小产权房屋；不包括住宅楼中作为人防用、不住人的地下室、车库等，也不包括托儿所、病房、疗养院、旅馆等具有专门用途的房屋。

**二手住宅**　指进入房屋市场进行交易，第二次及以上进行产权登记的住宅，包括二手商品住宅、允许上市交易的已售公房等。本方案主要包括 90 平方米及以下、90 平方米—144 平方米、144 平方米以上等分类。

**90 平方米及以下住宅**　指住宅中套型建筑面积不大于 90 平方米的住宅。套型建筑面积由套内使用面积和分摊的共有建筑面积组成，报表时以销售合同中实际测绘的建筑面积为准，若销售合同为套内使用面积则需折算成建筑面积。

**90 平方米-144 平方米住宅**　指套型建筑面积大于 90 平方米，不超过 144 平方米的住宅。

**144 平方米以上住宅**　指套型建筑面积在 144 平方米以上的住宅。

**新建商品住宅销售价格**　指新建的、用于居住的进入房地产市场进行交易的房屋，第一次进行产权登记时的实际交易价格（合同价格）。其价格由成本、税金、利润、代收费用等组成，它受地段、层次、朝向、质量、材料差价等因素的影响。此外，住宅销售前的装修费用，无论其价格高低都视为房地产销售（交易）价格的组成部分。

**二手住宅销售价格**　指用于居住的进入房地产市场进行交易的房屋，再次进行产权登记时的实际交易价格。该指标取自《存量房屋买卖合同》。若合同中含有相关税费，则应将其扣除。